严绍璗学术研究

严绍璗先生七十华诞纪念集

张哲俊 主编

图书在版编目(CIP)数据

严绍璗学术研究:严绍璗先生七十华诞纪念集/张哲俊主编. —北京:北京大学出版社,2010.8
　ISBN 978-7-301-17559-0

　Ⅰ.严… Ⅱ.张… Ⅲ.严绍璗—学术思想—研究 Ⅳ.K825.4

中国版本图书馆 CIP 数据核字(2010)第 140530 号

书　　名:	严绍璗学术研究——严绍璗先生七十华诞纪念集
著作责任者:	张哲俊　主编
责任编辑:	兰　婷　张　冰
标准书号:	ISBN 978-7-301-17559-0/I·2249
出版发行:	北京大学出版社
地　　址:	北京市海淀区成府路 205 号　100871
网　　址:	http://www.pup.cn
电子邮箱:	zbing@pup.pku.edu.cn
电　　话:	邮购部 62752015　发行部 62750672　编辑部 62767347 出版部 62754962
印　刷　者:	三河市北燕印装有限公司
经　销　者:	新华书店
	787 毫米×1092 毫米　16 开本　36.75 印张　彩插 2　528 千字 2010 年 8 月第 1 版　2010 年 8 月第 1 次印刷
定　　价:	75.00 元

未经许可,不得以任何方式复制或抄袭本书之部分或全部内容。

版权所有,侵权必究　　举报电话:010—62752024
　　　　　　　　　　　　电子邮箱:fd@pup.pku.edu.cn

严绍璗先生近影

北京大学党委书记闵维方博士、校长周其凤院士的贺信

生日贺信

严绍璗同志：

欣逢您七十寿诞，特向您表示衷心的祝贺！

几十年来，您为学校的建设，为人才的培养，为科学的发展作出了很大贡献。学校的每一个进步都渗透了您辛勤的汗水，我们谨代表学校对您致以诚挚的感谢和美好的祝愿。

祝您健康长寿　晚年幸福

北京大学

党委书记：闵维方　　校长：周其凤

二零一零年元月

序 言
——严绍璗老师和他的《日藏汉籍善本书录》

吴志攀[*]

严绍璗老师,今年70岁了!我认识他多年,对他的人品和学问都很敬佩。

严老师宽额头,花白的头发,戴着一副老式眼镜,不太修边幅,衣着也很简单,冬天永远是蓝色长羽绒服,夏天永远是白衬衣,身板还很挺直。如果到学校来,他永远会背一个大挎包。如果没有课,他一定步行去报摊买报,然后,边走边看,慢慢走回蓝旗营的家。

在他这个年龄段,严老师是少有的语言幽默者。现在听相声不容易笑,但是听严老师讲话,总会被他逗得忍不住笑起来。具有这种中老年型的学术化幽默言语的教授,笑声中蕴含着哲理,实在太少了。以前我在读书时还能遇到,如著《围城》的钱钟书,或著《堂吉诃德》的塞万提斯。

严老师是研究古典文献学出身的,特别对在日本的汉籍有专门研究。与他谈起学问来,态度便严肃起来。在很多年以前,我去他家里,看到书架旁有一堆书稿。他告诉我说,"这部书有几百万字,调查明代与明代以前的汉籍在日本保存的状态,包括在日本古文献中的相应的记载,也就是日本人在接受汉籍承载的中华文化时在他们文明与文化层面中的各种反应吧,估计有上万个条目,做了快二十年了,但也许作不完这部书了!我快要见马克思了!"我问他"为什么?"他说:"我跟大夫说了,近来感觉不太好,可能会是什么什么,医生说,若是那样就会导致什么什么。所以,我感觉快要不行了。"

我看着严老师,又看着这即将完工的厚厚的书稿,一时不知该说什么是好?说安慰的话,对于富有幽默感的他来说是多余的;说鼓励的话,只会给他心理增加压力,万一他不是开玩笑呢?那时,我脑子里体会到两点:一是,什么叫"语塞"?想说却不知道说什么;二是,什么叫"真学问"?学者用命换来的学问!

又过了很长一段时间,一天,我突然接到严老师的电话,说他的书出版了!下班

---

[*] 吴志攀,北京大学常务副校长、法学教授。

后，我跑到他家，餐桌上铺着报纸，报纸上摆着几厚摞精装的大书：三卷本的《日藏汉籍善本书录》，中华书局出版。严老师说："这是几套样书，我只能背回这么多，实在太沉，抱不动了。在何校长和你的鼓励之下，这部书终于出来了，我放心了，这回就是医生说着了，我走了也无憾了！只可惜何校长走得太早，他没有看到这书的出版呀！"

中华书局、国家图书馆、北大社科部邀约中文系、历史系、信息情报系等单位的部分学者，在北大英杰交流中心联合召开了《日藏汉籍善本书录》的出版座谈会。92 岁高龄的国图名誉馆长任继愈老先生冒着凛冽的寒风到会，这也是任老最后一次出席公众会议，他说"严绍璗同志的这部书出版了，我不能不来！"可见他对这部书的重视。白化文老先生的发言，给我留下很深的印象，那天我就坐在白老先生边上。白老先生站起来发言，大家都劝他老人家坐下说，"不，不行"，老先生不肯坐下，"我今天一定得站着说，以表达我对绍璗的敬意。老早就听说，绍璗在做这部大书，还以为是组织二三十人一块做呢？这年头不兴大兵团作战，却兴'兵团作书'。书出版了，他把书送我，我才知道，原来二十多年来，只有绍璗他一个人在做。这个几乎不可能由一个人作的巨大工作，他竟然作成了！了不起啊！我老了，不能替他牵马挎刀了，只能站在这里说：佩服，佩服啊！"

最后一位发言的是严老师自己。他写了稿子，为了节省时间和表达严谨，在那天的会上，他老实地照稿子念了。先简单介绍这部书编写的故事，接着他感谢了许多帮助过他的人。平时说话十分幽默的他，此时有些拘谨，话语朴实、谦逊和诚恳。

后来，我得知日本学术界对严老师的这部书也有很积极的评价。在我们英杰交流中心那次"出版座谈会"后 4 个半月，2008 年 3 月 26 日，日本文部科学省国际日本文化研究中心在京都也举行了"严绍璗先生著《日藏汉籍善本书录》出版纪念会"。日本学界的耆宿出席了会议，像 90 余岁的早稻田大学名誉教授安藤彦太郎刚动过手术不到两月，竟然乘坐"新干线"急行 300 多公里由太太、儿子陪同赶来参会。还有日本东方学会理事长、东京大学名誉教授户川芳郎、国际比较文学会第 13 届会长、东京大学名誉教授川本皓嗣、京都大学名誉教授小南一郎等先生都参加了座谈。一位日本学者评价这部书说，这些汉籍善本都在日本，这项工作本来是应该由日本学者来做的。可是明治维新以来一百多年了，竟然没有日本学者去做，却让一位来自北京大学的中国学者完成这个工作。严老师到访日本多达 30 多次，访遍了几乎所有散落在日本各处的汉籍善本，他的工作与精神，让日本学者汗颜。

严老师从古文献学出发，完成了一部少有的跨界作品。要完成这项工作，他需要具备古典文献学、社会学、考古学、历史学、人类学、日本语言与文化学和民俗学等多学科的渊博知识。正像乐黛云教授说的："这部书不光是一个文献整理，也不光是一个目录学著作，实际上最根本的，对我们当前最有用的是一个文化关系的研究史,对比较文化的研究来说,这本书的贡献是非常大的。它首先是深入到异国文化,然后回归本土这样一个过程。这也是世界比较文化研究最热门的一个话题。"这部书是一个跨学科的研究,是一个很基础的东西。除了知识量的积聚,还要有敏锐的学术洞察力,更需要有像严老师这样的学术机缘和坚持不懈的学术责任。在今天学术界,像他这样的学者,应该是属于学者群体中的"稀有"。

这套书现在可以说已是国际知名了,国内外学术界有不少评论,海内外大学图书馆也纷纷收藏,我国政府外交和文化部门,也购入此书作为研究中日关系的参考资料。现如今,淘本好书比淘金子都难,而严老师这部大书的出版,却引起学术界这样大的关注和国际影响,作为唯一的作者,真的无上荣光。

2010 年 6 月 19 日

附记: 严绍璗编著《日藏汉籍善本书录》(3 卷),380 万字,中华书局 2007 年 3 月刊。此书著录自上古以来流传于日本而保存至现今的汉籍善本(自南北朝到明代的文典)10,800 余种。严老师在 23 年左右的时间里 30 余次进入日本,以一人之力,艰难而执着地寻访调查、整理考辨、分类编著而成超越一般目录学意义的综合性跨学科的厚重著作①。著录的汉籍包括已经被日本官方文化财产保护机构确认为"日本国宝"的凡 81 种,确定为"重要文化财(产)"的凡 178 种。一万余种典藏中大约有 2,700 余种为我国《中国古籍善本书目》所不载(这并不是说国内一定阙佚,但提示了这些典籍的稀缺)。本书有 1/4 的篇幅详尽地记录了"日藏汉籍"与日本文化和文明发展的关系,构成揭示两千年间中日文化关系的原典系列报告,成为研究"中华文化史"、"日本文化史"和"东亚文化史"的文典基础。

2008 年 5 月 北京大学颁发"精品奖荣誉证书",授予严老师此书为"改革开放三十年北京大学人文社会科学研究百项精品成果奖"。同年 12 月,北京市人民政府、中共北京市委授予此书"北京市第十届哲学社会科学优秀成果一等奖"。2009 年 12 月 30 日,此书荣获中华人民共和国教育部"全国人文社会科学研究优秀成果一等奖",严老师在人民大会堂授奖仪式上获奖并以《肩负社会责任 创造人文学术研究的新业绩》为题作了获奖会发言(文稿见《人民教育报》2010 年 1 月 7 日)。

——吴志攀又记(6 月 21 日)

---

① 严老师的这个课题,在上世纪 80 年代中期启动时候获得了我国高校古委会提供的人民币 1 万 5 千元的项目支持。此外,他 30 余次进入日本进行学术访问,全部费用皆由日本方面承担,这是由于他的学术声望获得的学术机缘。

严绍璗先生职历简介

一、严绍璗目前职历（2010 年 7 月 30 日）

北京大学教授　北京大学比较文学与比较文化研究所所长（国家重点学科）
北京大学中国语言文学系学术委员会主任　北大人文学部学术委员会委员
教育部人文社科研究重点基地北大"东方文学研究中心"学术委员主任

香港大学现代语言文化学院荣誉教授
复旦大学日本研究所 顾问教授
中国人民大学"汉语世界推广研究所与汉学研究中心"学术委员会主任
北京外国语大学"中国海外汉学研究中心"学术委员会主任
国家宋庆龄基金会孙平化日本学奖励基金专家委员会主任
国家古籍整理出版规划领导小组成员
中国社会科学院比较文学研究中心学术顾问
中国社会科学院中日社会文化研究中心学术顾问

中国国际文化研究学会（香港特区政府注册）主席团主席
中国比较文学学会（国家民政部注册）副会长兼任学术委员会主任
中国中华日本学会（国家民政部注册）常务理事

二、严绍璗曾任职历（1978 年 1 月 1 日至 2010 年 6 月 30 日前）

北京大学中文系古文献专业副主任、主任；
北京大学古文献研究所副所长兼任国际汉学研究室主任
北京大学比较文学研究所副所长
北京大学亚州太平洋研究院学术委员会委员
浙江工商大学日本语言文化学院名誉院长

国际比较文学学会（ICLA）东亚研究委员会主席
中日韩三国国际比较文化会议（学会）副会长、会长、中国支部长

中日比较文学研究学会副会长、会长

中日历史共同研究中方专家组成员
国家社科基金"项目指南"(外国文学)出题成员兼任后期项目评审成员
国家教育部人文社科研究优秀成果评奖成员

日本国立京都大学人文科学研究所日本学部客座教授
日本佛教大学文学部客座教授
日本宫城学院女子大学文学部日本文学科客座教授
日本文部省国际日本文化研究中心客座教授
日本文部科学省 Natianal Institute of Japane Literature 客座教授

目 录

序言
　　——严绍璗老师和他的《日藏汉籍善本书录》……………………吴志攀　1
严绍璗先生职历简介………………………………………………………　4

上　编

严绍璗学术的评述与研究……………………………………………………1
　　辉煌学术的发生与发展………………………………………张哲俊　2
　　严绍璗先生的东亚文学关系与日本中国学研究
　　　　——为纪念严先生七十寿辰而作………………………周　阅　11
　　熔"义理"、"考据"、"辞章"于一炉
　　　　——读严绍璗师著作心得二、三…………………………钱婉约　31
　　打通与超越：严绍璗的学术历程……………………………王立群　42
　　厳紹璗先生について……………………………………〔日〕田中隆昭　51
　　平安时代的《日本国见在书目录》……………………〔日〕神鹰德治　55
　　根深实遂
　　　　——写在严绍璗教授《日藏汉籍善本书录》出版之际……崔文印　59
　　《日藏汉籍善本书录》之我见………………………………顾　农　64
　　《中日古代文学关系史稿》序…………………………〔日〕松浦友久　69
　　严绍璗：象牙塔里纯学人……………………………………陈　洁　71

下　编

一、东亚比较文学研究…………………………………………………88
　　短诗型的可能性…………………………………………〔日〕川本皓嗣　89
　　日本文学翻译中的"汉字之痒"………………………………王晓平　101

藤原定家的歌论与白居易 ………………………………… 隽雪艳 116
大众媒介视域中的文学传播与表现
　　——以《源氏物语》在我国的翻译和传播为例 ………… 周以量 124
日本诗僧绝海中津汉诗中之学杜迹象 …………… 〔日〕九井宪 140
《菊花之约》的母题与中国古典作品 ……………〔日〕中田妙叶 150
中日近现代小说"家"的文学观念比较 …………………… 于荣胜 162
中岛敦的文字观与庄子哲学 ………………………………… 郭 勇 175
1942—1945年田村俊子的上海时代 ……………………… 涂晓华 185
"李香兰"电影研究 ……………………………… 〔日〕古市雅子 194
古代东亚文学中女性的解冤和变异
　　——以《洪宰枢和尼姑》、《窦氏》、《吉备津之釜》
　　　　为中心 …………………………………… 〔韩〕李京美 204
丽末鲜初"朝天录"的文化心理成因简析 ………………… 李 岩 219
《三国演义》派生作品《五关斩将记》小考 ……………… 肖伟山 229

二、比较文学的方法与观念 ……………………………………… 242
比较文学与精英化教育
　　——为严绍璗老师七十寿辰而作 ……………………… 陈思和 243
"皮之不存,毛将焉附"
　　——试论国际文学关系研究的地位与作用 ………… 孟 华 252
论比较文学的翻译转向 …………………………………… 谢天振 263
中国比较诗学六十年(1949—2009) ……………………… 陈跃红 274
厨川白村的"Essay"观 ……………………………………… 李 强 287

三、海外"中国学"与"日本学"的研究 ………………………… 297
原典实证的方法是展开域外汉学(中国学)研究的基本路径
　　——《耶稣会在亚洲》档案文献研究为中心 ………… 张西平 298
内藤湖南的"支那论"的变迁
　　——以对华"监护人"意识的形成为中心 ………… 陶德民 313
服部宇之吉的"孔教"观念与其国体观念的考察 …〔日〕丹羽香 325
关于儒学的"原典批评"
　　——以武内义雄的论语研究为中心 …………………… 刘 萍 335

拉夫卡迪奥·赫恩(小泉八云)《中国鬼故事》考 ………………… 牟学苑 348
张伯伦的《古事记》英译与研究 …………………………………… 聂友军 358
多元共生、海纳共存
　　——李明滨教授、严绍璗教授与李福清院士
　　　谈中外文学交流 ……………………………………………… 张　冰 372

四、思想文化的研究 ……………………………………………………… 377

"孝"的观念与古代日本 …………………………………… 〔日〕河野贵美子 378
人文之中:文中子的中国观 ………………………………………… 张　沛 389
唐密教遗珍丹棱县陀罗尼石经幢考异 ……………………………… 王益鸣 398
荻生徂徕对《四书》的解释
　　——以《大学》、《中庸》为中心 ………………………………… 王　青 413
浅论福泽谕吉的早期经历对其思想的影响 ………………………… 贺　雷 429
德富苏峰的亚洲观
　　——以帝国主义的展开为视点 ……………………………… 〔日〕小园晃司 440
黄遵宪《日本国志》清季流行新考 …………………………………… 王宝平 455
杨守敬与罗振玉的交友
　　——读杨守敬致罗振玉书札 ……………………………………… 陈　捷 467
拒禅与逃禅
　　——试说王夫之、方以智的不同人生选择 ……………………… 张　辉 482
中日母语作为第二语言教学的师资培养比较研究 ………………… 刘元满 493
欲望都市の誕生——上海の一九二〇、三〇年代 ………………… 劉建輝 504
北京お茶事情 ………………………………………………… 〔日〕大野香織 516

附录

一、严绍璗先生70年大事编(1940—2010) …………………………… 530
二、严绍璗先生论著目录编 …………………………………………… 550
三、严绍璗先生与"博士后"协作及指导"硕博研究生"课题目录编 ……… 568
四、严绍璗先生(1971—1978年)"与世界人事接触"事件纪事编 ……… 571

编后记 ……………………………………………………………………… 578

上 编

严绍璗学术的评述与研究

辉煌学术的发生与发展

张哲俊[*]

在人们的印象之中,中国的比较文学是一个非常年轻的学科,吴宓等人开创比较文学的时代已经远离了记忆,更为新鲜的记忆是随着新时期的开始,在学术界活跃起来的比较文学。新时期开始的比较文学也已经经历了三十年的时光,回顾三十年的中国学术历程,梳理当代学术的成就,似乎是目前学术界最热的课题之一,各种概述性的当代学术史著作纷纷问世,各类学术年鉴是回顾三十年学术的又一种形态。然而在研究三十年学术发展的整体历程时,也应当更多地关注三十年学术发展的个案,总体的研究总是应当建立在许多个案研究的积累基础上。从这个意义上说,将严绍璗先生的学术历史作为当代比较文学发展过程的个案来看,是非常合适的。严先生的比较文学历程与新时期比较文学的发展差不多是同步的。将严先生的学术发展过程作为研究对象进行研究,对于新时期比较文学的学术史研究,也不能不说是很有意义的。

当迎来比较文学三十年的时候,也迎来了严先生的七十寿辰。为此编辑出版这一本论文集,不只是为了纪念严先生个人的七十寿辰,也是为了反思三十年比较文学的历程。这是中国比较文学开始走向辉煌成熟的时代,在这里赫然触目的是严先生的学术,他的《日藏汉籍善本书目》更是触手可及的真切标志。所谓学术的成熟无非是有自己的问题,有自己的方法,也有自己的理论和观念。人云亦云,望风而动的学术,只能是成长过程中出现的普遍状态。不管是跟着西方的各种主义摇旗呐喊,还是通过不断地复制东方的古代思想来表明自己存在的学术,都不可能是成熟的形态。在自己的三十年学术实践中不断积累经验,不断探索,最后提出自己的问题、观念和方法,并以坚实的研究成果展示出来,才是成熟的标志。严先生的三十年比较文学历程,正是呈现了这样的特征,这是编辑这部纪念集的学术价值所在。严先生的学术成就表现在很多方面,其中有东亚文献、东亚比较文学、海外中国学、思想文化以及其他相关的领域。那么这些主要领域的研究是如何发生,又

---

[*] 张哲俊,北京师范大学中文系教授,文学博士。

是如何互相彼此联系着发展,是一个值得思考的命题。严先生致力于发生学方法的建构,他将发生学方法运用于东亚文学与文化的研究。那么现在有必要用发生学的方法与观念,探究严先生的学术,也许能够更加近距离地触摸严先生的学术成就。

一、发生于文献目录学的学术

在严先生的学术研究之中有许多重要的著作,《日藏汉籍善本书录》是最近出版的著作,这部著作在严先生的学术发展史上有着极其特别的地位和意义。这是严先生积三十年的时间完成的巨著,三十年的时间在严先生的学术生涯之中应该说是相当漫长的,差不多占据了严先生学术生涯的所有历程。如果去除50年代末开始的求学阶段,再去除文革十年不能正常进行学术研究的时间,那么就会明白三十年意味着什么。当然即使是在文革前的短暂时间与文革的十年,严先生也没有停止他的学术追求,也有《历代职官表索引》(与吕永泽、许树安合编)、《李自成起义》、《关汉卿戏剧集(校本)》等著作。有一些著作还在不断地重印,但这些著作还不是东亚文献学、东亚比较文学、海外中国学的著作,只能认为是东亚文献学与比较文学研究的准备阶段。在这一准备阶段中,严先生最初与日本相关的学术接触是始于50年代末。70年代在全国与国外的交流几乎全部停止的时候,他与日本京都大学的世界著名教授吉川幸次郎等人交流,无疑也促使他关注日本的学术。但是真正开始研究日本的汉籍与文学是始于新时期,《书录》的撰著显然开启了新的时代。严先生出身于北京大学中文系的文献学专业,他的东亚研究从目录学开始,也是产生东亚比较文学与文化研究的基础。在撰著《书录》的数十年之间,严先生也写了其他的重要著作,但与《书录》相比无论是占用的时间,还是学术价值,都是有所不同的。在当今学界如此浮躁的时代,真是不知道有几个人愿意用几乎是毕生的精力来撰著一本书。余嘉锡先生曾经用五十年的时间撰著了《四库提要辨证》,并以此书评选为了学部委员。余嘉锡先生的时代在很多方面的条件不能与今天相提并论,但有一点是比今天的学者幸福的,那就是没有量化的学术体制,可以自由地沉入于自己的研究。没有人逼着学者昏天黑地地制造论著,可以随心所欲地潜心于一个课题,这是学术的幸福时代。可是在今天一切都要以数量标记水平的时代,能够以数十年的时间撰著一本书,实在是罕见的个例。以三十年时间写一本书,意味着失去无以估量的实际利益,但另一方面建构了真正经得起时间考验的学术生命。《书录》代表的学术生命将会一直存在下去,严先生的《书录》是当代学术的典范。

《书录》是一部难以替代的著作,撰著这样的著作,光有恒定不变的决心是没有用的。不仅要有广博全面的学术修养,也要具有难得的调查书籍的机会。在调查这些书籍的过程中,日本的著名学者、大学校长等等都陪同严先生去翻阅国宝级的珍贵文献,这种机会很难再降落到其他人的身上。没有这些极其难得的机遇,是不可能完成《书录》的。如果期待同类的著作问世,那么只能是具备更好的调查文献的条件,但恐怕难以再有这样的机遇和条件了。《书录》撰著的过程是十分艰难的,所有的藏书都是在日本,这就为研究造成了极大的困难。如果是就职于日本的大学或研究机构,这样的困难就会少一些,但严先生是在北京工作,不是随时随地可以调查书籍的。为了《书录》,严先生数十次赴日调查,其间的艰辛是可以体会的。

一般人可能会把《书录》只是当作工具书,从现代学科分类或图书馆书目分类的角度来看,《书录》只是一部普通的工具书。国家图书馆也将《书录》放在了工具书类。把《书录》看成工具书是完全没有问题的,这是一本查询书目的工具书,提供了日藏汉籍书目的清单,也可以查到相关的信息。用毕生的精力撰著一本工具书,似乎是在做一项价值不高的工作。从今天的学术观念来看,工具书是价值不高的编著。时常可以看到,某某先生带领一批学生,甚至是本科生,一起编撰工具书。好像工具书是任何人都可以编写的书,用不太长的时间就可以出版一部很厚的工具书。在当今学科的分类中,工具书的编著不被看成是真正意义上的学术研究,这只是与学术研究相关的工作。辞书、工具书的分类是近代学术建立以来的学科分类,尽管现在也有辞书研究会之类的学术组织,但仍然不大容易改变学人对工具书的普遍看法。这一分类无疑掩盖了目录学著作与普通工具书之间的本质差异,不同在于目录学著作是学术研究不可缺少的部分。

在中国传统的学术之中,目录学与辞书是两个不同的领域。目录学与普通辞书的一个重大差异是:当一个研究课题确定之后,学术研究开始的第一步,就要从目录学开始做起。这是学术的基本原则,在这一基本原则基础上出现了无数不朽的学术著作。离我们不太远的王国维的戏曲研究,就是从目录学开始的。王国维的一生中最为重要的成就之一是戏曲史的研究,戏曲史的代表作是《宋元戏曲考》(《宋元戏曲史》),撰著于1913年。王国维的戏曲史研究是从目录学开始的,1908年,戊申,光绪三十四年,32岁。9月,辑录了《曲录》二卷(初稿)。又手录明抄本《录鬼簿》,并作《跋》。《曲录》是一本目录学著作,辑录了戏曲作品目录,其中有传世的作品,也有只是存目的作品,还有残篇存世的作品。这是撰著戏曲史基础的基础。王国维不仅撰著了《曲录》,甚至还抄写了《录鬼簿》,《录鬼簿》也是一本目录学著作。王国维不是随意抄录《录鬼簿》,这是与《曲录》联系在一起的工作。王国维十分重视《曲录》的撰著。1909年,己酉,宣统元年,33岁,修订《曲录》成六卷,又成

《戏曲考源》一卷。《曲录》的内容增补了许多,王国维的重视程度可见一斑。王国维如此重视戏曲的目录学,是撰著《宋元戏曲史》不可或缺的第一步。王国维撰著《宋元戏曲史》是史无前例的开拓性研究,首先要调查清楚宋元时期究竟有过哪些曲家和作品,这就不能不从目录学开始。王国维在撰著《曲录》的过程之中,也产生了其他的论著,如《雍熙乐府跋》、《〈碧鸡漫志〉跋》。王国维还校了《录鬼簿》;以《雍熙乐府》校《元曲选》,作《〈元曲选〉跋》。撰著《古剧脚色考》。搜集唐宋滑稽戏五十则,这一辑录也可以认为是目录学的工作。在此基础上做了《宋大曲考》、《录曲余谈》、《曲调源流表》。1913年,癸丑,民国2年,37岁。1月,撰成《宋元戏曲考》,并作序(后易名为《宋元戏曲史》)。从王国维撰著《曲录》入手,最终完成《宋元戏曲史》,两者的关系看得一清二楚。《曲录》这本目录学著作,是《宋元戏曲史》的基础,没有目录学的起始,后面所有的研究都是不可能实现的。《曲录》也可以看成是普通的工具书,但决不是普通的辞书,是具有极大学术生命力的目录学著作,在此基础上能够生长出极其伟大的学术。这是普通的辞书所不具备的,普通的辞书只能是辞书,不会有生长出诸多原创性的学术研究。现今提到王国维的学术方法,就会想到地上地下的二重证明法,几乎完全忘记了由目录学到专门史的方法。《宋元戏曲史》是王国维的代表性著作,将《宋元戏曲史》放在前面,《曲录》放在后面,或者根本不会提及《曲录》。其实这是本末倒置,完全没有明白王国维学术的科学方法。产生这种现象的原因是现今的文学史或专门史,往往不是原创性的学术,只是根据已有的文学史之类著作,只要对作家作品或文学现象,提出些许自己的看法就可以了。这就完全省去了目录学的部分,目录学显得完全没有价值,也只能把目录学著作看成是无益的东西。这当然是完全不懂得科学治学方法的结果。

　　严先生的《书录》是目录学著作,也是产生了很多学术成果的目录学著作。从发生学的角度来看,除了《书录》之外,严先生还撰著了其他著作,《中日古代文学交流史稿》、《日本中国学史》等著作。这些著作与《书录》也存在着密切的关系,不是各自独立、互不相干的著作。如果把《日藏汉籍善本书录》看成是一个大的学术课题,那么《中日古代文学交流史稿》、《日本中国学史》等等重要著作,都可以看成是《书录》的中期成果。《汉籍在日本流布的研究》、《日本藏宋人文集善本钩沉》和《日藏汉籍善本书录》等著作是《书录》具体部分的深化,也可以看成是另一种形式的目录学的深化。《日本藏汉籍珍本追踪纪实——严绍璗海外访书志》是撰著《书录》的附产品。《书录》是一个大的学术研究工程,其他的成果是在目录学的基础上建立的。严先生在目录学的基础上建立了他的学术大厦,以文献为基础的学术才是可靠的学术。

　　《书录》是具有无限学术生长可能性的著作,目录总是根据研究的对象与主题有所变化,从编制大的书目,进入到编制书中相关具体内容为单位的细小目录。研究过程是不断地编制更为细化和深化目录的过程,在不断地生成不同级别的目录过程中,又会生出很多具体的学术。就以严先生关于日本物语的产生而论,严先生穷尽了《浦岛子传》各个不同时代的传说,这其实就是目录学的问题。各个不同的时代产生过浦岛子的传说,究竟有怎样的传说,这个调查过程就是浦岛子传说故事目录的生成过程。有了故事目录之后还要继续更为深入的研究,就要进一步确立和搜寻更为细小的研究对象,生成更为细小的目录。这是以浦岛子传说中的各种因素为单位重新建立的目录,这个目录会把学者带入到更细更深的故事形态演变过程的考察之中。当然一般不会把这个细目的建立过程看成是目录学,但在我看来这是目录学的细化深入的过程。当把这个目录不是停留在日本的文献,而是延伸到中国的古代文献,就自然而然地形成了中日比较文学的研究。这也是严先生在《书录》中将比较文学与比较文化的内容纳入到具体内容的深刻原因。一些不懂学术发展的所谓目录学家,只是囿于传统目录学的范围,就不可能明白这一新发展的价值所在。一切学术都是要从目录学做起,这不是空话。这种研究方式与当今学术界通常的研究方法大不相同,西方理论加中国文学例证的模式,是不需要目录学基础的。然而没有目录学基础的研究,究竟有多大程度上的可靠性和客观性,是一个很大的疑问。这样的研究,只会涉及目录学中的几种作品而已,或者这是例举式的研究。例举式的研究总是存在着部分的吻合,又以部分的吻合来描述和概括整体,这是不好的研究方法。学术研究从目录学开始,也是断重新确立和细化目录,从而推进研究。

严先生以经史子集的四部分类编排了书目,这并不意味着严先生完全赞成四部分类。他在各种场合下多次表述了四部分类的缺陷和问题,尤其是从近代学术的观念来看四部的分类存在着显而易见的问题,这是以儒家思想为核心编排的分类书目。以某种思想为核心编排的分类,可能适合于某种思想,但不一定适合于学术的一般状况。但《书录》仍然沿用了四部分类,这难道不是矛盾的吗?一方面批评四部分类,一方面又在沿用四部分类。这只能说明严先生始终保持着清醒的学术意识,既尊重古代学术传统的事实,也保持着当代学者的清醒意识。《书录》的总体分类采用了四部分类,但也没有完全恪守传统目录学的一般规则,是在传统目录学的规则之上有所变化和发展。在书目中增加了中日文化交流的内容,这是日藏汉籍书目的需要,也是最具学术创新与价值的部分之一。这为后人进一步的研究,提供了极其珍贵的学术信息。

《书录》是中日文化交流史上的重大事件,其价值与通常的目录学著作还是存在着一定的区别。对中日文化交流史来说,最重要的是调查清楚有哪些书籍流入了日本。这是中日文化交流史最基础的工作,其实也是最需要的工作。然而至今没有如此全面地调查过日藏汉籍的书目,全面的调查日藏汉籍书目给中日文学与文化关系提供了坚实的基础。在研究中日文化与文学关系时,常常遇到的一个问题是明明感觉到日本文人的作品中涉及了中国古代的某部典籍,可是要解决是否存在中日典籍的关系时,必须解决的一个问题是中国的典籍是否曾经流入过日本。如果日本根本就没有收藏过,那么确定中日作品之间的关系就显得虚无缥缈了。书籍的有无问题是最重要的问题,自从有了《书录》之后,中日文学与文化关系的研究,将会进入到一个崭新的阶段。《书录》是具有划时代意义的著作,开启了全面展开中日文学与文化的关系研究的大门。在《书录》提供的书籍信息基础上,能够生长出极其丰富的学术,这是《书录》的强大学术生命力所在。也正是基于这样的思考,《书录》更多地将力量倾注在了书目的全面性,究竟日本藏有哪些书目是最重要的。至于各个书目的各种版本信息当然也很重要,但《书录》毕竟不同于通常的目录学著作,这是中日文学与文化关系的目录学著作。表面看来《书录》与通常目录学之作相似,国内版本学者可能更为关注版本的其他信息。但《书录》记述的是藏于日本的书籍,这些书籍是中国文化与日本文化发生关系的证据,它们是中国的书籍,也是日本的书籍,这是不可忘记的一点。这与西方国家收藏的汉籍有着不同的意义,绝大部分收藏于西方国家的汉籍,在古代西方文学与文化发展过程中,并没有发生过千丝万缕的关系,只是中国的书籍收藏于西方国家而已。既然只是收藏,那么其意义和价值停留在了目录学一般意义层面上。然而收藏于日本的汉籍具有着完全不同的意义,这些汉籍不只是收藏,它们确确实实地参与到了日本文化的发展过程,成了日本文化的特殊存在方式,因此这是特别的目录学巨著。如果不能理解这一点,那么就等于基本上没有明白《书录》的意义和价值。目录学著作由于时间和地域不同,具有不同的意义。四海皆宜的目录学不一定适合于东亚学术研究的需要。也正是基于这一点,《书录》在日本学术界得到极好的评价,日本著名的文献学学者交口赞誉,是因为他们充分意识到了《书录》的巨大价值。

《书录》开启了建立东亚比较文学文献学的大道,《书录》已经建立了目录学的基础。比较文学研究多重视理论化的研究,较为缺少文献学的基础,也没有相对完整地建立过比较文学自己的文献学。中国的比较文学总是离不开中国文学,与中国文学关系较为密切的是东亚文学。东亚比较文学应当率先建立比较文学文献学,没有文献学基础的比较文学总是没有根基的学科,建立比较文学文献学是比较文学走向更为成熟的必要条件。《书录》正是向着建立比较文学文献学的方向迈出了最为关键坚实的一步。纵观现在出版的各类比较文学教材,数量可谓壮观,但遗憾的是都没有讲述比较文学文献学。比较文学是一门相当独特的研究学科,应当建立自己的文献学。然而这也不只是中国国内学术的问题,似乎国际比较文学研究中也相当缺少文献学,多是在追逐着各种眼花缭乱的主义。建立自己的目录学和文献学,这是中国比较文学走向更为成熟的必由之路。比较文学文献学应当与传统目录学或传统文献学有重合的部分,但也应当根据比较文学专业的需求有所变化和发展。《书录》正是如此,既有传统目录学的特征,也有比较文学自己的特征。这应当是在比较文学文献研究的基础上总结和构建,祈盼早日建构出完整的比较文学文献学。既为比较文学的文献研究正名,也要为比较文学文献学开拓研究的领地。实际上根据研究主题,确立比较文学原典文献的目录,再随着研究主题的不断细化和深入,不断地建立更为细小的目录,还要重视两国目录之间的关系,也是比较文学文献学的一部分。

二、东亚比较文学、日本中国学、思想文化的研究

严先生的学术成就体现在多种方面,东亚比较文学、日本中国学与思想文化的研究,都是严先生取得丰硕成果的方面。除了《书录》之外,严先生用力最勤的研究就是东亚比较文学,这方面的代表作是《中日古代文学交流史稿》,这是二十多年前的著作,现今仍然不失其学术价值,常常被引用。80年代是比较文学刚刚复兴的时期,《中日古代文学交流史稿》带着一种强烈的震撼力出现在了读者面前。还记得当时购得此书,初读之时,不能不产生的一种感觉:中国学者也可以写出如此厚重的学术著作。当时比较文学的认识尚处在较为粗浅的阶段,但是《中日文学交流史稿》以深厚的文献学的方式切入,深入地探讨了日本神话的产生、日本和歌五七调的产生、浦岛子传为核心的物语文学的产生,还有《源氏物语》等为代表的日本文学作品的比较研究。这些研究不是将不同国家的文学简单并列对比,把问题意识明确地指向了各类文本的发生问题。从具体的研究中就可以知道,严先生是精心地选择了最有代表性的初期之作。对这一类作品的研究可以解明神话、和歌、物语的发生学研究,这既是具体文本的研究,同时也是文类的发生学研究。在这里也再一次可以看到目录学与东亚比较文学的关系。实际上这是以日本文学的核心文本为基础,确立了相关作品的目录。这是作品的目录,也是各个作品内容的目录。在此可以看到根据研究的具体内容设定的目录,显示了目录学家特有研究方式。既然是从目录学开始研究,也就必然会把研究引向发生学的方向。严先生建立了完整系统的东亚文学发生学,这是具体个案研究与方法论研究结合的方法。

方法论是严先生始终思考的问题,严先生的学术并非只是一味地沉埋于个案,他是从无数个案的研究中,不断地总结自己的经验,概括出来自于实践的方法与观

念。原典实证的方法与发生学的方法，在本质上是相通的。这不是从西方理论的概念和理论中推导出来的，是在学术个案研究中总结出来的。研究实践也证明他的方法是行之有效的科学方法，不只是他个人按照这样的方法取得了辉煌的成果，其他学者也取得了坚实可靠的成果。这是适合于东亚文学与文化的方法，生长在此地，亦适于此地。中国传统的学术多是埋没在无限的个案研究，在许多历史事实的研究方面，取得了极其辉煌的成就。乾嘉学派的考据学就是如此，代表了中国古代学术的巅峰，这是无可否认的事实。但是其中也不无缺憾，因为较少理论与方法的自觉意识；尽管取得过难以企及的成就，也运用过科学的方法，但是不大自觉地总结方法与理论。即使是现在研究乾嘉学派的研究著作，虽然会涉及乾嘉学派的科学方法，但更多讨论的是乾嘉学派方法产生的原因，有关方法本身的论述比较简单，似乎无话可说。严先生是当代的学者，他以明确的方法论意识，不断地总结经验，体现了当代学者的特色和价值，这也是当代学人应当不断地追求的目标。自觉的方法论意识无疑可以进一步推进个案的研究，也可以使学术研究更为成熟。

日本中国学的研究成就也是严先生学术研究中的主干之一，严先生是最早开始研究日本中国学的学者，这一方面的研究是有目共睹、举世赞誉的。从上一个世纪50年代开始，严先生就开始接触日本中国学。他的《日本中国学史》是这一方面的代表作。由于他的卓越成就，被誉为海外中国学研究界的领袖，这不是政府官方给予的冠冕，是无数学者真诚的心声。在从事日本中国学研究时，也可以看到目录学式的研究痕迹。在《日本中国学史》产生之前，严先生编著了一本目录学的著作《日本的中国学家》。目录学与专门史的关系再一次体现在了严先生的研究成果。《日本的中国学家》是《日本中国学史》的基础，《日本中国学史》是在《日本的中国学家》基础上学术史的梳理。

思想文化的研究是严先生特别关注的方面，他的学术在纯学术的研究背后，往往具有着深广的思想动机。严先生的学术是开放的学术，他的主要成就是在古典学术方面，但他时时关心当下的各种学术问题。他十分关心当下的政治、社会、国际关系等诸多方面的问题，但他的当下思维不一定直接以社会政治评论的方式表现出来，而是以另一种形式表现出他的思想。在他的学术论著中，时常可以看到中国现代文学相关的论述，其中也不少是日本学者相关的研究。这一类内容可以看成是中国学研究的一部分，也是对现当代各种政治社会问题的关怀。这展示了严先生宽阔的视野与胸怀。各种思想文化研究中，严先生尤其关注儒学思想的历史发展与近现代的意义。在很多学者为儒学的近代化贡献而欢呼的时候，他始终保持清醒的意识，指出儒学的东亚文化圈过去不存在，近代化的儒学作用更是学人的夸张与虚构。尊重古代思想文化的事实，但又不拘泥于古代，反对复古，坚持开放的当代意识,是严先生学术研究的思想原则。他关注中日战争问题,这几乎是从事日本研究的中国学者不能不遇到的问题。但他同样也保持冷静清醒而客观的立场,其中也包含了儒学思想的认识与批判。

严先生以其辉煌的学术,在当代学术史上成为了巨大的存在,也引起了国际学术界的广泛关注。海外各种学术机构为严先生的学术,举办过多次学术会议,这在当代中国学者中是不多见的。在天津师范大学国际中国文学研究中心召开的会议上,王晓平先生曾以五个一来高度赞誉严先生的学术贡献,这五个一是第一个全面系统地调查日藏善本书籍的学者,第一个从事日本中国学研究的学者,第一个撰著中日文学关系史的学者,第一个培养中国历史上东亚比较文学博士的学者,第一个培养海外中国学博士的学者。王晓平先生的概括十分精辟,如果不引用,实乃憾事。严先生的开拓性学术成就,必然会成为当代学术史的研究对象。

实际上由我来思考和研究严先生学术发生与发展的问题,似乎有一些不太合适。因为我是严先生的弟子,不免会带入情感色彩,难于将严先生作为一个完全客观的研究对象。但另一方面这也是一个优点,虽然不能宣称十分熟悉严先生的学术,十余年来的耳濡目染,总会留下不少的痕迹,对严先生的学术有相当程度的了解。学术史的研究往往要过去一定的时间之后,才能够看得更为清楚。但当代人研究当代的学术,也自有不可替代的价值。

严绍璗先生的东亚文学关系与日本中国学研究
——为纪念严先生七十寿辰而作

周 阅*

中国的比较文学研究,自 70 年代后期以来,经过几代学者的努力,已经发展成为具有完整体系的独立学科。其标志是:在大学建立起了系统化的专业研究人才的培养机制;出版了与国际学界接轨的体系性的学术研究论著;形成了具有影响力和权威性的学术期刊;出现了国内外学界认可的学术领军人物。在中国比较文学的发展历程中,尤其是在东亚文学与文化关系的研究领域,北京大学比较文学与比较文化研究所所长严绍璗教授是国内外同行学界认可的一位杰出学者。在中国比较文学形成独立体系的上述四个标志性方面,无一例外地都有严先生的积极参与和重大贡献。

北京大学比较文学研究所是教育部于 1985 年直接发文建立的我国最早的培养比较文学高级学术研究人才的实体性学术机构,创始所长乐黛云教授执掌十余年后传薪严先生担任该所所长至今。严先生是国内第一位在东亚文学与文化关系方向招收硕士和博士研究生的指导教师,迄今为止培养了 14 名硕士生和 15 名博士生[①],这些毕业生不仅在国内而且在海外的学术界都承担着重要的工作,发挥着积极的作用。在研究著述方面,严先生先后出版了学术专著与论集 14 种,编著教材、文库等 12 种,发表学术论文百数十篇,有不少是用日文撰写的,其中有些极具学术分量和理论深度。由于严先生卓越的学术成就,他已成为东亚文学与文化关系以及日本中国学研究领域蜚声海内外的知名学者。早在 1985 年严先生还是北大副教授的时候,日本国立京都大学人文科学研究所聘请他出任日本学部客座教授,这是日本国立大学战后第一次正式聘任的在文部省注册的中国大陆客座教授。[②] 严先生在任期间参加了"教育研究经费预决算"投票,"副教授职称升迁"的

---

* 周阅,文学博士,北京语言大学教授。
① 有些硕士研究生后来继续成为严绍璗教授的博士研究生,此处人数为分别统计数字。
② 关于 1985 年日本京都大学人文科学研究所坚持聘请当时北大副教授严先生为教授的经纬,可阅读《比较文学视野中的日本文化——严绍璗海外讲演录》(北京大学出版社 2004 年版)一书中关于此事的记载。

考评和投票等，我国学界担此责任、获此经验者至今恐无数人。1994年，严先生又成为大陆以"教授"资格进入日本文部省直属国际日本文化研究中心的第一人，同年11月7日受到日本明仁天皇接见，双方就《古事记》与《万叶集》的阅读交换了见解。2001年，日本文部科学省直属 National Institute of Japanese Literature（国文学研究资料馆）以日本国立大学教授最高工资（001俸）月薪92万7千日元邀请严先生在该研究所组织"日本文学中的非日本文化因素及其价值意义"研究班一年。同年开始，他受国际比较文学学会会长邀请出任"东亚研究委员会"主席至2004年。自1993年起，国务院因"对我国高等教育事业做出的突出贡献"向严先生颁发"政府特殊津贴"至今。1998年11月9日，因在"中华文明志"中从事《中国与东北亚文化交流志》的撰著，成为当时国家主席江泽民接见的15位作者之一。江主席对他们说："你们为人民写了好书，人民感谢你们！"严先生先后获得北京大学社会科学研究第一届（1986）、第二届（1988）、第四届（1993）优秀成果奖；中国比较文学学术著作一等奖（1990）；亚洲—太平洋出版协会（Asian Pacific Publishers Association）学术类图书金奖（1996）；国家图书奖名誉奖（1999）；北京市第十届哲学社会科学研究优秀成果一等奖（2008）；改革开放30年北京大学人文社会科学研究"百项精品成果奖"（2008），2009年1月又被北京大学表彰为"人文社会科学研究优秀学者"。①

总体来讲，严先生的学术研究包括两大体系——以东亚文学与文化关系为中心的比较文学研究和以日本中国学为中心的国际汉学②研究，二者密切相关、互相促进。

一、以东亚文学与文化关系为中心的比较文学研究

1980年8月，《中国哲学》第3辑（三联书店）发表了严先生的《中日禅僧的交往与日本宋学的渊源》，这是严先生步入东亚文化关系研究的标志。③ 1982年，在两家全国性重要学术刊物上，严先生连续发表了两篇探讨中日文学关系的论文：《日本古代小说的产生与中国文学的关联》（《国外文学》1982年第2期）、《日本古代短歌诗型中的汉文学形态》（《北京大学学报》1982年第5期）。这两篇论文，分别在日本古代文学的散文文学和韵文文学这两大类型中，探讨了其中所蕴涵的中国文

---

① 以上信息均经严绍璗教授本人确认。
② "汉学"与"中国学"以及"Sinology"这几个概念存在着内涵上的差异，详见后文。本文为了表述的流畅，使用汉语词汇，同时权且顺应学界较为普遍的说法，采用"国际汉学"一词。
③ 此文收入1982年人民出版社出版的《中日文化交流史论文集》中。

化因素,这标志着严先生的学术研究正式进入了比较文学领域。上述论文已经具备了严先生日后发展起来的学术方向和研究方法的雏形。

严先生在比较文学研究领域最为突出的贡献,是建立了一套科学而严谨的比较文学研究观念和方法论体系,即"以原典实证为基础的文学与文化的发生学研究"。这一观念和方法论体系,在以往任何"比较文学原理"或"比较文学概论"之类的经典教科书中都不曾论述过。因此,它是严先生的独创,这一独创性的学术观念和研究方法决非凭空幻想出来,而是严先生在自己的实际研究中经过长年的艰辛钻研和反复摸索而逐步获得的。

文学的"发生学"理论

严先生着力倡导的比较文学的"发生学"研究,具体来讲包含三个部分:第一,在多层面的"文化语境"中还原文学文本;第二,深层把握文学与文化传递中的"不正确理解"的形态;第三,解析文学与文化传递过程中的"中间媒体"并揭示"文学的变异体"本质。

第一部分中的"文化语境"(Culture Context),是指"文学文本生成的本源"。它"是在特定的时空中由特定的文化积累与文化现状构成的'文化场'(The Field of Culture)"。严先生指出,从文学"发生学"的立场来看,文化语境至少存在着三个层面:"第一层面是'显现本民族文化沉积与文化特征的文化语境';第二层面是'显现与异民族文化相抗衡与相融合的文化语境';第三层面是'显现人类思维与认识的共性的文化语境'。每一层'文化语境'都是有多元的组合。"①

严先生在对日本古代文学的研究中发现,在传统的国别文学史的范畴内,往往会遇到无法解决的问题,而一旦将其纳入到比较文学的"发生学"研究领域,便能够拥有一种崭新的视角和理念。这使他对以往所获得的文学史"知识"产生了怀疑和反省。例如几乎所有的日本文学史著作,都把作为日本历史和文学肇始的"记纪神话"②阐述为从内容到形式都是日本文化民族性特征的最初始形态,代表着纯粹的民族传统。但是如何解释日本的创始神太阳神是女神?为什么太阳神将最高权力传给第三代,即她的孙子?为什么伊邪那歧(イザナキ)和伊邪那美(イザナミ)二神创世时首先在大地树立起一根巨柱?……诸多问题扑朔迷离。当严先生从比较

---

① 此段引文见严绍璗:《"文化语境"与"变异体"以及文学的发生学》,载《中国比较文学》2000 年第 3 期,第 3 页。

② 日本最早的文献《古事记》和《日本书纪》中记录的神话称为"记纪神话"。《古事记》是日本保存至今的第一部完整的文献,全书三卷,成书于公元 712 年,由安万侣用"万叶假名"编撰而成。《日本书纪》全书三十卷,成书于公元 720 年,用和式汉文写成。

文学的跨文化立场出发,将日本神话系统置于多层面的文化语境中加以考察时,便获得了一种解析其内在的多元文化构造的逻辑路径。严先生将《古事记》置于第一层面的"显现本民族文化沉积与文化特征的文化语境"之中,探明了日本古代社会中持久而深刻的"女性崇拜"的心理特征乃是形成这一文本内容的根源,从而反驳了日本学者梅原猛教授将其解释为宣传天皇政治需要的、脱离《古事记》产生的特定文化语境的主张。严先生又将"记纪神话"放入第二层面"显现与异民族文化相抗衡与相融合的文化语境"之中,揭示了"天孙降临"与中国道家文化"三极创生"的经典命题之间的关系。严先生还从第三层面"显现人类思维与认识的共性的文化语境"入手,论证了"记纪神话"中巨柱这一文化符号所代表的生命起源认识与世界范围生殖崇拜的内在联系。

在"文化语境"中还原文学文本,就如同将一个成熟的个体生命,重新置于其诞生之时的场域中加以分析,以探寻其所拥有的基因来源。严先生借助文本分析与实证材料的印证,在上述三层文化语境中,通过揭示文学文本的情节、人物、场景等象征意象或隐喻符号所内含的真实意义,解答了在"日本文学史"范围内难以回答的诸多问题。

"发生学"研究的第二部分中关于文化传递的"不正确理解"形态的命题,最初是由卡尔·马克思提出的。马克思指出,不同文化之间发生"对话"时,"不正确理解的形式正好是普遍的形式,并且在社会的一定的阶段上,是适合于普遍使用的形式"。① 这一命题,"实际是以后发展起来的比较文学与比较文化研究中关于'误读'的最早的、而且是最具有理论意义的表述形式"。② 一般来说,无论是纵向的文化继承还是横向的文化交流,其发生过程中都存在"不正确理解"的形态。严先生主张,包括比较文学与比较文化研究者在内的所有文化学者,都应该深层把握这种"不正确理解"的形态,这样才能清楚地解析出文学与文化传递的轨迹。例如,同为中国的儒学文化,在启蒙时代的欧洲,表现出批判封建神学束缚的理性意义,成为争取资产阶级权力的精神力量;而在德川幕府时期的日本,却表现为巩固幕府统治、维护极权制度的封建意识形态,并在日后成为日本资产阶级思想革命的精神敌人。严先生分析在儒学文化向东西方传播的过程中,分别被欧洲启蒙思想家和日本德川幕府思想家进行"不正确理解"的事实,解释了这一文化传播史上看似矛盾的现象。严先生指出,经过欧洲启蒙思想家和日本德川幕府思想家理解和阐述的

---

① 马克思 1861 年 7 月 22 日致拉萨尔的信。
② 严绍璗:《文化的传递与不正确理解的形态——18 世纪中国儒学与欧亚文化关系的解析》,载《中国比较文学》1998 年第 11 期,第 6 页。

儒学,已经不是中国本土的"事实的儒学",而是由阐述者从各自的需要出发演绎出来的"描述的儒学",后者即是在特定时空中对前者所做的"不正确理解"。事实上,被描述是所有文化传递的必由之路,因此"不正确理解"是文化传递的普遍形态。

但是,把"事实的文化"以"不正确理解"的形式演绎成为"描述的文化",并不是文化传递的终极形态。文化传递的最终结果,是进一步把"描述的文化"消融在另一种异质文化之中,从而产生出新的文化形态。这样,就出现了"发生学"理论第三部分中的两个关键概念——"中间媒体"和"文学的变异体"。

严先生对"中间媒体"这一概念进行了如下界定:"异质文化(文学)以'嬗变'的形态,即异质文化整体或部分以一种被分解的形式,介入本土文学之中,在文本成为'变异体'之前,形成一个过度性走廊,并成为未来新的文学(文化)样式的'成分',这就是'文学变异'中的'中间媒体'。"[①]"中间媒体"是为解明异质文化传递中复杂的变异而特别确认的一种特定的文化形态。当中国儒学传入欧洲遭遇启蒙主义思想家时,其非宗教性的以人而非以神为本位的道德文化因素,被注入了启蒙主义思想家自身的反对宗教神学的理性精神,继而被阐发为从宗教启示中独立出来的纯粹道德。这种纯粹道德,即是一种中间媒体,它成为启蒙主义者构建理想社会模式的基础。同样,中国儒学进入德川时代的日本,德川幕府的思想家们便抓住了其中封建阶位制的伦理文化因素,特别是将程朱理学表述为一种符合武士本位和敬神本位需要的全民身份制度的理论,这一理论也便以中间媒体的形态成为构成日本儒学的积极因子,并且最终与国粹主义同流合污,成为天皇制政治体制和军国主义的理论基础。

"中间媒体"的存在促成了"文学变异体"的形成。严先生首次明确提出"变异体"的概念,是在长篇论文《日本"记纪神话"变异体模式和形态及其与中国文化的关联》(《中国比较文学》1985年第1期)中。论文分析了中国伏羲女娲创世神话被日本神话吸收和融化的样态,阐述了中国多民族文化在日本创世神话构成中的意义,从而揭示了古代日本"记纪神话"的所谓"民族特征"产生的本源,论证了"记纪神话"实际上是一组"变异体神话",也就是说,它是在本民族原始神话观念的母体中,融合了异民族文化的若干因子而形成的一种"新神话"。该论文受到相关研究者的高度重视和支持,被收入《北京大学哲学社会科学优秀论文选》第3卷(北京大学出版社1988年)。同一时期,严先生进行了大量相关课题的研究,如"竹取物语与中国多民族文化的关系"、"白居易文学在日本古韵文史上的地位与意义"、"日本古代小说浦岛子传与中国中世纪文学"、"明代俗语文学的东渐和日本江户时代小

---

① 严绍璗:《"文化语境"与"变异体"以及文学的发生学》,载《中国比较文学》2000年第3期,第12页。

说的繁荣"、"唐人传奇游仙窟与日本古代文学"等。1986年暑期,严先生在季羡林先生主持的"东方文化讲座"上以《古代日本文化与中国文化会合的形态》为题作了演讲(文载《文史知识》1987年第2期),将研究的对象从"记纪神话"等个案扩展到整个日本古代文化,将日本古代文化的本质归纳为"复合形态的变异体文化",指出"日本传统文化'变异性'的养成,恰恰是在民族文化的'排异'中实现的"。"日本传统文化为保持其民族性所表现的排异能力,并不在于简单地拒绝外来文化,而是在于追求与外来文化相抗衡的力量,这便是在排异中实现自身的变异,中国传统文化的因素,主要是在这一过程中,被逐步吸收和溶解于日本民族文化之中的,这便是古代中日文化交会的主要轨迹,也是日本古代文化的主要特性之所在。"①从日本"记纪神话变异体"研究开始,严先生以一系列学术论文完成了日本文化变异体本体论的阐发,在此基础上构成了阐明日本文学生成轨迹的"发生学"理论。②

1987年,湖南文艺出版社出版了严先生在东亚文学与文化关系领域的代表性专著《中日古代文学关系史稿》。在这部专著中,严先生对日本文化的变异体性质进行了阶段性总结,对文学的"变异"进行了明确的界定:

> 文学的"变异",指的是一种文学所具备的吸收外来文化,并使之溶解而形成新的文学形态的能力。文学的"变异性"所表现出来的这种对外来文化的"吸收"和"溶解",不是一般意义上的理解。如果从生物学的观点来说,"变异"就使新生命、新形态产生。文学的"变异",一般来说,都是以民族文学为母本,以外来文化为父本,他们相互会合而形成新的文学形态。这种新的文学形态,正是原有的民族文学的某些性质的延续和继承,并在高一层次上获得发展。③

继《中日古代文学关系史稿》之后,严先生又先后出版了《中国文学在日本》(与王晓平合著,花城出版社1990年)、《中国文化在日本》(新华出版社1993年)、《比较文化:中国与日本》(与刘建辉、王勇合著,吉林大学出版社1996年)、《中国与东北亚文化交流志》(与刘渤合著,上海人民出版社1999年)、《比较文学视野中的日本文化——严绍璗海外讲演录》(日文撰写,北京大学出版社2004年)等一系列著作,并且编著了《中日文化交流事典》(副主编,辽宁教育出版社1992年)、《日中文化交流史丛书·文学卷》(与日本文学会会长中西进联合主编,日文版:大修馆出版社1995年,中文版:浙江人民出版社1996年)、《日中文化交流史丛书·思想卷》

---

① 严绍璗:《古代日本文化与中国文化会合的形态》,载《文史知识》1987年第2期,第118页。
② 当本文即将成稿之时,得知严绍璗教授的《比较文学与文化"变异体"研究》一书已交由复旦大学出版社刊出,相信此书一定能加深读者对"变异体"论说的理解。
③ 严绍璗:《中日古代文学关系史稿·前言》,湖南文艺出版社,1987年,第3页。

（与日本思想史学会会长源了圆联合主编，出版信息同上）等东亚文学与文化关系的学术论著。上述扎实而厚重的研究系列，在多重文化语境中，将文学文本解析为诸多要素，并确认诸要素所蕴涵的文化学意义和价值，进而在切实的文本解析的基础上展开细致深入的分析和论证，通过梳理文学与文化传递中"不正确理解"的轨迹，揭示出"中间媒体"的样态、作用和意义，最终从各种"变异"形态的文学与文化中还原出"事实的"文学与文化，形成对文本的综合性阐述。这就是严先生建构和倡导的"发生学"研究。"文学的发生学，是关于'文学'生成的理论。……文学的发生学更加关注文学内在运行的机制，从而阐明每一种文学文本之所以成为一种独特的文学样式的内在逻辑。"①"发生学"可以还原出文学文本最接近真实的生成过程，在这一意义上，"发生学"关于文学生成的阐述不同于文学的诠释，其答案具有客观性、科学性和唯一性。

严先生30年来的比较文学研究，不但系统地揭示了东亚文学与文化的历史联系及各自的民族特征，阐明了形成各种复杂联系的文学与文化的内在运行机制，而且在此基础上进行理论的概括和提升，建构了关于理解文学与文化"变异体"本质并探明其生成过程及传播路径的、具有高度学理性的"发生学"理论体系。这一体系把对东亚文学与文化的"双边关系"的研究发展到了"文化语境"的层面，把对比两种或几种文学样式之相同与相异性的肤浅研究提升到了探究异文化互融的高度，把相对表层的"影响研究"、"平行研究"推进到了文学与文化的内部，并且打破了民族文学、国别文学研究的禁锢，以切实的探索和实践真正把比较文学做到了民族文学的研究中去，在民族文学的研究中开辟了比较文学的新天地。②严先生在总结自己的比较文学学术活动时强调，他"希望经过'比较文学的研究'，在'发生学'的意义上重新审视日本文明史（包括文化史），最终能够在更加接近事实的意义上，以'文本细读'为基础'重写日本文学史（或文化史）'"③。"发生学"研究的理论价值与演示模式在比较文学的一般研究中具有普遍性意义，拓展了比较文学研究的视野和空间，成为比较文学特别是中国比较文学学科极具学术价值的重要成果之一。

值得注意的是，严先生的"发生学"理论建构，完全是建立在以原典为根本的实证研究基础上的。严先生一向反对空谈理论，从不发表没有文本解析和实证根基的空泛的理论文章。事实上，严先生始终坚持并极力倡导的"原典实证的方法论"，

---

① 严绍璗：《"文化语境"与"变异体"以及文学的发生学》，载《中国比较文学》2000年第3期，第2页。
② 关于民族文学研究与比较文学研究的关系，严先生有过诸多阐述，在《中国比较文学》2005年第3期上发表的《民族文学研究中的比较文学空间》一文，对此问题进行了总结性论述。
③ 严绍璗：《关于比较文学博士养成的浅见》，载《中国比较文学》2005年第2期，第4页。

不仅是对比较文学,而且在某种意义上也是对整个人文科学研究的贡献。

原典实证的方法论

"所谓'原典性的实证研究',是指在研究过程中依靠'实证'和'原典'来求得结论的'确证性'。"①严先生将原典性的实证研究作为双边与多边文学文化关系研究的基本方法,作为一个可操作的系统分为五个层面:

  第一,尊重学术研究史;
  第二,确证相互关系的材料的原典性;
  第三,原典材料的确证性;
  第四,实证材料的二重性与多重性;
  第五,研究者健全的文化经验。

"尊重学术研究史",是严先生在早期的原典实证理论的基础上,通过自身的学术实践而进一步发展起来的一个层面。它要求研究者首先要充分尊重学术史的成果,即对于本学科与本命题形成与发展的历史有切实而全面的了解,以此作为自己研究的前提。严先生举国内关于孔子祖籍的河南山东之争为例,其实两千年前的《史记》中已明确记录孔子的祖先乃是"宋人"(当时的宋国在今河南省境内),因此对这一命题的研究是典型的不了解学术史的无前提、无意义的研究。严先生指出,对学术研究史的尊重具体表现在两个方面:一是对于研究命题,应该充分掌握这一命题内各个概念的学术史演进轨迹,这是因为许多概念的内涵是随着文化史的发展而不断延伸和变化的,把握其演进轨迹就可以避免命题概念的错位;二是必须对研究命题已有的先行研究成果进行学术史的清理,这是因为任何时代的任何相关研究都必然是该学术史上的一环,任何新的研究成果都是建立在前辈研究的基础上,是对相关研究的继承、发展或怀疑、否定,凭空诞生的完全"创新"的研究是没有根基,也是不可能存在的。"尊重学术研究史"的主张,不仅使我们能够脚踏实地,谨慎于自己的学问,同时也慎重看待充斥学界、轻易标榜的所谓"第一次"、"新创见"、"填补空白"等等。

"确证相互关系的材料的原典性"包括两个方面。首先是研究的材料对于研究的对象来说应该具有"原典性",也就是说材料与对象在时间上必须一致,不能以此一时代的材料去证明彼一时代的"事实"。严先生举出中日文化界一些人士的"徐福研究"为例,他们预先设定好或者说假想出一个结论——徐福到达日本并繁衍了

---

① 严绍璗:《多边文化研究的实证观念和方法论》,载《华夏文化论坛》2008年第9期,第20页。

后裔,然后拿出公元17世纪的文献加以证明。然而,根据《史记》的记载,徐福是秦始皇时代即公元前3世纪的人物,以两千年后的文献去证明两千年前的"史实",这样的文献材料就不具备"原典性",因而其结论也不具备正确性和说服力。其次,研究的材料必须是研究对象本国或本民族的"原典材料",也就是说,论证中具有主体意义的材料必须是母语文本材料,而不能以翻译甚至转译的材料作为立论的关键性证据。严先生指出,翻译家的"翻译"与研究家的"研究"是两个层面上的活动,比较文学的研究不可依靠翻译来进行,因为世界上不存在两种完全一一对等的语言文字,译本与原本的差异原本就是不可避免的事实,此外,译者的主观能动、误解臆想以及他所受到的时代政治环境的限制都会扩大和制造更多的差异。笔者在研究川端康成的小说《睡美人》的佛教救世主题时,对于国内权威译本中关于睡美人像"像一具僵尸"的细节感到十分费解,查阅原文却是如同"佛祖(ほとけ)"一样,虽然仅为一词之差,但却关系到小说的主题。再如最近出现的把"蒋介石"译为"常凯申"一事,如果以这样的译本为基础展开研究,恐怕会"创造"出一位新的历史人物了。译本是供人阅读和欣赏的,不能作为学术研究的材料。只有把握原文的本意,才有可能做出最接近真实的分析。遗憾的是,现今许多学者的研究仍然完全依靠译本展开,甚至在完全不懂对象国语言的情况下完成了大量的"研究成果",这些成果的学术价值究竟有多少,相信真正潜心学问的人自有明断。

"原典材料的确证性",乃是在已经具备了材料的"原典性"的前提下,其中的主要材料还必须具备"确证性",即必须是不能辩驳、无法推翻的"死证"。在双边(多边)文学与文化的研究中,有些材料虽然具有"原典性",但却可以得出双向影响的结论,也就是说,同一个材料既可以证明A命题也可以证明B命题,这就是没有"确证性",极易招致反驳甚至被彻底推翻。如,在研究日本古代最早的物语《竹取物语》与中国文学的关系时,典型的材料是中国秦汉时代"嫦娥飞升"的传说和四川阿坝地区"斑竹姑娘"的传说,但研究者却从相同的材料中得出了相反的结论。严先生通过比证日本上古时代与中国秦汉魏晋时代的"竹崇拜"心态,以及中国秦汉之际的"日月神客体论"新神话与日本"日月神本体论"神话的差异,寻找到了反映文化事实本质的原典材料,获得了材料的"确证性",从而有力地证明了《竹取物语》中所汲取的中国文化因素。

"实证材料的二重性与多重性",是指研究中尽量应该使用地下文物与书面文献共同参与实证,此二者的结合,相当于法律上的"物证"与"人证",这在古史研究中尤为重要。早在19世纪末20世纪初,甲骨文字的出土与敦煌文献的发现就已经促成了二重实证法的实现。严先生在论证中国上古时代以"倭"作为人种译名来记录日本原住民时,就采用了日本九州志贺岛出土的一枚金印的印文作为二重证据。① 此外,严先生在关于东亚原始图腾的考证中、在就日本古代神话与"梅原古代学"进行的论争中、在关于日本早期物语文学的构造的解析中,都引入了实物作为文献的佐证。在"二重证据"的同时,严先生更倡导"多重实证",他十分强调"发生学"研究中民族学、民俗学、人类学、地理学等诸方面的文化原典材料参与其中。他本人在1992年7月与8月曾经参加日本学者组织的"阿伊奴访察组",在日本北海道白老等地进行人类学与民族学的访察,获得的材料在他90年代以来的论著中多有表述,特别是2001年12月3日,严先生应日本东京大学比较文学研究中心邀约,以『「浦島伝説」から「浦島子傳」への発展について——日本古代文学における神話から古物語への発展の軌跡について』(《从〈浦岛传说〉向〈浦岛子传〉的发展——日本古代文学中从"神话"向"古物语"发展的轨迹》)为题发表的日语讲演,大量地使用了多学科的原典材料。② 讲演一结束,82岁的东京大学名誉教授平川佑弘就站起来说:"了不起的讲演,真正的比较文学!"此次演讲生动地体现了多元文化视野与多学科原典实证的价值。

应当注意的是,对于实物的实证材料,也需要以学术的警惕去鉴定其"确证性"。日本当代考古学界就发生过在发掘过程中自己放入捏造的文物作为"重大发现"的事件。因此,研究者也应该具有相关的文化学、考古学乃至文物鉴别的知识。

"研究者健全的文化经验",是针对从事双边(或多边)文化研究的学者自身经验的要求,他们应该具备与研究对象相关的两种或两种以上文化氛围的实际经验,包括对象国文化氛围中美意识的体验、对象国语言中特殊语义的体会、对象国与本土在文化观念方面的差异性认识以及关于对象国文化的综合性体验。这是一些比较文学研究者还不曾意识到的层面,然而对于跨文化的研究却是至关重要的。笔者在翻译一位日本学者有关澳大利亚的论文时,其中引自英文书籍的一句话里有"中国人"一词(日文的汉字词汇也写作"中国人"),当进一步查对原出处时,发现英文用的是"Chinaman"而不是"Chinese",这两个说法虽然都指代中国人,但在英文语境中的内涵和感情色彩是不同的,前者带有明显的鄙视和贬义,相当于我们说"日本鬼子"和"日本人"的差异,结合该文所涉及的"黄祸论"的意识形态,笔者将其"改"译为"中国佬"。这就是典型的对象国文化中的特殊语义。"人文学术的研究,说到底,它实际上是以研究者的'主观性判断'来处理各种'客观性材料'。人文学术的成果,正是处于'主观性判断'与'客观性材料'的交接点上,因此,研究者具备

---

① 参见严绍璗:《中国文化在日本》第一章,新华出版社,1993年。
② 见《比较文学视野中的日本文化——严绍璗海外讲演录》(日文),北京大学出版社,2004年。

健全的文化经验就成为最重要的条件了,由此便可以获得进行双边文学与文化研究的良好的主体境遇。"①研究者在文化氛围诸方面的实际体验,直接关系到他对于文学文本以及相关的文化语境能否拥有准确的理解和真实的把握。经验的缺失只能靠主观臆测或道听途说来弥补,而这是学术研究的大忌。

基于原典实证方法论的立场,严先生反复强调研究者一定要进行文本细读。没有文本分析基础的理论研究,无异于空中楼阁,这一道理已无须赘言。比较文学研究中的文本细读包括了双边和多边的文本,尤其要避免因自以为是的心理而对自身的中文文本采取不求甚解的态度。严先生在指导学生的过程中,一方面要求学生要对中文文本保持"敬畏"心态,另一方面,对于外文文本,要求在引证时必须注明文本原名,同时对重要引文应以附录形式列出对应的原文。这样做,一是显示出作为论文立论基础的材料没有经过"文化过滤",确保文献的原意;二是便于读者检验并判定论文的真实性与价值。

中国学术界关于实证的方法已经有过长期的争论,但事实证明,真正经得起文化事实的检验、富于学术生命力的研究成果,都是有确凿的原典和强大的实证作为支撑的。当然,原典实证的研究绝不是追求文献资料的堆砌,而是要在对实证材料的选择与追索中,以学术的眼光和理性的思维进行学理性的分析、归纳和阐释。方法论问题在比较文学的发展进程中是一个无法回避的问题,"从根本上来说,所谓方法论问题,实际上是一个学术观念问题,又是一个学术知识问题,也是一个研究者的学风问题。从近来的一些所谓研究来看,方法论问题,其实也是涉及研究者的人品道德的问题"②。人文科学的研究虽然不像自然科学那样可以通过"实验"加以证明,但却可以借助"实证"加以推导。在比较文学研究中坚持原典实证的方法论并非易事,这首先需要有踏实的学术作风、严谨的学术态度,同时还需要付出艰辛的努力。在当今学术浮躁的时代,严先生提倡的"原典实证的方法论",对于纠正急功近利、追逐虚名的不良学术风气,无疑具有警示的作用和深远的意义。

严先生对中国比较文学学科的贡献,还表现在学科定位与人才培养方面,这也是与严先生自身的学术研究和理论建构密不可分的。

透过热热闹闹的学术表象和自我张狂的学者身影,严先生看到了比较文学学科定位中所谓"世界文学"的非学术性并深表忧虑。为此,本着学术的严肃性、严谨性和科学性原则,严先生一直致力于澄清比较文学"是一种'学术存在'而不是一种

---

① 严绍璗:《多边文化研究的实证观念和方法论》,载《华夏文化论坛》2008年第9期,第26—27页。
② 严绍璗:《双边文化关系研究与"原典性的实证"的方法论问题》,载《中国比较文学》1996年第1期,第5—6页。

'文学存在'",反复强调"比较文学"的宏大多元的跨文化性质、严肃深奥的学术本位性质,以及作为一个学科的独立性质,为"比较文学"正名。严先生指出,比较文学是"必须经过严格规范学习和训练、至少应该在掌握双语的文化语境中、对文学与文化在经典的层面上展开研究的学术",其"最基本的学理不是把'比较'仅仅作为'对比方法',甚至也不是作为一般的认识事物的'方法',而是把'比较'作为研究中特殊养成的一种基本的'思维形态'",而"所谓的'比较思维',就是'文化认知'和'文学认知'的'多元性思维'",多元性思维所产生的判定和结论,更加接近文学与文化发生、发展的事实。①

与对比较文学学科性质的思考相关,严先生提出了考核和培养比较文学研究生的四个标准:"养成比较的思维形态"(不是"对比"的思维)、"奠定原典文本的基础"、"具备足够的理论素养"、"建立宽广的文化视野。"②后学的培养对于中国比较文学学科的发展与成熟,无疑是至关重要的。限于篇幅,本文对严先生在比较文学学科定位与人才培养方面的具体观念和主张不展开评介。

严先生的东亚文学与文化关系研究,突破了"欧洲文化中心论"的藩篱,同时也脱开了中国比较文学研究初创时期"法国学派"和"美国学派"的束缚与论争,走上了一条对中国比较文学有所创建的道路。

二、以日本中国学为中心的国际汉学研究

如前所述,严先生在上世纪80年代初进入了比较文学的研究领域,此前十年,严先生已经从日本中国学研究开始了他的学术道路,其东亚文学与文化关系的研究正是始于日本中国学研究,而且他于1986年开始培养的第一位硕士研究生也是国际汉学(日本中国学)的研究方向。

严先生在国际汉学研究领域的学术贡献主要包括两大部分:日本中国学研究和日本汉籍文献学。

日本中国学研究

论及严先生在国际汉学领域的学术研究,首先必须廓清"汉学"、"中国学"和"Sinology"这几个概念。严先生本人更愿意对这一学科采用英语的"Sinology"来指称,之所以不使用汉语的"汉学"、"中国学"或"中国研究"等概念,是因为中国学

---

① 此段引文均见严绍璗:《对"比较文学与世界文学专业"名称的质疑与再论"比较文学"的定位》,载《中国比较文学》2004年第1期,第3—9页。
② 参见严绍璗:《树立严谨的比较文学研究观念和方法》,载《中国比较文学》2003年第1期,第10页。

术界在对这一学科的汉语表述上还存在着极大的分歧,这些分歧的存在恰恰表现出中国在这一领域的研究尚未摆脱学术史上的混乱,因而在与国际学术界,特别是日本学术界的对话中出现了很大的差异和错位。

"Sinology"指海外学者对中国文化的研究,包括语言、文学、历史、哲学、考古和宗教等经典人文科学,同时也包括某些"专学",如蒙古学、满洲学(满族文化)、西藏学(藏学),乃至敦煌学、西域学、西夏学、渤海学等等。"Sinology"这一概念的内涵相对来说具有综合性和概括性。之所以这样说,是因为"Sinology"包含着以历史时间和研究内容相区分的性质不尽相同的学术。[①] 严先生曾在多个场合反复重申,欧美各国及日本在工业文明建立之前的对中国文化的研究,在汉语文化中称为"汉学",而在各国的近代文明确立之后开展的对中国文化的研究,在汉语文化中称为"中国学"。

> 在"汉学"的时代,对研究者而言,他们意念中的"中国文化"就是"汉族文化",作为研究对象的"汉族文化",他们不仅是作为"客体"进行研究,而且在不同的层面上还作为"主体"的"意识形态"的材料来加以吸收……而在"中国学"时代,对这些国家的学界而言,总体上说,以"汉民族文化"为主体的"中国多民族文化"是作为世界文化的一个类型而存在,即只是作为研究的客体而存在,……研究者并不把自己的研究对象作为意识形态的材料吸收,而是在学理上作为认识与理解世界文化的一种学术,并进而利用这样的学术来构建自己本国的文化话语……[②]

例如,18世纪欧洲思想革命之前的欧洲学界以及19世纪中期之前的日本学界,学者们(包括传教士们)对中国文化的研究便是一种"汉学"领域的研究。前文讲到的分别进入欧洲和日本的中国儒学,就不仅仅是客体研究对象,而是被有意无意地纳入了他们自身的主体意识形态之中,德川幕府甚至把朱子学推升为当时日本的官方哲学。此种"汉学"与"中国学"的差异,在日本学界表现得尤为突出,这是中日之间文化交流的先天密切性使然。

之所以要强调"汉学"与"中国学"在"在汉语文化中"的表述,就是因为在日语

[①] 实际上英文中也存在两个相关概念:"Sinology"和"Chinese Studies"。《汉学研究》主编、北京语言大学阎纯德教授将其归纳为"传统汉学"和"现代汉学"两种汉学形态:传统汉学从18世纪起以法国为中心,崇尚中国古代文献和文化经典的研究,侧重于哲学、宗教、历史、文学、语言等人文学科的探讨;现代汉学则兴显于美国,以现实为中心,以实用为原则,侧重于社会科学研究,包括政治、社会、经济、科学技术、军事、教育等一切领域,重视正在演进、发展着的信息资源。参见阎纯德:《从"传统"到"现代":汉学形态史的历演进》,载《文史哲》2004年第5期。

[②] 严绍璗:《我对Sinology的理解和思考》,载《世界汉学》2006年第4期,第6—7页。

的汉字词汇中同样存在"漢学"和"中国学"的概念,而二者是截然区分的,不同于中国学界目前的混淆状态。1994年12月在海南召开第一次国际汉学大会,日本学者到会后向组委会抱怨,他们按照"汉学"的概念准备了明治维新之前的材料,参会之后才发现讨论的议题竟是明治维新之后的"中国学"。在日本文化学术史上,把形成于14—15世纪、在江户时代(1603—1867)得到极大发展的对中国文化的传统研究称为"漢学";而把形成于20世纪初期、在近代文化层面上展开的对中国文化的研究称为"中国学"(战前称"支那学")。"日本近代中国学,是指在近代文化运动中从世界文化的研究中独立而形成的对中国文化的近代性研究,它并不是明治时代之前的传统的'汉学'的自然的衍生。……它在学术观念与方法论上,都具有与'汉学'不同的新的内容和新的形式。"[①]日本传统汉学不单把中国文化作为研究对象,更重要的是作为吸收对象,因而汉学本身亦成为日本文化的组成部分。日本中国学则是在辩证地否定汉学的基础上发展起来的,研究者摆脱了汉学的经学主义文化观念,拥有客观的、世界性的学术眼光。严先生对"Sinology"概念的坚持,也折射出他清晰明确的学术思维、一丝不苟的学术态度以及坚定不移的学术立场。

严先生不但清楚地界定了上述三个概念,而且明确地廓清了国际汉学研究的范畴与性质。国际汉学研究最主要的范畴包括以下四个部分:第一,研究中国文化向域外传播的轨迹和方式;第二,研究中国文化在对象国语境中的存在状态,即对象国文化对中国文化的排斥、接受和变异;第三,研究世界各国(对具体的学者来说则是特定的对象国)在历史进程中,在不同的政治、经济和文化条件下形成的中国观;第四,总结各国学者对中国文化各领域进行研究的具体成果和方法论。

从上述范畴可以看出,国际汉学研究与比较文学研究,在学科性质上存在着内在的联系,在学术观念和研究方法上也存在相通之处。[②]国际汉学的研究客体即研究对象是中国的人文学术,如文学、历史、哲学等,因此,这一学术研究实际上是中国的人文学科在域外的延伸。但是,国际汉学的研究主体即从事研究的学者,却生活在异文化语境当中,他们的价值观念、人文意识、美学理念、道德伦理等都与中国文化不同,因此,他们的研究中所蕴含的价值判断以及所体现的批评标准,在本

---

① 严绍璗:《20世纪日本近代中国学的实证主义研究——实证论的特质与经院学派的先驱者们》,见《汉学研究》第一集,阎纯德主编,中国和平出版社,1996年,第122页。
② 关于汉学研究与比较文学研究的关系,可参见乐黛云《迎接汉学研究的新发展》(《中国文化研究》2000年秋之卷)及阎纯德《比较文化视野中的汉学和汉学研究》(《文史哲》2000年第6期)等文章。严绍璗教授在复旦大学出版社即将刊出的《比较文学与文化"变异体"研究》一书中,把"国际中国学"列为该书第二编的第三章,标题为《关于"Sinology"(中国学或汉学)的属性与范畴的思考——"比较文学"研究中一个重要领域》。

质上又都是其"母体文化"的一部分。从这一意义上说,国际汉学既是中国文化,又不完全是中国文化,它是中国文化经过外国学者的理解、阐释和评价而形成的一种独特的学术。而国际汉学研究则是中国学者对海外汉学家及其对中国文化研究成果的再研究。严先生这样总结国际汉学研究的性质:"这是一门在国际文化中涉及双边或多边文化关系的近代边缘性的学术,它具有'比较文化研究'的性质。"①

同比较文学领域的研究一样,严先生也始终坚持从理论与实践两方面为国际汉学研究正名。在一些人看来,国际汉学研究只不过是一些零星的情报、片段的信息,不成其为学术。严先生指出,将国际汉学研究定位为学术性工具的狭隘观念,是由于其评价标准建立在了对中国人文学术价值的自我中心的认定基础上,这将造成对国际汉学研究的真正的学术内涵和学术价值缺乏理解与把握,从而导致对中国文化的世界性价值认识不足。严先生以自己切实的研究和确凿的论证,纠正着人们的偏见和误解,证明了国际汉学研究是一门具有确定学术内容和重要研究价值的学科。

1964年,严先生从北京大学中文系古文献专业毕业后,在北大副校长魏建功先生的推荐下留校从事燕京—哈佛学社(The Yenching-Harvard Institute)的资料整理工作,这是严先生对国际汉学领域的最早接触,由此开始了对"国际中国文化研究"的关注。上世纪70年代,严先生正式介入了"日本中国学"研究。在研究的初期,严先生虽然对这一学科还没有明确的认识,但却已经敏锐地意识到,从事古典文化研究的人应该对国外如何看待中国古典文化有所认识。因此,从那时起严先生就在极为困难的条件下尽己所能地查找、编辑和报道一些日本对中国文化的研究成果。1979年,严先生利用中文系提供的有限的经费,与古文献专业同人一起编辑、打印并散发了《国外中国古文化研究情况》。同年开始,严先生在由国务院古籍整理出版领导小组主持的《古籍整理情况简报》(中华书局出版)上发表了很多关于日本学者研究中国古代文化的学术情报报道,如《日本学者对中国文学史分歧的见解》、《日本学者论〈诗经〉》、《日本学者论〈尚书〉》等等。1981年,严先生还为《简报》做了一个总结日本学者十年来对中国古史十大问题研究的增刊。这些小册子,是严先生在日本中国学研究领域筚路蓝缕的见证。它们的问世,成为开启国际汉学研究大门的重要推动力量。

1974年,34岁的严先生来到日本近代中国学的发源地之一——日本国立京都大学人文科学研究所,这是他第一次亲身接触日本文化。此次日本之行,成为严先

---

① 《国际中国学(汉学)的范畴与研究者的素质》(来新夏、张广达、严绍璗:海外汉学三人谈),载《中华读书报》2000年7月19日,"文史天地"版。

生日后深入日本中国学研究领域的契机,他不但结识了吉川幸次郎、增田涉、小川环树等许多日本学界知名的中国学家,而且缘此而受中国社会科学院孙越生先生之邀开始编辑日本研究中国文化的机构与学者的目录,这份目录不断扩大、充实,成为严先生在日本中国学领域的第一部工具书《日本的中国学家》(中国社会科学出版社1980年)的基础资料。《日本的中国学家》共收录了1000位日本中国学家,对这一领域日本学者的全貌作了一个基本的、全景式的呈现。该书如今已成为中国学术界研究国际汉学的开山之作。此后,同样在孙越生先生的主持下,《美国中国学手册》(中国社会科学出版社1981年)和《苏俄中国学手册》(中国社会科学出版社1986年)相继出版。这三部书作为"国外研究中国丛书",代表了自70年代末至80年代中期中国对国际汉学的认识和研究状况,为这一学科的发展提供了基础性资料,尽管有些内容略显陈旧,对学界最新发展的介绍亦有不足,但仍然第一次系统地为海外中国学研究铺展了入门的道路。

1991年,严先生出版了专著《日本中国学史》(江西人民出版社),该书以十章46万字的丰厚阐述,系统地梳理了日本从传统汉学到近代中国学的学术发展史,被国内外学界评价为中国人研究"国际中国学"的国别史中非常有价值的著作。中国文化弘扬于世界,以传入日本的时间为最早、规模为最大、反响为最巨。因此,要针对日本的中国研究的历史脉络进行梳理和研讨,其工程之浩大可想而知,加之在起步阶段可借鉴的成果和可依靠的资料几乎都是一片空白,其工作之艰辛亦不难想象。但经过严先生的孜孜矻矻的努力,终于在《日本中国学史》中,将中国文献东传日本的轨迹、日本传统汉学的发生、形成与流派以及日本近代中国学形成的条件、过程和性质等,条分缕析地呈现在了读者面前。应该特别注意的是,20世纪以后的日本中国学性质十分复杂,它既表现了日本人文学术界在中国文化研究领域中的近代性觉醒,又杂糅承继了前几个世纪的武士领土野心,并且在某些方面包含了近代以来的军国主义观念。因此,严先生所从事的研究,面临着一个特殊的挑战,即面对一份研究中国文化的国际性人文资源,一方面要剔除其腐朽性成分,另一方面要揭示出其科学性、学术性的成分。《日本中国学史》的第十章"近代日本中国学的挫折",对日本"大陆政策"下的中国观、"满洲学"、"大东亚战略"体制下的中国研究机构及其研究、日本军国主义对中国文献和文物的掠夺等方面,都展开了研究和批判。同时,第九章"近代日本中国学对现代中国文化研究的宝贵业绩",则对战前日本中国学界在鲁迅研究等方面的思想意义和学术价值进行了分析和肯定。[1]

---

[1] 《日本中国学史》经严绍璗教授修正补充后定名为《日本中国学史稿》,收入阎纯德、吴志良二先生主编的《列国汉学史》中,即将由学苑出版社刊出。

严先生在自己的学术实践基础上总结了从事国际汉学研究的学者所应具备的素质。他批评了在考察外国人的中国文化研究时常见的一种思维惯性,即一看其态度是否友好、结论是否赞扬,二看其理解是否与我们一致。严先生指出,国际汉学的研究者首先必须确立一种基本的国际文明史观——把中国文化看作世界文明的共同财富。正因为世界各国都可以在他们自身的文化背景下来研究和阐释中国文化,中国文化才得以表现出其世界性价值。国际汉学研究对于研究者的知识结构、文化修养及学术积累都有较高的要求,研究者应该具有超越国别文化研究的相对宽阔和深厚的知识结构——既具有本国文化的素养,又具有特定对象国的文化素养;既具有关于文化史学的学科理论素养,又具有两种以上语文即汉语和对象国语言的素养。

在如今的中国学术界,国际汉学研究已经成为一门引人注目的显学。这一学科的迅速发展,意味着我国学术界对中国文化所具有的世界历史性意义的认识日益深化,也意味着我国学术界越来越多的人士开始意识到,中国的文化作为世界人类的共同精神财富,对它的研究事实上具有世界性。严先生认为,国际汉学研究的发展以及学界对国际汉学的日益重视,"是三十年来,我国人文科学的学术观念的最重要的转变,也是最重大的提升的标志之一"①。

严先生在国际汉学研究领域从最基本的原始材料的积累开始,在对学术情报资料进行翻译、整理的基础上,展开对"日本中国学"的学术阐述,以《日本的中国学家》和《日本中国学史》等研究成果为代表,奠定了"日本中国学"的学科史基础,推进了国际汉学研究的学科建设,其研究成果具有深刻的现实意义和学术价值。

日本汉籍文献学

严先生在总结自己的日本中国学研究时曾说,他在这一学术方面"着手于两件工作","一是始终坚持从基础性资料的搜集和整理编纂做起,二是努力于学术史和学科理论的建设,这二者又是相关联的"。② 如果说前文介绍的是第二件工作,即"学术史和学科理论的建设"成就,那么下面要介绍的则是第一件,即"基础性资料的搜集和整理编纂"工作的贡献。

众所周知,书面文献是文化继承与传播的主要载体。中国文献典籍肇始东传,迄今已有1600余年的历史。在漫长的历史中,中国文献典籍在日本的流散情况和存在状态如何,是一个非常值得重视却长期未能得到关注的问题,只有掌握了这些

---

① 严绍璗:《我对 Sinology 的理解和思考》,载《世界汉学》2006 年第 4 期,第 7 页。
② 严绍璗:《我和日本中国学》,见《日本中国学史》,江西人民出版社,1991 年,第 6—7 页。

典籍的来龙去脉，才能弄清楚中国文化传入日本的方式和特点。严先生通过几十年坚持不懈的努力，使汉籍文献的文化价值和世界意义得以更加清晰地凸显出来。

1985年，严先生应日本国际京都大学人文科学研究所的邀请，担任该所来自中国的首任"日本学"客座教授，从此开始着手实现他全面查访日藏汉籍的计划。1988年，严先生在香港树仁学院教学，他利用这一机会对抗战期间日本侵略军在香港劫掠的汉籍进行了调查，摸清了许多真相。1989年夏至1990年春，严先生又应日本佛教大学的邀请，担任该校文学部客座教授，主持"中日文化与文学研究"讲座，在工作之余，严先生继续访书，在日本友人的帮助下展开了更加广泛深入的追踪、调查。多年访书之后，1992年，严先生出版了日藏汉籍文献调查的第一部阶段性成果《汉籍在日本的流布研究》（江苏古籍出版社）。该书分上下两编：上编"汉籍流布概论编"共五章，对汉籍作为中国文化的主要载体传入日本的轨迹、形式以及日本保藏汉籍的方式、特点等进行了宏观论述，从整体上梳理并呈现了汉籍向日本的流布；下编"汉籍流布特藏编"同样五章，对日本汉籍的主要收集和保存机构以及流入日本的具体汉籍的形态和价值，进行了微观的研究。

自80年代中期以来，严先生在海外查访汉籍的工作始终没有中断。1996年，严先生出版了日藏汉籍文献调查的第二部专著《日本藏宋人文集善本钩沉》（杭州大学出版社）。2005年，又出版了《日本藏汉籍珍本追踪纪实——严绍璗海外访书志》（上海古籍出版社）。到2007年，严先生出版了日本汉籍文献学的集大成之作——3卷本《日藏汉籍善本书录》（中华书局）。

《日藏汉籍善本书录》共计350余万字，从1985年正式起步以来，完全是作者凭一己之力，花费22年的心血，往返日本30余次，造访日本100多个藏书机构，搜集目前日本汉籍藏本约80%－85%，整理文献10800余种，才得以完成付梓的。从萌生编辑此书的想法，到最终正式出版，作者走过了从年过不惑到年近古稀的漫长岁月。在飞速变化的时代潮流中，能够如此忍耐寂寞，坚守理想，不能不令人钦佩和赞叹。恰如任继愈先生在该书序言中所言："作者用力之勤，功力之深，超过前人。……以他在学术上的成就，博得日本汉学家们的钦重，因而能够接触到一般读者难以接触的善本珍本。有利的外缘再加上他为探索文化交流现象的宏愿，锲而不舍的毅力，达到了文献整理的新天地。"该书从文化史学的立场出发，整理自古以来传入日本的汉籍善本，分"经、史、子、集"四部，详细考察了其版本状态、保存机构、传递轨迹、识文记事、相关记载等，成为我国出版的第一部全面著录日藏汉籍的大型工具书。但是，其价值和意义远不止于此。由于严先生长期从事东亚文学与文化关系的比较文学研究，因此在调查整理日藏汉籍的过程中，十分留意文本传递的历史轨迹和文化后果，并把这一学术理念与传统的目录学研究结合起来，以更广阔的学术视野推进了跨学科的融通。该书在宏大的文献考察的基础上,又以文本事实为依据,进一步论证了中日之间两千年的文化联系,为东亚文学与文化关系研究以及日本中国学研究奠定了坚实的文本基础。任继愈先生称:"读此书,不仅广其见,也能助人开思路。"因为"前辈学人访求海外汉籍,他们的目光着眼于'访书',寻访中土失传而东土现存的珍本古籍,而没有从文化交流的大局做进一步系统的探讨。"而严先生的《日藏汉籍善本书录》则"体现了现代学者治学的方法,透过中日汉籍交流的现象,揭示出文化交流的脉络"[1]。

汉籍向日本的流布是中日文化总体关系当中的一种文化现象,只有把它与总体的中日文化关系以及两国各自的文化综合起来考察,才能更加深入地理解它的真正意义。严先生的敏锐之处在于,能够以宏观的视角和跨文化的立场,从文献的搜集和信息的整理当中,发现具有学术价值的命题,并进行学理性的研究和提升,逐步建构起体系性的学术理论。对严先生来说,把材料发掘出来仅仅是第一步,更重要的是把材料学理化,使之成为构筑学科大厦的砖瓦,这不仅需要学术的敏感,而且需要理性的头脑和深厚的知识背景及学术积累。

中国文献典籍在域外的传播,是国内文献的文化和学术价值在异质文化背景下的延伸,对它的研究本身即构成了中国文献学的一个特殊系统。当今许多年轻人,甚至一些小有成就的学者,都不愿从事资料性的工作,也看不起从事资料工作的人。实际上,基本资料的收集、整理和研究,正是学术研究的开端和基础,是必不可少的重要一环。严先生的学术也是从研读日本汉学和中国学的基本资料入手的。如今,经过40余年的积累,严先生独立追寻与钩沉散存于日本的汉籍文献,考辩其进入东亚地区的轨迹,解析域外汉籍的文化学意义,为东亚文学与文化的研究提示了原典实证的途径,并拓展了域外汉籍研究的文化视野。严先生以《汉籍在日本流布的研究》、《日本藏宋人文集善本钩沉》、《日本藏汉籍珍本追踪纪实》和《日藏汉籍善本书录》等学术成果为代表,已经构筑起了"日本汉籍文献学"。[2]

严先生治学,既有日本学者追索资料的细致翔实和一丝不苟,亦有中国学者对理论的宏观视阈和总体把握,另外还有其自身的坚持不懈与勤奋钻研。文革期间,为了在没有条件的情况下创造条件学习外语,严先生买来全国唯一的外文唱片《为人民服务》(用英文和日文朗读)反复地听。1969年,在江西鲤鱼洲"五七干校"劳动期间,严先生带去日文版毛主席语录和毛泽东选集反复阅读。70年代末,仅为

---

[1] 此段引文均见任继愈《序》,《日藏汉籍善本书录·上册》,中华书局,2007年,第1页。
[2] 在本文完稿时获悉,2009年9月《日藏汉籍善本书录》又获国家教育部人文社会科学研究成果一等奖。

编撰《日本的中国学家》严先生就记录了两万张卡片,触摸了几千种材料。笔者在90年代初到严先生家拜访时,看到狭窄的书房里堆满了各种书籍资料,从书桌上方到书架之间拉了一条绳子,上面挂满了写着密密麻麻小字的卡片,印象颇深。这种潜心学问的精神,值得晚辈后学及学界同人尊重和学习。

严先生的学术道路始终伴随着中国比较文学以及国际汉学研究的发展历程。关于自己的学术研究体系,严先生有这样一段总结:

> 40多年前,我从触摸国际"Sinology",特别是从30年前以较大的精力从事"日本中国学"起始关注"东亚文化关系",又从宽泛的"文化关系"的兴趣中专注于"东亚文学关系"的研究。我的目的是,希望通过这些"关系"的研讨,从中获得关于"东亚文化"或"东亚文学"传递的某些"学术图谱",从而成为阐述"日本中国学"的具有确定性的"真实的背景"。不意一旦进入这些领域,就把自己放置于"比较文学"的研究之中,从此便堕入了"万劫不复"的境地,从而使自己研究的主次颠倒,把"比较文学"的研讨变成了"主业",而把"Sinology"的研讨变成了"副业",但同时也使这一"副业"在相对广泛的层面上逐渐夯实了应有的学术基础。①

实际上,严先生的两大学术体系并无所谓主次,二者是交叉渗透、互补互益的。严先生的日本中国学研究,实际上也是"在'比较思维'的指引中"②进行的,因此不仅在研究的地域范围和学科范畴,而且特别是在研究的观念方法上都与其比较文学研究密切相关。他正是通过比较的思维,探究并描摹了19世纪后期到21世纪初期"日本中国学"发生与发展的历史。

严先生的学术生涯,可以他的两句座右铭来概括:"踏实的学风,刻苦地学习;独立的思维,实在地研究。"

---

① 严绍璗:《确立关于表述"东亚文学"历史的更加真实的观念——我的关于"比较文学研究"课题的思考和追求》,载《中国比较文学》2006年第2期,第3页。
② 严绍璗:《关于比较文学博士养成的浅见》,载《中国比较文学》2005年第2期,第4页。

熔"义理"、"考据"、"辞章"于一炉
——读严绍璗师著作心得二、三

钱婉约*

我从1981年入学北京大学中文系,开始聆听严老师给本科生开设的课程,1997年重新考入北大比较文学与比较文化研究所,成为师从严老师治日本汉学(中国学)研究的博士生,到今天,算起来拜识、学习、追随老师的学问,已将近30个年头。特别是近几年,对老师的道义、学问、文章,似乎有愈益增多的体认和敬仰,也生出些基于体认和敬仰的亲切感来。

清人论学,多以义理、考据、辞章三者言之,章实斋有言"义理存乎识,辞章存乎才,征实存乎学"①。如果说,在现代学术语境中,义理是指从思想道义的层面对社会历史、人文现象作出批评和识断;考据是指基于文献资料的实证性引征考辨厘析;辞章是指构建学术的逻辑框架、论证理路和语言风格等表述方式的话,那么,老师的学问,以学术独立、理性批判为宗旨,以原典解读、调查寻访为方法,以辞书工具书、史论著作、学术纪实为表述,可以说达到了义理、考据、辞章的三者并举,是识、学、才三者相辅相成、相得益彰的综合性学术体系。

本文谨以自己学习阅读老师相关著作的二、三心得体会,作为对尊师七十寿辰的纪念。

一

对于日本接受和研究中国文化的历史过程、历史形态,以及与此相关联形成的日本历史文化的状态和实质,做出"属于中国学者自身认识的主体性判断",这是老师治"日本汉学"、"日本中国学"的出发点,也是他深埋在心的"夙愿"。在他早期著作《日本中国学史》自序中,开端就有这样的一段:

---

* 钱婉约,北京语言大学人文学院教授,文学博士。
① "义理、考据、辞章",不同学者的表述略有不同,也称义理、辞章(文章)、考据(考证、征实)。此处见章学诚:《说林》,《文史通义校注》卷四,中华书局,1994年。

多年来，我的心头积存着一个夙愿——中华民族的文化弘扬于世界，当以传入日本时间为最早，规模为最大，反响为最巨。对于这样辉煌的文化现象，中国学者理应根据自己民族的文化教养，做出属于中国学者自身认识的主体性判断。在我的老师季羡林、周一良教授、阴法鲁教授诸先生的督导之下，我开始撰写《日本中国学史》，作为建设这项浩大工程的尝试。①

上世纪 50 年代末，老师刚刚入学北京大学中文系古文献专业不久，当时的专业主任同时也是北京大学副校长的魏建功教授，在老师半年就修完了大学必修的两年半的英语课程后，建议他再接受日语的学习训练。魏先生远见卓识地提出"一定要去翻动那些日本人的著作，看看他们做了些什么研究，不要被他们笑话了我们"②。这个话，让人联想起近代以来中日思想学术史上"孔子在中国，孔教在日本"或者"敦煌在中国，敦煌学在日本"的反讽，魏先生以及上面提到的季羡林、周一良、阴法鲁诸先生，代表了新中国第一代领军性学者的爱国热忱和学术责任，严老师学术生涯起步伊始，便从他们手中接过了那代人的理想和抱负，或者也包含了清末民国以来中国学术落后于邻邦的抱憾，那是扛起了一个时代、一个民族的文化学术使命。

接下来，却是学术停顿的文化大革命，使兑现夙愿、实现使命延误了近 10 年。

记得 70 年代初，我刚从"五七"干校回来，老系主任杨晦教授虽然自己曾一再被批斗，但他仍然多次嘱咐我说："你那个日语不能丢啊！日本汉学还没有什么人搞，这是很要紧的，将来还是会有机会的。你还要抓住英文和法文啊，多念点马、恩的书，看原著最好啊！"杨先生是我国杰出的马克思主义文艺学理论的先辈，以他对学术的忠诚和对未来的希望，教诲于他的学生，我一直铭记于心。③

特殊时代不良的政治环境导致的学业荒废，恐怕是比物质的贫乏、生活的艰苦更令人可怕和使人惋惜的，好在身处北大，有这样的前辈学者耳提面命，老师虽不能说是"生逢其时"，却也可谓"身当其选"。1974 年秋冬，文革尚未结束，中日刚刚恢复邦交不久，邓小平先生主政，严老师便以 34 岁青年教师的身份，经周恩来总理批示，参加北京大学社会科学访日团，成为新时期中国最早直接接触日本学术界的研究者，老师与日本 200 多位当时第一线的中国学家相知相识，这便构筑了由老师

---

① 严绍璗：《日本中国学史》自序"我和日本中国学"，江西人民出版社，1991 年，第 1 页。
② 同上书，第 5 页。
③ 同上书，第 9 页。

编撰、1980年出版的我国第一部"海外中国学"学术工具书——《日本的中国学家》的基础。此后,老师由日方多所大学和研究机构邀请,30多年间先后30余次往返日本,或短期访问,或滞在研究,或主讲"日本文化研究"课程。在日本京都建都1200周年纪念期间,作为日本明仁天皇特别会见的6位外国教授之一,双方就《古事记》和《万叶集》等日本经典文献的阅读交换了见解。由此而逐渐成就了他的《中日古代文学关系史稿》(1987年)、《日本中国学史》(1991年)、《汉籍在日本的流布研究》(1992年)、《中国文化在日本》(1994年)、『記紀神話における二神創世の形態:東アジア文化とのかかわり』(日文版1995年)、《中国与东北亚文化交流志》(日本部分1999年)、《比较文学视野中的日本文化——严绍璗海外讲演录》(日文版2004年)、《日本藏汉籍珍本追踪纪实——严绍璗海外访书志》(2005年)、《日藏汉籍善本书录》(2007年)等等一系列的研究著作。

读这些著作,在获得学术史的知识和学理,文献学的考辨和事实之外,往往多能察见作者的民族襟怀、批判意识和时代的人文精神。具体地说,是对于两千年来中国文化传播于日本的物质的和思想的历史考察,以及在此基础上做出的对于中日两国复杂文化关系史的反省、评判和启迪。顺便提及,对于这样一个由诸多著作构建起的学术体系,如果仅以一己之见,攻其一点,不及其余;或仅仅按照传统目录学的思路求全责备,恐怕就不免凿枘不合,甚至难免不使自己落得一叶遮目,坐井观天之讥。

以老师最新出版的《日藏汉籍善本书录》三大册为例,正如乐黛云教授评论此书时所指出的:

> 这部书的价值应该更充分地挖掘,它绝对不光是一个文献整理,也不光是一个目录学著作,实际上最根本的,对我们当前最有用的是一个文化关系的研究史。……这部书是一个跨学科的研究,这个成果决不光是文献或目录学的,它是关于社会学、文献学、考古学、历史学、人类学,……我们要看到绍璗所以能做出这部书来,首先是他有一个开阔的胸襟,他能够看到日本政治、文化发展的总体情况。①

袁行霈先生也说:

> (《日藏汉籍善本书录》)能以不尽同于目录学家的眼光,追寻中国文化东传的轨迹,审视日藏汉籍所负载的文化意义。……所揭示出来的中日两国复

---

① 聂友军、钟厚涛:《二十余年铸一剑,几代学人梦始圆——严绍璗〈日藏汉籍善本书录〉在京出版》,载《中国比较文学通讯》2007年第2期。

杂的关系史,已经超出文献学的范围,而具有更广泛的意义。①

读严师书,自当有这样的文化立意和宽阔视野为储备;读严师书,亦正可渐渐培养和积蓄这样的文化意识和宽阔视野。

二

《日本中国学史》出版于1991年,这部620多页46万字的大书,顾名思义,"近代日本中国学"的发展历史应是本书的主要内容。但实际上,作者在考察、论说日本中国学发展历史的同时,时时体现出一位人文学者对于历史文化更为宽广的思考和独立而敏锐的批判意识。如果把本书看作一棵树的话,"日本中国学"这部分内容是它的枝干绿叶,在此之下,还有一个庞大的根系:即日本中国学发生、发展的学术背景与社会思想基础,如中国文献典籍东传日本的历史过程,日本传统汉学的发生及其流派,日本近代文化运动及欧洲汉学传入日本等等内容,正是在这广博的知识体系之上,作者才开始向我们评述明治近代文化氛围中生长起来的20世纪日本中国学——它的发展特征、主要流派、代表性人物的学术成就及其中国观等等。面对近代社会思想文化新与旧、东与西的冲突和较量,书中体现出一种以清醒的理念、实证的方法进行启蒙性、批判性论说的倾向。

这里仅以作者对于中日儒家文化的生存形态及意义的评说为例,简单说明如下。

众所周知,日本文化与中国儒学或儒教的关系甚深。从古代到室町时代,儒学文献是贵族、武士、僧侣等知识分子的修养读物和精神向往;到江户时代,儒学上则为幕府政权服务,下则普及为广大民众的一般生活伦理。到明治以后的近代乃至现代,儒学甚至上升到儒教的意义层面,在日本社会所发生的作用,显得更为复杂和难以辨识。日本作为崇尚儒教的国家形象,也似乎显得更为突出,并常常为思想文化界乃至经济界人士所提及。那么,儒教在日本近代文化运动中到底遭遇了或幸逢了怎样的命运?又承担了怎样的角色?起到了怎样的作用?作者在勾勒明治文化发展概貌、阐释各流派中国学发展的特征时,揭示了这些问题的答案。也正于此,体现了作者作为一个儒学本邦学者对于异域儒教文化形态的敏锐洞察力与深刻批判力。

明治以来,近代西方文化思想如潮水般在日本奔涌,自由民权运动日趋高涨,儒教一方面受到西周、中江兆民、福泽谕吉等启蒙思想家的反省与批判;另一方面,

---

① 袁行霈:《日藏汉籍善本书录·序言》,载《日藏汉籍善本书录》,中华书局,2007年。

作为对于上述西化思想运动的反击,一批以皇权主义为主体的国粹主义知识分子,则借助儒学思想资源,重唱江户时代国学家"敬神尊皇"的老调。但是,面临新生的富有生命力的近代文化,传统的神道教体系显得理论力度不足,而此时,儒学的忠孝仁义、敬祖修德等等思想资源,正弥补了这种不足。于是,中国的儒学在西化进程中的近代日本被高高地抬举起来。正如作者指出的:

> 在近代文明潮流的冲击下,国粹主义一时忘却了他们的前辈是怎样的指责他们现今要"调和合一"的这"异邦之俗"(笔者加注:指儒学),……从前原本对峙的儒学与国学,在共同的危机面前,便很快地获得了共识。①

让我们来看一下作者揭示的近代日本一系列重要的文化事实吧:

1879年以天皇名义发表《教学大旨》,这是"近代文化运动发生以来,第一次以国家最高元首身分重新提出以'仁义忠孝''为国民道德才艺的核心'"。(该书169页)

1881年,日本开始恢复荒废了许久的"孔子祭"活动。而祭孔仪式及其本质在于"由禅僧按佛典举行祭孔,正是中世纪时代宋学与禅学互补为用的一种标识;明治中期开始的祭孔,改为神道仪式,这正是日本儒学与国家神道合流而构成为皇权主义意识基础的一种标识"。(该书181页)

1890年天皇再次颁布《教育敕语》,"这是以儒学为理论支柱与思想力量,来实施皇权主义国家论的纲领"。(该书175页)

1891年井上哲次郎撰写出版《教育敕语衍义》,文部省指定为国民必读书。"这是一个把中国儒学、欧洲德国国家主义和日本传统皇道观念溶和为一体的庞大思想体系,……其全部价值,在于使国民加强天皇制国家体制的意识。"(该书304页)

1911年服部宇之吉提出"孔子教"的概念,声称:孔子在中国,而孔子精神的真髓则在日本。孔子教的本质一则以"大义名分"的古训为确保皇室的长治久安提供精神基础;一则以宗教的形式为新时代的儒学注入新的生命;一则以孔子的名义反对以北京大学为中心的新文化运动、民主热潮。服部宇之吉之成为"接受天皇政体叙勋授章最多的一位学者","最好地说明了在第二次大战结束前,日本天皇制政体对新儒家学派的支持了"。(该书444—449页)

不必再过多援引,我们已可以看到儒学儒教在日本近代文化史上"变异"为意识形态的某些成分而表现出的价值特征。如果说,儒学作为一份丰富的思想资源,

---

① 严绍璗:《日本中国学史》,江西人民出版社,1991年,第174—175页。

曾滋养与催生了古代日本文明之花，那么，这份营养又如隐藏、孳生在近代文明身上的一个毒瘤，参与了造就近代日本皇权观念及圣战叫嚣的思想发展历程。

值得强调的是：在中日双边文化关系的研究中，许多学者往往热衷于孜孜不倦地"发掘"两种文化的相同之处，以说明中国文化如何有助于、有功于日本文化，并同时得到某种民族情绪上的满足。与此相反，一个批判型启蒙学者的任务则是揭示双边文化互动的原因、过程及内在本质，从而寻找出文化交流中能够警示后人的经验或教训，并警惕与戒除任何有碍于人类文化健康发展的因素的滋生。与这一思想脉络相连接，作者还写有一系列相关论文①，揭示儒学或儒教在近代文化史上的负面作用，及对今后新文化发展的深重阻力，以至于最终形成对中国当代文化界进行一场"儒学革命"的号召，这就是老师1998年5月间为北京大学成立一百周年纪念而作的《中国当代新文化建设的精神指向与"儒学革命"》②一文，这洋洋两万字的大文，不在本文的讨论范围之内③，但我想，促使老师形成对儒学这种不妥协的批判态度的，除了作为一个批判型学者的社会关怀与人文意识之外，他对于中日文化交流史的研究体会，特别是对于儒学在近代日本文化运动中所发挥的负面作用的研究心得，也是十分重要的学术原因吧。

三

关于日藏汉籍古文献的追踪调查，是老师"日本中国学"研究的一个重要组成

---

① 如《日本儒学的近代意义》，载北京大学《中日比较文化论集》1989年刊，《儒学在近代日本的命运——历史给了我们什么教训？》，载梁从戒主编：《现代社会与知识分子》，辽宁人民出版社1989年刊；《日本现代化肇始时期的文化冲突：日本"儒学资本主义"辨析》，载《21世纪：中国与日本》，北京大学出版社1996年刊。

② 严绍璗：《中国当代新文化建设的精神指向与"儒学革命"》，载《北京大学学报》（社科版）1998年第2期，被"人民大学书报复印资料中心"《文化研究》1998年第5期收入，又载王青主编：《儒学与东亚近代化》，世界知识出版，2007年。

③ "儒学革命"是一个具有特定科学含义的文化学观念。严老师在此文中指出："儒学需要革命的道理十分浅显，作为一个主要是活跃于中国封建社会中的思想文化体系，尽管它的内部进行了多次的变革，但每一次变革，都使它对封建专制政治具有更强的黏附作用。当代中国社会已经从以小农生产为主体的农业经济，进入到了大工业经济与信息时代，儒学的体系性的文化意义，在我国现代新文化的建设中，其消极性与腐蚀性已经有了相当的弥漫，它对中国国民精神与人格的销蚀力，无论是其显现的还是潜在的，都是极为严重。……说到'革命'这个词，有些人会感到厌烦，甚至感到憎恶。其实提出'儒学革命'，不过是继承了五四新文化的精神指向。……所谓'革命'，就意味着'弃旧图新'，意味着'新事物'对'旧事物'的改造，意味着'创造'和'进步'。……为着中国文化的现代化，为着中国民族未来的精神建设，以科学的精神，展开对儒学的革命，乃是时代赋予中国爱国的知识分子不可推卸的责任。历史将证明，唯有如此，才是真正挚爱着自己民族的传统和未来的真正的爱国精神。"

部分。

（自1974年首访日本）有机会第一次看到留存于彼国的数量众多的汉籍，激愤和惆怅融成难以名状的心情，于是，便开始萌生了要查明日本藏汉籍诸种状况的念头。十年之后即1985年，我担任了日本京都大学人文科学研究所日本学部客座教授。学术理念的提升，使我对汉籍的域外传播所内具的文化学意义有了新的认识，于是便把我试图较为全面地查考日本藏汉籍的设想开始付之实施。①

由萌生意愿到有条件开始付诸实施有10年，从1985年的开始实施到今天，又已有20多年过去了。全面地查考日藏汉籍，谈何容易！调查寻访工作不仅需要专业的古文献学知识素养，更需要广泛接触、踏访日本社会各个大小藏书机构。其间手续的复杂繁难，过程的艰难波折，对于一个学者来说，其挑战的意味或许甚至超过做学问本身。20多年间，老师"从日本的北海道到冲绳群岛，从太平洋之畔到日本海沿岸"，调查踏访了日本近百个收藏汉文古籍的机构，其中包括皇家的藏书处、国立或公立的图书馆、各类家族财团或个人的文库书库、各级大学或古代学校的图书馆藏书楼、还有附属于寺庙内的汉籍文库等等，这些藏书机构，远则有近千年、几百年，近也有几十年、上百年的历史，有的并非是对外公开的图书馆，因此，前去寻访、调查、借阅文献、记录数据等等，就非常地繁难周折。

在《日本藏汉籍珍本追踪纪实——严绍璗海外访书志》中，作者对自己几十年的访书经历，有比较生动具体的记录。书中记载了访书过程中高人指津，获得线索，辗转托人，介绍相识等等人情世故，特别是记录了在终于得见绝世珍本时，作者所感受到的精神震撼，祖国古籍珍本穿越千百年时空，因种种因缘际会，终得在异域的某一处，呈现于作者的眼前，不得不令人感慨系之，等等内容，一一跃然纸上，成为中日文化交流史上别开生面的一种生动记录。如该书"在杏雨书屋访国宝"一章中，作者记载了自己先在国内被周祖谟先生告知，《说文解字》唐人写本，目前世界上只剩下"木部"六页和"口部"一页，而"木部"六页就被日本人搞走了，希望能够寻访到原迹，一见真相。作者得此指点后，在日本经多方打探，得知此件在上世纪20年代归内藤湖南所有，而内藤身后的藏书分散三处收藏，经京都大学岛田虔次教授指点，得知内藤藏书中最珍稀的部分，现收藏在位于大阪的武田氏家族财团所属的杏雨书屋，而这个藏书处是决不向外公开借阅的。于是，作者又在贝冢茂树、小南一郎、狭间直树、羽田明等前辈先生和同行教授的疏通或引领下，终于得以前

---

① 严绍璗：《日藏汉籍善本书录·自序》，中华书局，2007年，第11页。

往杏雨书屋寻访这份被定为日本国宝的"唐写本《说文解字》木部"。① 千余年前的唐人写本,近百年前的海外流失,到多年后的故国学人来访,书籍在中日间颠沛流播的过程,作者一步步躬身追踪的执着探寻,一一清晰可感。这其间似乎也折射了中日两国历史文化力量此消彼长的消息动向,令人感慨系之。

关于中国文化典籍流入日本、存在和流布形态等方面的调查,晚清以来,曾有黄遵宪《日本国志》、杨守敬《日本访书志》、董康《书舶庸谭》、傅增湘《藏园群书经眼录》等专家学人做过相关工作。这些工作具有开创性意义,同时存在两个根本性的局限:1. 仅仅著录自己眼见的存于日本的汉籍,限于一时一地,数量有限,难免挂一漏万,没有对日本所藏汉籍作一个全面的有计划的调查、追踪,进而勾勒描绘出中国典籍在日本流布的总体状况。2. 仅仅作图书典籍的著录,而未能到把汉籍流布日本作为一种文化现象,进行跨文化视野下的研究考察,通过汉籍东传日本的轨迹揭示中日文化关系中的复杂关联和思想本质。

严老师的工作正是在对于上述局限的反思前提下进行的,他的日藏汉籍古文献的追踪调查、善本著录工作,具有以下特点:

第一,尽可能广泛、全面的调查。如上所述,作者踏访、调查了皇家、公立、私家、学校、宗教系统等近百处大小藏书机构,在《日本藏汉籍珍本追踪纪实——严绍璗海外访书志》书中,重点介绍记录了在皇宫书陵部、国会图书馆、日本国家公文书馆、东京国立博物馆、东洋文库、足利学校遗迹图书馆、金泽文库、静嘉堂文库、杏雨书屋、尊经阁文库、御茶之水图书馆、真福寺、石山寺、东福寺、日光轮王寺等十多个汉籍收藏机构寻访、看书的经过,并对这些机构的建制、属性、管理、藏书特点、历史变迁等,一一做了钩沉梳理和现状简介,这大大超越了前辈中国学人日本访书几乎只限于东京、京都两地的局限,为我们描述了一幅全景式的日藏汉籍历史地图。

对于这些藏书机构,老师投注以超越文献调查的文化性关注和史论性评说。如在皇宫书陵部访书的最后,作者附记到:

> 日本宫内厅书陵部是一个储量极为丰厚的汉籍宝库,近二十年来,无论是在其警卫森严的时代,或是打出"迎接国际化的时代"而向社会开放以来,每当我步入它的大门,或走出它的玄关,心中总充塞着难以名状的情感:是一种会见祖先故人的激动,还是一种难以割舍的亲情?是两个国家、两个民族文化连接的喜悦,还是一屡惜别的无奈?②

---

① 参见《日本藏汉籍珍本追踪纪实——严绍璗海外访书志》,上海古籍出版社,2005年,第330—337页。

② 同上书,第77页。

又如,作者在国家公文书馆访书之后,写了下面一段感言,对我们理解东亚文明的构建,实在是很有意味:

> 日本的有识之士把"汉籍文献"作为"日本公文"而贮藏于"书馆",在意义逻辑上似乎有些龃龉,但细想起来,实在是表明了中日文化关系史上一个最基本的事实——即在漫长的文明进程中,中国文化典籍所内具的文化特征和文化品格,已经融铸在日本社会的各个层面之中,成为日本文化的材料。故而把"汉籍文献"作为"日本公文",上至于日本国会,下至于黎民百姓,从未见有过什么质疑和反对。①

第二,对重要汉籍珍本如被定为日本国宝、重要文化财的典籍,进行详细介绍,评估其文献价值和文物价值,与中国收藏或散佚情况作比较;并介绍某些重要罕见珍本的复本、后刻本、翻刻本等收藏、聚类、复制的情况,勾勒出东传汉籍在日本文明进程中的文化意义。作者在《日藏汉籍善本书录》的自序中写道:

> 我在日本藏汉籍的调查与整理中,十分留意考察文本传递的"文化语境",尽量把握汉籍在日本列岛流布的学术图谱,注意日本相关文献中关于此本典籍的历史的、文化的等多形态的记载,收集由汉籍传入而相应在日本国内产生的"文化变异"以及由此出现的"和刊本"和"日人写本"等物化标记,尽量摘记文本上留存的各种手识文,甚至中国商船输入时的卖出价与日本书商收购时的买入价等等。所有这些努力,都是为了描述一部汉籍进入日本列岛而形成的文化氛围,由此提示东传汉籍在日本列岛文明进程中的地位和作用。②

如对于杜预《春秋经传集解》三十卷千余年间在中日两国流传、保存和翻刻的情况,作了广泛而缜密的调查研究和分析排比:

> 今国内存《春秋经传集解》宋刊本九种,表面上还算煌煌大观,然究其实际,存三十卷全本者,仅有国家图书馆内二种,然又不能考其刊刻年代,也不知其可书之地与刻书之人,统称为"宋刻本",其余七种皆以残本珍藏。追踪日本收藏的《春秋经传集解》文本,由唐人写本残本一种,今存藤井齐成会有邻馆,被日本文化财保护委员会确认为"日本国宝"。有宋刊本九种,其中存全书三十卷本六种,其余有二种各残存十五卷,一种存十六卷。各种文本或刊刻年代可考,或刊刻地区可考,或刊刻者姓名可考,实为研究儒学史、文化史与《春秋》

---

① 《日本藏汉籍珍本追踪纪实——严绍璗海外访书志》,上海古籍出版社,2005年,第154页。
② 严绍璗:《日藏汉籍善本书录·自序》,中华书局,2007年,第12页。

文献学史之大薮。①

接着,作者用近万言对各本的收藏状况,如齐全或残缺、版式状况、避讳特点、题记或标识、藏家印记、前人著录或考辨等等,一一详细记录在案。这样一份资料,可看作中日《春秋经传集解》的文献收藏流变史。

又如对于宋刊本《东坡集》残本、明人写本《永乐大典》零本、10世纪写本《文选集注》残本等等珍本,都有类似比较详尽的收藏、比较的考辩记录。

第三,在上述两点的基础上,充分收集和利用日本现有各种汉籍目录,对于日藏汉籍进行全面的整理记录。成果集中反映在近400万字、煌煌三巨册的《日藏汉籍善本书录》。此书于2007年出版后,一些专家学者如任继愈、袁行霈作序,乐黛云、金开诚、白化文等人座谈,责编崔文印作书评,纷纷给予好评,称其为"二十余年铸一剑,几代学人梦始圆"的学术大作,是目前浮躁时代拯救学术的一针清醒剂和纯学术的榜样。本书也曾受到某海外学人的网文斥责和指缪,其实,一本几百万字的大书,存在一些技术性错误和不足,读者对之批评纠缪,以维护和促进学术的发展,这可以说是学术史上再正常不过的现象,不过那篇网文,不免意气用事,用语狂妄,显示了批评者自身学术素养的欠缺,已部分遭到读书界的回击和批评。②

日本学者对该书的评品,或许可以从另一方面说明严著的价值和意义。著名中国古籍版本研究专家、庆应义塾大学名誉教授尾崎康说:

> 中国北京大学严绍璗教授,把传承于日本的汉籍善本,进行了准确而详尽的"书录",它直接且具体地证明了我在上面所讲述的日本对汉籍接受的历史。本《书录》以具有很高的学术性的资料,从一个方面阐明了日中文化交流的历史,它在一个基本的又是特殊的领域中,把日本文化史介绍给了中国,并且有助于释疑中国文化史上的未知的部分。③

日本明治大学教授神鹰德治在《东方》杂志上撰文,称《日藏汉籍善本书录》为"平成时代的《日本国见在书目录》",肯定了它是中日两国间标志着一个时代的集大成著作。神鹰的文章说到,日本人所著的汉籍目录,往往除了纯粹"中国制作"的汉籍之外,还包括"朝鲜本汉籍"、五山版"日本古刊本汉籍"以及江户时代的"和刻本汉籍"等,因此,要查阅和了解日本藏中国汉籍的全貌,就面临要把日本现存汉籍中纯粹中国版的部分,抽取出来、整理统合的问题,此项工作几十年前在日本曾有

---

① 严绍璗:《日本藏汉籍珍本追踪纪实——严绍璗海外访书志》,上海古籍出版社,2005年,第7页。
② 参见顾农:《〈日藏汉籍善本书录〉之我见》,载《中华读书报》2008年7月刊。另外,《日藏汉籍善本书录》获得2009年北京市优秀社会科学成果一等奖,一定程度上代表了政府主持的权威学术评定。
③ 尾崎康:《日藏汉籍善本书录·序》,中华书局,2007年,第6页。

过动议,但未能付诸实施,而"严绍璗主编《日藏汉籍善本书录》正是这样一部从事文献工作的人所期待的目录"。神鹰说:

> 在过去的一千年里,日本是如何接受和吸收中国文化的?《日藏汉籍善本书录》的出版为我们回顾这段历史提供了一个良好的机会。《国书总目录》和《日藏汉籍善本书录》这两部目录,恰如一辆车的左右两轮,将成为我们再次检讨日本文化时的基本工具。①

值此严老师 70 寿辰即将到来之际,我写下了上面这些文字。这样一篇感想多于学理、承述代替发明的单薄文字,自知不足以领会和阐释老师的学问精神于万一。在结束此文之际,心中涌现出"旧学商量加邃密,新知培养转深沉","青山入眼不干禄,白发满头犹著书"的诗句②,谨以此祝愿老师学术生命之树常青!

---

① 参见神鹰德治:《平安时代的〈日本国见在书目录〉》,陈捷译,原载《东方》第 329 号,日本:东方书店刊,2008 年 7 月。
② "旧学商量加邃密,新知培养转深沉",语出朱熹《鹅湖寺和陆子寿》诗,"青山入眼不干禄,白发满头犹著书",语出徐夤《赠黄校书先辈璞闲居》。

打通与超越:严绍璗的学术历程

王立群[*]

近三十年来,在中国比较文学界,尤其是在东亚文学与文化关系研究领域,北京大学比较文学与比较文化研究所现任所长严绍璗教授以严谨的作风,刻苦的钻研,丰硕的成果获得了国内外同行的认可,成为我国学术界在这一领域中最具声望的学者之一。日本文学会前会长中西进教授在北京大学演说时这样说道:"我曾经读过一些中国学者研究日中文学关系和日本文学的论文,心里有许多的疑虑。后来我读了严先生的著作和论文,深深感到'北京大学はやはり北京大学だ'(北京大学到底是北京大学啊)!"

严绍璗先生出身北大古典文献专业,他至今还担任着"国家古籍整理出版规划领导小组"成员,但却走上了比较文学之路,担任着北京大学比较文学研究所所长,中国比较文学学会副会长兼任学术委员会主任。他的学术还涉及"国际中国学"研究和"日本学"研究,前者他被"国际中国文化研究学会"(香港特区政府注册)推举为主席团主席,并应邀担任着中国人民大学"汉语世界推广研究所与汉学研究中心学术委员会"主任和北京外国语大学"中国海外汉学研究中心学术委员会"主任,后者他应邀担任着"宋庆龄基金会孙平化日本学学术奖励基金专家委员会"主任和教育部人文社科重点研究基地北京大学"东方文学研究中心学术委员会"主任。他的学术轨迹,不是刻意的"跳槽",不是有意为之的"改行",更不是"心猿意马"或"无知无畏",他的学术轨迹,正是在北京大学特殊的人文学术氛围中,遵循中国人文学术的内在逻辑,逐步发展变化的。

一、从古典文献学到比较文学

严绍璗先生1959年入北大,进了刚刚设立在中文系的"古典文献专业"。在二年级时,北大副校长兼专业主任魏建功先生教导严先生去读点日文,因为魏老认为

---

[*] 王立群,北京科技大学文法学院副教授,文学博士。

日本人搞了中国很多东西,将来总是需要有人来清理的,这对他终生都产生了重要的影响。于是,他就边上日文课,边阅读一些日文的现在称为"汉学"、"中国学"的书籍,感受到了一片崭新天地。特别是上《史记》课时,他开始翻译日本人写的一本《司马迁生卒年考》,发现里面的分析与主讲教授宋云彬先生的解读很不一样,因此很希望中国学界对汉学有进一步的了解。正是这样一种对学科的理解和期盼,促使他慢慢走上了试图拓展古文献领域与国际研究相连接的学术道路。

事情也很巧,1964年严绍璗先生大学毕业时,按照国务院副秘书长齐燕铭先生的意见,要北大留下一两个年轻人,把1948年由中国人民解放军北平军事管制委员会封存,作为美帝国主义文化侵略机构即原"燕京—哈佛学社"的资料,开包检查,登记造册,进而鉴定其价值,严绍璗先生遂留校从事这一工作。正是通过这一工作,他逐渐明白,在英语世界中所谓的"sinology",就是他在学生时代期盼老师要讲授的"外国人对中国文化的研究"。但是,这个工作实际上做了不到两个月,齐燕铭先生被指定为"反革命修正主义分子",由他支持甚至规划的人文学术也就被阻断了。但对于严先生来说,"sinology"这个概念,却与学生时代的朦胧的感觉契合,而在心中播下了国际汉学研究的"种子"。

"文革"中,严先生既不是革命的对象,也不是革命的动力,在业余无聊之际,抄录了一些西方传教士的资料,关注他们翻译中国古典文献的功绩,开始有了对"国外汉学/中国学"的稍稍进一步的了解。1971年,严先生从江西五七干校回来,在未名湖畔的花神庙边碰到了当时尚未被解放的中文系老系主任杨晦先生,在那个异常艰难的时刻,杨先生却谆谆教导自己的学生严绍璗不要扔下日文和英文,"有时间最好再念点德文",这是何等的胸怀,何等的眼光!正是在魏建功、杨晦诸先生的教导之下,严绍璗先生开始到处寻找一些所谓外国人研究中国文化的书来读。其中,像前东京帝国大学中国哲学教授井上哲次郎的三部重要著作《日本的朱子学》、《日本的阳明学》和《日本的古学》,成为他对古代日本汉学认识的奠基。加上对西方传教士相关资料的了解,他开始研究我们中国文化在这个世界上存在着的另一种研究状态———一种"外国人研究中国文化的状态"。

20世纪80年代初,严绍璗先生开始从"日本汉学"和"日本中国学"领域,逐步地扩展到比较文学的研究。1982年是严先生介入比较文学研究的具有标志性的年份,这一年他正式提出了关于构建比较文学研究的"中国学派"的设想,并且发表了两篇研究中日文学关系的论文,即刊载于《国外文学》当年第2辑的《日本古代小说的产生与中国文学的关联》和刊载于《北京大学学报》同年第5期的《日本古代短歌诗型中的汉文学形态》。这是严先生第一次试图从比较文学研究的意义上来揭示两种文学的关系,阐明日本古代文学中内含的中国文化的因素。严先生关于这一问题的论说,在当时尽管尚未超越传统的"影响研究"的模式,但是他选定日本古代文学中"叙事文学"和"韵文学"两大部类,尝试从文学样式的立场上揭示中日两种异质文学间的"相互影响"和"内在联系",实际上已经潜藏着日后他把"影响研究"提升为"发生学研究"的理念转换的契机。并且,他在论文中大量使用原始文献的研究方法,令审定论文的权威都感到吃惊,预示着以后他构筑起"原典性实证方法论"的方向。

二、从"文学变异"到"文学发生学"

严绍璗先生在使用传统的"影响研究"模式试图达到他自己设定的目标时,很快就发现了这一模式存在的缺陷。1986年,他在上海社会科学院文学研究所的一个学术会议上,相当尖锐地批评了比较文学论著中大量"何其相似乃尔"的表述法,这表明他已经进入关于"比较的理念"与"比较的方法"的新一轮思考了。

其实在此前一年,即1985年严绍璗先生在《中国比较文学》第1期上发表了长篇论文《日本"记纪神话"变异体模式和形态及其与中国文化的关连》,首次明确地提出了关于文学与文化内在运行机制中所具有的"变异"的概念。论文以《古事记》和《日本书纪》为中心,探讨了日本"记纪神话"的宇宙观念和哲学基础,进而分析了神话所表达的"创世模式"。据此,严先生指出,"由日本最早的书面文献所保存下来的'记纪神话',作为古代日本最具有发展层次的神话群系,事实上是一组'变异体神话',……即是以本民族的原始的神话观念作为母体,又融合进了异民族文化的若干因子而组成的一种'新神话'。"在比较文学的"影响研究"中建立起"文学变异"的概念,并把它引进到东亚文学的研究中,是严先生学术理念趋向成熟的标志,也是他以后研究日臻完善而迈出的坚定和扎实的步骤。

此后,严先生在《古代日本文化与中国文化会合的形态》这篇论文中,首次把日本文化的本质表述为"变异体文化",他认为:"认识日本古代文化(文学)的本质特点,在于解明存在于这一文化深处的内在动力。如果从发生学的立场上去考察,可以说,这是一种'复合形态的变异体文化'。"在《关于日本文化的变异复合性质》的论文中他进一步论述了文化的"变异"特征:"文化的'变异',指的是一种文化吸收另一种文化,并使之融解而形成新的文化的能力。文化的'变异'特征所表现出来的对另一种文化的'吸收'和'溶解',并不是一般意义上的理解。从生物学的发生学的立场上来说,'变异'就是新生命、新形式的产生——并在高一层次上获得发展。"他以"变异体理论"为核心,研究东亚文学形成与发展的内在动力,并作为解读日本古代文学的基本导向。

1987年严绍璗先生出版了专著《中日古代文学关系史稿》。这是我国比较文学研究者第一次以"变异体理论"为核心,从文学的发生学的立场上系统而全面地阐明日本古代主要文学样式的形成,并由此从本质上揭示古代东亚文学与文化相互关系的专门著作。日本学者岩睦造砚则以《日中古代文化关系的新思维》为题,评论严先生的专著说:"《史稿》最重要的特点,便是从文学发生学的立场,着重于揭示文学深处的内在动力。严先生对日本文学,甚而对日本文化的这一内在的'变异性'的揭示,有助于解释日本文化史上的现象。"其后,严先生在《中国文化在日本》,以及与王晓平教授合著的《中国文学在日本》,与日本文学会前会长中西进教授合著的《中日文化关系史大系·文学卷》,以及与日本思想史学会前会长源了园教授合著的《中日文化关系史大系·思想卷》等著作中,以及在近20余年中发表的50余篇相关的论文中,都再三阐明了他的这一理论观念,并以此作为解读日本文学文本,阐明日本文学发生学轨迹的基本原理。他在文学的发生学领域中,依据他的"变异体"理论,对日本的神话、短歌、古物语这样一些具有典型意义的文学样式,进行新的解读而取得的成就,令学术界肃然注目。1997年国家教委确定以严绍璗教授为首进行比较文学博士点学科项目建设"东亚文学的发生学研究",这使他有可能将他自1994年末以来参加的中日韩三国学者共著《东亚比较文学史》的研究结合起来,实现学术理念的再深化和再发展。

2000年,严绍璗先生在《中国比较文学》第3期上发表了专论《"文化语境"与"变异体"以及文学的发生学》,全面系统地提出并阐释了文学发生学理论的核心观念。严先生经过十余年的努力所形成的这一学术研究体系,把比较文学领域中传统的"影响研究",提升为以"变异体"理论为核心的"文学发生学研究"。文学发生学是关于"文学"生成的理论。我国人文科学领域中对文学的研究,大多学者都是在文学史的系统内加以展开,即是对已经生成的"文学文本"(包括作品与理论)进行研究。文学发生学,则更关注文学内在运行的机制,从而阐明每一种文学样式之所以成为一种独特的文学样式,每一种文学文本之所以成为一种独特的文学文本的内在的逻辑。在我国比较文学研究中,严绍璗先生是第一位以东亚文化与文学为对象,把对"文学的关系研究"提升为对"文学的发生学"研究的学者。

文学的发生学,即探明文学文本之所以形成现在已经显现的面貌的内在成因。它与文学的诠释学完全不同,其意义并不在于"诠释"文学——由于每一个诠释者所处的时代不同,文化底蕴不同,美学趣味不同,一个文学"文本"必然会有多种多样的"诠释";但是,作为文学的发生学研究的有价值的成果,在关于"文学生成"的阐述上,从理论的"绝对意义"上说,其答案应该是唯一的,当然,探索这个"唯一"的过程必然是多样的。

"文化语境"是文学文本生成的本源。从文学的发生学的立场上说,"文化语境"指的是在特定的时空中由特定的文化积累与文化现状构成的"文化场"。严绍璗先生界定这一范畴具有双重含义:其一指的是与文学文本相关联的特定的文化形态,包括生存状态、生活习俗、心理形态、伦理价值等组合成的特定的"文化氛围";其二指的是文学文本的创作者(有意识或无意识的作者、个体或群体的创作者)"认知形态",包括文学的创作者们在这一特定的"文化场"中的生存方式、生存取向、认知能力、认知途径与认知心理,以及由此而达到认知程度。事实上,各类文学"文本"都是在这样的"文化语境"中生成的。因此,揭示文学发生学的轨迹,首先应该借助"文化语境"的解析,即在"文化语境"中"还原"文学文本。严绍璗先生进一步实证阐述构成"文学发生学"的"文化语境",实际上至少存在着三个层面。第一个层面是"显现本民族文化沉积与文化特征的文化语境";第二个层面是"显现与异民族文化相抗衡与相融合的文化语境";第三个层面是"显现人类思维与认知的共性的文化语境"。每一个层面的"文化语境"都是多元的组合。在这样的三层文化语境中解析文本,就有可能揭示文本中原先通过情节、人物、故事等而内含着的虚构、象征、隐喻、符号等所具有的真实意义,显现各个文本所生成的"文化场"的基本特征,阐明各个文本之所以具有独特的"个性"的基本内因。

文化现象清楚地表明,在世界大多数民族中,几乎都存在着本民族文化与"异文化相抗衡与相融合的文化语境"。依据严绍璗先生的阐述,从这一文化语境的视角操作还原文学文本,就会发现原来在这一层面的"文化语境"中,文学文本存在着显示其内在运动的重大的特征即文本发生的"变异"活动,并最终形成文学的"变异体"。文学的"变异体"形成之后,随着民族心理的熟悉与适应,原先在形成过程中内蕴的一些"强制性"因素在文学传递层面上会逐渐被溶解(在学理层面上则将永久地留存)。一旦这些因素被消解,不再被人强烈地感受到,人们因此也就忽略这一点,并且不再承认其与"异质文化"之间的存在"生命意义"的联系,并且进而认定其为"民族"的了。以此为新的本源,又会衍生出新的文学样式。一个民族的文学的民族传统,其实就是在这样的"变异"过程中,得以延续、提升,并在此基础上再次衍生的。

文本的"变异"过程和"变异体"的成立,就其形式与内容考察,从最本质的意义上可以说,它们都是在"不正确的理解"中实现的。一切所谓的"文化的对话",都是在"描述的文化"进行的,各个国家各个民族的文化,都被作出过无穷次的"不正确的理解",并被作为一个时代、一个族群、一个阶层乃至一个个人 正确的 可以接受的形式"向更广泛的文化层面扩散。同一种文化,有可能被作出完全相背的价值判断,甚至会在同一个历史时代里产生完全相反的精神作用,严绍璗先生在《文化的传递与不正确理解的形态——18世纪中国儒学与欧亚文化关系的解析》中对此进行了论述,他以18世纪中国儒学以"不正确理解的形式"进入欧亚异质文化之中,并被消融,同时促使欧亚异文化的"原质"发生变异为这一文化传递的基本逻辑进行实证性阐释。由此确认在文学的"变异"中所形成的新的文学样式,都是本土文学传统传统的延伸和在"新质层面"中的展现。

严绍璗先生通过30余年的研究,实现了从"影响研究"到"变异体文学研究"到"文学的发生学研究"的转换与提升。"影响研究"和"关系研究"的本质,正是在于从"文本"的立场上探索文学的成因。因此,当他把"文学的发生学"作为比较文学的一个新的研究范畴提出来时,事实上是把传统的"影响研究"的学术做到了可能接近于它的终极的目标了。他的这一系列的学术理念的形成与发展,从一个方面推进了我国比较文学研究的深入,尤其在东亚文学与文化的研究领域中,确立了具有中国研究者自身话语特征的学术体系。

三、跨越与汇通

严绍璗先生的学术研究横跨许多专业领域,从最基础的古典文献整理到最前卫的比较文学研究,都可以看到他的学术踪迹。

中国古文献学界把严先生看成为"文献学家",他在汉籍古文献的整理方面所取得的成就使他成为一个当之无愧的文献学家。早在上世纪60年代前期,他在大学四五年级时与同学吕永泽、许树安合作编纂的(清人)黄本骥《历代职官表》的《索引》,在"文革"前即由中华书局出版,"文革后"被上海古籍出版社重印过好几次。70年代,他与孙钦善教授、陈铁民教授合作完成了《关汉卿戏剧集》的整理;从80年代起,他30余次到日本、韩国和美国,追寻流传在国外尤其是流传在日本的汉籍珍本,钩沉明代之前善本达一万数千种,出版了《汉籍在日本流布的研究》、《日本藏宋人文集钩沉》、《日本藏漢籍珍本追踪纪实——严绍璗海外访书志》和《日藏汉籍善本书录》四部著作。对文献典籍的追踪、调查和整理,为他比较文学研究的"原创性"理念和"原典实证的方法论"等的创立,奠定了最坚实的基础。

严绍璗先生又是我国"国际汉学(中国学)"的学术创始人之一。1980年他出版的《日本的中国学家》是我国"国际中国学/汉学"领域的第一部学科工具书。1992年出版的《日本中国学史》又是这一学科的第一部学说史著作。国家教委高校古委会曾把严先生的"日本中国学"教学制作为36小时的录像片,作为全国大学中相关专业的教学片,成为"国际中国学/汉学"登上我国大学讲坛的起始。他受聘出任北京大学创建世界一流大学"985"文科综合学术项目《二十世纪国际汉学(中国学)系统研究工程》的总主编。严先生在"国际汉学"领域中的造诣,使他在比较文学的研究中,掌握了极为丰富多彩的"话语",构建了观察文学与文化的独特的视野。

同时,严绍璗先生在文化理论方面亦颇有造诣。他在北京大学的讲坛上主讲《历史文化论》有近30年的历史了,主讲《比较文化史学》也已经有10余年了。由我国教育部和日本国际交流基金会联合主办的"北京日本学研究中心"(设在北京外国语大学内)曾约请严先生为研究生每年讲授20余次《比较文化史学》的课程。其中,他关于"人性的成因与展开即是文化"的命题,关于"文化本体内含的时间二重性"的命题,关于"文化传递中不正确理解的普遍性"的命题,关于"民族文化本质的抗衡性"命题,以及关于"文化民族性测定的模式",关于"神话时间测定的模式"等等,皆是经典的课题。据说,清华大学建筑系有些研究生来听严先生的课,很感兴趣,还邀请他到清华建筑系去研讨"长安街改造与保护传统的关系问题"。虽然一直有出版社约请严先生把这些思考和智慧写成专著,但是,他总是以"能力不及"为由,不写所谓"纯粹"的理论论文。实际上,严先生的这些理论见解,都以更深刻同时也是更具体的形态,指导并贯穿于他的比较文学研究和国际中国学/汉学的研究之中了。

由于严绍璗先生的关于把握对象国文化的研讨,使用的几乎都是日本古代典籍文本,主要以"日本文学"为研究对象的,于是,学界有人就以为严绍璗是日本文学出身的学者了,但是实际上严先生的研究与一般惰性文学史的表述并非一致。事实上,当严绍璗先生真正进入"比较文学"领域的时候,他已经明白,作为比较文学基础的"文本细读"与"文本解析",一定是以某一民族文学文本为工作对象的。"比较文学"只有处在学术逻辑的阐述的过程中,才能显现其存在与价值。"比较文学"与"国别文学"的根本性区别就在于,它不是以"文本"的形态存在,而是以"揭示文学/文化内在运行的逻辑"的形态存在的。

走到这一步,人们认为严绍璗先生离开"原点"已经很远了。其实,严绍璗先生的学术步履中每一次的跨越,必然存在着相应的而且是必然应有的"通道",严先生自己认为,他之所以能感知这样的"通道"存在,是因为这些被命名为不同的"学科"之间,存在着事实上的连接,它们原本就是互相贯通的,把它们区划为"某"一个学科本来就是为了研究的方便而人为设置的边界,他只是把有些边界打通了而已。

2007年,中华书局出版了严绍璗先生运行20余年的《日本藏汉籍善本书录》。《日藏汉籍善本书录》共计380余万字,从1984年正式起步以来,作者花费23年的心血,往返日本30余次,造访日本近百个藏书机构,搜集目前日本汉籍善本藏本约80%—85%,整理文献10800余种。该书从文化史学的立场出发,详细考察了其版本状态、保存机构、传递轨迹、识文记事、相关记载等,是我国出版的第一部全面著录日藏汉籍善本的大型工具书。许多人很吃惊,说:"你怎么搞了半天比较文学,又回到古文献来了?"甚至有的学者为严绍璗先生所谓的"学术越境"而大为光火。其实,作为一个在上世纪50年代末和60年代初中期在北京大学中文系受到中国人文学术这样深厚教育的学生,严绍璗先生始终坚持这一基本准则,人文学术的一切研究,从根本上说,只有以文本原典为基础才是坚固的,他在学术通道中的行走,都是以这一理念为基本原则的。在50年的学术生涯中,可以说,他从来也没有放弃过对原典文本的关注。但是,他心目中的文献原典,是具有生命力的"活物",而不是停留在"编目"中的"死物"。因此,严绍璗先生对文献的认知,特别关注其与当地的民俗、文史哲状态、阅读者的心态、政治状态乃至经济状态等等的关联,严绍璗先生把这些大多著录在《日本藏汉籍善本书录》中。日本明治大学教授神鹰德治先生在日本杂志《东方》第329期上专门发文,称严先生的"这部《日藏汉籍善本书录》与日本人编撰的《国书总目录》,好比是日本文化两轮车的两个轮子,恰好推进了对于日本文化的再认识。"事实上,《日本藏汉籍善本书录》的内容,与"日本中国学/汉学"相关联,亦与"日本文化/日本文学研究相关联"。该书在文献考察的基础上,又以文本事实为依据,进一步论证了中日之间两千年的文化联系,为东亚文学与文化关系研究以及日本中国学研究奠定了坚实的文本基础。我国国家图书馆名誉馆长任继愈教授在为该书所作的"序"中,称赞严先生"用力之勤,功力之深,超过前人……以及他在学术上的成就,探索文化交流的宏愿,锲而不舍的毅力,使他达到了文献整理的新天地。"而日本学者则感叹:"这本来应该是由我们日本人做的事,现在却由一个中国学者完成了!"乐黛云先生以她敏锐的学术眼光,对这部书作出了高度评价,她认为这部书绝不是一般的"书目","其实是一部比较文化著作!"乐黛云先生的评价可谓一语中的!这部著作充分表明严绍璗先生不仅跨越了不同的学科界限,并且在不同学科的研究之间实现了汇通与融合,从而将古文献学和比较文学的研究都提升到了一个全新的高度。任继愈先生称赞严先生的《日藏汉籍善本书录》"体现了现代学者治学的方法,透过中日汉籍交流的现象,揭示出文化交流的脉络"。严先生站在宏观的视角和跨文化的立场,从文献的搜集和信息的整理当中,发现具有学术价值的命题,并进行学理性的研究和提升,逐步建构起体系性的学术理论。对严先生来说,把材料发掘出来仅仅是第一步,更重要的是把材料学理化,使之成为构筑学科大厦的砖瓦,这不仅需要学术的敏感,而且需要理性的头脑和深厚的知识背景以及相应的学术积累。

严绍璗先生在从事比较文学研究的同时,在掌握文化理论、追寻原典文献、阐述域外汉学诸方面均为当代比较文学研究奠定了坚实的基础。毫不夸张地说,在中国当代比较文学研究者中,严绍璗先生在东亚文学和文化研究领域中,为中国比较文学界赢得了具有国际意义的声誉。

厳紹璗先生について

〔日〕 田中隆昭

一

　源氏物語を中心に古代物語を読んでけて、これらの作品は中国や朝鮮半島との交流を視野に入れなければ理解でないと思うようになり，中国や韓国、米欧での日本文学の研究が盛んになり、これらを日本文学研究者も無視できないはずだし、また、これらの方も日本文学そのものを外国に広め、研究成果を発信いかねばならないと考える。二十年近くも前になるが、神田の本屋で厳紹璗著『中日古代文学関係史稿』という中国語の書物をたまたまに手にし、購入して中国にもこのような研究があるのべ、とたいへん感銘を受けた。中国語も読めるようにならなければ、と宮城学院女子大学に留学してきた王秀珍さんを囲んで学生たちと中国語の勉強会を始めた。そのころ、秋山先生が突然電話をかけてこられて、北京日本学せんたーに行かないかといわれる。これは願ってもないチャンスと引き受けて、北京で半年過ごすことになった。たいへん気になっていた厳紹璗氏が同じせんたーで教えており、思いがけず直接顔を会わせることになり、ちゅうど宮城学院女子大学が外国から教員を招聘する制度を作り、前後の見境もなく厳氏に来てもう交渉をし、外国人客員教授の第一号として仙台まで来てもらうことになった。専任なみに授業を持たなくてはならないし、全部日本語でやるということで、たいへんなことを押しつけることになって講義の準備もなみたいていではなかったはずだが、厳さんは文句いわずちゃんとやってくれた。身近にいて、教えられることが多く、中国側から見る日本文学について知ることができ、貴重な経験をさせてもらった。厳さんは帰国後北京大学の比較文学研究所の所長になり、そこを中心に行われる比較文学の国際シンポジウムなどに参加しておおいに勉強されられた。

　　　　　　　　　　――『日本古代文学と東アジア・巻頭言』勉誠社 2004 年

二

　この宮城学院女子大学研究論文集に、本学の教員によって行こなわれる講義の記録を掲載することぬなり、前号に高橋教授の講義録を掲載されたのに続いて今回は一年間客員教授として授業を担当された厳紹璗先生に講義の一部をまとめていただいた。

　厳先生は現職の北京大学教授であり、北京大学比較文学研究所副所長、中こく中日関係史学会副会長などの要職に就いておられ、中国の比較文学比較文化の中心的存在として活躍されている。先生は日本と中国との文化交流の歴史、中国文学の日本文化への影響について広く研究されており、その成果は『中日古代文学関係史稿』(1987年　湖南文芸出版社刊)、『中国文学在日本』(1990年　花城出版社刊)、『日本中国学史』第一巻(1991年　江西出版社刊)、『漢籍在日本的流布』(1991年　江蘇古籍出版社刊)などにまとめられ、中日両国の専門家の間で高い評価を得ている。日本でも、日本語の論文などをは発表され、国際文化交流のシンポジウムにも度度参加されるなど大いに活躍されている。

　本学では日本文学科の科目を担当され、『日中神話の比較の研究』、『五山文学研究』、『比較文化史』の講義を一年間受け持たれた。そのうちの『日中神話の比較の研究』講義の一部を講義ノートをもとに先生ご自身によってまとめていただいた。

　先生の講義を聴講した人たちはもちろん、この講義録をはじめて読む人たちもよく整理され明快に論じられているの御論を十分に理解できることと思う。比較文学の立場からの日本神話の研究意義が『まえがき』にはっきりと述べられている。民族性を重視するあまりに自国の文学への他国の影響に目をつぶってはならない。外来文化を受け入れる積極的姿勢があったからこそ日本文学は迅速な発展をしてきたといわれる。『古事記』、『日本書記』にしるされている創世神話を、漢民族の神話だけでなく、中国国内の少数民族の神話と比較することによって、それがけっして日本のの本来の神話ではなく、中国および東アジアの文化要素と融合してできたものであることを明快に論証されている。

　　　　　――『宮城女子大学研究論文集・まえがき』総77輯(1993年6月)

三

　2001年9月29日、30日に、『国祭シンボウジム』と銘打って、『古代日本、中国、朝鮮半島文化交流研究の新展開』というかなり大まかな統一テーマで早稲田大学を会場にして研究会を開いた。
　早稲田大学がプロジュクト研究所と称して研究所を自由に作ってよろしいということに思い切って制度を2000年から発足させたのに便乗して『古代文学と比較文学研究所』というのを研究室を事務局にし設立の申請をして、承認されたのは2000年12月である。
　研究所のメンバーは学内学外国外の日本文学、中国文学、日本史、東洋哲学、比較文学比較文化、文化交流史などを学んでいる人たちである。
　研究所が発足してまた浅いが、その基盤は前からあった。厳紹璗さんは誘われて北京大学比較文学研究所(後に北京大学比較文学と比較文化研究所)の関係する研究会にはほとんど毎年参加していたし、
　2001年9月のシンボジウムをNATIONAL INSTITUTE OF JAPANESE LITERATUREの客員教授として来日していた厳紹璗氏、宮城学院女子大学客員教授として仙台にいた王勇氏を中心に開くことができたのは幸いであった。特にうれしいには、厳先生、王先生が育てた若い研究者が参加して活躍されたことである。

　　　　　　　　　　　——『交錯する古代・まえがき』勉誠社 2004年

四

　2000年度『和漢比較文学』大会が早稲田大学で開催され、北京大学比較文学と比較文化研究所所長厳紹璗氏に講演をお願した。大会初日の講演終了後の懇親会の席上、厳氏が日中の合同学会の開催を提案された。それを受けて、同学会の実施の機運が盛り上がり、中国側では広州の中山大学が会場を引き受けられ、中日比較文学会と中山大学、北京大学、吉林大学が共同で実施することになり、日本側では和漢比較文学会の委員会、総会の了承を得て、特別委員会を作り、発表者の募集、選考を行い、準備を進めた。
　2001年12月7日—10日に日中比較文化国際シンボジュウム『新世紀にお

ける中日文学関係の回顧と展望』として開催されることになり、蔵中進、厳紹璗両氏による基調講演(蔵中進『中国における王梵志、日本における王梵志』、厳紹璗『日本の古代文学を発生学から考える』)、9日古典文学、近代文学、文化、言語の四つの分科会に分かれ、日中の研究者による研究発表が行われた。10日に、中山市孫文故居見学が行われた。

『和漢比較文学』の特別委員会では、委員会で承認した発表者に対して論文集への投稿を依頼し、論文審査のための特別委員会で厳格に審査され、掲載論文が決定された。また、中国側に掲載論文の選定を依頼し、両者を合わせてこの論文集が完成した。基調講演を行った厳紹璗・蔵中進両氏にも論文の掲載をお願いした。

——『新世紀の日中文学関係・画期的な国際共同学会』勉誠社 2004 年

附記:日本早稲田大学田中隆昭教授是日本古代文学研究的杰出的学者,尤以《源氏物語》研究为精。自 1991 年以来几乎每年访问中国,参与多层面的文化活动,他以早稲田大学文学部与"和汉比较文学会"为基地,对在日本文学研究中突破"国文学"传统的迂腐的"边界观念",推进两国的文化与文学的理解,成绩卓著。田中隆昭教授与严绍璗先生关系至深,理解深切。田中先生于 2005 年病逝,2006 年严先生在北京主持"田中隆昭先生追思会",早稲田大学白井校长专程向"北京追思会"赠送花圈。此次我们编辑《严绍璗学术研究》,遵得田中先生家属同意,从先生文章中摘录了四段有关于严先生的记载,以表达他们之间永存的友谊。

平成时代的《日本国见在书目录》

〔日〕 神鹰德治 撰*
　　　陈　　捷 译

　　2008 年是《源氏物语》成书一千周年。在谈到这部名著的宏伟结构时,日本文学研究专家西乡信纲曾经做过如下的评论:

> 必须承认,如果没有对以《白氏文集》和《史记》为代表的中国文学的深入理解,恐怕紫氏部写不出我们今天所见到的这样一部《源氏物语》。"(《增补诗的发生》,1964 年,日本,未来社)。

　　正如这段文字用极端的方式所表述的那样,中国文化,特别是中国古代典籍的世界,曾经给日本的文学·思想带来长期、广泛而深入的影响,这已经是众所周知的事实。一般认为成书于平安中期、由藤原佐世编著的汉籍目录《日本国见在书目录》记录着奈良·平安时代前期到中期日本人收藏及阅读的汉籍的书名。(通行的看法认为,编纂这部目录的起因是当时皇室图书馆冷然院火灾造成了典籍的损失。但也有论者提出,从文化意义上来看,当时正在进行大规模的佛教典籍整理事业,由此出现了对外典汉籍进行调查整合的需要。)[①]

　　从日本文化史上看,江户时代是汉文学发展极为隆盛的时代。根据近年的研究,这一时期汉籍传入及其流传的状况也逐渐清晰(大庭修《江户时代接受中国文化的研究》,『江戸時代における中国文化受容の研究』,1984 年,日本,同朋舍)。此外,最近出版的根据仓石武四郎博士的讲义整理的《支那学在本邦的发展》(『本邦における支那学の発達』,2007 年,日本,汲古书院)也可以看做是一部描述日本接受吸收中国典籍的实际状况的通史。

　　如上所述,日本过去、现在以至将来所阅读以及将要继续阅读下去的汉籍的数

---

　　* 神鹰德治,日本明治大学教授。
　　① 参见和田英松论文《关于日本国见在书目录》(「日本国見在書目録に就いて」,《史学杂志》41 编 9号,1930 年 9 月)及太田晶二郎解说《日本国见在书目录》(『群書解題』第 29 卷,1976 年。此解题未收入《太田晶二郎著作集》)。

量不胜其数。但是,这里所说的汉籍并不仅仅指中国制作的所谓"唐本"①。事实上,这是日本在编制汉籍目录时的一个难题。从日本收藏中国古籍的实际情况来看,除了日本人编著的"准汉籍"之外②,我们可以将其归为以下五类:

一、唐钞本及其传抄本,也就是日本学术界一般称为"旧钞(抄)本"的古抄本资料。③

二、宋、元、明、清及民国时期刊印的各种书籍,在日本一般称之为"唐本"。

三、日本国内保存的朝鲜本汉籍。

四、包括宋元版的精致的覆刻本或重刊本在内的五山版、古活字版等日本古刊本。

五、刊刻年代主要为江户时代的和刻本汉籍。

关于以上五类汉籍,目前日本的版本目录学界已经有了以下成果:

一、关于唐钞本及其传抄本,有阿部隆一博士的《本邦现存汉籍古写本类所在略目录》(『阿部隆一遗稿集 第一卷 宋元版篇』,1993年,日本,汲古书院)。

二、关于日本收藏的中国宋元版书,有阿部隆一博士《宋元版所在目录》(亦收入『阿部隆一遗稿集 第一卷 宋元版篇』,1993年,日本,汲古书院)。

三、关于日本收藏的朝鲜本汉籍,有藤本幸夫《日本现存朝鲜本研究》(2006年,日本,京都大学学术出版会)④。该书现在只出版了集部,经史子部也将陆续出版。

四、关于日本的古刊本,有川濑一马博士的《五山版研究》(『五山版の研究』,1976年,日本古书籍商协会)和《(增补)古活字版研究》(《(增補)古活字版の研究》,1967年,日本,安田文库)。

五、关于江户时代的和刻本汉籍,有长泽规矩也博士著、长泽孝三编《(增补版)和刻本汉籍分类目录》(2006年,日本,汲古书院)。但是该目录未收医书和佛教书籍。

---

① 译者按:"唐本"意思为中国书,是相对于在日本书写、刊刻的书籍"和书"的概念,一般指抄写或刊印于中国的古籍,见下文。

② 关于"准汉籍"目著录中的各种问题,可参考高桥智等《关于编纂目录时对"准汉籍"的处理问题》(「漢籍目録編纂における準漢籍の扱いについて」,《汲古》46,2004年12月)。译者按:"准汉籍"是日本学者在编制古籍目录时提出的一个概念,一般指由日本人编选、评注的中国人著述或用中国传统撰述方式撰写的中国典籍的研究著作。

③ 保存有唐钞本文本的日本古钞本资料,可参看拙稿《关于日本著作中的汉籍文本——以〈文集百首〉为中心》(「国書所載の漢籍の本文について——〈文集百集〉を中心として」,收入《中国读书人的政治和文学》,「中国人読書人の政治と文学」,2002年,日本,创文社)。

④ 该书著者藤本幸夫因其以朝鲜本古籍研究为代表的版本目录学研究方面的成就荣获韩国政府颁发的文化勋章。

从以上列举的著作可知，在日本现存的中国古籍中，上文概括的五大类中第二类中的明、清以及民国时期刊行的古籍尚无完整的专门目录。当然，这并不是说这部分汉籍从未整理编制过目录。日本各大学图书馆・研究室的藏书目录、全国各地的文库分别编制的汉籍目录以及和汉书目录都属于这类目录[①]。学者们可以通过仔细检索这些为数甚夥的目录查找到自己需要阅读的"唐本"汉籍。关于这些目录书，可以利用《日本收藏汉籍的蒐集——汉籍目录集成》(『日本における漢籍の蒐集——漢籍関係目録集成』，1961年初版，1982年增补，日本，东洋文库内东洋学情报中心编)及山口谣司编《本邦汉籍目录书目》(京都大学文学部《中国文学报》68，2005年3月)、《本邦汉籍目录图录及解题编书目 附本邦汉籍目录书目补遗并追加》(京都大学文学部《中国文学报》70，2005年10月)逐一确认。但是，接踵而来的是另一个的新问题。

如上所述，在日本藏书机关的藏书目录中，上文概括的五类汉籍往往混在一起著录。如果要查找某种中国出版的古籍，即使是这些目录书都集中放在顺手可取的地方，也要像过筛子一样一本一本地耐心翻检。要解决目前查阅中国版古籍时面临的这个问题，有一个办法是把日本现存汉籍中的中国版部分整理统合为一部书目。本文介绍的严绍璗主编《日藏汉籍善本目录》正是这样一部从事文献工作的人所期待的目录。

《日藏汉籍善本目录》全书分为上、中、下三册，是16开本，共计2336页的巨著。任继愈、袁行霈、尾崎康三人撰写的序文和著者的自序、后记，都是值得仔细阅读的文章。

在凡例之后有日藏汉籍中属于国宝及重要文化财级别的图书的书影图谱。内容包括经史子集各部的从唐钞本到明版的中国古籍，"正题"部分著录书名、卷数、著者、版本及现在的收藏单位。"按语"中记述书籍版式、序跋题记、刻工名、藏书印及与该书相关的事项等。"附录"部分按照著者为"东亚文化关系研究"和"比较文学研究"提供基础资料的主旨，记述了与 ①日本古代文献中与著录本相关资料的记载、②著录本传入日本的途径、③著录本的日本抄本、旧刊本与和刻本等和制汉籍等三方面的有关情况。

《日藏汉籍善本目录》的卷末有五篇共长达一百页的附录：一、《书录》著录日本藏汉籍主要文库一览表；二、汉籍东传日本的轨迹与形式；三、日本军国主义者在中國掠夺的文化资料；四、《书录》编著参考书目；五、日本藏汉籍珍本访察随笔。其中

---

① 译者按："和汉书目录"是日本图书目录的一种，一般指收录包括中国和日本古籍在内的用汉字和假名书写、印刷的书籍的综合目录。

第二、三、五部分中涉及了与日本现存中国古籍相关的各种问题。另外,书后的书名索引包括书名首字音序检字表和按笔画笔顺的两种索引,书名首字音序检字表对我来说极为方便。

在反复翻阅这部《日藏汉籍善本书录》并参阅其他有关文献时,偶然读到了日本作家、版本目录学者林望先生的文章。文章谈到,在日本和中国古籍的版本目录学方面留下了丰富成果的阿部隆一博士在担任日本庆应义塾大学附属研究所斯道文库文库长时曾经主持过一个编纂日本人著述及日藏汉籍总目录的计划。该计划的内容是:"动员阿部隆一及长泽规矩也两位先生门下的书志学研究者,对日本全国现存所有古书,即江户时代以前刊刻或抄写的日本人著作、中国的抄本刊本以及在日本抄写或刊刻的汉籍,做一番全面彻底的调查,并在此基础上编纂一部有助于学术研究的总目录"(林望《书薮巡历》,1995年,新潮社)。但是,由于阿部博士突然仙逝,这项综合性的编纂事业最终未能告成。

读了林望先生的这篇文章,我不由得想把严先生的这部大著与收录日本古籍的总目录《国书总目录》(全九卷,续三卷,岩波书店版)进行一下比较。江户时代本来是汉学与日本文学相互交流的时代,因为当时的"日本文学"实际上是同时包括了现在我们所说的"汉文学"与"国文学"在内的。因此,《国书总目录》中本来是应该包括"汉籍总目录"在内的。1945年战败之后,日本进行了重大的教育改革。一系列改革的结果之一是,在日语教育中,"汉文教育"逐渐削弱甚至趋近消亡。对于这一现象应该如何评价,在日本也存在着各种各样的意见。这里我要特别强调指出的是,目前日本文化对中国古典文学、思想的理解和吸收能力已经到了前所未有的微弱程度。恐怕有这样感受的日本人并非只有我一个人吧。在过去的一千年里,日本是如何接受和吸收中国文化的?《日藏汉籍善本书录》的出版为我们回顾这段历史提供了一个良好的机会。《国书总目录》和《日藏汉籍善本书录》这两部目录恰如一辆车的左右两轮,将成为我们再次检讨日本文化时的基本工具。

根深实遂
——写在严绍璗教授《日藏汉籍善本书录》出版之际

崔文印*

北京大学严绍璗教授编著的《日藏汉籍善本书录》（三卷）终于由中华书局出版了。《日藏汉籍善本书录》收录日本国现存中国自古以来至明代（包括明代）的文献典籍凡一万又四百余种，以四部分类，全书近 300 万字。此书从文化史学的立场出发，著录了汉籍善本的版本状态、保存机构、传递轨迹、识文记事、早期日本相关文献的记载，以及汉籍文化融入日本社会生活的诸种事项。它以最基本的文本事实，论证了中日之间两千年的文化联系，并且为东亚文化研究和"日本中国学"研究奠定了坚实的文本基础，也为我国古籍版本目录学研究提供了极为丰富的基础性材料。

这一巨大的文化工程，凝聚了严先生大部分青春年华，也凝聚了作为一个爱国知识分子对祖国流散在外的文物典籍眷念不忘的拳拳之心。如果从严先生矢志做这项工作的 1974 年算起，到今日，已是 33 年了；如果从中华书局接受这部书稿并为之立项的 1985 年算起，到今日，也已整整 21 个年头了。20 多年间，严先生往来劳顿日本列岛 30 余回，从北海道到冲绳群岛，从太平洋之畔到日本海沿岸，在皇家书陵部、国立、公立和私人图书馆、博物馆、艺术馆，在各类佛教庙宇、在财团企业藏书处与读书室等等四面八方，追踪存放于异国他乡的汉籍善本，笔录影照、查对考核，请教日本学术界先辈，反复听取意见，反复作业修正，以扎实严谨的学风终于完成了他自己称之为"墓志铭"的大著作。

我作为这部书自始至终的责任编辑，从 1987 年接任责编以来，亦从中学到了很多有益的东西。严先生这部大著的出版，不仅使学术界增加了一部极具学术价值和实用价值的工具书，而且，该书所体现的那种执着的治学精神，亦足以垂范后世。

严绍璗先生这部《日藏汉籍善本书录》，不论就其规模，还是就其著录的深度广

---
* 崔文印，中华书局资深编辑。

度,都大大超越了前人的同类著作。

在严著之前,前人关于日藏汉籍的著作大约有十几种,其中可以杨守敬的《日本访书志》十六卷和董康的《书舶庸谭》九卷为代表。

杨守敬字云鹏,号惺吾,晚号邻苏老人,湖北宜都人,他生于道光十九年(1839),卒于民国四年(1915)。同治元年(1862),他乡试为举人,但以后接连七次会试皆未中式,于是绝意仕进,专以著述为事,而尤精于地理、目录版本和金石之学。清光绪六年(1880)和七年(1881),我国驻日大臣何如璋与黎庶昌,皆招杨守敬为随员,给他在日本访求汉籍创造了机会,尤其是黎庶昌,他接受杨守敬的建议,刊刻《古逸丛书》,更促进了杨守敬在日本的访书活动。日本学者神田喜一郎说:"杨守敬原是一位精通历史地理和金石学的学者,来日本后,看到当时的日本处于欧化主义至上时期,古来传入日本的和汉古书,大部分在市场上随意地摆放着,不值一文半文的,这种情形令敏锐的杨守敬瞠目结舌,于是陆陆续续买进自认为是善本的古籍。"(《中国书籍记事》,见《日本学人中国访书记》179页)又说:"即便是收集日本的古写本,杨守敬也是精挑细选,能够轻而易举地买到其中的精品。"(同上书180页)虽然,杨守敬从日本买到的书很是不少,但著录在《日本访书志》中的汉籍善本却仅有236种,后来,著名学者王重民先生整理观海堂遗书,又发现了46种,编成了《日本访书志补》,两相加在一起共282种,比起严绍璗先生的《日藏汉籍善本书录》的万种书来,还不到3%,实在是显得太小了。

至于董康的《书舶庸谭》,由于董康是民族败类,本来就没有资格和严著相比,但因其书名声在外,在这里还是有必要略说一下。

董康字绶经,自称诵芬室主人,江苏武进人,生于同治六年(1867)。此人官运亨通。光绪十五年(1889)乡试为举人,第二年便连续为进士,并授刑部主事。民国期间,他历任大理院院长、司法总长、财政总长、上海法政大学校长等。但1937年日寇全面侵华后,他投降日寇,出任华北伪政府司法委员会委员、议政委员会常委、最高法院院长等。后又投靠汪精卫伪政府。因此,抗日战争胜利之后,他当然地受到当时尚在重庆的国民政府通缉,后被逮捕,于1947年死在狱中。

董康东渡日本是在1926年,这年12月,由于他受到军阀孙传芳的密令杀捕,于是以假名沈玉声逃到了日本。他在日本靠访求古书打发日子,并用日记的形式,记下了他每日活动及访书见闻,这就是后来出版的《书舶庸谭》。由于该书并非一部纯粹的书目,而是一部生活日记,故其内容不免庞杂。虽然涉及访书的内容很是不少,但限于日记的体裁,写得也颇为随意,有的书讲得详,有的书讲得略,有的书甚至只列书名,其参考价值受到了很大局限。且该书著录图书仅200种左右,连严著的2%都不到,其不足论是显而易见的。

讲到这里我们就不难看出,说严著在规模上超越了前人,不是一倍两倍地超越,而是十倍、二十倍、三十倍的超越。清乾隆年间,集中大批人力,在修《四库全书》的同时,编撰了一部《四库全书总目》,该目著录收入《四库全书》的书 3461 种,收录仅为"存目"的书 6793 书,共收书 10254 种,每种书皆有提要,耗时十多年才得以修成。其著录量与严著基本相等。然而,严绍璗先生这部《日藏汉籍善本书录》却是凭一人之力完成的,这种坚韧的毅力,着实超越前人,而为前人所莫及。

在著录方面,严绍璗先生的《日藏汉籍善本书录》继承了我国传统书目由班固《汉书·艺文志》开创的叙录体简明扼要、画龙点睛的优长,同时又有所开创、注重这些日藏汉籍来源的考溯,均注明它们的当今收藏者和原收藏者。如《周易注疏》十三卷,严先生先按一般书目著录说:"(魏)王弼(晋)韩康伯注(唐)孔颖达等疏。"接着他又著录说:"南宋初期刊本、陆子遹手识本、日本国宝,共十册。"又注明:"足利学校遗迹图书馆藏本,原陆游陆子遹等旧藏。"这些著录,已经把此本《周易注疏》的特点、价值及其收藏情况等,都做了简赅的说明,如果就此打住,就书目来说,已经无可挑剔了。但严绍璗先生并没有仅仅满足这些著录,他还发扬了我国传统书目由马端临《文献通考·经籍考》开创的辑录体广录前人有关资料的特点,用《按语》和《附录》的形式,增录了许多与该书相关的文献资料,为全面了解和进一步研究该书提供了极大方便。仍以上书为例,严先生首先用《按语》说明了该书每页的行数和每行的字数,然后一一开列了该书的刻工姓名,并有简明扼要的考定文字:"卷中避宋讳,缺画至宋高宗'构'字。由此推为南宋初期刊本。"

这正体现了严先生对版本目录学的学识和考订之功。接着,严先生又说:该书"每册末有端平年间(1234—1236)陆放翁之子陆子遹手识,短长不一,分录如次……"严先生把举凡十三册每一册的手识文都录了下来,让人看了真是大开眼界,又惊又喜。如第二册末题:"端平改元冬十二月三日,陆子遹三山写易东窗标阅。"此处"端平"是宋理宗赵昀的第三个年号,他在位四十年,共用了 8 个年号。该书第七册末题:"乙未天基节,三山东窗子遹标阅。""端平元年"是甲午,则乙未乃"端平二年"。考《宋史》卷一一二《礼志》第十五:"理宗以正月五日为天基节。"这一天即宋理宗赵昀的生日,故特做节日以庆所谓"圣寿"。陆子遹这条手识文颇具时代气息,非当时人绝难写出。该书最末一册,也就是第十三册的识文最为重要,这条识文写道:"端平二年正月十日,镜阳嗣隐陆子遹遵先君手标,以朱点传之。时大雪始晴,谨记。"

这条手识文之所以重要,在于它记载了一个极为重要的文化史信息。原来,这部《周易注疏》的标点最初是由陆游标上去的,而陆子遹只是根据他父亲的标点,用红颜色再行重标了一遍而已。这就是说,这部书不仅是宋刊本,而且还是宋代爱国大诗人陆游父子两代读过并留下手泽的本子，它的价值便非同寻常了。这就无怪乎日本于昭和三十年(1955)六月，确认该书为"日本国宝"了。

日本学者森立之在其所著《经籍访古志》中亦著录过该书，他的一些鉴赏和考订仍有一定的参考价值。所以，严绍璗先生又引录了森立之的一段话，以供读者参考。森立之说："(此书)字体行楷，笔力遒劲。句读及段落批点皆用朱笔，其涂抹文字则用雌黄，亦具见谨严，考陆子遹乃放翁第六子，'先君'指放翁也，近藤守重云：'三山'在山阴县镜湖中，放翁中年卜居地也。'东窗'，翁诗中数见，所谓'东偏得山多'者是也，盖此本以宋刊经宋人手校，最可贵重者矣。"

这段话的确很有参考价值。首先，森立之注意到了陆子遹的手识文字为"行楷"，且"笔力遒劲"。进而指出，此书不仅全书作了标点，而且还分了"段落"，并且有用"雌黄"涂抹之处，表现了陆氏父子斟酌字句甚下功夫，故学风"具见谨严"。

至于说到"东窗"，不是在"翁诗中数见"，而是屡见，这是陆游最喜欢的地方。如《剑南诗稿》卷七四有《东窗》一诗，末两句云："东窗对儿子，相与细论诗。"(见中华版《陆游集》1734页)又该书卷七九有《示子遹》一首，末两句云："汝果欲学诗，功夫在诗外。"(同上书1834页)正是与儿子"细论诗"的表白。陆子遹大概是陆游最寄希望的一个儿子，陆游在又一首《示子遹》的诗中说："吾家太傅后，衿佩盛青青。我忝殿诸老，汝能通一经。学先严诂训，书要讲声形。夙夜常相勉，诸孙待典型。"(同上书1590页)陆游的这些希望，尤其是"通一经"、"严诂训"等，都可从陆子遹努力读《易经》的手识文中得到印证，充分展示了这部书的文物和文献价值。

严绍璗先生在著录这部书的同时，还加了一个"附录"，揭示了"9世纪(日人)藤原佐世《本朝见在书目录》著录《周易正义》十四卷，题署唐国子祭酒孔颖达撰"；又揭示了"12世纪滕原通宪《通宪入道藏书目录》著录有《周易注》"。不仅如此，严先生还考察了现存日本的《周易注疏》的古钞本，从后奈良天皇天文年间(1532—1555)钞本起，中经正亲町天皇弘治(1555—1558)永禄年间(1558—1570)，直至正亲町天皇天正十年(1582)凡九个古钞本，一一将它们每半叶的行数，每行的字数等开列了出来，从而展示了我国的《周易》在日本的流布情况，这也正是严绍璗先生从事日本文化研究的成果在本书中的具体反映。这就使得这部《书录》又具有"日本文化史"基础材料的价值。

写到这里，我们就已大体可以看出，严先生的《日藏汉籍善本书录》在著录上已突破了传统书目就书论书的局限，而是开阔视野，开拓著录内容，把著录与学术研究有机地结合在了一起，这在前人的同类著作中是少有先例的。

本书正文后还有五个《附录》，记录了严绍璗先生在日本艰难访书的情况。这些文章，字里行间都凝聚着一个爱国知识分子看到祖国的文物典籍流散在异国他乡的那种又惊又喜、又珍惜又叹惋、又无可奈何的复杂而矛盾的心情。不错,中日两国之间的正常文化交流是值得赞赏和鼓励的,但那种靠战争而掠夺他国文物典籍的卑劣行径就是犯罪,就应该予揭露和谴责。严绍璗先生正是怀着这样的义愤,在日本详细调查了日本军国主义在侵华期间,对中国文物典籍的大肆掠夺,用翔实的事实揭露了日本军国主义所犯下的罪行,并呼吁国际上应对这样的事实予以公正的解决。这里体现的是一种何等高贵的爱国情怀呵!在这样的情怀面前,董康之辈还有地自容吗?!

面对着严绍璗先生的这部大著,我常常不由得想起唐代大散文家韩愈《答李翊书》中的一段话。当时,作为后生的李翊向韩愈请教何以"立言"——就是我们今日说的"著述"。韩愈回答说:

"无望其速成,无诱于势利。养其根而俟其实,加其膏而希其光。根之茂者其实遂(按即顺利),膏之沃者其光晔。"(见《韩昌黎集》卷一六《答李翊书》)

在20多年的交往中,我深深感受到,严绍璗先生并没有受评职称、长工资等"势利"所动,并不希望其书"速成"。相反,他却以一种对中日两国学术和学者高度负责的精神,不断修订、完善他的书稿,有的地方甚至不惜重写,反复审核,反复推敲,体现了一种精益求精的优良学风。

根深实遂,就是说,一个人的著述价值,是与其投入的精力成正比的,因此我相信,严绍璗先生这部大著,在一个相当长的时期内是无由取代的,它必将在中日两国学术界长期流传下去。

《日藏汉籍善本书录》之我见

顾 农[*]

严绍璗先生的《日藏汉籍善本书录》（中华书局2007年3月版）问世以后，该书的责任编辑崔文印先生写过三篇有关文章，其中主要的一篇书评《根深实遂膏沃光晔——读严绍璗教授〈日藏汉籍善本书录〉》发表在《北京大学学报》（2007年第5期）上。严著《书录》近四百万字，笔者一时还来不及通读，通过崔评可以知道一个大概，当时看了觉得很有收获；近来又读到沈津先生的书评《不能这样吹捧〈日藏汉籍善本书录〉》（《博览群书》2008年第4期），眼球立刻为之吸引，也认真拜读了一遍。沈评一举彻底否定了崔评，同时严正地指出了严书存在若干问题，例如著录中将丛书零种与单刻本混为一谈、版本项交代不清、作者项不够正规以及不收丛书等等，分别举了一些例子，让人明白严书在奉行版本学规范方面有若干不足。严书如果再版，自当吸收其中正确的意见。在书评中指出所评之书的毛病，是很常见的事情，如果说得对，对于读者当然是大有帮助的，余嘉锡先生的《四库提要辨证》一书即为经典的范例。

沈先生在文章中介绍说，"1986年至1987年，我在美国作研究"，而文章一开始更已经提到"上世纪70年代初，杨振宁教授曾送我一本《日本の国宝》精装本，那时候这种信息很少。我对其中的中国古籍善本'国宝'特感兴趣，请同事翻译出来，但看了却不过瘾，太简单了"。这样深厚的资历和豪华的交游是很了不起的，这让我想起他先前出版过一部《美国哈佛大学哈佛燕京图书馆中文善本书志》（上海辞书出版社1999年版），据说还有别的许多大著，由此可知沈先生乃是著名的版本目录专家，讲起本行业务来自然头头是道，令人极其佩服。可惜他在书评中没有将他那部《书志》大著表而出之，否则一定可以进一步加强人们对他的了解和敬意。

沈评给人印象最深的是直截了当地将《书录》的作者和责编斥为"外行"，初读之下即大为震动。学术界现在很少看到这样痛快淋漓、针锋相对的文章，于是又细读了一遍，这才长长地舒了一口气，感想甚多，这里拟先就其中的一点来谈一谈。

---

[*] 顾农，扬州大学文学院教授。

沈评写道："……我以为严先生如果能写出以上的文字,版本学的知识应该较为丰富,但他并不是版本学家,我很怀疑这种文字是他能写出来的。果不其然,经人指点,我才了解到文中的什么存卷数、尺寸、元人修补、元人刻工姓名、移存国子监、封面新补及蓝色绢纸、民国间由清内阁大库流出之零本之语,全部抄自日本学者阿部隆一的《阿部隆一遗稿集》第一卷宋元版篇第308页。""稍微翻了翻,《书录》即有不少小毛病,如若当时请版本学界的编目、鉴定高手把关(一定要高手,或有三四十年专业经验者),或可将讹误减至最低。这些版本学上的著录问题,搞版本研究的专家一看就明白。"《书录》中是否有许多低级错误,是否涉嫌抄袭,是笔者没有能力判断的问题,但是我想在一部几百万字的大书中有若干失误是难免的事情,而关于一些死材料的记录与前人大体一致或完全相同也毫不奇怪。记得先前曾有人指责鲁迅先生的《中国小说史略》抄袭日本学者盐谷温的《支那文学概论讲话》,鲁迅的答辩有云:

> 盐谷氏的书,确是我的参考书之一,我的《小说史略》二十八篇的第二篇,是根据它的,还有论《红楼梦》的几点和一张《贾氏系图》,也是根据它的,但不过是大意,次序和意见就很不同。其他二十六篇,我都有我独立的准备,证据是和他的所说还时常相反。例如现有的汉人小说,他以为真,我以为假;唐人小说的分类他据森槐南,我却用我法。六朝小说他据《汉魏丛书》,我据别本及自己的辑本,这工夫曾费去两年多,稿本有十册在这里;唐人小说他据谬误最多的《唐人说荟》,我是用《太平广记》的,此外还一本一本地搜起来……其余分量、取舍、考证的不同,尤难枚举。自然,大致是不能不同的,例如他说汉后有唐,唐后有宋,我也这样说,因为都是以中国史实为"蓝本"。(《华盖集续编·不是信》)

这里的情形也大抵是如此。版本的基本情况自然以原书为依据,如果记录得正确,总归是一样的。严著《书录》参考过大量的前人著作,书末已有说明(详见全书之末的附录之四:《书录》编著参考书目),而限于本书的体例,不可能在行文中逐一出注,这同抄袭完全不可同日而语。为他人订正错误当然很好,讲对了有功于士林,不仅作者得益而已。余嘉锡先生为订正《四库全书总目》之误写了一部专书《四库提要辨证》,他说自己只是希望充当总目提要撰写人的"诤友",该书序录有云:

> 然而纪氏之为《提要》也难,而余之为辨证也易,何者?无期限之促迫,无考成之顾忌故也。且纪氏于其所未读,不能置之不言,而余则惟吾之趋避。譬之射然,纪氏控弦引满,下云中之飞鸟,余则树之鹄而后放矢耳。易地以处,纪氏必优于作《辨证》,而余之不能为《提要》决也。

这番话说得实实在在，具净友之坦诚，无杀手之气焰，于是也就很动人。他订正了《四库全书总目》那么多错误和问题，但并没有痛斥纪昀为外行，也没有任何飘飘然的意思，表现出来的完全是一个纯正学者的风范，没有任何小家子气。据己之所长与所知找别人之书的一点毛病比较容易，而探索众所未知、就一个比较大的范围立言写书则相当难。写正讹纠谬的文章要考虑这样一个基本的前提。按照传统，朴学家的操守之一，如梁启超在《清代学术概论》中所说，是"辩诘以本问题为范围，词旨务笃实温厚。虽不肯枉自己意见，而同时仍尊重别人意见。有盛气凌轹，或支离牵涉，或影射讥笑者，认为不德"。陶渊明诗云："疑义相与析"，互相讨论，唯求其是，这才是愉快而有益的事情。你不是内行专家，我才是武林高手这一类的意思，即使很有根据，大声疾呼以出之，也不免近于煞风景，伤雅道。在中国报刊上进行学术讨论与西方政要发表竞选演说，应当是两回事，态度也要有所区别才好。

沈评给严著的最后判词是："《书录》的真正价值，只是告诉国内的学者、研究者：日本如今所藏的部分中国珍本古籍有哪些，收藏在何处，而且编著者将极小一部分的珍本，利用他所获得的日方出版的图书资料，或整段地抄录，或利用日方的著录予以汇集。如果日方没有信息可以抄录，那你也就无法从这本书中得到什么。在现今，要想知道日本收藏的部分汉籍也只能靠它了"；"外行人做内行人事，难免错误多多"。照这么说，严书全是抄来的，而且竟然抄出错误多多。换言之，事情是由一个外行来写《日藏汉籍善本书录》这样的大书，又由另一个外行来编辑并大肆吹捧。那不完全是胡闹吗，但"现今只能靠它了"。这无异于一份死刑缓期执行的判决书。如果事情是这样的话，即使撰写中、出版前请几位肯慷慨出山救苦救难或毛遂自荐一展身手的版本学界的编目、鉴定高手来把关，又有什么用？莫非他们有什么特异功能，几个穴位点一点就能起死回生？

"稍微翻了翻"《日藏汉籍善本书录》这样一部篇幅很大的书，就得出这样令人惊恐的结论来，恐怕过于匆忙，失之峻急。宣判死刑包括死缓要慎之又慎，千万不能草菅人命，哪怕你是绝顶高手也是如此。发您的脾气，要我的性命，那样的时代早已过去了。

事实上《日藏汉籍善本书录》是一部很有新意的著作，不能单用传统版本学目录学的标准来衡量和判决。严先生在本书自序中写道：

> 我在日本藏汉籍的调查与整理中，十分留意考察文本传递的"文化语境"，尽量把握汉籍在日本列岛流布的学术图谱，注意日本相关文献中关于此典籍的历史的、文化的等多种形态的记载，收集由汉籍传入而相应在日本国内产生的"文化变异"以及由此出现的"和刊本"和"日人写本"等物化标记，尽量摘记文本上留存的各种手识文，甚而至于中国商船输入时的卖出价

与日本书商收购时的买入价等等。所有这些努力，都是为了描述一部汉籍进入日本列岛而形成的文化氛围，由此提示东传汉籍在日本列岛文明进程中的地位和作用。我的这样的做法，与传统的"目录学"著录就很不一样了，显得十分的"另类"。

所以该书在正文及按语中记录书名、卷数、作者、版本、收藏处所、版面、行格、版心、中缝、刻工姓名、原书序跋、细目、书牌、后人题跋、藏章等等，此外又特设附录一项，用以收录以东传汉籍为中心的中日文化关系史的原始材料。这些散见于各书著录之下的附录有三方面的内容，一是日本古文献（包括相关的古书志学、古代文学作品以及历史著作等等）中与《书录》著录本相关的材料，分层次地予以收录记载；二是提供《书录》著录本传入日本列岛的各种文献线索，包括政府使臣往来，学者僧侣访书求学，商业贸易等有关"书物"的原始资料；三是记录日本人关于相应汉籍的手写本、刻印本和活字本，时间上起自奈良时代，下讫江户时代的末年。这样一些丰富多彩的内容是过去的书录书志类著作中没有的，读起来令人特别感到有兴味。既然要讲究原典，当然免不了要抄书，但这里实在是非抄不可，否则便失去依据，无法进行。能够这样来汇集资料并加以分析的学者岂可多得，干这个活儿亦复谈何容易。沈先生说《书录》的真正价值只是告诉国内的学者一点什么简单的信息，却对这些丰富的内容视而不见，未免缩小或凌迟了此书的价值。沈评对原书的工作思路似乎完全置之不理，只谈传统的目录学著录规范，这就难免接不上头了。

乐黛云先生 2007 年 11 月在关于严著《书录》的学术座谈会上发言，其中指出：

> 这部书的价值应该更充分地挖掘，它绝对不光是一个文献整理，也不光是一个目录学著作，实际上最根本的，对我们当前最有用的是一个文化关系的研究史……这部书是一个跨学科的研究，这个成果决不光是文献或目录学的，它是关于社会学、文献学、考古学、历史学、人类学，都在他写书的过程中决定取舍，哪些详，哪些略，肯定都是有关系的。我们要看到绍璗所以能做出这部书来，首先是他有一个开阔的胸襟，他能够看到日本政治、文化发展的总体情况。（转引自聂友军、钟厚涛：《二十余年铸一剑，几代学人梦始圆——严绍璗〈日藏汉籍善本书录〉在京出版》，载《中国比较文学通讯》2007 年第 2 期）

这是十分深刻中肯的分析和评价。崔文印先生在他的书评里也曾畅述此书在"跨文化综合研究"方面的意义，起到很好的导读作用。多少年来崔先生为他人作嫁衣裳，功不可没。钱钟书先生《管锥编》一书的责编周振甫先生曾就该书写过许多文章，甚至还有专书呢；崔先生为《书录》只写了两三篇文章，又何足为奇。尽管他一再阐述此书的学术理念和工作特色,不是还有人不甚理解,仍然只在传统目录学的狭小范围内谈论问题吗?

关于版本目录和比较文化,笔者全是外行,只是一个业余爱好者罢了。无知让人无畏,这里大胆地随便谈谈,请沈津先生、严、崔二先生和各位老师不吝赐教。

《中日古代文学关系史稿》序

〔日〕 松浦友久 撰[*]
张哲俊 译

　　严绍璗教授《中日古代文学关系史稿》修订版的刊行,确实是一件值得庆贺的事情。此书是以古代文学为对象的比较文学研究专著,在这一领域的研究著作之中,具有着诸多优异的特征。

　　第一,研究对象选择的广泛与适宜。除了作为总论的前言之外,第一章日本记纪神话的变异体模式和形态、第二章日本短歌诗型中的汉文学形态、第八章明清俗文学的东渐与日本江户时代小说的繁荣,从上代到近世的古代文学重要研究领域作为了研究对象,广泛而又适宜。正如前言所述,按照时代的顺序排列了重要的文学样式,这是本书的框架。在翔实的文献基础上,围绕着神话论、短歌论、物语论展开了具体的论述。宏观与微观兼具的论述态度,提高了本书的说服力。

　　第二,在认真咀嚼日本学者现行诸说的基础上,加入了中国学者独特的见解。日中比较文学的研究历史相当悠久,有极其丰富的相关著作与论文。对日本学者来说,例如上代的比较文学研究者难于通览中世与近世的研究成果,这是实际的状态。本书以先行研究文献为基础,在把握了丰富的材料基础上,从日本学者忽略的视野,提出了新鲜的论点。书名冠以"关系史",说明这是一本通史性的著作,应当说这是格外珍贵的特色。

　　第三,此书的论点明确。一般而言,比较文学方面的著作资料丰富,由于研究对象领域的广阔,对资料的依赖性很高,因而著作者的观点往往不够明确。本书涉及丰富的资料和广阔的领域,但作者的论点极其明确。作者是具有卓越逻辑思维的学者,同时著者论述的文体语句准确明晰,应当指出这是观点明确的重要原因。

　　从客观的角度来看,日中比较文学的研究向来主要是从日本文学的方面进行的。本书则是从中国文学的方面把握中日比较文学,开拓了新的视野,可以说成功地丰富了中日文学的研究。通过这样的实践与积累,两国的比较文学会成为更为

---

[*] 松浦友久,日本早稻田大学教授,文学博士。

客观、更有说服力的研究。这意味着以文学为研究对象的中日学术交流,会成为名副其实的交流。

附记:松浦友久,日本著名的中国文学专家和比较文学学者,他曾非常关心严绍璗先生的《中日古代文学关系史稿》一书在日本的翻译出版事宜,并为此书的修订版撰写了序文。他在给严绍璗先生的信中指出:

> 我期待着大作的翻译出版,在中日学术交流方面,这是具有着极其重大意义的事情。我以为从中国学者的眼光来研究的第一流比较文学著作,一定会引起日本古典文学研究者的强烈关注。在您归国之前,没有能够翻译完这一部著作,是一件憾事。然而如果考虑到这部著作的质与量,是可以理解的。我希望付出更多的精力与时间,使这部书成为学术著作翻译出版的绝好典范。

这是松浦先生在1993年1月30日信中的一段话,此后松浦先生一直关心这部学术著作的翻译出版。但最终由于种种原因,还没有看到他所期望的日文版,便辞世离开了人间。现在第一次翻译发表松浦先生的这篇序文,也是一种纪念。

严绍璗：象牙塔里纯学人

陈 洁[*]

采访手记

在蓝旗营下车，万圣书园知道吧？我们不去那儿。你别停，继续往前走，有个上岛咖啡，我们也不去，那儿太贵。再往前看到避风塘，你就进去，上到二楼是柏拉图咖啡厅……

我很少遇到帮你想得如此周到的被采访者。他备了份手写的提纲、一份17页的履历和成果统计，夹得整整齐齐的。我恭谨接了，不好意思告知这材料我已有。他甚至背来了近十种书，为了我能对他的工作有一个直观的印象。

他能成段地背《史记》、鲁迅杂文和自己十年前的论文；论及自己的研究，他毫不犹豫地使用"挺好""很有意思"之类的赞词；说到学术心得，他开始第一、第二、第三。严绍璗有一种"迂"的可爱。这样的老而天真中，折射的是生命的纯净；学术之外，别无杂质。

采访严绍璗的时间是历次最长的，和陈平原吃了餐饭也不过三个小时，而严老先生却不歇气地聊了五个多小时，整整一下午，期间只有几分钟的休息，我接个电话，他上了趟洗手间。他叙述事实极为生动，不仅如同说书，而且简直是表演，模拟各种不同人的声调语气，说得我直乐。

他和很多学者一样，熟悉公车路线，告别时帮我确定了回程路线。他在暮色中招手，装书的布袋子很沉地勒着他的右肩。

严绍璗接受完我的采访后便去了美国儿子家过年了，我对此并不知情，几次电话打不通，E-mail也联系不上，也就不管了，随性地就把文章发了。两个月后，我跟他联系，他很热情地说，正要给我电话，表示感谢。他说了很多个感谢，却没有一句追究没让他审稿就发表的问题，这让我很惭愧。

我问，采访时借他的书，何时给他？他问清楚了什么书，说，他要查查，如果还有藏书就算了，没有的话，对不起，他自己还要留一份的。

以我个人的经验，老先生们比青春年少更让人清新愉快，他们是这个浮躁的社

---

[*] 陈洁，《中华读书报人物版》主笔。

会里泉深水静的一部分,肤浅的世界因为他们而有了深度和内涵,值得回味,就连他们的"迂阔"也可爱之极。比如阎步克曾给我发信,抗议一篇报道有误,有一字不差的引文,还按严格学术规范的格式标明了出处。又比如,严绍璗审稿后,居然加了几个长的脚注。这些我都保持了原样,因为是风范。

四代沉与浮,一门十教授

不能请你去家里采访了,因为两岁的孙子回国,搞得家里一塌糊涂。1990年我儿子在北工大工程化学系念到3年级就出去了,他是日本国立东京大学电子工学博士,现在美国SUN Microsystem工作。他没有继承我的行业,无论是文学创作还是文学研究大概都是没有出路的。可我在最早的时候,喜欢写作,想当记者、作家什么的。

在中学读书时,1958年,我以自以为是的中篇小说《共青团员,前进》和四篇"读书报告"(《从余永泽的道路吸取教训——读〈青春之歌〉》、《苦菜虽苦,但它的回味却是甜的——读〈苦菜花〉》、《把青春献给祖国——读〈浮沉〉》和《我看见了新世纪人类智慧的高度——读〈21世纪来的消息〉》)获得了上海市高中学生文学创作第一名的"鲁迅奖",更加助长了这种天真肤浅的"小资欲望"。

1959年考大学时,我想搞创作,但大学中文系都是搞理论的,我就想读新闻系。可国家规定新闻系是机密专业,我的政审不合格。

说到"政审不合格",那话就长了。我祖父从学徒到小业主,前半生一直在苦难中拼搏。第一次世界大战为中国民族资本的生长和发展提供了若干空间,他就是在这个时候变成了烟草资本家,他创建的上海大东南烟公司,出产"美丽牌"、"金鼠牌"等香烟,上世纪20、30年代在华东、华南直至东南亚一带很有些影响。前些年李欧梵先生来北大讲演"上海30年代和现代性",PPT打出一张广告,是演员王人美穿旗袍的人物写真,衩口开得很高,"美丽牌香烟"很时髦的代言人。吃饭时我告诉他,那张画我有真品,就是我祖父公司的广告,他微微的有点吃惊。

我父亲1931年进入上海的圣约翰大学学习数学,几年后他为"自由、平等、博爱"的观念所鼓动试图到法国留学而进入了震旦大学法文系。依据他的《自传》说,1936年他从震旦大学毕业,"决心与剥削工人农民万般讨厌的父亲(即我的祖父)决裂",此时适值欧洲局势动荡,难以前往法国,他便出走湖南衡阳,在他的亲姨父当局长的衡阳电报局做了一名职员,"开始了自由的自食其力的生活,有着从来没有过的得到了解放的感觉"。1939年祖父严志文在上海去世,父亲作为长子绕道香港经宁波回到上海处理诸多的事务,接任公司的董事长,维持由30来口人组成的严氏家族的生计。从此,一个追求"自由、平等、博爱"的激进青年便开始了他的资本家生涯。

他在上海与共产党人彭述之、李平心、蔡方信、姜椿芳等在一起,从他们那里接受了马克思主义。特别是彭述之辅导他阅读马克思的《资本论》,在自己的厂里印证"剩余价值"的理论。① 祖父的企业爸爸拜托他的一位结拜兄弟主管,他自己与共产党的地下组织在上海集合了留守"孤岛"的文艺界朋友石挥、鲁思、穆尼、乔奇、姚克、胡山源、谭正璧、杨荫深、赵景深、陈歌辛等,于 1942 年创建"中国艺术学院",出任院长。彭述之化名"陈松溪",还有平心、芳信诸位都在这个学院讲课,姜椿芳则协助他们在上海兰心戏院首次演出俄罗斯 A. H. 奥斯特洛夫斯基批判农奴制专制黑暗的著名话剧《大雷雨》。多少钱花进去了,那是他心之所在。

解放后他在上海总工会讲授政治经济学,兼任法国《人道报》中国特邀通讯员。他以一个曾经资本家的身份,致力于让工人兄弟姐妹们明白资本家剥削他们自己的"秘密"——揭示"剩余价值"的真相和本质,致力于为推翻资本主义制度而斗争。他可能是新中国建立后在上海这样的工业城市中,向广大工人兄弟姐妹——中国最广大的无产阶级集群讲授马克思主义经济学的第一批讲师之一。1951 年当时的劳动出版社(现在工人出版社的前身)把他的讲稿以《剩余价值问题讲话》为书名出版公刊。

我读高中时,放学回家常常看到家里高朋满座,不知道他什么时候参加的中国农工民主党,1957 年春天做了该党一个"帮助共产党政府整风领导小组"的成员,听我老爹在那里慷慨陈词,听他说共产党有不民主的地方应该改正,应该监督,但社会主义道路和共产党领导这两点不能动摇的。我在隔壁的房间里做功课,几次亲耳听他说"中国没有一种力量可以代替共产党,中国未来没有一种前景比社会主义更加优越"。但他还是成了最后一批"反党右派分子",世界真是不可思议!

爸爸始终信奉马克思主义,在当了"右派分子"后依然如此。70 年代初我们在

---

① 彭述之出身北京大学,追随李大钊、陈独秀从事共产主义运动,为中共第四届中央执行局(政治局)委员,全国解放前夕亡命加拿大,1972 年客死法国巴黎。李平心 1928 年加入中共,为"太阳社"成员,长期在上海从事中共秘密工作,40 年代撰著的《人民文豪鲁迅》是中国第一部研究鲁迅的专著。中国民主建国会创始人之一。1966 年"文革时期"被张春桥等迫害自杀。可参见 2006 年香港《明报月刊》第 2 辑刊的"文革"中共中央委员、上海市委书记徐景贤撰写的《文革前夕上海市委写作班子始末》,有关于围剿李平心的记载。华东师范大学出版社已出版《李平心全集》。蔡方信 40 年代初期在上海从事秘密工作,后进入苏北解放区,解放后出任中共中央东北局宣传部负责人,1956 年在大连自杀。其子蔡方沛 1978 年入北京大学中国语言文学系,我们是名义上的师生。现居美国。姜椿芳比我父亲小一岁,1939 年由东北调入上海进行秘密工作,1941 年由平心介绍与父亲相识。1942 年他作为中共代表在上海与苏联合办《时代》杂志,父亲出资 160 两(旧制)黄金。解放后任职中共中央马列主义文献编译局副局长。"文革"中被捕囚禁于秦城监狱 6 年半,1978 年起主编《中国大百科全书》,创建中国大百科出版社。1987 年去世。

江西鲤鱼洲"五七干校",孩子很小放在上海,后来他对我说爷爷告诉他,"钱"是世界上最坏的东西,是最肮脏和最害人的东西。1990年老爹去世,当时我在日本工作,赶了回来,他跟我说,"国际资本是我们最凶恶的敌人。你看现在的广告,英美烟公司说它愿意与中国人民共同建设社会主义,又回到中国来了,把我烧成灰我也不相信他们会帮助中国人民"。半个月以后,爸爸去世了。他的躯体真的烧成了灰,这时英美烟公司却正在中国的土地上愉快地进军。他是非常悲剧性的人物。作为一个当过资本家的中国知识分子,在个体经历了20世纪中国的许多风雨和坎坷苦难之后,仍然笃信马克思关于"资本"与"国际资本"的最本质的论说,这种信仰的忠诚,或许是他留给我的最宝贵的遗产。

俗语说"祸不单行",一定是先辈们从无数的事实中总结出来的生存经验。父亲在1958年1月成了右派,8月,我大哥又去世了。他是中国最早由波兰培养的海洋船舶动力学副博士,在大连海运学院工作,据说3天之内,3天呀,突然去世,又3天后,我姐姐赶到大连,人已经被火化了。他去世的时候只有24岁,在当时的情况下,中国人民解放军海军茅理中将发来了唁电,这是在悲伤中的安慰,但我对他的死因至今都莫名其妙。

当时家里天塌地陷一样。组织上还算照顾,让我爸在上海郊区劳动,很多高级知识分子右派都去了海南、云南、北大荒了。但他工资一下子降到十分之一,生活很困难。

我妈妈在中年时期,为了我们孩子吃饭,自己是常常饿肚子的,世界上母亲是最伟大的了。或许是因为这样,她到晚年就没有了像高血压、高血脂、高血糖之类的富裕者的老年病,91岁身体检查,脏器运行都很正常,医生都觉得很神奇。2003年美国打伊拉克时,她从上海给我打长途问,美国不是在阿富汗吗,怎么又打到伊拉克了?我说,哎哟老太太,这跟你有什么关系呀?你看她脑子多好!她去年夏天刚去世,无疾而终的吧。凌晨在睡梦中去世,亲朋得到消息早上来看时,还不相信,说她明明睡着嘛,脸色没有一点变化,很安详。生活最终算是报答了她,也没有亏待我们。

现在回头看看,生活从本质上说对我们还算公平。我们家除了大哥外5个兄弟姐妹,在很困难的年代里全都念完了正规的大学,5个家庭,10个高级职称,很好吧。除了我们自身的努力、妈妈的勤勉,社会还是有潜在的公正的。社会对于弱势群体还是有同情心的,这是我很感恩的。我最小的妹妹1962年考大学,居委会盯着她,说考不上一定要送到新疆去,结果著名的上海医科大学录取她为医学系六年制的学生,很棒的。

我太太是从北大生命科学院退休的,我们初中高中都是同班同学。他们一家兄弟姐妹4人,也都是在"文革"前进入大学的,现在8个高级职称。我岳父是上海一家医院的院长,"文革"批斗会上在现场倒地去世,驻院"工宣队"竟然把这样的在众目睽睽下发生的惨事诬指为"当场畏罪自杀",实在太残酷了。大家都说我们的婚姻是"门当户对"、"青梅竹马",但我们也实在是太知根知底了。现在她最恨我看报纸,因为我常常看完了报纸,就要发表议论,常常会指出报纸上的胡说。太太说你不看不就完了?可我不看报又很难受啊!她说,那是你水平不够,你看不惯的或许就是别人最喜欢的呢!她对社会的理解力比我高得多。

北大荣兼辱,半世一书生

我考大学只能报没有密级的专业,班主任老师建议念经济,当时的经济系非常冷门,我的一个同学因为被录取为上海财经学院"对外贸易专业",竟然痛哭流涕,几天茶饭不进,觉得自己一生从此休矣。你看看在当时人们的观念中,这"经济"特别是"外贸"是什么地位!

我看到父亲的"下场",当然不喜欢"经济学"①。恰好北大新设立古典文献专业,在上海独立招3名学生。班主任说,古典文献有什么好保密的,你或许行!我恐怕自己考不上,但也走投无路。谁知道考得很好,后来知道高考作文得了上海市第二名,每门课都在85分以上。我能被录取,也表现了北大的人文精神。"文革"中批判中文系常务副主任向景洁先生,其中一条"罪恶"便是"招生工作中执行反动路线,只管成绩不管出身"。我大概就是因此而获利的吧。

1964年五年制毕业,我依据北大副校长兼我们专业主任魏建功先生的建议,考了中国科学院张正烺先生的研究生,可突然魏先生又叫我回北大来工作。②

当年中文系毕业100多人,本来只留校8人,他们的出身都很好,工农兵或者干部子弟。我是后来被加上的,这是因为有个"燕京—哈佛学社",今天说来,它就是一个"美国汉学"的研究所,现在不少人去过那里。解放时被当作帝国主义侵华文化机构查封了,到1964年十多年来没有动过被查封的材料。当时的国务院主管文化的领导人想趁着该学社中的中方老人还在,建议北大找一两个年轻人跟着整理材料。魏建功先生说,那就严绍璗吧,他懂英文和日文,成绩也不错。但这件事有不同意见,因为当时"阶级斗争的火候"正在提升,一部分人主张"中文系是意识

---

① 这个认识当然是非常可笑的。"伟大的反右"与社会人文学科没有任何的关系。50年来我一直思索父亲的命运,逐渐地在思想史、政治史层面上明白了这一场"反右"的真谛。

② 当年是由专业秘书吴兢成先生转达魏建功先生希望我去考中科院张先生的研究的。后来则是由系秘书徐通锵先生向我转达魏先生与中文系建议留在系内的。

形态部门,留人要慎之又慎。"后来还是北大中文系党的负责人程贤策先生和北大党委副书记兼任组织部部长的张学书先生出来说:"出身不由己,道路自己选。一个青年学生,关键在于自己。"从此,我就留在了北京大学,生生死死这样又过了40多年,弹指间斗转星移,生命的历程,便铺洒在这块土地上了。

魏先生说我"懂英文和日文",这里有个"偶然性"造成的故事。我初中学俄语,高中学英语。当年北大的外语教学的方略是第一外语两年半,中学学什么外文,大学还继续学什么,保持一个连贯性。上世纪50年代全国中学基本上都学俄语,我们全班就正好编成一个俄语班,而我们上海来的两个学生因为高中学的是英语,便编入了全校的英语课程班。学的时候觉得好难,要很努力才能赶上班。考完后办公室统计分数时,发现我们被编错班了,应该是一年级上学期,结果编入了三年级上学期。而我居然考了73分。魏先生对我们说,过了就行了,现在你还有四年时间,再学一门日文吧。日本人搞了我们很多东西,以后我们肯定要整理和研究它们。老先生都很有前瞻性。我就又学了日文,这个班一共才9个人。想不到这样的阴差阳错,却为我现在从事的"东亚比较文化研究"和"日本汉学与中国学"做了一个基础性的开端吧。

不久"文革"了。我们年轻的助教,不可能成为革命的对象,北大的革命对象太多了。我们的年龄和身份也决定了又不是革命的动力。于是成了游手好闲派。我一两年中无所事事,就从手边的书籍中抄录一些外国传教士的材料,这可能就是我干了个把月整理"燕京-哈佛学社"资料的余兴吧,也可能是在上海老家多少年来翻阅父亲保存的诸如圣约翰大学、震旦大学一些材料养成的心结吧。总而言之,对所谓的"Sinology"(汉学/中国学)这门学科有点朦胧的兴趣。想不到十几年后自己真的做起这个研究来了。我们几个好同学在一起,还注释《毛主席诗词》,向郭沫若先生、李淑一女士等多次请教。① 外语也始终没丢。当时全国只有一种外文唱片《为人民服务》,用英语和日语朗诵。我买了听听,没什么目的,就是为了耳朵熟一点。1969年去江西"北大五七干校",我带了日文版的《毛主席语录》和《毛泽东选集》。我太太很担心说,别人会说你的,现在什么时候了还学日文!我说,日文《毛选》也是《毛选》,红皮书都一样的,都是毛主席说的话,没问题。就带去了。大家都这样,没什么好琢磨的,总要找点事做。一同去的裘锡圭先生带了本新华字典,背得滚瓜烂熟,发现问题就标出来,后来他成为著名的文字学家了,当然不能说是"翻字典"翻出来的,但跟生命精神

---

① 当时我们的注释小组称名"傲霜雪",可能是后来许多注释"毛诗"的先驱。此事的经纬已经由我们小组成员(后为商务印书馆编审)任雪芳女士在《女史外传》中"当道遥派,注释毛主席诗词"一节中记录明白,郭沫若先生与我们的交往已也由本组成员杨牧之先生(后为国家新闻出版总署副总署长)在《人物》杂志上撰文明之。

中随时注目于自己感兴趣的问题,应该说还是有关系吧。

1971年我从江西鲤鱼洲干校回来,在未名湖畔碰到中文系老系主任杨晦先生,他当时还没平反,是"反革命修正主义分子"。见到我问问干校的情况后,忽然问我"你那个外语没丢吧",又对我说:"日文不能丢,英文也要捡起来,外文这东西不要丢,有时间再学点德文什么的,你别看现在没用,以后会大有用处。"这是原话,我非常地感动。他瘦小的身躯中燃烧着对中国文化未来的希望,燃烧着对我们年轻一辈未来的希望!他说研究什么东西都是看原著为好。"文化大革命"开始前,就已经组织批判他"歪曲马克思主义文艺理论",他用包这怎么说的,俄文怎么翻译错了,译成中文又出了问题。当时我刚留校,都听呆了,很崇拜。他是典型的经院派学者,思考极为理性,言出必定有据,从不瞎说。可怜的他是个学者,不明白"政治"的玄妙和残酷,他不知道对他的批判是上面已经制造好的一个"黑洞",根本不在"马克思主义理论"的是非,他要讲道理,怎么行得通?

1973年我在系里曾写过一篇文章,说《水浒》的主题是投降主义。大约在此之前10年,1962年暑期吧,当时在南京气象学院担任"量子力学"助教的我的姐姐,见我在读《水浒传》,就对我说:"这书没有什么意思,宋江只会点头作揖,一心想招安。要招安就别造反呀。就是那些造反的,也没有几个有正经来路的。"想不到物理系出身的姐姐竟然有这样的评论眼光,与我们文学史讲的不一样,使我大吃一惊,至今印象极为深刻。长久以来我自己就一直不认可农民起义向皇帝投降是"中国农民革命的局限性"。当时,我自己正在写一本历史读物《李自成》(中华书局1976年版,1980年重印),自己把《水浒传》诸位与"李自成"比较,觉得农民造反还真的是要夺天下的,而且能够夺天下的,但夺了天下后它们很快就堕落腐败了,变成与原来的主子一样了,这才是"中国农民革命的局限性"。像刘邦、朱元璋、李自成这些人的成败,才是表现了这样的"局限性"。《水浒传》表现的宋江一伙的造反与招安,用极端的手段为自己换一顶乌纱帽戴戴,历史上很多,不入流的。所以我觉得历来对《水浒传》的评价是不确切的。文章写成后,许多朋友都不赞成,《北京日报》理论组的陶一凡先生("文革"后曾出任中共北京市委常委、宣传部部长)为此文还专门召开了研讨会,大家认为《水浒传》是农民英雄的群像,劝我"不要轻易地否定"等等,我也就算了。到了1975年8月16日,我在大兴"五七干校"教书,学校党委突然叫我带着行李回北大总校。我很紧张,那个时候突然发生的事情一般没有好事。当时的中国人民解放军8341部队的王副政委见我就称赞说:"你的理论水平很高",问我"是谁把你调到大兴干校的"等等,使我莫名惊诧至极。党委决定把我调入"梁效"大批判组。"梁效"的负责人向我转达了8月14日毛泽东主席关于"《水浒传》的最高指示",叫我为当年9月的《红旗》杂志以"评论员"的名义写一篇评论。

这一年的8月28日,中共中央《红旗》杂志9月号提前3天出版,发表了由我主笔的"评论员"文章《重视对〈水浒〉的评论》。这篇评论所表达的观念与逻辑,确实是我自己对《水浒》的认知并尽量体会毛主席的指示所获得的认识。从中可以看出一个学院派知识分子的精神形态被当时的主流意识形态所渗透的面貌,它在当时社会所产生的政治作用使我自己终身受到谴责,在处理"政治"与"学术"的关系问题上深深引以为训。

同年8月31日,《北京日报》整版以"闻军"的名义发表了1973年秋天由我撰写的批判《水浒传》的文章,标题定为《〈水浒〉的要害是投降》。同一天,《人民日报》也发表了署名"竺方明"的《评〈水浒〉》的文章。9月4日,《人民日报》发表社论《开展对〈水浒〉的评论》。第二天9月5日,《人民日报》再发表署名"北京大学清华大学大批判组"的文章《投降主义路线的赞歌——批判〈水浒〉对农民起义的歪曲》。这些文章如同连珠炮似的为正在掀起的新批判的狂潮呼风唤雨。

实事求是地说,现在用不着掩盖什么,在当时,我觉得《红旗》杂志是中共中央唯一的理论刊物,让我以"评论员"的身份向全党全国阐述毛泽东主席的思想,这是我承担的最重要的政治任务,而进入"梁效"则是"改造好的知识分子受到工农兵欢迎"的一种光荣,也给知识分子以某些希望。别人以为这是遁词,但认识不能脱离社会本质实际。我本质上是个自由主义知识分子,而"梁效"的工作是很封闭的,出门很严格,到什么地方要登记、还规定时间,慢慢从心里讨厌起来了。机会了一来就离开了,前后待了三个半月。①

从我18岁到北大,已经48年了。从思想成长、定型,到学术上发展,一切的知识、一切的成长,都在北大获得,我对世界的理解,对人生的感受,都和北大有关系,我的很多想法跟社会上的人不大一样,是典型的学院派人士吧,我太太是自然科学派,总要我少发表对时政见解,自己老老实实读书做学问吧。作为一个"学院派"学者,曾经有过被"政治狂潮裹挟"的痛苦,现在就比较清醒了,有时看到别人又在那里做着"学术的狂欢",生产"学术的垃圾",既为学术感到痛苦,又为自己不再消弭大众的血汗而略略有些欣慰,或许这是一种"暮日的安逸感"吧。

---

① 我本质上不适应"被管制的生活",当时我就从"北招"跑到32楼找我的同事王春茂先生(后任北大出版社副社长、党委书记等)说:"这梁效有点特务兮兮的",这并不是说它的政治本质,而是就生活行动而发的牢骚。后来在1976年清理阶级队伍时,王春茂仗义执言,说"老严早就说,那是个特务组织了"。我对党内残酷的斗争并没有那么深刻的认识,只是不愿意被人管制,特别是生活行动的事被清华大学来的一位王姓女士指挥着,特别的讨厌。后来人民出版社觉得对《水浒》的批判依靠"文章"是不深入的,请梁效写一本书作"深入阐述",梁效把这件事情交给了中文系,我就串通了中文系,以把我"要回去"才能接任务为条件,我就离开了这个地方。

北大有时候被高度神圣化了,其实也有人性险恶的一面。但北大有时候又被简单地辱骂得太厉害,对北大没有历史感。其实在关键时刻,北大的传统力量、人文精神是很顽强的。

人生兴共衰,学术一辈子

说到做学问,我是不敢当的。在我一辈子的概念中,"学问"的概念是很神圣的,始终怀有敬畏的心情。这种对"学术"与"学问"的敬畏是北大给我的重大的教诲的核心成分。

当年的北大,为我们本科生集中了许多杰出的学者进行授课,我保留着五年制的课程表,以"五大史学课程"即"中国文学史"、"中国哲学史"、"中国古代史"、"中国文化史"和"中国经学史"为例:"文学史"由游国恩、林庚、冯仲芸、吴组缃诸先生讲授,"文学史史料学"由彭兰先生讲授,"哲学史"由张岱年先生讲授,"哲学史史料学"由冯友兰先生教授,"中国古代史"由张正烺、田余庆、吴宗国、邓广铭、袁良义诸先生讲授,《文化史》由郭沫若、吴晗、侯仁之、史树青、启功、席泽宗、聂崇歧、阴法鲁诸先生教授,《经学史》由顾颉刚先生讲了整整一年。再以两大语言课程为例:《现代汉语》由林涛、朱德熙二先生讲授,《古代汉语》由赵克勤、王力、吉常鸿三先生讲授。至于专业的专门化课程,像《文字音韵训诂》则由魏建功先生讲授,《目录版本校勘》则由王重民先生讲授,等等,我们几乎都是小班 20 余人听课。五年间总共是 42 门课程,此外还有不记分数的"特别讲座",像老舍先生、齐燕铭先生、捷克的中国学家波兹德涅娃博士等,都来讲过学。

由学校和中文系为我们组织起这样强大的教师阵容,或许可以说,在 20 世纪 50 年代末到 60 年代上半叶"文革"前,北大为我们这些学生推出了当时中国人文学界即使不是最最强大的,也应该说是非常强大的学术组合,使我们这些学生每时每刻几乎都沉浸在"学问"和"怎样做学问"的大海之中。假如我现在的兴趣爱好和从事的诸种作业也算是"学问"的话,那就是沐浴着先辈们的雨露阳光,由他们引领着走进了这个殿堂并且把他们的肩头作为自己起步的基点而获得的成效和收获。①

做学问这件事,我体会首先要有学术兴趣,对积累学术要充满激情,由此也就

---

① 当前学界和社会上有一种自己并未经历却信口开河的胡说。他们认为自 1949 年到 1977 年,中国大学是不读书整天在政治运动中跑步的,因此,从"西南联大"以来到"文革"下幕,中国大学出来的人"简直都是'废人'",只有到了 1977 年后才有了真正的"知识分子"。这是"中国学术断层说"的又一种。我不敢对全国妄说什么,我在自己成长的过程中北大的五年本科,经历着中国 20 世纪特定阶段中最优秀的学者的教导,确是不争的事实,或许这正是北京大学内聚的强大的人文力量的表现。

会产生不少的对学问的疑惑、质问和欲望,便处心积虑地寻求解答。我想这就是做学问的最原发性的启动力了,就是步入学术殿堂必须有的"问题意识"。不想"学问"心里就慌,就难受。北大就有这么一批人。

有人问我,你是"古文献"出身,这是人文学术的最基本的"底部"层面,怎么现在又做起比较文学和比较文化来了,走到了具有跨文化视野的学科来了,这不是人文学术中最"前卫"的学术吗?

这便涉及我对"学问"认知的基本逻辑。我是古文献出身,养成了对问题思考的"原典主义"观念。我很喜欢古文献学,它构成人文学术中一切学问的基础。大学毕业的时候,我曾和同学许树安、吕永泽2人合作,为清人黄本骥的《历代职官表》编纂了《索引》(1965年中华书局上海编辑所出版,1980年第二次印刷、2005年第三次印刷),"文革"中除了抄录传教士的资料,中期还与孙钦善、陈铁民3人合作编纂的《关汉卿戏剧集》(1976年人民文学出版社出版)。但我在"古代文献整理"中慢慢地在两个层面上对我们的工作产生了疑虑。一个层面觉得我们的整理工作缺少了"文化学理论"的装备,另一个层面是觉得整理的视野不够开阔忽略了中国文献的"世界性意义"。当然,这些感觉是逐渐形成的。我在北大古典文献专业学习和工作31年,从学生一直到专业主任,我思考着处置这些疑虑的办法,自己则尽量积累上述两个层面的相关的知识和相应的材料。我愈来愈意识到,从事于中国古代文化研究的学术,如果不把自己的研究在揭示事实的基础上与现代社会的思想发展连接起来,如果它不能与世界文明发展的研究连接起来,那么,我们的研究就是"死物"而不是具有生命力的"活物"。1978年起,我在当时中文系常务副主任向景洁先生的支持下,一个人编辑一份《中国古文化在国外》的不定期的薄薄的"刊物",把自己读到的日文的和英文的材料打印成文,封面是铅印的,内瓤是钢板刻蜡纸油印的,现在说来就是一个"非法出版物",那时积极性很高,与刚成立的中国社会科学院情报研究所"国外中国研究室"出版的《国外中国研究》相映成趣。由此我便开始在北大"古文献研究"中加入了"国外 Sinology(中国学/汉学)研究"。

我在这个领域中的第一本书是《日本的中国学家》。这书现在的历史评价较高,说是中国学术界研究"国际汉学的开山工具"。这是 1978 年我应中国社科院情报所的孙越生先生的邀约而做的。请注意,书名不用"汉学"的概念,而是用"中国学",开始了我对这门学科性质的思考。

由此,我从中国古文献的整理走上了以"日本中国学"研究为核心的"Sinology"研究的道路。起初是积累资料,包括做些外国人研究论文的翻译,为自己营造一个关于这门学术的特定时空的学术氛围,渐而进入了研讨阐发的层面,1993 年出版了《日本中国学史》。在这个过程中我慢慢地感受到从根本上来说,日本学者对中国文化的研究观念(其实,世界上哪个国家都一样)从本质上考察,都是它们本国的思想文化在这些学术中的表现,由此而形成了他们的"中国文化研究"。所以,国外中国学(或汉学)从研究的对象材料上说,它们是"中国的",而从表述的观念内涵上说,则是"日本的"。这一学科应该具有"双边文化"的基本性质。为此,研究者必须把握对象国文化的性质,我又慢慢地感知,日本文化在它的承传的历史中,与以华夏文化为中心的异质文化具有十分密切的关系,显现在我眼前的"日本文化"从本质上说是没有"纯粹"的,我把它定义为"变异体文化"。如果要真正地把握日本人对中国文化的研究,就必须真正地理解日本文化的本质特征,那就一定要理解日本文化内在的"变异体组合"。我这样的思考,被乐黛云教授评定说:"你这是真正的比较文学!"让我着实吃了一惊。这样,我就本想把自己做的中国古代文化的基础性工作稍稍扩张一些,试图加入一些诸如"国际中国学"(例如日本中国学)的内容,不意竟然走上了"比较文学"和"比较文化"的研究,一连串写作了《中日古代文学关系史稿》、《中国文化在日本》、《中国与东北亚文化交流志》、《比较文学视野中的日本文化》等著作。于是,不少人以为我"转向"了,他们不明白正是基于对中国文献学研究的思考,引领我走上了这样较为宽广的研究,而文献学的训练正是为我这样的"增容性"研究道路提供了极大的帮助,相辅相成,相得益彰。记得1994年11月7日为纪念日本京都建都1200周年,日本明仁天皇特意接见了15位日本文化研究教授,其中日本教授10人,外国教授5人,我有幸被约见(当然,这是经我国有关部门同意的)。天皇与每人谈话7分钟。天皇问我:"先生研究日本文化,请问经常阅读什么著作?"我回答:"在日本典籍方面,当以阅读《古事记》和《万叶集》为主。"天皇说:"这几部著作,对我们日本人来说读起来也都很困难的,先生以为如何?"我说:"困难确实很多。不过由于古代中日两国之间丰厚的文化关联,这些经典著作中也具有被融入分解了的中国文化。一个中国学者阅读这样的著作,或许也有比当代日本人更容易理解的一面。"天皇说:"をるほと"(真是这样,确实是这样)。

　　这个会见很有意思,明仁天皇同意我的体验。日本对中国文化的吸纳主要是通过以"汉字"为核心以"汉籍"为载体而得以实现的,"东传汉籍"成为中日文明对话的桥梁。于是,我就加紧了在日本各处对"东传汉籍"的查访,并涉足日本文献学史,我至今还兼任着日本早稻田大学"日本籍文献研究所"的客座教授,撰著了《汉籍在日本流布的研究》、《日本藏汉籍珍本追踪纪实》,一直到今年即刻就要出版的《日藏汉籍善本书录》(3卷)。到了这个层面上,我其实在一个超越"纯粹的中国古文献学"的层面上,即在"东亚文明史"研究的广泛框架中又与早先的"文献学"密切地结合在一起了。这是一个人文学术互相联结的"圈子",把这种"联结"看成"转向",是学术研究中"人为"与"自我"分割而形成的"小地盘"观念。随着我自己学力的增长,自我质疑的积累,周边学术的发达,逐渐明白了人文学术内在各个领域互为依托的道理,"专家"与"杂家"在一个学者身上是相依为命的。这样的学术,我觉得似乎"鲜活起来了"。1998年11月9日,当时的国家主席江泽民先生接见了《中华文明志》一百卷作者中的15人,大多是中外关系志、经济志等的作者,我撰写的是《中国与东北亚文化志》,侧位其间。江主席对我们说:"你们为人民写了好书,我谢谢你们……我这个人喜欢读书,但时间不多,只是浏览,写的很好。应该号召我们的干部有时间要学习,要读书,多读点这样的书,就不会去做歪门邪道的事情了。"江主席讲的很生动,虽然现在有人有些议论,但于我而言,这实在是对自己学术研究的一种认知和激励。

在我学术生命这样源发和渐进的过程中,常常得到老先生们许多的指点和鼓励。记得上世纪80年代初期,有一天历史系突然传过话来,要我什么时候有空到邓广铭先生家里去一趟。60年代初期邓先生教过我"宋史",以后联系并不多。我到邓先生家里,他很热忱和真挚地对我说:"我看了你近来发表的一些东西,觉得很有意思。我找你来没有别的事情,就是要对你说,你要把这个工作,这个研究,好好地搞下去,坚持十年,必有成效。现在没有什么人做,十几年后一定会有很多人做的!"邓先生说的我"发表的一些东西",指的是我当时的两篇论文《中日禅宗僧侣的交往与日本宋学的形成》和《关于"徐福东渡"的传说与事实的考订》,还有的则是在《国务院古籍整理与研究简报》等内外刊物上的一些小文章,如《日本对〈尚书〉的研究》、《日本对〈诗经〉的研究》、《30年来日本学者对中国文学史分期的见解》等等的一些翻译和整理的学术情报和学术资料。后来邓先生和我一起出来到静园去,经过博雅塔,他说:"这明明是水塔,有人却硬要说它是佛塔,湖光塔影很美,说水塔就未免煞风景。但事实就是事实。学术这个东西,是什么就是什么,来不得虚假。"我想他一定是有感而发。邓广铭先生竟然这样看重我的工作,并且从中意会到新的学科发展的可能性。我深感前辈先生对学术的关注、对学术前沿的敏感、对新学科成长的热情,正是构成他们重大学术成就的学术观念的核心之一。

在北大的岁月里,老一辈先生这样的影响很深刻,潜移默化。他们关心你,希望你在学术上能够有造诣,给你鼓舞、教育和指点。我便在这样的氛围中慢慢地成长。

我觉得所谓"做学问"的第二点要义需要我们有个平静的心态,不要过于计较生存问题。我并不是站着说话不腰疼。任何人都有"名利欲望",但不要过分的"物质主义"。名利这个东西,是"不可求而可致"的,也就是说,你求是求不来的,功夫到了它就自然来了。在一个人的生存中,要享得起福也要吃得起苦吧。像我小的时候,在家里过着比较奢侈的生活,但读大学的时候,生活很困难的。本来贫困的同学可以申请"人民助学金",但我自己明白像我这样的出身,是不应该申请的,咬咬牙也过来了,没有什么怨天尤人的情绪。我从 1964 年大学毕业到 1985 年住进蔚秀园一套 24 平米的独立小居,20 年间一直在北大住着乱七八糟的"贫民窟"。1967 年结婚后住在著名的"三角地"东侧的 16 楼,这是一个走进楼道就"黑布隆咚"的"洞子楼"(筒子楼),1971 年从江西鲤鱼洲"干校"回来,学校已经把我搬到了 2 公寓,听起来好听的很——"公寓"!一套房住 3 户人家,我们夫妇住其中的一间,7 平米,只够放一个单人床,加两块木板。没有桌子,家里只有方凳和小凳。我坐在小凳上,趴在方凳上写成了《李自成起义》,由中华书局出版,参考书就放在地上。孩子没法住,放在上海外婆家。3 户人家共一个厨房,轮流做饭。而且我的房间有一个阳台,是公共的,别人洗衣服要晾到阳台上,所以我的房门是永远不能关的,住的等于是一个过道。"唐山地震"前夕我搬到了科学院 19 楼,扩大了!住 13 平米的筒子楼。唯一的窗户的对面就是科学院的"福利楼",每天清晨大约 5—6 点钟,他们就要烤面包和馒头,香味常常透过窗户飘进来,鼓风机"轰"的一响,孩子常常会被惊心,他的第一句话总是朦朦胧胧地说"妈妈,叔叔他们面包烤好了!"真是充满了"漫画喜剧"色彩。我很可怜孩子这样好的嗅觉,那时的面包是要用粮票买的呀,他只能每天闻闻香味而已。1978 年,一位日本学者说春节要来我家拜年。"外事无小事"呀,我报告学校,外事组说千万不能让他来,我们住的那房子太丢脸了。你请他吃个饭,就算拜过年了,费用由北大报销了。谁知年初二,我正在走廊洗衣服,他自己找来了。后来他在一本书的"后记"中写:"严先生一再告诉我他的房子很小,所以我作了充分的心理准备,但去了才知道,我的想象力是远远不够的。我终于知道了'四人帮'是如何迫害知识分子的。"我看了哈哈大笑,幸亏还有"四人帮",可以由他们承担责任。就在这个"筒子"里,我做成为 65 万字的《日本的中国学家》(中国社会科学出版社刊),成为永远的纪念和对居住"贫民窟"的安慰。

我也郁闷,也有想法。北京盖这么多房子,也不知道是给谁住的,总也没我们的份。但并不觉得活不下去,牢骚是有的,但照样做自己的学问,写自己的书。总的来说,对生活的要求还是清淡,最主要是有自己喜欢思考的学术问题,投入就开心,不会那么在意生活上的事情了。反正"做学问"总要有点奋斗的精神。上世纪 70 年代末 80 年代初期,我在北京图书馆(现在的国家图书馆)搜集资料。那时的北图还在北海,外文部一次能借 5 本书,交上索书条后等着。对他们的服务态度我没法评价,他们开门后首先要喝茶,然后聊天,想起来了才去找书,等到书拿出来,至少半小时,有时一小时。中午不能出去吃饭,因为出去就得还书,回来再借又是半小时一小时,加上吃饭,一天就不剩什么时间了。最糟的是不供应水。后来我发现厕所里有自来水,高兴极了。我至今对那里男厕所里的水龙头很怀念,每次从北海过心里就有肃然的感觉。现在的北图当然好一点,服务人性化了。就这样,我每天从中关村骑自行车去北海,等着8点开门,中间不吃饭,喝自来水,5点关门后出来,在旁边小摊吃点大饼什么的,再骑车回家,已经累得精疲力竭了,又赶紧整理一天抄的资料,第二天早上再去。这样坚持了两个多月,北图的抄完了,再去上海图书馆。

在上海住在妈妈家,又如法炮制,妈妈说不吃饭怎么行,要不中午给你送饭去吧。我说干嘛,送什么饭,搞得跟探监似的!我在北京已经锻炼出来了,都习惯了。上海图书馆比较好,我去了半个月后,他们见我不断借书还书,问我是不是借书量特别大,可以开个书目单子给他们,他们有一个空房子,把书都放里面,我中间要出去跟他们说一声,锁门就行。真是太好了,中午可以出去吃饭了。可见有时候举手之劳,就能给人巨大的方便。

日本的阅读比内地在服务上要好得多。比如我在"尊经阁文库"读书,快中午时,图书馆工作人员就问我是否吃饭,原来他们在外面订盒饭,比单独定便宜一点。我去吃时,饭放在那里,还有一杯水,是热的。他们不是对我特别,给每一个读者都订饭倒水。你知道日本是一个不讲为人民服务的国家呵。

但也有中午不能吃饭的时候。例如在东京的"妇人之友图书馆"查访德富苏峰的藏书。阅读者坐在一间四面是玻璃的小屋内,时刻被人监视着,中午也是不能吃饭,只能在洗手间里喝几口冷水,还要每天为自己阅读的典籍缴纳"保险金",很不容易的。在日本有时很苦闷、很气馁,不知何时何年才能做完这件事,赶紧回家吧。可每天晚上在灯光下整理一天的工作,又发现了有意思的新材料,很高兴,又振奋起来,第二天便接着做下去。现在这部《日藏汉籍善本书录》3卷终于完成公刊了。中国的古籍流传到日本的到底有哪些,藏在哪里,它们与日本文化与文明的发展到底具有什么样的关联,用很学术的话说,就是中日两国如何通过文献典籍而进行"文化与文明的对话"的。弄清这些很重要的,几乎构成这一领域一切重大研究的出发点。从1984年立项到今天出版,我整整做了23年的时间,30余次往返中日之间,调查书籍18000多种,搜集了目前藏本的80%左右。知道这事的,比如任继愈老先生,见了我就开玩笑:"日藏汉籍弄出来了吗?我还能看到吧?"哈哈,还好出来了,可以报告先生了。这本书就是我的墓志铭了。已故日本著名的文献学家大庭修先生曾经说,"这个工作应该由日本人来做的,现在由中国学者完成了"①。听到这样的评述,经历的一切难处也就消解了。

在我自己40余年的"学问作业"中还有一个体会,算是做学问的第三要点吧。这就是一个研究者要养成健全的学术心态。这当然具有多层面的内容,以我的体验而言,"学术心态"从根本上说,就是作为研究者的人品的修炼状态。我觉得,所谓"做学问",就是追求"真理"和"学术本相"的过程,在学术领域中要有一种怡然大度、从容开放的生活意识。不为他人有成绩而嫉妒,不为自己有成果而自傲,在逆境中相信天生我材必有用,在磨练中相信苦中有乐,在顺利中警告自己不做小人,在发展中提升志趣品格。这是自己一辈子锻炼的过程,其中任何一个层面修炼不好,都是很烦恼的。在北大做研究时自由的,你有兴趣做什么,只要你不参加各级"行政课题",不违背宪法原则,没有人干涉你。如果你做着做着不想做了,也没有人追究责任,因为这是你自己的课题。学术相对自由,很尊重个人的选择和喜好。我经历的几任北大文科的主管校长,梁柱先生啦、何芳川先生啦,一直到现在的吴志攀先生,都在精神上给我以很大的支持和鼓励。一个文科的研究者看重这样的理解、支持和鼓励,当然也有勾心斗角,但凡有人群的地方,必定有利益冲突,个别人充当"利益狙击手"是有的,但你可以避开呀。我所在的研究所是安定的,大家之间没有太多的冲撞,个人有一摊事做,人和人相见还算坦诚,各人各尽其能。要有多元文化心态,万众一心是不可能的。

最后我想说的是,学术智慧是个积累的过程,人文学者需要积累。"疯狂速成"犹如"异想天开"。现在的用人政策既很奇怪又很愚蠢,教授的调入以50岁为上限,其实人文学科真正的成果大都是长期积累和思考的结果,季羡林先生说他到70岁之后开始出成果的。这是一句老实话,肺腑之言!

我特别不赞成现在文科的博士制度,毕业太容易了,也就浅薄了。我1994年开始招收博士学位生,现在有13位获得了"文学博士"学位。一年一位最多两位,

---

① 2008年3月26日,在《日藏汉籍善本书录》出版一年之后,日本文部科学省大学共同利用研究机关国际日本文化研究中心在日本京都举行了出版纪念,在"日中文化关系资料资源再发现的思考"的主题下,90岁高龄早稻田大学名誉教授安藤彦太郎先生刚刚癌症手术后不久,在夫人安藤阳子(同为早大名誉教授)陪同下专程从东京赶到京都,他说:"严绍璗先生以不倦的努力为中日两国历史文化研究做了一件很好的事情,我是一定要来的。"日本东方学会理事长、东京大学名誉教授户川芳郎先生说:"这是我们日本人、日本学者应该做的一个大课题,现在由严绍璗先生完成了。我们日本学者有点失职的感觉,但同时也为严绍璗先生的这样的成就而感到高兴。"庆应大学名誉教授尾崎康先生说:"一百年前我们日本有一位学者对日本收藏的古本汉籍进行了调查并撰著成书,一百多年后,严绍璗先生又继续推进了这一事业,并且在成就业绩上大大地超越了他。这是我们日中两国都为之高兴的事情。我想,在今后的一百多年内不知道还有没有学者在这个领域中再超过他的。"所有这些来自日本学术界前辈先生们的讲话,使我感到生命中的一切付出和遭受的攻击和无知妄说已经灰飞烟灭,也为中国的人文学术研究的价值所具有的国际性意义从心里感到荣耀。

还比较符合常态规律。日本的吉川幸次郎是50—70年代末日本中国学的巨擘,他一生招收过100多位博士学位生,但只有11人获得了"博士学位"。"吉川的博士"这本身就是一个学术地位的象征,"博士"考核到这个程度对民族学术才真正有意义。现在有一个人一年招收20多个"博士生"的,他从38岁到65岁,他在27年里造出了500余个"博士"。一群群官员在"为官"之余也做起了"业余博士"来,成为"世界奇观"。我这样说,就遭人忌恨,但也没有办法,因为我说的是一个事实。①

其实,真的做学问不当博士也可以成为学者,但既然进入了"博士课程"层面,那就要把"学术野性"(学术的随意性)规范和改造到学术研究上来,让研究的生命沿着合适的道路走。"规范"不是某一个人想出来的,是我们的先辈,先辈的先辈,一代一代积累的经验,概括总结出来的。有一次我在课堂上强调"学术规范"的价值,有人很不满意,说,先生老了!这是不是胡说?什么都有质量标准,学术要有规范,这是当代人的最基本的知识,是做学问的人应有的老实的态度。

我们读书时,顾颉刚先生说,你们有什么学术感知就写下来,但不要发表,每年拿出来看看,有什么补充和修正。20年后必为大作。他说的是"学问"要千锤百炼,不是激情表达式的。像我们这样,博士生进门向导师讨课题,这说明没有问题意识,脑子一片空白,但3年后就出一篇"博士论文",不可想象。还年年弄一些"国家级优秀论文"。这样的论文刚刚出炉,还没有进入到真正的"学术活动"中检验其生命力,就依凭几个人之间相互说说,说的人学科又不一样,就贴上了"国家级",简直是儿戏一般。还有,就文科而言,从小学读书直通博士,这样的学生很嫩的,"小时了了,大未必佳",做不出大成绩的。我不从硕士中直接招收博士生的,一定要工作一段时间再回来念博士课程。我强调"原典实证","原典实证"不是学术的方法而是学术的观念,强调人文学术需要广泛的生活积累,多元文化的经验积累。我过去一直相信"进化论"的,像鲁迅先生一样,在事实面前,我们都有了很大的疑虑。我在文化领域中见到的那种毫无历史感知、不知天外有天、山外有山的轻薄、浮躁和狂妄,乃至行动中"为名利"的不择手段。当然,我的担心是多余的,感知也是陈旧了。

说了这么多,让你听得受累了,谢谢你这么辛苦的记录。

---

① 2001—2002年我在日本文部科学省日本文学研究中心任客座教授,中间请假回国参加"博士论文答辩"。有文部省官员问我:"你们今年有多少博士论文?"我随口应答:"80多篇吧!"这是当年中文系提出的论文数。那官员说:"不少了,北大一年的文科博士比我们东京大学多了许多。"我对他说:"这是一个系的数字。"他问道:"请问北大文科有多少系科?"我答曰:"20来个吧"他毫无信心地说:"那就是北大一年培养出1600位博士了吗?比我们全日本还要多呀!"我随口说:"还有理工科呢!"听后他呆呆地望着我,一定在反省自己想象力的不足和低下了吧。

下　编

编者按:文献学、东亚比较文学与中国学是严先生用力最多的方面,也做出了惊人的成就。中国学是严绍璗开拓的研究领域,他是海外中国学的奠基人(著名汉学家张西平教授语)。这里选入的是文献学、东亚比较文学、比较文学方法、海外中国学、思想文化等方面的论文。这些论文虽然没有直接评述和研究严绍璗先生的学术贡献,但都与严先生的学术领域相关。这些文章或是在观念上,或是在方法上,与严先生的学术观念与方法彼此呼应,展现了目前学术界的部分状况与成就。

一、东亚比较文学研究

短诗型的可能性

〔日〕 川本皓嗣*

短诗能做到什么,要思考这个问题,首先有必要来确认与东亚相反,在西洋短诗是如何被视作另类而受到轻视这一事实。

比如卡巴诺和米奇曾编撰过一本《牛津短诗选》(The Oxford Book of Short Poems, 1987),该书作为西方诗选集,是非常珍贵的。在该书的序文中有这样的内容:

> 编纂这类短诗(极短的诗——本书为了避免被十四行诗占尽篇幅,所选均为不满十四行的短诗)的选集是希望在有长度限制的情况下,能够发现一些关于诗的新东西。至今有哪些诗人和诗被无视、忽略了。再者,即使被收录进诗选集,由于长诗的包围究竟扼杀了多少短诗的效果。总之,我们希望能给予短诗(虽说如此,也并不单指那些不能长久地持续呼吸的诗)一些从容呼吸的机会。(Kavanagh and Michi 序文 37)

编者认为,所有的诗集都偏向于刊载同样性质的诗,而且"这些诗要么是长诗,要么就是偏长的诗。这是因为有一种根深蒂固的观念,认为要追问诗人真正的价值,只有通过长篇巨制才能达到目的。但是,不能说完全都是这样的。"(同)

与此相对,在日本(更为一般性的说法是指东亚)不如说短诗才是主流。本来"短诗型"这一称谓本身本身就清楚地说明了这个事实。这显然不只是为了说明广义上短诗的格律,而是为了专指日本的俳句和短歌这样特定的类别专门造出来的术语。比如在欧美的诗中,虽然有"格律"这个专用词(英语 fixed form,法语 forme fixe),但却找不到"短诗型"这一固定的说法。最近出现的 short form,forme brève 等正是为了专指日本的俳句和短歌而造出来的翻译词语。

另外,英语中表示"短诗"的 short poem 和法语中的 petit poème(或 poème bref),与其说这两个词是已经固定的术语,不如说使用时感觉更接近于日常用语。

---

* 川本皓嗣,日本大手前大学校长,东京大学名誉教授,前国际比较文学会会长。

这样看来,可以认为短诗作为一种出色的诗的格律(如果说搁置伊斯兰和印度等其他文化圈的传统的话)被确立的情况仅存在于东亚。立即就能想到的便是汉诗的五言绝句(二十音节),七言绝句(二十八音节),短歌(三十一音节),俳句(十七音节)等等。虽然以日本的标准来看,五言律诗(四十音节),七言律诗(五十六音节),韩国的"时调"(一部分为不定型)以及《万叶集》的长歌都显得有点长,但是以欧美的诗来看,这些都很短了。

本来西洋诗在传统上就不存在像短歌和俳句一样很短的"正派"的诗的定型。① 因为西洋普遍认为诗都很长,英语诗中被看做最大杰作之一的弥尔顿的叙事诗《失乐园》(Paradise Lost,第二版,1674)达到了一万五百六十五行。不过,叙事诗、戏剧诗甚至故事诗等,毋宁说是以规模长大为本事。叙情诗中的代表性作品,比如雪莱为悼念济慈所作的挽歌《阿多尼斯》(Adonais, 1821)有495行,维克多·雨果借对热恋的回忆,感叹人世无常所作的《奥林匹欧的哀愁》(Tristesse d'Olympio, 1837)则有168行。

此外,需要说明的是,"行"这个尺度本身在西方和日本就有很大的不同,不可同日而语。也就是说俳句将余韵和言外之意分离出来,一句话所直接传递的表面上的信息量是连英语诗中标准的抑扬格五音步的一行(十音节)和法语诗中亚历山大格诗的一行(十二音节)都不能表达出来的。这是因为日语的音节构造(一个元音,或者一个辅音加一个元音)非常单纯。就短歌来讲,至多也就一行半。

因为俳句的节奏是五七五,短歌是五七五七七,西方则把前者认为是三行诗,把后者认作是五行诗,在翻译的时候也会偏向于这种形式。但是三行诗、五行诗这种说法容易在盛行长诗的西方产生误解。正如法国的让·萨洛齐所说,三行诗、五行诗究竟有多短,也只有读过(或看过)日语原作的人才能意识到。"如果读过用日语表记的俳句,(在开动大脑之前)只要看一眼就会发觉到那里面是没有(或者很少有)三行诗的。"(Sarocchi 19)当然另一面,对于并不熟悉西洋诗的日本读者来说,大多数人可能自己也没有察觉到俳句和短歌的长度之短。

那么,为什么西洋的诗很长,而日本或者说东亚的诗很短呢? 其中一个原因是他们各自的韵律形式不同。因为要结合各节奏分节(七音节还是五音节)的断点和语法(意义)上的断点两个方面,所以节奏容易变得单调,这样原本必须遵守音数律的日本诗是不宜作成长诗的(参照川本 A 321–22)。例如,想象一下严格按照七五、七五的节奏没完没了地重复的诗歌就能理解了吧。另外在汉诗中,也有像五

---

① "短诗"若换言之,还有 epigram(诙谐短诗)这样的说法,俳句也曾经一时被称为"日本的 epigram"。即便如此,epigram 只是充满机智表达讽喻的短诗,在形式上并无要求。

音·七音这样的节奏,其内部更有二·三、四·三之类必须遵守的分节方式(虽说也牵涉到称为"平仄"的声调问题),所以汉诗也不适合作成长诗。①

日本和中国之所以没有叙事诗,而是用散文,或者是非常平缓(没有规则)的韵律的散文来叙事主要就是前面所说的那个原因。《平家物语》有接近叙事诗的地方,伴随着乐器的伴奏咏唱这点,虽然让人想到荷马的诗,但是没有规定的韵律这点却大不一样。另外关于希腊悲剧和能之间的相似性,也同样如此。与此相反,西洋的主要语言的韵律并不一定要节奏分节和语法(意义上)的断点两者一致,比起音数律要灵活得多,这样就能适应于有节奏变化的长诗。②

虽然这样说,但是关于西洋的抒情诗需要一定的长度这点,与其说是形式上的要求,不如说是在内容上扎根于西洋的文化、宗教背景,有着更深刻的理由。

根据现代法国诗人伊夫·波努伏瓦所述:

> 在我们的诗歌历史上,至今短诗型也不是显眼的存在。为什么要这样说呢?乃是因为在欧洲,在很长一段时间里,现实被认为是神创造出来的,神并没有寄身在现实中。比起听风吟,观落叶来,忙于以神学或者哲学的思维方式来思考更符合欧洲人的精神。所以为了能更好地展开这些思考,我们的诗就需要一定的长度。(波努伏瓦193)

就连最短的诗型十四行诗,也有"类似很好地聚齐了前提与结论的三段论法的段落","也有至少和诗一样的论说"(194)。然后到了19世纪,变成了"只会吟诵瞬间的景象的没有野心的短诗的作者……甚至看起来都变成了无聊的诗人,或者说成了比长诗的作者差得多的诗人"。

当然今天,欧洲人也"知道了自己的宗教乃至形而上学的信念,其大部分只不过是神话而已"。"现象的背后一无所有,人类并不一定优于自然这样的想法今后无论谁都只有接受。"尽管如此,也还是作为一个人格,他的自我意识绝没有变弱。个人本身就是现实,个人拥有绝对价值这个基督教的教诲,西洋人是不会轻易忘记的。

因此,欧洲的诗人今后也只有继续进行"弄清自己的内心这项长久的工作",然后无法停止"'自我'照旧继续自言自语"(198)。

和以前的法国诗一样,在当今的诗中,短诗也不过是昙花一现的现象,顶多是

---

① 白居易的《长恨歌》与《琵琶行》均为七言诗,长短分别有120句、88句。但是,这样的长诗并不多见,并且大多都带有叙事诗和讽喻诗的性质。

② 法语诗的韵律包含强弱的要素,音节性质较明显(在这一点上与日本的音数率较接近),所以与英语和德语相比,比较不适合长诗。法国长诗杰作比较少可能也是因为这个原因。

偶尔近似于短诗罢了,并没有突破这个程度。倘若说还留给了我们可能性的话,那就只有在长诗热潮中,发起一场短诗的运动了。(196)

西洋的抒情诗很长的根本理由在这里。如波努伏瓦所说的那样,欧美最短的诗的定型是十四行诗(四连·十四行的定型诗),比这个更短的作品,包括诙谐短诗(寸铁诗)、五行打油诗(以滑稽的韵律为卖点的五行定型诗)在内,因为被视作讽刺诗或者滑稽诗(所谓的"轻松诗")而成为被轻视的对象。

实际上连比日本的俳句、短歌长得多的"短诗"都遭到这种对待,西洋人眼里的俳句、短歌当然也就不会如日本人所期待、想象的那样了,而我们有必要明白这一点事实。幕末时访日的外交官乔治·阿斯顿、明治初期在东京大学执教的语言学者张伯伦在第一次接触到俳句时,怎么也无法"认真"接受它。这也是由于西洋人早就就有了这种很难抛弃的先入之见的缘故。

就连敬爱芭蕉的波努伏瓦刚开始似乎也一心觉得俳句是"很久以前完成的一本植物标本集"。也就是说,按照芳贺彻的说法:

"月"也好,小小的"蛙"也好,甚至即使说到"菊"或者"萝卜",这些东西一旦利落鲜明地被咏唱到俳句这样的短诗里,似乎看起来就和西欧人所说的"自然"毫无关联了。也就是说,这些东西是轮廓清晰的世界里的一粒一粒的要素,与西欧人眼里的自然,也就是说与认识的进展一道被再三玩味的必须再构成的一种泛滥状态以及和深不可测的深度是具有不同的范畴的。(芳贺188)

俳句被介绍到西洋已经过了百年。这期间,以芭蕉为首的古典作品的鉴赏和研究,俳句对其他创作文学产生的影响(特别是1910年代,引起英美圈的诗划时代飞跃的意象派,即印象中心主义的渊源之一),还有用欧美的语言作的 Haiku 和 Aikai("俳谐"的法语)这些方面看来,俳句的存在感明显增强了。在小学、高中,作俳句已经成为作文教学中不可缺少的一个环节了。

虽说如此,一般说来,日本的俳句、海外各国的创作俳句还极大地残留着混杂了神秘主义和琐碎主义的典型东洋趣味的二流印象。如我已经说过的一样,这与其说是因为俳句自身的性质,不如说是起因于缠绕在西洋诗歌的传统上的先入之见了。前面提到的欧美意象派在运动成功后仅仅数年就衰退的原因,主要也是在于只有几行到十几行的作品作为诗歌让人觉得其分量太不足道了。(参照川本B)

在日本,进入近代后,无论长篇小说还是短篇小说,都称作"小说",日本人并不认为两者之间存在着很大的差异。但是,在西洋长篇叫做 novel(法语 roman),短篇叫做 short store 或者只叫做 story(conte),两者间有着明确的区别。也有专指中篇小说的 novella。但是,离开这种西洋式的普遍观念来看,这种以量的不同来衡量质的差异的观点,我并不认为有什么特别的理由。两者(或者三者)间的差别有大到需要用专门的名称来区分吗?

当然,对于诗歌来说,西洋虽然也没有叫法上的区别,但依然是根据诗的长短来区分其价值的不同的,这同样没有什么明确的理由。

看清这一点后,美国诗人、小说家坡(《作诗论》,1846)指出短诗反而更能体现诗的本质。坡认为长诗不能一口气读完,这损坏了"真正的诗的效果",让人觉得不满意,这个看法给法国及其他的近、现代诗带来了巨大影响。坡甚至说诗的"长短与所追求的效果的强度成正比例(35)"。话虽如此,但他根据这个原理写出来的有名的诗《大鸦》(The Raven,1845)也有 108 行。而且他自己也叮问"但是,要达到某种效果的话,某种程度的长度无论如何都是必要的"(35)。因此,虽然坡未必是注意到了像俳句这般短小的诗歌,但是理论的方向本身是合理的。

包括西洋诗在内,从一开始就富有诗意,这意味着什么呢?研究短诗对于考虑这一问题将是一个很好的材料。之所以这样说,是因为长诗如果通首都是诗一般的语言的话是很难继续下去的,很多部分都不得不包含非诗意的东西——例如马拉美所谓的"讲述、教授、甚至绘画"(《语论》序言,Mallarmé 857)。以小说、散文、绘画为主,这些都可成为诗以外的形式。据坡讲,"长诗实际上是由短诗连接而成的——也就是说长诗只不过是短诗的有效连接而已"。而且弥尔顿的"《失乐园》本质上至少一半都是散文"(Poe 34)。

相反,如果是俳句等极端的短诗,在它有限的空间里,一点也没有插入诗以外的要素的余地。据波努伏瓦说说:

> 说实在的,短诗型的特征到底是什么呢?它是朝着诗性经验本身,不会是诗之外的任何别的东西的这样独特的经验,使得身心会开阔的能力增大起来。(波努伏瓦 192)

总之,能够称之为名副其实的诗的出色的短诗,除了是诗歌以外,没有别的用途了。

只有出色的短诗才叫真正的诗,那么所谓的诗到底是什么呢?一旦从正面来追问这个问题,突然带着强烈的光彩涌上心头的是大家所熟悉的芭蕉和马拉美的诗。笔者试以此二者为线索,重新探究短诗的本质。

芭蕉的发言(《去来抄》先师评)的契机是其弟子榎本其角如下这句俳句:

垂樱枝头花繁茂　卧地仰视拨丝绦

据崛切实解释,句意是"仰卧在灿烂盛开的美丽的垂樱树下,想要拨开那盛开着烂漫樱花的垂到地面的树枝"。芭蕉问向井去来,其角究竟出于什么打算把这个俳句收入他的专集中,去来反问道:"垂樱烂漫盛开的样子,不是经常等不到告知大家就凋谢了吗?"芭蕉说:"告知了之后还有什么呢。"(崛切 446—47)

垂樱的枝条垂下来,几乎能触到地面了。于是躺在地上,想从下往上来眺望这美景,不仅如此,还产生了用手拨开这盛开着灿烂樱花的枝条的念头。如去来所言,其角的俳句尽现了垂樱所具有的美,但是芭蕉却问那是怎么做的。

其一,虽说尽现了垂樱的独特的美,但是对于仰卧着想要伸手去抓住樱花枝条的这种完全其角式的机智的炫耀,芭蕉是批判的。他主张"松树的事情要去问松树"(《三册子》赤。复本 578),在他看来,其角的俳句中没有对于"花"、"樱花"这种更重大的题目之一的关怀、敬畏之情。(参照川本 C111—14)

不用说,"言尽意犹存"这样决然的一般论的射程,不仅止于芭蕉的这一传统主义美学的维度。紧接着,去来说:"这里有铭刻在心的东西,是一开始就应该成为发句的东西和不可能成为发句的东西。"(447)这里去来所谓的"发句",可以和独立的短诗相替换,因为连句中只有发句可以在没有前后诗句的支撑之下作为独立的诗句存在。

但是,这里需要留意的是,像俳句这样的短诗拥有很大的魅力,其中之一便是巧妙地描述对象,对于大家都极其密切的景物和人情的一个片断一语中的。寥寥数语就能把这些对象全部表达出来,俳句和短歌中有很多这样的令世人感叹的例子。说起来十七个字就能全部告知某些东西,仅这一点就需要非同寻常的技艺和修炼。完美地表现了垂樱那丰满而婀娜地下垂的姿态的其角,为此感到骄傲也不为过。

但是,芭蕉断言仅此算不上真正优秀的诗。① 事实上,俳句或其他短诗也好,长诗也好,真正优秀的作品,要清晰地唤起近在眼前的或想象中的景物,决不仅止于使其依稀地浮现出来。

以勒贡特·德·列尔为首的法国 19 世纪后半期的高踏派诗人们,以抑制全部的感情和思念,鲜明正确地描写现实世界为目标。关于他们,马拉美在被著名的居里·于莱采访的精彩时刻这样说过(这一节,由上田敏翻译,刊登在《明星》明治 38 年 7 月号刊上,其后又被收录在同年的翻译诗集《海潮音》中):

    高踏派的诗人还是按照过去的哲学家和雄辩家的风格处理题材,直接提示事物。但是,就我个人的想法而言,相反,只有暗示就好了,此外别的都不需

---

① 关于这里芭蕉的话,正如堀切指出的那样,有种说法认为他所说的可以理解为"首句的生命留有余韵"(堀切 447 注),它的背景则是出于汉诗的"含蓄不尽"。事实如此,但在这里只是从诗普遍的观点来重新解读"余情"本身。

要。一直注视一个事物,从这个事物那里产生了某种梦想,又从这个梦想涌出了某种意象,这就是诗歌。可是他们想把事物原原本本地提取出来给世人看,神秘感完全脱落。他们把要亲自创造出某种事物的心情、无可名状的喜悦,从我们这里剥夺了。指明说出某物,诗的情趣的四分之三就会消失殆尽。诗的情趣在于一点一点地去体会,委婉地说就是幻想。能够完美利用这种神秘感的手段是象征,即或者通过逐渐唤起某事物来表现某种神秘的状态,或者与此相反,先提出某种事物,进而对它进行解读,由此引出某种神秘的状态。(Mallarmé 869)

这里需要进一步解释的是最后一句,诗的表达方法,不是想象的练习法,总之写诗的方法,是把"谜"具体表现出来的方法。因此,"与此相反"以下的后半部分,可以解释成"首先提出某事物,通过反复解读(诗中的)谜,由此引出某种神秘的状态"。不这样理解的话,就无法与"逐渐唤起某事物"这前半部分保持平衡。

诗的本领,与说尽相反,在于未说尽、迂回、暗示,在于读者想慢慢理解它的精华,体味自我创造的喜悦。原本就只能表达极少意象的短诗,越发是这样了。①

在这一节里,马拉美两次使用"mystère"(谜、神秘)一词,紧接其后,甚至说"诗里必须时刻存在着谜(énigme),这才是文学的目的"(869)。但是这个谜,既不是答案明确的"谜语",也不是偶尔被误解的"寓言"。

关于"谜"的具体的使用方法,马拉美最后举了两种可能的情况,但都是通过与事物 objet 的关联来暗示神秘的状态 état d'ame 的方法。渐渐地委婉地唤起某事物,还有与之相对的提出某事物之后反复解读,归根结底,是为了让读者朦胧地推测某种心境,甚至努力投入到这项工作中去。

换言之,说中事物本身,说尽一切并不是诗的最终目的,暗示"一直打量"着它的心、暗示在与事物的关系中人们的心才是问题之所在。不用说事物都有它的名字,要提到它只有说出它的名字了。尽管那样,仅仅指出名字,直接提示指名的事物这样的诗,不能称之为诗。在诗暗示的神秘的状态中,因为原本就没有名字,所以无法指名。

据阿部良雄,马拉美所谓的谜的具体的运用法,就是把互为反方向的两种方法原原本本地作为自己作诗的原理。采用这种方法的现代法国诗人中有弗朗西斯·蓬热(Francis Ponge)。在诗集《采取事物的立场》(*Le parti pris des choses*, 1942)

---

① 马拉美并没有写俳句与短歌一样的短诗(优雅的诙谐小诗除外),遵守坡的宗旨,也并没有任意写长诗。超过百行的长诗只有几乎同时作成的《希罗狄亚德》和《牧神的午后》这两篇(没有收录进诗集的初期诗,以及原本就不以诗的概念被认同的《骰子一掷,不会改变偶然》除外)。

等中,蓬热首先单方面使用了迂说法。迂说法是"区区一语或更少的词语就能表达的事情,却耗费数语来表现的词的集合"(阿部 24)。这的确是有意识地把回避指名方法化,马拉美所说的前面的方法,"通过逐渐唤起某事物来表现神秘的状态"的方法。在《海边》(Bords de mer)这首散文诗中,蓬热如下面这样唤起了"海"mer。

> 实际上,众多的河流在结束无政府状态结束后,它们被流放到液状物质的、深深的地栖息着丰富生物的共同场所中去,针对这种状态,被赋予了海这个名字。(阿部 25)

在这里,虽然最后被指名为海,谜底解开了,但是在这之前,"通过不起名来延迟表象的装置"(28)起了很大的作用。

而且,延迟的目的,不是仅仅使读者细微地想起真正的海,相反是"剥夺附着在这个词上的陈腐化的联想"(28)——换言之,直接说出"海"谁都能立刻明白关于海的一切,通过远离这些,故意绕道而行,让读者犹如初次见到它一样注视着它,产生想要探究它所具有的意义的兴趣。

总之,诗不是在使用既成概念这一捷径的同时,通过操作这个概念来理解世界的,而是使用新组合而成的几个词语乃至几十个词语来代替现成的一个词语,给"一如原样的现实"、"亲身体验"(波努伏瓦 193)的全部事物命名。

另一方面,蓬热也有采用马拉美所说的后面的那个"首先提出某一事物,通过反复解读它来引出某种神秘的状态"的方法而成的名作。

> 牡蛎(huître)虽然如普通的小石头那样大小,外观却更粗糙,颜色不像石头那么一致,有的闪闪发亮,有的发白。这是一个顽固(opiniâtrement)封闭的世界。(阿部 17)

蓬热面对牡蛎,试着认真解读它(对于自己)究竟是什么。对于他来说,有意识也好无意识也好,成为解读牡蛎的重要支撑物的是"huître"(牡蛎)这一词语本身的形态,即读音和拼写。刚才引用的那一节的下文也频繁出现"发绿的"verdâtre 和"发黑的"noirâtre 等,"带有抑扬音符(ˆ)的元音+词尾 tre"这样类型的词语。

这种山形符号,表示原本拉丁语里的辅音,在法语里因地方化而被省略的意义,总之是一种历史假名使用法(例如,法语的牡蛎是拉丁语"ostrea"的"s"脱落,词尾的"-âtre"是拉丁语"-aster"的"s"没有被发出音来)。在元音后面加上这个符号,给人以巧妙黏着的,有关联的(这里指与牡蛎的性质有关)印象。

这种情况,蓬热在认真地探究通过直截了当地指出事物的名字,拘泥于这个名字的发音和肉眼看到的形状,探究事物本身与这一名字的关系,来给事物命名这一行为。总之,可以说成是事物与人类关系的再定义。在这里虽然牡蛎这一名字一开始就出现在表面,但这一名字本身,在与牡蛎这一难以想象的事物的关系中,化成了应该重新解读的谜。探究命名的结果是不要指名事物。

是不指名事物,通过暗示慢慢地透露出它呢,还是先提出已经被命名的事物,然后再对它进行新的解读呢?不管哪种方法,就像"一点一点地"、"继续下去"这样的马拉美的用语里表达得那么明白,诗通常需要一定程度的持续性的展开。蓬热的散文诗虽然比较短,还是俳句的十七个音节意味更深远。对此,短诗型必须在一瞬间完成它的使命。

虽说如此,细想起来,关于所谓的暗示难以表达的事物,实际只有在短诗型的爆发力和大量没有言及的部分才有相当的分量。把刚才所提及的长诗只不过是由短诗连接而成的说法向前推进的话,自然而然就会说到俳句。如果优秀的俳句是诗,那么马拉美所谓的暗示、谜、提示谜的两种方法,应该都出色地发挥了应有的作用。

马拉美的第一种方法,迂回地唤起某事物,而且把唤起事物当做心理的表达这一方法,在芭蕉以后成为主流俳句的定义。各务支考的俳句:

　　岸上桃花喧闹,船老大充耳不闻

关于这一俳句,竹西宽子说:"一读就感觉到是意思鲜明的俳句,仿佛清晰地看到了某种情景,犹如身临其境一般",但是"抑制着自己的快感,认为是清晰看到的事物,与其说是具体的物体的形状、颜色、动作,不如说是感受到了某种气氛。于是向后退缩,不知如何是好"。实际上俳句的作者是坐在船夫的船上,还是在岸上呼唤对岸的船夫,连这一点都没有表达清楚。"即使那样也无所谓,这个俳句在表现春天的片刻的悠闲这一点上,绝不暧昧"(竹西 32—33)。

这一句,并非在于咏叹"船夫不闻声"和"桃花"。不如说,是在借此迂回来暗示难以言喻的"春来一时之闲情"。借竹西的说法,"'无'也许只因'有'才得以表现出来,若是想要表现人类之外的事物,恐怕只能借着对于人类的具体描写来实现"(14)。常常被提到的俳句的即物性只有在这一意义上才是正确的,芭蕉的"言之有物",应该也正是此意。

在我看来,从俳句到短诗中所蕴含的暗示,也就是说通向其意义的迂回路(间接的描述)采取夸张(反复)与矛盾(对立)这两种形式,但在此不多作叙述(参照川本 A 63—212)。

马拉美所说的另一种方法,即尝试"取某一意象,并加以解读"的做法也作为俳句的另一种定义而被广泛使用。其原因在于俳句一般都是采取选取具体意象、季语和景物,再加以重新解读的程序,并且通过这个程序本身,暗示出难以名状的心绪。由此看来,这第二种方法就只是将第一种说法重复了一遍。也就是说用诗歌咏叹完全相同的事物,会出现具体途径的区别,马拉美只是对此一分为二地进行了说明而已。

"提心吊胆,向壁而眠"、"初落秋时雨,寂寒识旅人"、"黄梅雨绵绵,奔腾最上川"、"鹆舟渐行远,喧哗过尽空余悲"等芭蕉的诗句从"午睡""初秋的雨""最上川""鸬鹚捕鱼"等具体的事物出发,通过对它们的解读,从而暗示出更加深长的意味。

随马拉美其后而行的近代大诗人,保罗·克洛岱尔曾在1921年(大正十年)至1925年担任驻日大使,其间仿照俳句作短诗,之后收录于《百扇帖》(Cent phrases pour évantails, 1927)中。下面的两首咏叹了(长谷寺的)白牡丹,特别选取了它们的颜色,从中看到精神上的某种萌芽,或者在记忆中某些事物与其相似等。这正是使用极端的短诗形式实践了马拉美所说的"专注地观察事物,并从事物萌发梦想,从梦想中衍生出意象"的一例。

> Un certain rose
> qui est moins une couleur
> qu'une respiration
> 那牡丹微弱的红　并不是颜色的一种
> 更像是一声叹息(芳贺48)

> La pivoine et cette rougeur en nous
> qui précède la pensée
> 牡丹的红已然萌发　思念亦不远矣(芳贺50)

尤其在第二首诗中,将藏在牡丹蕊中待发未发的浅红色用很漂亮的手法描写出来,这果然可以和马拉美的弟子瓦莱里的长诗《年轻的命运女神》进行对比。就像是将这首长诗开头的几十行一遍一口气扫过一般,用红色这种意象就将快要萌生思念的预感及对此而生的精神上的害羞灵动地表达出来。

只是,除了先从具体意象开始,由对事物的凝视开始编织梦想的这个方法之外还有其他方法。就如同前面看到的蓬热的手法,从名字开始接近事物,这样做的本身就成为了表现心绪的方式。名字只是语言,但语言不仅仅是传达的道具。人类就是从名字来认识事物、思考事物的。而语言周围,总是有和语言无关的意味萌生并聚集起来。那么,拘泥于语言究竟使人类与周围世界如何相关联呢,除了探究体验与记忆的总体之外别无他法。

实际上日本的古典诗歌中,双关语与相关语一直占据中心,由语言来向着更深层次经验探索的方向强力推动。芭蕉也是在确立芭蕉风格以前这样使用双关语，比如说，他就曾作过从"犬樱"联想到"尾"这样的句子（川本 C 111）。然而之后，便出现避开这样的"文字游戏"的倾向。这种倾向在正冈子规的俳句现代化、即对写实主义的崇拜得到彻底化以来，可见其愈发强化的趋势。

话虽如此，芭蕉自己绝没有放弃作为诗人重要的使命——叩问语言。芭蕉的

> 秋风瑟瑟　二见浦边与君别　宛若贝壳裂

这一句，就是咏叹了自己即将动身去伊势的二见（futami）浦一事。利用那里名产文蛤的"壳"、"蚌肉"（futami）与地名的同音异义性，寄托分离的感慨。这一个双关语，以"壳""蚌肉"产生的联想来关联"二见""二上""三室"等同音地名，实践了《万叶集》以来的传统（川本 A 参照 120—21）。在此，"二见"这一名字，与得此命名的土地之间的关系本身得到了再次的追问。

"夕行向笠岛，霪雨湿去路"、"清泷细流净无尘，仲夏明月熠生辉"、"闪闪映日光，碎碎摇青叶"、"残雪栖南谷，清净流薰风"、"吹浦沐清凉，温海正黄昏"、"纤纤素手擢早苗，犹忆旧时染忍草"、"少女阿重似那绚烂的瞿麦花"，以此为开端的芭蕉的作品，均为对地名或事物名称的再解读，这也占据了每一句意趣的重点。

无论是东洋还是西洋，自从进入被称为"理性"时代的近代，追求语言中经验理解的关键的这种自古以来的传统，便完全失去了威信。西洋的俏皮话还算是体面地保留着诗的韵脚，日本的双关语则是除了在文字游戏的场合应用之外，基本被看成是老古董。但是没必要引用乔伊斯和贝克特，我们也清楚同音异义的诙谐不仅仅是现代主义的一环。从蓬热的例子就可以看出，现代诗是脱离了记号内容（意思）的专横，而再度体现了记号表现（词形）与记号内容的相关性，换言之，即积极尝试了全体语言的复兴。

这种尝试，对于俳句和短歌的将来也具有重大意义。因为像重视日本古典文学一样重视双关，并彻底追求其实现可能性的例子，恐怕在其他任何文学中都是看不到的。

参照文献

阿部良雄 2000《作为表象的延迟装置的语言学》、小林康夫・松浦寿辉编《表象的论述二语言学：危机的言论》（东京大学出版会。）
川本浩嗣 1991《日本诗歌的传统——七与五的诗学》（岩波书店）。
　　　　 1994《传统中的短诗型——俳句与意象派的诗》、川本编《丛书比较文学比较文学五歌与诗的系谱》（中央公论社）、223—254。
　　　　 2001《芭蕉之樱》、《国文学》（特集：樱——樱的书写体）第 46 卷 5 号、110—14。

竹西宽子 1987《句歌春秋》(新潮社)。

芳贺彻 2002《回音的诗心——俳句与法国的诗人们》(TBS百科)。

复本一郎(编) 2001《三册子》、奥田勋等编《新编日本古典文学全集八十八 连歌论集·能乐论集·俳论集》(小学馆)、545—657。

波努伏瓦、伊芙 2000《俳句和短诗型与法国的诗人们》、川本浩嗣译、《新潮》第97卷第12号(12月号)、190—200。

堀切实(编) 2001《去来抄》、奥田勋等编《新编日本古典文学全集八十八 连歌论集·能乐论集·俳论集》(小学馆)425—544。

松岛征 1984《雷蒙·格诺的诗歌方法》、《神户商船大学纪要 第一类(文化论集)》第33号、118—102。

日本文学翻译中的"汉字之痒"

王晓平*

苏曼殊在《与高天梅论文学书》中说过:"衲谓凡治一国文学,须精通其文字。"①不论是将本国古代文学翻译成现代语言,还是将外国文学翻译成本国语言,精通其时代其民族的语言文字都是一个大前提。由于日本文字中存在大量汉字,不仅翻译界外部有人误认为日本文学翻译似乎要比其他国家容易些,就是翻译者本身,有时也难免遇见汉字偷一偷懒,见了"熟面孔",便认作自家人,忘记了日本汉字与中国今天的汉字很多早就不是一回事了,结果郢书燕说,反而堕入五里雾中。

日本汉字是从中国传过去的,但两者的关系却并不是那么简单。有的汉字传入日本以后,意义和用法发生了变化,和今天中国的意思不一样了;还有的原来两者是一样的,后来在中国的字义、字形变了,而传到日本的则相沿已久,始终不变,结果两者模样不同,让人莫名其妙。日本根据汉字会意的原理,满足表述独特文化的需要还自造了一些字,即所谓"国字"(亦称"倭字"、"和制汉字"、"皇朝汉字"等),更是汉字中的新面孔。大体翻译者对于这些新面孔比较经意,还较少出误译。相比之下,前两者因为看上去似懂非懂,稍不留意,便容易上当,一马虎,便被熟悉的词语绊倒。值得警惕的是,翻译出来的句子如果不认真琢磨,还觉察不出其中的别扭。对这种司空见惯的因为汉字出现的翻译错误,很有必要提出来认真作一番分析。

文学作品中的汉字,往往就像一盏灯,拨亮一盏,照亮一片。但是,灯光炫目,也会找来困惑。本来汉字是我们自己的文字,照理说我们是不该"栽"在自家门口的,可偏偏会有这样"不该发生的故事"。这就是所谓"汉字之痒"。容易出错的原因,恰恰是因为汉字是我们最熟悉的,也最容易成为理解的盲点。相反,如果我们对中日汉字古今意义的演变有足够丰富的知识,那么对于理解日本文学,特别是古代文学,那是很有裨益的。

---

* 王晓平,天津师范大学文学院教授、日本帝冢山学院大学客座教授。
① 舒芜等编选:《中国近代文论选》,人民文学出版社,1981年,第465页。

本文拟以金伟、吴彦翻译的《今昔物语集》卷六第十三《震旦李大安依佛助被害复活的故事》为中心,兼及前十卷译文中的汉字语汇翻译。意在说明对于日本文学翻译者来说日语汉字也是一门重要的学问,需要费大力气去学习,同时也想对当前中日比较文学中脱离原著单纯对译文加以比较就得出结论的现象,提请同好予以注意。

"依"作"因"讲

卷第六第十三《震旦李大安依佛助被害复活的故事》,原文为"震旦李大安、依仏助、被害得活語",原文中的"依"当作"因"讲,而"被害得活"被断开,表明是作为一个词组来使用。这个题目如果翻译为"震旦李大安被害因佛助而活命",就更符合现代汉语的表达习惯了。

"依",作"因"讲,在奈良、平安时代的文献中屡见不鲜。如《东大寺讽诵文》:"不奉造佛写经者,依何为报德之由?不悬幡严堂者,何为送恩之便?"(第 230 行)①"依"作因"讲","依何"就是"因何";"某佛不出现世者(间),依何奉某经"(第 177 行),"依何",即"因何";"依是思维,自然得出家功德"(第 180 行)②,"依是"即"因是"。又如圆仁《入唐求法巡礼记》:"依准判官藤原贞敏卒而下痢,诸船于此馆前停宿。"(卷一,开成三年七月廿四日)"但公私之物无异损,依无迎船,不得运上。"(卷一,开成三年七月廿四日)"即此圆仁蒙恩,依少故,诣展不获。"(卷三)再看《参天台五台山记》:"辰时,依西风吹,不出。"(卷一)"其后依酒乱,客人二人都乱,闭室不见。"(卷一)"依驿马不足,山马五匹军马用之。"(卷五)以上各例中的"依",皆作"因"讲。③

奈良、平安时代"依"的这种用法,实际上是保留了我国唐代的口语。如吐鲁番文书 64TAM35:29(A)武周载初元年(公元 689 年)史玄政牒为请处分替纳逋悬事(3—496):"今年依田忽有科税,不敢词诉,望请追征去年佃人代纳。"④

在《今昔物语集》中的篇名中,有不少"依"字作"因"讲。在周作人的校订本中,翻译成"因"的,如卷二十第十四篇「摂津国殺牛人依放生力従冥途還語」,周作人校订本译作"杀牛人因放生得还阳",而金吴译本作"摄津国杀牛人依放生冥途得返语","依"字语义不甚清晰。周作人本也有未将"依"字之意译出的,这可能是因为

---

① 〔日〕中田祝夫解说:《东大寺讽诵文稿》,勉诚社,1976 年,第 59 页。
② 同上书,第 49 页。
③ 董志翘:《〈入唐求法巡礼记〉词汇研究》,中国社会科学出版社,2000 年,第 70—71 页。
④ 王启涛:《吐鲁番出土文书词语考释》,巴蜀书社,2005 年,第 670 页。

这个译本书成众手,对此字理解不尽一致,或许也有不译出也很明白的情况。如卷十七第二十《但馬前司口口国挙、依地藏助得活語》,周作人校本译作《但马前任国守国举蒙地藏救助死而复生》。不过,明白了"依"字作"因"讲,在翻译时会译得更为主动。

以下是金、吴译本对"依"的翻译和原文的对照:

译文	原文
婆罗门依醉不意出家的故事（卷一第二十八）	婆羅門依醉不意出家語
舍卫国胜义依施舍得富贵的故事（卷一第三十二）	舍衛国勝義、依施得富貴語
老妇依迦叶教化生天报恩的故事（卷二第六）	老母依迦葉教化生天報恩語
婢女依迦旃延教化生天报恩的故事（卷二第七）	婢、依迦旃延教化生天報恩語
天竺人依烧香得口香的故事（卷二第十六）	天竺、依燒香得口香語
天竺国王依鼠护打胜仗的故事（卷五第十七）	天竺国王、依鼠護勝合戦語
震旦唐虞安良兄依释迦像复活的故事（卷六第十一）	震旦唐虞安良、兄依造釈迦像得活語
震旦疑观寺法庆依造释迦像复活的故事（卷六第十二）	震旦疑観寺法慶、依造釈迦像得活語

以上各篇名中的"依"都是作"因"讲,"依醉出家"就是因喝醉而出家,"依施舍得富贵"就是因施舍得富贵,"依造释迦像得活"就是因造像而得活命,这样的例子还有很多。将"依"保留不译固然能通,但不如译为"因"更为明晰。《今昔物语集》仅卷九便有一些篇名中的"依"字作"因"讲,兹录于此,可为我国中古语言研究作旁证：

　　隋代、李寛、依殺生得現報語第二十六
　　周武帝、依食鶏卵至冥途受苦語第二十七
　　隋大業代、獄吏依悪行、子身有疵死語第四十
　　河南人婦、依姑令食蚯蚓羹得現報語第四十二
　　晋献公王子申生、依継母麗姫讒自死語第四十三.

作书者谁

卷六第十三《震旦李大安依佛助被害复活的故事》讲的是李大安被侍从谋杀，因为其妻子造了佛像而起死回生的故事。读金伟、吴彦译文，发现其中有几处不甚通畅。先看李大安被杀的一段：

> 有侍从想趁黑夜杀害大安，大安对此全然不知。侍从见大安睡着了，悄悄来到大安的房间，用刀刺穿了他的头颅，尖刀扎在床上拔不下来，侍从丢下刀逃走了。大安惊呼侍从，侍从赶来，将刀拔下来时他已经死了。侍从取来纸笔记录此，为大安告官，又将大安及诉状送到官府。县官立刻审理此案，清洗刀伤，确认大安已死。①

这里前后出现的"侍从"显然本非一人，而原文没有区别，造成理解上的波折。"侍从赶来，将刀拔下来时，他已经死了"，和后面的"县官立刻审理此案，清洗刀伤，确认大安已死"，语义重复。对照原文，原本表达比较清楚。

> 而ル二、其ノ従者ノ中二、大安ヲ殺サムト思テ、夜二至テ眠ルヲ伺フ者有リケリ。大安、此レヲ不知ズシテ眠ル時二、彼ノ従者、窃二寄テ刀ヲ以テ大安ガ頭を刺シ洞ス。刀ヲ床二突付テ不抜ズシテ逃ヌ。其時二、大安驚キ悟テ従者ヲ呼ブ。従者寄テ此レヲ見テ、刀を抜カントス為ル二、死ナムトス。従者、先ヅ紙筆ヲ取テ、此ノ事を記シテ懸ノ官二訴ヘムガ為二大安二告ゲ。大安、書ヲ記シテ懸ノ官ノ所二送ル。懸ノ官等即チ来テ此レヲ見ル。其ノ刀ヲ抜テ瘡ヲ洗テ、薬ヲ以テ付ル二、大安既二死入ヌ。②

原文中的"其ノ従者ノ中二"，对大安所带侍从不止一人表述更为明确，所以不至于妨碍后面叙述的理解。译文中"有侍从"的表述虽然也有暗示为其中一个的意思，但如果在后面改变一下译法，就可能读来更顺畅。原文中"従者寄テ此レヲ見テ、刀を抜カントス為ル二、死ナムトス"，是说侍从跑来一看，一拔刀，大安就要死，所以"先ヅ紙筆ヲ取テ、此ノ事を記シテ懸ノ官二訴ヘムガ為二大安二告ゲ"，文中很清楚说明是县官来了才拔刀，那时大安才死去的："懸ノ官等即チ来テ此レヲ見ル。其ノ刀ヲ抜テ瘡ヲ洗テ、薬ヲ以テ付ル二、大安既二死入ヌ。"原文叙述合情合理，而译文将县官来"其ノ刀ヲ抜テ"省去未译，让读者读来费解。

---

① 金伟、吴彦译:《今昔物语集》(一)，万卷出版社，2006年，第270页。
② 小峰和明校注:《今昔物语集》(二)，岩波书店，1999年，第37—38页。

我们再看这个故事所依据的《冥报记》,是否与原文一致。金本已注"此话出自《冥报记》中卷,前田家本〔8〕、高山寺本〔11〕,《太平广记》九十九也引用了同话。类话见于《三宝感应要略录》上卷。"下引出自前田家本:

> 其奴有谋煞(杀)大安者,候其睡,就夜以小釰(剑)刺(刺)安大项洞之,刃著于床,奴因不拔而逃。大安惊觉,呼奴,其不叛奴婢至,欲拔刃便死,先取纸笔作书。奴仍告主人诉至县官。大安作书毕。县官亦因为拔刃,洗疮加药,大安遂绝。①

《冥报记》原文中"其不叛奴婢至",就是为了区别谋杀者与后至者。特别值得注意的是,当"不叛奴婢"赶来,想到要拔刀主人要死,于是先取纸笔写状子。《今昔物语集》中原文"従者、先ヅ紙筆ヲ取テ、此ノ事を記シテ懸ノ官ニ訴ヘムガ為ニ大安ニ告ゲ。大安、書ヲ記シテ",是这一段的翻译,意思未大改变都是写状子在前,拔刀在后,状子都是大安写的。译者似乎没有看懂原文,又没有查阅原文所依据的原典,结果译文成了侍从拔出刀来,大安死去之后,侍从取来纸笔记下当时的情景去告官,还把大安也折腾到了官府,与原文细节大不相同。

"负"为何作"捉弄"讲

其实大安并没有死,而是进入了梦境。我们接着看下面的译文:

> 大安恍惚如在梦中,看见一个长一尺有余、厚四五寸、形如红肉团一样的东西,此物离地二尺许,由屋外至床前。有声音道:"快还我肉来。"大安说:"我从来不吃红肉,你为什么捉弄我?"门外有声音道:"不对,错了。"声音刚落,那个肉团一样的东西又退到门外。②

大安明明不吃猪肉,肉团却要他还肉,大安本应申辩,但只怪对方不该捉弄自己,两者对话逻辑关系不明。试看原文:

> 大安、夢ヲ見ル如シ。一ノ者ヲ見ル。長サ一尺余許、弘ク厚キ事四五寸、其の形赤クシテ肉ニ似タリ。地ヲ去レル事二尺許シテ、外ヨリ入来テ、床ノ前ニ至ル。其の者の名ニ音有テ云ク、「忽ニ我ガ肉ヲ返セ」ト。大安ノ云ク、「我レ、更ニ赤キ肉ヲ不食ズ。何ニ依テカ、汝チ、我レニ負スル」ト。其

---

① 〔日〕说话研究会编:『冥报记の研究』第一卷,勉诚社,1999年,载前田育德会尊经阁文库所藏《冥报记》,第50页。
② 金伟、吴彦译:《今昔物语集》(一),万卷出版社,2006年,第270页。

の時二、門ノ外二音有テ云ク、「此、錯レリ。非ザル也」ト云フ二、此の者返テ門ヨリ出デ、去ヌ。①

大安原来说的是："何二依テカ、汝チ、我レ二負スル。"这里的"依"字作"因"讲，"负"则是"亏欠、拖欠"之意。这正是回应找他还肉的要求。全句是说："我本来不吃红肉，怎么会欠你的？"小峰和明校注《今昔物语集》注此句，"私のせいにするのか"，亦不甚确切。

看《冥报记》原文意思一目了然：

> 忽如梦者。见一物长尺余，阔厚四五寸，形似晞（笔者按：猪字的异体字）肉，去地二尺许，从户入来，至床前，其中有语曰："急还我肉！"大安曰："我不食晞肉，何缘负汝？"即闻户外有言曰："错，非也。"此物即还，从户出去。②

"何缘负汝"，正是反问对方，我本不欠你的，怎么你来讨要！《今昔物语集》中的"何二依テカ、汝チ、我レ二負スル"，正是出自"何缘负汝"，只是意思表达不甚准确。译文中用了"捉弄"一词，似乎对"负"的本义不甚了了。

背上如何"缀着个红色的袈裟"

这一篇还有因未看懂汉字而造成的误译。是写李大安死后梦境的部分，先看译文：

> 他（笔者按：李大安）仔细一看，发现水池的西面有一尊金佛像，高五寸，佛像随即变大化成一位僧人，身着清新的绿色袈裟，对大安说道："你的身体已被伤害，我来为你去除伤痛。你痊愈回家后，速念佛修善。"说着用手抚摸大安头上的伤口。大安记住了僧人的模样，还看到僧人的背上缀着个红色的袈裟，宽只有寸许，非常醒目。③

问题是这一段靠后的部分，"大安记住了僧人的模样，还看到僧人的背上缀着个红色的袈裟，宽只有寸许，非常醒目"。僧人身穿袈裟，怎么还会"背上缀着个红色的袈裟"，而且还"宽只有寸许"呢？

我们仍然先看日语原文：

---

① 〔日〕小峰和明校注：《今昔物语集》（二），岩波书店，1999年，第37—38页。
② 〔日〕说话研究会编：『冥报记の研究』第一卷，勉诚社，1999年，载前田育德会尊经阁文库所藏《冥报记》，第50—51页。
③ 金伟、吴彦译：《今昔物语集》（一），万卷出版社，2006年，第270页。

此レヲ見ルニ、目出タシ。池ノ西ノ岸ノ上ニ金ノ仏像在マス。高サ五寸也。即チ、漸ク大キニ成リ給テ、化シテ僧ト成リ給ヒヌ。緑ノ袈裟ヲ新ク清気ナル給ヘリ。即チ、大安ニ語テ宣ハク、「汝ガ身、既ニ被傷タリ。我レ、今、汝ガ為ニ善ク痛ミヲ令去ム」ト。「汝ヂ平愈シテ家ニ返テ、速ニ仏ヲ念ジ善ヲ修セヨ」ト宣テ、手ヲ以テ頭ヲ疵ヲ撫デ、去リ給ヒヌ。大安、即チ其ノ形ノ有様ヲ記スルニ、僧ノ背ヲ見ルニ、紅ノ繒ヲ以テ袈裟ヲ綴レリ。弘サ、方寸許也。甚グ鮮ニ見ユ。①

原文中这一部分是："大安、即チ其ノ形ノ有様ヲ記スルニ、僧ノ背ヲ見ルニ、紅ノ繒ヲ以テ袈裟ヲレリ。弘サ、方寸許也。甚グ鮮ニ見ユ。"提到僧人袈裟的部分是说："紅ノ繒ヲ以テ袈裟ヲ綴レリ。""紅ノ繒"是红丝线，"綴レリ"有"つづる、つなぐ、つくろう、つらねる"等义项，以及"とじる、糸で縫いつける"义项，在这里是最常见的"缝补"一义。"紅ノ繒ヲ以テ袈裟ヲ綴レリ"就是用红丝线缝补袈裟，后面的"弘サ、方寸許也。甚グ鮮ニ見ユ"正说的是红丝线的补丁。

我们再来看《冥报记》中相关的部分：

> 大安仍见庭前有池水，清浅可爱。池西岸上有金佛像，可高五寸。须臾渐大，而化为僧，被绿袈裟，甚新净，谓大安曰："被伤耶？我今为汝将痛去。汝当平复，还家念佛修善。"因以手摩大安头疮而去，大安志其形状，见僧背有红缯补袈裟，可方寸许，甚分明。②

《冥报记》中的"见僧背有红缯补袈裟，可方寸许，甚分明"，可见，《今昔物语集》对原文作了忠实的翻译。"缀"在中文中也是缝补的意思。译文只是把"缀"照录，竟然成了"僧人的背上缀着个红色的袈裟"。

"婢使"何来？

问题还没有结束，对原文更大的误解是在故事的结局部分。大安终于起死回生了，是谁搭救了他？在他醒来后，向家人说起他的梦境，他的侍女告诉了其中的奥妙。仍然先看译文：

> 有一侍女听完大安的话说道："主人出门后，婢使为了主人的安全，到佛像

---

① 〔日〕小峰和明校注：《今昔物語集》(二)，岩波书店，1999年，第37—38页。
② 〔日〕说话研究会编：『冥報記の研究』第一卷，勉诚社，1999年，载前田育德会尊经阁文库所藏《冥报记》，第51页。

师那里造了一尊佛像，造好后发现佛像背上误画了一点红色。婢使随即返回佛像师那里，请求消除这一点红色。佛像师不肯，佛像的背上依然有那点红色。方才听了主人的话，我想一定是此佛在保佑主人。"大安和妻子家人一起去看那尊佛像，果然和梦中所见的一样，背上有一点醒目的红色。①

译文中两次出现了"婢使"一词，"婢使"，《汉语大词典》注："婢妾，使女。"《三国志·魏志·公子瓒传》："进军界桥"裴松之注引三国魏文帝《典略》："绍母亲为婢使，绍实微贱，不可以为人后。"笔者最初推测译者是查阅了《汉语大词典》才使用这样的译语的。感到这一词与全文的白话风格不甚协调，不如直接翻译成"婢女"或者丫鬟。不过，与原文对照后，发现译者可能对原文有误解。请看原文：

其ノ時二、一人ノ従女有テ傍二居テ、大安が語ル言ヲ聞テ云、「君出給テ後、君ノ御為二、家室在マシテ、婢使トシテ仏師ノ許二遣テ、仏ヲ令造メキ。既二造リ畢テ、依ヲ画スル二一点ノ朱筆、誤テ仏ノ御背ノ上二付ケリ。即チ、仏師の許二遣テ、此ノ一点ノ朱筆ヲ令消ムル二、仏師、此レヲ不受ズシテ不消キ。然レバ、猶、其ノ朱点、仏ノ御背二有リ。此レヲ思フ二、「君ノ語リ給フヲ聞キ合スル二、偏二此ノ仏ノ助ケ給タル也ケリ」ト思フ也」ト云フヲ聞テ、大安、妻子并二家ノ人ト共二詣デ、仏像ヲ見ル二、夢二見エシ所ノ如シ。其ノ背ノ朱点鮮二シテ、綴レリシ所違フ事無シ。②

上文婢女开始就说："君出給テ後、君ノ御為二、家室在マシテ、婢使トシテ仏師ノ許二遣テ、仏ヲ令造メキ。"这句话的主语是"家室"，即大安的妻子，全句是说大安走后，其妻派我到佛像师那里去，让为大安造佛像。可见"婢使"并不是作为一个名词出现的。译文中的"婢使为了主人的安全"，岂不是贪女主人之功为己功？以客代主，颇不合情理。

对照《冥报记》原文，就更清楚了：

有一婢在旁闻说，因言："大安之家初行也，安妻使婢诣像工，为安造佛像。像成以绿画衣，有一点朱污像背上。当遣像工去之，不肯。今仍在，形状如郎君所说。"大安因与妻及家人共起观像，乃所见者也。其背朱点宛然补处。③

"安妻使婢诣像工，为安造佛像"，与《今昔物语集》不同的只是造像的一个是"像

---

① 金伟、吴彦译：《今昔物语集》（一），万卷出版社，2006年，第270页。
② 〔日〕小峰和明校注：《今昔物语集》（二），岩波书店，1999年，第37—38页。
③ 〔日〕说话研究会编：『冥报记の研究』第一卷，勉诚社，1999年，载前田育德会尊经阁文库所藏《冥报记》，第52页。

工",一个是"仏師",而大安妻子派婢女这一点却是毫无二致的。

译文没有看懂"婢使トシテ"是"婢女被派去,婢女作为派去的人"的意思,将两字连在一起看成了一个名词,并且在译文中两次出现这个词,很可能是译者因这两字太熟而不假思索所致。本书的出版得到日本国际交流基金的资助,必须在其规定的时间内出版全书,这对译者来说是极大的压力,这样一部鸿篇巨制,是难以在短暂的时间内高质量完成翻译的。译者恐怕根本没有时间做精细的审校,出现这样的问题也就不足为奇了。

"恋母"与"恋父"

将古典文学作品翻译成现代汉语,译者经常要碰到的问题,是古代的单音词语汇如何准确转换为现代语汇。在这一点上,翻译日本古典作品与翻译中国古典作品道理是相通的。只有对古今词义演变有清醒的认识,才可能减少语言的时代错位。一般来说,除了跳出原文的所谓"超译"以外,夹入现代特有的名物和观念的做法是不可取的。不过,如果无视现代对词语的惯有感觉,也会造成歧义。译者不能不顾及当下一般读者对词语的联想和理解。上面提到的例子,实际上都与对古今汉语的理解和转换有关系,下面再举几个例子,说明现代汉语表述的重要性。

金伟吴彦本《今昔物语集》卷第九有三篇题名中都有一个"恋"字:

第六震旦张敷见扇悲恋母亲的故事
第七会稽州曹娥恋父投江的故事
第八欧尚恋亡父墓旁造庵居住的故事

对比原文,题名中也都有"恋"字:

震旦張敷、見死母扇恋母語
会稽州曹娥、恋父入江死自亦投江語
欧尚、恋死父墓造奄居住語

这三个故事有一个共同点,讲的都是子女对死去的父母的怀念。一岁丧母的张敷,十岁时向家人索取亡母的遗物,十四岁的曹娥在父亲落水的地方投江,欧尚在父亲墓旁结庐居住。原文中将这种感情称之为"恋",译文照录,似乎未背原义。但是,我们读来仍然感到别扭。因为在现代汉语中,"恋"字有两种含义,一是恋爱,一是想念不忘,不忍分离。一般说到"恋父"、"恋母"的时候,则指一种对父母超乎寻常的爱慕的情感,和这里所说的对亡人的思念不能说是一回事情。原文中的"恋"都读作"こひ",即"こい"。《日本国语大辞典》对这个词列举了四个义项:

>   对人、土地、季节等的思慕、眷念。
>   对异性(有时是同性)感到特别的爱情而思慕。恋爱,恋慕。
>   和歌、连歌。俳谐中以恋爱为题材的作品,以及分类。
>   情人、情妇。

上述各篇原文中的"恋",显然与主要指对异性之爱的第二项,作为和歌、连歌、俳谐分类的第三项以及指情人的第四项都不切合,只能理解为第一项。结合原文的故事,正与现代汉语中"想念不忘,不忍分离"相接近。如果将三个题名中的"恋"字用"怀念"、"思念"等来表述,可能就能给人更为明晰的印象,而不至于产生歧义了。

"腮肉搭在肩上"

因汉字而掉以轻心,常常造成语义不清,难以理解。卷第九第四十一《隋大业时狱吏依恶行子身有疵而死的故事》中写某酷吏对囚犯十分凶残,因而生一子"腮肉搭在肩上,如同枷锁,没有脖子"。腮肉如何搭在肩上?不好想象。原文此处是:

>   一ノ子ヲ令生タリ。其ノ子ヲ見レバ、頤ノ下、肩ニ肉有リ。枷ノ如シ。亦、頭・頸ノ間、惣テ無シ。①

原文是说,颐下肩上有肉。小峰和明还有注释:"首かせのような肉塊ができていた。"

这个故事原出《冥报记》下,其原文很短,兹录于下:

>   隋大业中,京兆郡狱吏失其姓名,酷暴诸囚,囚不堪困苦,而狱卒以为戏。狱卒以后生一子,颐下肩上有肉若枷,都无头颈,数岁不能行而死。②

《今昔物语集》这一部分是对《冥报记》如实的翻译。"颐下肩上有肉",实际上就是俗话所说的大脖子病,科学上讲是甲状腺肿大。狱卒之子患有严重的甲状腺肿大,以至于无法行动而死亡。译者将"颐下肩上有肉",翻译成"腮肉搭在肩上",很可能是漏看了一个"下"字。因为前面"颐"这个字很明白,一眼看过,提笔就译,忘记了深思其间的情理。

---

① 〔日〕小峰和明校注:《今昔物语集》(二),岩波书店,1999年,第269页。
② 〔日〕说话研究会编:『冥报记の研究』第一卷,勉诚社,1999年,载前田育德会尊经阁文库所藏《冥报记》,第105—106页。

"遇字照录"的陷阱

《今昔物语集》是平安时代佛教文学的集大成,是日本说话文学的翘楚,也是中日古代文学交流结出的最重要的硕果之一。在已经出版的《今昔物语集》中译本里面,只有金伟、吴彦译本是全译本。新星出版社出版的北京编译社译、周作人校本[①]和人民出版社出版的北京编译社译、张龙妹校注本[②]都是从卷第十一开始的,要读卷第一、第二、第三、第四、第五、第六、第七、第九、第十,就只有读金伟、吴彦译本。同时,这一部分与佛典和中国文学的关系更为密切。所以,这个译本的出版,是一件可喜可贺的事情。可以预料,研究日本文学和中日比较文学的学者会把它作为深化佛教文学和中日比较文学研究的重要资料加以参照,或许还会有很多青年学子以此为参照完成自己的学位论文。不过,如果有人要以我们上面举出的那一篇译文去论证《今昔物语集》对《冥报记》如何接受、转换、变异的话,尽管说得头头是道,高深莫测,那得出结论的可信程度也会遭到熟悉原著的学者的质疑的吧。

近代以来,日制汉字语汇对中国的语言曾经发生过不小的影响。许多现在使用的词汇,是当时的翻译者采用照录的方式引进我国的。对于日语原文中的汉字,"遇字照录"是最省事的办法,却也可能是最危险的办法。即便全是汉字,我们也不能掉以轻心。特别是日本奈良、平安时代的作品,多用唐以前汉字之古义,而与后世,尤其是现代汉语中的用法不尽相同。我们在翻译这些作品时不能不了解其字义与现代含义的微妙区别。这一点对于常用字显得格外重要。

例如"谤"字,现代汉语多用作"诽谤、毁谤"意,而古代却有"指责别人的过失"和"诽谤、毁谤"两种用法。《国语·周语上》:"厉王虐,国人谤王",就是说厉王暴虐,人民都指责他,而不能翻译成"国人都诽谤他"。这里的"谤"就不是"诽谤、毁谤"的意思。类似的是《今昔物语集》卷第十第二十九《震旦国王愚斩玉匠手的故事》说卞和两次献宝,都被斩手,而第三次献宝得到褒奖。译文最后一段说:"世人因此诋毁先前的两个皇帝,赞誉现在的皇帝。"原文是:"此二依二、世テ人、前テ二代テ天皇ヲバ皆、謗リ申ケリ。"对于文中的"謗リ申ケリ",小峰和明注释为"非難申しあげた",是很恰当的,也就是"非难、责难"的意思。汉语的"诋毁",则是"诬蔑;毁谤"的意思。这一句翻译成"世人因此指责先前的两个皇帝"就切合原文了。

还有一种情况,就是古代意义相同或者相通的字,现代已经明确分工,碰到这

[①] 北京编译社译:《今昔物语集》,周作人校,新星出版社,2006年。
[②] 北京编译社译:《今昔物语集》,张龙妹校注,人民文学出版社,2008年。

种情况,也不宜"照录"。卷第十第三《高祖罚项羽始为汉代帝王的故事》,题目原文作《高祖、罰項羽始漢代爲帝王語》,其中"罰項羽",读作"カううをうちて",说明"罰"作"讨伐"的"伐"讲,这是"罰"字的古义之一,而在现代汉语中,"罚"则主要用作"惩罚、处置"等义。译者在本文的翻译中,将"罰"皆翻译成"征伐、讨伐",而把题目中的"罰"字没有译出,或许另有考虑。

古代汉语单音词多,一词多义,日语中保留了很多古代汉语的用法。当我们把它们翻译成现代汉语时,时常需要用双音词把意思明确下来。或许我们阅读时已经感到意思很明白,但当我们要用娴熟的现代汉语来表达的时候,就会感到还有很多似懂非懂的地方。这些地方如果轻易放过,就会造成译文语义含混,格调不统一,毕竟"以己昏昏,使人昭昭"是很难做到的。《今昔物语集》卷第九第四《鲁州人杀邻人不负过的故事》和同卷第十一《震旦韩伯瑜负母杖悲泣的故事》中的"负"字,译文都照录原字,而在原文中两个字的意思并不尽相同。前者原文是"魯洲人、殺隣人不負過語","不負過"读作"とがをおはざる",后者原文是"震旦韓伯瑜、負母杖泣悲語","負母杖"读作"ははのつゑをおいて",看起来用的是一个字,读法也一样,但意思却有区别。"负过"之"负"是"承受、担负"意,"不负过"就是不承担过失;"负杖"之"负"是"遭受、蒙受"意,"负杖"就是挨杖打。译者本意是把《今昔物语集》译成白话,而在句中没把"负"字译出,不仅含义不明,而且看上去有文白夹杂之感。其实,日语两个"負"字的用法正来自中国古代汉语,只要用心查阅一下就可以明确两者的区别。

"遇字照录"有时也会造成节外生枝,生造词语。卷第六第三十《震旦沙弥念胎藏界遁难的故事》首段"沙弥十七岁时因有事缘乘船前往新罗",原文"事テ縁有ル二依テ、此の沙弥、船二乗テ新羅二渡ル間",其中"事テ縁有ル二依テ",小峰和明注释:"事情があって。理由は不明。説話発生の契機。"可见这句话的意思只是说沙弥有事情,和我们平时说有点事出门并没有两样。"缘"只是缘故、理由的意思。而译成"有事缘",似乎"事缘"是一个固定的有特定含义的词语。

至于那些涉及宗教等专门知识的地方,"汉字照录"也可能出错。因为如果专业知识不足,有时录也会录出问题。卷第六第三十四《震旦空观寺沙弥观莲藏世界复活的故事》中引用了一节偈颂:

归命华严不思议　　若人题名一四句
能排地狱解脱业　　缚诸地狱器皆为①

四句偈颂看起来像是七言诗,然而第三句的"解脱业",不知何义,而第四句也不知

---

① 金伟、吴彦译:《今昔物语集》(一),万卷出版社,2006年,第270页。

所云。试读原文：

> 帰命華厳不思議　若人題名一四句　能排地獄解脱業縛　諸地獄器皆為云云①

原文后两句是"能排地狱解脱业缚，诸地狱器皆为云云"，即"缚"字上属，且句末有"云云"二字。"业缚"，同"业系"，佛教认为业犹如绳，缚众生之身而系于三界之牢狱，故曰"业缚"或"业系"，所以"业"与"缚"不当分开。"解脱业缚"是为一句。其次，小峰和明注释中已经说明此出自《要略录》："归命花严，不思议经。若闻题名，一四句偈。能排地狱，解脱业缚。诸地狱器，皆为花严。"由于引用中少了最后的"花严"二字，属于不完整引用，所以后面的"云云"是不能删节的。原文没有断句，译文可作：

> 归命《华严》不思议，若人题名一四句。能排地狱，解脱业缚，诸地狱器，皆为云云。

结　语

　　金伟、吴彦译出而北京编译社有关的两个本子没有译出的部分，由于主要材料来源于汉译佛经、中国的志怪小说等佛教文学以及史传文学，可以说是探讨中国文学在日本传播和影响的重要资料，其将受到中国文学研究者的关注，是顺理成章的。不论译本质量如何，要探讨这些问题不应该躲开原本，单纯以译本来进行比较研究，如果在观念、思想等方面还可能得出某些令人信服的结论的话，在语言艺术等方面要作深入的探讨，就不能不把译者的因素充分考虑在内。即便原文是汉文体或者是变体汉文的译文，译者的因素也都是不可忽略的。因而，在我们展开比较研究之前，对我们研究对象涉及的译者、译本以及与翻译相关的诸多因素作一番考察，就显得十分必要了。

　　资深的日本文学翻译家大都对汉字词语的翻译持审慎的态度，深知半通不通的未被充分消化的"夹生"日语汉字词汇会使译文大失韵味的道理。因而，除了为了特意保存原作的日本情味或者该词汇确有新异独到之处外，一般不轻易照录入译文。不论是原文照录还是用现代汉语已有的语汇来表达，都应以确实弄懂日语原意为前提。当我们提笔为文的时候，对原文的信息可能难以做到"全部转移"，甚至可以有意取舍，但在阅读阶段却不能无视原文的每一个字符，当然就包括其中的

---

① 〔日〕小峰和明校注：《今昔物语集》（二），岩波书店，1999年，第37—38页。

汉字。

事实上,当我们对日本文学翻译做过较全面的调查之后就会发现,对日文中汉字处理轻率,决不是仅仅增添了几处误译的问题,由于没有吃透原文,译文中夹杂太多似懂非懂、似熟非熟的词汇,结果造成语义含糊、情味索然、文白夹杂、生造词语的情况也时有所见。这所谓的"汉字之痒",就不仅是"痒"一处,而是"痒"一片。这种情况,在西方文学翻译中反而相对少些。说到底,是中日两种语言文字的功力问题。三十年前,日本文学经典的翻译还是屈指可数的著名翻译家和人民文学出版社等大社的事情,随着中日文化交流的深化,从事日本文学翻译的译者和出版日本文学的出版社都越来越多,提高翻译质量,加强翻译研究就是当务之急。这种研究,不仅具有实践意义,而且可能成为理论创新的契机。中日语言文字关系的复杂性和特殊性本身,就给两国间的翻译提出了不同于西方文学翻译的诸多问题。

前面讨论的《震旦李大安依佛助被害复活的故事》原文不过千余字,译文也不过八百余字,译文所反映的问题却值得重视。《今昔物语集》几种译本的对比还启发我们,由于中日两国文学的久远渊源,日本古代文学中的文字和语言都保存了很多中国古典作品的现象,有些资料还是现存中国典籍中不多见甚至是失传的。例如,"依"作"因"讲的用例,除了汉译佛典和敦煌吐鲁番文献之外,其他典籍所见不甚多,而在《今昔物语集》中,仅篇名中便多达十数例。这对于丰富我们对古代俗语的认识是有益的。这个事实启示我们,日本古典文学翻译者也不能不随时关注中国古代语言文字研究的新进展;同时,中国古典文学的研究者也有可能从日本古典文学中找到有关中国古代语言文字演变的旁证。

文末小识

打完最后一个注释,手却无法离开键盘。和严先生一起享受学问、享受友情、享受倾听之乐的感觉一下子涌了出来。这样一篇菲薄的短文,怎么能承载对这样一个日子的祝福呢?

记得和严先生第一次见面,是在北大一间小小的教室,匆匆忙忙的,没有说上几句话,就决定了一件事情。在此之前,严先生的《中日古代文学关系史稿》和我的《近代中日文学交流史稿》同列入乐黛云先生主编的比较文学丛书当中,这次还是得乐先生厚爱,让我们合作一部《中国文学在日本》。当时,我们只简单说说各自打算怎么写,会散就各忙各的去了。再见面的时候,就是我捧着一堆稿子,在严先生家,看他三下五除二地将两个人写的统合一番,合写前言,拼合两个人的稿子,似乎没有多长时间,书稿就挺像个样子了。严先生的敏捷、睿智、果决,以及我们两个人的默契、毫无涩滞的顺畅合作,都是在边说边做的过程中享受到的。

和严先生在一起的时候，我总是一个心情愉快的倾听者。读他的文章，也好像是在聆听他的倾诉似的。只要他毫无倦意地说，我就期待着新的话题。不管是他的文章，还是他的话，特别让人感动的是他对待那几位在学术道路上指点、激励、启迪过他的先生怀有的那种款款深情，对中外朋友那些点点滴滴帮助的真心感激。他很善于和各种年龄的朋友相处，也很擅长处理各种复杂的关系，或许这正是以他真诚待人、阔达宽厚的秉性为基础而造就的才能。每次我们见面，我都感觉很愉快，也很轻松，过得都很快。

这些年，不论是在中国，还是在日本，每当碰到难题，我首先想到的就是严先生。20世纪末开始，我就过的是两头飞的"海鸥"生活。2005年那年我还是帝冢山学院大学的专任教授，当时由于小泉参拜靖国神社，两国关系遇到困难，我们学校和朝日新闻社准备召开一个面向全社会的公开讲演会，以"文化能为中日关系做些什么"为题，说明中日关系的真相，在右倾势力嚣张的局势下发出我们的声音。会议筹备期间，严先生正赴美国，在飞机上为我们起草了贺信，半夜用电子邮件传到大阪。在大会开始的时候，这封贺信和平山郁夫的贺信一起宣读，在会场上引起强烈反响。听着会场上那热烈的掌声，我心里充满对严先生的感激，为在这样的时候能有严先生这样的朋友支持，感到无限幸福。

对于我在天津师范大学的工作，严先生从来都是鼎力相助。2004年，天津师范大学比较文学和世界文学博士点建立，严先生亲自从北京赶来祝贺，为师生作了高屋建瓴的学术报告。2009年，师大文学院举办《东亚诗学与文化互读》国际学术研讨会，开会当日正值中国人民大学举办的国际学术会议需要他主持，结果他一日之中往返于京津两地，为天津的会议作了基调报告后马上赶回北京，去主持另一个会议。像这样的事情，几乎每年都可以举出来。说朴朴实实的话，做踏踏实实的学问，干实实在在的事业，能有这样的学术朋友，那学术的魅力也就更为实在。

严先生在他的文章中，曾经谈到过小南一郎跟他说过的话，大意是学者就要专注于学术。严先生实际上是用他几十年的学术实践，树立了自己真学者的形象。在各种诱惑、冲击、压力面前，知识分子的道德底线毕竟要自己守护，每个人的行为方式也毕竟由自己去抉择。

文短意深，无力对严先生的学问作全面评价，就谨此作为一位老友的祝福吧。

藤原定家的歌论与白居易

隽雪艳*

一、引　言

　　藤原定家的著名歌论《咏歌大概》里有这样一段话:"常に古歌の景気を観念して心に染むべし……和歌の先達にあらずと雖も、時節の景気・世間の盛衰、物の由を知らんが為に、白氏文集の第一・第二の帙を常に握翫すべし深く和歌の心に通ず。"(应常常想象古歌的意境并使自己的内心与之相同。……虽非和歌之先达,为知时节之景气、世间之盛衰之事物变化的因由,须常体味白氏文集之第一、第二帙,乃与和歌之心深深相通。①)

　　藤原定家在他的另一篇歌论《每月抄》中还谈到:"よくよく心を澄まして、その一境に入りふしてこそ稀によまるる事は侍れ。'白氏文集の第一・第二の帙の中に大要侍り。かれを披見せよ'とぞ申し置き侍りし。詩は心を気高く澄ますものにて候。尤も歌詠まむ時、貴人の御前などならば心中にひそかに吟じ、さらぬ会席ならば高吟もすべし。歌にはまづ心をよく澄ますは一つの習ひにて侍るなり。"(使内心清澈,完全投入到和歌的诗境中,才会吟出好的作品。……我常说:"白氏文集之第一、第二帙最为重要,务须披览。"诗可以让我们的内心变得高远清澈,特别是将要吟作和歌之时,若是面对地位很高的人,你就在心中默默地吟咏诗句,若是面对的人地位并不那么高的话你也可以高声吟咏。作歌之时首先让内心一片清澈,这应该成为一种习惯做法。)

　　另外,在相传为藤原定家所作的歌论《京极中纳言相语》中有这样一段话:"紫式部の筆を見れば、心も澄みて、歌の姿・言葉の優に詠まるるなり。文集の〔文〕此定なる物にて、文集にて多くの歌を詠むなり。筆のめでたきが心はいかさま

---

　　* 隽雪艳,清华大学外语系教授,文学博士。
　　① 藤平春男校注・訳:『歌論集』。東京:小学館,1975.中文为笔者所译。以下同。又,下文中《每月抄》的引文出处与此相同。

にも澄むにや。"（读紫式部之文笔,内心会变得清澈,从而吟出有格调的、语言精彩的和歌。白氏文集之文笔亦属此类,读了白氏文集可吟作很多和歌。好的文学作品真是让人感到内心澄澈呵①!）

以上所引三段日本古代歌论的文字作为研究白居易与日本文学的第一手资料十分著名,经常为论者所引用。但是,关于一些具体的问题,例如引文中多次出现的"心を澄ます"或"心澄む"的具体涵义如何、定家如此看重的"可以知时节之景气、世间之盛衰之事物变化的因由","使人的内心澄澈、高远,从而吟出秀歌","与和歌之心深深相通"的"白氏文集之第一、第二帙"究竟是指哪些作品、与白居易如此关系密切的定家歌论在日本文学批评史上占有怎样的地位等问题,目前学术界的研究还不能说已经十分充分,仍然存在着一些疑问。这些问题关系到定家晚年对白居易文学的受容状况,也关系到日本中世初期对白居易文学受容的新动向,值得我们进一步分析和探讨。

二、"心を澄ます"的意义

根据《日本国语大辞典》的解释②,"心を澄ます"的字面意思是"去除邪念,使内心处于统一的状态。""心澄む"的意思是"心的净化。一种悟的境界。沉浸于审美的、艺术的感兴之中。"在日本古代,特别是中世以后的有关歌道、音乐等文艺理论中常常出现这一词语,是古代日本人所追求的一种理想的心境。那么,如何达到"心澄む"的状态,以及"心澄む"更具体地说是怎样一种境界则是我们需要进一步理解的。

日本学者锦仁氏曾以和歌、管弦音乐等方面的文献为对象对"心を澄ます"或"心澄む"的内涵进行了缜密的研究,认为不同的语境下出现的"心澄む"其意义有一定的差别。笔者将锦仁氏对"心澄む"意义的阐释总结为以下四个要点③:

1. "心澄む"的状态即神佛降临之时。
2. "心澄む"是人们观想净土风景时的精神状态。
3. 在"心澄む"的境界里自然美与佛教的哲理实现了统一。
4. "心澄む"的状态意味着发现自然中的美,并从心底与之同化。

前三种"心澄む"状态均与宗教相关,只有第四种意义脱离了宗教。然而,遗憾

---

① 久松潜一:『歌論集(一)』.東京:三弥井書店,1971.
② 小学館国語辞典編集部:『日本国語大辞典』精選版.東京:小学館,2006.
③ 錦仁:「和歌の思想」.院政期文化研究会.『権力と文化』.東京:森話社.2001.250～259.

的是锦仁氏的论文没有涉及上文引用的定家歌论中提到的"心を澄ます"的具体涵义。日本古代歌论的著名研究者藤平春男氏从创作态度或表现论的角度解释上文所引定家歌论,认为"定家歌论的着眼点并不在于追求一种特定的美学,而是讨论一种创作的态度和方法",定家歌论中的"心を澄ます"是一种"遮断现实"(与现实隔绝)的心理活动,是定家的"虚构歌诗法"的一环。① 三角洋一氏则认为在《每月抄》的一段话中"定家所表达的是他通过自身的实际创作而获得的咏歌实践论,其主张的方法虽然也可以认为是出自定家的亲身体验,不过,我想,如果说它是基于佛道修行论的前方便、助缘的方法更为合适"②。

三角洋一氏的意见给了笔者很大的启发。定家时代的日本的歌论家已经发现了和歌创作、欣赏与宗教信仰两者之间所存在着相近的心理状态,并且,两者之间有一个交叉点,这就是"心を澄ます"或"心澄む"的状态。正如马克思·韦伯(《关于宗教对现世否定的阶段与方向》一文中)在论述艺术与宗教间既对立又时时结为同盟的复杂关系时所指出:"艺术上的感动与宗教上的感动之间存在着心理学的亲近性,这一点无可置疑。……从历史的经验来看,这种心理学的亲近性不断使二者结成同盟,这对艺术的发展带来了有意义的内容。"③矶部忠正氏在《无常的构造》一书中也曾谈到:"日本人无法截然区别作为艺术的和歌和作为宗教和歌,甚至可以说,日本人是把和歌深化为信仰的。因而,空海云'和歌即是陀罗尼',西行云:'和歌常使人感到内心澄澈,毫无恶念',俊成云'我所言和歌深邃之道亦与空、假、中三谛相似。'"④可见,日本古代文艺理论中的"心を澄ます"本来就意味着心的净化,意味着一种精神境界的提升。

年龄稍长于定家的鸭长明在《发心集》中曾云:"和歌はよくことはりを極むる道なれば、これによせて心をすまし、世の常なきを観ぜんわざども便りありぬべし。"(和歌乃穷极道理之道,吟咏和歌,使内心澄澈,可以帮助人们体得世间之无常⑤。)又云:"数奇と云ふは、人の交はりを好まず、身のしづめるをも愁へず、花の咲き散るをあはれみ、月の出入を思ふに付けて、常に心を澄まして、世の濁りにしまぬ事とすれば、おのづから生滅のことわりも顕はれ、名利の余執つきぬべし。これ、出離解脱の門出に侍るべし。"(所谓数奇,不好与人交际,亦不愁自身命

---

① 藤平春男:「日本の美論―中世歌論の追究したもの」.相良亨等.『講座 日本思想 第5巻』.1984.265~266.
② 三角洋一:「いわゆる狂言綺語観について」.『源氏物語と天台淨土教』.東京:若草書房.1996.
③ 〔美〕マックス・ウェーバー:『宗教・社会論集』.安藤英治等訳.東京:河出書房.1968.
④ 磯部忠正:『無常の構造』.東京:講談社,1976.
⑤ 三木紀人校注:『方丈記 発心集』.東京:新潮社.1976.276.

运之不顺。见花开花落而感动,见月出月落而深思,从而使内心澄澈,不受尘世的污染,自然地醒悟了生灭之理,消除了对名利的执念。这就是解脱的开始。①

　　鸭长明的叙述中出现的"心をすます"这种心里活动处于文艺与宗教的连结点,并且,在长明的理论中,和歌等文艺所起的作用还只是宗教的助缘,文艺的价值尚依附于宗教的价值。这个问题我想可以用如下图示来表示:

和歌等文艺→内心澄澈→佛道

但是,在定家的歌论中,"心を澄ます"这种心理状态所连接的并不是文艺与佛教,而是已有的文学和将要产生的文学。"心を澄ます"不是引导人们皈依佛教,而是引导人们创作出更优秀的文学。即通过阅读《古歌》、《源氏物语》、《白氏文集》等作品而"知时节之景气、世间之盛衰之事物变化的因由",由于懂得了这一"理",精神世界得到提升,内心澄澈,进而能够创作出更好的文学。这一过程可以用如下图示来表示:

文学(古典)→内心澄澈→文学(秀歌)

定家的歌论并未根据和歌是否为佛教的助缘以及是否等同于佛教来规定和歌的价值,而是强调和歌能使人内心澄澈,强调文艺本身的功用。通过和歌的创作或欣赏而追求内心的澄澈、美丽和崇高,这样的追求可以说远远超越了佛教信仰的局限,也可以看作是向文艺本质的回归。我认为,定家的意义不仅是把获得宗教体验的的修行方法有意识的运用到和歌创作活动中,使和歌的创作更加趋于成熟,同时,也为文艺摆脱佛教的附庸地位,具有作为艺道独立的条件和价值而做出了贡献。三崎义泉氏曾说:"在定家那里歌道已经与佛道分离"②,"俊成努力使歌道升华为佛道,从这点来看,他没有彻底贯彻和歌作为艺术的独立,与之相反,定家呕心沥血追求的就是咏作秀歌,那是他唯一的目的,从这个意义上说,定家体现了艺术的独立。"③

　　尽管在定家之后,鸭长明式(和歌等文艺→内心澄澈→佛道)的"心を澄ます"的心理活动依然影响深远,如心敬等,但是,如同藤平春男氏指出,"定家所强调的观想式的态度一经确立就形成了一种风格和传统"④,并且藤平氏认为后世歌论家阿佛尼(1222?—1283)的如下理论即是继承了这一传统:"先づ歌をよまむ人は、

---

①　三木紀人校注:『方丈記　発心集』.東京:新潮社.1976.275 頁。
②　三崎義泉:『止観的美意識の展開—中世芸道と本覚思想との関連』.ぺりかん社.1999.284。
③　同上书,276 頁。
④　藤平春男:「日本の美論—中世歌論の追究したもの」.相良亨等.『講座　日本思想　第5巻』.1984.265。

事にふれて情を先として物のあはれをしり、常に心をすまして、花の散り、木の葉の落るをも、露、時雨色かはる折節をも、目にも心にもとどめて、歌の風情をたちゐにつけて心にかくべきにてぞ候らむ。"（欲作歌之人，面对事物要以情为先，懂得体会和感受事物，保持内心的澄澈，细心观察花儿凋谢、树叶零落、时雨和季节的变换，于日常起居之时内心亦充满诗情。①）笔者认为，定家与阿佛尼都重视"心を澄ます"（内心澄澈）这一精神活动的发生，在这个意义上可以说二者为同一传统。不过，定家与阿佛尼到达"内心澄澈"精神境界的方法是有所不同的：定家是通过阅读古典、阅读前代的优秀文学，而阿佛尼是通过"面对事物"、"细心观察花儿凋谢、树叶零落、时雨和季节的变换"，即通过与自然的接触。他们的共同之处是，两者都已脱离了佛教的价值观念，是一种纯粹的关于诗歌艺术创作的讨论。

在日本文艺思想史上，滥觞于10世纪中叶的"狂言绮语观"以及中世以后本觉思想的"歌道佛道一如观"都是佛教信仰思维框架下的产物，和歌、音乐等文艺需要成为佛道的"助缘"或等同于佛道才能获得其存在的合理性以及存在的意义。这种强势的宗教文艺观从何时开始弱化、藤原定家的和歌观或者说其文艺观对这种弱化产生了怎样的影响，以及在日本文艺思想发展史上具有怎样的意义等等还有待于进一步研究。

日本近世的国学代表人物本居宣长曾云："源氏物語を見よ、おとろおとろしく目さむるやうの事は、いとたまさかにて、五十余帖長々しき打ち、みなことごとく哀れをみせたる事のみ多し"②，这种口吻与定家的"白氏文集の第一・第二の帙の中に大要侍り。かれを披見せよ云々"十分相似。从定家的"時節の景気・世間の盛衰、物の由を知る"到阿佛尼的"先づ歌をよまむ人は、事にふれて情を先として物のあはれをしり、常に心をすまして……"，再到本居宣长的"いにしへの人の物の哀をしりたるさまをよくしれ"，它们之间是否存在着继承的关系，本居宣长在建立"物のあはれ"论、主张从文学中彻底排除儒佛价值取向的理论时吸收了前代歌论中哪些传统等问题，也都值得我们深入思考。

三、"白氏文集之第一、第二帙"所指卷第

关于"白氏文集之第一、第二帙"的具体卷数，学术界意见目前已大致统一，即

---

① 阿佛尼：「夜の鶴」．佐々木信綱編．『日本歌学大系』第三卷．東京：風間書房．1941.407
② 本居宣长：『紫文要領』．大野晋．『本居宣長全集』第四卷．東京：筑摩書房，1969.22.

认为应指白氏文集的前二十卷。① 然而,日本学者佐藤恒雄氏又做了进一步的限定,佐藤氏认为应该"除去前二十卷中的部分作品,尤其要除去古调诗"②,实质上指的是"第一帙的卷三、卷四两卷与第二帙的卷十二至卷二十的九卷"③,即前集中的"新乐府"和"歌行曲引"及律诗部分。被佐藤氏排除的古调诗是卷一、卷二的讽喻诗和卷五至卷八的闲适诗以及卷九至卷十一的感伤诗。佐藤氏对于"白氏文集之第一、第二帙"所指卷第给予明确限定的根据主要在于他对定家作品的考察,他对定家吸收了白居易诗句而创作的和歌进行了统计,统计数字表明被定家吸收到作品中的白诗很少涉及古调诗,绝大多数都是律诗。④ 这个数据对于讨论定家和歌与白居易的具体关联无疑是一个非常重要的根据,也可以说在一定程度上反映了定家阅读和受容白居易文学的真实状况,但是,仔细考虑的话,这里仍然存在着以下两个疑问:

第一,定家的重要歌论书《咏歌大概》《每月抄》《京极中纳言相语》都成书于定家的晚年,而佐藤氏统计的定家和歌是他一生的作品,绝大多数是《咏歌大概》等歌论成立之前的作品,也就是说,用定家晚年歌论之前的作品统计来限定定家推崇的"白氏文集之第一、第二帙"所指卷第是否合理。

第二,定家于建保六年(1218年)以慈圆选自白氏文集的百首和歌句题创作了《文集百首》,由于句题是慈圆选定而不是定家选定的,所以该百首和歌没有进入佐藤氏的统计范围。笔者认为,尽管句题是由慈圆选定的,但是,定家确实吸收这些白诗诗句而吟作了百首和歌,在解释定家晚年歌论时不应完全不考虑定家的这一创作经历。

佐藤氏曾明确指出:定家通过《文集百首》对白居易的闲适诗有了新的理解⑤,"其结果产生了《咏歌大概》的'虽非和歌之先达,为知时节之景气、世间之盛衰的事物变化之因由,须常体味白氏文集之第一、第二帙,(其诗句)乃与和歌之心深深相通'这一理论"⑥。并且将《文集百首》的句题与平安朝以来对白氏文集的传统的摄取方法相对比,指出:"在《文集百首》以前一次也未曾被引用过的白诗在百题之中占五十四题","更为重要的是从以前不曾被引用过的包含着"闲适"、"感伤"分类的

---

① 佐藤恒雄:『藤原定家研究』.東京:風間書房,2001.291~292.
② 佐藤恒雄:「定家・慈円の白氏文集受容——第一第二帙の問題と採句傾向の分析から」.『中世文学』.第18号.1973.
③ 同注①,297頁.
④ 同注①,456~457頁.
⑤ 佐藤恒雄:「定家と白詩」.『和漢比較文学』第17号,1996.
⑥ 同上书,第368页.

古调诗(卷五至卷十一)也选出了三十三题(加上从卷一卷二讽喻诗选出的两首句题共三十五题),这一点成为《文集百首》的明显特征。"①

既然包含大量的古调诗(主要是闲适诗和感伤诗)是《文集百首》的一大特色,佐藤氏也认为定家是通过咏作《文集百首》的实践而产生了《咏歌大概》的理论,那么,怎么能够仅凭定家以往的创作与古调诗关联甚少而从定家本人明确指定的"白氏文集之第一、第二帙"中彻底排除古调诗呢?总之,笔者认为,佐藤氏的意见尚缺乏足够的说服力,对于定家所云"白氏文集之第一、第二帙最为重要,务须披览"这一如此重要的言说不应轻易从中排除所有的闲适诗和大部分的感伤诗。

以下,拟具体检点一下《文集百首》所选择的古调诗,进一步讨论定家创作《文集百首》的经历是否会对他的歌论发生影响。

四、定家的歌论与《文集百首》

《文集百首》百题中选自白氏文集前二十卷的诗句共 70 题,其中慈圆首次引用的白诗有 44 题。引人注目的是这 44 题中属于歌行曲引、律诗只有 9 题,另外的 35 题均为古调诗。这些选自白居易集前二十卷的古调诗大部分被编入《文集百首》后半部分的"闲居""述怀""无常""法门"等部类中,集中表达了《文集百首》企画者慈圆作为一名宗教思想家对待人生与世事的思考。

如果说抒情性是平安时代文化的重要特征,那么,可以说思想性是中世文化的一个重要特征。"始知真隐者,不必在山林"、"进不厌朝市,退不恋人寰"、"心足即为富,身闲乃当贵。富贵在此中,何必居高位"等诗句充满了对人生的醒悟,即便是"人生无几何,如寄天地间。心有千载忧,身无一日闲"、"逝者不重回,存者难久留"、"生去死来都是幻,幻人哀乐系何情"(《文集百首·无常·91》)这类的诗句,反复咀嚼,也可以体察到其中与以往的哀叹无常所不同的意味,感受到一种理性和冷静。这些诗句不正是"知时节景气、世间盛衰之事物变化因由"的好作品吗?

虽然《文集百首》的句题是由慈圆选定的,但是,藤原定家使用这些歌题吟作和歌的实践无疑也是对那些以往文献不曾摄取的白居易诗学习的过程,事实上,定家咏作的和歌在一定程度上也积极地吸收了白居易闲适诗、感伤诗的内容。例如:

　　进不厌朝市,退不恋人寰。
　　里ちかき　すみかをわきて　したはねど　仕る道を　いとふともなし
　(七十一)

---

①　佐藤恒雄.『藤原定家研究』.東京:風間書房,2001.365.

心足即为富，身闲乃当贵。富贵在此中，何必居高位。
　　　なげかれず　思ふ心に　そむかねば　宮も藁屋も　おのがさまざま（七十四）
　　　春去　有來日　我老無少時
　　　鶯の　ふるすはさらに　かすめども　憂き老らくの　歸る日ぞなき（七十八）
　　　身心一無繋　浩々如虚舟
　　　浦風や　身をも心に　まかせつつ　ゆくかたやすき　海人の釣舟（八十二）
　　　追想當時事　何殊昨夜中　自我學心法　萬縁成一空
　　　大空の　むなしき法を　心にて　月に棚引　雲ものこらず（法門・九十六）

　　第七十一、七十四、八十二首和歌由于吸收了白居易诗句，为传统的和歌世界又赋予了新的诗情。

　　闲适诗、感伤诗在《文集百首》句题中占三分之一的分量，是《文集百首》的一大特色，尽管这些诗句不是藤原定家选定的，但是，他以这些诗句为契机吟咏和歌的过程无疑是一个体味白居易诗、理解白居易诗的过程，特别是对以往日本人未曾十分关注的闲适诗、感伤诗深切理解的一个过程，我们在讨论定家所云"白氏文集之第一、第二帙"时不能完全无视定家的这一经历。佐藤氏指出定家通过咏作《文集百首》的实践而产生了《咏歌大概》的理论是值得我们参考的。

　　歌论是日本人精神史的重要一部分，在日本的诸种艺道中歌道形成的最早。因而，歌道的理论对其后日本的艺道论有着深远的影响。它不仅是诗学的经典，也记录了古代日本人关于文艺存在理由、生命价值观等重大问题的探讨，是我们了解日本历史文化乃至现代日本人内心世界的重要史料。本文仅仅是从定家歌论与白居易关系的视角对日本古代歌论这一艰难课题所作的一个初步的探讨。

大众媒介视域中的文学传播与表现
——以《源氏物语》在我国的翻译和传播为例

周以量*

对人类社会的历史,由于立场、观点或视角的不同,各个学者有着不同的看法,例如德国的历史学家奥斯瓦尔德·斯宾格勒(Oswald Spengler,1880—1936年)就认为人类历史上共出现了八个不同的高级的历史文化:埃及文化、印度文化、巴比伦文化、中国文化、古典文化(希腊—罗马文化)、伊斯兰文化、墨西哥文化和西方文化。① 后来他的这种历史观为英国的历史学家阿尔诺德·汤因比(Arnold Joseph Toynbee,1889—1975年)所继承,而汤因比所认为的世界文明更为繁杂,达二十六种之多,其中有业已死亡的、停止衰落的和还在生存的文明。② 而从媒介的角度对人类历史进行类别的学者中可以举出加拿大的哈罗德·伊尼斯(Harold Adams Innis,1894—1952)。

伊尼斯认为,世界的历史可以划分为:从两河流域苏美尔文明开始的泥板、硬笔和楔形文字时期;从埃及的莎草纸、软笔、象形文字和僧侣阶级到希腊—罗马时期;从苇管笔和字母表到帝国在西方退却的时期;从羊皮纸和羽毛笔到10世纪或中世纪的时期,在这个时期,羽毛笔和纸的使用相互交叠,随着印刷术的发明,纸的应用更为重要;印刷术发明之前中国使用纸、毛笔和欧洲使用纸、羽毛笔的时期;从手工方法使用纸和印刷术到19世纪初这个时期,也就是宗教改革到法国启蒙运动

---

* 周以量,首都师范大学文学院比较文学系,文学博士。

① 参见斯宾格勒:《西方的没落》(*Der Untergang des Abendlands*,1918),中译本有齐世荣等人译的商务印书馆本(二册,1963年)、陈晓林译的黑龙江教育出版社本(1988年)和范永年编译的浙江人民出版社本(1992年)等。

② 这二十六种文明是:希腊文明、叙利亚文明、伊朗文明、古代印度文明、古代中国文明、米诺斯文明、苏美尔文明、赫梯文明、巴比伦文明、埃及文明、安第斯文明、墨西哥文明、育加丹文明、马雅文明、拜占庭东正教文明、朝鲜文明(这十六个文明已经死亡)、玻里尼西亚文明、爱斯基摩文明、鄂图曼文明、斯拉夫文明、游牧文明(这五个文明已经停滞)、西方文明、东正教文明、伊斯兰文明、印度文明、远东文明(这五个文明还在存续中)。参见汤因比:《历史研究》(*A Study of History*,1934—1961),中译本有曹未风等人译的上海人民出版社本(三册,1959—1964年)、刘北成和郭小凌译的上海人民出版社本(2000年)等。

的时期;从19世纪初的机制纸和动力印刷机到19世纪后半叶木浆造纸的时期;电影发展的赛璐璐时期;最后是20世纪三四十年代的现在的电台广播时期。[①] 其重视媒介的意图一目了然。如果我们把如此繁琐的类别加以简化和抽象的话,伊尼斯的这九种类别或许可以以语言文化和视觉文化两个时期进行划分,而视觉文化又可以区分为图像文化和影像文化两个阶段。

人类自从发明了文字以来,尤其是印刷技术的发明——无论是我国的雕版印刷还是欧洲谷登堡(Johannes Gutenberg,1394?—1468)的活字印刷,印刷术得以诞生[②]是毋庸置疑的,从媒介的角度的来看,语言文化的传播呈现出以印刷为媒介的特征来。与语言文化一样,图像文化在人类文明史上具有悠久的历史,随着印刷技术的普及和提高,图像文化的传播越来越受到重视。由于图像拥有较之于语言更为直接的、形象的、感性的认知特征,因而图像成为人们感知世界、认识世界的有效方式。影像文化是伴随着电子(数字)技术的发展而步入人们的社会生活的,一方面它具有图像文化的特性,另一方面它又超越图像而拥有复制现实世界、再现现实世界的特征,它将语言文化和图像文化难以统合在一起的时间和空间的对立融汇起来,既达到了时间延续的效果,尤其达到了拓宽空间的目的。

自上个世纪80年代以来,随着改革开放的步伐加快,我国的经济逐步走向高度增长;随着全球化进程的推进,更加促进了经济的发展。把目光投向我国经济增长时期的文化传播,特别是文学传播方面,我们会发现人类文化传播史上不同的文化传播方式似乎又重新演示了一番:从20世纪80年代至90年代初期的以语言文化为主导的传播方式,到90年代初期至20世纪末期的图像文化传播方式的突飞猛进,再到进入21世纪以来影像文化的占主流地位的传播形式,在短短的不到三十年的时间内,人类文化传播的三种形式在时间上既有重合又有区分地展现在我们的视野之中。

下面我以日本古典文学名著《源氏物语》在我国的翻译、传播为例,探讨文化传播过程中,不同的传播形式在社会中所处地位的变化对文学传播和表现的影响。

一

20世纪80年代正处于我国改革开放的初期,精神上对知识的渴望促成了我

[①] 参见哈罗德·伊尼斯:《传播的偏向》(*The Bias of Communication*,Universtity of Tront Press,Toronto and Buffalo,1951),中译本有何道宽译的中国人民大学出版社本(2003年)。

[②] 套用麦克卢汉的《谷登堡的银河系》(*The Gutenberg Galaxy*,1962)一书的副标题:印刷人的诞生(*The Making of Typographic Man*)。

国文学传播中的一个高潮,当时的大众媒介以出版业为中心,中外的、古今的文学作品被大量地列入各个出版社的计划之中,这个时期的出版业似乎用欣欣向荣、蒸蒸日上都很难形容出其发展的势头。而《源氏物语》就是在这样的背景下出版的。《源氏物语》汉语译本的出现相对比较晚近,尽管于20世纪60年代初就已经翻译成汉语①,但全部译文的出版直到80年代才得以实现②,这就是丰子恺(1898—1975)译本(以下简称丰译本)③。

丰译本上册第一次印刷了四万册,从现在的出版业的情况来看,这个数字已经是相当不错的了。或许是由于出版者低估了消费市场的容量,四万册一销而空。一年多以后(1982年9月)上册第二次印刷时,一下子就印刷了二十万五千册,这个数字无疑是非常惊人的。可能是接受了上册出版的经验,丰译本中册第一次就印刷了二十二万五千册,而下册仅仅少印刷了一万册,达到二十一万五千册。之所以出现这样的状况,我以为是由 1)作品本身的地位;2)译文的魅力;3)文化消费的背景,这三个特点所决定的。

《源氏物语》(Genji Monogatari,11世纪初)以宏大的篇幅叙述了日本平安时代与宫廷相关的人情世态,它出于女作家紫式部(Murasaki Shikibu,生卒年不详)之手,对人物的言行举止、情绪变化的把握十分细腻,对当时的风俗习惯、穿着服饰的描绘相当详细,加上语言的典雅、诗歌的运用等,成为日本文学以及日本文化的代表。不仅如此,由于其成书时间较早,在世界文化史上享有很高的声誉,成为人类共同的文化遗产。将这样的世界名著翻译成世界上不同的文字是继承和传播人类文化遗产的最有效的方式之一,而汉语译本的出现也体现了人类文化传播的特性。

汉语译本的译者丰子恺具有深厚的中国文化修养,这是翻译《源氏物语》时不可多得的前提条件,尽管从文学翻译的角度看,丰译本还有各种各样的缺点④,但

---

① 参见"译本序"(叶渭渠)。但后来重印本的"前言"中删去了有关出版的这一段:"本书由著名漫画家、作家、翻译家丰子恺先生在60年代初花费不少心血翻译出来的,译文优美,传神达意,既保持了原著的古雅风格,又注意运用中国古典小说的传统笔法,译笔颇具特色。由于十年浩劫,本书从出版计划中撤销;一九七三年虽重新列入出版计划,但在'反黑线回潮'的冲击下,又告夭折,致使译者生前未能看到本书的出版,实是一件憾事。现在几经周折,经过刘振瀛同志提出不少有益的意见和丰一吟同志对全书进行整理,作为日本文学丛书之一,与读者见面了。译者长期的心血终能有益于中日友好和文化交流的事业,也是可告慰于丰子恺先生的。"

② 丰子恺译本共分三册,上册出版于1980年12月,中册出版于1982年6月,下册出版于1983年10月。

③ 台湾的林文月于上个世纪70年代(1972—1978年)翻译了《源氏物语》,但至今大陆仍然很难读到这个译本。

④ 参阅林水福"中译《源氏物语》的问题——以'帚木'卷为主"(收入林水福编《源氏物语是什么?——第一届源氏物语国际会议论文集》,麦田出版股份有限公司,1999年)、何元建"关于中译本《源氏物语》"(收入北京日本学研究中心文学研究室编《世界语境中的〈源氏物语〉》,人民文学出版社,2004年)。

译文优美、流畅,具有很强的可读性这一点是不可否认的。

关于文化消费的背景这一点,我们知道,上个世纪80年代初是一个百废待举、万象更新的时代,精神世界的空白亟需大量的文化"食粮"的补给,文化消费处于供不应求的状态之中,这时的人们在精神领域更多的是对具体的"物"(即文化产品)的需求。印刷品作为语言文化的最主要的媒介在这个时期所起到的作用是巨大的,也就是说,以印刷媒介为主要特征的语言文化传播在我国的改革开放、经济逐步走向增长的初期得到最大的普及。当时,世界文化史上著名的文学作品大量翻译或重新出版,从发行数量上看可以说是划时代的,令当今的出版业者所欣羡不已,可以说是当时大众媒介的一个壮举。丰译本《源氏物语》的出版发行状况只不过是这个印刷媒介大潮流中的一个缩影而已。

随着社会消费的逐步满足,20世纪80年代中后期,一部文学作品动辄几十万册的这种出版业的盛况已经逐渐减少,图像文化以及影像文化的兴起使得语言文化的以印刷为媒介的传播难以重现昔日的辉煌。

二

丹尼尔·贝尔(Daneil Bell,1919年—　)说过:"当代文化正在变成一种视觉文化,而不是一种印刷文化,这是千真万确的事实。"[①]作为视觉文化范型之一的图像,其产生并不比语言文化晚,因为人类所处的外部的世界原本就是以图像的方式映入人们的眼帘的。人们对外部世界的感受首先是通过图像的形式表现出来的,换句话说,通过绘画等复制的手段,人们"真实地"再现了现实世界。随着语言文化成为社会的主要交流和传播手段之后,图像处于辅助的地位。

我们知道,语言文化经由语言文字的媒介来把握世界,即由语言符号来表现形象、理解形象,具有很强的抽象性,人们只有通过习得这种符号才能够表现并理解这种符号所拥有的含义,习得程度的不同构成了文化水平的高低,对抽象性符号的掌握最终导致了话语权的归属,人为地构筑了一个阶级堡垒,所谓的精英文化阶层自然受到人们的追捧。然而,一旦社会进入到海德格尔(Martin Heidegger,1889—1976年)所说的"世界被把握为图像了"[②]之后,视觉文化从边缘走向中心,从辅助地位走向主导地位,所谓的精英文化阶层也随之被边缘化,大众文化阶层勃然兴起。

[①] 丹尼尔·贝尔:《资本主义的文化矛盾》,赵一凡等译,三联书店,1989年,第156页。
[②] 孙兴周编:《海德格尔选集》(下卷),上海三联书店,1996年,第899页。

视觉文化的一个重要媒介是图像,与以语言为媒介的语言文化不同,图像本身具有直观性,语言媒介成为附属性的东西,甚至不需要借助任何语言,就可以直接地把握并认知世界。正由于图像具有这样的特性,适应这个潮流,文学传播过程中,强调图像的意义的凸现出来。

2002 年,云南人民出版社出版了一套"日本物语文学系列",共三部,这套丛书的每一部书中都插入了大量的图像资料,非常符合丛书所标明的"插图本"的构想。以丛书中的《源氏物语》[①]为例,全书共收入插图五十幅,这还不包括扉页的《源氏物语》书影以及目录前的二十九幅人物图像。这个插图本的插图全部来自日本,不仅有浮世绘,还有绘卷、漫画等,全为黑白图像,体例不一,所选图像是否完全符合原作的内容还有待做细致的查证工作,但不可否认的是,这套丛书的出现完全是迎合了"图像时代"的风气的。

其实,在最初的丰译本中就有插图,每册有六幅,分别插入书中的两处,每处三幅(其中一幅是对开的),三册总共十八幅图像,尽管数量很少,但至少有以下几点值得称道:1) 出自一人之手;2) 画家专门为该书所创作;3) 工笔重彩画;4) 表现了一个中国画家对《源氏物语》的理解。

丰译本《源氏物语》的插图作者是秦龙[②],《源氏物语》的十八幅插图是画家在人民文学出版社供职期间所创作,当时该出版社的许多图书插图都出自秦龙之手。

《源氏物语》的十八幅插图分别对原作的十八个人物或章节作了描绘,这十八个人物或章节是:藤壶、空蝉(对开)、夕颜、须磨、明石(对开)、薄云、玉鬘、真木柱(对开)、篝火、新菜(上)、柏木(对开)、夕雾、魔法使、竹河(对开)、总角、东亭、浮舟(对开)、梦浮桥。

这些插图有人物,有场景,但以人物为主,以场景烘托气氛,既给人以古朴、典雅的感受,比较符合原著的时代背景,又具有一些现代的感觉,符合当代人的审美观。画家使用了我国传统的工笔重彩手法,但并不像日本的绘卷那样富丽铺张,却又不失华彩,画面的基本色调采用了我国唐宋时期的绘画作品中较为常见的石青石绿,半工笔半写意,有效地避开了中国人对异域千年之前文化的理解之隔。

"藤壶"是十八幅插图中唯一没有使用原作章节名称的一幅插图:一位年轻貌

[①] 《源氏物语》由梁春翻译,此外还有曼熳翻译的《竹取物语》(包括《竹取物语》、《落洼物语》、《雨月物语》、《春雨物语》和《伊势物语》等五部日本古典文学作品)和王玉华翻译的《平家物语》,三部书均出版于 2002 年。

[②] 秦龙出生于 1939 年,1960 年毕业于中央美术学院附中,1966 年毕业于中央工艺美术学院,1976 年任人民文学出版社美术编辑,现为人民文学出版社美术编审,曾任中国美协插图装帧艺术委员会副主任,中国名家书画研究院艺术顾问等职。

美的女性端坐在垂帘之后,红衣长曳,黑发丝垂,神态十分端详,但又略带几分惆怅,在帘后若隐若现,含羞之情跃然纸上。这样的描绘应该说是忠实于原作的。《源氏物语》中这样写道:

> 皇上召见藤壶女御,觉得此人容貌风采,异常肖似已故桐壶更衣。而且身分高贵,为世人所敬仰,别的妃嫔对她无可贬斥。……只有这位藤壶女御年龄最幼,相貌又最美,见了源氏公子往往含羞躲避。①

由于藤壶女御身上融入了已故桐壶更衣的面影,因此,也可以认为这是一幅桐壶更衣的写照。在书中,桐壶更衣的外貌没有更多地描绘,只是说她"本来是个花容月貌的美人儿"②。书中更多地叙述了桐壶更衣由于得到皇上的专宠,因而遭受其他妃嫔的嫉妒、并为其他妃嫔所捉弄的不幸遭遇,插图略带几分惆怅的表现故而也恰到好处。

由于《源氏物语》插图的出色,秦龙曾获得全国优秀插图奖。

然而遗憾的是,丰译本在后来重印时删去了这十八幅插图,如2001年第四次印刷本就没有了这些插图,成为有文无图的译本了,只不过封面比原来要更加华丽了一些。③ 可以想见或许出版者尚未感知到图像文化流行的信息。

这种情况到了2003年就发生了变化,这一年,人民文学出版社对20世纪90年代所编辑的"世界文学名著文库"进行了重新选择,"本着'优中选精'的原则,从文库中挑出一批最受喜爱的外国文学名著,……以优美流畅的译本再现了原著的风格,并配以精美的插图,称之为'名著名译插图本'丛书"④。我以为这是顺应时代的大潮的一种象征。在这些译本中,丰译本《源氏物语》赫然在列。⑤

"名著名译插图本"《源氏物语》共收入插图四十六幅,全为黑白木刻版画。尽管书中并没有明确指出插图的出处,但很显然是利用了日本江户时代刊行的《绘入源氏物语》(*Eiri Genji Monogatari*)⑥。

《源氏物语》的图像化历史久远,早在12世纪上半叶就已经出现绘卷本《源氏

---

① 丰子恺译:《源氏物语》(上册),人民文学出版社,1980年,第15页。
② 同上书,第4页。
③ 但是书中并没有明示出封面的设计者。
④ 参见人民文学出版社"名著名译插图本"丛书的"出版说明"。
⑤ 值得一提的是,该版书的"前言"恢复了最后一段有关出版情况的说明,只不过较以前的"译本序"略有改动。
⑥ 《绘入源氏物语》是对日本庆安三年(1650年)题跋的山本春正的插图本《源氏物语》以及其他内容基本相同而版本不一的本子的总称。《江户时代书林书籍目录》中有"源氏物语绘入"的著录,指的就是这些本子。有关它的研究,吉田幸一著有《绘入本源氏物语考》(上中下三册,青裳堂书店,1987年10月)一书,较为详细。本文的有关《绘入源氏物语》的部分参阅了该书。

物语》,关于这一点后面将作详细论述,而进入大众媒介发达的江户时代,又有更多的图像化的《源氏物语》问世,《绘入源氏物语》便是其中的一种。

《绘入源氏物语》承应三年(1654年)版共有插图二百二十六幅,作者为山本春正(Ymamoto Shunsho,1610—1682年),是当时著名的蒔绘①师。关于他编撰此书的目的,在承应三年版的跋文中有这样记述:

> 古来有绘图书中之趣者,今亦于歌与辞之尤,可留心之处,则附以臆见,更增图画,僭窃之罪,无所遁逃,然依图知事,依事知意,则亦妇人女儿之一助也。②

对《源氏物语》一书的评价,山本春正说:

> 予以尝闻,以紫吏部之笔,比"关雎"之篇,则学诗赋之辈,亦不可不读之书也,而况于倭歌之徒哉。此书阳述冶态艳情,而阴垂教诲监戒,所谓变风止乎礼仪者,亦紫吏部之微意也。善读者当须极其情而归之正也。③

其正统的儒家思想观由此可见一斑。这里我们且把《绘入源氏物语》编撰者的立场悬置起来,只把焦点聚集在图像上。

《绘入源氏物语》的插图达二百二十六幅之多,但"名著名译插图本"《源氏物语》之选取了其中的四十六幅,达原作的五分之一左右。其具体的分布情况如下(括弧中的数字为所在页数):

  1. 桐壶 1(5) 2. 帚木 1(19) 3. 空蝉 1(45)
  4. 夕颜 1(53) 5. 紫儿 1(83) 6. 末摘花(无)
  7. 红叶贺 1(131) 8. 花宴 1(149) 9. 葵姬 1(173)
  10. 杨桐 1(185) 11. 花散里 1(215) 12. 须磨 1(239)
  13. 明石(无) 14. 航标 1(281) 15. 蓬生 1(297)
  16. 关屋(无) 17. 赛画 1(313) 18. 松风(无)
  19. 薄云 1(335) 20. 槿姬(无)

                  以上上册

  21. 少女 1(377) 22. 玉鬘(无) 23. 早莺 1(411)
  24. 蝴蝶 1(429) 25. 萤 1(437) 26. 常夏(无)

---

① 蒔绘是日本颇具代表性的漆工艺,其制作方法是在涂了漆的器物上洒上金银粉或其他有色粉末等,然后再在上面画图样。
② 吉田幸一:《绘入本源氏物语考》(上册),青裳堂书店,1987年,第29—30页。
③ 同上书,第30页。

27. 篝火 1(457)　　　28. 朔风 1(463)　　　29. 行幸 1(471)
30. 兰草 1(487)　　　31. 真木柱 1(503)　　 32. 梅枝(无)
33. 藤花末叶(无)　　 34(上). 新菜 1(577)　 34(下). 新菜续 2(591. 621)
35. 柏木 1(649)　　　36. 横笛(无)　　　　　37. 铃虫 1(671)
38. 夕雾 1(693)　　　39. 法事(无)

以上中册

40. 魔法使 1(727)　　41. 云隐(无)　　　　　42. 匂皇子 1(743)
43. 红梅(无)　　　　 44. 竹河 1(769)　　　 45. 桥姬 1(793)
46. 柯根 1(807)　　　47. 总角 2(844-845)①　48. 早蕨 1(865)
49. 寄生 2(879. 889) 50. 东亭 1(953)　　　 51. 浮舟 2(975. 993)
52. 蜉蝣 1(1023)　　 53. 习字 2(1041. 1059) 54. 梦浮桥(无)

以上下册

原作五十四卷,每卷都有至少一幅插图,最多则达九幅插图,而译作中有的卷收入了一幅插图,有些收入两幅,还有一些卷根本不收,由此可见该书所收插图并没有一个准则,丝毫见不到插图的意图,随意性较强。

　　与原作的插图基本上插入相关的内容处不同,译作的插图上留有空白,空白处标注上相关译文,以示对插图进行解释。有了这些个标注,读者就能够更加准确地欣赏插图了,这是语言和图像共同构成文本的一个特色,即语言和图像相辅相成,相互形成一个理解之环,环环相扣,相得益彰。试举一例加以说明。

　　译作"夕颜"卷中收入了一幅插图【插图一】:一辆牛车正从街上缓缓驶过,车上一人将帘子掀起一个小缝,向外窥视;与车中的人相对应,住家中也有一人掀帘窥视;庭院里一丛白花烂漫绽开。

　　插图上标注的文字是:这里的板垣旁边长着的蔓草,青葱可爱。草中开着许多白花,孤芳自赏地露出笑颜。

　　尽管文字简洁,但如果再要读了这样的文字恐怕会更加加深对此图的理解。

　　源氏公子坐在车子里望望这条肮脏的大街上的光景,忽见乳母家隔壁有一家人家,新装着丝柏

【插图一】

---

① 对开,计算为两幅。

薄板条编成的板垣,板垣上面高高地开着吊窗,共有四五架。窗内挂的帘子也很洁白,看了觉得很凉爽。从帘影间可以看见室内有许多留着美丽的额发的女人,正在向这边窥探。……他坐在车中望去,看见那人家的门也是薄板编成的,正敞开着。……①

从这一点来说,"名著名译插图本"所要追求的图文并茂的目标是达到了。然而是否所有这些图文之间的标注都是无懈可击的呢?换句话说,空白处所标注的译文是否完全与图像相关,还值得探讨。

例如,译作的第一幅图描绘了五个人物形象,可以分为三组:(1) 三个妇女错落地端坐在图的左下侧,其中一位完全是背影;(2) 中央是一个妇女的形象;(3) 另一个人处于半垂的帘中的一个略高于榻榻米的台子上,不见面容,只露出下半身的穿着。由此可见这是一位处于高位的人,此人面前放着一张展开的纸张,旁边放着两个卷轴和一摞书籍。

译作的图像上方空白处引用的是这样的文字:

宫中派钦差来了。宣读圣旨:追赠三位。这宣读又引起了新的悲哀。②

【插图二】

对照图像【插图二】来看,似乎有文图相符之感,然而,仔细推敲,就会发现"文不对图"。

首先,钦差应从外面而来,定不会处于室内。

其次,诚然钦差代表着最高权力,但让他位于帘中的高台之上而不显露面庞还是有悖情理的。

最后,从穿着方面来看,四位妇女的地位应该是相当的,尤其是三人一组的妇女,其身份相同应是确定无疑的。

由此,我们可以断定,把这句译文当作图像注释是不恰当的。

那么与这幅图像相等同的内容又是怎样的呢?它应该是后面这样的一段文字:

此时清凉殿庭院中秋花秋草,正值繁茂。皇上装作观赏模样,带着四五个性情文雅的女官,静悄悄地闲谈消遣。近来皇上晨夕披览的,是《长恨歌》画册。这是从前宇多天皇命画家绘制的,其中有著名诗人伊势和贯之所作的和

---

① 丰子恺译:《源氏物语》(上册),人民文学出版社,1980年第一版,2006年第六次印刷,第52页。
② 同上书,第5页。

歌及汉诗。日常谈话,也都是此类话题。此时看见命妇回宫,便细问桐壶更衣娘家情状。命妇即将所见悲惨景象悄悄奏闻。皇上展读太君复书,但见其中写道……①

图像的情景正与此合:位居高台之上的正是皇上,端坐帘外的是几位女官,皇上展阅的是桐壶更衣的母亲送来的书信,书信旁放置的是《长恨歌》画册等。

《源氏物语》的插图虽然具有一定的独立性,但它毕竟与文字文本相呼应,如果从主从的角度来看的话,无疑文字为主,图像为从。

作为图像时代的产物,"名著名译插图本"具有一定的影响。就《源氏物语》的传播来说,今年又出现了一个新的译本,这就是三个月前由北京燕山出版社出版的郑民钦翻译的本子(以下简称"燕山本"),收入在该社出版的"百部图文珍藏版世界文学文库"中。从"图文珍藏版"的说法中我们还是能够觉察到视觉文化潮流的方兴未艾。不过令人感到遗憾的是,这个译本中所收录的四十五个插图仍然利用的是《绘入源氏物语》中的插图,而且与人民文学出版社"名著名译插图本"("人文本")的《源氏物语》相同,没有超出它的范围。这就令人产生是否有袭用"名著名译插图本"的嫌疑:在多达二百二十六幅之多的原作之中,所选择的图像竟然完全重合。"人文本"和"燕山本"之间有一幅的差异,这主要是由于第四十七卷"总角"的插图"人文本"为对开两幅,而"燕山本"只收入了其中的一半,算做一幅,因而有四十六幅和四十五幅之异【插图三】。

【插图三】

而"燕山本"的插图只有其左图。这是两个本子之间的差异,此外,"燕山本"并没有沿用"人文本"的图上的文字标注,从而也略去了"人文本"的文字与图像之间标注不准确的欠缺。

---

① 丰子恺译:《源氏物语》(上册),人民文学出版社,1980年第一版,2006年第六次印刷,第9页。

三

"人文本"也好,"燕山本"也好,我们说它是顺应图像文化时代而出现的产物,然而这些都还是以文字为主导,以图像为辅助的译本。文字表现(译文)在文学传播过程中成为先决条件,插图的使用犹如锦上添花一般,起到的是点缀的作用。颠覆这个作用的、真正意义上的图像文化时代的产物是《源氏物语图典》。

《源氏物语图典》作为"日本古典名著图读书系"中的一种[①],出版于 2005 年 5 月。在这部书中,文字表现(译文)明显地处于从属的地位,而图像则处于主要地位,这从"节译"和"图典"一语中可以了解到。

《图典》以介绍日本的国宝《源氏物语绘卷》(Genji Monogatari Emaki)为主,绘画作品全以彩图形式出现,在视觉上具有一定的冲击力的。

《源氏物语绘卷》绘制于 12 世纪上半叶,按五十四卷的顺序,每卷挑选出一至三个场景进行描绘,并把相对应的文字内容书写下来附于绘卷上,由于现在大部分的内容已经散佚,据推测估计整个绘卷共有八十至九十个场景,分为十至十二卷左右。现存绘卷的内容包括十九段场景和二十段文字,接近原画的四分之一,分别收藏在德川黎明会和五岛美术馆中。原画浓彩重墨,然后再以线描的手法绘制而成,看上去色彩艳丽,线条细致。《图典》把这十九幅图像分别插入相关的各卷中,并以简短的文字对画面加以介绍,如"蓬生"卷画面的文字解释是:源氏回到京城后,前去造访花散里,途经一处荒芜的宫邸,看见坍塌墙垣的低垂柳枝,好生面熟,才想起这是末摘花邸。于是,他将车子停了下来,与随从惟光,在雨中造访蒿丛蓬生的末摘花邸。图为在雨中撑伞走进末摘花宅邸的源氏和惟光。[②]

这段注解是对原作的节译,在《源氏物语》"蓬生"卷中是这样描述的:

> 翌年四月间,源氏公子想起了花散里,便向紫姬招呼了一声,悄悄地前去访问。连日天雨,至今犹有余滴。但天色渐霁,云间露出月亮来。源氏公子想起了昔日微行时的光景,便在这清艳的月夜一路上追思种种往事。忽然经过一所邸宅,已经荒芜的不成样子,庭中树木丛茂,竟像一座森林。一株高大的松树上挂着藤花,映着月光,随风飘过一阵幽香,引人怀念。这香气与橘花又不相同,另有一种情趣。公子从车窗中探头一望,但见那些杨柳挂着长条,坍

---

① 该书系共收入五部日本古典文学名著,除了《源氏物语》之外,还有《竹取物语》、《伊势物语》、《枕草子》和《平家物语》,于 2005 年 5 月至 8 月间由上海三联书店出版。

② 叶渭渠译文、导读、图解:《源氏物语图典》,上海三联书店,2005 年,第 62 页。

塌的垣墙遮挡它不住,让它自由自在地披在上面。他觉得这些树木似乎是曾经见过的,原来这便是末摘花的宫邸。源氏公子深觉可怜,便命停车。每次微行,总少不了惟光。此次这个人也在身边。……①

由于绘卷具有相当大的独立性,仅仅用"图为在雨中撑伞走进末摘花宅邸的源氏和惟光"这样的解释略显单薄。这句注释虽然点出了画中的两个人物,但画面中更多的含义图解者并没有阐释出来,而且"雨中"一词的使用其实并不确切。

这幅图的大半描绘了荒芜的宅邸的景象,左方的两个人无疑是源氏和其随从惟光,"褛折伞"下站立的为源氏,他身着"冠直衣",撑伞并不是为了避雨,因为这正是"天色渐霁"之时,而是为了躲避松树上掉落下来的余滴,源氏前方走着惟光,他用马鞭拨去草上的露珠,前面探路,由此可见宅邸非常的荒芜,在月光的照耀下,草丛泛着青光,由于颜料的斑驳,更加增添了图像的凄凉的气氛。不仅如此,图像右方的宅邸虽然只画出走廊的一部分,但断裂的木板和破损的栏杆都明示了这是一个破败之家:蓬蒿到处乱生,欲与屋檐争高。……四周围墙处处坍塌,牛马都可取路而入。② 右上角处还有一个人物形象,尽管不甚分明,但从身着粗陋、颊骨高耸的情况来看,仍可以猜测出她可能是一位年老体衰的侍女,从另一个角度描绘了没落之家的景象。

《绘入源氏物语》的插图与"绘卷"的构图近似【插图四】:

"名著名译插图本"《源氏物语》中也加以收录,注解文字是:惟光用马鞭拂除草上的露水,走在前面引路。但树木上水点纷纷落下,像秋天的霖雨一般……③

除了《源氏物语绘卷》之外,《图典》还收录了不少此后出现的绘画作品,大多也以彩图的形式插入相关内容的地方,如《源氏物语画帖》(*Genji Monogatari Gajo*,16 世纪)、《白描源氏物语绘卷》(*Hakubyo Genji Morogatari Emaki*)、贝绘等,但由于出版者没有标注出处,许多绘画的来源尚不清楚。

---

① 丰子恺译:《源氏物语》(上册),人民文学出版社,1980 年第一版,2006 年第六次印刷,第 294 页。
② 同上书,第 288 页。
③ 同上书,第 297 页。

四

在图像时代,大众文化的消费者需要更多适合他们口味的产品,日本古典文学的传播也需要更多的途径来实现。我们知道日本是个漫画大国,通过不同的媒介,我们了解到即便在异常拥挤的电车里面,许多成年人都手捧漫画读得津津有味的场面,最近十多年以来,可以说漫画已经成为日本向世界传播的文化的一个源泉,是世界了解日本文化的一个很重要的手段。

将文学史上著名的文学作品改编成漫画作品是日本漫画界的一个屡见不鲜的方式,尤其像《源氏物语》这样起着日本文化"代言人"形象作用的名著被改编成漫画更是更是可想而见的举动,许多著名的漫画家都曾"染指"改编,如牧美也子(Maki Mayako,1935 年—)、长谷川法世(Hasegawa Hosei,1946 年—)、大和和纪(Yamato Waki,1948 年—)、江川达也(Egawa Tatsuya,1961 年—)等,其中大和和纪的漫画《浮生若梦》(*Asakiyume Mishi*)经过十多年的创作,不仅出版有日语本,而且还有英语版。2000 年 10 月,这部在日本曾创下销售一千七百万部的纪录的《源氏物语》漫画终于出版了汉语本。

汉语本《浮生若梦》(《源氏物语》)由山东文艺出版社引进出版,这次引进出版的是 1993 年由日本讲谈社出版的七卷本,分为"星之章"、"花之章"、"炎之章"、"月之章"、"风之章"、"水之章"和"雾之章"七册,开本、形式均与原版相同。①

在日本《源氏物语》漫画化的历史上,牧美也子的漫画曾获得"第三十四届日本小学馆漫画奖",而长谷川法世的漫画也曾获得"1997 年度(第一届)文化厅媒介艺术节漫画部门大奖"②。诚然,大和和纪的绘画风格十分吸引人,其画面优美,内容周全是引进出版的很大因素,此外,可能还包括这部漫画在日本十分畅销的的外在因素在内。然而,如果从媒介的角度看,就不能不提及为这部漫画在传播过程中起到推波助澜作用的电视媒介。

2005 年 7 月 8 日,日本 TBS 系列的电视台播放了一部叫做《龙樱》(*Doragon Zakura*)的电视剧,以后每个周五晚上的十点都在播放,共持续了近三个月,创下平均收视率 16.409 的纪录,同年的 10 月 14 日(周五)晚十点还播放了《龙樱》的特别版,也创下 10.6 的收视率。

---

① 原版共有四种:单行本(十三卷)、大型本(七卷)、文库本(七卷)和完全本(十卷)。汉译本是依据原版的大型本出版的。
② 这个奖是授给中央公论社出版的《漫画日本的古典》(共 32 卷)的,共有二十二位漫画家参与了创作,长谷川法世的《源氏物语》是其中的一部。

这部电视剧改编自同名漫画①，在这部漫画中，不同科目的不同的学习方法得以展现，受到人们——尤其是中学生们的欢迎。例如，漫画中提倡"数学是体育，是游戏"、"物理中需要记忆的公式最少"、"学英语时，边唱披头士的歌边记忆最有成效"、"（在高考中）古文是得分的重点"、"要想读好古文一定要看漫画"等，除此之外，漫画中还有许多符合当代人们心理的台词，如："社会的规则是由聪明的人规定的，聪明的人以自己是否方便来制定规则，相反，对自己不利的地方就若无其事地隐藏起来。对用脑感到麻烦的家伙其一生都会受到欺骗，这就是社会的体系"等，由于该作品"准确地把握到重要的娱乐性"而获得"2005年（第九届）日本文化厅媒介艺术节"漫画部门优秀奖，此外，还获得2005年第二十九届讲谈社漫画奖。

像这样的精彩内容同样出现在改编后的电视剧中，这里我们且不谈其他科目的学习方法问题，只看一看电视剧中是如何体现通过漫画学习古文的场景的：

被主人公樱木健二（阿部宽饰）请来担任国语特别讲师的是一位叫做芥山龙三郎——这个人物也许戏仿了日本著名作家芥川龙之介——的人，上课伊始，芥山就进入令当今学生头疼的古文的学习过程，而他预备的教材竟然是漫画，这个漫画正是大和和纪的《源氏物语》。他的一番话语更是抓住了学生的心理，令学生进入忘我的状态之中。

由于《龙樱》的热播，大和和纪的《源氏物语》更加为人所追捧。借助电视这种大众媒介，日本古典文学名著再一次得以广泛传播的事实不容否认。

五

2006年6月17—25日，第九届上海国际电影节如期举行，在这次电影节上还首次举办了"东京电影展映周"，《源氏物语》（*Sennen No Koi：Hikaru Genji Morogatari*）等影片在此期间上映，而《源氏物语》据说是首次在日本以外的地区公映。

这部影片拍摄于2001年，是日本东映公司为纪念成立五十周年而制作，不仅演员阵容强大——如天海佑希、吉永小百合、常盘贵子等，而且在服饰、布景等方面也都投入了巨大的资金。

我们知道，电影的叙事方式就是利用影像、声音讲述故事的方式，由于该影片

---

① 作者三田纪房，2003年在讲谈社的漫画杂志《周刊 morning》上连载。

讲述的仍是光源氏的一生的经历,因而《源氏物语》中的一些重要场面①在影片中都有展现,诸如光源氏与其后母藤壶之间的违背伦理的恋情、谪居须磨、与明石君的结合、六条御息所的生灵作祟、六条院的落成、紫上的苦恼等。尽管如此,影片完全采用了与文学作品不同的叙述模式,一方面将紫式部的生平贯穿全片,一方面将其创作的《源氏物语》的内容穿插其间,整部影片以紫式部的视角展开叙述,与紫式部同时代的相关人物——如藤原道长、清少纳言、定子、彰子等——一一出场,呈现出一种以交叉蒙太奇进行叙事的文本。

在影像方面,电影是由将时间和空间结合在一起的流动的画面构成的,在不违背叙事逻辑为前提条件下,其场景的选用、色彩的渲染、动作的结构等都要以观看者的视觉兴趣为中心。由于在此之前已经出现过诸如《源氏物语绘卷》等以视觉为主导的绘画作品,因而在影片中也吸收了以往视觉图像的因素。

例如,影片中描绘光源氏与其后母藤壶之间偷情时的场面:光源氏与藤壶端坐在四周垂着的"壁代"②中,摄影机的镜头安置在斜上方,由上至下拍摄下来,影像的视觉效果十分独特。仔细观察,这个场景与绘卷的所描绘的场面十分相似,或许可以称之为活动的绘卷。绘卷的主要手法中有一种叫做"吹拔屋台"法,这是一种俯瞰式的绘画方法,即从斜上方的视角观看屋内,给人以掀去屋顶的感觉,这是日本独特的绘画方式,在《源氏物语绘卷》中很常见。

影片《源氏物语》在吸收了日本传统的图像视觉手法的基础上,创作出不同凡响的影像视觉效果,换句话说,通过大众媒介,图像的创作手法得到新的表现,不仅日本的传统文化得以继承和传播,而且还发展出新的表现样式。

六

在《源氏物语》传播到中国初期,正是以语言文化为中心的时代,翻译是人们文学接受的主要文本,尽管有一些插图的存在,但其存在是无足轻重,甚至可以说是可有可无的,这从后来的重印本中插图被删掉可以看出端倪。

众所周知,语言文化以语言符号为中介,经过"形象化"的还原后才能够把握世界,具有很强的抽象意义,"看"在这里只是一种手段而已,它需要一定的训练才能够掌握这种手段,这种训练不仅仅是文字的认知训练,而且还包括语言文本所涉及

---

① 主要指《源氏物语》第一部分——即自"桐壶"至"藤花末叶"——中的场面,这一部分以光源氏为主人公,叙述了光源氏非同寻常的出生、自由奔放的恋爱生活、谪居须磨以及位居人臣之上的经历。
② 日本平安时代贵族的宫殿式住宅里代替墙壁而使用的帷幕,起到遮人眼目、御寒等作用。

的相关内容——即文化背景知识的认知训练,这在一定程度上限制了传播的广度。

在"整个视觉文化……比印刷更能迎合文化大众所具有的现代主义的冲动"之时[1],插图本《源氏物语》应运而生,大量的插图成为这些文本的一个亮点,但是从大众传播的角度看,语言符号并没有居于次要的、附属性的地位,只是图像的大量运用提高了文本的可阅读性,对加深理解文本起到辅助作用,而且在视觉上获得一种享受。

漫画《源氏物语》以及《源氏物语图典》的出版,真正体现了"读图时代"《源氏物语》在中国的传播的状态,而电影《源氏物语》在我国的播映,更以不同的表现形式为文学的传播拓展了新的途径。通过不同的媒介,漫画、图典或电影顺应了图像文化和影像文化的时代需求。图像文化或影像文化以"像"为符号,这时,语言符号退居为第二性的从属地位,"看"的行为不仅仅是一种手段,而且还成为目的自身。无论是漫画、图典,还是电影,人们通过图像/影像接受《源氏物语》,从视觉上享受图像,从图像/影像中获取快感。

通过对《源氏物语》在中国的传播与表现的解析,我们可以了解到在视觉文化成为当下主流话语的情况下文学传播和表现形式的适应和变化。

附记:本文写作于 2006 年,曾在"2006 中日高速经济增长期的媒体与表现学术研讨会"(2006 年 9 月 9 日—10 日于首都师范大学)上宣读,得到与会同行们的指正,在此表示谢意。另外,由于本文写作于三年前,因此对此后出版的《源氏物语》的状况未能涉及,当另文撰述。

---

[1] 〔美〕丹尼尔·贝尔:《资本主义文化矛盾》,赵一凡等译,三联书店,1989 年,第 157 页。

日本诗僧绝海中津汉诗中之学杜迹象

〔日〕 丸井宪[*]

本文以日本"五山文化时代"出生于日本、具有游学中国经历的日本禅僧绝海中津(1336—1405)所遗留下来的汉诗为主要研究对象。一般认为,绝海中津师法晚唐诗风,主要学习杜牧、贯休以及北宋林逋等诗人,其实在他的汉诗中也有不少学习杜甫的痕迹。本文拟在以往研究成果的基础上,重新探讨绝海中津汉诗中所体现的宗杜意识和学杜迹象。

一、日本"五山文化时代"及其汉文学

日本"五山文化时代"这一概念,指的是从日本文化史角度进行时段划分的一个时代,如果按日本史一般的时段划分方式来看,主要是指从镰仓时代(1192—1333)后期、"建武中兴"时期(1333—1336,即后醍醐天皇亲自执政期)至室町时代(1336—1573)的以被称为"五山派"的禅宗僧侣为中心倡导的汉文化兴盛的时代。而"五山汉文学"就是由"五山派"的僧侣创作和欣赏的汉文学的总称。自古以来,日本一直保持着用中国的文体进行文学创作的传统,其中出现了三个汉文学创作的顶峰。第一是奈良时代(710—784)以皇室和贵族为创作主体的汉文学;第二就是由镰仓时代后期至室町时代的"五山汉文学";第三是江户时代(1603—1867)儒家文人的汉文学。其中,有些人对"五山汉文学"更是极尽赞誉之辞,认为这一时期的汉文学较之其他二个具有更高的文学价值。

"五山"是禅寺的等级范畴,是指由当时日本政府指定,在所有的禅寺中地位最高的五座寺院。这种叫法当然是由中国传入的。自从禅宗由中国传到日本,中日禅林间一直保持着交流,因此日本的禅林制度也基本与中国相同。"五山"、"十刹"这些等级范畴也不例外。可以确信在镰仓时代,日本五山制度已经开始实行,在镰仓幕府灭亡之后,有一段时期成立了被称为"建武中兴"的皇室政权,据说日本五山

---

[*] 丸井宪,日本早稻田大学文学学术院,文学博士。

制度的基础正是在这一时期确立起来的。附表中所介绍的是日本"五山"禅寺的最终序列。

附表：日本禅宗五山官寺

	寺名		简称	地点	开山祖师
	五山之上	瑞龙山太平兴国南禅禅寺	"南禅"	京都市左京区	无关普门
京都部分	五山第一	灵龟山天龙资圣禅寺	"天龙"	京都市右京区	梦窗疎石
	五山第二	万年山相国承天禅寺	"相国"	京都市上京区	梦窗疎石
	五山第三	东山建仁禅寺	"建仁"	京都市东山区	明庵荣西
	五山第四	慧日山东福禅寺	"东福"	京都市东山区	圆尔辨圆
	五山第五	万寿禅寺	"万寿"	京都市东山区	东山湛照
镰仓部分	五山第一	巨福山建长兴国禅寺	"建长"	镰仓市山之内	兰溪道隆[宋]
	五山第二	瑞鹿山圆觉兴圣禅寺	"圆觉"	镰仓市山之内	无学祖元[宋]
	五山第三	龟谷山金刚寿福禅寺	"寿福"	镰仓市扇谷	明庵荣西
	五山第四	金宝山净智禅寺	"净智"	镰仓市山之内	无象静照等
	五山第五	稻荷山净妙禅寺	"净妙"	镰仓市净明寺	退耕行勇

（资料来源：〔日〕玉村竹二著：《五山文学》，日本至文堂，1955年版，第11—12页。）

"五山派"是指在"五山"、"十刹"等官寺中的禅僧们。在日本，禅宗的传道者很多，自古以来就有"二十四流"、"四十六流"等说法。日本著名的禅宗史学家玉村竹二则提倡"五十九流"说，其中有三十几流就是"五山派"的门派，而佛光派、大觉派、圣一派、一山派、大应派、佛源派、法灯派等的势力很大，尤其是佛光派（派祖是来日宋僧无学祖元）中的梦窗派（派祖是梦窗疎石，1275—1351）更是势力非凡，也接受了皇室和室町幕府（足利氏）的皈依，风靡天下，可以说当时"五山派"的禅僧有一半都出自此派。

日本昭和时代初期的著名五山文学史家北村泽吉解释"五山文化时代"日本的状况说道："当时有学问的中国高僧如兰溪（道隆）、无学（祖元）、一山（一宁）、西涧（子昙）、东明（慧日）等相继归化日本而输入宋元文化。自我国（日本）到中国者亦甚多，室町氏（即足利氏）每在选定与明朝之间的交流使节时，一律选拔在有学问的五山禅徒之中，甚至（在室町幕府中）担任其内政顾问的也都是五山禅徒他们。从这一方面来看，幕府的外务、内政、文教等天下实权全都归于五山禅徒的手里。因此，对具有政治才干而不愿从事军事斗争的人来说，五山实在就是可以登上的唯一的门径"①。

"五山派"日本禅僧中,铁庵道生、虎关师錬、天岸慧广、春屋妙葩、雪村友梅、中岩圆月、义堂周信、绝海中津等人在"五山文化时代"早期到中期非常活跃,其汉文学的水平也相当高。而中国学者严绍璗先生认为,"五山汉文学"就其诗派而言,实际上存在着"本土派"与"游学派"的不同倾向。严绍璗先生在其《五山汉文学与五山新儒学》一文中说:

> 前者由铁庵道生、虎关师錬等为其首,他们在日本本土通读中国典籍文献,研习汉诗汉文,在理念上与汉文化相通;后者由天岸慧广、雪村友梅和中岩圆月等引导,他们求法于中国,云游山川大刹,结识高僧名士,在感性上体验汉文化。一般说来,"本土派"诗作立于文献博学上,"游学派"诗作融于直观感受上。18世纪江户时代著名诗家江村北海编撰《日本诗史》说:"五山作者,具名今可证不下百人,而仅以绝海(中津)与义堂(周信)入其选。"事实上,这一时代以他们为代表,迎来了"游学派"(绝海中津)和"本土派"(义堂周信)汉诗创作的繁荣气象。②

游学中国的经历对于绝海中津汉诗创作一定会有不少影响,下面我们来看一下绝海中津这一诗僧的生平和著作吧。

二、"游学派"诗僧绝海中津的生平与著作

绝海中津(1336—1405),日本土佐州(今高知县)津野庄人。父藤原氏、母惟宗氏,均为土佐豪族。八岁时,往来于祖先建成的土佐圆通寺。日本贞和四年(1348),十三岁时上京都,成为梦窗派派祖梦窗疎石国师的侍者。十五岁,成为沙弥。日本观应二年(1351),十六岁受具足戒成为大僧,于京都天龙寺(京都五山禅院第一)继续修行。是年,恰逢梦窗圆寂,因此与义堂周信、先觉周怙、月舟周勋、天锡周寿等师兄们一起,因仰慕当时日本五山"游学派"著名高僧龙山德见的高风而移至京都建仁寺(京都五山禅院第三)。日本贞治三年(1364),到关东侍奉义堂周信,贞治五年(1366),义堂周信任相模(今神奈川县)善福寺住持时,绝海为其衣钵侍者。是年,绝海欲去中国与义堂告别,义堂托付绝海请求元明之交著名文臣宋濂为梦窗国师作一副碑铭。但是,绝海去中国是在两年后的日本应安元年(明洪武元

---

① 北村泽吉:《五山文学史稿》,日本富山房,1942年,第5—6页。
② 严绍璗、〔日〕源了圆主编:《中日文化交流史大系[3]·思想卷》,浙江人民出版社,1996年,第144页。

年、1368),当时绝海三十三岁。

绝海最先是挂单于太湖南岸道场山万寿寺的清远怀渭禅师门下。此后,其固辞杭州灵隐寺(中国五山禅院第二)做书记的邀请,成为杭州中天竺寺季潭宗泐(号全室)门下的藏主。随后,其屡从全室。明洪武五年(日本应安五年、1372),移居径山兴圣万寿寺(中国五山禅院第一)。翌年,移至南京天界寺(中国五山禅院之上)。明洪武九年(1376),绝海仍逗留于全室所住的南京天界寺,并在英武楼谒见了明太祖朱元璋。绝海与明太祖的唱和诗至今完好保存。[①] 此后,绝海有可能暂居于杭州中天竺寺。明洪武十年(日本永和三年、1377),从宁波出发抵达日本九州岛博多港,后又回到京都。

日本康历元年(1379)至至德三年(1386)的八年之中,绝海辗转近江(今滋贺县)杣庄、甲州(今山梨县)惠林寺等地方,尤其是至德元年(1384)六月因其直言将军足利义满而藏身于摄津(今大阪府)的钱原和羚羊谷、阿波(今四国岛德岛县)的宝冠寺等地。至德三年,回京都的绝海由于受到义堂周信的关照而得到足利义满的信任,成为足利氏菩提寺的京都等持寺的住持。日本嘉庆二年(1388),义堂周信圆寂之后,绝海更是博得了足利义满的信任。日本明德三年(1392)以后,其三次出任京都相国寺(京都五山禅院第二)的住持,日本应永年间(1394—1427)初被任命为"鹿苑僧录"。足利义满执政时正值日本与明朝、高丽进行外交活动时期,故此,绝海为足利义满用古文和四六骈体文起草了国书。应永十二年(1405)绝海圆寂。他又号为"蕉坚道人",著有《蕉坚稿》和《绝海和尚语录》。

《日本古典文学大词典》第三卷"蕉坚稿"词条(名波弘彰撰写)就绝海中津的著作有相关介绍如下:

全书由诗、疏、文组成,诗包括五言律诗二十六首、七言律诗六十七首、五言绝句十五首、四言四句四首(一说为一首)、七言绝句五十一首,共一六四首。即便包括未收录的诗,与义堂周信的《空华集》收录的诗数(一九〇〇余首)相比不到十分之一。疏计十三篇,文包括序四篇、书八篇、说二篇、铭六篇、祭文三篇,共二十三篇。此外还载有明太祖、明僧清远怀渭等数人的次韵诗。诗作的大部分虽没有记载年代,但可以推定主要由绝海于应安元年(一三六八)入明之后的作品所构成。(中略)本集的诗作与义堂诗的偈颂中心主义不同,将偈颂移入《语录》中,试图确立不同于偈颂的诗歌世界,受到皎然、杜牧、贯休、

[①] 绝海中津有《应制赋三山》诗:"熊野峰前徐福祠,满山药草雨馀肥。只今海上波涛稳,万里好风须早归。"对此,明太祖朱元璋则写一诗唱和:"熊野峰高血食祠,松根琥珀也应肥。当年徐福求仙药,直到如今更不归。"

林和靖等晚唐诗风的强烈影响。

一般认为,绝海中津师法晚唐。其实,绝海也有意识地进行过回归唐诗正统的尝试。这种意识并非突如其来,五山最盛期的文学僧已经在学习苏轼和黄庭坚的诗,并由此对杜甫的诗有所认识,宗杜意识已经在日本的汉诗坛中萌芽。加之,绝海在游学中国的经历,在"游学派"生涯之中直接受到中国诗坛风尚的影响,这使得绝海本人更加能够体会到杜甫诗歌的独到之处。

三、绝海中津的宗杜意识

审视绝海中津汉诗中唐诗正统的影响,进而在其中发现杜甫的影子,这不只是笔者个人的管见,日本昭和时代以来一些评论家就屡屡提及此点。笔者认为,绝海的五言长律和七律组诗,乃是他努力仿效杜甫巴蜀时代律诗风格之作。

大凡对于创作汉诗的人来说,杜甫确实是仰不可及的向往,但形成像今日这样对杜甫的不可撼动的评价则主要是由于宋代江西诗派对杜甫的推崇。南宋时的诗论家们在江西派的系谱中称杜甫为"一祖",而称黄庭坚、陈师道、陈与义为"三宗",而在日本"五山文化时代"初期,这一文学观念已经通过很多书籍传入日本,实际上,日本五山的禅院中已经开始翻刻黄庭坚、杜甫等诗人的五山版诗集,杜诗的讲解也渐渐在禅院中展开。绝海的同门师兄义堂周信也曾讲授过杜诗,而且根据北村泽吉的研究,绝海的捐助者细川赖之也曾在他离开京都回到四国隐居时也"带了一帙杜诗集"[①],这些情况可以充分证实在"五山文化时代"的日本禅僧已经认识到杜诗的价值。从日本五山的"游学派"诗僧雪村友梅和中岩圆月等人的诗文集中也可以看出模仿杜诗风格的迹象。在五山禅院"抄物"(即讲义录)中提到杜甫的诗最多的时候是在日本"五山文化时代"中期(即十四世纪末期)以后,因此可以说绝海中津的时代正是日本"杜甫热"兴盛的开始。

拥有诗歌天赋的绝海,当然不会对这种杜甫热的兴起不感兴趣。但促使绝海学习杜诗的不仅仅是由于杜甫热,被称为"性坦率"(义堂周信语)的绝海自身的性格也在其中起到很大的作用。杜甫曾触怒唐肃宗,不久便辞官开始西北之旅,这一点与中年绝海向将军足利义满进直言并因此违拗了将军的意志而只好暂且离开京都的事迹相似。此外,绝海入明后师从的乃是因笑隐大䜣(1284—1344,号蒲室)而复兴的"大慧派"高僧们,因而也有可能受到其推崇杜甫的影响。笑隐大䜣所撰的《蒲室集》编入诗六卷(卷一至六),存诗186首,近体诗中有《次韵张梦臣侍御游

---

① 北村泽吉:《五山文学史稿》,日本富山房,1942年,第390页。

蒋山五十韵》、《述怀送观空海归临川七十韵》等长篇五言排律,实际上与杜诗风格相似。绝海是较早受到中国元初诗坛宗杜时尚影响的一位诗人。

四、绝海中津汉诗中的学杜迹象

杜诗风格对绝海汉诗的影响主要显现在其五言长律纪行诗以及七律幽居组诗之中。

(一) 五言长律纪行诗

观察杜甫对绝海汉诗的影响,可以说没有比绝海的五言长律纪行诗更好的材料了。这里主要以《冬日怀中峰旧隐》诗和《早发》诗为例进行分析。笔者认为这两首诗都是《蕉坚稿》中屈指可数的佳作,很生动地反映了"游学派"五山诗僧绝海中津的面貌。首先看一下《冬日怀中峰旧隐》诗:

> 长怀天竺寺,谁复住山椒。连夜梦频到,看云思不遥。闲门依涧曲,细路转岩腰。松树风飘子,药栏雪损苗。幽栖诚所爱,生理却无聊。一笑问真宰,百年何寂寥。

该诗是洪武九年(1376)绝海在南京怀念杭州中天竺寺旧居之作。一读此作品他的身世之感就扑面而来。这首作品与杜诗中期风格有所相通之处,在意象和语汇的使用上也可以明显看出受杜诗影响的痕迹。比如"连夜梦频到"这一句很自然地让人联想起杜甫《梦李白二首》其二"三夜频梦君"句;而"药栏雪损苗"句则会受杜甫《宾至》"乘兴还来看药栏"句的启发,这"药栏"在曾以卖药为业的杜甫的诗里是常见的意象。而"幽栖诚所爱,生理却无聊"一联中的"幽栖"也是杜甫常用的语汇。最后的"一笑问真宰,百年何寂寥"一联中,"真宰"这一词语乃是在杜甫五言长律入蜀纪行《剑门》中以"吾将罪真宰,意欲铲叠嶂"的形式出现,此外还在其他诗中多次使用如"真宰上诉天应泣"(《奉先刘少府新画山水障歌》)、"真宰意茫茫"(《遣兴二首》其一)、"真宰罪一雪"(《喜雨》)等等。从以上的几个例子可以看出,绝海努力学习杜诗,并将杜诗中的语汇群很好地为己所用。

下面所举的《早发》诗恐怕是绝海为归国做准备,离开南京经杭州或越州(绍兴)前往明州(宁波)的途中所作,与杜甫的五言长律纪行诗的风格更为接近:

> 冬行苦短日,蓐食戒长途。雪暗关河远,风吹鬓发枯。荒山虽可度,积水若为逾。岸转桥何在,沙危仗屡扶。鱼箪残近渚,僧磬彻寒芜。埜兴潜中动,衰容颇外苏。破衣江上步,圆笠月中孤。天迥长河没,曙分群象殊。寒烟人未

爨,野树鸟相呼。回首搏桑日,还如萍实朱。

乍一看,似乎该诗只是记述一个禅僧云游时的情形,但实际上在该诗中用了很多杜甫在度陇入蜀时期常用的词,如"雪暗关河远"中的"关河"或"关塞"等语汇,均为杜甫在秦州时常用的语汇之一,还有《送远》"关河霜雪清"、《寓目》"关云常带雨,塞水不成河"、《初月》"微升古塞外,已隐暮云端。河汉不改色,关山空自寒"、《秦州见敕目薛三据授司议郎毕四曜除监察与二子有故远喜迁官兼述索居凡三十韵》"秋风动关塞,高卧想仪形"、《别赞上人》"天长关塞寒,岁暮饥冻逼"等等例子。绝海这首《早发》诗与杜诗风格确实有些相似之处,我们再看一下杜甫的入蜀纪行诗《铁堂峡》,此意境也许会在绝海纪行诗中起到了一定的影响:

山风吹游子,缥缈乘险绝。峡形藏堂隍,壁色立精铁。径摩穹苍蟠,石与厚地裂。修纤无垠竹,嵌空太始雪。威迟哀壑底,徒旅惨不悦。水寒长冰横,我马骨正折。生涯抵弧矢,盗贼殊未灭。漂蓬逾三年,回首肝肺热。

杜甫这组入蜀诗共有二十四首,历来吸引诗评家们的关注。如江盈科在《雪涛诗评》中说:"少陵秦州以后诗,突兀宏肆,迥异昔作。非有意换格,蜀中山水,自是挺特奇崛,独能象景传神,使人读之,山川历落,居然在眼。所谓春蚕结茧,随物肖形,乃为真诗人,真手笔也。"① 陈贻焮先生在其《杜甫评传》中卷中写道它们"不仅是当行出色的山水佳制,而且体现了山水诗表现艺术的新成就"(第631页),是"集大成中大变"(第636页)之作。程千帆、莫砺锋等先生对于这组诗也都有极高的评价。葛晓音先生认为:"是杜甫对大谢体山水诗的重大发展。"② 绝海注重杜甫的纪行诗,并认真地学习,可以说绝海在诗歌上的悟性使他充分地认识到了杜甫纪行诗的独特风貌。

(二)七律幽居组诗

下面要介绍的是绝海中津汉诗中最为成功的作品群。在此先讨论《山居十五首次禅月韵》组诗。从诗题、诗型、押韵等方面来看,该组诗确实受到寒山、拾得、贯休(号禅月)等诗僧们的影响,也受到元代诗僧们山居诗创作热的影响。然而如果从用典、意象和语汇等方面对该组诗进行分析,可以明显地看出杜甫幽居诗的影响。能够清楚地看出杜诗影响的是以下二首:

---

① 引自《杜诗详注》第2册第685页。莫砺锋先生指出:"'秦州'原作'夔州',误,因下文明言'蜀中山水',此据《杜诗详注》卷八所引校改。"(此文见其《杜甫评传》第142页脚注)
② 葛晓音:《山水田园诗派研究》,第322页。

幽栖地僻少人知,古木苍藤映竹扉。香草食馀青鹿卧,小梨摘尽白猿归。浣衣溪水摇云影,曝药阳檐爱日晖。童子未知常住性,朝朝怪我鬓毛稀。(《山居十五首次禅月韵》其八)

懒拙无堪世事劳,沉冥高卧兴滔滔。连窗丛竹深听雨,映屋新松才学涛。一榻寥寥蜗室阔,九衢衮衮马尘高。久知簪组为人累,制得荷衣胜锦袍。(《山居十五首次禅月韵》其十三)

其八"幽栖地僻少人知"句是根据杜甫《宾至》诗中的"幽栖地僻经过少"句,而"古木苍藤映竹扉"句则是据杜甫《白帝》诗中的"古木苍藤日月昏"句,由此来看,该组诗确是以杜诗中在巴蜀和夔州所作的七律群为模仿对象。这里特别要指出,"幽栖"这一词语在全部十五首诗中是一个关键词。其十三中的"懒拙无堪世事劳"句的"懒拙"语出杜甫《发秦州》诗中的"我衰更懒拙,生事不自谋"句,也是杜甫的常用词。在该组诗中,绝海在描写中天竺寺的幽居环境和僧侣形象时,频繁使用"幽"字来形容,如:"远壑移松怜晚翠,小池通水爱幽潺"(《山居十五首次禅月韵》其一)、"幽鸟有期春已晚,半岩细雨草纤纤"(《山居十五首次禅月韵》其三)、"瑶草似云铺满地,琪花如雪照幽崖"(《山居十五首次禅月韵》其十二)等等。还如其九首为:

袅袅樵歌下杳冥,幽庭鸟散暮烟青。卷中欣对古人面,加上新添异译经。此地由来无俗驾,移文何必托山灵。幽居日日心多乐,城市醺醺人未醒。(《山居十五首次禅月韵》其九)

"幽庭"、"幽居"两度出现以强调山居环境的"清幽"气氛。"清"字也屡屡出现在该组诗中,如:"清白传家随分过,语言无味任人嫌"(《山居十五首次禅月韵》其三)、"云暗狝猴来近岭,人闲翡翠下清池"(《山居十五首次禅月韵》其四)、"穷谷深林皆帝力,也知畎亩乐清宁"(《山居十五首次禅月韵》其六)、"寒山拾得邈高风,物外清游谁与同"(《山居十五首次禅月韵》其十五)等处,从绝海常用语汇的角度来看,这也是能够代表绝海汉诗风格特点的一群作品。

此外,下面的七律组诗《古河杂言五首》是绝海归国后所作,是在日本关东地区的一个小村落短暂逗留期间的作品,在该组诗中绝海的宗杜意识非常明显,下面介绍全五首:

初来借宿古河湄,闻见令人事事疑。官渡呼船招手急,村春殷榻得眠迟。江虽可爱少奇石,花纵堪看多丑枝。宝树宝池天上寺,春风春雨过归期。(《古河杂言五首》其一)

杜陵不唾青城地,风土如斯岂复疑。芦荻洲暄抽笋早,参苓地瘦长苗迟。病驹但仰新恩秣,倦鹤应怀旧宿枝。且待蓬莱清浅日,踏鲸直欲访安期。(《古

河杂言五首》其二）

  柴门掩在水之湄，惯看沙鸥稍不疑。香气阴窗晨雾润，棋声深院夕阳迟。翠杨烟暗藏鸦叶，红杏花底挂鸟枝。买地剩栽松与竹，愿言长作岁寒期。(《古河杂言五首》其三）

  懒拙惭吾成性癖，休居幸免□时疑。薰炉茗碗招人共，蒲荐松床留客迟。工部惟应怜北崦，赞公甘欲老西枝。溪山未尽登临兴，江海谁同汗漫期。(《古河杂言五首》其四）

  平生讲学知天命，造物小儿何用疑。绝塞病时仍旅寓，荒村投处且栖迟。际空埜色烟连草，高夜松声月在枝。千载九原如可作，香盟应与远持期。(《古河杂言五首》其五）

通读这五首作品可以明显看出，在任何一首诗中都有引用杜甫诗句的地方，如第二诗"杜陵不唾青城地"句根据的是杜甫《丈人山》诗中的"自为青城客，不唾青城地。为爱丈人山，丹梯近幽意"句。第三诗"柴门掩在水之湄"句则以杜甫《绝句漫兴九首》其六诗中的"懒慢无堪不出村，呼儿日在掩柴门"句为基础。而第四诗"懒拙惭吾成性癖"句则如上所述。而"工部惟应怜北崦，赞公甘欲老西枝"的一联则是杜甫在《西枝村寻置草堂地夜宿赞公土室二首》诗中所提及的他与赞公的交情。而第五首诗"绝塞病时仍旅寓"句则是本杜甫《返照》诗中的"绝塞愁时早闭门"句。

"幽意"或"幽兴"等词语在杜甫山水诗中是很常见的语汇之一，下面来看看在杜甫巴蜀诗中这些词汇多么频繁地出现。唐上元元年（760）春天，杜甫在亲戚朋友的帮助下准备在成都建草堂，他在《卜居》一诗中表达避俗野居的乐趣，如："浣花溪水水西头，主人为卜林塘幽。已知出郭少尘事，更有澄江销客愁"。从这春天起，杜甫表现"幽栖"、"幽居"的诗作便猛然涌出，每到春天来临，许多春事促使他写出充满这种"幽栖"之"兴"的诗句：

  草堂堑西无树林，非子谁复见幽心。饱闻桤木三年大，与致溪边十亩阴。(《凭何十一少府邕觅桤木栽》)
  幽栖地僻经过少，老病人扶再拜难。(《宾至》)
  清江一曲抱村流，长夏江村事事幽。(《江村》)
  野寺江天豁，山扉花竹幽。(《游修觉寺》)
  渐喜交游绝，幽居不用名。(《遣意二首》其一)
  春来常早起，幽事颇相关。(《早起》)
  落日在帘钩，溪边春事幽。(《落日》)
  薄劣惭真隐，幽偏得自怡。(《独酌》)

澄江平少岸,幽树晚多花。(《水槛遣心二首》其一)

村晚惊风度,庭幽过雨沾。(《晚晴》)

幽栖诚简略,衰白已光辉。(《范二员外邈吴十侍御郁特枉驾阙展待聊寄此作》)

江鹳巧当幽径浴,邻鸡还过短墙来。(《王十七侍御抡许携酒至草堂奉寄此诗便请邀高三十五使君同到》)

畏人成小筑,褊性合幽栖"(《畏人》)

而这种情绪集中表现在《屏迹三首》诗里面:

衰年甘屏迹,幽事供高卧。鸟下竹根行,龟开萍叶过。年荒酒价乏,日并园蔬课。独酌甘泉歌,歌长击樽破。(其一)

用拙存吾道,幽居近物情。桑麻深雨露,燕雀半生成。村鼓时时急,渔舟个个轻。杖藜从白首,心迹喜双清。(其二)

晚起家何事,无营地转幽。竹光团野色,舍影漾江流。失学从儿懒,长贫任妇愁。百年浑得醉,一月不梳头。(其三)

在杜甫生活的成都江村草堂周围有许许多多具有蜀地特色的景物,这些景物引起他的"幽栖"的诗兴,使其巴蜀时期的山水田园诗具有了独特的风格。仔细分析绝海汉诗,就可以发现绝海非常喜欢杜甫的这类作品,并且还有意识地学习这些风格,学习的成果在上述绝海幽居时期的作品群中体现得最为突出。

《菊花之约》的母题与中国古典作品

〔日〕 中田妙叶*

　　《菊花之约》是日本江户时代上田秋成创作的读本小说集《雨月物语》(1768年)中的一篇作品。《雨月物语》是一部从近代以来一直颇受欢迎的作品集,尤其《菊花之约》受到极高评价,也是最为人们喜爱的一部作品。

　　《菊花之约》的基本构思借助于明冯梦龙的白话小说《古今小说》第十六卷《范巨卿鸡黍死生交》。结局部分直接引用《史记·商君列传》的公叔座与商鞅之故事,不仅指出丹治明哲保身的行为,而且谴责违背信义的行为。原典《死生交》中范式与张劭二位为守约而宁可选择死亡的故事情节所表达的信义是极为崇高的,这思想就是《死生交》的主题。主人公范式和张劭都被"生死不渝,亘古长存"的信义所感动,给人留下深刻的印象。作者上田把他们的崇高信义的表现引入《菊花之约》,试图表达男人之间的纯粹而严格的信义。日本读者被《菊花之约》所吸引的情节都是依据《死生交》而稍略改编的地方。《死生交》对创造《菊花之约》之世界起到了相当重要的作用。作者把原典里对"信义"的绝妙表法引入了作品中并按照其主题加以改编。其主题不仅在崇高信义之表达上,而且具有其他的重要内涵。笔者从前关注这两篇作品之不同之处,进行其表现之意思的一番探索①,下面对这一问题进行进一步的深入探讨。

一、改编《死生交》的意图

　　一般认为《菊花之约》的主题主要是表达信义的崇高之美,但是宗右卫门与范式自刎身亡以魂赴约的情况之不同,"范式'为妻子口腹之累,溺身商卖中','向日鸡黍之约,非不挂心,近被蝇利所牵,忘其日期'。宗右卫门因被经久监禁而不得出城。《死生交》因个人私事而忘期;《菊花之约》把忘期的理由与广泛的社会背景和

---

* 中田妙叶,日本东洋大学法学部副教授,文学博士。
① 请参看拙著「『菊花の约』における「信义」について——中国白话小说「範巨卿鶏黍死生交」との関係による考察」,高崎経済大学論集 第48卷第4号,2006年。

历史事件联系在一起,即忘期的原因是非个人的。这种把未能赴约归因于历史事件的描写至关重要,是直接为突出作品的主题服务的"①。《菊花之约》中宗右卫门虽然牢记约定日期却因别人的阻挠而以死守信的情节,不只是信义之表达,更重要的在于为主题的表现,需要增加情节的跌宕起伏使读者具有紧张感。这一段情节是结局部分为主题的表现所需要的。

《菊花之约》改编原作的情节表现在作者对宗右卫门的高尚人品与对左门母子的诚恳之感情的勾画上。《菊花之约》与《死生交》设定的不同不仅表现在人物性格,而且表现在人物的身份上,使《菊花之约》的故事情节得以拓展,起到了突出主题的作用。《死生交》中的二人是农民与商人,他们之间具有很平等的关系。但是《菊花之约》的二人的关系不平等,宗右卫门身份是出云富田城主的武士,左门是儒者,却没有明确地写出他身份。世袭制度严格的当时社会中儒者的身份是唯一不受社会层次的拘束。根据他家生活清贫,都靠着左门母亲终日纺纱织布工作等情况来考虑,那时他家就靠农业维持生活。于是左门母子与宗右卫门的社会等级就完全不同。因此,他们双向的感情内涵并不相同,故事情节就在这不同的感情内涵基础上拓展。

作者通过引用《死生交》的细节改编、刻画了二人细微的情感,使文章浮现出二人之间各自所怀的感情情景。因高洁而孤独的二人找到了"知音",表现他们不胜喜悦的感情。比较重要的是左门追求理念的姿态与心情的孤独,同时与此关联反应出来的对宗右卫门怀着的很强烈的敬慕,以及还有宗右卫门作为左门的兄长应该爱护他们母子的责任感。

作品虽然借用《死生交》的情节,但是左门丝毫没有付出什么牺牲与代价②。为了他们的崇高的信义的完成,左门赴出云的结局是必不可少的情节,作者在这情节中隐藏了主题。因此,为了这两个重要大情节的结合、故事情节发展的自然,作者在前半部分情节中注重刻画两人内涵的感情情景和面貌。其中着重描写了左门对宗右卫门所怀着的很深重的情感。笔者在这篇文章通过其他中国小说作品的对照,试图分析将这些内容加以改编就增强了故事构思,进而探索结局部分的创作意义与其主题内容。

二、结局情节的问题

对于《菊花之约》结局之评价在日本学术界也并不高,重友毅氏认为左门赴出

---

① 宿久高:《论〈菊花之约〉与〈死生之交〉的"信义"之异同》,载于长敏、宿久高主编《中日比较文学论集》(续篇),吉林:吉林大学出版社,1993年,第146页。
② 同上书,第145页。

云的结局一段是多余的:"这一段只是对结局的补充说明而已,把它在结构中收容得说得过去,没有特别吸引之处。作品的妙处就在从开头到所谓的'菊花之约'被实行的故事情节为止。这篇作品在这范围内,可以说小说创造出一个各别的世界,而以无懈可击的妙笔描写出来"①。中村信彦氏也表示对于左门的行为不可理解,说:"赴出云的左门行为,没有原作中朋友之幽灵的委托等说明,于是,应该怎样理解他的行为?他感情冲动而去行动,就必然受到要去看朋友死的地方的感情的支配?或者原本就是为找赤穴丹治报仇的目的而去?如果理解左门抱着要向丹治报仇之意,我感觉有点不符小说主题,而且认为上田描写的左门就是那样的性格,因此可以理解为前者的意思。"②

如果左门代替宗右卫门要把丹治下手作为目的的话,后部的内容对主题几乎不起作用。笔者认为后部情节还是具有另外的意思,作者本来创作这篇小说时已有这样的结局构思具有重要意义,但是他同时顾虑《死生交》的整体情节与结局情节的结合避免不了疏离,就是重友氏指出把结局看成"补充说明"那样,在小说结构上会带来不协调的问题。为了这两个大情节结合得自然一些,设法把左门的性格与感情作成中村氏所想如此比较容易冲动。因为,仔细观察《死生交》与《菊花之约》间的不同情节,而其在整体结构的关系上设计时,都是为结局服务的。

笔者认为在研究《菊花之约》的创作时,除了认定的《死生交》和《史记·商君列传》的公叔座与商鞅之故事以外,还应该参照明冯梦龙的《警世通言》第一卷《俞伯牙摔琴谢知音》与明瞿佑的《剪灯新话》卷四《龙堂灵会录》这两篇。研究者大都注意到前两篇作品,但是对于后边提的两篇作品几乎没有提到。比如,鹈月洋氏整理的《雨月物语》引用的中日典籍列表中,中国典籍具有六十数种,但是其中没有提到上述两篇作品。③ 因此,以这两篇的创作构思和意义为参考,重新去理解《菊花之约》,同时试着探索其作品的主题,通过分析,便能看到作者上田引用中国典籍故事而进行微妙的改编,以表现主题的手法。

---

① 重友毅校注:《雨月物语评释》,东京:明治书院,1954 年,第 156 页。
② 中村幸彦编:《秋成》,载日本古典鉴赏讲座 第 24 卷,东京:角川书店,1969 年,第 86、7 页。
③ 根据《雨月物语评释》、《典据及关系书一览》,见于鹈月洋注释《雨月物语评释》,东京:角川书店,1978 年,第 707—712 页。

三、约会情节的创作意义

（一）《俞伯牙摔琴谢知音》的借鉴

《死生交》中范式与张劭将再一次相会的时间约在第二年重阳节时非常自然，他们那天在酒肆分别才发现正是重阳节，于是范式为表示对张劭的谢意与义气，表示第二年重阳节去拜访他家。张劭听了这话很高兴就表示欢迎同时确认约会。他说："但村落无可为款，倘蒙兄长不弃，当设鸡黍以持，幸勿失信。"但是，在《菊花之约》中的情节是左门迫使宗右卫门说出明确的日期，才定了重阳节的相会。宗右卫门告诉左门要回出云而表示暂时告别之意时，下面的情节发展如下：

> 左门问道："不知兄长此行，何时转回？"宗右卫门答道："日月如梭，最迟不过近秋。"左门又追问道："即是今秋，望兄长定个日子，以便到时迎候。"宗右卫门答道："重阳佳节再来相会。"左门说："一言为定，兄长切莫错过此日，小弟当设菊花一枝、薄酒一樽以持，恭候兄长。"二人如此约定。①

一般认为这一段借用了《死生交》和日本作品都贺庭钟的《英草纸》第二卷《丰原兼秋听到秋音就知国事盛衰之话》(「豊原兼秋音を聴きて国の盛衰を知る話」)中的情节，兼秋与时阴结为兄弟，作为兄长的兼秋希望下一次相会说：

> "贤弟，你真是孝子，那么明年我自身来拜访贤弟吧！"时阴说："仁兄，明年何时到此？小弟出来在途中去接您。如果起了战乱交通也会断绝，如此信的来往也会不便，因此请求现在告诉再会之日期。"于是，兼秋屈指计算，说道："昨夜是八月十五，天亮了今天是十六日，我的访问一定是明年的八月十五、十六两日，而直接到这里来。如果错过约会之日，将我不为人了！"如此约定，又叙了一番惜别之情。②（笔者译）

---

① 左門いふ。さあらは兄長いつの時にか帰り給ふへき。赤穴いふ。月日は逝やすし。おそくとも此秋は過さじ。左門云。秋はいつの日を定て待べきや。ねがふは約し給へ。赤穴云。重陽の佳節をもて帰来る日とすべし。左門いふ。兄長必此日をあやまり給ふな。一枝の菊花に薄酒を備へて待たてまつらんと。互に情をつくして赤穴は西に帰りけり。

② （兼秋云ふ、）「賢弟又孝子也。然らば明年それがし来りて、賢弟を尋ぬべし」。時陰云ふ、「賢兄、明歳何の時来り給ふ。我道に出でて迎へ奉るべし。道の通路塞りぬれば、書信の往来も便あしし。今其の期を聞かせ給へ」といふ。兼秋指を屈して、「昨夜中秋十五夜、天明たければ十六日、我が来るは、かならず此の中秋両夜の内に、即ち此所に来るべし。若し時を違へなば、人と言ふべからず」と、堅く約して、互に涙を濯ぎ、別るるに臨んで、

其实这篇作品本身就是《俞伯牙摔琴谢知音》的翻案。①《俞伯牙摔琴谢知音》是春秋战国时俞伯牙视钟子期为"知音"而结为兄弟的故事,以理想友谊作为主题。小说题材较繁杂,采取《列子》卷五《汤问》、《吕氏春秋》卷十四《孝行览》、《韩诗外传》卷九、《新序》卷四《杂事》、《说苑》卷十六《谈丛》等相关记载,根据这些内容修饰而成。

一般认为《菊花之约》中相似的情节,是模仿了《丰原兼秋听到秋音就知国事盛衰之话》,但不提《俞伯牙摔琴谢知音》。若将这两篇进行对比,可以看出,《丰原兼秋》是《谢知音》的翻案,这一段的情节看来似乎一样,其实情节的描写风格很不同。《俞伯牙摔琴谢知音》中有这样一段描写:

> 伯牙道:"贤弟真所谓至诚君子。也罢,明年还是我来看贤弟。"子期道:"仁兄明岁何时到此?小弟好伺候尊驾。"伯牙屈指道:"昨夜是中秋节,今日天明,是八月十六日了。贤弟,我来仍在仲秋中五六日奉访。若过了中旬,迟到季秋月分,就是失信,不为君子。"……子期道:"既如此,小弟来年仲秋中五六日准在江边侍立拱候,不敢有误。天色已明,小弟告辞了。"

《丰原兼秋》中小弟时阴要问兼秋的拜访日期有了一番说明,表现出时阴让兼秋定了明确的日期,心里觉得很不好意思,好像他请求了一般不该做的事情似的。如果考虑当时的社会观念和日本人的概念时,对方既是官吏又是兄长,所以从他的立场来促使对方定日期大概是有点过分。与此相对照,在《谢知音》的描写中,子期的态度丝毫没有不好意思之感。但是应该注意到他知道伯牙要访问的坚定意志,就返回告诉伯牙,这番话表现他也准备等待伯牙的拜访。再说时阴没有催着定约会日期的态度,因为像左门那样的态度,不会让日本人感到他感情丰富,而是他逼迫人,做得太勉强就像个小孩子似的,反而与儒者的形象离得很远了。

《丰原兼秋》将两次对话的形式稍微改编了,将子期两次谈话的内容,在时阴的话中合并为一次。兼秋与伯牙同样表示坚固守信之意,时阴却没有对应,就给人感觉缺乏热心,表现的友情有点单薄。子期用积极的态度显示欢迎之意,就令人感到对方的尊重。

《谢知音》的这样情节风格就是与《菊花之约》这一段情节相通之处,指示左门最后一句是《死生交》的摘引而成,但是通过上述分析就知道,这一句明显具有《谢知音》的子期的第二句的表示欢迎之意。

---

① 所谓的"翻案"是介于翻译、改编和模仿创作之间的一种创作方法。《御婢伽子》的《牡丹灯笼》是翻案方法创作的代表作品,这部是以《剪灯新话》中的《牡丹灯记》作为底本。

《谢知音》与《丰原兼秋》的不同,还在于两人地位的设定。《丰原兼秋》中的丰原兼秋与横尾时阴都是出身于音乐世家,属于贵族身份。《谢知音》与此不同,俞伯牙身为晋国的上大夫,钟子期只不过是个樵夫,所以他们的友谊与《丰原兼秋》对比,其可贵之处在于它不但建立在知音的基础上的,而且打破了富贵贫贱的界限。就这些人物身份的设定以及友谊本质方面而言,《谢知音》与《菊花之约》的友谊更相近。再说,《丰原兼秋》对友谊的描写以找到知音之友为主,注重于两人的奇迹的相遇与难得友谊,他们的友谊难得之处就在于对音乐都具有很深的造诣与见识。但是《谢知音》友谊的本质与当时社会情况对比相当鲜明。子期首先拒绝俞伯牙结为兄弟因为他们身份相当不同。他说:"大人乃上国名公,钟徽乃穷乡贱子,怎敢仰扳,有辱俯就!"作者借俞伯牙之口,谴责当时社会"相识满天下,知心能几人?下官禄禄风尘,得与高贤结契,实乃生平之万幸。若以富贵贫贱为嫌,觑俞瑞何等人乎",还说"春风满面皆朋友,欲觅知音难上难",作品结尾写后人有诗赞云:"势利交怀势利心,斯文谁复念知音!"。这篇作品正面描写和赞扬两人的生死友情,还表达了知音难觅的用意,就借此反衬和揭露当时现实社会中,道德沦丧、世风颓废的状态。友谊与当时社会现实相结合的故事构思是在《丰原兼秋》中看不到的。

因此,笔者认为《菊花之约》的这一段描写不只参考《丰原兼秋》,我们可以看到《谢知音》不只是在情节风格上,而在主题内涵上也与《菊花之约》有更多相同之处。于是,可以认为作者在《菊花之约》的创作中同时还参考了《谢知音》,其风格多少是以《谢知音》情节描写风格为基础创作的。

(二) 男色关系论

虽然在这一段中左门的态度不免令人感觉有点逼迫宗右卫门,再加上宗右卫门离开左门所增加的情节的紧张感,所以有些人在二人感情上感受到武士或者和尚等男人世界存在的男色关系。松田修氏所说:"在此叙述已很明显地超过信义的程度,不,与信义异质的,还是描写性关系。至少这对话暗示那样的气氛。……在此秋成要表现的到底是什么?如果是无限崇高的男人间的精神爱,那就是他表现的方法有偏差。(他表现的东西)好像信义之士同志的交情同样不纯。以依据盟约的大丈夫为知己而死的信义谭之基调来说,这段对话的高潮情调,对整个故事情调来说,一定乱了音调,无不否定为退步的效果。""这段对话混乱了主题破坏了作品的形象,这是作品的缺点。"①

如前所述,作者在作品前边部分已经明确地指出,赤穴处在出云政情非常不稳

---

① 松田修:《论〈菊花之约〉——再评〈雨月物语〉》,载于《文艺与思想》24,1963年,第23页。

定的局面中,而且本人为人正直,一直按照高尚的伦理观念去行动。再说左门由于在生活上追求理念而脱离现实自然给他带来孤独感,但是本人性格热情。由此,自然可以理解到这一段中的左门的感情,其实是担心宗右卫门在出云受到危险,以及宗右卫门的正直性格自然会惹出麻烦之事。于是左门从担心他的危险的立场出发,表现出他对宗右卫门的善意,让他记住有衷心关心他的人,希望他慎重行事避免危险。这样的想法让性情中人的左门做出如此行为。

恐怕日本学者不容易接受左门的性情中人的性格。因为,有些学者针对上述意见的反驳的论述中也没有否定左门冲动的行为难以接受。鹈月氏说:"在这样场合,如果他们结交男色关系,这很自然。其状态更会强调提出武士习俗或者生活规范,作为武士丝毫不会损失其品位或者面子、纯洁。"① 胜仓氏也觉得"这一段的左门之言,与前边部分的二人交往状况不同,令人感到很异质,而且确实感觉倒得有一种撒娇或者执着"②。

左门的性格最突出的表现在宗右卫门的鬼魂走了以后,他才理解实际情况似的,放声恸哭,母亲惊醒过来,见到左门倒在堂上摆满的酒菜中,惊问左门原因。虽然这部分是将原作《死生交》照搬过来的,但是这种描写从日本人的角度来看,作为又有学问又受到人们尊重的人,这种表现是与其身份不符的。③ 所以他母亲也批评说"我儿怎么能这般幼稚愚蠢"。恐怕这与一般日本人所想无异。对照原文来看,张劭母亲虽然有批评之意却不像左门之母那样厉害,而且张劭母亲的批评中对着张劭的哭的行为以及其思维方法的批评,不像左门之母那样将行为联系到人格本身。

与此看来,左门形象吸收了中国白话小说的描写特点。冯梦龙提倡"情"与"真",《三言》中讲述市民的悲欢离合,宋元小说已有先例,冯氏更贴近现实人生,描写其真实的情感。④ 而且,拟话本最重要的特点"是着重在刻画人物的内心世界。拟话本小说,善于把人物内心活动和生活细节描写结合起来,和人物的表情、对话、行动结合起来,绘声绘色,入微入骨"⑤。

也正因为如此,笔者认为作者的意图在于这两个情节部分只是为了描写左门内心的激烈感情,表现人物的满腔的感情之高潮而已。如果注意作者上田借用的其他白话作品中人物,就会发现把白娘子引用在《蛇性之淫》的真女子、鲁智深引用

---

① 鹈月洋注释:《雨月物语评释》,东京:角川书店,1978年,第136页。
② 胜仓寿一:《雨月物语构想论》,东京:教育出版センター,1977年,第89页。
③ 鹈月洋注释:《雨月物语评释》,东京:角川书店,1978年,第135页。
④ 陈平原:《中国小说史论》,载于《陈平原小说史论集》下,河北人民出版社,1997年,第1563页。
⑤ 胡士莹:《话本小说概论》,北京:中华书局,1980年,第452页。

在《青头巾》的鬼僧等,他们都是典型的性情中人。所以作者创造人物形象时为了将感情表现得"绘声绘色、入微入骨",就应用中国白话小说的描写人物的方法。当刻画左门人物性格时作者将它运用在作品中来塑造他形象。于是,从中国民众的角度来看左门是热情而性格直爽的人物。笔者认为作者引用中国白话小说的表现方法的意图就是为了表现人物的真情与童心似的纯洁的感情以及性格。左门刻画追问约会日期或者理解兄长之死而哭叫等行为,都只表示他的纯洁性格与对宗右卫门的热心友谊而已,其外没有多少它意①,以他那样的性格很自然地表现出对宗右卫门的归来的热切希望。把这样的行为看作是同性恋的表现,恐怕其阅读想象太丰富了。

因此,左门恳请与宗右卫门再次相会的约定可以理解为他因为安全的担忧推动而产生的激烈冲动。为何作者这一段如此加以改编?笔者认为作者考虑到在此表现左门的感情,以便和他赴出云的情节联系起来,就会显得较自然的发展。可以说这一段就表现左门赴出云的心里与感情上的动机。同时认为,上述所提的《菊花之约》对于宗右卫门之死将"菊花之约"成为增加强烈的紧张感的情节,也是引起左门赴出云的感情上与理念上的动机之需要而改编的。

四、《龙堂灵会录》与《史记·商君列传》

左门赴出云拜访赤穴丹治,当面谴责他的一段,也是模仿两个中国典籍而创作的。责备的内容引用《史记·商君列传》的公叔座与商鞅之故事,其情节框架引用《龙堂灵会录》中的一段。虽然后藤丹治氏很早就提出《龙堂灵会录》的引用问题②,不过后来学者极少提到这一段中的《龙堂灵会录》之创作效果,本文在此试作一探索。

关于上述令人认为"只是对于结局的补充说明"的左门去出云的一段情节,高田氏说"左门(赴出云)的行为是由继承赤穴私愤而出现"③。不少人认为左门斩杀丹治是"为宗右卫门报仇"行为。然而,作者不想把这情节作为泄"私愤"的冲动行为的依据,而要显示他们以崇高理念为基础的行为,这一段是为了表现左门产生这些行动的思维方法与理念,而进行的必要的设计。

---

① 长岛弘明:《雨月物语的世界》,东京:筑摩书房,1998年,第119页。
② 后藤丹治:《探索雨月物语的出典》,载于『解释と鉴赏』第265卷 第六号 上田秋成と雨月物语,至文堂,1958年6月号,第58页。
③ 高田卫:《上田秋成研究序说》,东京:宁乐书房,1968年,第270页。

(一)《龙堂灵会录》框架情节之对比

左门突然拜访,丹治疑惑而不解地问左门为何如此早知道宗右卫门之死。左门立刻开口说:"武士不论富贵荣华,只以信义为重。兄长宗右卫门重一言之诺,不惜自刎,游魂千里赴约。为报大信。"申明宗右卫门是大义之士,其一段后还展开"公叔座与商鞅之故事"面斥丹治的背叛信义之行为。应该注意的是,这诉说与面斥内容之间具有"我日夜兼程至此,以平日所学之识试问汝"一句,就表明左门的姿态很明确,他就依照"平日所学之识"要将丹治之罪明显确定。如果参照《龙堂灵会录》被引用的部分,意思就很容易理解。

在吴国的水府龙堂龙王请来的伍子胥看到范相国犹据首席,丝毫不谦避,就勃然变色,对龙王诉说自己是吴国之忠臣,范相国却是吴国之仇人,不过吴国俗民无知建立奉上他的亭馆,在此也让他坐在首席。接着针对范相国批判说他对吴国之三大罪。于是伍子胥对他一个个地谴责说,第一大罪是"谋国之不臧",就是将西施送勾践,为海淫之事,吴既已亡,反而与她共戴而去。再以"太公斩妲己"、"晋高颎诛丽华"为例,询问"以此方之,孰得孰失"。第二大罪是"事君之不忠",吴国灭亡之后范相国不但自己不侍从勾践,并且诱惑其他大臣带他们一起离开,令君主勾践孤立于上。再以鲍叔为齐桓公将管仲推荐到大臣与萧何为汉高祖追踪韩信为例,询问"以此方之,孰是孰非"。第三大罪是"持身之不廉",就是范相国已离开官位,不求高踏,还父子力作,以营千金,屡散而复积。再以鲁仲连辞金而不受、张子房辟谷而远引为例,询问"以此方之,孰贤孰愚"。范相国听到后,"面色如土,不敢出声",过了一会才开口说"子之罪我则然矣",就没反对而接受伍子胥的谴责内容。伍子胥依照历代的以"臧""忠""廉"著名故事而揭露的范相国的三大罪,遭严辞驳斥的范相国则影射当时那些明哲保身的士大夫。因此,在《菊花之约》借用《龙堂灵会录》的这一段形式,让左门将赤穴丹治的行为对照"公叔座商鞅之谊",而明确地揭露他的非义士之大罪。就向丹治询问"丹治,现将此事与汝对宗右卫门所作的事相比,如何",丹治低头无言相对。

左门接着讲孰信孰非,就提两个行为说明宗右卫门之信士形象,一个是不忘前君主盐冶旧恩,拒仕尼子,这是宗右卫门令尼子禁止出城的直接原因。另一个是重视"菊花之约",舍命千里赴约。与此对照说,提出丹治的非义士之大罪具有两个,一个是丹治背弃旧主盐冶投靠尼子。另一个是关于宗右卫门之死最关键的问题,就他献媚于尼子,使骨肉之兄长死于非命。虽然丹治禁兄长宗右卫门出城就在尼子下的命令之下进行,因此左门首先依照"平日所学之识"提出"公叔座商鞅之谊",而作为信士位于君主的忠诚与骨肉之情间时,应该处置之行为。之后将丹治之罪明确提示。

（二）"公叔座商鞅之谊"故事之意义

《史记·商君列传》记载的"公叔座商鞅之谊"故事中,公叔座作为魏相之忠,首先向魏王推荐说如果不用商鞅就必须杀他。然后作为同僚劝告商鞅立刻离开魏国逃避魏王之追捕。左门提示：公叔座按照"先君后臣"之礼作为信士之行为,与丹治使骨肉兄长去死的结果对照,就有力地证明了丹治所作的行为只是完全为了谋求高官厚禄而自己的明哲保身。因此如果引用《俞伯牙摔琴谢知音》情节是左门赴出云的心理与感情上的动机,那么这一段可以说是左门赴出云的行为的理念与伦理上的动机。于是认为左门赴出云一段不但是为了显示宗右卫门与左门之间具有严格与纯粹的信义,而且也是为了明确解释丹治违背的信义的罪恶多么深重,就是必不可少的情节。

由此可见,在这一段情节的中心内容不但与"公叔座商鞅之谊"故事情节有传承关系,而且与所引用《龙堂灵会录》框架部分的中心内容也是一脉相承。文章不仅引用部分情节线索,而且借鉴对那些作品主题的内涵意义,这就于定为"菊花之约"的情节上,沿袭了《俞伯牙摔琴谢知音》的情节创作。

五、《菊花之约》的主题

左门向老母告白赴出云的决心是"以全信义",意味着摆脱原来的理想主义者之面貌,向为信义毕其一生的宗右卫门接近一步。他为了"以全信义"而赴出云斩杀丹治,是否可以理解为不少学者所说的为宗右卫门的报复？笔者认为作者不希望读者认为左门为了报仇而斩杀丹治,因此引用《俞伯牙摔琴谢知音》、《龙堂灵会录》以及《史记·商君列传》的各个因素,刻画出左门的感情而表明他的理念。左门先揭露他的大罪,然后将他人格总论,最后斩杀丹治前还说："汝只图私利,全无武士之德,……我今为信义,将汝臭名留于后世。"左门解释的很清楚,斩杀丹治不是由私愤出发的行为,而是因为丹治"汝只图私利,全无武士之德",通过斩杀就可以"将汝臭名留于后世"。左门之话表明丹治只是一个为了图谋私利而明哲保身的代表人物形象。

再说,在《龙堂灵会录》中范相国明哲保身遭伍子胥严辞批驳,不仅不反驳,而听到伍子胥自己具有"孝""忠""智"的说法以后,就"辞塞,乃虚位以让之。伍子胥遂据其上"。范相国的行为明显表示他接受伍子胥的批评而自己也感到很羞愧。《菊花之约》中丹治也与其表现出同样的状态。左门对丹治说了一番道理,就斩杀了他,但是其中没有描写丹治的任何行为反应。以《龙堂灵会录》的范相国行为的内涵作参照时,能理解到丹治也为自己做的事感到相当羞愧,而不得不接受替义士宗右卫门来的左门的惩罚。因此,对丹治的斩杀不意味着针对个人而是针对那些非信义之徒的批判与弹劾。因此,《菊花之约》主要意思并不只是对男人之间的信义的赞扬,更是对不顾信义的社会的批判与疑问。作者上田将历代的故事"公叔座商鞅之谊"作为绝妙的例子,提示如果人们重视伦理而认真思考其行为,无论多难处理的场合肯定具有不脱离信义的行为,但是为何现世充满邪恶、背信弃义,而且信义之士被谋杀?根源就在于人们不重视信义而图谋私利的社会现状。从这儿反过来看,为什么左门被设定的角色是理想主义者,就是因为作者认为如果批驳现实社会的恶浊,最自然而合适的就让一个脱离尘世生活而没被污染的人面临问题而处理,他纯洁的眼光就能敏锐发现并且指出其肮脏之处。

《菊花之约》的主题思想也有"对已经失去信义的当时武士社会的批判"[①]的学说等意见。其实上田把《死生交》中的商人改为武士(军师),将农民改为儒者,作者这样改编其实是试图将信义的内涵由原作的日常中提到理念化或者纯粹化的层次,因为儒者是将信义作为自己做学问的对象。武士也为信义而死,他们伦理的内涵具有强烈的信义意识。[②] 而且上田的随笔文集《癎癖谈》也显示的作者固有的文人意识以及他尘世处身的心情,其中对当时社会的恶浊与不真实进行了严厉讽刺与批判,还感叹在尘世生活如果要保持自己精神的高尚,自己灵魂不容易得到安慰,性格不得不自然地变得怪癖。[③] 因此,同时综合考虑这些作者的背景时,可以认为作者为了小说题材的表现比较恰当,就以武士与儒者作为主人公而已,所以作品的主题并不只是武士社会,因为日本的武士社会本来是以信义为基础而建立的,信义是武士的核心理念,所以作者将主人公设定为武士与儒者,指出以信义为核心的武士阶层都如此堕落,更何况其他阶层呢?所以作者批判的矛头其实指向充满了不真实的被污染的尘世。作者通过丹治面对左门的谴责保持沉默就意味着他的默认,左门斩杀丹治的行为,其实是将信义之士与无信义之徒相对照,最后尼子也赞扬左门处理丹治的行为,这些情节全面否定无信义,将信义成为绝对化。而且立足于这些主题的认识,结尾再次出现"正是,莫与轻薄儿结交"时,这句话带有很明确的意义。

因此,作者依照《死生交》的男人间的重信义之主题,在其基础上还对当时社会

---

① 胜仓寿一:《雨月物语构想论》,东京:教育出版センター,1977年,第95页。
② 长岛弘明:《雨月物语的世界》,东京:筑摩书房,1998年,第115页。
③ 中村幸彦代表编:《上田秋成全集》第七卷,中央公论社,1990年,第55—58页。

丝毫不重视信义的真实状态进行了严厉批判。作者还借用中国典籍,通过中国文学的表现方法,试图将其主题表现得更明确,使感情色彩更丰富浓厚。

六、结　论

综上所述,以前日本学者一直认为《菊花之约》主要借用中国典籍《死生交》与《史记·商君列传》两种,其实隐藏在这部作品的中国典籍更丰富,作者为了明确的表达的创作意图而引用中国典籍。与此同时我们看到,作者对于作品情节线索或者发展的前后对应,具有相当严密的构想和周密的创作计划。他试图要将原来刻画不出的人之种种面貌以及人的内心,在《菊花之约》中要有所表现,就在中国典籍中去寻找其创作题材以及表现手法。正是因为上田具有要超越原来的日本文学题材的意图而借用中国典籍,所以,如果日本学者只是从日本文学形式的表现色彩角度来欣赏,恐怕会出现不少的误读。通过对《菊花之约》应用中国典籍的研究,更明确地认识到《雨月物语》中的中国文学因素以及这些因素的应用是多么丰富多彩。而且同时认识到作者上田对中国文学的知识与理解及其重视,比现在我们认识到的程度要深刻得多。如果在上田秋成研究当中具有不同认识,为了更深入探索其问题,重新关注其中的中国文化因素的影响,恐怕会发现明确的答案。

附:引用原文的著书列下:

《菊花之约》参照了中村幸彦代表编《上田秋成全集 第七卷》(东京,中央公论社,1990年)。

《丰原兼秋听到秋音就知国事盛衰之话》参照了中村幸彦等校注《英草纸 西山物语 雨月物语 春月物语》日本古典文学全集48(小学馆,1993年)。

《范巨卿鸡黍死生交》参照了冯梦龙编刊、魏同贤校点《古今小说》中国话本大系(江苏古籍出版社,1991年)。

《龙堂灵会录》参照了瞿佑著《剪灯新话》(古本小说集成)(上海古籍出版社,1992年。该书是据日本内阁文库明嘉靖刻本《剪灯新话句解》上下两卷本影印本)。

《菊花之约》汉语翻译参考了阎小妹译《雨月物语》(人民文学出版社,1990年)

中日近现代小说"家"的文学观念比较

于荣胜*

中日近现代小说作品的差异是明显的,造成这种差异的原因很多。其中一个重要的因素可以说就是两国小说家、或者说小说创作主体的文学观存在着差异。比较两者的不同,可以帮助我们探讨近代日本文学家眼里的文学究竟是什么,他们对于文学的认识如何作用于他们的写作。

一

日本近代文学开始于坪内逍遥的文学论著《小说神髓》和二叶亭四迷的小说《浮云》。这两部作品对于以后日本近代文学的发展具有重要的意义。《小说神髓》否定了近世小说"劝善惩恶"的功利主义以及近世小说的"游戏娱乐",提倡小说要写"人情"(人的情感世界),特别是要注重心理的描写。《浮云》则在描写现实中的人,特别是对人的心理状态细腻的描写上,取得了成功。在以后的小说创作中,注重人的心理世界的描写逐渐为人们所接受。但是,《浮云》所具有的现实批判精神却无人继承。明治维新后,"明六社"的启蒙者们所做的工作重点之一在于人的自我觉醒。而以后的日本文学的重要题目也同样在表现逐渐觉醒的"人"。不过,这个觉醒的人主要指个体的知识分子,并不包含广大劳动者在内的人的群体。日本近代小说创作的内容也主要集中在个体知识分子所表达的觉醒后的悲哀、受压抑的个我的痛苦。森鸥外的《舞姬》、樋口一叶的代表作品《十三夜》、岛崎藤村的《破戒》、《春》、田山花袋的《棉被》等等都是这一类小说。这类小说和中国"创作社"的自我小说有相似的地方,但是它逐渐变得强大,最终成为日本文坛的主流,这一点是与中国文学有着不同的发展轨迹。在日本近代文学形成的过程中,一方面小说的地位得到极大提高,另一方面小说也逐渐变为表现个我的重要载体。当然,并不是每一个作家都这样看待文学,森鸥外与夏目漱石等作家应该说就是这样的例外。

---

* 于荣胜,北京大学外国语学院教授、博士生导师,北方工业大学讲座教授。

森鸥外是一个深受传统文化熏陶、汉学造诣很高、十分熟悉西方文化的作家。但是，同时他又是日本官僚体制中的一个军队官员，还是一个从事医学研究的学者。他从事小说写作与个人的经济生活没有任何的关系，也与政治没有什么关联。他的小说写作可以说只是出自他个人自我表达的愿望。《舞姬》等早期的三部小说，应该说都是产生于这样的创作欲望中。在《舞姬》里，浪漫的描写之中掩藏着作者本人的内心矛盾和痛苦。森鸥外十分清楚这种矛盾来自于家、国的意识和自我真实的追求。但是，森鸥外"轻而易举地"化解了这一矛盾，放弃自我，返回家、国中间。这样，既符合家、国的利益，也可以使自己尽"忠"尽"孝"，同时还可以实现"立身出世"的个人愿望。森鸥外的解决方式建立在克制自我、调和理想与现实矛盾冲突的"合理主义"的基础上的。由此，也反映出森鸥外文学观念的摇摆性。在他的早期创作中，他是战斗的，在文坛上掀起的文学争论就是明证。但是，他又是克制的，仅仅在体制允许的范围内进行他的文学活动。这在他后来的长期搁笔停止小说写作中可以得到证明。森鸥外中后期的文学创作集中了他的优秀作品，显示出其文学大家的实力。有的评论家认为森鸥外的文学为读者解决了许多社会的、道德的、甚至有关历史的问题。森鸥外似乎是以人生的教师、人生的探求者的身份出现在文坛上的。他和夏目漱石一样，总是关注国家、国民以及道德，总试图在社会心理的层面上解决这些问题。对于他来讲，哲学、行政、人与人的关系首先是人学，然后才是文学。[①] 从这种意义来看，森鸥外的小说写作是与现实人生、与国家、民众以至道德联系在一起的。不过，森鸥外的小说写作仍然是以与现行制度，与明治官僚体制不发生激烈冲突为原则的。森鸥外以自己的高深的学识，发现了明治社会中的许多社会、人生的问题，也发表了不少对于逐渐西化的浅薄现实的批判意见。他甚至还写作了对政府的专制行为表示不满的小说。但是，这种不满的表达却是隐晦的，不触及其痛处的。森鸥外的文学在一定意义上可以说是批判的、战斗的，但是其批判的对象、其战斗的对象往往限制在广义的文化范围。他的代表作品《青年》、《雁》、《高瀬舟》等等，可以说都显示了森鸥外对于人生各个层面的关注与他的睿智卓见和批评意识。不过，从伦理观念来看，森鸥外显然是守旧的。对乃木殉死于明治天皇的感慨和赞美正说明这一点。也许，正是因为如此，森鸥外才可能极好地协调文学与其职业的关系，既在日本陆军做到军医的最高官阶，又可以在文坛上取得极高的赞誉。在中国的作家群里似乎很难发现如森鸥外一样的作家。

夏目漱石在学识上，和森鸥外一样，具有极高的造诣。他也熟读汉籍，深谙西学，具有深厚的日本传统文化的功底。正像森鸥外曾经留学德国一样，夏目漱石也

---

① 中野重治：《鸥外其侧面》，筑摩书房，1972年，第210—212页。

曾留学英国。对于西方文化的深入了解和强烈的道德观念使他对明治社会西化的浅薄感到极度的不满。这是促使他批评现实的一个重要的动力。文学,最初在他看来,只是中国古典文学。中国古典文学的风土是使处于孤独之中的夏目漱石逃避周围现实的场所。他试图摆脱压迫自己的现实生活,躲入自己孤独的、静寂的世界,但是他所学习的英国文学却试图将他拉到人事纷杂的俗世。① 夏目漱石开始学习英国文学时,实际上是把文学作为为国家兴旺贡献力量的一件事情,通过文学的研究与西方人一争高低。这至少反映出在夏目漱石的心底深处所存在的功利性文学的意识。这种认识在他写的一封信里可以得到证实。"……从这点来看,仅仅追求纯粹美的文字,正如过去的学者所评价的那样,将会成为'闲文学'。而俳句情趣就是在这闲文字中逍遥。可是,仅仅沉醉在这小天地中,是根本无法改变大的社会的。而那些必须动摇的敌人就在我们的前后左右。如果我们愿以文学作为自己的生命,那么就不能仅仅满足于'美'。我觉得必须像维新的勤王志士那样地不畏艰辛困苦","……我一方面徘徊于俳谐式的文学之中,另一方面则以维新志士那种不顾生死的刚烈精神从事文学。"② 假如说夏目漱石最初的文学观是与兴国联系在一起的,是颇为功利的,那么在完成《我是猫》以后,夏目漱石的文学观则是与现实对抗的,同样也有强烈的功利性。这就是以小说来表达自己对于社会人生的反抗和批判。不过,我们还应该注意到夏目漱石所讲的另一句话,他还要在俳谐式的文学世界中徘徊。显然,这种徘徊就是追求美,沉醉于小天地之中。换句话说,就是保留一块自己个人的静寂世界,一块审美的土地。在寻求他的美的世界同时,夏目漱石在文学中不断地对于现实进行批判和对人性进行剖析。《从此以后》可以说是他在这方面最为成功的一部作品。在这部作品里,夏目漱石一方面对日本的现代文明进行了有力的批判,另一方面开始暴露出日本社会的弊端。对于家族制度专制性的揭露应该说是这部小说获得成功的一个重要的因素。但是,他的这种努力并没有持续很久。由于对人性的怀疑态度,加之强烈的道德意识,使夏目漱石开始通过文学创作探究人性的利己动机,表现人的利己和现实道德的冲突矛盾,寻求其解决的方法。这成为了夏目漱石以后的重要代表作品的相同主题。这些重要代表作品的一个突出特点就是格外关注人的内心世界,模糊人物存在的社会背景,或者说忽略对于外部世界的描写和表现。《道草》是夏目漱石唯一一部自传体长篇小说,写的是夏目漱石的家族中的人物和事件。但是,这种描写仅仅限定在家庭的范围内,而且仅仅是表现家庭内部的人与人的关系。应该说,这种表现方法与夏目漱

---

① 江藤淳:《夏目漱石》,新潮社,1979年,第40—41页。
② 同上书,第221页。

石此时的文学认识有着密不可分的关系。在批判现实、揭露现实的不合理、人性丑恶等方面,夏目漱石与鲁迅或者其他一些中国作家比较,应该说有很多相似之处。但是,他的小说创作渐渐局限在对利己人性的探究上,便与中国小说家的创作理念渐渐拉开了距离。

田山花袋和岛崎藤村是日本自然主义的代表作家。他们的文学观念与夏目漱石、森鸥外有一定的距离。以小说来表现个我的内心,描写自己身边的人物和事件,应该说是他们二者的共同之处。但是,他们的文学的出发点还是有所不同的。田山花袋出身虽然贫寒,但是士族出身的家庭背景却往往使之感到自豪。出人投地,在俗世中成名是他开始文学写作的最大动力。为此,他寻求与砚友社的联系,开始与《文学界》的同仁进行交往,并且站在日本自然主义文学的前列。在与各类文学接触的过程中,田山花袋逐渐形成了个人的文学认识。在"我走过来的路"一文里,他这样讲:"……我讨厌为社会、为艺术的'为'也就在这里。(人的心灵)都会被社会、团体所遮掩,必须透过它们来观察。所以,我们是无法接触人的心灵的。我把自己纯真的赤裸的一切都置放在(他人)的面前,这对自己有好处,对别人也同样有益。现在,我的心情就是这样的,拨动一个人的心灵就可以接触一万个人的心灵。"①《棉被》所获得的文学成功,更加使田山花袋坚信小说的写作应该是将自己的灵魂置放在众人的面前,让人们去观察、品味、理解。他以为这既是对世俗和传统因袭的对抗,也是对个我觉醒的一种表达。为了这个目的,他主张小说的写作应该是大胆的赤裸裸的暴露,而暴露的对象则是俗世认为"丑"的东西。《棉被》在一个中年男子的"性欲、悲哀、绝望"之中,所暴露出的正是个人的丑的内面,并由此揭掉了道德、传统的假面,显现出人的真实的内在。这部作品不仅使田山花袋本人明确了自己以后的创作方向,而且也给与他同时代的作家指明了小说写作的道路。田山花袋在主张大胆暴露的同时,也不赞成在小说里描写社会。对具有社会性意义、对现实社会进行暴露、批判的岛崎藤村的《破戒》,他认为价值要低于藤村的其他的作品。田山花袋的这种评价反映出他注重描写个人、个人身边发生的事情的文学观念。田山花袋的《生》的创作与他的这种创作方向有着密不可分的联系。只不过他不仅仅是写自己个人的悲哀和丑恶,而且还要把自己的家族成员放在灵魂的解剖台上,将他们的"丑恶"展现在世人面前。尽管田山花袋在《生》里也触及了封建的家族制度,但是所进行的批判却是微乎其微的。他把所有的一切都归罪于人的性格和人性的丑恶,他所涉及的仅仅是家族制度的表层。这无疑和他通过"暴露"丑恶、描写真实的文学观念是有关系的。

---

① 《百年的文学》,新潮社,1997年,第489页。

岛崎藤村的文学变化是在田山花袋的《棉被》的刺激下而产生的。岛崎藤村的成名作《破戒》描写了教育界、宗教界、政界的腐败以及社会制度的不合理状态，蕴含着许多的社会问题。同时，这部作品又重点表现了一个承受着被歧视阶层的精神重负、并试图袒露自己的真实内心的青年的苦恼。在小说里，个人的苦恼是和社会的不平等，和社会的不公正、现实的丑恶联系在一起的。这就使岛崎藤村的《破戒》在反映明治时期青年人共同的内心苦痛的同时，具有社会现实的批判力量。此时，岛崎藤村的小说写作可以说还是在他的现实关怀中进行的。他在回忆自己写作《破戒》的文章里曾经说："自己也曾想携笔从军，但是到底也没有实现自己的理想。于是，我开始写作《破戒》。人生就是一个大战场，作者就是那随军的记者。"①做一个人生的随军记者，以自己的笔记录下人生的波澜。这既表达了藤村的宏大志向，同时也是藤村小说创作的早期目标。但是，《棉被》的出现使藤村的"人生"发生变化，这个人生逐渐剔除了其原有的社会性一面，被彻底限定在了小我的小圈子里面。《春》就是这个变化的开端。假如说《春》还是写了藤村与《文学界》的联系，表现的是追寻"理想、艺术、人生之春"而不得的青年们的挫折和痛苦，那么他以后所写的《樱桃熟了的时候》、《新生》、《风暴》等等就几乎都是个人人生的记录了。《家》的完成就在这个变化的过程之中。在小说里，虽然我们可以看到作者表现封建家族制度对个人的束缚的企图，但是作者把自己的描写对象限定在"屋内"的创作设想限制了他对于社会现实的批判。因此，他只能在小说里抒发一些对于历史变化之中人的无奈的感叹。

田山花袋和岛崎藤村都是软弱的知识分子，来自于乡村田舍，"立身出世"是他们作为文人的最大追求。在精神的世界里，他们也向往着自由、个我解放。但是在现实的世界里，他们却不得不与世俗与传统妥协。他们有着许多精神的伤痛和内心的苦闷。以"告白""忏悔""暴露"的方式在小说的世界里向读者袒露他们的伤痛，诉说他们的苦闷，也就成为了他们小说创作的最主要的素材。

芥川龙之介开始小说创作与他的失恋有关。养父母出于家庭的某种理由，反对他与自己所喜欢的女孩交往、求婚。这使芥川龙之介感受到"爱是与利己联系在一起的"，他在给朋友的信里讲："究竟有没有不与利己主义发生联系的爱？利己主义的爱是无法跨越人与人之间的障碍的。也无法医愈落在人身上的生存苦的寂寞。假如没有不与利己主义发生联系的爱，那么再也没有比人的一生更痛苦的事情了"。② 利己是芥川对于人性的最基本的认识，也是芥川小说作品中的一个重要

---

① 《岛崎藤村1》，文艺春秋社，1967年，第518页。
② 关口安义：《芥川龙之介》，岩波书店，1995年，第44页。

主题。支持芥川进行小说创作的力量,应该说主要来自两个方面,一是他对人性的逐渐趋于绝望的认识,一是追求艺术完美的艺术至上观念。芥川擅长写历史故事,历史只是他的小说人物活动的背景或者说遥远时代的标志。小说的人物的心理才是他要描写的对象。不论是历史小说,还是写实性的小说,他的许多小说人物的心理往往和利己、私欲具有某种联系,他试图通过这种描写对人性进行剖析和批评。譬如《罗生门》、《鼻子》、《竹林中》、《蜘蛛网丝》、《秋》、《一块土地》等等,都在描写人的利己自私的心理。艺术至上的文学观念也是他的小说表达的一个方面,最具代表的就是《地狱图》。在这个短篇里,芥川将道德伦理与艺术对立起来,让他的主人公在两者中选择了艺术,以表达为艺术的完美可以置一切而不顾、甚至可以忘却父女亲情的献身精神。但是,芥川又让他的主人公在艺术获得完美成功时自缢身亡,又使道德伦理和艺术追求达成统一。这反映了芥川内心为艺术而艺术的愿望和不得不遵循世俗伦理的现实之间的矛盾。这在芥川的生活现实里,也不难发现。一方面,芥川在小说世界里自由翱翔,写人生,写人性,写历史,写现实,也写社会,而在另一方面,他却要应付社会的、文坛的、家庭的复杂的人与人关系,要做一个为社会所认可的人和作家。芥川之所以在他的《一个傻瓜的一生》、《齿轮》、《河童》里反复地谈到家给他带来的痛苦,他之所以在《一块土地》里把由婆媳构成的家描写成利己的人的结合体,一是因为家庭已经使他感到沉重的压力,二是因为他的文学本身就是要深掘人性中的利己动机。

武者小路实笃是日本近代著名文学流派白桦派的代表人物,他在题名为《三个》的文章中这样讲自我和创作的问题:"对于自己首要的是,自我,是自我的发展,是自我的扩大,是真正意义上的充实自己的一生。作为手段,我选择了写作这个工作。与这个工作有直接效用的,对我来说是最宝贵的。间接发挥作用的第二宝贵。没有作用的,对我来说,就是毫无意义的。我爱美,爱力量,爱生命,爱艺术,爱思想。不过,这都是因为爱自我,因为想扩大自我,想……。所以,我不喜欢游戏的文学,也无法理解宁可牺牲自己也热爱文艺的人。离开了自我,任何东西在我看来都是没有价值的。……对于文艺的价值、自己工作的价值,除了这个标准,任何标准都是无法衡量的。"①武者小路实笃说的十分明白,文学创作对他来讲,仅仅是充实自我、发展自我、扩大自我的一种手段。假如创作本身和自我失去联系,那么文学创作就没有任何的意义。他判断文学有无价值,就是根据它能否表现自我、与自我是否有关系。武者小路实笃的这种自我与文学关系的认识对白桦派的其他作家产生了重大影响,白桦派中文学成就最高的作家志贺直哉也十分赞成武者小路实笃

---

① 本多秋五:《志贺直哉》上,岩波书店,1990年,第123—124页。

的这种观念,他也将自我表现奉为至高。志贺直哉的创作和志贺本人的个人生活有着密切的关系。他的《为了祖母》、《母亲的死和新的母亲》、《大津顺吉》、《在城崎》、《和解》《山科的记忆》、《暗夜行路》等等许多代表性的作品基本上都是取材于他和家人的生活。即使那些和志贺直哉本人的生活没有直接关系的小说,也往往表现的是自我的这个主题,譬如《范的犯罪》、《清兵卫和葫芦》等等都是这样的小说作品。分析《大津顺吉》和《和解》为什么不重视对家长的专制进行批判时,我们无疑应该注意志贺直哉小说创作的出发点——表现自我。假如我们把人生社会比作一个大宇宙,人的内部世界是一个小宇宙,那么志贺直哉的小说所关注的就是小宇宙。中国的作家在五四时期,同样也在追求自我,但是他们的自我表现并不是局限在个人的意识或者狭小的环境之中。而志贺直哉则不同,他的自我基本都是在这小宇宙里得以实现。他的小说世界基本被限制在一个狭窄的空间之中。

二

中国现代文学作家的文学观念的形成与五四新文化运动有着密切关系。胡适发表在《新青年》上的"文学改良刍议"(1917)可以说是推进文学革命的一声号角。他讲:"文学者,随时代而变迁者也。一时代有一时代之文学,……今日之中国,当适今日之文学。"[①]胡适认为传统的中国文学是死文学,应该在它的坟墓上创造一个新时代的新的文学。胡适还认为文学要"言之有物",所谓"物"就是指的"情感"和"思想","文学以有思想而益贵"。陈独秀在《论文学的革命》一文里,表示要推倒"雕琢的阿谀的贵族文学,建设平易的抒情的国民文学","推倒陈腐的铺张的古典文学,建设新鲜的立诚的写实文学","推倒迂晦的艰涩的山林文学,建设明了的通俗的社会文学"。[②] 他们文学革命的呼喊得到了许许多多的响应者。中国现代文学首先开始语言与文体的变革,继而又对黑暗的社会现实展开了猛烈的批判和揭露。从实质来看,中国新文学从它的开始就是重视其社会政治思想功能的。在相当一部分的新文学的开创者眼里,社会的变革显然要重于文学本体的变革。

"启蒙的功利主义的文学观念与纯文学的观念在某种意义上构成了现代文学观念内在的紧张。梁启超将文学纳入到资产阶级思想启蒙运动之中,五四文学革命同样也是一场启蒙主义的文学运动。实际上,鲁迅最初从事文学运动就深受梁

---

① 姜义华:《胡适学术文集·新文化运动》,中华书局,1993年,第20页。
② 任建树:《陈独秀著作选》第一卷,上海人民出版社,1993年,第260页。

启超'新民说'及其启蒙主义文学思想的影响。"① 对于鲁迅来讲,他之所以弃医从事文学写作,就是要以文学的力量来唤醒处在精神麻木状态下的同胞。他认为:"医学并非一件紧要事,凡是愚弱的国民,即使体格如何健全,如何茁壮,也只能做毫无意义的示众的材料和看客,……所以,我们的第一要著,是在改变他们的精神,而善于改变精神的是,我那时以为当然要推文艺……"② 可以说,鲁迅从事小说创作的目的性十分明确,就是要改变中国民族的精神。在鲁迅看来,"文艺是国民精神所发出的火光,同时也是引导国民精神的前途的灯光。……没有冲破一切传统思想和手法的闯将,中国是不会有真的新文艺的"③。鲁迅试图"改变民众的精神"的文学目的和启蒙主义的文学出发点,在根本意义上是相同的,就是要以他的小说作品来揭示中国民众的身上存在的弱点,批判长期以来毒害中国人的封建观念,批判束缚、压迫人民的黑暗的社会制度,使人民能够认识到自己生存的状态,从而达到觉醒。鲁迅不是一个为艺术而艺术的作家。

"在中国现代文学史上,有一类作家:他们最初的人生之梦,不是作家,而是政治家、革命家。大革命的失败,却使他们深深地感到了幻灭的痛苦。于是,文学创作,遂成为他们的自救之舟,并由此开始了人生之路的转折,茅盾、巴金即属这类情况。"④ 茅盾出现在社会舞台上,是以革命家的身份出现的。他是中国共产党的早期党员,担任过很多重要的职务。在他的早期生涯里,他个人的生活和奋斗融入到社会革命的洪流之中。他曾经参与了文学研究会的组织成立工作,提出了"为人生"的文学主张。通过《"小说月报"改革宣言》(1921)、《文学与政治社会》(1922)、《论无产阶级艺术》(1925)等一系列批评作品,推动文学向进步的社会政治潮流靠近。⑤ 但是,他真正的文学创作却开始得比较晚,是在中国第一次大革命失败之后。茅盾进行小说创作的动机,在《从牯岭到东京》一文里写得十分清楚。"……我是真实地去生活,经验了动乱中国的最消沉的人生的一幕,终于感到了幻灭的悲哀,人生的矛盾,在消沉的心情下,孤寂的生活中,而尚受生活执着的支配,想要以我的生命力的余烬从别方面在这迷乱灰色的人生内发一星微光,于是我就开始创作了。"⑥ 茅盾在这篇回忆录里,表示自己不是一个忠于文学的人,他说:"那时候,我的职业使我接近文学,而我的内心的趣味和别的朋友……则引我接近社会运

---

① 旷新年:《现代文学观的发生与形成》,《文学评论》2000 年 4 期。
② 《鲁迅选集 2》,人民文学出版社,1992 年,第 89—90 页。
③ 《鲁迅选集 3》,人民文学出版社,1992 年,第 172 页。
④ 杨守森主编:《二十世纪中国作家心态史》,中央编译出版社,1998 年,第 154 页。
⑤ 杨义:《中国现代小说史》2 卷,人民文学出版社,1998 年,第 95 页。
⑥ 叶子铭编:《茅盾自传》,江苏文艺出版社,1996 年,第 188 页。

动。"尽管茅盾是以消沉的心情、幻灭的感觉开始小说写作,但是他的这些小说作品所表现的并不是他个人的内心的孤寂和悲哀。他试图描写当时的青年在"革命壮潮中所经历的三个时期"。他的小说展现了青年人在革命前后所表现的兴奋、幻灭、动摇、追求。他在自己的作品里,既写了不满现实、在现实中苦闷、寻求出路的青年,也流露了自己的极端悲观的心绪。但是,为人生、客观描写人生的初衷,在茅盾那里是没有变化的。茅盾曾明确地表述过自己的文学观念,说:"对于文学的使命的解释,各人可有各人的自由意见……我是倾向人生派的。我觉得文学作品除了能给人欣赏以外,至少还须含有永久人性和对于理想世界的憧憬。我觉得一时代的文学是一时代缺陷与腐败的抗议或纠正。我觉得创作者若非全然和他的社会隔离的,若果也有社会的同情的,他的创作自然而言不能不对社会的腐败抗议","我以为现在我们这样的社会里,最大的急务是改造人们使他们像个人。社会里充满了不像人样的人,醒着而住在里面的作家宁愿装作不见,梦想他理想中的幻美,这是我所不能理解的"。① 毫无疑问,茅盾是一个具有高度社会责任感的作家,他的文学创作本身就是为了纠正社会缺陷、抗议社会腐败的武器,也是改造社会,改造人的工具。茅盾丝毫不隐晦自己的文学的功利性的一面,他的文学创作就是为人生,为社会而存在的。以后,他文学观念中的阶级意识更加增强,小说的社会功用是他创作小说时特别强调的一点。

巴金在正式开始文学创作以前,是一个十分坚定的无政府主义者。他曾经怀着饱满的政治热情,为宣传无政府主义作了许多工作。巴金相信只要奋斗,通过社会变革,一切社会罪恶都会被消灭,一个人们可以共同享乐的社会必然会出现。为了实现自己的理想,他离开了家乡,来到上海,来到南京,甚至到了近代无政府主义发源地法国。由此也可以看到巴金早期的极大政治热情。与茅盾一样,当无政府主义在国际、国内都遭受到沉重打击以后,巴金开始了他的文学写作。此时,巴金的小说写作的动机还是为了表达自己的悲哀。他在《〈灭亡〉作者的自白》一文里,曾说:"我活了二十几年。我生活过,奋斗过,挣扎过,哭过,笑过。我从生活里面得到一点东西,我便把它写下来。……我不是为想做文人而写小说。我是为了自己,为了申诉自己的悲哀而写小说。"此时,尽管巴金在文学上获得了成功,但是他并不认为文学是自己的追求,不认为小说创作是自己个人的理想。文学于巴金而言,仍然是个人情感宣泄的工具或者说方式。尽管是宣泄个人的情绪,但是,"巴金早期小说并不屑于描绘枝枝节节的生活琐事",他以偏激的情绪,在作品里描写了人生和时代的重大的问题,将自己的激情倾注于其中。他以否定和破坏现存的一切的

---

① 叶子铭编:《茅盾自传》,江苏文艺出版社,1996年,第125页。

视角,审视半封建半殖民地的中国社会。所以,巴金的情感宣泄的背后,隐存的仍然是对于社会现实的关注。关于这一点,巴金曾在不同的文章中反复提及。在《关于〈激流〉》一文里,巴金说:"为我大哥,为我自己,为我那些横遭摧残的兄弟姊妹,我要写一本书,我要为自己,为同时代的年轻人控诉,伸冤","我不是在写消逝了的渺茫的春梦,我要写的是奔腾的生活的激流","我知道通过这些人物,我在生活,我在战斗。战斗的对象就是高老太爷和他所代表的制度,以及那些凭借这个制度作恶的人,对他们我太熟悉了,我的仇恨太深了","死了的人我不能使他复活,但是对那吃人的封建制度我可以进行无情的打击。我一定要用全力打击它!"①在"灵魂的呼号"一文里,巴金讲:"我的文章是直诉于读者的,我愿它们广阔地被人阅读,以引起人对光明爱惜,对黑暗憎恨。我不愿意我的文章被少数人珍藏鉴赏。……我的文章是写给多数人读的,我永远说着我自己想说的话,我永远尽我的在暗夜里呼号的人的职责。"②巴金的文学观念表达得应该是十分清楚的,他的文学是写实的,写的是现实的如同激流奔腾一般的生活。通过描写这种生活,控诉封建专制的社会、家族制度。他的文学是战斗的。他战斗的对象是高老太爷们和他们所代表的制度。他的文学是暗夜里的呼号,是含着血和泪的真情实感的流露,是对光明不懈的追求。尽管巴金没有茅盾那种强烈的政治、阶级意识,但是在向旧的制度战斗的方面,两者却是很相似的。这显然和巴金曾经从事过的政治斗争有关。换句话讲,巴金虽然脱离了实际的政治斗争,保持着一定的独立和超然,但是他仍然没有忘情于政治。只不过,他没有参加具体的政党,而是在文学的世界里,以小说的形式向黑暗的制度在不停顿地斗争。所以,在描写家族时,他仍然执拗地攻击着隐存于家族生活、家族人际关系背后的封建专制的制度和封建的伦理道德。

张爱玲与以上作家相比较,应该说是一个"另类"作家。在风起云涌社会动荡的时代里,在反侵略、争取民族解放的斗争中,张爱玲显得漠然,冷淡。她曾经这样讲:"清坚决绝的宇宙观,不论是政治上的还是哲学上的,总未免使人嫌烦。人生的所谓生趣全在那些不相干的事。"能够在时代风云变幻的大潮里,坚守在个人文学的天地里,毫无疑问与她不关心政治,不参与政治的人生态度有着密切的关系。但是,这不意味张爱玲的作品,张爱玲的文学主张没有任何的积极意义。张爱玲曾经十分明确地讲过:"一般所说,'时代纪念碑'那样的作品,我是写不出来的,也不打算尝试。因为现在似乎还没有这样集中的题材。我甚至只写些男女间的小事情。

---

① 贾植芳等编:《巴金写作生涯》,百花文艺出版社,1984年,第121—127页。
② 同上书,第462—463页。

我的作品里没有战争,也没有革命。"①在当时的环境中,不写战争,不写革命,似乎与时代是隔膜的,也不为主流的文学所接受。但是,从另一个方面讲,这实际上也反映了张爱玲有别于其他作家的文学特征。的确,张爱玲没有打算写主题宏大的作品。但是,她的创作在某种程度上,仍然是将人生的描写放在了主位。尽管张爱玲没有这方面的文学的宣言,但是她在《传奇》的再版序言里所讲的一段话还是可以转达她的文学认识的。"个人即使来得及,时代是仓促的,已经在破坏中,还有更大的破坏要来。有一天我们的文明,不论是升华或是浮华,都要成为过去。如果我最常用的字是'荒凉',那是因为思想背景里有这惘惘的威胁。"荒凉这个词汇表达的是张爱玲对于人生的总结,在某种意义上,也是她进行小说创作的出发点。张爱玲的小说尽管写的多是"男女间的小事情",但是在这男女间的事情里所蕴含的往往与张爱玲本身的人生思考有关。她的小说"将衰败的旧家族、没落的贵族女人、小奸小坏的小市民日常生活与新文学传统中作家对人性的深刻关注和对时代变动中道德精神的准确把握成功地结合起来,再现都市民间文化精神"②。张爱玲的小说十分关注女性的描写,对女性的心理描写也是吸引读者的一个重要的方面。有的评论家认为她的女性的描写"对女性黑幕世界的披露和揭示,与鲁迅对国民性的鞭挞,具有同等重要的意义。她是第一个对女性的女奴意识作出系列展览的作家,也是唯一揭示了女性自身是阻碍自己发展的主要因素的现代作家"。评论家的评价虽然未必准确,但是却指出了十分重要的一点。这就是张爱玲的文学创作所关注的不仅仅是男女之间的小事情,而且对于她所生存的时代环境中的人生、特别是女性同样给予关注,并且表现在她的作品之中。

考察以上几位作家,我们可以发现这样一个共同点。这就是他们对于自己以外的外部世界的极大关注。这种关注有的是出自于思想观念上的,有的是出自于政治、阶级意识上的,有的是出自于人道主义精神的,也有的是产生于个人的人生认识。但是,不论怎么讲,他们都无一例外地关心着社会、人生和他们所生存的时代,认为他们的文学应该是为描写表现这样的现实而存在的。除此之外,他们还有一个相同的地方。这就是,他们(张爱玲例外)都有着强烈的社会责任感,不仅在文学创作中以文学的语言表达他们对于社会人生的关心,而且还在现实生活中为民族为被压迫者争取解放在进行极大的努力。他们的小说作品在形式上,在内容上,有着很大的不同,但是在关心社会、关心人生、关心广阔的外部世界的文学精神上,却是相同的。其实,这种精神不仅仅限于这几位作家。在其他的作家的小说创作

---

① 杨守森主编:《二十世纪中国作家心态史》,中央编译出版社,1998年,第278页。
② 冯祖贻:《百年家族张爱玲》,河北教育出版社、广东教育出版社,2000年,第42页。

中,我们同样可以看到这一点。在郭沫若、老舍、张天翼、丁玲、肖红、冰心等作家的创作中,我们都不难发现他们对于社会的强烈的责任感,都可以读出他们的历史使命感。即使那些被称作"超然独立"的作家,如沈从文、林语堂、梁实秋等也同样关注着中国社会的变化,同样在他们的作品里表现时代与人生。即使那些通俗小说家,如张恨水等也是同样的。

　　当然,中国现代文学不仅仅是一种声音,同样也有一些作家强调文学的独立性,排斥"文以载道"式的文学观念,否定功利主义的文学观。王国维就是其中一个代表。他"追求文学独立,批判了功利主义的文学观。他不仅是对于传统的儒家功利主义文学观的否定,同时也与梁启超所代表的现代启蒙功利主义的文学观形成了明显的张力。他说:"近数年之文学,亦不重文学自己之价值,而唯视为政治教育之手段,与哲学无异。如此者,其亵渎哲学与文学神圣之罪,固不可逭,欲求其学说之有价值,安可得也?"①"王国维与梁启超不同的是,梁启超是从政治改良的目的出发,强调文学作为改革社会的工具,而王国维却是将文学置于艺术的范畴,探讨文学本身独立的价值,探讨文学本身内在的规律以及文艺美学的各种问题。"尽管有作家、评论家强调文学的独立性,尽管鼓吹文学为人生为社会的作家也同样认同这样的观点,但是利用文学达到变革社会政治的目的的创作仍然是中国现代文学的主流,仍然主宰着中国的现代文学。我们甚至可以说"中国现代的文学变革总是与社会政治的变革紧密地联系在一起的"。郑振铎在《文学与革命》中的说法可以说代表了许多作家的文学认识。"要说单从理性的批评方面,攻击现制度,而欲以此说服众人,达到社会改造底目的,那是办不到的。必得从感情方面着手。好比俄国革命吧,假使没有托尔斯泰的这一批悲壮写实的文学,将今日社会制度,所造出的罪恶,用文学的手段,暴露于世,使人发生特种感情,那所谓'布尔什维克'恐也不能做出甚么事来。因此当今日一般青年沉闷时代,最需要的是产出几位革命的文学家激刺他们的感情,激刺大众的冷心,使其发狂,浮动,然后才有革命之可言。……我相信,在今日的中国,能够担当改造的大任,能够使革命成功的,不是甚么社会运动家,而是革命的文学家。"②我们完全可以肯定中国现代作家中有相当一部分人都不否认文学的功利性,都认为"通过情感的作用,文学成了一种重要的社会组织力量和社会动员方式"。而这恰恰是日本近代作家所忽略的。

---

　① 王国维:《论近年之学术界》,《王国维文集》第3卷,中国文史出版社,1997年。
　② 西谛:《文学与革命》,《文学旬刊》1921年第9号,转引自旷新年《现代文学观的发生与形成》,《文学评论》2000年4期。

三

把中日两国的小说家的文学观念放在一起进行比较,我们将不难发现他们之间存在着一个根本的分歧。这就是中国的小说作家认为小说是表现社会人生的,应该表现重大的事件,小说人物的塑造应该与社会时代发生联系。文学的功利性,是为中国的相当一部分作家所承认的。在中国的特定的历史时期内,小说具有启蒙作用,具有教育作用,具有批判作用。假如放弃了这些作用,这种小说在中国就很难占据主流地位。沈从文的小说长期得不到评价至少从反面可以证明这一点。而日本的小说家们普遍都认为小说是写人的,是表现人的心理世界的。尽管森鸥外、夏目漱石的小说也关注外部社会,但是他们更注意描写人的内部世界。森鸥外的《舞姬》吸引日本读者的不是它的情节,而是主人公的复杂的心态。森鸥外的《雁》写的也是女主人公逐渐个我觉醒的心理变化过程。夏目漱石的中后期小说的变化也是一个非常明显的例证。当然,每个作家在表现人时所选择的角度是不同的。但是,日本作家不约而同地都要放弃或者淡化、模糊对外部社会背景的描写,却是十分引人注目的。它的原因可能很多,譬如田山花袋认为社会会妨碍自己直接地袒露个人的灵魂,志贺直哉认为表现自我是第一的。而对于芥川龙之介来讲,挖掘人性的丑恶本身才是至关重要的。至于岛崎藤村,描写个人的生活和个人的感情世界,自然无需和外部世界发生更多的交往了。当然,我们所讲的只是一个总体的倾向。但是,这样一个倾向在日本近代小说家进行小说创作时却发挥着重要的作用。它使日本的小说作家放弃了对于社会现实的理性批判,只关注人性的探究,只关注私人的、个人的、个人周边的事和人或者人与人的某种日常关系。

中岛敦的文字观与庄子哲学

郭 勇*

我们知道,文字作为构成语言的一个重要的侧面发挥着作用,对于语言的认识通常是以对文字的认识为前提的。在不少场合,文字和语言常常是相提并论的,文字甚至会直接代表着语言出场。文字不仅是知性的象征,也还是历史、文化、思想乃至文明的载体。也正因为如此,在文字中包孕着重大的问题意识。

日本现代作家中岛敦对于文字有着独特的思考。在他的一系列文学作品中贯穿着他对于文字所抱有的高度的怀疑态度。中岛敦以对文字的掌握程度为标准创作出了众多截然相反的人物形象来,比如诗人李征与贱吏(《山月记》)、文人司马迁与武人李陵(《李陵》)、思想家孔子与莽汉子路(《弟子》)等莫不如是。在这样的知性(文字)多寡的对立中,中岛敦更倾情于后者。在他看来,正是在这些离开文字(知性)较远的人物的身上体现了更为直接的活力与智慧,才真正地代表了人的存在的本真。有学者在论及中岛敦对文字所持的怀疑态度是,这样评论道:

> "文字"是中岛敦文学世界中的重要主题之一。文字之前的社会、无文字社会的文化等现象也与"文字"这一主题相缠绕着,时不时地在中岛敦的小说世界中登场。文字文化社会和无文字社会的文化的对比是他小说世界中的一个指标。这从地理范围上来看的话,文字文化社会的"中国"和无文字文化社会的"南洋"这一对比出现在了他的作品史(生活史)中。满洲、朝鲜、日本这些作品中的舞台则是存在于文字社会和无文字社会的中间地带地的概念了。①

中岛敦在他所建构起来的文字与无文字的对立框架中,采用了不同的变奏,对于文字以及由烂熟文字所对应的高度发达的文明表示了出了强烈的质疑。在他眼里,文字充其量不过是为了滞留声音的权宜之计,且不说它与声音能指的严重脱节。更重要的是,文字缺乏固定某个发音与意义的绝对根据。理所当然地,由文字书写

---

* 郭勇,宁波大学外语学院教授,文学博士。
① 川村湊:《无文字社会的诱惑——中岛敦与"亚洲"性的思想》,胜又浩、木村一信编《中岛敦》,双文出版社,1992年,第71页。

出来的"历史"、"文化"也不过是镜花水月般的幻影。透过中岛敦对于文字的如是见解,可以清晰地窥见到他作为一个怀疑主义者的肖像。

在《狼疾记》中,主人公三患上了存在根据的不确定性这一具有形而上学意味的怀疑症。在他看来,文字的存在根据同样地不具有任何确定性,是流动性的:

> 他最初觉出这样的不安,当他还是一个中学生的时候。当时他觉得文字这东西很奇怪,当他开始这样想的时候——他一边分解着某个文字,一边心想,究竟这个字现在的这个形状就是正确的吗？当他这样思索时,这个字就渐渐地变得奇怪起来,他感觉到其必然性也消失掉去了。像这样,当他越是用心留意周围的事物,就越发地觉得其存在的根据是不确定的。①

几乎同样的内容,中岛敦在《北方行》中通过折毛传吉的口作了再次的强调。但是,中岛敦对于文字所抱有的怀疑主义的观点最主要地体现在他的《文字祸》里,从中我们可以窥见他对于文字所持有的近乎憎恶的怀疑情绪。日本的神道教思想认为万事万物都是有灵魂的,文字也不例外。《文字祸》就是一部控诉"文字灵"的"文字"。在古代亚述国的首都尼尼微有各种各样的精灵在作祟,其中也包括文字灵,于是皇帝阿帕尔责成博学的老博士艾利伯去研究文字灵。艾利伯首先认定文字是有灵魂的,他判断的依据是:"在长时间地盯视一个文字的过程中,不知不觉地该文字开始解体,变成一个个毫无意义的线条的堆砌。这些单纯的线条的集合为什么就该发这样的音,就该拥有这样的意义呢？他百思不得其解。(中略)究竟是什么使得这些单纯的线条有这样的发音和意义呢？当他思考这一点时,老博士毫不犹豫地承认了文字灵的存在。"经过长年的研究,艾利伯博士终于懂得了文字灵的性质:

> 那卜·阿黑·艾利伯在尼尼微街头转悠着,抓住那些最近掌握了文字的人,不厌其烦地挨个询问他们和掌握文字之前相比有没有什么不同的地方,企图藉此来弄明白文字灵对于人的作用。就像这样,他完成了一份非常奇怪的统计:有人在掌握了文字之后突然地抓虱子的手变得不利落起来;有些人眼里落进了多余的灰尘;有的人以前清清楚楚地看得见飞过高空的秃鹫,但是现在却看不见了;多数人抱怨说现在天空的颜色不如以前那般湛蓝。于是,艾利伯就在一块新的粘土板上做下了如此的备忘录:"文字的精灵侵蚀人的眼睛,正如蛀虫钻穿胡桃坚硬的外壳,掏空里面的内核。"自从掌握了文字以来,有人开始咳嗽;有的人打起了喷嚏,痛苦不已;还有的人不断地打嗝;还有不少的人拉

---

① 关于中岛敦小说原文的引用全出自《中岛敦全集》,东京:筑摩书房,2002年版,以下不一一注释。

起了痴疾。于是,老博士又作了这样的记录:"文字的精灵好像还侵犯人的鼻子、咽喉、肠胃等。"自从掌握了文字之后,有些人很快地头发就变得稀薄起来;有些人的脚变软了;有些人的手足开始颤抖;也有人的下颚变得容易脱臼。艾利伯最后不得不这样写道:"文字这东西,从侵害人的脑部到使人的精神麻痹,祸害至极。"和掌握文字之前相比,工匠的手艺变得迟钝了;战士变得胆小了;猎人很多时候射不中狮子。这些都是统计数据所显现的事实。(中略)在没有文字的古代,在巴比罗尼亚洪水之前的那个时期,无论是欢悦还是智慧都直接进入到人们的心中。如今,我们只知道披着文字薄被的欢悦的影子和智慧的影子。近来人们的记忆力变坏了。这也是文字在作祟的缘故。人们要是不通过书写的方式来加以固定的话,已记不起任何的东西来。就像穿上了外衣一样,人的皮肤变得既脆弱又丑陋。交通工具被发明了出来,但人的脚变弱变丑了。随着文字的普及,人们的大脑就变得不再活络了。(《文字祸》)

像这样,自从文字发明以来,人与生俱来的本能变得迟钝了起来。无数的与现实世界中的实物不能一一对应起来的抽象概念等也因为文字而不断地被生产出来。如前所述,文字作为文化与知性的载体,掌握了文字在很大程度上就意味着获取了对于知性与文化的体认和支配权。在中岛敦的《悟净出世》中,那个身患形而上学怀疑症的悟净的病根不是因为别的,就在于和其他的妖怪相比他认识文字。文字的获得使他在逐渐地摆脱蒙昧的同时,又陷入到了过剩的自我分析怪圈中。正如别的妖怪所认为的那样:

文字自发明以来早就从人世间传到这里来了,也为他们这个世界里的族类们所掌握。但是,从总体上来看,在他们这里还有蔑视文字的习惯。他们中的多数妖怪都认为,活着的智慧岂有依靠这样的文字的死物来固定下来的道理?(中略)这般的愚蠢无异于要用手去抓住烟的形状了。所以,理解文字反而被视作生命力衰退的前兆而被排斥。妖怪们都认为,悟净平素的犹豫、逡巡归根到底是因为他懂得文字之故。

懂得文字的悟净果然成天都在思考着诸如"我到底是什么?"、"真理是什么?"这样玄而又玄的大问题,使自己走上了一条不归之路。

如果说文字就是文化和文明的表象或载体的话,中岛敦不喜欢那种经由对文字熟练使用而发达起来的繁文缛节的文化,他更青睐没有被文明污染过的未开化民族的生命力。中岛敦从1941年6月底至次年3月,曾在日本的殖民地南洋群岛上生活了近10个月,这样的举动也不能不说是与他如此的价值取向有关。中岛敦对文化不发达的蛮荒地方表示了异常的憧憬。比如,他在小说《李陵》中,借李陵之

口对没有文字、"文化"的匈奴地方的风土人情表示出了极大的好感,对烂熟的汉文化提出了尖锐的批判:

> 最先,胡地的风俗在李陵的眼里看来只是粗卑和滑稽。可是,渐渐地李陵明白起来了,以此地实际的风土、气候等为背景来考虑的话,绝对没有什么粗卑和不合理的地方。如果不是厚厚的皮革制作的胡服就不能够抵挡朔北的严冬;如果不吃肉食就不能够储备足以抵挡胡地寒冷气候的精力,不修建固定的房屋也是基于他们生活形态的必然。主观地把这些风俗贬低为低级是不恰当的了。如果一味地要保持汉人的生活习惯的话,那么在胡地的自然环境中是一天也不能生活的。
>
> 李陵还记得老且鞮侯单于曾经说过的话。汉人说不到两句话就认为自己的祖国是礼义之帮,认为匈奴的行径近似于禽兽。单于说,汉人所谓的礼义是什么东西呢?难道不是把丑陋的东西只在表面上把它装饰得漂漂亮亮的虚饰吗?在好利妒人方面,究竟汉人与胡人谁更厉害?耽色贪财又是谁更厉害?如果剥掉外表,大家并没有什么两样。只不过是汉人知道矫饰,我们不知道罢了。当老单于引用汉初以来的骨肉相残的内乱和排挤、陷害功臣的事情为例来说这些的时候,李陵几乎是无言以对。事实上,一介武夫的他迄今为止也对那些繁琐的礼节再三地感到过疑惑。诚然,他多次认为胡地粗野正直的风俗比起躲在美名阴影之下的汉人的阴险来要好得多。渐渐地李陵也意识到了,华夏的风俗就是正统,胡地的风俗就是卑下的,这种先入观难道不是汉人式的极大的偏见吗?比如说,汉人在姓名以外还另外有字,以前他对此也深信不疑。可是如果仔细想想,在这个世上并不存在绝对需要字的理由。

或许,在中岛敦的眼里,华夏文明的诞生、发展都是以汉字的高度发达为基础的。但是,在华夏文明发展的进程中,人本来所具有的素朴、刚健、正直的本性严重地遭到了文字(文化)的异化,其肌体遭到了侵蚀,从中滋生出了邪恶的毒素,而这样的毒素往往又是以华丽的文字为外衣的,具有很大的欺骗性。不仅如此,先进文明往往还会滋生出一种特权意识来,对后进文明产生巨大的威压。如果说文字是文明发生的基础,那么,某一先进文明所特有的权利意识其实也就是文字中隐藏着的权利欲望的折射。所以川村凑说:

> 对于中岛敦而言,如果"亚洲性的东西"这一说法成立的话,那么"文字"与"权利"一体化的中国文明则处于其中心位置,而且中国的这一地位是由周边浓厚地残留着无文字、文化社会气息的"未开化"社会的存在这一构图来提示出来的。那就是,作为完美的文字文化世界的中国(汉民族)和作为无文字文

化世界的东夷、北狄、南蛮、西戎这些异民族社会。在这里存在着文字文化社会与无文字文化社会之间的纠葛和抗争。①

以上结合具体的文学作品,粗略地梳理了中岛敦具有怀疑主义色彩的文字观。毋庸赘言,他这样的文字观的形成是与其生活的昭和10年前后的时代背景有着深刻的关联。但是,中岛敦文学中的怀疑主义文字观的形成,从具体的知识途径来看,其源头又该是在哪里呢?可以肯定地说,对文字作形而上学性思考绝非始于中岛敦,得出文字与其指代事物间的乖离性这一结论的同样也不是始于中岛敦。事实上,在东亚文化圈内最早对文字提出怀疑的是庄子。从种种迹象来看,中岛敦对于文字所抱有的怀疑主义的思想,应该是直接来源于庄子哲学的启示。

中岛敦与庄子哲学的关系,若仅从一些基本的事实层面来看的话,出生于汉学世家,又有着极高汉学修养的中岛敦对庄子哲学思想可以说是耳熟能详的。中岛敦在昭和10年(1935)和横滨女高的同事们一道组织了一个读书会,除了讲读帕斯卡尔的《思想录》、卡耐特的作品之外,其中一个重要的内容就是解读《列子》、《庄子》等道家思想著作。

与儒家思想最大的区别在于,庄子哲学认为人世间的衰微和人的性情的丧失,其祸根就在于物质欲望的膨胀以及所谓艺术、智慧的出现和发达。因此,在庄子看来,人类也只有在摒除了智巧、音乐、文绘才能使业已污浊、衰弱的本能得到恢复;也只有破坏了机械,才能够获取真正的技巧;也只有把种种人为的装饰全部去除掉,人类才能够返璞归真。在庄子这样的思想中,虽然并没有直接提及到文字,但是,他所主张驱逐艺术、机巧、智慧、文明等的思想,究其实质无不是以对文字的体验为基础的。因此,他主张对这些现象的祛魅也就意味着对文字的放逐。庄子主张文字是对语言的摹写,所以,比起语言来,文字距离所谓的大道还要更遥远些。庄子借助虚拟人物南伯子葵与女偊的一段对话来阐明了这个道理。南伯子葵问女偊是在哪里学习大道的,女偊这样回答说:

> 闻诸副墨之子,副墨之子闻诸洛诵之孙,洛诵之孙闻之瞻明,瞻明闻之聂许,聂许闻之需役,需役闻之於讴,於讴闻之玄冥,玄冥闻之参寥,参寥闻之疑始。(《大宗师》)

这里的意思是说,女偊表白自己最先是从文字那里学到道的,文字又是从语言那里来的,语言则从目见那里来的;目见又是来自耳闻;耳闻是从修持那里得来;修

---

① 川村湊:《无文字社会的诱惑——中岛敦与"亚洲性"的东西》,胜又浩、木村一信编《中岛敦》,双文社,1992年,第77页。

持来自咏叹;咏叹来自静默;静默来自空旷;空旷则最终是从疑似本源那里得到的。从这样的排列顺序可以看出,文字是被排到了远离道之本源的最下层了,语言次之。但由于文字是直接地取之于语言,和语言紧密地关联着的缘故,在庄子那里,文字与语言往往是相提并论的,在很多时候,文字甚至就是语言的代名词。言意之辩古来有之。儒家和墨家都主张言可达意。故《尚书·尧典》有云"诗言志"。孔子同样认为言可尽意,进一步地对"诗言志"的观点进行了延展:"言以足志,文以足言,不言谁知其志。"(《左传·襄公二十五年》)孔子还说"有德者必有言,有言者不必有德。"(《论语·宪问》)墨家则认为:"夫辩者,将以明是非之分,审治乱之纪,明同异之处,察名实之理,处利害,决嫌疑。"(《墨子·小取》)像这样,墨子所主张的言具有逻辑推理之功用。此外,墨子还有"循所闻而得其意,心之察也","执所言而意得见,心之辩也"(《墨子·经上》)等说法,他肯定了言辞对于思想的传达功效。由此,墨子进一步地主张"以名举实,以辞抒意,以说出故"。(《墨子·小取》)名家的"坚白异同"之辩,更是将名与实作为了其思想的核心问题,特别关注语言的概念、推理等。所以庄子批评杨朱、墨翟之说为"骈于辩者,累瓦、结绳、窜句,游心于坚白同异之间,而敝跬誉无用之言非乎?而杨墨是已!"(《骈拇》)。庄子的意思是说:过分的辩解,犹如累瓦结绳般地堆砌语词,穿凿文句,驰骋心思,致力于坚白同异论题的争论,岂不是不知疲倦地在夸耀自己的无用之言吗?那杨朱和墨翟就是这样的人!

如上所述,在庄子那里,文字和语言总是缠绕在一起的。庄子同样地继承了老子对于语言的怀疑思想。比如,老子这样说过:"道不可闻,闻而非也;道不可见,见而非也;道不可言,言而非也;知形形之不形乎?道不当名。"(《道德经》第一章)和老子这段话意思相差不多的是庄子的如此言语:"道不可闻,闻而非也;道不可见,见而非也;道不可言,言而非也;知形形之不形乎?道不当名。"(《知北游》)同样的意思,在同为道家哲学思想家的杨子那里也有类似的表述:"实无名,名无实。名者伪而矣。"总之,庄子对于文字始终是持否定态度的,在他看来,"世之所贵道者,书也。书不过语,语有贵也。语之所贵者意也。意有所随。意之所随者,不可以言传也。"(《天道》)他对于文字的否定首先就是从对语言的否定开始的:

> 夫知者不言,言者不知,故圣人行不言之教。道不可致,德不可至。仁可为也,义可亏也,礼相伪也。故曰:"失道而后德,失德而后仁,失仁而后义,失义而后礼。"礼者,道之华而乱之首也。(中略)
>
> 黄帝曰:"彼其真是也,以其不知也;此其似之也,以其忘之也;予与若终不近也,以其知之也。"(《知北游》)

上面一段话是说：知道的人说不出来，说出来的人其实并不知道。所以圣人实行的是不用言传的教育。道本于自然，不能依靠言传这一手段而获得；德根于修养，不能凭借称述达到。仁爱是有所作为的，义理是有所欠缺的，礼义是虚伪的。在黄帝看来，无为谓这个高人是真正知道大道的，这乃是因为他不知道什么是大道；说屈狂这个人好像是明白了大道，是因为他忘记了大道；说你我始终没能够接近大道，原因在于我们知道了什么是大道。像这样，在庄子那里，语言尚且是值得怀疑的，更何况作为语言摹写符号的文字呢？其存在的真理就更是值得怀疑了。从道到德，从德到仁，从仁到义，再从义到礼，这中间的层次是分明的，逐渐地呈递减的趋势，这样的递减趋势是始终是与知性（文字）的上升相辅相成的。到了作为装饰世俗生活规范的礼节时，由于被过多地着上了人为的、后天的色彩，因而其离开事物本原就更加遥远了。庄子关于语言、文字苍白无力这一特性的批判，最极端地体现在轮扁斫轮这一则寓言中：

桓公读书于堂上，轮扁斫轮于堂下，释椎凿而上，问桓公曰："敢问，公之所读者，何言邪？"

公曰："圣人之言也。"

曰："圣人在乎？"

公曰："已死矣。"

曰："然则君之所读者，古人之糟魄已夫！"

桓公曰："寡人读书，轮人安得议乎？有说则可，无说则死！"

轮扁曰："臣也以臣之事观之。斫轮，徐则甘而不固，疾则苦而不入。不徐不疾，得之于手而应于心。口不能言，有数存焉乎其间。臣不能以喻臣之子，臣之子亦不能受之于臣，是以行年七十而老斫轮。古之人与其不可传也死矣，然则君之所读者，古人之糟魄已夫！"（《天道》）

类似的发言，在《庄子》中还有如下地方：

夫言非吹也。言者有言，其所言者特未定也。果有言邪？其未尝有言邪？其以为异于鷇音，亦有辩乎？其无辩乎？道恶乎隐而有真伪？言恶乎隐而又是非？道恶乎往而不存？言恶乎存而不可？道隐于小成，言隐于荣华。故有儒墨之是非，以是其所非而非其所是。欲是其所非而非其所是，则莫若以明。（《齐物论》）

在这段文字里庄子首先批判了语言的随意性，人人自持一言，很难有什么判断是非的标准在其中。这些话在他听起来都和小鸟的鸣叫一样，不过都一个腔调而已。有感于此，他认为所谓的大道、至言等，是无处不在的。但是，由于受了这些一孔之见的浮华言辞的魅惑而被遮蔽了。在这里,庄子一针见血地指出了语言和文字的虚妄性。在庄子眼里,语言除了有着言不达意的困窘之外,语言更多地还受具体使用它的人的环境、心境等因素的影响,如果加入了这些非语言的外在变数,语言、文字的可靠性就更是与其本身的所指背道而驰了。为了要说明这个问题,庄子还有如下的发言:

> 凡交,近则必相靡以言,远则必忠之以言。言必或传之。夫传两喜两怒之言,天下之难者也。夫两喜必多溢美之言,两怒必多溢恶之言。凡溢之类妄,妄则其信之也莫,莫则传言者殃。故法言曰:"传其常情,无传其溢言,则几乎全。"(《人世间》)

在这里,庄子以传达两国国君之言为例,说明要传达两国国君的喜怒之言是难上加难的事情。因为国君高兴的时候,其言多溢美之辞;而国君愤怒的时候其言语自然又是多有溢恶之辞。凡是过分的、超出实际的言辞都是远离真实的,作为传信的使者是很难传递出正确的消息。值得注意的是,庄子对于语言文字的怀疑、否定都只不过是支撑其虚无主义哲学思想的一个前提而已,其最终的目的乃是要达到对于知性的否定,重返大道的理想状态。所以,从语言文字出发,庄子对于知性与智慧多有否定性的言语,比如:

> 故圣人有所游,而知为孽,约为胶,德为接,工为商。圣人不谋,恶用知?不斫,恶用胶?无丧,恶用德?不货,恶用商?四者,天鬻也。天鬻者,天食也。既受食于天,又恶用人!(《德充符》)

这段话的意识是在说,圣人一旦进入到了逍遥之境就会把智慧看作是灾孽,把约束看作是禁锢,把小恩小惠看作是应酬,把工巧看作是商品的交换。圣人不去谋划,哪里用得着智慧?不去雕琢万物,哪里用得着胶漆?没有可丧失的东西,哪里谈得上获得?用不着货品,哪里需要通商交换?这四个方面都是大自然的哺育。大自然的哺育也就是大自然供给的食物。既然禀受自然的养育,又哪里还用人为的东西。在庄子看来,最深刻地被打上了人为色彩的莫过于器械了,理所当然地,庄子对器械的使用也充满了怀疑,他说:

> 吾闻之吾师,有机械者必有机事,有机事者必有机心。机心存于胸中,则纯白不备;纯白不备,则神生不定;神生不定者,道之所不载也。(《天地》)

也就是说,庄子认为,过多地使用机械是有损于人的素朴的天性。因为,使用机械的人必定要从事机务之事,而从事机务之事的人必定要存机动之心。机动之心一旦存于心中,那纯粹朴素的天性就不完备了;纯粹朴素的天性一旦不够完备,那精神就会摇荡不定;一旦精神摇荡不定,就不能容载大道了。在这样的基础之上,庄子对于一切违背自然的后天的知识、道德、礼数乃至教化等也多有抨击,在他看来,所有的这些繁文缛节不过都是远离大道的矫饰而已,所以庄子发出了这样的声音:

> 逮德下衰,及燧人、伏羲始为天下,是故顺而不一。德又下衰,及神农、黄帝始为天下,是故安而不顺。德又下衰,及唐、虞始为天下,兴治化之流,浇淳散朴,离道以善,险德以行,然后去性而从于心。心与心识,知而不足以定天下,然后附之以文,益之以博。文灭质,博溺心,然后民始惑乱,无疑反其性情而复其初。(《缮性》)

意思是说:德性不断地衰落,在燧人氏、伏羲氏的时候便开始治理天下了。这时只能顺从民心而不能保持自然纯一的人性。德性还在继续衰落,及至到了唐尧、虞舜开始治理天下时,大兴教化之风,浇薄了淳厚之德,耗散了浑朴之性,脱离自然之道去求善,危害德性的完满而行事,然后舍弃纯一的天性而顺从世俗的人心。彼此互相窥测对方的用心,这时用智慧已经不足以安定天下了,然后便用世俗的礼文和渊博的知识作为统治的辅助,世俗的礼文会泯灭人们自然的素质,世俗的博识会淹溺人们纯真的心灵,而后百姓会迷惑混乱,无法再恢复他们自然淳朴的本性了。当然,庄子这样的思想带有浓厚的复古的趋向,正是"盖以开化为进于诈欺,故非先王之不古而欲反之太古者也"①。而庄子对于后天知识的极端否定还体现在他下面这段话中:

> 故绝圣弃知,大盗乃止;擿玉毁珠,小盗不起;焚符破玺,而民朴鄙;掊斗折衡,而民不争;殚残天下之法,而民始可与议论。擢乱六律,铄绝竽瑟,塞瞽旷之耳,而天下始人含其聪矣;灭文章,散五采,胶离朱之目,而天下始人含其明矣;毁绝钩绳,而弃规矩,攦工倕之指,而天下始人有其巧矣。故曰:大巧若拙。削曾、史之行,钳杨、墨之口,攘弃仁义,而天下之德始玄同。(中略)上诚好知而无道,则天下大乱矣。何以知其然邪?夫弓弩毕弋机变之知多,则鸟乱于上矣;钩饵网罟罾笱之知多,则鱼乱于水矣;削格罗落罝罘之知多,则兽乱于泽矣;知诈渐毒颉滑坚白解垢同异之变多,则俗惑于辩矣。故天下每每大乱,罪在于好知。故天下皆知求其所不知,而莫知求其已知者,皆知非其所不善,而莫知非其所已善者,是以大乱。(《胠箧》)

正如论者所言:

---

① 郎擎霄:《庄子学案》,商务印书馆,1934年,第143页。

庄子齐同万物的思想，反对人间的一切是非之争，要人们进入道的境界，这是对自由精神的追求。自由精神之所以成为人们的追求，这是'道'所赋予的。（中略）庄子的异化思想缺乏明晰性，但他认识到，人陷溺在'成心'的苦海中，便成了'外物'的奴隶，人心为外物所吸引。'外物'即指知识对象，为外物所吸引即存在的异化。所以，人越是沉醉于外物，越是丧失了自己，越是不自由。①

值得注意的是，庄子对于文字乃至器械、智慧的否定，其出发点是了为了避免本能的、朴素的心免受戕害。保持心灵的纯白与清净的目的是为了要承载作为事物真理的大道。但是，不可否认的是，庄子抹杀了相对主义，一切都从归于大道这一功利出发，主张"齐物"，这样的结果势必会误入虚无的泥潭。也就是说，庄子哲学的一切的出发点乃在于对于道的皈依，对于文字的排斥，乃是出于对道的纯粹性的捍卫。庄子对于文字的轻视带有浓厚的虚无主义色彩，彻底丧失了文字、思想、文化的人就是庄子所描绘的理想的"圣人"或"真人"，这样的真人通常会是"登高不栗，入水不濡，入火不热"的面如槁木死灰之辈。正如论者所言："道家审美主义的真之显现的确是所谓审美（感觉）的'假象'，无知无识无忧无情的原初生命就是返回到植物性、生物性。"②

通过上面的比较研究，中岛敦文学中关于文字的怀疑思想与庄子哲学的关系显而易见。值得注意的是，虽然中岛敦的这一思想的直接来源是老庄哲学，但正如本文前面所提到的那样，最终催生了这一思想诞生的乃是中岛敦本人的家世、精神气质以及昭和10年以来笼罩日本的政治环境。关于这一点，与本文的主旨无涉，故不多论。在后面的章节中还会有叙述。

---

① 时晓丽：《庄子审美生存思想研究》，商务印书馆，2006年，第164页。
② 刘小枫：《拯救与逍遥》，上海三联书店，2001年，第191页。

1942—1945 年田村俊子的上海时代

涂晓华 *

日本在二战时期,整个国家都处在军国主义狂热中,几乎所有的文学家都成为"战争协力者"。而作家田村俊子在中国的经历做为个案近年来受到美、日、中多国研究者的注目。日本的田村俊子研究主要集中于其早期作品中"女性""自我""官能"等话题。实际上,她不仅仅是一名新女性作家,她从 1918 年到 1945 年的跨国迁徙生涯是非常值得研究的。可是她七年的中国时代的活动除了散见的史料外基本欠缺,她在中国上海时代的活动正是本文所要考察的。

田村俊子(1884—1945,原名佐藤俊子)是日本近代文学史上明治末期到大正初期的重要女作家,当社会主义思潮涌入日本时田村被其吸引,1918 年前往加拿大,十八年在加期间她主要追随丈夫铃木悦从事社会劳工运动。1936 年田村回国,受到日本文坛的盛大欢迎,同时迎接她的是一个军国主义日本。她再度回归文坛发表了一系列左翼倾向小说,书写了日本移民对日本的疏离体验,在文坛并未获得好评。

一、田村俊子与《女声》杂志

田村俊子 1942 年 5 月在草野心平[②]、名取洋之助帮助下创办了《女声》杂志,它是上海沦陷区日伪统辖下出版的唯一的妇女杂志,也是"华中沦陷区刊行时间最长最重要的妇女专门杂志"。[③]《女声》长期以来都被视为"汉奸"杂志,《中国沦陷区文学大系》曾评论《女声》杂志"在为日寇做一些政治宣传外也在一定程度上反映了

---

* 涂晓华,中国传媒大学电视与新闻学院讲师,文学博士。

② 日本诗人,1903 年—1988 年,曾在广东岭南大学(现中山大学)留学,汪伪政权成立后,受时任日伪宣传部部长的大学同学林柏生所邀,前往南京担任日伪宣传部顾问。1982 年出版《草野心平全集》共 12 卷。

③ 摄影家,1910 年—1962 年,1937 年 9 月受中支派遣军报道部的邀请到达上海,太平洋战争后出任太平出版印刷公司社长,在中国组织图片报道"宣抚班"。1956 年作为"纪念鲁迅逝世 20 周年"日本首次文化访华团成员之一,是来到新中国访问的第一个日本摄影家。

中国妇女的苦难"①。本文笔者通过《女声》杂志的考察,曾撰文认为:《女声》是一本特殊的杂志。《女声》的创刊与发行,既表现为日本军国主义者们力图通过文化构建来为其侵略战争的合法性寻找支点为徒劳,但也在某种程度上,为日本左翼作家田村俊子及中国左翼作家关露②等,在共同的"新女性"思想的理念下,关注女性生活,传播先进文化提供了可资使用的平台。尤其重要的是中国左翼作家关露和以丁景唐为主的中共地下党员们占领了《女声》阵地,宣扬了进步思想,从某种意义上颠覆了《女声》的殖民性。③

《女声》获得刊行许可,配给纸张由名取洋之助担任社长的太平出版公司确保,该公司属驻沪日本海军报道部军管,这成为日后人们判定《女声》为汉奸杂志的依据。田村俊子全身心投入到《女声》的工作中,她说"中国的妇女痛苦得很。因为她们的知识太浅。我们应该多多帮助她们。"④在上海沦陷时期,田村俊子意识到她作为一名日本人的敏感性,她特意取了中国名字左俊芝,左俊芝一直被印在《女声》的主编一栏上。日本研究者曾指出:"实际上担负起了《女声》编辑事务的是关露。没有关露的合作,这位从没打算学中文的俊子不可能编辑中文杂志。"⑤而据笔者调查,田村俊子一直在学习中文,她曾在1937发表在《改造》杂志上的日文文章中提到她的中文家庭教师,另据凌大嵘⑥回忆,《女声》的大小事务都由俊子决定,稿子最后也都由她审稿。仔细研读《女声》杂志,尽管田村俊子发表的文章不多,但诸多蛛丝马迹均可证明田村俊子绝不是形式上的主编,她全面掌管着《女声》。

俊子编辑杂志的理念可追溯到她关于《新闻出版的改革》的文章,她谈到日本妇女杂志过分的媚俗与追求实用主义,她写道:"首先最简单来说,最引起我不快的是很多妇女杂志中关于性病、荷尔蒙药、性冷淡治疗之类的广告,这些广告居然厚颜无耻,大方地插入到最重要的文章的版面,而且占据了整整半版。这绝不仅仅是表现在妇女杂志上,……日本的妇女报纸,缺少作为新闻栏目特有的社会性,充斥着名流妇女、社交妇女的消息。"⑦田村俊子曾应邀评价过日本的《明日香》杂志:

---

① 钱理群等编:《中国沦陷区文学大系史料卷》,广西教育出版社出版,2000年,第678页。
② 关露,1908—1982,原名胡寿楣,1930年代著名左翼诗人,1939年奉中共地下党组织之命打入日伪组织做情报工作,1942年在《女声》杂志当文艺编辑,并作为华中代表之一参加了在日本东京召开的第二届大东亚文学者代表大会。
③ 参见拙文《上海沦陷时期〈女声〉杂志的历史考察》,《中国现代文学研究丛刊》,2005年第3期,人大报刊复印资料《中国现当代文学》转载2005年第11期。
④ 见《女声》1945年第四卷第一期。
⑤ 岸阳子:《为了忘却的纪念——中国女作家关露与"大东亚文学工作者大会"》,李玉、严绍璗主编:《传统文化与中日两国社会经济发展》,北京大学出版社,2003年,第74页。
⑥ 《女声》杂志编辑,现居北京。笔者曾对凌大嵘有过采访,采访通过凌大嵘朋友进行。
⑦ 佐藤俊子:《新闻出版的改革》,1936年12月1日《文艺通信》杂志。笔者翻译。

"杂志的纸张很好,编得也很是雅致,读了之后心情大好。"①由此可知,田村心目中一份好杂志的基本标准是:雅致、有内容、有益于社会。《女声》基本上是在她的理想框架下被建构,《女声》以女性思想启蒙为主,周围聚集的多是关心社会问题的大众女性作者,如女教师、女记者、女工人等,读者中有初、高中学生、小学教员、店员、女工、甚至舞女等,内容上自始至终都弥漫着女性自尊自强的思想。

田村俊子尽管是日本人,但《女声》上基本没有日本妇女情况介绍的文章,以常情论,此类稿件田村俊子组稿轻而易举。1942年5月,37岁的佐多稻子和40岁的真杉静枝两位女作家作为日本大众杂志《日出》的特派员即日本笔部队来到上海并赴武汉战场三周。② 日本笔部队的作家们由军部和内阁情报部门管,两位女作家与田村俊子相识,田村尤其与佐多稻子关系更为亲密,三人曾在上海一度见面,在上海用日文出版的《大陆日报》对此有相关报道,但田村俊子并没有在自己刚刚创办的《女声》上发表任何关于她们的文章或消息。在那种特定时代,田村俊子正是对中国读者有所忌讳吧,或许她自己对战时日本的女性的表现就持怀疑态度。可见在中国滞留越久,田村俊子心情就越复杂。

沦陷时期日伪杂志以及"妇女杂志"中政界要人的谈话与评论一般都是必需的。但《女声》杂志中完全没有该方面报道。当时《文友》为大众综合性刊物,以推动大陆文化为主旨,在全国各地由每日新闻社贩卖店直营。从其创刊号"编辑室"可知该刊是以"大东亚新建设"团结各阶级人士为目的的大众读物,所以它邀请了伪国民政府宣传部长林柏生、驻伪满大使陈济成等撰文。而《太平洋周报》上更是有不少政要出现。田村俊子邀请政要人物写两篇评论,或者接受几篇大使馆方面安排的稿件,既是轻而易举也显得理所当然,但在《女声》办刊三年期间从来没有此种稿件,由此可见田村俊子有意的"不为"以及她对《女声》文化立场的坚持。

《女声》的"先声"起到了导读的作用,其文笔可见日本人的细密,已有史料证明《女声》杂志的"先声"与"余声"多由田村俊子负责。现在可查的田村俊子在《女声》上所写的文章是署名俊生的电影评论五篇。《女声》电影评论栏目总的来说重点放在了影坛动态介绍上,即制作电影的演员、导演、故事、拍摄地、各电影院正在上映的电影介绍等。写了五篇"影评"之后的田村俊子在《女声》上就基本处于失语的状态,一名坚持左翼思想的文化人当时在日本根本就没有立足之地,即便是来到了上海,俊子也只有停下创作的笔。陶晶孙在追悼田村的文章中曾谈到由于田村思想

---

① 『明日香一周年に際して諸名家の感想批評』,载昭和12年即1937年5月《明日香》。
② 1942年中国出版的日文报纸《大陆日报》曾刊载《关于窪川、真杉两女士视察的回忆》报道,没有署名。

走在时代的前面,她无法自由地写作。①

俊子在《女声》的另一项重要活动是带着编辑们四处采访。《女声》采访的内容很广泛,人物专访有戏剧家梅兰芳、程砚秋,电影界的张善琨,画家吴青霞,音乐家吴乐懿,日本作家阿部知二、丰岛与志雄、久保田万太郎、久米正雄,朝鲜舞蹈家崔承喜、日本东宝剧团等,社会性采访有剧场、摄影棚、儿童教养院、菜市场、唱片公司、妓女出没地、法庭、画展等等。采访主要是在妇女的范畴内,其内容多与知识、趣味、欣赏等联系在一起,并集中反映社会问题。

《女声》最有意义的采访记是署名芳君(即关露)的《访问梅兰芳先生》。1942年7月梅兰芳从沦陷后的香港回到阔别五年的上海。当时汪精卫"还都"不久,统治者为了建立沦陷区的统治,需要歌舞升平来点缀,而梅兰芳当然是歌舞升平最好的象征,可是梅先生拒绝上台,为表决心他蓄须罢演,对外声称老病。"梅郎蓄须"的消息被大后方的报纸以大字标题刊出之后,当时不知鼓舞了多少中国人抗敌的勇气。由于梅兰芳的国际声誉,加上他当时闭门谢客,有关他的报道非常少,故《女声》编辑们的这次采访十分醒目。值得注意的是,此文同时刊有一张梅兰芳蓄须照片,《女声》登载这样的相片,在当时不能不说需要勇气。笔者注意到同时期的《华文大阪每日》、《杂志》中关于梅兰芳艺术的介绍文章所使用的梅兰芳照片都是未蓄须的梅兰芳。

俊子也主持《女声》信箱栏②,该栏最受欢迎,每月读者来信很多,全部是俊子一个人回答,由于纸张珍贵,回复的信件字很小,每月多达六页纸,俊子曾计划要将信箱栏整理出版成一本书。《女声》的读者来信有大量的求助,俊子的回函措辞十分诚恳,为彷徨中的读者辨析人生问题,提供情感指导,始终鼓舞身处困境中的女性自尊、自强。凭借这种交流,俊子与中国的普通读者建立了感情。这种感情从俊子的葬礼上可以看出来,那天尽管一直下着雨,但队尾源源不断参加葬仪的人,让操办葬礼的内山完造③等日本友人都不免吃惊。据日本朋友推测,其中有不少俊子"信箱"栏目中的中国读者。

综合日本方面的史料、文章以及丁景唐④的回忆,《女声》在当时的敌占区,特别是在女性中有一定影响。《女声》杂志的销售量一般是4000—5000份。在当时,

---

① 《女声》1945年第四卷第一期。
② 关于《女声》"信箱"栏笔者拟有专文介绍。
③ 内山完造(1885年—1959年),在中国经营内山书店,鲁迅的朋友。曾组织日中文化人自由发言的文艺沙龙,后发展为文艺漫谈会。
④ 诗人,1920— ,上海沦陷后作为中国共产党地下党员活跃于上海,《女声》杂志的重要撰稿人。鲁迅研究专家。

这都是十分可喜的销售量。笔者翻阅了沦陷时期上海出版的大部分杂志,不管是日伪派系杂志,还是《万象》类杂志,几乎都看不到《女声》的消息。不管是在沦陷时期的上海还是身处当今热闹的上海怀旧热中,这本杂志因其敏感的政治出身、读者群的平民化,一直未受到过关注。

有两封俊子写给佐多稻子的信,可以窥见其晚年的生活以及她对《女声》的感情。1944 年 10 月她写道:"有很多不自由的事情。我虽然已感到了衰老但还没有病痛,总之努力地忙于《女声》的各种工作……我与华铁公司约定过,为了支持《女声》杂志,华铁每月都会购买《女声》杂志……上海可怕的物价的高涨决非常识所能想象……杂志、纸张、印刷费用的高涨、加上通货膨胀等都没完没了,我要一直努力到实在无法坚持的时候,……日本人在中国办华文杂志就我一人。虽说有《文友》等杂志,可《文友》属于每日新闻系。……《女声》一个月都没中断过,每月 15 日准时出版,而其他的杂志由于纸张啦或者某种什么缘故停刊是很普遍的。《女声》现在已出版到第三卷第六期了。……不过《女声》与创办时比,纸质差多了,印刷数目也少了,每本都更加珍贵了,所以也就没寄给你……去年关露得到你的照顾很是高兴……如果还活着的话我们再见面吧。"①

到了 1945 年 2 月 3 日,另一封信上说:"收到你的信我十分高兴。也让人很怀念……你是 1 月 2 日写的信,到我手上已经是 2 月 2 日了。就算经过了一个月的时间,能收到你的信我还是心存感激的……这一个月时间形势已发生了激变,……困难越来越深了。我想可能要被这困难压倒,可又想无论如何要忍耐。反抗于老年的我来说已经没有了,只有忍耐,可是能忍耐到什么时候呢。……读了你的信,我的眼泪一直簌簌地往下流,为什么这样我也不知道。能否再与你见上一面呢?这恐怕已是不敢奢望了。但是我真的想再见上一面,想说的话真的很多很多,活着能再见上一面吗?"②

这两封信满含了俊子的坚韧与悲凉,《女声》尽管是日办刊物,但它同样遇到过各种各样的困难,它出版的三年也是不断在各种困难中挣扎着的三年。首先自然是出版成本问题,成本飞涨是《女声》编后记中一个不变的主题。其次是杂志稿源方面也碰到困难,《女声》创刊在日本侵略中国时期,文化人包括普通市民对于《女声》的创刊都抱有抵抗情绪。厦门大学的应景襄③曾在电话中对笔者说:"《女声》的字体,与中国出版物的字体明显不同,我们一看立刻就知道它是有日本背景出版

---

①② 《作家的自传 87 田村俊子》,日本図書センター発行,1999 年 4 月初版,第 245—249 页。笔者翻译。

③ 厦门大学中文系退休教授,《女声》编辑凌大嵘恩师上海复旦大学社会学系主任应成一的女儿,沦陷时期在上海读中学。笔者曾对她进行电话访谈。

的杂志。"《女声》的日本背景使得上海市民对她敬而远之,加上当时很多文化人已经转移甚至搁笔,在这种情况下,妇女杂志《女声》的稿源尤其困难。所以扩大作者群,无疑是充实《女声》刊物内容的唯一办法。除了鼓励编辑自己写稿以外,《女声》从创办开始就注意在年轻的读者当中发掘新的作者。再有纸张、颜料的缺乏,以及排印工钱等等都直接影响到编排计划。随着战事的推进,军事形势的严峻已经使当局者无力也无心支持《女声》之类的杂志,1945年2月《风雨谈》[①]就曾停刊,停刊两个月后才复刊。不管是最畅销的杂志还是有日本军方背景的期刊都不得不停刊,可见维系一份杂志生存的艰难。《女声》却在俊子的努力下一期未落的正常出版,当时上海可怕的通货膨胀,不仅中国大众深受其苦,在中国的日本人也一样苦。街市上战时色彩很浓,空袭警报南京城内上空常常听到,空气很紧张,"……佐藤俊子的晚年实际上是了不起的战斗。总之六十岁的女子那样精神饱满地认真工作的人我还没有见到过别人……"。[②]

沦陷时期,发行量大、有影响力的报刊杂志都受到严格的检查。但是《女声》因为是日本资深作家田村俊子当主编,加上她只是一本妇女杂志,《女声》上竟然奇迹般地发表了不少新作者也就是中共地下党员们左翼倾向甚至宣扬爱国主义的文章。由此可推见,田村俊子在如何办《女声》杂志上是不太与日本大使馆沟通、联络,以至于协调的。

二、众人眼中"上海时代的田村俊子"

在散见的谈论上海时代的田村俊子的文章中,日本人中对上海时代的她的评价明显地分为两类。一类是石上玄一郎、草野心平、阿部知二等人。另一类则是武田泰淳、奥野信太郎等人。石上玄一郎评价田村是"不绝地求道的人",他追述田村是日本近代文学的拓荒者,晚年却被文坛遗忘,过着怀才不遇的寂寞生活。对照田村俊子早年的风光,晚年的田村俊子在上海的孑然一身、背井离乡、撑着老骨努力做中国妇女的朋友。无论如何,这种生活在日本人看来多少都是可怜的。他谈到田村俊子的死时写道"这总是适合于求道者的体面的永终"。[③]

佐多稻子曾描述《女声》杂志时期的俊子"很满足于自己在中国知识女性中的位置",俊子很爱中国,也很热爱与她一起共事的中国同事,这从另一侧面也反映出

---

① 太平书局主办,柳雨生(1917—2009,别名柳存仁)主编,柳雨生曾在汪伪政权宣传部工作,后为著名汉学家,澳大利亚国立大学中文系退休。柳雨生英文名字:Liu Tsun-Yan。
② 草野心平:《佐藤俊子的死》,《文艺春秋》1957年10月号。
③ 参见《女声》第4卷第1期。

田村对日本女性解放运动的失望,她一生追求女性解放,为之奋斗,在晚年她在中国终于找到了她的同道。

阿部知二在《花影》中写道:"至少我们在上海看到她用中国名字,穿中国服装,与中国人住在一起,她的杂志《女声》也尽量避免宣传日本的精神,尽量只谈纯文化的事。她不媚于强权,也断然不接受不喜欢的人的援助。渐渐地她在上海陷入困窘状态,晚年的她,拖着越来越衰老的身子,与通货膨胀做斗争,在上海的人流中来回跑动、到处筹钱。她倒下的那天正是因为这些事情而外出的。"① 在上海与田村俊子有过交往的还有内山完造。内山的妻子逝世后,内山谈到当时有30年在上海度过,妻子对上海也很有感情,决定就将其葬在上海的静安寺墓地,俊子说:"啊,好啊,假使我死了,也想葬到这里!请你给我预定一个墓地罢。"② 内山应诺后,俊子高兴地说:"那我放心了。北京的朋友老叫我去,我不知道怎么办,可是现在下了决心了。决定了坟地,倒是可以这样安心的啊,……"③ 由此可见,俊子对死亡已有所预感,当时有孩子的日本家庭都自发的一群一群撤回日本,而田村俊子并未打算要逃离上海反而决定埋骨上海。草野心平在《佐藤俊子的死》中对田村俊子有很高的评价,他写道:……她底明朗是特别的……这虽然是由于一个人的天性,但令人觉得是她的自觉和教养令她这样的。……三个月前她给我看两篇自作的诗,完全象18岁的少女写的年轻的东西……佐藤俊子的晚年实际上是了不起的战斗。总之六十岁的女子那样精神饱满地认真工作的人我还没有见到过别人……。④

而年轻作家武田泰淳在《上海的萤》⑤中表现出对田村俊子的工作不屑一顾,他与会田纲雄⑥的言论比较接近,这两人对田村俊子的描述感性成分居多,他们都认为田村只是一名过气的女作家,他们不喜欢俊子自由奔放的性格,对于她的强悍与事业心更不理解。

陶晶孙可以说是田村晚年的朋友,他了解田村的思想,"她的性格也不那么弱,所以不久再弃日本的文坛而到美国,度其困苦的生活,在美国,她在许多困难中,试验她的思想生活"。⑦ 他也高度评价田村的人生:"我能自说自话带着自夸来说,她是一个进步思想的,孤立而倔强个性的,可以夸示于男女社会的,一个极好标本,我

---

① 阿部知二:《阿部知二作品集》第3卷,河出书房,1975年,第239页。笔者翻译。

②③ 内山完造:《回忆漫语》,《女声》第4卷,第1期。

④ 草野心平:《佐藤俊子的死》,《文艺春秋》1957年10月号。

⑤ 武田泰淳:《上海的萤》,中央公论社,1976年,第159页。武田泰淳一直到终战都在当时的中日文化协会上海分会的编译室工作,该会成立于1941年4月17日。1943年2月23日,其《两年来工作状况》在《申报》发表。

⑥ 诗人,沦陷时期上海"太平印刷出版公司"职员。

⑦ 陶晶孙,《从日本到美国到中国的足迹》,《女声》4卷,第1期。

相信我这几句话是对的。"①

关露是见证田村俊子的晚年最重要的证人,关露在《我和佐藤女士》(《女声》第4卷第1期)中回忆道:"我认识了她三年,和她一起工作了三年,和她住在十起,共同生活了一年零七个月。"她所描述的田村俊子无疑是非常真实的。关露说:"关于佐藤女士,可以说,我对她了解得很多,也可以说,我不了解她。当俊子走到街上,看见一群肮脏的流浪孩子,她却在他们脸上发现了天真和纯洁,她望望他们,笑一笑。孩子走过去了,她又回过头,笑一笑,像个母亲。……她很爱中国,她爱穿中国旗袍,吃中国东西,交中国朋友。……俊子说:中国妇女痛苦得很。因为她们的知识太浅。我们应该多多帮助她们……她有"怪脾气,她的意见和言论别人都不敢违反,大家都不跟她说真话。不过……她的怪脾气,是因为她有理想,……她懂得有'东安市场'和'天桥'艺术的古都北平……她懂得爱,她爱花,她爱美,爱艺术,她爱儿童,爱朋友,爱自然,爱她的祖国,爱世界和人类。""清早上,看见报上战事的消息,她皱着眉,跟我说:'文化摧毁了!'"

《女声》时期,田村爱护关露,关露尊敬田村,两人间结下了深厚的友情。她们的亲密关系,当年在上海的日本人的回忆录中多有描写。即便是关露在受到审查或者还未被平反的时候,尽管《女声》杂志被认为是汉奸杂志,关露却一再表示田村是她真心的朋友。通过关露与田村俊子的交往关系,我们能看到的是:哪怕是在侵略与反侵略的时代背景下,文化与文学仍然显示出对时空的超越。将关露与田村俊子联系在一起的是她们共同为妇女工作的事业、她们的左倾文艺思想、文学理想。晚年的田村俊子关心种族、国家、社会、阶级问题,而关露在1930年代曾深受美国黑人作家休斯的影响,对种族、国家问题有浪漫主义的认识。不过,晚年的俊子与共产党员关露还是有很大不同,尽管她极力排除"大东亚共荣"的政治宣传,强调女性遭遇到的性别歧视、阶级歧视,但田村俊子并不是一名革命者。她更关注报刊的公共空间,更关注如何通过报刊来实现知识传播和女性思想启蒙。

结　语

从田村俊子《青靴》时代的思想到她早期发表的一系列女性小说,再到她在加拿大《大陆日报》主持的妇女栏目,再到上海时代,贯穿田村俊子一生最重要的思想即关于妇女的启蒙。《女声》杂志的出版,是田村俊子在中国最主要的事业,也是她一生最重要的活动之一。田村俊子处在日本军国主义的边缘,种族、文化和性别身

---

① 陶晶孙,《从日本到美国到中国的足迹》,《女声》4卷,第1期。

份在她一人身上并置,但田村俊子的性格不同于日本岛国培养的日本民族性格,她身上开放的异质文明因素的思维惯性是长期存在的。应该说民族身份并没有成为左右田村俊子的东西,她的性别身份成为她晚年展开活动的中心点,她始终自觉地关注着女性的问题。在20世纪30、40年代,中国的女性主义启蒙在"一致对外"的民族主义宏大叙事中后退。而田村俊子的《女声》继续倡导近代以来所提倡的独立自主的"新女性",而非日伪刊物中所宣传的"贤妻良母",在特定时候给了中国女性读者近代启蒙。在沦陷时期关于中日妇女的真诚交流基本上是一个虚伪的谎言的时代,田村俊子可以说是中国妇女的朋友。

在战争期间,尽管日本军人在侵略中国,田村俊子却同情中国人民的不幸,她晚年在上海的工作是在传播殖民文化,装点殖民地的风光,也向中国人传达了一种善意。田村俊子依附于殖民势力,但同时她又努力挣脱殖民势力。然而在日军方占领者的眼中,《女声》杂志的创刊为打破上海出版业的萧条出了力,作为一本软性的刊物,不折不扣的"攻心",符合征服殖民地人心的策略,所以尽管田村俊子依附于日本势力来实现自己的理想,但她也被日本军国主义所利用。这不能不说是田村俊子作为女权主义先驱的悲哀。

"李香兰"电影研究

〔日〕古市雅子*

一、"李香兰"概述

中国著名导演陈凯歌曾经说过,20世纪亚洲最重要的女性是李香兰。[①] 她的身份十分特殊,虽然她是本名叫山口淑子的日本人,但伪装成中国人出演了日本的国策电影。一个正在统治他国的人冒充被统治的国民主演电影,这样的现象在世界电影史上也是罕见的。在日本侵华战争中她发挥了象征性的作用,她亲身经历了那场战争,经历了很多变故与苦难。因此回到"山口淑子"之后她也不能够完全擦掉"满洲明星李香兰"的影子。不管她本人的意愿如何,李香兰大半是在"满映",也就是在关东军的强制下工作的。但事实上她参加了日本的文化侵略工作,成为慰问日军以及伪满洲对日亲善的使者。"《李香兰之谜》,可不是一般的影星歌星的'秘史'"。[②]

1937年8月21日,"满洲帝国"政府和"南满洲铁道株式会社"(简称"满铁")合资,在长春设立"株式会社满洲映画协会"(简称"满映")。清廷肃亲王之子金璧辉(川岛芳子)之兄金璧东出任第一任理事长。"满映"是伪满洲国对电影进行全面统治的特设机构,既从事影片的发行放映,又从事故事片和新闻纪录片的制作,并具有一部分国家对电影进行管理的政权职能。李香兰是"满映"的专职演员。

她原名叫山口淑子,1920年2月12日出生于中国沈阳近郊北烟台,后随其父山口文雄移居抚顺。山口淑子的祖父是汉学家,父亲受到熏陶也学习了汉语,并于

---

* 古市雅子,北京大学外国语学院日本语言文化系讲师,文学博士。

① 四方田犬彦:《日本的女优》,岩波书店2000年,第1页。"大概是两周前的事了,当时我们在歌舞伎町的酒馆喝酒,余兴的当儿,大家选举谁可以称为20世纪亚洲最重要的女性。我举出了想到的宋氏三姐妹、英地拉·甘地的名字,这样说似乎总觉得他从一开始就有意图。看到他嗤嗤发笑,便问'那你说,你认为谁是?'他回答了一个人——李香兰。"

② 王蒙:《人·历史·李香兰》,《读书》,1992年6月。

1906年来到中国后经人介绍到"满铁"担任顾问。山口文雄与时任沈阳银行总裁的中国人李际春关系密切,并结拜为把兄弟,山口淑子便自然而然地成为李际春的干女儿。遵循中国民俗,李际春按照山口文雄的雅号①,为山口淑子取名李香兰。

李香兰少年时期,曾向白俄声乐教授勃多列索夫夫人学习声乐,并曾专门去北平上中学,学习标准汉语。这为她以后的歌唱及演艺事业奠定了基础,也为她在"满映"的影片中扮演会说汉语的中国女子形象提供了条件。1933年,日本人为了在满洲宣传满、汉、蒙、鲜、日"五族协和"以及"日满亲善"的"国策",在奉天(沈阳)放送局开办了一个名为"满洲新歌曲"的节目,经日本北支派遣军司令部负责中国宣传事务的陆军少佐山家亨介绍,刚刚在勃多列索夫夫人的独唱音乐会上演唱过的山口淑子被选中,成为演唱"满洲新歌曲"的歌手。为了避免中国观众的反感,电台当局起用"李香兰"作为山口淑子演唱"满洲新歌曲"的艺名。②

此后,随着"株式会社满洲映画协会"的成立,在日本北支派遣军司令部负责中国宣传事务的陆军少佐山家亨的推荐以及"满映"制片厂主任牧野光雄的"花言巧语"的"诱骗"下,李香兰进入"满映",并逐渐成为在贯彻日满亲善、五族协和的国策上所诞生的再恰当不过的满映明星。

二、李香兰出演影片

从1938年开始至1945年之间,日本人山口淑子假冒中国人的身份、以"满映"演员"李香兰"的名义,分别在"满映"(长春)、中联(上海)和东宝(日本东京)等制片机构出演了各类影片共计19种。详细情况见下表③:

---

① 日本文人、学者、画家等的笔名。
② 在《我的前半生——李香兰传》山口淑子、藤原作弥著,何平、张利、丹东译,世界知识出版社1988年,第32页)一书中,李香兰表示:"1931年(昭和六年),日本挑衅引起了满洲事变。第二年,日本人又一手炮制了满洲国。1933年,满洲国作为国策,广播'满洲新歌曲',唱歌的就是我李香兰,而我的真正面目却是日本人——山口淑子。虽然我当时是个不谙世事的少女,但我也和满洲国一样,是日本人一手炮制的中国人。每念及此,痛心疾首。"
③ 此表的制订,主要参见:(1)胡昶、古泉:《满映——国策电影面面观》,中华书局1990年;(2)〔日〕山口淑子、藤原作弥:《李香兰——我的半生》,新潮社1987年;(3)〔日〕岩崎昶:《日本电影史》,钟理译,中国电影出版社1981年。

编号	影片名称	时间	出品公司	编剧	导演	摄影	主演
1.	蜜月快车	1938	满映	重松周	上野真嗣	池田专太郎	李香兰、杜寒星、张敏、周凋
2.	富贵春梦	1939	满映	荒牧芳郎等	铃木重吉	藤井春美	李香兰、杜撰、张敏、戴剑秋
3.	冤魂复仇	1939	满映	高柳春雄	大谷俊夫	大森伊八	李香兰、刘恩甲、张书达、周凋
4.	东游记	1939	满映	高柳春雄	大谷俊夫	大森伊八	李香兰、刘恩甲、张书达、徐聪
5.	铁血慧心	1939	满映	高柳春雄	山内英三	杉浦要	李香兰、赵爱苹、姚鹭、刘恩甲
6.	白兰之歌	1939	日本东宝	渡边邦男	渡边邦男	友成达雄	李香兰、长谷川一夫
7.	支那之夜	1940	日本东宝	小国英雄	伏水修	三村明	李香兰、长谷川一夫
8.	热沙的盟誓	1940	日本东宝	渡边邦男、木村千依男	渡边邦男	友成达雄	李香兰、长谷川一夫
9.	孙悟空	1940	日本东宝	山本嘉次郎	山本嘉次郎	三村明	李香兰、榎木健一
10.	你和我	1941	朝鲜军报道部	饭岛正、日夏英太郎	日夏英太郎	森尾铁郎	李香兰、文艺峰
11.	苏州之夜	1941	日本松竹大船	齐藤良辅	野村浩将	齐藤正夫	李香兰、佐野周二
12.	黄河	1942	满映	周晓波	周晓波	谷本精史	李香兰、周凋、徐聪、张奕、孟虹
13.	迎春花	1942	满映	清水宏长濑吉绊	佐佐木康	野村吴中根正七	李香兰、浦克、木暮实千代
14.	我的莺	1943	满映	岛津保次郎	大佛次郎	福岛宏	李香兰、千叶早智子、黑井洵
15.	纱蓉之钟	1943	日本松竹、满映、台湾总督府	长濑喜伴、牛田宏、齐藤寅四郎	清水宏	猪饲助太郎	李香兰、岛崎波、近卫敏明
16.	盟誓的合唱	1943	日本东宝、满映	岛津保次郎	岛津保次郎	铃木博	李香兰、灰田胜彦
17.	战斗的街	1943	日本松竹大船	内田歧三雄	原研吉	武富善男	李香兰、上原谦
18.	万世流芳	1943	满映、中华、中联	周贻白	张善琨、卜万苍等	余省三周达明	李香兰、袁美云、高占非、陈云裳、王引
19.	野战军乐队	1944	日本松竹大船	野田高梧	牧野正博	竹野治夫	李香兰、佐分利信

"满映"时期,李香兰出演的第一类影片是"娱乐映画",这在李香兰出演的电影作品中占据很大的比重,包括《蜜月快车》、《富贵春梦》、《冤魂复仇》、《铁血慧心》、《东游记》、《迎春花》、《孙悟空》、《纱蓉之钟》、《你和我》等 9 部。李香兰出演的第二类影片,便是所谓的"大陆电影"。包括《白兰之歌》、《支那之夜》、《热沙的盟誓》、《苏州之夜》、《盟誓的合唱》、《战斗的街》和《野战军乐队》等 7 部。李香兰主演的第三类影片,是"国策电影",包括《黄河》、《我的莺》、《万世流芳》等 3 部。

(一)李香兰出演的"娱乐电影"

总的来看,"李香兰"出演的"娱乐电影"或间接、或直接沿袭日本国内商业电影的类型片模式①,多为喜剧片、神怪片和恐怖片;当然,即便神怪片和恐怖片,也大多具有喜剧色彩。通过拍摄这一批娱乐电影,"满映"一方面试图通过表面上由中国人演绎的特殊手段传输日本人的观念、文化以及生活方式,希望借此打开"满映"出品在中国和日本的观众市场,另一方面,也是为了利用李香兰的语言、歌唱和表演才华,将其塑造成一位具备特殊身份的电影明星。

"满映"早期,李香兰出演了《密月快车》、《富贵春梦》和《冤魂复仇》三部娱乐电影。《蜜月快车》是日本喜剧影片《被偷看的新娘(のぞかれた花嫁)》(1935 年日活电影公司多摩川摄影所出品,大谷俊夫导演)的翻版。影片描写一对新婚夫妇在搭乘由新京开往北京的卧车中出现的一系列闹剧。她还在此片里演唱日本当时的流行歌曲《两人还年轻(二人は若い)》。"满映"将这部曾经在日本轰动一时的影片剧本翻译成中文,由编剧重松周和导演上野真嗣改写成一个中国背景的故事,是为了引起中国观众的兴趣。《富贵春梦》是一部短片集锦,描述得到一百万外财的几种人对命运形形色色的表现。《冤魂复仇》是一部独出心裁的鬼怪片,表现出劝善惩恶的意旨和令人毛骨悚然的效果。

出演这三部影片,是李香兰迈入电影界的第一步。尽管出于"满映"官方的愿望,力图将李香兰包装成一个炙手可热的电影明星,但由于这时期的"满映"电影本身没有号召力,因此没有达到这个目的。李香兰的明星地位是在她主演了"大陆三部作"以后,才得以真正奠定起来的。"满映"在电影策略上的失误、创作者水平偏低以及电影制作条件的简陋,是李香兰出演的第一批娱乐影片宣告失败的主要原因。对于中国观众,这一批娱乐片根本就是按照日本影片的特点由中国人来表演完成的,看起来无论如何都是很怪诞的;而对于日本观众,这一批娱乐片的水准远

---

① 类型片指按照好莱坞的一种拍片方法制作出来的影片。它是艺术产品标准化的规范,也可以说按照不同的类型或样式的规定要求创作出来的影片。一般来说,它的目的仅仅是为了赚取更大的票房利润。

在日本本土相同娱乐片的水准之下,欣赏起来也毫无新意可言。

满映中期,李香兰出演了《铁血慧心》、《东游记》、《迎春花》、《你和我》、《孙悟空》和《纱蓉之钟》。这一时期,"满映"开始启用建筑在新京(长春)南郊洪熙街的新摄影棚,从日本国内引进的一批优秀的电影人才以及新式的电影机器和电影设施也全部到位。"满映"还陆续与日本国内的"东宝"、"松竹"等影片公司合作。除了《铁血慧心》以外,《东游记》、《孙悟空》、和《迎春花》等作品,便分别是"满映"与"东宝"、"松竹"合作的结晶。其中《东游记》是"满映"第一次与日本制片机构合拍的影片。

就满映自拍片而言,《铁血慧心》是一部警匪片,描写警察队取缔走私活动的经过,歌颂了伪"满洲国"警察消灭鸦片走私团伙的"英勇事迹"。在这部作品里,李香兰扮演鸦片走私团匪徒蔡学元的女儿玉萃,从资料来看,影片及李香兰的表现平平。《孙悟空》根据中国古典名著《西游记》改编,是一部掺杂有歌舞片和喜剧片因素的神怪片。在这部影片里,李香兰只是扮演了一个非常不起眼的小角色。就整部影片来看,无论在日本还是在中国应该都是具有相当的票房号召力的。

就"满映"合拍片而言,《东游记》描写两位"满洲国"农民到东京去找他们的一位多年前去日本谋生的朋友老王的经历。李香兰扮演的一位名字叫丽琴的小姑娘成为两个中国农民与日本人之间交流的媒介,不但帮他们找到了老王,还与一位中国留日学生相爱,最后还动员大家一起回去"建设新满洲"。《迎春花》李香兰扮演的中国少女白丽,也是讲得一口流利的日语,和日本某建筑公司满洲分公司的同事——日本青年村川(近卫敏明)产生了爱慕之情。这部片子"松竹大船"的小市民风味①比较强。《你和我》是朝鲜军报道部制作的实行皇民化政策的国策色彩较强的影片。

"满映"时期李香兰出演的电影作品中最有艺术价值的一次尝试就是日本松竹、"满映"、台湾总督府合作拍摄的《纱蓉之钟》。《纱蓉之钟》摄制组将故事发生的场景搬到了台湾。1938年,在台湾宜兰县南澳乡,当村里的日本警卫员出征时,曾有一位高山族少女纱蓉(李香兰饰)在暴风雨中去送行,却被浊流吞没而死。该片就是基于这一事实改编的。该片在娱乐电影里面国策成分最多的一片,但应该说,该片即便不是导演清水宏的代表作,也是他最具艺术追求的作品之一。影片舒缓有致的画面节奏、抒情诗一般的格调与略带喜剧色彩的韵味,在战时日本电影中可

---

① 日本昭和初期,在松竹电影公司大船摄影所影片的最大特征。小市民就是公司职员。"松竹大船"善于描写普通公司职员的喜怒哀乐,稍有喜剧色彩。这里所说的公司职员当时是刚刚产生的新势力。他们把小市民描写为夹在经营者与工人之间的弱势力,虽然大学毕业但没有技术,也没有保护其权利的法律,因为不知何时被开除所以总是看上级脸色的可怜知识分子。代表导演有小津安二郎、岛津保次郎等。

谓难得一见的特例,不仅显示出导演清水宏相当成熟的电影才华,而且为李香兰的电影生涯留下了一部值得回味的佳作。在《纱蓉之钟》里,李香兰扮演了一位台湾高山族少女纱蓉,她天性自然淳朴,仿佛一块未经雕琢的璞玉;影片里,李香兰的表演真切、自然,充满质朴动人的魅力。

(二) 李香兰出演的"大陆电影"

李香兰出演的"大陆电影"基本是与日本的电影公司合作的作品。"满映"的标记,只是在出演者李香兰的名字下面采用小字注在圆括弧内而已。其中《白兰之歌》、《支那之夜》和《热沙的盟誓》三部影片叫做"大陆三部作",均采取"满映"与日本"东宝"合作拍摄,李香兰与日本演员长谷川一夫合演的形式。这三部影片的布景、摄影几乎全是在日本的摄影棚里进行,只是为了特别的原因,偶尔到中国进行外景摄影。所以,实质上,这三部影片都应该算作东宝电影公司的作品。

"大陆三部作"的出现,与李香兰在"满映"和日本人心目中地位的升高以及战争爆发前后日本国内出现的"大陆热"存在着密切的联系。正如日本电影人清水晶所言:"对当时的日本青年来说,走向大陆就像今天的年轻人向往去欧美任职一样,李香兰则是起了日本与大陆之间的'虹桥'作用的梦幻女王。"[①] 在拍摄了几部娱乐影片之后,"满映"为了使在伪满洲已经开始红起来的李香兰也能在日本掀起狂热,当然也是为了日本电影"国策"的需要,为了配合日本国内的"大陆热",便同意与"东宝"合作拍片。

《白兰之歌》是李香兰主演的"大陆三部作"的第一部,该片根据日本作家久米正雄在东京《日日新闻》(现《每日新闻》)上连载的同名小说改编。片中,李香兰饰热河省豪族的女儿——在奉天学习声乐的李雪香,她爱上了在中国的日本青年、满铁技师松村康吉(长谷川一夫饰)。在她听说游击队要夜袭"满铁"工地后,立即跑到松村处报告了这一消息,并留在松村处。在与游击队的对抗中,他俩一起战死。关东军大本营为他们俩人树了纪念碑,号召伪满洲国国民学习他们,努力生产、支援前线。《白兰之歌》里的"大陆",也被呈现为一块值得向往的土地。影片经常出现跟故事本身联系并不紧密的、有关东大地的人情、风物展示画面:一望无际的原野、肥沃的土壤和辛勤劳作创造幸福生活的人们;除此之外,还会在叙事过程中,相当生硬地插入一些中国各地名胜古迹的空镜头:一如既往地美伦美奂、一如既往地源远流长。

李香兰主演的第二部"大陆电影"《支那之夜》由于没有处理好日本文化与中国

---

① キネマ旬報社编:『日本映画人名辞典・女優篇』,キネマ旬報社1995年,第823页。

文化之间的差别,导致中国观众根本无法接受这一部作品,也是李香兰出演的电影中,被当作汉奸罪证的最重要的作品。跟《白兰之歌》不同,《支那之夜》选取了上海作为背景。跟《白兰之歌》一样,影片是一部通过一个曲折的爱情故事,以及一种独特的"大陆"想象,编织出一个令日本观众垂涎的"大陆梦"的电影作品,讲述了一个战争孤儿(中国姑娘)被长谷川一夫扮演的日本船员挽救的故事。

《支那之夜》以后,"满映"与日本"东宝"再一次合拍了影片《热沙的盟誓》,作为"大陆三部作"的最后一部。《热沙的盟誓》在内容上与《白兰之歌》大致相似,这次把修筑铁路改成了修筑公路,而重点从谈恋爱到"新亚洲建设"。故事的发生地点也由东北变成了山西。李香兰所扮演的女主人公李芳梅是留日学音乐的豪门闺女。影片中,有一场是李芳梅对因墓地遭到破坏而奋起抗日军的老百姓讲了一段话,她慷慨激昂地煽动老百姓"要明白真相,不要上共产匪的当"。李芳梅的最后结局,是在为修建公路的日军送"共产匪"的活动情报时,因翻车而终生致残。跟前两部"大陆电影"相比,《热沙的盟誓》不仅缺少了蛊惑人心的理想主义和浪漫色彩,而且在整体格调上显得阴郁、凄清。

总的来说,"大陆三部作"有三个主要特征。最大特征是长谷川一夫和李香兰的角色类型。《白兰之歌》中的开拓者与热河省贵族的女儿、《支那之夜》中的船员和战争孤儿、《热沙的盟誓》中的道路建设技术员和女声乐家。日方以男性、中方以女性来表现。这样的角色分配完整地表现了当时中国和日本的关系。侵略者和被侵略者的关系托付给男性和女性的关系,是殖民主义和性别关系的结合表现。"大陆三部作"所表现的主题就是与当时日本所倡导的"大东亚共荣圈"一体的。

第二个特征是对中国的描写。"三部作"中出现的中国人屈指可数,有台词的角色就更少了。这些中国人的表演也十分奇怪。一个佣人突然在家里吐痰等,当时日本人眼中的中国人的不良习惯的表现很显眼。抗日战争被表现得仿佛是偶然发生的交通事故,完全没有历史性、政治性的背景。

最后一个特征是李香兰的歌唱和她的色情魅力。"三部作"主题歌都是李香兰演唱,每首歌都通过广播在日本全国上下广为流传。每部影片都有李香兰唱歌的戏,这些歌曲充满了异国情调,旋律甜美浪漫。这些格外甜美的歌曲很容易渗透战争状态下人们的心理。另外,影片当中也经常出现媚态,或强调性别的特写镜头。当时的电影杂志描述她:"把达尼尔·达黎欧[①]当作小品来表现的神情"、"像小鱼儿一样活蹦乱跳的四肢"是日本女性绝对很难追求的"新鲜的刺激"。[②] 陶醉在以

---

① 1930年代开始活跃的法国演员。代表作有《红与黑》、《查泰莱夫人的情人》等。
② 四方田犬彦:《日本的女优》,岩波书店,2000年,第16页。

甜美旋律为背景的长谷川与李香兰的爱情故事的观众,自然会联想"李香兰——甜美浪漫的爱情故事与英雄悲剧——大陆",他们会认为去大陆打战仿佛是自己当电影主角一样。那里有需要挽救、需要保护的中国少女。浪漫故事等着我们。这就是"大陆梦"。

　　李香兰出演的"大陆电影"还有《苏州之夜》、《盟誓的合唱》和《野战军乐队》等。《苏州之夜》是从一名青年医生加纳(佐野周二饰)以"国家工作"的名义,为了治疗普通中国百姓而到上海上任开始说起的。而李香兰饰演的是孤儿院的保姆梅兰,她对日本的厌恶也是众所周知的。但是,经过一系列事件后,梅兰和加纳坠入爱河。《盟誓的合唱》和《野战军乐队》两部电影中,李香兰饰演的"中国歌女"这一角色引起了日本军共鸣。《盟誓的合唱》,与后来的《我的莺》一样,都是岛津保次郎导演出来的音乐电影,通过守备士兵们的日常生活以及为慰问他们的歌女们,描写了中国北方生活。《野战军乐队》是一部喜剧风味的电影,讲的是接受上级"在中国组织军乐队"命令的士兵们为应急勉强凑合准备,让当地女孩李香兰担任即席歌手的故事。这三部作品与"大陆三部作"一样,仍是亲日女性与日本人的故事。

(三) 李香兰主演的"国策电影"

　　其实,无论"娱乐电影"还是"大陆电影",都是日本"国策电影"的重要组成部分;之所以将《黄河》、《我的莺》等3部影片单列出来作为"国策电影"的代表,是因为在这些影片中,"国策"的分量远远超过"娱乐电影",而"国策"的隐蔽性又远远超过"大陆电影";同时,"国策电影"在制作上比"娱乐电影"和"大陆电影"更加严肃、精良。而且无论是中国人还是日本人,在"国策电影"的框架中,都追求新的表现。也就是说,"满映"时期李香兰主演的"国策电影",是一批直接为日本"国策"服务,却又在外在形态和内在蕴涵上表现得异常复杂、异常精心的电影创作。

　　《黄河》讲述了这样一个故事:祖辈住在黄河河畔的农民因为天灾人祸而家道中落,少许的麦田也被地主收去作了抵押,从而引起农民与地主之间的一系列纠纷。影片重点描述农村自从变成中日两军交战的战场后,出现的惨状以及农民们与泛滥的洪水作斗争的情景。李香兰扮演一个农民独生女,她协助日军激发出人们同天灾人祸作斗争的积极性。

　　《我的莺》是一部对当时的电影来说规模颇大的"音乐影片",名义上归于"满映",可实质上仍是日本东宝公司的作品。应该说,这部影片,不论在形式上和内容上都是欧式的,完全可以称得上是一部俄国电影。不仅舞台选在由帝俄所建设的国际城市哈尔滨,而且登场人物也全都用俄语说话和歌唱,甚至回荡于整个剧情中的音响也是俄国的音乐,主题歌《我的莺》也是俄罗斯风格的。还有台词也是俄语,日语只在字幕上出现。

《万世流芳》不仅是"满映"改变其电影侵略政策以后的突出收获,而且是"满映"时期李香兰出演的电影作品在中国获得最多票房的例证。李香兰扮演在大烟馆里卖糖的中国少女凤姑。她的恋人是林则徐的好友潘达年(王引饰)。凤姑发现他在鸦片窟后奉劝他戒烟,还唱了"卖糖歌",唱道开始吸食鸦片的一时快感会变成恐怖的毒害。在拍摄《万世流芳》时,"中联"当局动用了当时上海几乎所有的电影明星来陪衬、突出和抬高李香兰,并通过中华电影公司所垄断的发行系统来推销这部影片,使李香兰成为中国观众眼中的大明星。在回忆录里,李香兰表示:"拍摄这部影片的意图和《木兰从军》一样,旨在借古喻今。在日本人看来,鸦片战争是中国人企图抵抗把中国变为殖民地的盎格鲁撒克逊人,正符合当时视英美为'鬼畜'的口味,因此认为是一部鼓舞士气的影片;而在中国人看来,则是一部反抗外敌(日本)侵略的影片。也就是说,这是一部可由观众解释自如的'变色龙'影片。"①

结　语

刚开始的李香兰仅仅是个被叫做"金鱼美人"的小演员,经过几部作品后变成了"满映明星李香兰",最后成为"东方明星李香兰"、"国际演员李香兰"。屏幕上的李香兰是一个日语流利的满洲姑娘,是一个能以日本青年的热情去理解日本、爱日本的可爱的中国女孩。是日本人心目中的伪满洲国化身,是"大东亚共荣圈"的象征。但这最终只是日本人对中国大陆的一场黄粱美梦而已。与现实中的中国差距太大,没办法让中国人接受。山口淑子变成李香兰的时候她才18岁,无论她本人愿不愿意,在所谓"为了国家"的鼓动之下,日本军司令部的要求肯定要做到。因为她是日本人。但她本人也没有想到,李香兰在中日两国走得那么红,影响那么大。

日本战败后,李香兰在上海一直被软禁,接受法庭的调查。结果,她以日本的户籍为证据,证明自己的国籍,被释放了。山口淑子战后以本名重新走上影坛,在美国主演了两部电影、一部百老汇音乐剧。经过两次婚姻按照日本的婚姻法改名叫大鹰淑子,做十年的家庭妇女之后,以记者的身份出现在电视节目上。中日邦交正常化的时候还主持了特别节目。大鹰淑子54岁时立志当政治家,成为日本国参议院的田中角荣派议员。她一直从事外交活动,历任环境厅政务次官、参议院外交委员会委员长等。72岁退出议员后一直担任"亚洲女性基金"副理事长,从事慰安

---

① 山口淑子、藤原作弥:《我的前半生——李香兰传》,何平、张利、丹东译,世界知识出版社1988年,第202页。

妇赔偿工作。回到本名的她可以说完全贯彻自己的意志而行动,成为生活在21世纪的日本人对生活态度的榜样。但可以看出,战后的她要摆脱李香兰的阴影而挣扎。

"满洲映画协会"其实并没有留下杰作,可是它创作了一个特别的明星——李香兰。她通过"大陆三部作"的主演成为当时日本最红的演员,随着日本疯狂的人气在伪满、上海等地方也逐渐走红。当时在全世界也很难找到这样的演员。她出演的影片与政治的关系特别密切,因此给观众的影响力也特别大。

王蒙说:"山口淑子可以无罪释放。大鹰淑子可以待如上宾。李香兰则只应彻底埋葬。侵略者,狗强盗,伪满,《支那之夜》与《白兰之歌》……还有什么可说的?"[①]李香兰不管有多少罪恶,但我们不能把她埋葬。需要的是,客观地分析李香兰作品的艺术价值、她在中日两国受欢迎的明星才能、和一个年轻女演员给中日社会留下的如此大的影响。艺术本来是为政治服务的。日本为实施国策而制作的电影,其基本立场完全是为当时的军国主义国家政策服务。但是,艺术也有其自身独特的表现手段,在我们已经揭示了这一艺术的政治立场和意识形态特征之后,我们对李香兰的电影,也应该在纯粹的艺术范畴内,给予客观评价与研究。

---

① 王蒙:《人·历史·李香兰》,《读书》,1992年6月。

古代东亚文学中女性的解冤和变异
——以《洪宰樞和尼姑》、《窦氏》、《吉备津之釜》为中心

〔韩〕 李京美*

引 言

在传统封建社会中,文学作品大都出自男性的文人之手,他们对女性十分蔑视,大多将女性形象固定在一个被动顺从毫无个性地位的局限中。在当时的封建社会价值观影响下和男权主义制度控制下,女性想要生存下去,唯一的方法就是被动的忍耐。① 而在《洪桂月传》中的"洪桂月"、《朴氏传》中的"朴氏",以及《玉楼梦》里的"姜南洪"等一系列朝鲜小说中,主人公们却都展现出女性英雄活跃英武的一面。又如《剑女》里的"女侠",有着盖世武功和侠义心肠,她们惩治贪官污吏,替受压迫者报仇雪恨。同时她们在婚姻和家庭方面,反对当时狭隘封建的价值观,提倡自我的主导性和主体性。这些作品充分显示了女性的才能,并将在传统制度压榨下的女性的意识和需求毫无保留的表现出来。这相对而言给一向被疏远忽视的女性集团带来了一种积极的满足感,使得当时的女性在小说中女性英雄的大力示范作用下,间接受到了一些超前的革新式的思想的影响。

除此之外,对于那些受到不公平虐待的女性,由于受到以上因素影响,她们开始从长期受到的传统伦理道德和封建价值观的束缚下挣脱开来,展现出一种内在的真实性情。尤其在她们死后,一种潜在的被压制的本性被疯狂的展现出来。那些温顺的女性形象在封建社会制度的压制下,受到自己最深爱的人背弃自己的刺激,在死后的瞬间,展示出与之前完全不同的形象。这种变异过程,也是为了获得自己恋慕的对方对自己的真实存在和需求的认定而产生的。② 这类作品虽然与现

---

* 李京美,韩国东西大学中文系助教授,文学博士。
① 김영철,「이하라 사이쿠카가 그린 여성」『일본문학 속의 여성』,제이앤씨,2006년,173쪽。
② 강진옥,「원혼형 전설 연구」,『구비문학 5』,韩国精神文化研究会语文研究室,1981年,第60~61页。

实世界截然不同,但却是对女性被封闭内心的真实反映。① 当然,除韩国古典文学之外,在东亚文学中也存在着许多相同的作品。

韩国的冤魂传说有很多,有《阿郎传说》和《蔷花红莲传》等各式各样的冤魂小说。并且这些冤魂小说的主人公大部分都是女性。朝鲜时代初期,徐居正的随笔集《苑杂记》就是对这种女性与怨灵关系的很好反映。

> 蓋男子陽也,鬼神陰也。陰伏於陽,理之必然。且男巫少而女巫多,是其驗也。②

徐居正指出,属阴的女性的地位在属阳的男性地位之下。依据阴阳五行,阴气与属阴的等级低下的女子的气相通,这种阴气与鬼魂最相近。所以女性与鬼魂有着相同的属阴的气质。身为女鬼,又是冤魂,这种阴鬼是令人十分忌讳的。在《蔷花红莲传》里有过对这种阴鬼详细的描写,有为了保守贞节而死的"阿郎",或者是含冤而死的冤魂。这些冤魂故事的女性变身为鬼魂,可以以其他的形态出现。死去的灵魂不仅可以以人的形态出现,也可以以其他生物体的形态存在。所以有些故事中女性含冤而死后,可以以动物的形态报仇。③ 这种故事在韩国与蛇相关的传说中非常多。

蛇象征着女性的力量。在有着母系传统的韩国济州岛,蛇是女性的守护神。④ 蛇的形象,在东西方都有着性的象征意义。佛教的《法华经》中所描述的蛇也象征着诱惑和爱心。⑤ 蛇的这种形象在韩国的小说中经常出现。

这种传说中,女性化身为蛇,对自己所倾慕的对象进行顽固的报复行为,最终导致的结局也是悲剧性的。⑥ 这种行为反映了在男权中心的社会体制下女性的自我保护意识。还有一种传说,将被男性背弃的女性形象丑化,这样很容易揣摩出其反面的真实含义。下面所提到的《洪宰樞和尼姑》也有着同样道理。

中国文化黄金时期的唐代大盛行之后,到明清时代为止,传奇小说受到广大文人的喜爱。这种传奇小说由非一般的故事"奇"和历史流传的、有一定传统的叙述

---

① 김경희,「잠재된 인간성의 반란」,『그로테스크로 읽는 일본 문화』,책세상, 2008 년, 275 쪽.
② 성현, 『용재총화』, 솔출판사, 1997 년.
③ 장윤선,『조선의 선비 귀신과 통하다』,이숲, 2007 년, 166 쪽.
④ 济州岛传说里,蛇是女性的保护神。结婚的时候一定要带它出嫁,不然家人就会遭遇不幸。
⑤ 佛教中虽然对蛇有两面性的解释,佛经《法华经》中,蛇诱惑和欲望的代表。蛇不仅仅将自己的身体暴露在外,并隐避在花树丛中迷惑人们。蛇是罪恶极深的动物,他的一生极为丑陋。佛教中,诱惑是用计谋扰乱别人的心性。不是引诱别人误入歧途,而是用欲望和诱惑勾引住别人的心。蛇被刻画成这样能使人们变得邪恶的动物。
⑥ 这类似的现象在〈조월천과상사뱀〉的小说中也可以看到。

方式"传"所组成。① 唐代的《霍小玉传》以主人公霍小玉被爱人李生抛弃之后,变为冤鬼,以向李生和其妻妾报复为主要内容。之后,在明朝前期的《剪灯新话》的《牡丹灯记》中,男主人公被诱惑拐骗以致死去,这些都是以女性存在超自然的变异,将男性毁灭为结局为内容的具有代表性的作品。在中国前期小说的集大成作品、明末清初小说《聊斋志异》中,这类作品也有出现。下面即将讨论的《窦氏》就是其中的代表作之一。

　　在陆地无法再向前延伸的情况下,一望无际的大海给日本提供了发挥无限想象力的丰厚土壤。以佛教和多神教为基础的神道的发展和赋予万物以生命的日本物活②思想的盛行,使得各种怪谈小说得以创作成功。直到现在为止,这种怪谈小说仍被许多人接受。特别是日本江户时代,《剪灯新话》从中国传来,当时,《佰物语》(晚上人们聚在一起讲着一些恐怖故事,当火芯熄灭的时候,故事中的妖怪就会出现)开始流行。而且受佛教传说中离奇怪谈的影响,怪谈小说也迅速发展起来。③ 这种怪谈小说将在封建社会秩序和统治阶级的残暴统治下,痛苦呻吟的人民的形象刻画得入木三分,并充当起饱受虐待和欺压的人们,特别是女性变异的媒介,表现出了人类潜在的疯狂的一面。《四谷怪谈》、《牡丹灯笼》和《雨月物语》的女主人公都被深爱的人抛弃,含冤致死,化为怨灵报仇,甚至于通过把男主人公杀死的方法来成全他们之间的爱情。

　　像这样,在漫长的历史中记录普罗大众的爱情的韩国小说、中国传奇小说和日本怪谈小说里,以善良温顺的女性们,被自己钟情和信任的人抛弃,含冤而死之后,变为凶恶的化身,最终报仇雪恨这些为内容的作品并不少。在封建社会,对地位低下的女性来说,唯有忍耐再忍耐才是美德。为了化解女性们的冤屈和怨恨,文人们只能让她们化身为超自然的存在。④ 那些传奇小说和怪谈小说都是以幻想为要素,其作品都在审美方向上发生了转换,既获得了一个具有深度的主题,又对小说的发展有着巨大的贡献。本文以韩国《慵斋丛话》里的《洪宰枢和尼姑》,中国《聊斋志异》里的《窦氏》,日本的怪谈小说《雨月物语》里的《吉备津之釜》为中心,通过古代东亚古典文化里女性变身,暴露出她们的欲求和反抗精神。下面我们来分析解冤现象的形成。

---

　　① 최진아,「요괴의 유혹: 당나라 전기에 나타난 여성의 한 모습」,『중국소설 논총』21 집,2004 년,180 쪽。
　　② 被称作物神崇拜、灵魂信仰,还有万有精灵说。即对于所有事件和事物都存在精灵和灵魂的原始宗教形态。人死了之后灵魂也是独立存在的,人们崇拜他。
　　③ 提邦彦,『에도의 괴이담- 지하 수맥의 계보』,2004 년,141~142 쪽。
　　④ 김경희,「잠재된 인간성의 반란」『그로테스크로 읽는 일본 문화』,책세상,2008 년,293 쪽。

二、作品背景和内容介绍

(一) 韩国的《洪宰樞和尼姑》

《慵齋叢話》最初创作于朝鲜时代后期,以成贤(1539—1504)随笔集的形式出现。其中记载了从高丽时代开始,到近代朝鲜的成宗时代,包括帝王世家、诗人、文豪、书法家和音乐家在内的逸闻趣事,以及这些人与社会上受排挤冷落的寡妇、尼姑、妓女等纠缠不清的故事。这些都是关于在当时儒教社会制度和个人取舍之间,谨言慎行的女性的故事。《洪宰樞和尼姑》一共四卷,内容如下:洪宰樞某日在山路上走着,突然下了阵雨,他连忙到旁边一个小庵里躲雨。在那和一个尼姑一见钟情,晚上不免调风弄月,情不自禁。洪宰樞向尼姑保证,在五月初五端午节那天一定来接她。洪宰樞走了之后,很快到了约定的那一天,他却没有出现,尼姑伤心欲绝,不久便病逝了。而不久之后洪宰樞当上了南方节度使,英勇无敌,前途无量。一天,在他的军营出现了一条小蜥蜴,他马上把它抓住捏死了。那以后每天蛇都会过来,在被弄死之后身体都会变大,最后,终于变成一条大蟒蛇。洪宰樞这才知道死了的尼姑变成了大蟒蛇,他把她装在小箱子里,在自己讨论军务或者巡行的时,一直都在自己左右。这以后,洪宰樞节度使精神逐渐异常,脸也渐渐消瘦,最后郁郁而终。[①]

(二) 中国的《窦氏》

中国明末清初《聊斋志异》是一部集中国志怪小说大成的作品。作者蒲松龄(1640—1710)继承了中国传统志怪传记小说的优点,以文言文的形式创作了近500篇之多的作品。在这些作品中,以女性为主题的作品占有相当大一部分。这些作品以多样的女性世界和丰富的表现形式特别是通过将女主人公人物形象化,取得了众多成果。因此,从侧面来研究中国古代文学作品中的女性形象时,《聊斋志异》是经常被引用的作品之一。从作品中的贤妻良母、恶妻、女宰相、女侠等各种形象中,不难看出与当时的价值观所不同的另一个女性世界。恭顺善良的女性含冤致死之后,其本性和内在的欲求爆发,化为凶狠怨灵前来报仇。这样的形象在作品中经常看到。我们就拿《聊斋志异》里《窦氏》的故事来分析一下。

窦氏的女儿是一个温婉纯真的农家少女。乡里的权贵之子南山福有一次偶然

---

① 성현,『용재총화』,솔출판사,1997년.

去窦老人家避雨,见到了窦氏女儿,被窦氏女儿的美貌所吸引,于是每天来找她。窦老人无可奈何,以致女儿受到哄骗,与南山福发生感情。而当窦氏女儿生下儿子,窦老人去寻找孩子的父亲南山福,却被绝情的赶了出来。正在那时,有户富家小姐向南山福提亲。被赶出来的窦氏女儿抱着刚出生的儿子到南山福家,只要求承认儿子。在大门前流着眼泪恳求了一夜,最终还是被拒绝。最后,窦氏女儿抱着儿子冻死在南山福大门前。但是南山福却收买官吏,让窦氏女儿白白死去。之后,她开始了令人难以想象的报复。开始,她出现在南山福未过门新媳妇父亲的梦中,预示如果将女儿嫁给南山福,他的女儿将必死无疑。但是他贪图南山福的财产,将女儿嫁给了南山福。新过门的漂亮媳妇不知什么原因,每天只会哭泣。几天后,老丈人来了,看到活着的女儿非常震惊,自己的女儿已经于几天前在庭院上吊自杀。倒在新房中的新媳妇分明就是窦氏的女儿的尸体。后来再看看赵进士的女儿,那样子跟死去的窦氏女儿非常相像。果然很快又发现了一具女尸,看了才知道,死了的新媳妇不是赵进士的女儿,而是其他官吏的上当受骗的女儿。最后南山福因挖掘他人的坟墓被判处死刑。

(三) 日本的《吉备津之釜》

上田秋成(1734—1809)的《雨月物语》作为日本近世文学的代表作品,是一部可以与中国的《剪灯新话》和韩国的《金鳌新话》比肩的日本怪谈小说。作品对主人公的性格变化描写非常细致生动。[①] 特别是《浅茅宿》、《蛇性之淫》、《吉备津之釜》这三个作品,将女性的爱,执着的爱憎,出色地显现出来。这是一部以女性深刻的自我反省为背景的作品。《吉备津之釜》将在被所爱和信任的人抛弃之时瞬时间变身为难以想象的怨灵时的女性形态生动的刻画出来,这部作品在《雨月物语》中也可以算代表性的作品。而这种恐怖和阴森的气氛被视为日本怪谈文化想象的最高作品。[②] 其内容是描写吉备地方的富家独生子正太郎,他整天待在家中,毫无心思经营家族产业,并一直想着过放荡无羁的生活。父亲找到矶良做他的儿媳,好让儿子能结束自己放荡的生活重新开始新生活。矶良拿出家中世世代代流传下来的锅来占卜他们结婚的吉凶,结果显示出凶兆。这个女子无视占卜的结果,嫁给了正太郎。新过门的矶良真诚的希望与丈夫和婆家人一起生活,可是正太郎却与妓女出身的阿袖另外单独生活。得知真相的夫家父母将他关进了家里,可怜的矶良反而要给丈夫和情妇物质和精神两方面的照顾。之后,正太郎向妻子矶良撒谎说已将

---

① 中村幸彦,『中村幸彦著述集』第4卷,中央公論社,1987년,249쪽.
② 中村幸彦,『日本古典文学大系』56(上田秋成集),岩波書店,1959年,13—14쪽.

情妇阿袖送到其他地方,并和情妇一起带着家中的财产逃到情妇亲戚家。被抛弃的矶良含恨病死,不久之后,阿袖也无缘无故的死掉了。正太郎在情妇阿袖的坟墓前正伤心的时候,偶然看见了一个绝世美人,再一次旧习不改,追求起这位女子来。这女子不是别人,正是由恐怖无比的外貌变来的妻子矶良。惊吓昏绝的正太郎醒来之后已在坟墓之中。之后遇见法师,才得知不久前妻子矶良去世,情妇阿袖也因妻子的怨灵而死的事实。法师给正太郎贴了符咒,告诉他只要42天之类躲在尼姑庵,矶良的怨灵变不会对他产生伤害。每天晚上,矶良的怨灵都会出现要向他报复。到了最后第42天的晚上,旁边房间的人听到一声惨叫,到正太郎房间一看,只看到墙壁上血淋淋得一片,天花板上只可以看到一个男子的发髻。[1]

三、矛盾极限引起的女性的变异

(一)矛盾极限

(1)社会化的极限压力

封建社会统治者为了巩固其儒家体制及森严的等级制度,不断降低女性的权利和地位,并要求她们遵守严格的妇道。女人即使在家里生活也受到诸多限制。朝鲜时代的女性的生活环境比前代更为恶劣。除了以男性为中心的制度更加强化之外,女性被更严厉的要求忍耐和牺牲。[2] 在这种儒教道义的社会局限性限制下,女性经受了无情的欺凌压榨。这些在韩国的《洪宰樞和尼姑》中有着深刻的体现。

洪宰樞微时路逢雨。趋入小洞,洞中有舍。有一尼,年十七八,有姿色,俨然独坐。公问何独居,尼云三尼同居,二尼丐粮下村耳。公遂与叙欢。约曰:"某年月迎汝归家。"尼信之每待某期。期过而竟无影响,遂成心疾而死。

尼姑住洞里,又为了生计去借粮食,她不过是一名贫穷卑微的女性。但当时的女性在朝鲜崇儒抑佛政策下,和舞女、妓女、奴婢一样,处于的人权最下层的死角。这个女子处于花季的年龄,有着绝美的外表,但是却身份低贱,极度贫穷,洪宰樞把她当做游戏的对象,根本没把日后带她走的约定放在心里,为了以后能与权贵的女儿或者富家女结亲,义无反顾的将他们的约定抛之九霄云外。既是女人,又是尼姑,表现了有着这两种身份的下层女性的痛苦经历。[3] 对女性来说,第一次遇见的

---

[1] 이한창,『우게쓰 이야기』,문학과 지성사,2008년.
[2] 정병설,「조선 후기 여성 소설 연구 서설」,명지대인문과학연구소,2002년,211쪽.
[3] 장윤선,『조선의 선비 귀신과 통하다』,이숲,,2007년,167~168쪽.

男性,没有结婚就将身体应许给对方,是有生命危险的行为。尼姑与他人结下孽情,这在当时社会下是不可容许的行为,犯行的人要被活活的埋葬。这种社会局限性使尼姑陷入了绝境。

窦氏的女儿窦氏女也生长在贫苦人家,美丽善良。年纪大约十几岁,端庄甜美,容貌无人能比。虽是出身于贫苦人家的女儿,但她却有着平等的婚姻观。她断然抵抗南山福的无礼行为,并将自己的意志机智的表现出来。

奴虽贫,要嫁,何贵倨凌人也!

南山福出生于权贵之家,是生性风流、没有责任感的纨绔子弟的典型代表。他对窦氏女甜言蜜语,使得其对自己产生好感,可是等到窦氏女怀孕,催他结婚的时候,他却以窦氏女出生卑微为借口推辞躲闪,最终下决心把窦氏女抛弃。

转念农家岂堪匹偶,姑假其词以因循之。会媒来议婚于大家,初尚踌躇,既闻貌美财丰,志遂决。

一个权势家族派来了媒婆来看是否适合结亲,南山福开始还有点犹豫,但当他一听说那女子外表漂亮,家里又有钱,就这样下定决心与其结成姻亲。于是贫苦农家女窦氏女,未婚先孕并被抛弃了。在家里,也挨着父亲的追赶打骂。没地方可去的未婚妈妈,生了无论怎样都不会被亲人承认的私生子的母亲,再也没有地方可以去了,再也没有她的容身之地了。她最终陷入当时封建体制的局限性之下。

《吉备津之釜》的女主人公矶良也是美丽非凡,纯真淳朴的传统女性。媒人是这样介绍她的。

天性善良,对父母极尽孝道,青春沉静,而且很会弹玄鹤琴。①

并且让正太郎对以后的婚姻和家庭生活充满期待和希望。

希望早晚都对着一位美好的伴侣,掰着手指头期盼着结婚的日子。②

另一方面,对正太郎更多的是对比的描写。

正太郎对从事农事的家业非常反感,整天沉迷于酒色之中,从不愿顺从父

---

① うまれだち秀麗にて。父母にもよく仕へ。かつ歌をよみ。箏に工みなり。(이한창,『우게쓰 이야기』,문학과 지성사,2008년)

② 朝夕によき人がな娶せんものをと。心もおちゐ侍らず……我児も日をかぞへて待わぶる物を。(이한창,『우게쓰 이야기』,문학과 지성사,2008년)

亲的意愿。父母整天对他长吁短叹。①

矶良开始嫁给正太郎的时候,对懒惰无能的丈夫并不抱怨,努力做着一个贤良的儿媳、好的妻子。

早睡晚起,寸步不离破破的身边,善于对丈夫察言观色,极尽真诚。井泽夫妇对矶良的孝行和贞洁心满意足。②

令人想不到的事,天性风流好色的正太郎看上了妓女阿袖。挥霍钱财,和她一起置办生活必需之物,住在妓院,从此很少回家。得知事实真相的矶良为了让丈夫回心转意费劲心思。年老的公公婆婆看到不务家业、作为丈夫又没有责任感的儿子这样,就把他关在了家里。伤心的矶良一边照顾被关的丈夫,一边给丈夫的情妇阿袖送钱和东西,给她的生活以帮助。当时的女性对丈夫的花心束手无策,被强制性的要求将正常的嫉妒情感隐藏起来,装作默默忍耐的样子。这种悲剧情节在这部作品中极好的体现出来了。③ 最后这种男权主义封建社会制度只能把矶良逼向死亡。

(2) 个人化的极限压力

对爱情的企望是人们普遍存在的欲望,不论是谁,都会梦想着幸福的婚姻,特别是拿出牺牲生命的勇气换来爱情后,对在忍耐中等待的爱情的期待更加巨大。韩国的《洪宰樞和尼姑》的尼姑,听了洪宰樞允诺的带自己的走的话,坚信不疑的等着,这对当时朝鲜时代的女性来说,第一次遇见的人,没有结婚就将身体应许给对方,是跟付出生命一样危险的行为。以将死的勇气换取爱情,然后又对来带自己走的约定坚信不疑。尼姑的报复行为虽然是因为对方没有遵守对她的约定,更是因为洪宰樞那种没把约定放在心上的的态度。信任越多,失望和憎恨越多,最终心病终结了她的生命。

只要南山福能接受自己的孩子,即使他抛弃了自己,窦氏女也心甘情愿。她怀着这样的希望抱着孩子去找他。

但得主人一言,我可不死。彼即不念我,宁不念儿耶?

窦氏女只期望对方能承认自己的骨肉,抱着他们能可怜自己的期望,在大门前

---

① 一子正太郎なるもの農業を厭ふあまりに。酒に乱れ色に酖りて。父が掟を守らず。父母これを嘆きて.(이한창,『우게쓰 이야기』,문학과 지성사,2008년).

② 夙に起。おそく臥た。常に舅姑の傍を去ず。夫が性をはかりて。心を尽して仕へければ。井沢夫婦は孝節を感たしとて歓びに耐ねば.(이한창,『우게쓰 이야기』,문학과 지성사,2008년)

③ 이한창,『우게쓰 이야기』,문학과 지성사,2008년.

抱着儿子,整个晚上流着眼泪求情。大门前受了整个晚上的冷遇,伤心欲绝,结果儿子冻死在了怀里。

矶良对不被父母接受和放荡不羁的丈夫的那副模样非常痛心。相对于对情妇的痛恨,矶良对没有经济能力,一个人生活的情妇阿袖更偏向于同情,并在物质和精神两方面帮助她。从这方面我们可以感觉到矶良对丈夫深深的爱意和真诚的努力。丈夫正太郎告诉矶良,他对无亲无故的孤儿阿袖因同情而生爱,现在对这个错误深深的后悔着,现在如果抛弃她,她又会在妓院堕落,带她到住在其他地方的亲戚家,希望在那里能遇见好的男人。这些话都是为了安抚矶良而编造出来的。矶良听信了他的话,非常开心,以至于拿自己的衣服和东西换来钱。这些钱不够,从来没有说过谎的矶良竟然到公婆那里,谎称自己需要,拿来了钱给丈夫当路费。这样诚心诚意的对他,正太郎对矶良的真心却第二次背弃,拿着那些钱和情妇逃到了远地。矶良得知了丈夫利用自己对他的的爱和信任欺瞒自己的事实,从此得了心病,病倒在床,终于死了。

尼姑也像窦氏女一样,在结婚之前就已失去了清白之身,以这种牺牲生命的勇气开始了爱情却也因这种背信弃义的爱情而结束人生。在寒冷的冬天晚上,抱着刚出生的孩子,在大门的哀求;从没说过谎话的善良女人矶良,骗了公婆,为丈夫准备钱,这种真心和痴情却遭到了对方的背弃,被彻底的糟蹋了。对尼姑、窦氏女和矶良这些女子来说,在这种既定的环境下,完全付出了真情,又被残酷的糟蹋背弃,最终导致她们死后变得极度凶狠可怕。

(二) 超越极限矛盾:通过变异实现愿望

身份、贫穷和贤妻良母思想的儒家教理的社会极限矛盾和完全付出真心,却被完全糟蹋的个人极限矛盾,最终导致了这些女性的毁灭,那深深的怨气让她们变成了新的形象:冤魂。

尼姑的冤魂以蛇的形象出现,并告诉了洪宰榀自己的存在。开始是"与小蜥蜴一样大的小东西从被子上面过去"。第二天是"蛇进了房间"。一声令下把它斩断,立刻就被处死了。接下来每天出现"每次出现都会一点点变大,最终变成了大蟒蛇"。士兵们聚在一起,拿着刀把它四面包围。"大蟒蛇冲破包围",士兵们拿刀砍,用火折子丢它"都还是斩不断"最后他把大蛇装在了箱子里,日夜不离他的身边。最终导致洪宰榀精神异常,昏迷不醒,终于死掉了。越是被女性否定自己的存在,女性冤魂的愤怒就越大。从小小的蛇可以变成可怕的蟒蛇的这部分,可以看出女性愤怒的增长。以怨恨和愤怒无止境的蛇出现,形成了巨大的改变。① 对忽视自己存在的对方施以愤怒和矛盾的报复,这报复最终造成男性的屈服和死亡。

窦氏死了之后,变得与之前美丽善良的形象完全不同。她以凶险恐怖的形象,最先出现在跟南山福结婚订婚的女方父亲的梦里。告诉他一旦将女儿嫁过去,就将丢掉性命,于是和南山福有婚约的大家族主人在一天晚上做了一个梦,一个披头散发的女人抱着孩子出现,这样警告他:

其大家梦女披发抱子而告曰:"必勿许负心郎;若许,我必杀之!"

但是,被对南山福的财产的欲望冲昏了头的新媳妇的父亲还是将女儿嫁了过去,几天后新媳妇就上吊自杀身亡了。并且,在南山福的新房里发现的尸体再一次被认定是窦氏女,她的墓也被挖开了。窦氏女的父亲再次向衙门告发,又一次因南山福的贿赂被忽视而平息了。女儿被虐待致死,女儿的墓被挖开,尸体被人搬到其他地方,向衙门告发了这所有的所作所为,每次都因南山福的贿赂而被平压下去。之后南山福的家世也日渐衰落,坏消息不断,谁也不愿与他结亲了。再一次因为与其他官吏刚刚死去女儿的尸体有关的罪名死在了官府的手中。

窦氏女的报仇方法非常特别,并不一下子就将南山福置于死地,而是让他求生不得求死不能。不是一次就报仇了事,而是慢慢的、给他一次比一次痛苦的精神上的折磨。这让我们看到,对爱情的背叛者施加了多么强烈的惩处,让他达到生不如死、痛不欲生的绝望极限。首先是让新媳妇自杀,将自己的尸体放在新房内,然后把其他女人的尸体偷过来,给他制造了判处死刑的罪名。给南山福渐渐施加察觉不到的精神上的痛苦,甚至达到了不安和恐怖的精神上的恐慌,以致让他痛不欲生。最后,借助官府之手报了仇。造就了《聊斋志异》里面最为阴险、恐怖、残忍的复仇。②

矶良也是变成了恐怖可怕的怨灵,让正太郎的情妇因突然发作不明原因的疾病而死。正太郎在阿袖的坟墓前正伤心的时候,一个丫环说自己的女主人虽然因遭受丈夫抛弃而病倒了,但是相貌天下无敌。听信了丫鬟的话,正太郎旧病复发,花心起来,以探望女主人为借口跟着丫环走了。

女主人是邻国都闻名的美人,据说因夫人貌美,才失去了其家的领地。③

---

① 강진옥,「상사뱀 설화의 몸바꾸기를 통해 본 욕망과 규범의 문제」, 고전문학연구18집, 2000년, 29쪽.
② 安国梁,《聊斋释真》,中州古籍出版社,1993年,142쪽.
③ 女君は國のとなりまでも聞え給ふ美人なるが。此君によりてぞ家所領をも亡し給ひぬれとかたる. (이한창,『우게쓰 이야기』, 문학과 지성사, 2008년)

被丈夫抛弃的女主人立刻变得恐怖万分,这正是在故乡被抛弃的妻子矶良。

"直到现在,都当我不存在一样,对我冷淡无情,现在是报复的时候了。"听到这话,正太郎吃了一惊,才仔细看了女主人。苍白的脸色,微微扬起的恐怖的眼神,稍微的指着自己的苍白消瘦的手,出人意料,这女主人竟是在故乡被抛弃的妻子矶良。①

最后一天晚上,矶良的冤灵等晚上一到,就将惊慌失措的正太郎拖了出去。听到一惨叫,隔壁的男人跑了出来。

提着就斧子跑出来了。跑出来一看,正太郎说已经天亮,可是外面仍然是黑乎乎的。月亮挂在半空中,只能借着朦胧的月光,晚上的风冷飕飕的。跑到正太郎的房间一看,房门大大的敞开着,也看不到正太郎的影子……拿着烛台把家里里里外外到处都看了一遍,终于有了发现。豁然敞开的大门旁边的墙上鲜血淋淋,在墙壁上汩汩的往下流,空气中布满了血腥味,但是尸体在哪都找不到。彦六睁大眼睛靠着月光慢慢地查看,屋檐尽头好像挂着什么东西,借着烛火仔细辨认,只有正太郎的发髻挂在屋檐上,除了这些什么都找不到了。②

看不到尸体、墙上的鲜血和顶棚上挂着的男人的发髻等暗示性的描写将恐怖的气氛提高到极限,把矶良的愤怒和深深的怨气表现出来。比起那种具体的分析性的描写,用"只有发髻挂在上面",使读者的想象力瞬间爆发,将恐怖和战栗的气氛扩大到上百倍,制造了将难以想象的恐怖形象。

三个女子虽然都在矛盾爆发前,在极限状况之前,经受顺从和忍耐,一旦跨越了极限,在那段时间被强压下去的人类本性所具有的丑恶和怨恨的感情就在一瞬间爆发出来,不再有丝毫的同情心,而是以极其残忍和恐怖的形式肆无忌惮的进行报复。

(三)通过变异的新发现:另一个自己

尼姑、窦氏女和矶良在肉身死后,改变的不仅是美丽的外表,连其纯情、温婉的

---

① つらき報ひの程しらせまいらせんといふに。驚きて見れば。古郷に残せし磯良なり。顔の色いと青ざめて。たゆき眼すざましく。我を指たる手の青くほそりたる恐しさに。(이한창,『우게쓰 이야기』,문학과 지성사,2008년)

② 斧引提て大路に出れば。明たるといひし夜はいまだくらく。月は中天ながら影朧々として。風冷やかに。さて正太郎が戸は明はなして其人は見えず。……ともし火を挑げてこゝかしこを見廻るに。明たる戸膳の壁に腥々しき血潅ぎ流れて地につたふ。されど屍も骨も見えず。月あかりに見れば。軒の端にものあり。ともし火を捧げて照し見るに。男の髪の髻ばかりかゝりて。外には露ばかりのものもなし。(이한창,『우게쓰 이야기』,문학과 지성사,2008년)

内心世界都被彻底的改变了。美丽善良的女性们的纯情和信任被完整的背弃,从而导致了她们的死亡,然后变成了与之前完全不同的恐怖形象蛇、巨蟒、冤鬼。无忧无虑、年轻貌美的尼姑,善良的农家女窦氏女还有贤妻良母矶良,她们的真心都被自己的恋人、丈夫背弃。她们死了之后,都变得恐怖莫测。在封建制度和教条的压制下,嫉妒和怨恨被深深隐藏在女人内心深处。在肉身死去了之后,被枷锁深深束缚的自己终于得到解放,之前重视的道德价值第一次被忽略,自己的内心也被真实毫无保留的显露出来。相信洪宰樞的话一直在等他来的尼姑,因心病死了之后,变成了蛇,用心地找恋人去了。不论什么军事武器甚至连火不但拦不住她,反而令她一次次增添怨恨,以致模样大变,最终变成了丑陋的蟒蛇。尼姑生前一直在等着自己付出了感情的人,死后变异,表现出一种被人遗弃的冤魂的样子,对男方进行了无尽的执着的追寻,从而最终诱发了对方的死。活着的时候,被社会制度和规范压制的人,凭借死的机会改变了性情。在活着的时候,想要表现她们自己的感情总是会遇到各种障碍。变异的过程使得她们在现实世界不被允许的个人主张得以方便自由的表达出来。

愚蠢得竟然相信花花公子、权贵之家的少爷,这个纯真的少女窦氏女死了之后,南山福用金钱和权势收买官吏,连续两次彻底领受到被欺压的感觉,最后机智地利用比南山福更有权势官吏的女儿尸体让他屈服。①

矶良利用自己不幸的根源——丈夫的花心,再次引诱他,可以看出作者用心细致。首先,让她的情妇阿袖不明不白的死掉,让正太郎痛苦,又利用他最致命的弱点——花心——把他引诱到恐怖的怨恨的报复中,这也是非常心思细致的描写。

封建社会的道德价值尺度将女性牢牢地困住。使得她们默默顺从忍受,压抑着自己的本性。直到死了之后,变成蛇,怨灵,在超自然的怪异世界,忽视了一切束缚自己的所有儒家伦理道德规范,将自己内在的人间本性——嫉妒和怨恨瞬时间表现出来。如果没有被折磨致死,他们就是那些传统社会所期待的传统女性。但是经历悲剧性的死亡之后,那些女性内心潜在的怨恨和丑恶被激发出来,使她们在瞬间完成恐怖的变异。从她们死了之后的变异,我们可以看到她们内心真实存在的和其他女性潜藏的内心世界。

结 语

本文通过对以韩国的《洪宰樞和尼姑》、中国的《窦氏女冤》和日本的《吉备津之

---

① 马瑞芳:《揭秘〈聊斋志异〉》,东方出版社,2006년。(新浪读书인터넷 연재판)

釜》为中心的古代东亚文学作品中特殊女性形象的描写,其中表现出来的欲望和超脱现实的行为以及形成解冤的现象分析进行了透彻分析。三个作品都将女性在极限状况下通过死后形成的变异进行了刻画。儒家封建社会的极限状况,再加上付出真情却被反过来彻底背叛的个人方面的极限状况,造成了这些女性的毁灭。这深深的怨恨变异成了新的样子——冤魂。和之前的形象完全不同,变成了恐怖可怕的模样,用残忍却巧妙的方法对背弃者实行疯狂的报复。

这些女人的恋人、丈夫们都是一样富有的权贵之子,以追求风流放荡的人为背景出现,与男方相比,女性大部分都在社会上、身份上和经济上作为弱者来描写。①但是,这些弱势女性在变成怨灵之后,刹那间变得疯狂强大起来。

尼姑、窦氏女和矶良变异后,将女性内心潜在的本性毫无保留、赤裸裸地表现出来。这是一种内心潜在的人间本性——嫉妒和怨恨的感情,它们通过蛇、幽灵这些怪物有效地表现出来。这在当时的封建现实社会是不可能的,只能在文学作品这种超现实世界中才能将女性的本性和感情毫无保留的显现出来。② 这种现象被认定为古代东亚文化的共同之处。

但是因为韩中日文化差异的存在,作品里极限环境的设定在某种程度上存在着差异。韩国的尼姑和中国的窦氏女死了,对爱情充满憧憬又被背叛的个人极限环境和被当时强势的儒家伦理束缚的社会极限环境对她们的死有着深深的影响了。在当时的朝鲜社会制度下,跟男子通情的尼姑,除了被社会埋葬别无选择。同样,中国的窦氏女生了私生子,成了未婚母亲,在家中被追打,孩子的父亲又不承认。在这种情况下,没有经济来源的女性,跟死了没什么分别。但是,社会方面的极限状况可以从她抱着孩子在大门前说"(没有地方去,只希望可以得到收留)只要主人说一句话,我就死不了"这部分中清楚的看出来。南山福无视伦理道德,诱骗少女窦氏女,让她没有结婚就有了孩子,又将她绝情的抛弃。甚至于连自己的骨血都不承认,这是对重视血缘的传统儒教社会的极大挑战。这种行为是绝对不会被容许的,所以他的死在某种程度上也是合情合理的。

对自己丈夫的执着和爱恨交织的个人极限状况对日本的矶良的死有着重大的影响。虽然知道了丈夫和妓女出身的情妇有来往,却对她们的关系加以容忍,还设法去帮助她。尽管这样,丈夫还是欺骗她,带着她的财产和情妇逃走了,使得她因心病郁郁而终。她的死是被自己爱和信任的丈夫欺骗抛弃之后的个人极限状况下

---

① 松田修,「上田秋成の世界」,『日本の古典』17,集英社,1993년,34쪽。

② 서태순,「우월물어에 나타난 남녀관계를 통해 본 작가의 인간 의식」,『일본어문학』4권, 한국 일본어문학회, 1998년, 188쪽。

的个人行为。她不像尼姑和中国的窦氏女一样为情被社会化的极限状况所驱赶。但是爱和信任有多深,被背叛所受的伤就有多大。对变心的男性充满怨恨和嫉妒,然后以令人发恐的感情和爱的外在表象完成变异之后,随着内心的本性的激发,矶良果断地进行了疯狂的报复。在文中,虽然正太郎与阿袖之间是不道德的爱情,但是,从正太郎废寝忘食地在情妇阿袖的旁边用心看护的样子,在情妇死了之后极度哀痛,哭号着表示要一起死去的样子,整天在情妇阿袖的坟墓旁边守候,寸步不离的样子等这些描写中,可以感受到,比起中韩两国的强调儒家教理和道德性,日本人更加重视人类本有的感情。

　　在男权主义制度的传统封建社会下,像尼姑、窦氏女和矶良一样,被曾经的爱人背弃、遭受苦难的女性并不少。我们无法想象,有多少的女性会在自己的潜意识里做过这样的梦:摆脱自己被动忍耐、懦弱的现状,使自己变得疯狂强大起来,以完美的手段进行复仇。然而在封建社会对被置于男性地位之下的女性来说,只能就这样忍耐,或者说只要忍耐就是美德。于是在没有公平交流的现实社会里被冷落的人们死后,她们的想法,就以一种全身变异的方式表达出来。她们不是用语言来表达,而是用身体变异的形式表现自己的思想。① 为了解除被欺压的怨恨,除了变异之外别无它法。这也是对人同时存在着多样性的承认,不是用固定的、单一的眼光看待人类,而是要从各种各样的视角去接近人类的本真。这种努力,在古代东亚文化中也是普遍存在的。②

参考文献

성현, 『용재총화』, 솔출판사, 1997년.
장윤선, 『조선의 선비 귀신과 통하다』, 이숲, 2007년.
강진옥, 「상사뱀 설화의 몸바꾸기를 통해 본 욕망과 규범의 문제」, 고전문학연구18집, 2000년.
강진옥, 「원혼형전설 연구」, 『구비문학 5』, 한국 정신문화 연구원어문연구실, 1981년.
김혜경, 『요재지이』 (1-6) 민음사, 2002년.
최진아, 「요괴의 유혹: 당나라 전기에 나타난 여성의 한 모습 」, 『중국소설 논총』 21집, 2004년.
김지선, 「동아시아 서사에서의 변신 모티브 연구」, 중국어문논총 25집, 2003년.
이한창, 「우게쓰 이야기」, 문학과 지성사, 2008년.
김영철, 「이하라 사이쿠카가 그린 여성」, 『일본문학 속의 여성』, 제이앤씨, 2006년.
김경희, 「잠재된 인간성의 반란」, 『그로테스크로 읽는 일본 문화』, 책세상, 2008년.

---

① 강진옥, 「상사뱀 설화의 몸바꾸기를 통해 본욕망과 규범의 문제」, 고전문학연구18 집, 146 쪽.
② 김지선, 「동아시아 서사에서의 변신 모티브 연구」, 중국어문논총 25 집, 2003 년, 170 쪽.

서태순,「우월물어에 나타난 남녀관계를 통해 본 작가의 인간의식」
일본어 문학 4권, 한국 일본어 문학회, 1998년.
加藤周一,『일본 문학사 서설』, 김태준, 노영희 역, 시사 일본어사, 1996년.
신선향, 『일본 문학과 여성』, 울산대학교 출판부, 2005년.
(清)蒲松龄:《聊斋志异》,张友鹤校,上海古籍出版社,1978年。
朱一玄编:《浦松龄集》,上海古籍出版社,1960年。
马瑞芳:马瑞芳揭秘《聊斋志异》,东方出版社,2006年。
安国梁:《聊斋释真》,中州古籍出版社,1993年。
马瑞芳:《幽冥人生》,三联书店,1995年。
吴组缃:《聊斋志异欣赏》,北京大学出版社,1986年。
中村幸彦,『日本古典文学大系』56(上田秋成集),岩波書店,1978年。
中村幸彦,『中村幸彦著述集』第4卷,中央公論社,1987年。
松田修,「上田丘成の世界」,『日本の古典』17,集英社,1993年。

丽末鲜初"朝天录"的文化心理成因简析

李 岩*

以《朝天录》命名的一大群使行日记群落,无疑都是朝鲜纪行文学史上的瑰宝。表现在《朝天录》中的思维方式,在很大程度上集中反映了当时朝鲜人思维的特征,所以如今研究这些《朝天录》十分必要。对这些《朝天录》的诸种特点及其意义,我们可以从不同的角度去研究。其中,高丽末叶赴明使节所写的《朝天录》,对研究元末明初极其复杂的东北亚政治、军事情势下的思想文化心态及其对文学的影响,具有非常重要的意义。

分别于1368年和1392年建立的中国明朝和朝鲜李氏王朝,自其建国以来就开始了频繁的外交来往。在当时特殊的社会历史条件下,明朝和朝鲜两国都格外地重视和发展相互的友好关系,其使节来往的频度明显多于以前。由于两国关系建立在宗藩关系的基础之上,所以作为藩属国的朝鲜王朝的对明外交,在其国家政治生活中占有格外重要的位置。尤其是到了明成祖年间迁都燕京(今北京)以后,两国间的政治关系和文化交流稳步发展,使节往来也逐步增多。在当时,朝鲜王朝派往明朝的使节团可分直接去往明都的赴京使行和只到沈阳的辽东使行两种。早在高丽末叶,朝鲜(高丽)的赴京(明都)使行就已开始。1368年,明军攻克大都,元顺帝离京北逃应昌,得到这一消息的高丽恭愍王立即召开白官会议决定派遣礼曹判书张子温使明至京师(南京)奉表,明朝也立即回礼派尚宝司丞偰斯"赍诏传帝命"。摆脱了元朝长期控制的高丽王朝,当然不失时机地加强了与明的对外关系,直到其灭亡两国维持了频繁的接触。朝鲜王朝建立以后两国关系更加密切,尤其是明成祖迁都燕京以后,两国的外交接触日趋频繁,使节"络绎不绝"于道上。《明史》记录:"时帝(指明成祖)已迁北都,朝鲜益近,而事大之礼益恭,朝廷亦待以加礼,他国不敢望也。"[①]由于历史地理上的原因,在两国关系中,辽东使行也占据着重要的地位。首先,由于辽东地区是女真人、蒙古人和过去契丹人后裔集中居住生

---

* 李岩,中央民族大学教授,文学博士。
① 《明史》卷三二零,《朝鲜传》。

活的地方,一直以来成为了明朝政府重点经略的战略要地。其次,当时的明、朝两国也以鸭绿江和图们江为国界,而沈阳或辽阳都是当时辽东的经济文化中心,所以两国的很多外交事务都是在这里谈判解决,而且明朝赴朝鲜王朝外交使节的一部分也是由辽东都司等地方官员直接充当。还有,辽东是朝鲜使节必经之路,因此也有一些事务性问题必然涉及辽东。据统计,自太祖李成桂建立朝鲜王朝至第四代世宗王李祹执政期间的仅59年间,朝鲜朝派往明都的使节次数有418次,而其辽东使节也有230次之多。在这期间,明朝派往朝鲜朝的使节次数也打破了记录,一共95次,可见其对朝鲜朝的重视程度。不过这些统计数字表明,朝鲜朝派往明朝的使节次数远多于明朝,竟有6.8倍,这可能是由两国的宗藩关系和一系列历史原因所导致的结果。《明史》说:"朝鲜在明虽称属国,而无异域内。故朝贡络绎,锡赉便蕃,殆不胜书。"①这一记载客观地记录了当时明朝和朝鲜王朝之间宗藩关系的确位和朝鲜使臣以各种名目使明及其"络绎不绝"的频度。据记录,朝鲜王朝对明派遣使节的名目繁多,具体情况如下:每岁的圣节(皇帝生日)使或冬至使、贺正使、贺前秋(皇太子生日)使、进贺(祝贺登极、封号、尊谥、册立、镇寇、平乱时的使节)使、计禀使、奏闻使、谢诰使、纳征使、告朔使、进献(宫女、礼品等)使、陈奏使、陈慰使、谢恩使、告哀使、押送使、进香使、进表使等。这些繁多的使行名目明显显示出当时两国关系的定位和两国所持有的不同的政治文化心态。同时,这种政治、文化心态则直接影响到朝鲜朝赴明使行人员的使节文学创作,使其呈现出独特的思想感情色彩和艺术特征。

除了这些政治、外交使命以外,朝鲜王朝使节一个重要的任务就是了解明朝的国情和与明朝文人进行文化交流。由于语言的关系,除了公式性的场合利用译官翻译以外,个别使行人员的这种文化交流往往是以笔答的形式进行,所以朝鲜朝政府对使行人员的条件要求格外严格。因为明朝是继承中华文明正统的政治、经济、文化大国,而一向崇尚和吸收中国古代文明的朝鲜朝延续高丽王朝的亲中华政策,进一步实行了慕华事大政策。加上使节团有在公式性外交场合上的"诗歌专对"和在燕购书、收集科学技术情报、私人文学交流活动的功能,朝鲜王朝在选拔使行人员时格外地重视其文才,特别是文学功底。由于两国关系的亲密和朝鲜使节文化素质高,明朝政府对其一向给予特殊待遇,甚至皇帝宴席群臣时也让朝鲜使节参加,有时还让其在御宴上赋诗献才。正如《李朝实录》所说的那样,"中朝(即明朝)待外国甚严,而待我国则亲厚","大凡琉球、安南等国虽大国,其接待不及于我国"。明王朝也认为朝鲜"文物典章,不异中华,而远超他方",世称"礼仪之邦",所以十分

---

① 《明史》卷三二零,《朝鲜传》。

重视选派出访朝鲜使节的工作。按通例来说,明王朝一般选择那些擅长诗赋的文臣出使朝鲜,以应对两国间特殊的"诗赋外交"。这些明朝使节到达朝鲜以后,朝鲜王朝也往往安排学识渊博且能文善诗的文臣来陪同明朝使节。诸多记录显示,无论是朝鲜朝赴明使节还是明王朝出访朝鲜人员,他们常常聚集在一起切磋学问,以诗文相互唱和,留下了无数历史佳话和使节文学遗产。这种"诗赋外交",既增强了两国文人之间的私人感情和文化交流,也为两国使节文学宝库增添了无数宝贵的经验和名篇佳作。《朝天录》和《皇华集》就是两国使节在政治外交之余附带出来的两国使节文学的结晶。

影响朝鲜朝使节文学的因素,还有这些使行人员所经过地区的地理环境和人文风情。因为人们的思想感情和审美情趣,并不是如无缘之水凭空产生的,而是受其所处的客观环境、情景、景色等因素的影响,主体"感物"、"感悟"的结果。世世代代生活在朝鲜半岛的朝鲜王朝文人们一旦被选拔为使行人员,就能够饱览辽阔中国的人文景观和文物制度,这对他们来说的确是一件划时代的事情。他们所写朝鲜朝前半期的赴华使行日记、游记和诗歌作品充分证明这一点,其中的好奇、感叹和钦佩之情溢于言表,令如今的我们也能够感受到其中的情感和心路历程。据各种文献记载,随着历史的推移,朝鲜朝前半期使节团赴明京师的路线几经变化。首先,明初朝鲜使节使往明南京的路线,是从汉阳(今首尔)出发以后,大都采取经巴州、开诚、平壤、安州、义州进入明朝境内,经汤站、凤凰诚、通远堡、连山站、蚶水站(今辽阳县境内)、鞍山驿,再向南路过海州、盖州、复州、金州,至旅顺口,从此渡渤海,从山东半岛的蓬莱登陆,经登州、莱州、青州、淮安诸府,利用大运河水上船便至长江口,再溯长江而上到达当时的明都南京。

值得注意的是,朝鲜朝每次的使行团所选择的路线并不千篇一律。特别是明朝彻底打败和肃清元朝在东北方的残余势力一统天下以后,朝鲜的使节团可以放心地选择陆路抵达运河,然后再向南的路线。1388年(明洪武21年),明接管原元朝统辖的大部分领土,建立铁岭卫,从而辽东大部分地区大都划入明的统治范围之内,这为朝鲜使节团陆路去往南京大打下了实际的物质基础。据明太祖洪武22年(1389,高丽昌王元年)6至9月间出使明都南京的权近《奉使录》的记录,他们当时选择的路程就是这一陆路。他在《奉使录序》中记道:"逾鸭绿,渡辽河,以北抵于燕,浮河而南入淮泗,历徐、兖之墟,溯江汉,以达于京师。"[1]细读《奉使录》,可查出权近一行所经历路线的概貌,具体路程顺序有:开城、金郊、平壤、随州、义州、汤站、开州、龙凤站、连山站、蚶水站、头馆站、辽东城、鞍山驿、牛庄驿、沙岭驿、板桥驿、芦

---

[1] 权近《阳村集》卷六,《奉使录序》。

沟桥、十三山驿、曹家庄驿、东关驿、沙河驿、瑞川驿、迁安驿、榆关、滦河驿、七家岭驿、永济驿、渔阳、北平城、燕台驿、通津驿、直沽里、流河驿、长芦县、砖河驿、连窝驿、安德驿、古城县、马营驿,在马营驿的运河口坐船顺着运河南下,至长江,经龙江驿而以水路到达南京。权近一行完成使命以后的回程是:自南京水路经龙江、上林渡、上庄驿、付童驿、桃林驿、丘西驿、诸桥驿、登州到达蓬莱驿,从蓬莱经海路到辽东半岛的旅顺口,再从旅顺口陆路经木场驿、金州、孛兰店、麻河浦、复州驿、盖州驿、鞍山县、辽东城、铁场村、都罗里等地归国。

明朝于成宗年间迁都燕京以后,朝鲜使行缩短了很多路程,减少了不少旅途折腾之苦。这时期以后的使行路线是:过鸭绿江进入明朝境内以后,朝鲜使行从九连城一路北上至辽东城,由辽东城西行经鞍山、牛家庄、沙岭、广宁、小凌河、沙河等驿入山海关,再经抚宁、石门、渔阳、三河等驿到达燕京。到了明朝末年,世代生活在辽东的女真族逐渐强盛起来,建州左卫的努尔哈赤建立了后金,由此朝鲜使节团的燕行之路一度被阻隔。这时期朝鲜朝的使节团选择了一条独特的朝天路线,即从汉阳城出发以后经巴州、松都、平山、瑞兴、凤山、黄岗至平壤,从平壤开始坐船顺大同江流而下,经突石江到龙冈,自龙冈进入黄海,顺着朝鲜半岛西海岸一直向西,经三和、荣岛、德岛、石多山、椵岛,后进入明朝境内海域,经大界岛、车牛岛、鹿岛、长山岛、广鹿岛、三山岛、海城岛、平岛、铁山串、旅顺、双岛、南汛浦、北汛浦、早隶头、海平岛、觉华、宁远卫、曹庄、东关、沙河、狗儿浦、前屯卫、高岭、中前所、望海亭、金山串进入津口,再从津口以陆路经大丘堡、天津卫、桃花口、杨村、漷县、雪里堡、通州、东岳庙、朝阳门到达燕京。

所谓的《朝天录》,就是记述朝鲜朝赴明使节在沿途上和明朝京师所见所闻的诗文集子的总称。朝鲜王朝的赴明使臣,回国后大都由国王召见,详问完成使命情况和当时中国的国情,而使臣则一一汇报整个过程和具体详情。尤其是使行团中的书状官,必须把使行途中的所见所闻文字记录,呈献给国王。而其他成员也根据使行沿途的记录,私撰出整个使行过程和有关中国的纪闻。在朝鲜历史上,把这些出使明朝时所写的日记或记闻称作《朝天录》,而后来出使清朝时所写日记叫做《燕行录》。这些记闻大都用汉文写成,有的则以谚文写作。它们名称上出现的这样的不同,主要是由于朝鲜王朝对明、清两个朝代认识上的差异所造成,其中隐藏着极其深刻的思想原因。朝鲜王朝自建立那天起,自居儒家正统,实行了唯儒家思想独尊的思想政策,而且认为自己是继承了中华文化的"礼仪之邦"。同时,它认为朝鲜历来崇尚中华文明,早已演变成了继承"华夏文明余脉"的"海东儒国"。从这样的华夷观念出发,朝鲜王朝把中国历代的汉族政权视为中国"正统",而把中国周边的少数民族看作"蛮野之族",把他们所建立的政权称为"夷狄之府"。尽管他们后来逐步多少改变了这种华夷观,但在具体的文化生活中还是深刻地表露出这种思想余存。他们把出使明朝视为朝觐"天朝",而将后来的出使清朝看作"燕行",这种称谓上的不同则反映出他们政治、文化思想观念上的差异。关于《朝天录》,目前各界已经收集到了诸多版本和种类,据统计至今发现的《朝天录》约有40余种。

从本质上讲,《朝天录》属于游记文学范畴,是朝鲜朝众多赴明使臣个人纪行文学作品集的总称。以《朝天录》、《朝天日记》、《奉使录》、《朝天记闻》、《朝天日录》、《槎行录》、《朝天航海录》、《赴京日记》等不同的称谓命名的各种"朝天录",基本上都是由相当数量的日记、诗歌、杂录、散文来构成。实际上,这些《朝天录》并无固定的模式,其中既有单一的日记、游记、杂录、诗歌者,也有各种体裁相混合者。而且,各篇的篇幅长短有所不一,少则几千字,多则几十万字。它们各自记述了赴明使途上所见所闻,描述了山川景物、风土人情以及途中的艰难险阻和在明京师复杂的外交活动等。从各种《朝天录》的文学内容来看,大都以描写自然美见长,但也不乏描写旅途中复杂心境的优秀之作,即使是专门描写自然景物,也决不是对景物的纯客观反映,而是经过作者主观的选择和艺术概括,形象地体现了作者的审美情趣和思想感情。尽管写的大都是异国风情、景物和事像,但作品中往往溶进作者的遭遇、生活经历、教养等要素,并和作者当时所处的环境和复杂的心境密切联系在一起,这些都是《朝天录》中大部分作品的共同特色。情景交融是一切成功的纪行文学作品的共同特征,但能够融情、景、议论于一体,并以此突出作者在异国的审美感受,体现作品的思想意义,这无疑是朝鲜朝前半期《朝天录》独特、感人的地方。

因为《朝天录》是属于纪行文学,所以这些纪行路线、地名、季节等因素对研究朝鲜朝前半期的使节文学来说有着格外重要的意义。一般来说,当时使往明朝的朝鲜使节都带有重要的政治、外交使命,一旦离开本国处在旅途上时心情比较沉重,再加上因人为或自然原因路程经常被阻隔,使他们不得不发挥超人的决心和毅力。不过另一方面,对自古承传着传统华夷观念和事大思想的他们来说,能够被选上赴华使节团成员,无疑是一件无比荣耀的事情,加上对中华文明的推崇和向往心理,使他们能够在使程的长途跋涉中充满了好奇和新鲜感。在旅途中,他们往往可以体味到国内现实生活中所没有的那种旷远、深邃、清寂、稀奇,那种无比自由的主观感觉和无法穷尽的意趣。异国的人文风情和隐藏在每一个地名、文物里的历史事象和文化内涵,都深深地吸引了他们。沿途的一草一木,一山一水,仿佛就是对他们心灵世界的某种暗示和象征,都与他们内在的情感体验相呼应,演化成一句句由情感心理所爆发出的纪行散文和美丽的诗篇。朝鲜朝使节文学显示,他们的每一篇作品无一不是与他们旅途上复杂的喜、怒、哀、乐之情有关,无一不显示着他们在旅途上所经历的思想和情感曲折的心路历程。有时面对使行旅途中的人文地理风情和山山水水，他们想到了自己的国家与明亲善的友好关系和尊明事大政策，有时却也想到了险恶的国际环境、国内复杂的政治形势、民族危难和时代的变迁。他们不仅渴念、追求和迷恋异国风情和大自然的美，而且还在自己的纪行作品中体现了自身壮怀、使命、忧患、希冀等复杂的思想情感。从直接的审美效应来看，朝鲜朝前半期的使节文学直接继承高丽时期纪行文学传统，把使行实践中所产生的特殊的思想感受和审美心路历程转变为独特的诗歌艺术语境，创造出一篇篇优美动人的艺术文字，为朝鲜朝后半期使节文学的大踏步发展奠定了坚实的基础。

明朝的建立，为因元朝长期的武力统治而极其复杂的东北亚的政治格局带来了新的秩序。特别是蒙古人的武力统治最为酷甚的东北辽东地区完全进入明朝统治体系以后，这一地区的政治、经济和社会秩序得到了全面的整顿。对这一地区的政治变化最敏感、反响最强烈和受惠最大的是朝鲜半岛，可以说朝鲜王朝的建立得益于这样的地区国际环境。按理说，明朝的建立对在这之前的高丽王朝来说，由于能够摆脱蒙元长期残酷的政治、军事压迫和经济掠夺，应该是件值得庆贺的大事，但是也由于蒙元长期的扶植和控制的结果，它的内部则产生了亲明派和亲元势力之间激烈的矛盾和斗争。这一斗争最后发展到向辽东发动对外战争的地步。1388年（明洪武21年），明接管东北元统辖领土，建立铁岭卫，不久高丽王辛禑发动了攻辽战争，由于朝廷诸臣反对，将士反战，加上正值雨季鸭绿江发洪，兵至威化岛停止不进。此时，反战将领右军都统使李成桂挂旗反战，受全军拥戴，率军回攻开京，逼宫高丽王朝，史称"威化岛回师"。夺得高丽最高军事权利的李成桂，积极整顿纪纲、推进土地改革，清除守旧势力，终于于1392年7月推翻高丽王朝而建立了新的朝鲜王朝。李氏王朝建立前后是与明事大外交最为频繁的时期。在此之前的高丽末叶，在各种利益、各种政治势力的共同作用下，暗续与北元的秘密来往的同时，也不断加强了与明的外交关系。朝鲜王朝建立以后，百废待兴，急需明朝的承认和各个方面的支持，而此时的明王朝也属建国之初，同样认识到朝鲜的战略地位，需要与之建立牢固的国交关系。这一切主客观因素，使得两国在宗藩关系的前提之下，不断加强双边交往，以加固自己的战略利益。在这样的客观形势和战略目的驱使之下，两国的使节频繁来往，特别是朝鲜王朝的使节络绎于路，"锡赉便蕃，殆不胜书"。这种情况使得朝鲜朝士大夫和中下层知识分子文化心理及文学意识，产生了不同于以往任何时期的新的动向。

一方面，朝鲜自古吸收中华文明，以充实自身的制度文明和精神文化建设。从因果关系来讲，这无疑是对中国文化加以憧憬和崇尚的结果。不过到了朝鲜朝前半期，由于明朝和朝鲜朝两国关系的密切和使节往来的日益频繁，许多朝鲜朝士大夫和中小知识分子文人可利用使明的机会直接目睹中国文明，并在与明代文人直接接触交流的过程中,可进一步深入了解中国的国情和精神面貌。所以在这一时期,表达自己对中国悠久文化的钦慕,抒发自己使命的重大和在使明过程中的感受,叙述在中国的所见所闻和人文地理风情,期望完成使命回国后报效祖国的理想,就成为了这一时期使节文学的重要主题。

而另一方面,由于受事大思想的影响,《朝天录》的内容多写明朝"城池之大,宫室之壮,甲兵舟车之富、人物财赋之繁"等状况,对明朝的文物制度和社会发展称赏不已。但是也有不少使节文学从儒家的伦理道德观念出发,不时观察和评价明朝政治的弊病和官僚士大夫及各级官吏的腐败现象,甚至有时对明皇帝的失德之事也进行了实事求是的评价。朝鲜王朝为了防止这种记录被明朝发现而影响两国关系,曾经作出了专门的规定:"凡皇帝失德,中朝大臣过恶,或书来。若在中原之日,脱有遗失,或见攘夺,则所关非轻。请自今以往,凡中国之事,或以言语启达,或于还来后别录以启,俾无意外之患。"①可知,对明朝国情及其统治阶级内部弊端的记录和贬责,也是《朝天录》内容重要的一个方面。

对使行旅途中客愁的表达,也是《朝天录》的一大主题。在当时的条件下,朝鲜使节团要到达南京必须水陆兼程,需要3个多月的时间,即使是明迁都以后的燕京,也需要2个多月的时间。无论是陆路还是水路,要赶赴明都南京或其后的燕京完成外交使命,都需要承受很大的旅途之苦,甚至有时还得付出意外的代价。特别是明初尚未清除辽东旧元势力的时候和明末后金势力崛起之时,朝鲜使行团只能选择海路抵达明都,其时发生过多次的海难,使行人员葬身鱼腹的事情也时有发生。即使是和平时期的陆路,路上的各种危险和明朝地方官的讨索以及由于路途遥远而产生的客愁则经常袭扰他们。他们的《朝天录》,则如实地记载或反映了路途上的这些情况和心理痛苦。

总之,朝鲜朝前半期使行过程和众多使行人员的精神生活都比较复杂,因此其文学创作的视野也就比前一时代要显得广阔,内容要显得丰富。另一方面,当时明朝和朝鲜朝的国交处于非常亲密的关系,朝鲜使行人员在路途上的心理活动比较自由,他们有暇对纪行文学的艺术形式、风格、语言以及题材选择、艺术构思等问题进行一向深入的探讨。在这种情况下,他们能够以崭新的感受和艺术思维写出带有异国气息的作品。一时,文坛上出现了一些风格各异、成就突出的作家和作品,为朝鲜游记文学和诗歌创作增添了许多新的活跃元素。

事实上,使明使节文学早在高丽末叶就已经开始。1367年,时为吴王的朱元璋胜张世诚、方国珍割据势力以后,即命令大将徐达"由淮入河,北取中原"。他次

---

① 《李朝实录中的中国史料》第四册,第1460页。

年称帝,闰7月其北征军攻克通州,元顺帝北逃上都,8月北征军进入大都。此时尽管结束了元朝在中原的长期统治,但逃奔上都的元顺帝依然在北方延续着元朝的余脉,而且其原在东北的正规军事势力尚未受到明军的重创。这样的客观环境则深刻影响了朝鲜半到高丽王朝的政治趋向。面对元明两朝的交替和东北辽东地区北元势力的盘踞,高丽政权既高兴又未免有些担忧。因为元朝的灭亡使它摆脱蒙元长期的政治压迫和经济掠夺,但另一方面北元的存在及其在辽东的军事力量使它一时马虎不得。在这种国际形势下,高丽政府在外交上一时不得不实行既拥抱明朝又不得罪北元势力的双重政策。这种双重外交政策,虽然给了高丽外交以一时的方便和回旋余地,但这种政策同时也给它带来了一系列的麻烦和危险因素。这时期高丽内部产生了亲明派和亲元派两种势力,围绕着一些国是和现实利益进行了激烈的斗争。但是总的来说,由于客观形势的发展和华夷观念的作用,亲明势力日益发展壮大,最终占据了主导地位。当时这样的国际国内形势则直接影响了高丽文人的文化心理。特别是这种文化心理直接影响高丽王朝和朝鲜朝交替时期的使节文学,使其呈现出民族感情和华夷观念交织在一起,希望自己的祖国既能独立自主而又能够实现政治、经济、文化繁荣。

文献记录显示,高丽末叶极其复杂的国内外形势下,被选拔为赴明使节的基本上都是亲明派或具有明显的亲明倾向的文人。他们大都是因种种原因痛恨或厌恶蒙元统治、反对其干涉高丽内政的文人。他们大都具有较深厚的汉学、汉文学造诣,具有浓厚的"华夷有别"、"以夏制夷"、"以小事大"等华夷观念和仰慕中华文化的思想意识。而且他们大都具有很强的文字记事功底和诗歌创作能力,是在外交场合或与明朝文人"唱酬专对"时应对自如的文士。郑梦周、权近、崔滢、李廷龟、许筠等就是这些使节文人当中的一部分。

在亲明势力和亲元派尖锐对立的高丽朝廷,郑梦周、权近等文人是旗帜鲜明的亲明派。他们之所以选择亲明路线,当有多种原因,但其中作用最大的应该是他们的儒家世界观及其华夷观和事大思想。史称郑梦周为"海东理学之祖",并不是空穴来风。高丽末年,他兼任成均馆学官,开始在明伦堂讲程朱理学,《东国通鑑》记道:高丽恭愍王时"经书至东方者,唯《朱子集注》耳。梦周讲说发越,超出人意,闻者颇疑,及得胡炳文《四书通》,无不吻合,诸儒尤加叹服。(李)穑亟称之曰:'梦周论理,横说竖说,无非当理。推为东方理学之祖。'"作为程朱理学的推行者,郑梦周当然拥有儒家传统的华夷观和尊周尊明的思想。因为在朝鲜思想史上,尊周尊明的正统论思想首先来自于对中国历史上王朝正统地位的探讨,而其理论根据主要来自于朱熹的《资治通鉴纲目》等一系列著述之中。高丽原来的宗主国元朝,毕竟是北方游牧民族蒙古人的政权,而且它对高丽所实施的政治、军事扼制政策和经济上的残酷压榨给高丽人造成了深重的心理伤害。如果说过去高丽人的事元政策是违心的,那么现在高丽人所奉行的尊明事大政策应该是自愿的和心甘情愿的。因为高丽王朝自建国初始阶段开始已施行了继承新罗和大力引进中国先进文明的慕华政策,其正统思想、国家体制、选举制度、教育体例和内容、祭礼、历法、服饰等方面无不深受中国文化的影响,所以在明朝建立以后不久,它马上表示呼应并由双重外交逐步转向尊明事大外交是很自然的事情。像郑梦周这样的儒家性理学者来说,带有浓厚的慕华思想和尊明事大倾向也是情理之中的事情。这种慕华事大思想观念,在他的使明纪行诗歌创作中也表现得很具体,即使是旅途中的观感、感物和述怀诗作之中,也到处可以看到他的这种思想倾向。

权近更是丽末鲜初颇有影响的性理学者。与传统的儒家学说一样,性理学尤其重视华夷观念。性理学的华夷观念特别重视《春秋》之大义,如朱熹在其《朱子语类》八十三中说:"春秋大旨,其可见者,诛乱臣,讨贼子,内中国,外夷狄,贵王贱霸而已。"朱熹的这种华夷观念,对权近不可能没有影响。高丽一向为"用夏变夷"而努力着,所谓"化民成俗,由于《大学》之风;用夏变夷,籍彼先王之教"①就是它的思想指导方针。元朝建立以后,高丽虽屈于军事压力服从一时,不过由于自负自己是中华文明的继承者,始终心存藐视的态度,加上元朝长期残酷的军事压迫和经济掠夺,使得高丽深受其害苦,从内心将其恨之入骨。这样的元朝被汉族朱元璋推翻,使得高丽从其长期欺压下解脱了出来。1368年明朝的建立,意味着高丽也进入了一个不再受制于夷狄民族的新的国家生活。权近认为这是"乾坤得以扭转"、"天下归一"的盛事,值得庆贺。不过一开始元成宗北逃塞北,其很大一部分军事力量还屯守在东北的形势下,高丽王朝尚未能与之彻底决裂,统治层内部一度分为亲元派和亲明势力进行了激烈的矛盾斗争。在几种政治势力围绕外交事大问题激烈争斗的时候,权近还是立场坚定地站在亲明路线一边,积极主张结束与元的旧关系,建立与明王朝新的和平亲善的事大关系。他不仅从政治厉害得失考虑而如此主张,从思想文化渊源的角度出发也提倡与明建立确实的国交关系。对他来说,作为一个儒教的国度,坚持《春秋》大义是基本理念,传统华夷观念的原则一刻也不能放松,尊明事大事关国家的出路。因为是这样的一个权近,当恭让王召唤他赴明京师完成重要的外交使命时,他二话没说就上了山重水叠危机四伏的异国使行之路。他的《奉使录》,就是根据使行路途上的所见所闻而写的纪行诗文集,其中如实地记录着他在期间的心路历程和思维变化踪迹。

高丽末叶使明文人们的这些纪行文学的艺术成就,主要表现在形象的清新感

---

① 《高丽史》卷14《睿宗》三。

人、感情的真切无华和语言的生动朴实。在漫长的旅途上,使行人员都不可避免地遇到种种不可言状的困难和痛苦,每个人也都不可避免地经历一些复杂的感情历程。就郑梦周来说,每当出现感情的激荡或波折时,他都以诗来伺候,以诗来记录那种感情变化的历程。所以诗笔成为了他旅途最亲密的伙伴,诗歌作品变成了他记录每天心理印迹的日记或心理路程表。如他自己所说的那样:"客路春风发兴狂,每逢佳处即倾觞。还家莫愧黄金尽,剩得新诗满锦囊。"(《饮酒》)他在使途上的诗,表达的有时是情绪高昂而放歌喉而唱,有时则想到某些现实问题而深沉思索,而有时却因对于人生的看法而颇为有些颓丧。但这种对人生的迷惘与痛苦的感受,那种强烈的生命意识与人生感悟,那种要珍视人生每个机会的欲望,却是他不平坦人生经历而产生的思想情绪的产物和当时社会在他头脑中的反映。他毫无掩饰地、有时是非常坦诚地呈露自己的内心世界,使作品产生了很强的真实性艺术效应。郑梦周的使行及其诗,是许多高丽末使行文人的缩影。应该说,高丽末许多使行文人们的这些使行诗歌作品所涉及问题,也是其后众多使行文人仍要遇到的问题,这就使得他们的这些使行诗歌作品更容易产生后人的共鸣,从而产生久远的影响。在朝鲜使节文学的发展史上,郑梦周们的使行诗可以说是具有开拓性地位。

《三国演义》派生作品《五关斩将记》小考

肖伟山[*]

堪称历史演义小说典范的《三国演义》是罗贯中在"据正史,采小说"的基础之上创作的一部不朽名著。罗贯中正是以《三国志》和裴注为底本,并在汲取前代丰富文学遗产的基础上进行再加工和创作,写出了这部"七分实事,三分虚构"的长篇历史演义小说。

《三国演义》传入韩国的最早记录见于《朝鲜王朝实录》。韩民族对于《三国演义》的喜爱并不仅仅停留在阅读和鉴赏的层面上,以《三国演义》的人物和故事情节为底本的《三国演义》派生作品也在韩国开始出版发行。《张飞马超实记》、《关云长实记》、《山阳大战》、《大胆姜维实记》、《五关斩将记》、《黄夫人传》等就是很好的例子。虽然《三国演义》在韩国的派生作品为数不少,但相关研究却不是很多。有关《三国演义》派生作品的先行研究主要有李庆善教授的《三国演义的比较文学研究》[①]以及金道焕的《〈三国演义〉的旧活字本古典小说的改作样相》等[②]。通过这些先行研究成果我们可以在一定程度上把握《三国演义》派生作品的存在样态,但由于这些先行研究中缺少了《三国演义》派生作品与原本间的细致比较研究,因而就很难接近派生作品对原本吸收并改作的实像。

鉴于此,笔者在本文当中将从文化传递和变异的视角出发,运用原典实证的方法论对《五关斩将记》进行考察,通过文本间的细致比较进一步加深对于《三国演义》派生作品的理解。

《五关斩将记》的内容及其与原本的比较研究

同《张飞马超实记》、《关云长实记》、《山阳大战》等其他《三国演义》派生作品一样,《五关斩将记》也是在日帝时期出版发行的小说,并且是以古韩文来进行创作

---

[*] 肖伟山,北京大学外国语学院韩语系副教授,文学博士。
① 李庆善:《三国志演义比较文学的研究》,首尔:一志社,1976年。
② 金道焕:《〈三国志演义〉的旧活字本古典小说改作样相》,载《中国小说论丛》(第20辑),2004年。

的。从内容上来看,与《关云长实记》相比,《五关斩将记》更接近于关羽的英雄一代记。① 小说的叙述是围绕关羽这一人物形象而展开的,大致讲述了《三国演义》第二十四回(国贼行凶杀贵妃　皇叔败走投袁绍)至第二十八回(斩蔡阳兄弟释疑　会古城主臣聚义)的内容,重点描述了斩颜良、诛文丑,千里走单骑,过五关斩六将等故事情节。不过,作者并没有单纯地对原作进行翻译,而是在《三国演义》所讲述内容的基础之上进行了一定的加工,添加了一些原作中所没有的描写。虽然小说的故事情节与《三国演义》第二十四回至第二十八回内容基本一致,但《五关斩将记》的作者并没有完全采用《三国演义》的回目,而是自行拟了九个标题,加上开篇部分,全文大体上可以看作是由十个章节构成的。小说的卷首处写有"独行千里五关斩将记　全"的字样,其故事梗概如下:

汉献帝建安四年,曹操兵精粮足,在许昌挟天子以令诸侯,常怀不轨之心。献帝赐予董承衣带诏,密谋图操,不想行事不密,被曹操发觉。曹操诛杀了董承满门,又发兵攻打驻兵小沛的刘备。刘备派孙乾持书向袁绍求援,袁绍却因小儿疾患无心出兵,坐失良机。无奈之下,刘备采用张飞的计策去劫曹操的营寨,怎奈计策被识破,大败亏输。张飞兵败后逃往芒砀山,刘备则匹马投奔袁绍。此时,关羽保护刘备的家眷驻守下邳。曹操深爱云长的武艺人才,想招为己用。关羽中了曹操的计策,被困于土山之上,张辽又前来劝降。在与曹操约定三事后,关羽来到曹操的阵营并与其一起班师许昌。曹操在许昌以客礼相待关羽,不仅三日一小宴,五日一大宴,还赠袍、赠马、赠金银,极力想收买关羽的人心。而关羽则丝毫不为所动,时刻不忘与刘备的君臣之义和兄弟之情。此时,袁绍遣大将颜良为先锋进攻白马。颜良虽勇冠三军,最终却死于关羽的刀下。为颜良前来报仇的河北名将文丑也为云长所斩。因两员爱将均为关羽所杀,袁绍迁怒于刘备。幸得刘备巧言饰过,才化险为夷。却说云长自斩颜良之后,备受曹操钦敬,曹操表奏朝廷,封云长为汉寿亭侯,并铸印送关公。关羽诛杀了文丑之后又率部进军汝南。在汝南关公通过孙乾得知了玄德的消息,后又通过袁绍部下陈震得到了刘备的书信。得知兄长消息的关羽心急如焚,因屡次想拜辞曹操而不得见,最后封金挂印,护送两位嫂夫人去寻玄德。一路之上,关羽突破重重险阻,于东岭斩孔秀;在洛阳诛孟坦、韩福;又于泗水关杀了卞喜;在荥阳杀了王植;在黄河渡口斩了秦琪。关羽一路所历关隘五处,斩将六员,故曰"五关斩将"。此后,关羽又在古城斩杀了蔡阳,消除了张飞的

---

① 《关云长实记》是《三国演义》的另一部派生作品。从标题来看,作品似乎是将关羽作为了主人公,但从小说的内容来看,其故事的叙述却并非是围绕关羽这一人物而展开的。

误解,并最终与从袁绍处脱身的刘备相会。其间关羽得了周仓、关平二人,刘备又新收了赵云,因而欢喜无限,连饮数日。此后,刘备又起军赶往汝南驻扎,招兵买马,渐自峥嵘。

该版本是于大正七年(1918)十月二十日出版发行的,在扉页上明确竖版标记了如下字样:

　　大正七年十月二十日 初版发行
　　大正十年十一月十日 大正十年十一月二十三日 再版印刷发行
　　千里独行 五关斩将记 定价 二十五钱
　　京城府仁寺洞四十九番地
　　编辑兼发行者 朴健会
　　京城府坚志洞三十二番地
　　印刷者 鲁基祯
　　京城府坚志洞三十二番地
　　印刷所 汉城图书株式会社印刷部
　　京城府坚志洞《旧典洞》八十番地
　　发卖所 振替八八六三 大昌书院 口座八七二 普及书馆①

该版本除标题外,通篇没有标注汉字,全部为古韩文。正如前文所叙述的那样,小说基本上叙述了《三国演义》第二十四回至第二十八回所讲述的内容,但其中也不乏作者的创作和改作。除了前文所提到的回目和作品结构外,作者在开篇处还简要介绍了关羽一生的主要事迹并说明了创作动机。这在同类作品当中是不多见的。作者在开篇处首先就介绍了关羽的出生和相貌,并特别提到关羽在行走江湖之时,路遇相者,相者指出关羽胸怀天地精气,将来必然名垂青史。接下来,作者就一一罗列了关羽平生主要事迹。尽管作品主要讲述的是斩颜良,诛文丑以及五关斩将等事件,但作者在开篇处对于关羽的介绍还是极为详尽的,包括了杀土豪流落江湖,桃园结义,斩程远志,温酒斩华雄,三英战吕布,救张辽于曹操,许田围猎时欲斩奸雄,赚城斩车胄,屯土山约三事,秉烛达旦守君臣之礼,斩颜良,诛文丑,封金挂印,过五关斩六将,斩蔡阳兄弟释疑,三顾茅庐,华容道义释曹操,战长沙义释黄忠,官拜荆州牧,将诸葛亮的赞誉书信遍示宾客,单刀赴会,辱使拒婚,官拜五虎大将之首,攻取襄阳,水淹七军,刮骨疗毒,大战徐晃,中计失荆州,败走麦城,父子归神。作者的描述虽然简略,但基本涵盖了关羽一生所有的重要事件,使读者对于关

---

① 该版本收藏于韩国国立中央图书馆。

羽这一人物形象有了较为全面的把握。因此上说《五关斩将记》较《关云长实记》而言，更接近于关羽的英雄一代记。在对关羽的简要介绍中，《五关斩将记》的部分描写与《三国演义》的内容是不尽相同的。作者在开篇处不仅详细地讲述了关羽的出生日期和出生地，还极为细致地描写了关羽的容貌。而《三国演义》只是简要地交代了关羽为河东解良人，并没有表明其出生日期。另外，对于关羽的相貌描写，《五关斩将记》的作者除了"身长九尺六寸，髯长一尺八寸，面如重枣，唇若抹朱，丹凤眼，卧蚕眉"等与《三国演义》相近的描述外，还添加了"面上七颗痣正应北斗七星"的描写。此外，《五关斩将记》中关羽与相者相遇的描写是《三国演义》中所没有的内容。在讲述关羽失荆州，守麦城时，作者还添加了一处对于关羽梦境的描写。关羽假寐之时，在梦境中见到了一位身着黑衣的男子，其人自称是北海龙神，平时隐匿于关公的须髯之中，在战场上助关羽克敌制胜，现在缘分已尽，自将离去。关公从梦中惊醒，手抚胡须，其中最长的一根脱落了。这一段描写也是《三国演义》中所没有的内容。尽管《三国演义》也有对于关羽梦境的描写，但这一段描述出现在水淹七军之前，而且梦境的内容也不相同。《三国演义》第七十三回（玄德进位汉中王 云长攻拔襄阳郡）描写了关羽假寐帐中之时，梦见一猪，其大如牛，浑身黑色，奔入帐中，径咬其足，拔剑斩之，声如裂帛。不仅如此，作者接下来还叙述了创作动机。在关羽众多的事迹当中，作者认为秉烛达旦、封金挂印、五关斩将等最为令人钦敬，所以将作品命名为"五关斩将记"，以期得到读者的喜爱。由此可见，作者在创作的过程当中，并没有一味地对原作进行翻译，而是做了相应的加工处理，这集中体现于小说的开篇部分。此外，作品对于关公土山约三事之前的描写也较为简略，并没有将原作的内容一一对译。

除了开篇部分之外，正如前文所指出的那样，作品的故事发展脉络与毛本《三国演义》第二十四回至第二十八回的内容大体一致，但从语言的叙述上来说，作品的前半部更贴近于毛本《三国演义》，而从五关斩将的叙述伊始则更贴近于《三国志通俗演义》[①]。通过细致的比较分析，我们不难看出这一点。以下笔者就试举几例来加以说明。当玄德得知袁绍不肯发兵相救时，毛本《三国演义》中描写到"玄德大惊曰：……"，而《三国志通俗演义》中的描写则为"玄德哭曰：……"。在关羽跟随曹操班师回许昌的途中，曹操欲乱其君臣之礼，使关公与二嫂共处一室。关羽则秉烛立于户外，自夜达旦，毫无倦色。操见公如此，愈加敬服。这一段描写并未见于《三国志通俗演义》，只见于毛本《三国演义》。当关羽斩了颜良之后，曹操对其倍加钦敬，表奏朝廷，封云长为寿亭侯，铸印送与关公，印文为"寿亭侯印"，关羽推辞不受。

---

① 罗贯中：《三国志通俗演义》，上海：上海古籍出版社，1980年。

后曹操将印文改为"汉寿亭侯之印",关羽才拜谢受之。这一段描写同样只见于《三国志通俗演义》,毛本《三国演义》将这段描写简化为"且说曹操见云长斩了颜良,倍加钦敬,表奏朝廷,封云长为汉寿亭侯,铸印送关公"。关羽从汝南回到许昌后,张辽奉曹操之命前来探听消息。在《三国志通俗演义》中,关羽分别将自己与玄德之交同管鲍之交以及自己与张辽之交进行了对比,说明自己与玄德是同生共死的交情,非管鲍的相知之交以及同张辽的邂逅之交所能相比。而在毛本《三国演义》中,关羽则强调了自己和张辽的交情是朋友之交,与玄德是朋友而兄弟,兄弟而主臣,二者不可相提并论。此外,《三国志通俗演义》和毛本《三国演义》中刘备通过陈震转交给关羽的书信内容以及关羽的回信内容也不尽相同。以刘备的书信为例,《三国志通俗演义》中的内容为:"备尝谓古之人,恐独身不能行其道,故结天下之士,以友辅仁。得其友,则益;失其友,则损。备与足下,自桃园共结刎颈之交,虽不同生,誓以同死。今何以中道割恩断义?君必欲取功名、图富贵,愿献备级以成全功。书不尽言,死待来命。"而毛本《三国演义》中的内容为:"备与足下,自桃园缔盟,誓以同死。今何中道相违,割恩断义?君必欲取功名、图富贵,愿献备首级以成全功。书不尽言,死待来命。"同样,关羽投宿胡华家中的场景描写在《三国志通俗演义》和毛本《三国演义》中也是不尽相同的。当胡华见到关羽极为敬重二位嫂夫人后,不禁问道:"公异姓,何如此之敬也?"关公答道:"某曾共刘玄德、张益德结义兄弟,誓同生死。二嫂相从于兵甲之中,未尝敢缺礼。"胡华赞道:"将军天下之义士也。"《三国志通俗演义》中关羽与胡华间的这番对话未见于毛本《三国演义》。笔者在这里对于《三国志通俗演义》与毛本《三国演义》的不同之处不再赘述,从《五关斩将记》的内容来看,小说到此为止的描写与毛本《三国演义》的内容是基本一致的。而以此为分水岭,《五关斩将记》从关羽离开胡华家到古城聚义的描写则更贴近于《三国志通俗演义》。以下笔者再通过几个例子来加以说明。当关羽离开胡华家,向洛阳进发时,《三国志通俗演义》中写道:"次日天晓,胡华馈送饮馔。关公请二嫂上车,辞别胡华,披甲提刀上马,投洛阳来。"而毛本《三国演义》中的内容为:"次日早膳毕,请二嫂上车,取了胡华书信,相别而行,取路投洛阳来。"在《三国志通俗演义》中,当东岭关守将孔秀见关羽没有曹操的文凭时,说道:"一日不禀,要住一日;一年不禀,要住一年。"这一番话未见于毛本《三国演义》。当关羽过五关斩六将后,《三国志通俗演义》中写道:"公所历关隘悟出,斩将六员,故曰'五关斩将'……"而毛本《三国演义》中省略了"故曰'五关斩将'"一语。接下来,《三国者通俗演义》中又写道:"却说公马上自叹曰:'吾非欲沿途杀人,奈事不得已也。曹公知之,必怀痛恨,以我为无仁义之人也。'"而毛本《三国演义》中的内容为:"关公于马上自叹曰:'吾非欲沿途杀人,奈事不得已也。曹公知之,以我为负恩之人矣。'"在古城聚义之后,

《三国志通俗演义》中写道:"玄德遂起军,前赴汝南住扎,招军买马,渐自峥嵘。"而毛本《三国演义》中的内容为:"于是遂起军往汝南驻扎,招军买马,徐图征进,不在话下。"从《五关斩将记》的内容来看,小说以上几处的描写均与《三国志通俗演义》相一致。由此可见,《五关斩将记》的作者在翻译创作的过程中,既参照了《三国志通俗演义》也参看了毛本《三国演义》。尽管《三国志通俗演义》与毛本《三国演义》大同小异,但诸如能够突出关羽重义守礼的"秉烛达旦"场景的描写只见与毛本《三国演义》,正如作者在小说开篇处所提到的那样,关羽秉烛达旦的事迹是令人钦敬的。此外,与《三国志通俗演义》相比,毛本《三国演义》对于关羽阐述与刘备之交的描写更加符合儒家思想的三纲五常,"朋友而兄弟,兄弟而主臣"的表述显然比简单的"同生共死"更具高度,更能体现关羽的忠义。吴秀美在其硕士论文《三国志演义的演变和比较文学研究》中通过论证指出,首尔大学奎章阁所藏的30卷本是民间流行的《三国演义》译本,这一版本的内容基本上是对嘉靖本的直译,但同时也受到了毛本内容的影响。译本删减了原作中插入的大部分诗文,体现了强烈的拥刘反曹思想。① 从《五关斩将记》的内容来看,这部作品在创作的过程中也极有可能参照了首尔大学奎章阁所藏的30卷本的内容。

总体上来说,《五关斩将记》是作者以《三国志通俗演义》和毛本《三国演义》为底本翻译创作而成的小说作品,但其中也不乏作者的创作和改作。《五关斩将记》的改作并不仅仅局限于对原作的削减或是移花接木手法的运用,正如前义所提及的那样,小说在开篇处对于关羽相貌等的描写是原作中所没有的内容,这应当是来自于作者的创作,尽管诸如此类的创作成分在整部作品中所占的比重还不是很大。

《五关斩将记》与民间传说

韩国学者李庆善在其著述《三国演义的比较文学研究》中并没有论及这一作品。金道焕在其论文中援引先行研究成果时指出《五关斩将记》的创作意图是为了迎合大众的通俗趣向。同时,金道焕也指出《五关斩将记》在一定程度上反映了民众对于已被神化的关羽这一人物的喜爱,与其他单纯照搬并翻译《三国演义》内容的作品存在一定差异。不过金道焕在文中并没有就这一问题展开更为深入的讨论。以下笔者将针对这一层面展开补充论述。如前文所述,《五关斩将记》中的部分内容并非直接翻译自《三国演义》,比如说有关关羽的相貌以及梦境描写等,这应当视为作者的创作。而作者的这些创作正是韩国本土文化的体现,揭示并分析这

---

① 吴秀美:《三国志演义的演变和比较文学研究》,首尔大学硕士论文,1973年。

些本土文化因素对于作品发生学层面上的研究具有一定意义。

《五关斩将记》在开篇部分介绍了关羽的生平事迹,其中有些细节是《三国志通俗演义》以及毛本《三国演义》中所未提及或是有所出入的。首先是关羽的出生日期和地点在《五关斩将记》中被描述得极为具体。即关羽于东汉桓帝延熹三年庚子六月廿四日出生在河东解梁县常平村宝池里。此外,作者还描写了关羽路遇相士和手刃豪强吕熊七人以及兵败麦城时梦见北海龙神等情节。这些内容基本上都是《三国志通俗演义》和毛本《三国演义》中所没有的。如果说《五关斩将记》的内容主要是以《三国志通俗演义》和毛本《三国演义》为底本来进行翻译创作的,那么,开篇处的描写又源自何处呢？日本学者大塚秀高在其著述《关羽的故事》中援引了大量的史料分别从"变形的故事"、"作为水神的关羽"(从略)以及《神仙鉴》中的关羽故事"这几个层面上论述了关羽的相关故事。根据大塚秀高的论证,《三国志平话》中已经有了关羽作为龙神升天的一节。明代薛朝选的《异识资谐》、李日华的《紫桃轩杂缀》、金嘉会等编写的《西湖关帝庙广记》等都有关于北海龙神的描述。而清代王朱旦的《汉前将军壮缪侯关圣帝君祖墓碑记》、卢湛的《关圣帝君圣迹图志全集》中不仅有关于北海龙神的描述,还有见龙生圣、诣郡陈言、路遇相士、手刃郡豪等的相关描述。成书于康熙年间的《神仙鉴》中也有见龙生圣、诣郡陈言、路遇相士、手刃郡豪等的相关描述。为了对照比较上的方便,笔者将相关描述转引如下:

关云长公美髭髯,内有一须尤长,二尺余。色如漆,索而□(劲)。常自震动,必有大征战。公在襄阳时,夜梦一青衣神,辞曰:我乌龙也。久附君身,以壮威武。今君事去矣,我将先往。语毕,化为乌龙,驾云而去。公寤而怪之。至夜,公走麦城,与吴兵对。天曙,将(捋)须,失其长者。公始悟前梦辞去者是须也。叹数已定,将奈之何！（括号内为大塚秀高校正）

《异识资谐》

云长公美髯,一须长二尺余,色如漆,索而劲。常自振动,则有大征战。一夕忽梦青衣神,辞曰:我乌龙也。久附君身,以壮威武。今君事去,我亦从此逝矣。公寤而怪之。及至樊城,长须忽然堕地。（此故事亦载于《西湖关帝庙广记》卷四"灵应"）

《紫桃轩杂缀》

帝祖石磐公,讳审,字问之,以汉和帝永元二年庚寅生。居解梁常平村宝池里五甲。……已为桓帝延熹二岁。明年庚子六月廿四日生圣帝……帝生而英奇雄骏,既受《春秋》、《易》,旁通淹贯,以古事为身任。稍长,娶胡氏,于灵帝光和元年戊午五月十三日生子平。次年弱冠,谢父母曰:儿已有后,足奉祖祢。今汉将烬盈廷,觚稜辐邪,谁为扶红日照人心者？遂诣郡陈事,不报。有相人目之曰:君禀乾坤正气,当血食万年,何论名业!归旅舍,闻邻人哭极哀,叩之,曰:韩守义也。造郡豪吕熊荼毒。吕党连七姓,黠猾事玷,蔑职纪。帝眦裂发竖,命守义导至七所,悉斩刈之,潜引去。……帝讳某,子长生,号云长。修伟美髯髭。一髯特长,战辄跃跃。被害之前夕,梦乌衣丈夫,拜曰:"余北海龙附帝助威猛,今期尽,请辞。"晨起,特长之髯,触手落。心恶之。

《汉前将军壮缪侯关圣帝君祖墓碑记》

见龙生圣:汉桓帝延熹三年庚子六月廿四日,有乌龙见于村,旋绕于道远公之居,遂生圣帝。异哉!犹之二龙绕室,五老降庭生孔子也。

诣郡陈言:圣帝生而英奇。及长,膂力敌万夫,忠孝性生。读书明《易传》,尤好《左氏春秋》,以古今事为己任。及戊午,生子平。次年己未,圣帝二十岁。遂谢父母曰:儿已有后,足奉祖祢。今汉将烬盈廷,觚棱辐邪,谁为扶红日照人心者?遂诣郡陈时事,不报。

回途遇相:圣帝诣郡,归途遇一相士。目之曰:君禀乾坤正气,当血食万年,何论名业!殆神相士也。

悯冤除豪:圣帝止旅舍,闻邻人哭甚哀。叩之,乃韩守义也。造郡豪吕熊荼毒。吕党连七姓,黠猾事玷,蔑职纪。帝眦裂发竖,命守义导至七所,悉斩刈之。

乌衣兆梦:帝美须髯,一髯特长,战辄跃跃。被害之前夕,梦乌衣丈夫拜辞曰:余北海龙。附帝助猛威,今请辞去。晨起,特长之髯,触手落。帝心恶之。

《关圣帝君圣迹图志全集》

庚子三年六月十五日,忽快雨如驶,一黑龙现于村,旋绕道远之庭,有顷不见。夫人淹芳方娠,至二十四日,产一子,啼声达远。……幼从师受学,取名长生。及长,膂力敌万夫。读书明易象,尤好《春秋》。娶妻胡氏,于光禾戊午岁五月十三日生子,名平(俗传平为继子,及年月日俱非)。次年,谢父母诣郡陈时事,不报。归途一相士目之曰:"君禀乾坤正气,后当血食万年。何论名业!"殆神相士也。言毕而去。追问之,曰:"咸武戴成子,偶游王屋耳。"……后自名羽,字云长,以寓远举之意。身长九尺五寸,须长一尺八寸。面如重枣,唇若抹硃。丹凤眼,卧蚕眉。因止旅店,闻邻人哭甚哀。叩之,乃贫者造郡猾豪霸倚势欺侮。羽不平,眦裂须竖,命其指猾处,白昼提刀杀之。

《神仙鉴》①

---

① 以上所引资料均来自于大塚秀高的论文《关羽的故事》。大塚秀高:《关羽的故事》,载周兆新主编《三国演义丛考》,北京:北京大学出版社,1995。

通过以上的资料我们不难看出,《五关斩将记》开篇处与相士以及北海龙的相关描写同民间流传的关羽故事是不无相关的。作者在小说的创作过程当中显然是从中汲取了所需的素材。同时我们还应注意的是关羽作为龙神升天的内容虽然早在《三国志平话》中就有所描写,但笔者认为《五关斩将记》对于关羽和龙的关系的描述并不仅仅是缘自《三国志平话》以及民间流传的关羽故事,这与韩国的巫教信仰也是不无相关的。

《五关斩将记》中的韩国巫教信仰因素

韩国的巫教既不是已经消亡的古代宗教,也不是未开化民族的原始宗教,而是古代宗教与韩国文化史相结合发展并以民间信仰的形态存在的宗教现象。① 韩国巫教的基本形态就是通过歌舞祭祀神灵,以达到消灾招福的目的。当人类遇到用通常方法所不能解决的问题时,就会借助巫堂的力量来祈求神灵的帮助。在巫教神话中,人类原来都具有与超自然存在相沟通的能力,后来大部分人丧失了这种能力,只有极少数人才能与神灵沟通,而这一部分人就被称为巫堂。在韩国神话和祭礼中我们可以找到巫教的原型。关羽在梦中见到了一个黑衣男子,自称是北海龙神。正是由于龙神的庇佑,关羽才得以在战场上大显神威,同样也正是由于龙神的离去,关羽才最终殒命。《五关斩将记》的作者将关羽的命运与龙神紧紧地联系在了一起,而这一描写与巫教信仰是紧密相关的。早在新罗时期,龙神信仰在韩国就较为兴盛。韩国巫教所信仰的神灵大体上可分为天神和地神两类,始祖祭和山神祭属于天神信仰,而对于地神的信仰主要体现在对于作为农耕神的龙神的祭祀上。在《三国史记》的中有关龙神的记载屡见不鲜。

龙神的崇拜可以说是亚洲一带的共同信仰。中国古代的伏羲氏就是人首蛇身,他背负龙马图自江中而出,画了八卦。龙观念的形成本源于地上的蛇与天上的星星,正是在蛇与天的关系中,龙成为了主管降雨的神灵。因而作为农耕神的龙在祈雨的祭祀仪式当中就成为了信仰的对象。中国古代的龙神信仰随着农耕文化一起传入了韩国,然而在中国的龙神信仰传入韩国之前,半岛上就已经存在了水神信仰。记录汉代史实的一些书籍将当时居住在西北小兴安岭至韩半岛之间的北方民族统称为濊貊族。貊人居住在山谷中,以狩猎和原始农业为生,而濊人则居住在海边或江边,以捕鱼为生,因而形成了水神观念。在新石器时代初期,韩半岛的居民

---

① 关于巫教和龙身信仰的阐述,作者参照了以下相关的著述。柳东植:《韩国巫教的信仰和构造》,首尔:延世大学出版部,1997年。崔俊植:《作为韩国文化来读的韩国宗教》,四季出版社,1998年。

主要是濊人,但后来他们为从事农耕的貊人所征服和融合,貊人带来的作为农耕神的龙神观念与濊人的水神观念相结合,从而成为了龙神信仰的基础。从《三国史记》和《三国遗事》的相关记载来看,当时对于龙神的信仰主要可以分为三大类。一是关于农耕的,二是关于护国的,三是关于个人辟邪进庆的。农耕与水的关系是密不可分的,农耕仪礼与水神信仰也自然就有着密切的关系。在朱蒙神话当中将谷种交给儿子朱蒙的柳花就是河伯的女儿,也就是水神。而朴赫居世的夫人阏英就是来自鸡龙的水神,同时也是谷神。从古代神话的内容来看,农神和水神是同一存在。如前文所述,早在中国的龙神信仰传入韩国之前,半岛上就已经有了水神信仰。早在龙神信仰传入之前,韩国又已经有了相当于龙神信仰的"弥里信仰"。"弥里"一词为韩国的土著语,当龙神信仰随着中国的农耕文化传入之后,"弥里"也就为汉字"龙"所替代了。在《三国史记》当中就有关于龙的记载。

    七年夏四月,龍見宮東池,南臥柳自起,自五月至七月不雨,禱祀祖廟及名山,乃雨。年饑,多盜賊。

(《三国史记》卷二,沾解尼师今)

  作为部落联合体的新罗从 4 世纪开始转变为君主国家体制,到了 6 世纪又形成了专制国家体制。此时,随着佛教的传入逐步形成了宗教绝对观念,由此又产生了国家绝对观念,并最终在统治阶层形成了护国思想。龙王在佛教中是作为佛法的守护神而被信仰的,这一信仰与传统的农耕龙神信仰相结合,逐步发展成了护国龙神信仰。在新罗时期,由于倭寇屡次侵犯东海岸,因而也自然就形成了东海龙神信仰。《三国遗事》中的脱解王神话和文虎王传说均有关于护国龙神信仰的相关记载。

  脱解王神话
  迺言曰:我本龍城國人。我國嘗有二十八龍王,從人胎而生。自五歲六歲繼登王位,教萬民修正性命,而有八品姓骨,然無揀擇,皆登大位。時我父王含達婆,娉積女國王女爲妃,久無子胤,禱祀求息,七年後產一大卵。於是大王會問群臣:人而生卵,古今未有,殆非吉祥。乃造櫃置我,并七寶奴婢載於舡中,浮海而祝曰:任到有緣之地,立國成家,便有赤龍,護舡而至此矣。

(《三国遗事》卷一,纪异第一,第四脱解王)

  脱解王(67—80)是 1 世纪的新罗王,然而与其相关的神话却似乎是在护国龙神信仰形成的 6 世纪出现的。从神话的内容来看,"二十八龙王"、"有缘之地"等佛教用语都暗示着这一神话产生于佛教普及的 6 世纪以后,而脱解出生于龙城国,在赤龙的守护下来到新罗等描述也说明了这一神话是在龙神信仰的背景下产生的。

文虎王传说

　　大王御國二十一年,以永隆陰二年辛巳崩,遺詔葬於東海中大巖上。王平時常謂智義法師曰:朕身後願爲護國大龍,崇奉佛法,守護邦家。法師曰:龍爲畜報何。王曰:我厭世間榮華久矣,若麤報爲畜,則雅合朕懷矣。

(《三国遗事》卷二,紀異第二,文虎王法敏)

　　高句丽、百济、新罗三国的统一正是文虎王时期的事,在谋求国家的统一和繁荣的当时,极为强调和发展的就是护国思想。文虎王和智义法师的对话就十分鲜明地体现出了当时的龙神护国信仰。

　　新罗文化进入衰退期后,政局混乱,社会动荡,因而,相对于国家的安危而言,人们更加关注自身安全,在日常生活中逐渐形成了辟邪进庆的思想。原来的护国龙神信仰也逐步转变成了以保护自身安全为目的的除灾招福的巫神信仰。《三国遗事》中的处容郎传说就很好地说明了这一点。

　　第四十九憲康大王之代,自京師至於海內,比屋連墻無一草屋,笙歌不絶道路,風雨調於四時。於是大王遊開雲浦,王將還駕,晝歇於汀邊。忽雲霧冥噎,迷失道路,怪問左右。日官奏云:此東海龍所變也,宜行勝事以解之。於是勅有司爲龍刱佛寺近境。施令已出,雲開霧散,因名開雲浦。東海龍喜,乃率七子現於駕前,讚德獻舞奏樂,其一子隨駕入京,輔佐王政,名曰處容。王以美女妻之,欲留其意,又賜級干職。其妻甚美,疫神欽慕之,變爲人,夜至其家,竊與之宿。處容自外至其家,見寢有二人,乃唱歌作舞而退。歌曰:東京明期月良,夜入伊遊行如可。入良沙寢矣見昆,脚烏伊四是良羅。二肹隱吾下於叱古,二肹隱誰支下焉古。本矣吾下是如馬於隱,奪叱良乙何如爲理古。時神現形跪於前曰:吾羨公之妻,今犯之矣,公不見怒,感而美之,誓今已後,見畫公之形容,不入其門矣。因此國人門帖處容之形,以僻邪進慶。王旣還,乃卜靈鷲山東麓勝地置寺,曰望海寺,亦名新房寺,乃爲龍而置也。

(《三国遗事》卷二,紀異第二,处容郎望海寺)

　　从处容郎神话中我们可以得到以下的信息。首先是处容作为东海龙王的儿子辅佐王政。其次是处容通过歌舞来驱除疫神。此外就是新罗人将处容的画像贴在门上以求辟邪进庆。处容郎神话既可以是望海寺的起源说,也可以看作是巫祖传说。但在这里应当注意的是,护国龙神信仰已经转变成了辟邪进庆和除灾招福的巫神信仰。

　　由此可见,龙身信仰在韩国不仅由来已久,而且形态多样。龙神不仅是农耕的根本保障还是国家和个人安危的守护神。这一民间信仰已经成为了民众生活的一个组成部分。在《五关斩将记》的创作中,通过对关羽梦境的描写,这一巫教信仰也自然地融入到了作品当中。此外,《五关斩将记》在对关羽的容貌进行描写时还特别提到"面上七颗痣正应北斗七星"。可以说这一描写与韩国的巫教信仰也是有着紧密联系的。在韩国的巫教信仰中七星信仰占有很大的比重。寺庙中供奉三神的场所被称为三圣阁,也被叫作七星阁。而所供奉的三圣神正是道教的七星神、巫教的山神和佛教的独圣。三圣神信仰并非佛教的原本信仰,却是韩国佛教信仰中不可或缺的组成部分。韩国自古以来就有对于三神的信仰,在朝鲜朝世宗时期,黄海道九月山就建有三圣祠,里面供奉了桓因天王、桓雄天王和檀君天王。可以说三圣神信仰与韩国固有的传统信仰有着十分密切的关系。在三圣阁所供奉的三神中,七星神一定是位居中央的。七星信仰在韩国是一种非常普遍的民间信仰,家庭主妇们常常会将一碗水摆在面前,非常虔诚地向七星神祈求事遂人愿。而巫堂们也会举行专门祭祀七星神的仪式。七星信仰的主要内容就是祈求寿福和子女。不仅如此,七星信仰在韩国还具有相当长的历史。通过李奎报的诗文我们可以得知,早在12世纪七星神就已经被韩民族作为巫神来供奉了。祈求寿福和子女的信仰原本就是巫教信仰内容的一部分,与此相似的外来信仰传入韩国以后就与这种巫教信仰结合在一起了。由此可见,《五关斩将记》中有关七星的描写并非是毫无来由的赘笔,而是七星信仰在小说中的体现。作者通过这样的描写旨在表现关羽的不平凡,也为后文中相者的预见和五关斩将埋下了伏笔。

《五关斩将记》中所表现出来的巫教信仰因素通过《三国史记》和《三国遗事》中有关金庾信的记述也可以得到很好的印证。

在法兴王(514—540)和真兴王(540—576)时期,新罗王国取得了飞跃性的发展。法兴王时期,新罗自中国引入了官制和佛教文化,开创了新罗文化的新纪元。而到了真兴王时期,为了培养新型青年领导者,新罗制定了一种新的人才培养制度,这就是花郎道。花郎组织并非一般的青年团体,而是在巫教的背景下形成的宗教青年团体。根据《三国史记》的记载,花郎徒们相悦以歌乐,而歌舞本身就带有除厄的宗教意味。直到今天在巫俗仪式当中主要进行歌舞的巫堂还被称为"花郎"。此外,男巫着女装的风俗也可以在有关花郎道的记述中找到其渊源。因此,可以说花郎道体现了巫教的特性。金庾信是新罗花郎中最具名望的一人,正是他率军统一了三国。从有关金庾信出生和死亡的相关记述来看,我们不难发现其中的巫教信仰特征。通过《三国史记》的相关记述我们可以得知金庾信是其母亲万明梦到一个金甲童子驾云来到家中后怀胎二十个月而生下的。而《三国遗事》中则描写了金庾信因禀精七曜,所以背后有七星图案,并且天赋异禀。这一描写很显然是来自于前文中所提到的七星信仰。正因为有七星神的庇佑,金庾信才能够具备超出常人的才能,日后成就一番事业。不仅金庾信的出生带有宗教信仰的意味,他的死亡也同样带有神秘色彩。《三国史记》中就描写了金庾信死前,其守护神离去的场景。正是因为守护神的离去,金庾信才抱病而终。通过比较我们不难看出:《五关斩将记》中有关七星和关羽梦境的描写同金庾信传记中的相关描写如出一辙。无论是金庾信还是关羽都因为从七星处得到了精气而具有了卓越的才能,最终又都是因为守护神的离去才离开人世。所不同是金庾信的守护神是数十个戎装带甲之人,而关羽的守护神则是北海龙神。

由此可见,《五关斩将记》中与七星和龙神相关的描写都与韩国传统的巫教信仰有着一定的联系。七星信仰和龙神信仰可以说是外来宗教与韩国巫教相融合的产物,并以民间信仰的形态融入了民众的生活当中,成为了韩国文化不可割裂的一部分。而《五关斩将记》也正是《三国演义》这一外来文化与韩国本土文化有机结合的产物。也就是说,《三国演义》在传递的过程当中与巫教信仰等韩国本土文化相结合,从而产生了变异,呈现出了与原来不同的样态。

二、比较文学的方法与观念

比较文学与精英化教育
——为严绍璗老师七十寿辰而作*

陈思和**

我们首先应该承认,比较文学在高校人文学科中的地位是比较特殊的。首先,从事研究者需要有一门以上的外语能力;其次,他必须顾及跨越民族、学科、语言界限的研究工作所要求的中外文学史知识;其三,研究文学离不开相关的学科知识,尤其是跨学科的比较文学研究,所以他还应该掌握文学以外的,诸如文化、艺术、政治、社会、宗教、心理等方面的知识。这种百科全书式的教育思想和学科内在的要求,虽然从理论上说是成立的,但在实际操作过程中却是困难重重,成为一种人文教学领域的乌托邦。

正因为比较文学这门学科天然地具有乌托邦色彩,所以它才是迷人的。但是,从目前的状况而言,高等院校的比较文学所具有的这种迷人特质正在慢慢地消失。理论上说,有一级中文学科博士点授予权的学校都可以设置"比较文学及世界文学"研究生学位点。"比较文学"与"世界文学",两个概念模糊的学科整合在一起,就意味着,即使某高校缺乏比较文学的师资,但只要有国别文学的师资,也可以招收比较文学的研究生;相反的情况是,如果中文系缺乏精通外语的人才,也缺乏国别文学的教学经验,但只要有人会根据《比较文学概论》一类教材讲课,照样可以开设相关的比较文学课程。尤其是当比较文学学科拓展到跨学科、跨艺术的研究领域,随意性就会进一步扩大,甚至成为一种"无边的比较文学"。正因为如此,比较文学从建立学科开始就备受行业内外的质疑,时时出现"危机"的呼声,不是无缘无故的。

张隆溪教授在为比较文学专业研究生所写的入门书中说:"研究比较文学的学者,尤其是研究东西方比较文学的学者,大概都常常遇到来自学院里各专业领域的不信任、冷淡、质疑,甚至敌意。"但他接着辩解说:"比较文学既然要跨越学科界限,

---

* 本文应严绍璗先生七十寿辰纪念集的征文而作,藉以感谢乐黛云先生、严绍璗先生、孟华先生等北大的同行们长期以来对于复旦大学比较文学学科建设所给以的无私的支持和指导。

** 陈思和,复旦大学教授,文学博士,长江学者。

中西比较更要跨越巨大的文化差异,就必然会走进或者说侵入其他各类学科的专业领域,专家们对此会产生怀疑甚至敌意,又有什么奇怪呢?"①这种行业内的怀疑和敌意,虽然也不能完全排除如张教授所说的"由于他们的眼光相对局限,心胸相对狭隘",但真正原因显然不在批评者的主观局限。我们可以提出一个简单的假设:两个研究生的智商以及努力程度完全一样,他们接受的师资教学水平也完全一样,其中一个学生在国别文学专业进行硕博连读五年时间;另一个学生用同样的时间进行跨国别文学(比较文学)专业学习。从知识面而言,后者显然高于前者,但作为专门知识的系统学习和训练,他可能只达到前者的一半。现在要问的是:这两种教学,究竟哪一种更有利于把学生培养成真正的专家?有关比较文学的质疑在这个简单假设中可以得到解答:如果我们把研究生的硕博连读五年时间看作是培养一个合格专家的教育终点,那么,那个国别文学专业的学生要比比较文学专业的学生有更多的优势;但是我们必须注意到,培养一个学者可能需要更加漫长的时间,从更加长远的发展上看,从事比较文学研究的那位学生,是否会具有更大的潜力?

下面一个问题与此相关。张隆溪教授在那本入门书里继续写道:"一个真正优秀的比较学者也首先应该是某一领域的专家,然而是一个兴趣、知识和眼光都广泛开阔得多的专家。精专与广博本来就好像是学术的两条轴,缺一不可,只有两方面都得到充分平衡的发展,才不至于单薄偏枯,也才可能绘制出色彩绚丽的图画。"②我非常赞同张教授的这个观点。下面讨论比较文学培养人才的目标也是从这个观点出发:即一个真正优秀的比较文学的学者,他首先应该是某一领域的专家。这个意思也可以反过来表达:比较不仅仅是比较文学的专利,任何领域的真正优秀的专家,他的知识储备量一定是超越本专业的必备知识,达到各领域各学科知识的融会贯通和交叉渗透,那么,事实上他已经具备了一个优秀的比较文学学者的修养了。

那么,精专与广博,对于培养一个优秀学者而言,哪一项应该更为优先?这从教育学来说是有规律可循的。前面的例子似乎给人一种印象:"一个真正优秀的比较文学的学者首先应该是某一领域的专家。"这个命题强调了先要成为精专的专家,才能成为广博的比较文学学者。另一个例子则说明,同样的教育时间下,首先培养的应该是某国别专业的专家,而培养一个比较文学学者需要更长的时间。如以培养学生的时间为标准,在同样时间段的专业训练下,比较文学专业的学生在国别文学基础知识方面可能无法超越国别文学专业的学生,但是在广博的程度上则要比后者宽得多——这也就是过去有人诋毁比较文学学科时说的一种刻薄话:中

---

① 张隆溪:《比较文学研究入门》,复旦大学出版社,2009年,第41页。
② 同上书,第42页。

国文学和外国文学都不好的人才去搞比较。可惜这种刻薄只能在有限的时间段才会产生效果。因为，如果以同样的学习方式，把学习时间延长一倍甚至更多的话，比较文学的优势就会逐渐显露。比较文学的学习成效与学习时间长短成正比，学习时间越长，研究视野的开阔和研究能力的增长可能是几何级的递增，到了后来，如果比较文学学者再进入某领域去做单一国别文学的研究，他的优势是不言而喻的。

当然这不是说，一个从事国别文学研究的研究生毕业以后就不需要继续学习，如果他依然从事专业研究的话，同样会不断开拓自己的研究领域，不仅深入自己的专业，还会拓展研究的领域，这也就是前面所说的，"任何领域的真正优秀的专家，……事实上已经具备了一个优秀的比较文学学者的修养。"假如这个命题也是成立的，那么，我们不妨进一步思考：一个研究生先学习某国别文学，然后不断扩展专业范围，进入跨国别文学的研究，从而达到比较文学学者的应有能力；而另一个研究生在学习期间已经打下比较文学学者所具备的扎实的基础和条件，再朝着国别、或者跨国别的研究领域发展自己的研究，终于也达到了比较文学学者的应有能力，这两种培养途径，究竟哪一种更加可靠？这不是一个殊途同归的问题，因为我们必须把一个学生走出学校以后所必须承受的各种社会压力计算在内，也必须把一个人随着年龄增长而越来越不利于学习的生理条件考虑在内，这样，我们就不能不承认，在高等院校里的研究生阶段是最有利学习的阶段，不仅仅高校目前仍然是受到社会上种种功利风气影响最小的场所，更主要的是，在中国的高等院校里还保留着传统的人文力量和学术信念，虽然它不是社会的真空，同样受到拜金主义的腐蚀和影响，但毕竟它还是残存的理想主义者做弥撒的地方。刚刚跨入高校的青年人，饱受了中学里应试教育造成的心灵之戕害，高校向他提供了唯一治疗创伤的环境，他们精力旺盛，求知欲强，各种理想都受到正面的鼓励，并且有本科的通识教育和专业教育为他们打下了扎实的基础，因此，他们有充分理由在下一步的研究生学习阶段完成一个学者的全部准备。在这个意义上说，比较文学的研究生教育恰恰起到了至关重要的作用。

比较文学的研究对象，不是单一的领域，而是以跨学科的形式进入别的学科的专业领域，因此它在短暂的学习时间内是不能展现自己优势的，它只能作为一种理想的学习精神渗透到其他各个学科中去，综合性地吸收各学科的长处和特点，只有经过长期的学习以后，才能够逐步显示比较视野的优势，终为学术领域的伟大学者和专家。这就是比较文学与其他学科的不同之处。严格地说，比较文学教育没有明确的专业界限，也没有特别的专业范围，它的目标，不是培养具体的职业技能，不是培养中文系学生的就业竞争能力，甚至也不是培养某一专业的专家。它只是培养一种资格和能力,让获得这种资格和能力的学习者胜任各种相关的学术研究,也包括比较文学学科自身的建设和发展。

德国现代教育的先驱洪堡在建造柏林大学的时候,曾指出过"大学兼有的双重任务,一是对科学的探求;二是个性与道德的修养",而他所强调的"科学",不是一般的历史与自然科学,而是"统领一切学科,是关于世上万般现象知识的最终归宿"——哲学。[①] 洪堡把哲学定位于当时的大学精神的核心概念,由此建立起德国大学精神生活的传统。而今天的中国,在教育的环境和后现代的文化风气下,哲学作为统领一切学科的"纯科学"已经不可能再现威力,但是我们仍然需要在人文学科中寻找一种可以实现某种功能——能够以其他人文学科和社会学科为研究对象,以学习、穿透、综合其他各个学科的知识为研究目的的学科,来取代18世纪德国大学人文教育中的哲学的"纯科学"地位的,只能是比较文学学科。因为"比较"的视野和方法已经设立了跨越语言、艺术、民族、国别、学科等无所不包的前提,而广义的"文学"也包括了传统人文学科以及政治、社会、法律、宗教、文化、心理等社会科学,这决定了比较文学有条件包容一切人文学科,掌握各种语言和学科知识,并且以培养真正的富有使命的学者为教育目标。

这就是本文所论述的比较文学与精英化教育理想的关系的立足点。我们还需要界定精英化教育的含义吗?随着就业的压力和社会贫富差距的增大,随着社会的转型和各种新兴行业的兴起,社会对大学教育的需求量急速上升,为了适应学生中间越来越严重的急功近利心态以及应试教育严重破坏中学生正常思维能力的后果,大学教育不得不放低了教育水准的门槛,放弃了专业教育的传统标准,以适应社会越来越多地新兴职业的人才需要。随着通识教育课程比例的越来越增加,在一些僵化型的课程必不能少的规定下,高校院系唯一能够压缩的就是专业课程。在"文革"前中文系本科专业课程达到完整的四年制教育(北京大学和复旦大学还一度建立五年制教育),那么,现在的中文系本科的实际教学课程不到三年,(因为大四年级必须把学生在社会实习和寻找工作的时间计算进去),相当于以前的大学专科的教育时间。因此现在综合性大学人文学科的本科毕业生,虽然受过四年教育,却很难胜任专业领域工作,除了一部分继续读研究生学位外,他们毕业后只能在社会上承担一般的非专业的职业工作——我把现在大学本科的这种培养人才的基本状况,称为社会化教育,或谓非精英化教育。它不是以培养人文学科的专业人才、未来的专家学者以及真正的学术领域的精英大师为目标的。它的功能只是为社会提供越来越多的求业者。

[①] 转引自陈洪捷:《德国古典大学观及其对中国的影响》,北京大学出版社,2002年,第29页。

为了弥补本科专业教育课程量的不足,现在有越来越多的高等院校加强了研究生教学,尤其是硕士生教育阶段,由二级学科为单位招收研究生以及施行教育,集中起来开设研究生基础课程,都是必要而有效的措施。但严重的问题依然存在,随着人文学科研究生学位点的不断增加以及研究生人数的不断扩大,社会上供求比例达到饱和状态,除了个别专业(如对外汉语教育等新兴行业)以外,大多数研究生就业都成为社会问题,更不用说专业对口的就业机会。这就造成大量研究生不能够树立起坚实的专业信心,也没有为自己设计一种以学术为志业的人生理想。大量的人文学科研究生仍然处于茫然之中。这样,首先是社会没有提供足够的人文学科的专业岗位,其次是学生的专业信心不足,再加上教学师资的水平问题等等,形成了人文学科研究生培养上的恶性循环。人文学科的研究生教育制度基本上也是在社会化职业化教育道路上滑行。

　　那么,这样的话,未来的专家们——我指的是人文学科的专家们,还有没有可能后来居上,超越前人,攀登新的人文高度？我们的人文学科的教育基本上是失败的,这就是在今天的社会一般舆论中常常喟叹的"大师难寻""今不如昔"的客观原因。我们应该清醒地认识到,没有一种培养大师的教育机制和教育理想,"大师"是不可能出现的。"文革"前政治挂帅的大学教育体制培养不出大师,"文革"中教育革命的体制更加培养不出大师,"文革"后经济挂帅、量化管理、急功近利的教育机制同样培养不出大师。人文学科的"大师",首先是一种知识的能量,被称为"大师"的人必须拥有常人不能掌握的多种人文学科技能与学识;其次是一个学术高度,他的学术贡献达到了前所未有的重要性,不但深刻影响了当代精神生活,对后世仍然产生重要影响;其三是一种人格的榜样,他必须为人师表,勤于教学,培养出完整的学术梯队,形成独特的思想流派和学说,这是人格魅力的标志。人文学科的大师除了具有天赋,并不是凌空诞生的,而是在一种完备的学术机制和教育机制下培养出来的。没有良好的人文环境和教育理想就不可能培养真正的大师。我们今天在一个强国的梦想里,没有给未来的哲学家、思想家、文学家、人文科学家等以适当的位置,今天没有梦想,世界就没有未来。

　　我们可以把一些大学者(或为"大师")作为例子,陈寅恪先生大部分著述是在他的晚年瞽目口述中完成的,钱钟书先生的学术能量的真正显现是在"文革"中成就的《管锥编》,那也是他的生命历程将近老年的时候。季羡林先生关于印度史诗《罗摩衍那》的翻译也是在他的晚年完成的。陈、钱、季等前辈学者的成就之所以不可替代,不可超越,因为他们在年轻的时候,把别人忙于著书立说的时间都用在了自身修养之上,也就是在不断学习中完成了他们作为学者的不可替代性。综合起来,他们都拥有共同的特点:一,他们都掌握了多种语言和学术能力;二,都能够在自身领域里做到学贯中西,阅读了大量的多种语言的文献资料;三,长期不倦的学习与崇高的学术工作中培养了学者的人格力量,建构了知识分子的独立精神自由思想的风骨榜样;四,他们为掌握丰富的知识能量而付出毕生的心血和生活乐趣,形成了他们自觉的独立于世的人生态度和处世哲学。就这样,由学习提高了修养,由修养支撑了学术,由学术获得了独立之精神自由之思想,并由此建立起独立于世的人生境界。这就是洪堡建立的欧洲古典大学精神的四大维系,是近代知识分子人格理想的最高境界,也是当今人文学科教育和培养人才事业中最缺少的一种理想素质。

这种教育理想的缺席是致命的。

前辈学者大师所建立的学术人格的四大维系,不正是我们比较文学培养人才的理想吗?我们首先要求学生拥有多种外语能力;其次要求掌握多种学科知识,努力接近学贯中西;其三是需要用人文理想指导我们的道德修养,努力追求完善人格;最后,如果能够做到这样的境界,那必然付出极大努力,也就是要求学者不随风逐流,甘于寂寞,在学习中寻求快乐的人生境界。前两者是学习比较文学专业的必要条件,第三则是知识修养推动人格培养的更高境界,最后一则是获得这种境界的人生态度。这是一种完整的教育程序和教育理想,而比较文学的人才培养特点最接近这样的理想。所以比较文学施行的是一种精英化的教育,其教育理想天然地不具备社会化、大众化、职业化教育的因素。

试想一想,一个政府机关的公务员,或者某企业的高层秘书,媒体的从业人员,等等,文科学生所从事的各种社会性职业,即使他拥有多种古典语言能力、古典文化知识,或者接近于陈、钱、季这样学贯中西的非凡能力,对于他们事业的发展有没有构成必要性?如果没有的话,坦率地说,那就是教育资源的浪费。但是如果把这种知识结构放在人文学科的专业岗位背景下拿来考察,尤其是从事比较研究的学者,那就不一样了。无论是从事中西哲学、历史、文学艺术等等,这样的知识基础其实就是一种资格,一道门槛。这就是精英化教育与一般社会化职业化教育之间的区别,两者之间的功能和特点是不可以被混淆或彼此取代的。

关于精英化教育的道路,对于我们这一代从"文革"劫后中成长起来的学者并不陌生。我们这一代人,从"文革"的苦难中走出阴影,通过考试进入高等院校接受教育,深深地理解攀登学术高峰是怎么一回事。那个时候,老一代的人文学者大多数还健在,他们也同样在苦难中看到了未来学术的希望,他们希望在生命最后阶段再迸发一道余晖,把自己的学问与理想像接力棒似的传授给后来者。我们亲炙于老一辈学者言传身教,本来都很明白学术道路应该怎么走,但是近三十年来国家急于发展现代化,财富的增长与分配的无序性滋长了急功近利的社会导向,人文环境每况愈下,学术道路也进入一种被利益所驱使的怪圈。应该承认,我们这一代学人没有能够真正地做到本来时代所需要我们做的那样的境界,我们最终也没有能够超越我们的前辈学者,但是,我们仍然有责任将培养优秀人文学者(且慢说大师)的真正途径和必要条件向后来者指出来。三十年前的教育体制下,不允许精英教育的思想和措施,三十年来的教育体制下,不重视精英教育的理想与实施,但是,在今后的国强民富的时代里,人文学科的精英化教育不但有了必要的社会保障和心理基础,也将会越来越引起社会的尊重,而到了那个时候,我们可能缺少的,是真正的方法和途径。因此,精英化教育的思想与理想,需要如同弥天黑夜中的燧火,绵绵不断地闪耀着生命的火花。如果一般的高等院校不得不朝社会化职业化教育倾斜,那么像复旦大学这样的综合性大学就应该坚守理想的精英化教育;如果所有的大学都不得不朝社会化职业化教育倾斜,那么这些大学的人文学科应该坚守理想的精英化教育;如果所有学科都不得不朝社会化职业化教育倾斜,那么,至少,比较文学这样的少数学科,应该独自坚守精英化的理想。

这就是复旦大学比较文学与世界文学学科点做这份《复旦大学比较文学与世界文学专业硕士生与博士生精英化培养规划》的理由。也许,人们并不会反对或者拒绝比较文学领域的精英化教育,但是这不仅仅是一种教育的理想,而是一份对未来负责的教育计划的实施。对于这种比较文学的特殊性,我们有两个问题始终缺乏深入的探索,一个是目前高校中文系的师资的可能性;另一个是培养人才的目的性。前者是方法和条件,后者是价值观,在这两个问题没有充分讨论的前提下,虽然目前中国综合性大学的中文系都设置了比较文学的专业课程(包括硕士生和博士生课程),但对于这门学科的自身素质的提高仍然无济于事。

这两个问题,需要有许多在教育第一线的学者共同来参与讨论才能达到一个比较理想的认识。本文限于篇幅,只能做非常简单的介绍,谈谈我们制定这份规划时的设想,以及为了实施规划已经做出的实践。

首先,要实行精英化教育就必须确立比较文学作为纯科学的定位,比较文学当然不可能像18世纪的哲学那样成为一种"统领一切学科,是关于世上万般现象知识的最终归宿",但是比较文学所具有的特殊的学科品质,使它能够为人文学科的真正的优秀学者创造一种必要的条件。陈寅恪先生是历史学者,钱钟书先生是古典文学专家,季羡林先生是东语系专家,但是他们拥有的学识都远远超出了自己的专业范围,这个"超越"本身就体现了人文学者的精专与广博的基础,广义地说,这也是比较文学的学科所要提供的研究视角和知识襟怀。

也许有人会提出质疑:今天我们根本不具备培养这些大师级人物的师资,所以这样的理想只是乌托邦的空想。我要回答的是,即使在过去那个时代的中国,大约也是没有培养"大师"的师资能力的。所以，当时天资聪慧的青年学者无一不是游学于西方各个国家的高等学府，吸取各种科学知识和开拓学术视野。今天的复旦大学同样也不可能具备这样的培养大师的师资能力，但我们能够做的工作，就是为培养优秀人才创造好的条件，唤起学生们对学术道路的自信和热情。在这份规划里可以体现出这样一份自觉，为了实现精英化教育理想，复旦大学中文系尽了最大努力延聘人才，从海内外不断引进在比较文学领域、比较语言领域、古典学领域的老中青各个层次的人才，很快就更新了原来师资的知识结构，短短几年来，复旦比较文学学科已经以焕然一新的整体面目崛起在国内外同行的面前。

要提高一个学科的师资力量，就必须打破原来的学科界限，既要综合中文学科的全部资源作为个别学科建设和发展的基础，又要整合个别学科的特殊的学科标志。复旦中文系原来学科结构分布中，比较文学虽然起步很早，但不是传统学科也不是强项学科，中文系的古代文学有实力雄厚的古代文论研究传统，文艺学有西方美学和西方文论的强项，现当代文学学科里也有从事外来影响研究的学者，由于传统学科的力量强大，比较文学学科发展不能不受到影响，长期以来一直停留在中外文学关系比较、译介学研究等比较边缘的学科方向上，不能有大的突破。自2006年以来，我们改变了思路，一方面是引进人才，突出了中外比较诗学为主干的学科发展思路，建构起"中西文学、诗学及其文化关系研究"、"世界文学及其文化关系研究"、"德国语言文化与南亚文化关系研究"、"东亚文学及其文化关系研究"、"跨艺术与文化研究"等五大模块的课程体制。同时从海外引进印欧语系的文学研究、比较语言人才，那些海外学子学成归国，掌握十多种印欧古代语言，再借助复旦历史系的相关语言人才，完全解决了多种语言教学和比较语言领域的师资力量。

当然，引进人才只是一条途径，真正要提升一个学科的教学水平，不可能依靠单一学科的师资力量，必须调动一级学科的师资实力。所以我们在设置比较文学专业研究生课程时，坚决制止学生只听本专业的教师的课程，并在课程制度上确保研究生学习其他学科的西方文论、文献学、古汉语言和文学史等课程，借助跨学科和跨院系的教学平台，综合地依托复旦大学人文学科的良好师资，形成比较文学课程改革的强大后盾和丰富资源。正因为比较文学是一门开放性学科，它必须打破自我封闭的课程体系，把原来对比较文学构成压力与挑战的强势学科的传统课程转化为它的课程资源，使比较文学的研究生在其他学科的课程中获得知识的拓展。

专题讲座，这虽是比较文学研究生扩大学术视野的辅助性课程，但也是借助校外专家力量来补充师资的措施。我们每年都邀请国际上各类学科的专家学者来复旦为学生们讲授短期的专题课程或者专题讲座，也及时邀请国内专家的学术演讲。为了培养学生广泛的学术兴趣和学术视野，我们把研究生听前沿讲座和自己举办学术研讨会,作为正式课程的学分纳入教学考核。以前学校里一般的前沿讲座都是学生自由选听,并不作严格的考勤和考核制度,现在为了改变学生们眼高手低、自由散漫的学风,强化团队精神,把学术讲座和学术研讨会都列入了正式考核的范围,都构成了课程建设的有机部分。这样,专业教师的专业课程,专业外教师的选修课程和外校专家的讲座课程,以及研究生自己组织的研讨活动等,形成了多重知识结构的开放性的课程系列。

也许,还是会有人提出这样的问题:我们即使把中文一级学科的所有师资都调动起来,能否完成对一个合格比较文学人才的培养?我的观点仍然是不容乐观的。但至少,我们为研究生进入专业学习提供了一个宽阔的教学平台,打下了相对扎实的知识基础。所以在我们的规划里,不但强调硕博连读六年一贯制(硕士二年,博士四年),而且相应增加了课程学分,强调了精英化教育的一贯性。同时,我的一个设想就是要把精英化教育的理想贯彻到底,具体措施就是鼓励比较文学专业的学生出国深造,在世界范围内进一步开阔学术视野,接受国际上各学术领域的名师指点。比较文学专业的研究生不一定仅从事比较文学的研究,而是以比较的知识结构和学术视野渗透到各个人文领域,可以进入思想、文化、理论、历史、社会等各个领域,也可以结合具体国别文学的专业,进一步开拓自己的学术领域。比较文学不能仅仅满足于一般国别的研究,但它可以胜任国别领域的文学研究,而且有把握获得更加丰硕的学术成果。

因此,比较文学的培养人才目标不是造就一般合格的社会就业人才,也不需要为国家培养大批的专业人才,但是它必须有崇高的学术理想,把为未来培养真正的优秀人文学者作为远大目标。比较文学的培养目标是长远的,其教育成果在二十年以后才能逐渐体现出来。所以我们规划中的人才培养目标有两个去向,一是通过我们自己的理想的教育和培养,通过六年或者更长的时间的专业训练,为国内高校、学术机关输送真才实学的专业人才;二是通过鼓励出国留学机制,把优秀的学生推荐到世界一流大学进行深造、进修和继续学习,为未来的学术发展储备人才。

这也许是一种乌托邦,可是,教育如果失去了乌托邦的精神和理想,那还成为教育吗?一切在于努力之中。

"皮之不存,毛将焉附"
——试论国际文学关系研究的地位与作用*

孟 华*

长期以来,比较文学界似乎总是处于一种深重的精神焦虑中:比较文学是否还有存在的必要?还能存在多久?此类问题不断被提出,发展到极致,也就出现了形形色色的学科消解论。

消解论之一谓之曰:"比较"的意识与方法在当代已为其他学科所普遍接受,不再是比较文学的专利,因而也就无须再为之保留专门的学科位置。

消解论之二鼓吹"文化研究"包罗万象,认为当下的世界是文化研究的一统天下,文化研究万能,大可涵盖一切,因而比较文学也就不必再羞羞答答地强调什么"文学"了,干脆让位,或及早"弃暗投明",投奔"文化研究"的麾下方为上策。

消解论之三提倡以蓬蓬勃勃发展着的"翻译研究"替代"比较文学"。

消解论之四则以"哀其不幸,怒其不争"的情感,干脆极而言之地宣布比较文学的"学科之死"。

……

乍一看来,这些学科消解论者似乎不无道理:他们质疑的现象绝大多数确曾或依然存在;更何况,世上万事万物原本都有其发生、发展、消亡的过程,一门学科既然可以应运而生,说她终有一天会完成其历史使命而退出舞台,归于沉寂,当也在情理之中。

但倘若稍退一步去环顾一下四周,我们却又会顿生疑窦。譬如中外文学、中外历史、中外哲学等其他人文学科,这些都是与比较文学比肩、相邻,甚至相辅相成的学科,为什么就没有人去质疑它们的生命力?莫说质疑,即便是提出问题本身,恐怕都会引来惊诧的目光。[①] 那么,为何单单要将比较文学拎出来,而不问问"人文学科是否还有必要存在,还能存在多久呢"?

---

* 孟华,北京大学比较文学与比较文化研究所教授,文学博士。
① 20世纪在西方一度盛行的"文学之死"在国内也多有译介与反响,但似乎从未对文学研究学科的存在构成过威胁,更未见治中国文学的同行们产生多么严重的"危机感"。

显然,问题的产生是与比较文学学科的独特身份有关。众所周知,"身份"不确是比较文学从学科诞生起就面临的窘境。我在另一篇短文中曾把这种由边缘地位而带来的身份不确称之为"原罪",并由此认为:比较文学"生来就属'跨',所以永远都是边缘的。而且毫无疑义,它还将背负着这个'原罪'进入到人类的第三个千年中去"[①]。

其实,比较文学的边缘地位与"跨"的特性,早已为国内外绝大多数比较学者所认同,似无再讨论的必要。但"原罪"绝不会因为你知道其存在而轻易地饶过你,它会随形势的发展而产生诸多顺应时代的变种。本文开头援引的若干消解论,不正是"原罪"在新形势下引发的新问题?看来,要想从根本上使本学科从"原罪"导致的种种疑虑中解脱出来,首先需要为本学科的独特身份"正名",确切而言,即要找到比较文学作为边缘学科而得以安身立命之根本。本文正是希望在此一方向上做些许的尝试。

一、历史的回顾

提到"正名",就不能不简单回顾一下本学科的发生、发展史及由此而形成的学科的基础。

比较文学生发于国别文学的研究之中。19世纪初,当某些研究国别文学的学者发现了文学实际上是超越国界的,无法孤立地存在时,也就萌发了要使用一个新词来界定此类现象的念头。幸与不幸,那时恰逢"比较"一词在欧洲大行其道,既然可以有"比较解剖学"、"比较语言学"、"比较宗教学"、"比较神话学"……为何不可以"时髦"一把,将对此类跨文学现象的研究称之为"比较文学"?但显而易见,该词在当时实际指称的就是由文学交流而导致的跨文学现象,后人称之为"国际文学交流",或"国际文学关系"。因此,国际文学关系研究代表了最原初、最基本的比较文学研究方向。而进行此类研究的比较文学即是文学交流的产物,是开放的、世界主义观念的产物。

在这一点上,国内比较学界似存在着某些误解。一些人认为,法国之所以成为比较文学的诞生地,是因为她自身拥有深厚的文学传统,是因为法兰西人希望"输出"自己的文学,炫耀本国文学的"光荣"。不可否认,一、二次世界大战前后的某些法国学者确曾表现出了一定程度的文化沙文主义倾向,但这是发展中出现的问题,绝非本学科的主流,更不代表学科诞生时的情况。倘若我们仔细研究一下比较文

[①] 孟华:《比较文学"原罪论"》,《中外文化与文论》第一期,1996年,第119页。

学的学科史,就会清楚地发现本学科在法国的诞生实际上得益于一种开放的意识。在《论文学》、《论德意志》等著作中,被称作"世界比较文学先驱"的斯达尔夫人(Mme de Staël)竭力引起人们注意和重视的,恰恰是非法国文学、文化的财富;1817年,当法国学者诺埃尔(François Noël)在《法文与拉丁文教材中的英国文学与伦理课文》(Leçons anglaises de littérature et de morale sur le plan des leçons françaises et des leçons latines)中第一次使用"比较文学"这个词时,他是用来说明进入了法文和拉丁文作品中的英国思想、文学作品的。① 继他们而起的早期比较学者们,无论是维尔曼(Abel Willmain)、安培(Jean-Jacques Ampère),还是基内(Edgard Quinet)、查斯勒(Philarète Chasles),他们的工作都与探讨法国文学中的英、德、意等欧洲国家的影响有关。② 实际上,如果没有欧洲各国间日趋频繁的交流③,没有在研究本国文学思潮(诸如"浪漫主义")时,苦于在单纯、孤立的国别文学研究中无法解释相应的文学现象,也就不会有"比较文学"一词的产生。早期的学者们并没有以法国文学为"源头"、"输出国",恰恰相反,他们正是意识到了本国文学与欧洲其他民族文学有着千丝万缕割不断的联系,才竭力主张打开视野,向"别处"去寻根问源的。④ 今天看来,他们的工作固然十分幼稚,往往仅限于将各国文学相交的部分罗列出来,而没有对其间深层的联系,内在的逻辑,文学、文化相遇、对话、互动的过程和问题做更深入的探讨。但这种梳理文学交流的努力在当时已属难能可贵,它充分显示出了学者们希望打破阻隔与界限,从国际的视角来研究文学的愿望,尽管这个"国际"还只囿于欧洲一隅。

这一历史的回顾,清楚地证明了比较文学的概念和思想是以"一种世界主义的、自由主义的、慷慨大度的精神,是否定一切排他主义及孤立主义的精神"⑤为依托的。尽管自那时以来的法国学者并非全都继承了这份精神,宣言者也未见得个个都实践了这崇高的理想,但我们无法否认布吕奈尔(Pierre Brunel)们对本学科精神实质的总结恰当而精到,开放性正是比较文学的灵魂。而此种开放的精神难道不是源于文化、文学交流,并仰仗交流而发扬光大?

---

① 参阅 Y. Chevrel, La littérature comparée, PUF, 1989, p. 8.
② 参阅布吕奈尔等:《什么是比较文学》,葛雷、张连奎译,北京大学出版社,1989年,第20—23页。
③ 参阅《什么是比较文学》,第52页。另请参阅基亚:《比较文学》,颜保译,北京大学出版社,1983年,第1页。
④ 上述学者也关注他国文学中的法国因素,但从总体而言,重点仍在前者。
⑤ 《什么是比较文学》,第17页。

二、比较文学是一门研究文化交流的学问

显而易见,文化、文学交流是比较文学赖以生存、赖以发展的基础。正因如此,世界上便没有哪一本比较文学教材可以忽略本学科与文化、文学交流的关系,更没有哪一个比较学者可以否认文化、文学交流对本学科所起到的至关重要的作用。恰如基亚(Marius-François Guyard)所言:"每一个人都知道文化交流是人类的……希望之一。……任何一种文学在孤立的情况下都不能不枯萎;而每一种最成功的民族文学都要依靠外来的因素。"①

然而,在讨论比较文学与文化交流的关系时,季羡林先生却提出了一个独到的观点。在《比较文学与文化交流》一文中,先生直截了当地提出了一个命题,他说:"比较文学的研究属于文化交流的范畴……自从有了人类社会以来,世界上各民族、各地区就在不断地进行着文化交流。……比较文学所要探索的正是文学方面的文化交流。"②

先生此说振聋发聩,触及到了比较文学最核心、最本质的问题。他不仅在广度和力度上远远超越了前人,超越了本学科一切中外权威,而且还创立了新说。倘若说从文化交流的角度论述比较文学不自先生始,那么,如此明确地提出比较文学归属于文化交流,却不能不说是先生的首创。他第一次响亮地提出了比较文学只是"流",文化交流方为"源"的源流观。这个看上去不起眼的源流之辨,实在是关系到本学科性命攸关的大问题。

文学、文化交流既然是源,它就是比较文学研究的生命线。前文对学科史的回顾已经清楚地揭示出:比较文学由其而生,因其而长,依其而存。明确了这一点,也就使处于边缘地位的比较文学获得了充分存在的理由:比较文学得天独厚,应的乃是"文化交流"之运,也就必定要伴随文化交流走完全程。只要这交流一天不消亡,对这种交流的研究就一天不会终止。而认同交往、促进对话早已成为当今世界发展的必然趋势,文化交流注定是要生机勃勃地发展下去的,那么,研究"文学方面的文化交流"的比较文学又有何危机可言?学科的消亡又从何谈起呢?! 形形色色的学科消解论是否从此可以休矣?

所以我以为,先生此说实在是为比较文学明确了身份,找回了自己得以安身立命之根本。只要坚守研究"文学方面的文化交流",比较文学从此便可以坦然地面

---

① 《比较文学》,第118页。
② 季羡林:《比较文学与文化交流》,载《比较文学与民间文学》,北京大学出版社,1991年,第313页。

对一切质疑,理直气壮地宣布自己存在的合理性与必然性。

三、国际文学关系研究在比较文学学科中的地位

论及"国际文学关系研究"在比较文学学科中实际占有的地位,我们可以20世纪60年代比较文学"危机"为界,划分出前后两个阶段。此前,它在比较文学研究中占据着绝对主导的地位;此后,它在法国及欧洲大陆仍然颇受重视,在美国及美国影响所及的地方则愈来愈被忽视,在某些地方甚至被其他研究所取代,完全退出人们的视线。

这种变化当然有其历史的合理性。在上世纪60年代的那场比较文学"危机"前,"法国学派"表现出来的欧洲中心主义、法国中心主义,以及他们建立在"唯科学主义"基础上,只注意寻觅"事实联系"的实证方法,受到了美国学者及其他革新派的强烈质疑与严厉抨击,国际文学关系研究也因受其累而名声不佳。此外也应考虑到,自那时以来,其他分支研究领域(诸如比较诗学)得到迅速发展,这也占据了部分研究空间,分流了人们对国际文学关系研究的关注。

但面对今天危机说此伏彼起的局面,我们似有必要重新审视国际文学关系研究在本学科中的地位。无论它在历史上有过何种问题,它都是本学科中最直接研究"文学中的文化交流"的领域,它与本学科与生俱来的血脉关联和它的历史功绩都使我们有理由相信,它在本学科中的核心地位不应也不能改变。改变了,动摇了,就是"数典忘祖",比较文学学科就面临着失却自我,失却根本,站不稳脚跟的危险。此正所谓"皮之不存,毛将焉附"。

更何况,国际文学关系研究也在时时更新着自我:它从原先单向度研究发送国文学的影响,发展到对发送者与接受者进行双向互动关系的研究,且将对接受者主体的研究置于中心地位;从过去单纯考据式的研究方法,发展到充分利用各种新理论、新方法的综合性研究。

在这方面,当代形象学的确立堪称是最具代表性的。"异国形象"在一定程度上折射出了异国文化在本国的介绍、传播、影响、诠释的情况,因而一直属于传统国际文学关系研究的范畴。到了当代,学者们借助于符号学、结构主义、接受美学等理论与方法论,对传统进行了重大革新,终于使之体系化,成就了冠名为"形象学"的研究方向,将此类研究大大向纵深推进。①

---

① 关于形象学对传统的革新与继承,详见拙作《形象学研究要注重总体性与综合性》,载《中国比较文学》,2000年,第四期。

除此之外,传统国际文学关系研究中的译介学从文化研究中受到启发,经历了关键性的"文化转向";媒介学也拓展了"媒介"的范围,并从以往对文化、文学传递的线性研究转而讨论文化交流的双向互动,而且十分关注"媒介"自身文化身份在交流中的变化……凡此种种,不一而足。

纵观这些研究领域内发生的变化,我们似乎可以总结说:学者们已不再满足于描述现象、勾勒史实,而是在掌握确凿的"事实联系"的基础上,注重以批判的精神质疑文学、文化交流中的种种现象,挖掘隐含其中的内在逻辑,探讨产生这些现象的原因。一言以蔽之,当今的国际文学关系研究在传统的历史研究中已成功地引入了问题意识,引入了文学批评的精神。

这令人不禁想起艾田伯(René Etiemble)先生四十余年前对比较文学未来的憧憬:"这种比较文学把历史方法和批评精神结合起来,把考据和文章分析结合起来,把社会学家的谨慎和美学理论家的勇气结合起来,这样比较文学立时便可以找到正确的对象和合适的方法。"① 倘若先生看到今天国际文学关系研究的发展现状,他该是怎样的心境呢?

四、对国际文学关系研究范畴与方法的重新定位

作为对国际间文学、文化交流最直接的研究,"国际文学关系研究"必然要寻觅、勾勒、描述这些交流中的"事实的联系",因而必然具有浓厚的史学研究色彩。但如前所述,它绝非单纯的史学研究,更非是对所谓的"文学外贸关系"的简单梳理。众所周知,美国学者韦勒克(René Wellek)曾将传统的国际文学关系称之为"文学的'外贸关系'"。布吕奈尔对此反驳说:"以货易货的交易只需一个很简单的手势就行了;而文学则需要更多的细微的差别。"② 实际上,文学、文化交流属于高级"心智"活动,仅用"细微差别"来修饰恐怕仍然很不确切。我在下文将会谈到,它应当是一种综合性的,涉及内、外部各个层次的研究。

此类研究关注的是文学、文化交流中产生出来的种种特殊的跨文化、跨语言现象、事实,因而,它首先属于影响/接受研究的范畴。然而,回答"是什么"、"怎么样"只是研究的第一个层面,在此基础上,还必须探讨、分析"为什么"的问题,亦即这些现象、事实是缘何及如何在特定的文学、文化场的合力作用下生发、演变、成形的,探究这些现象(事实)产生的内在逻辑。因此,我们不仅要研究文学史实的外部联

---

① 《比较不是理由》,罗芃译,载《比较文学之道——艾田伯文论选集》,三联书店,2006年,第28页。
② 《什么是比较文学》,第38页。

系,这些史实、现象与社会文化语境的关系,还必须涉及无"事实联系"的类比研究,才能把"关系"缘何产生分析清楚。这样,研究就势必被导向了文学内部的、美学的思考。

　　就以象征派(symbolisme)诗歌在中国的流变为例:

　　兴起于19世纪中叶(1860年左右)的法国象征主义诗歌流派,从19世纪90年代始在欧洲流播,20世纪20年代风靡全球。也是从1920年起,象征主义被引入中国,在中国新文学的土壤中绽开出一朵朵艳丽的奇葩。20年代中、后期,中国涌现出了如戴望舒、王独清、穆木天、冯乃超、蓬子、胡也频等一大批诗人,形成了中国新诗中的象征主义流派。① 迄今为止,中国的象征主义诗歌已引发了学界极大的兴趣,研究成果大批涌现,而许多学者在研究中都感到"中国的象征主义更接近法国的象征主义"。斯洛伐克汉学家高利克(Marian Galik)曾对个中缘由做过这样的分析:"中国的旧文学广泛使用象征——确切地说是比喻和暗示的创作方法,由于传统文学的特殊魅力,也由于欧洲浪漫主义文学的强烈感染……还与作家们对世纪转折点上的文学作品感兴趣分不开。在这一转折期,象征主义文学的影响不仅突破了自身和西方文学的界限,而且几乎风靡了整个文化界。"② 在对这个显然属于接受问题的讨论中,高利克既涉及了法中象征主义的渊源关系,接受者(中国诗人)所处的文化、文学语境,他更强调了象征主义与中国传统文学的契合,由此便将研究导向了比较诗学的范畴。

　　对于这后一点,中国学者其实早已予以了足够的关注。钱锺书先生在《谈艺录》中称象征派与中国的神韵派是"奇缘佳遇"③;梁宗岱先生在《诗与真·诗与真二集》中更是将象征手法与《诗经》里的兴作比,他以《诗经》里的《小雅·采薇》为例,认为《文心雕龙》对"兴"的解释:"兴者,起也;起情者依微以拟义"颇能道出"象征底微妙"。④

　　倘若试将《采薇》与魏尔伦(Verlaine)的《白色的月》(La lune blanche)作比,会发现在"兴"与"象征"之间的确存在着许多耐人寻味之处。

　　　　《采薇》
　　　昔我往矣,杨柳依依;
　　　今我来思,雨雪霏霏。

---

① 详见孙玉石:《中国现代主义诗潮史论》,北京大学出版社,1999年,第44—50页。
② 高利克:《本世纪20年代欧洲文学思潮及其在中国的变形》,载《中国比较文学通讯》,1988年第2期,第15页。
③ 钱钟书:《谈艺录》,中华书局,1984年,第276页。
④ 梁宗岱:《诗与真·诗与真二集》,外国文学出版社,1984年,第66页。

行道迟迟,载渴载饥。
莫知我哀,我心伤悲!

《白色的月》
白色的月,	La lune blanche
照着幽林,	Luit dans les bois;
离披的叶,	De chaque branche
吐吐轻声,	Part une voix;
声声清彻,	Sous la ramée
哦,我的爱人!①	O bien-aimée!

  阅读这两首诗,我们会感到:恰如梁宗岱先生所言,"表面看来",前后文似乎没有什么显著的关系,然而两首诗的前半部分均"把那片自然风景作传达心情的符号",或"把我们底心情印上那片风景去",活现出诗人或喜或悲的心情。② 梁宗岱先生是在介绍象征主义的文章中做此阐发的,但他的话却可视作是对高利克研究的最好注释。

  由此可见,在回答为何中国的象征主义更像法国的象征主义时,单纯的"事实联系"的方法就完全不够用了,必须运用类比的方法,进行比较诗学的研究。不过,当进一步在美学原则上再做探讨时,却又会发现"兴"与"象征"的相似仍然只是表面上的,在其相似性背后,却蕴涵着深刻的文化差异。

  法国象征派的"象征"(symbole),强调在象征者和象征物之间,在能指与所指间要建立起新的符指关系,要尽量削弱传统的、约定俗成的联想。而这恰恰与中国传统诗歌中重互文性、重由传统符指关系而产生的联想及约定俗成的喻意南辕北辙。因而两者的美学追求存在着很大的文化差异。中国现代派诗人并未(也不需要)全盘接受法国象征派诗歌的理论,他们借用了许多形式上的东西(通感、音乐性……),去激活本民族的传统,赋予其新意,使传统得以发展。因此,现象的类似,绝不意味着成因的一致。恰恰相反,生成语境的差异性往往导致目的、意义的不同。只有从美学的角度才能揭示中法文化的本质,并由此把握文学思潮、形式在接受中产生的流变,才能将国际文学关系研究搞得深透,从而真正回答"为什么"的问题。

---

  ① 魏尔伦:《白色的月》,梁宗岱译,载《梁宗岱译诗集》,湖南人民出版社,1983年,第 50—51 页。梁先生原文并未引用此诗,笔者为凸显出梁先生所述"兴"与"象征"间的相似,特于此处援引梁先生自译的法国著名象征派诗人之诗作。
  ② 本段内的引文均出自梁宗岱:《象征主义》,载《诗与真·诗与真二集》,第 66 页。

上面这个例子已能说明国际文学关系研究有时需要借助类比研究的方法,从美学的层面来深化思考。而在回答"为什么"时,也还常常会涉及文学与思想史、心理学、社会学、哲学、宗教、艺术等的跨学科研究(即使在传统研究中,这一点也很明显)。以下也试举一例予以说明。

众所周知,儒学在18世纪的欧洲,特别是在法国十分走红。若要深究个中缘由,就不能脱离开法国当时的社会、宗教危机,以及法国人当时的心态。一如我在《伏尔泰与孔子》一书中所指出的:"正当法国的知识分子由于'正在反抗一种老朽、腐败、衰竭无力的君主专制'……时,'中国思想'也在法兰西的土地上不胫而走……很显然,处于社会、宗教危机之中的法国人,眼光是向全球开放的。在这种全方位的审视中,任何能带来希望,激发想象的东西,都会被认为是有益的。那个被传教士们描绘得如此神奇、美妙的中国,那个富庶、强大,有着几千年文明史的古老帝国,不可能不对法国人产生强烈的刺激,其中最令人感兴趣的就是孔子的思想"①。显而易见,研究由此便涉及了思想史、心态史、宗教等领域,且是跨文化的跨学科。

综上所述,我们可否对国际文学关系研究的范畴与方法做出如下重新定位?国际文学关系研究以文学交流为研究对象,关注由交流而产生的种种跨文化、跨语言的现象与事实。在尽量还原"事实联系"的基础上,进而探讨这些现象(事实)的成因、演变过程、后果、效应及由此引发出来的各种文学、文化问题。它以影响/接受研究为主,亦需辅之以类比研究与跨学科研究,因而是本学科内的一种跨界的、综合性的研究。

五、国际文学关系研究与其他分支研究的关系

倘若认可这样一种重新定位,国际文学关系就不是与比较诗学不搭界的研究领域,它既需要借助比较诗学以深化研究,也理应成为比较诗学研究的基础。上文所引有关象征派诗歌的例子,或许已很直观地说明了国际文学关系研究与比较诗学间这种密切的关系:引入比较诗学的研究,才使其得以真正回答清楚"为什么"的问题;而在相反方向上,它也为比较诗学提供了一个绝好的研究课题。

不仅如此,一个讨论诗学问题的研究者,无论其研究对象是文类、修辞、文体,还是格律、意象、结构……在他认定自己进行的是"类比研究"前,首先需要确认被比较的双方在历史上是否发生过"交流",否则研究的大前提就很成问题。更何况

---

① 孟华:《伏尔泰与孔子》,新华出版社,1993年,第59页。

我们今天使用的文学概念,绝大多数都是近现代以来从欧美直接或间接移植过来的,它们与欧美,甚至与日本文学、文化有着千丝万缕的联系。若不进行国际文学关系研究,不搞清这些概念自西徂东的文化旅行过程,不清楚它们在西文中如何表述,如何被迻译入日文,又如何直接、间接地被译介成中文,在译介过程中意义发生了怎样的游移、嬗变,在中国新文学观念、新文学史的形成中起到何种作用……进行所谓的比较诗学研究岂不是失去了根基? 如此看来,钱锺书先生之所以强调说"要发展我们自己的比较文学研究,重要任务之一就是要清理一下中国文学与外国文学的相互关系"①,内中当也蕴含了这一层意思罢?

除此之外,进行国际文学关系研究对一个比较学者应该还具有更重要、更深层的意义。它既可训练一个学者的历史感,又可培养进行学术研究所必须的实证精神与方法,而这两条都是一个比较学者必须修炼的基本功。

在《比较不是理由》的长文中,艾田伯曾辟专节描绘他心目中"理想的比较学者"。而在文章开篇处,他首先强调的是:"希望正确地理解我的意思。我的意思不是要把历史学从我们的教学中剔除出去……从历史的角度,起码对时空范畴内充分的'事实联系'进行考察,我以为对每个比较学者来说都是合适的,甚至是必须的。"②联系这段文字的上下文,艾田伯先生实际上对比较学者提出了两个要求:一是要具备历史知识与理论知识,二是要以实证的方法来进行研究。

无独有偶,厄尔·迈纳(Earl Miner)先生在《比较诗学》一书中也对历史感提出了几乎同样的观点。他以诗一般的语言说明文学观念不可能不受时间和变化的影响,因此要从历史发展中去探讨理论的源头:"当我们竭力使一大堆混杂不堪不断变化的思想凝固……我们便踏进了文学观念转变的历史洪流。当我们倾注一腔热情,不无魅力地发明我们那转瞬即逝的理论时,时钟的秒摆已敲响了新的一刻,日历已翻开了新的一页。"③

在文学理论、文学概念的时间性方面,杨周翰先生的相关论述或许对中国学者会显得更为清楚,也更为亲切。他在讨论巴罗克文学时,曾对某些学者认为中国古代文学中也存在着巴罗克风格的观点予以反驳:"中国9世纪的政治斗争并未改变中国历史的进程,而17世纪则是欧洲历史上的一道分水岭,一种从旧秩序向新秩序的转变。如果巴罗克是17世纪欧洲的独特产物,那么,与17世纪的欧洲如此不同的中国9世纪如何能产生巴罗克呢? 只有牢记中国文人的历史背景与心态,才

---

① 转引自张文定:《海峡两岸比较文学发展的相同和不同趋势》,载《中国比较文学通讯》,1988年,第2期,第24—25页。
② 《比较不是理由》,载《比较文学之道——艾田伯文论选集》,第31页。
③ 《比较诗学》,王宇根等译,北京:中央编译出版社,1998年,第3—4页。

能更好地理解李商隐的困惑和孟郊的孤凄的实质。他们都以完美的艺术表达了自身的情感,但他们不是巴罗克诗人。"①杨先生的结论言之凿凿,他以对比较双方精到的把握,以确凿的"史实"说话,令人信服地论证了每一种文学风格都产生于一种独特的历史语境中。这段充满了历史感和实证精神的论述,实在堪称类比研究的一个典范。

这里涉及的实证精神和方法,实为一切学术研究之基础。比较文学既然是一门人文学科,就不能不遵循学术研究的这一基本法则。胡适先生所倡导的"大胆的假设、小心的求证"的方法,也应是每一个比较学者治学的座右铭。而在比较文学范畴内,要培养和训练历史观念及实证精神与方法,还有什么方式能比具体从事国际文学关系研究更有效?从这个意义上来说,国际文学关系研究对所有自称为"比较学者"的人都至关重要。

回顾历史,国际文学关系研究或许是本学科中最富传奇色彩的一个分支领域:它曾立下过"开山"之功,是比较文学最原初、最主要的研究内容,享有至高无上的荣耀;曾几何时,它又跌入低谷,遭遇挫折,一度成为众矢之的。在某些地区,某些学者中,它至今仍笼罩在20世纪60年代"危机"的阴影中,遭到不应有的鄙视。然而,它既然生发于文学交流中,与生俱来就具有鲜活的生命力。无论外界是褒是贬,国际文学关系研究始终都在反思中前进。本学科特有的开放性与打通性,确保了它生生不息地向前发展。而它最根本的变化,就是在传统的历史研究中引入了问题意识与文学批评精神。

今日的国际文学关系研究,一如既往地以研究文学、文化交流为己任。但在尽力复原各国间文学、文化交流"事实联系"的基础上,它却瞄准了一个更高远的目标:反思这些现象与事实,以揭示出人类(在文化、文学方面)交流、对话、互视互补的内在逻辑与规律,反过来更积极地促进文化、文学的交流,与其他分支研究一起,更好地实现比较文学学科为人类谋福祉的人文主义终极目标。

对于我们这门研究"文学方面的文化交流"的学科来说,国际文学关系研究维系着本学科的身份与根本。在当前纷纷扰扰的"危机说"、"消解论"中,倘若我们能够"咬定青山不放松",是否也就可以从各种疑虑中抽身出来,"千磨万击还坚劲"?

---

① 杨周翰:《欧洲中心主义》,1988年,中译文转引自乐黛云:《重读杨周翰先生的〈欧洲中心主义〉》,《中国比较文学》,1999年第3期,第5页。

论比较文学的翻译转向

谢天振*

当 1993 年英国著名比较文学家兼翻译理论家苏珊·巴斯奈特（Susan Bassnett）在其于当年出版的专著《比较文学批判导论》①一书的最后一章打出"从比较文学到翻译研究"这一标题时，她实际上已经提出了"比较文学的翻译转向"这一命题。巴斯奈特这一标题的英文原文是"from comparative literature to translation studies"，这里的"translation studies"一词有两层含义，一是指通常所说的"翻译研究"，而另一是指的"翻译学"，一门新兴的独立学科的指称。有人曾把该标题翻译成"从比较文学到翻译学"②，以突出 translation studies 一词的学科意义。但我觉得译成"翻译研究"也未尝不可，这样可以突显比较文学向翻译研究的转向。

在我看来，"比较文学的翻译转向"一语倒是更为直接、也更加确切地揭示了当前国际比较文学发展的一个最新趋势。对中国比较文学界而言，它也在某种程度上预示了未来我们中国比较文学研究的一个主要发展方向。巴斯奈特不提"比较文学的翻译转向"，她提"文化研究的翻译转向"（见下文），这与她对比较文学这门学科的看法有关。在她看来："比较文学作为一门学科已经过时了。女性研究、后殖民理论和文化研究领域的跨文化研究，已经从整体上改变了文学研究的面貌。从现在起，我们应当把翻译研究（翻译学）视作一门主导学科，而比较文学只不过是它下面的一个有价值的研究领域而已。"③

十几年前，当我首次在巴斯奈特的《比较文学批判导论》一书中读到以上这段话时，我对这段话并不十分理解，甚至还感到困惑，曾写过一篇文章《翻译研究的最新进展和比较文学的学科困惑》，发表在 1997 年第一期《中国比较文学》上。但是

---

* 谢天振，上海外国语大学教授，《中国比较文学》主编。
① Susan Bassnett, *Comparative Literature—A Critical Introduction*, Blackwell Oxford UK & Cambridge USA, 1993.
② 参见陈德鸿、张南峰：《西方翻译理论精选》，香港城市大学出版社，2000 年，第 185 页。
③ 同注 1，第 161 页。

现在十几年过去了,当我对当代西方的翻译研究历史与现状作了比较全面的考察与审视,尤其是结合当前国际比较文学的现状对最近十几年来西方翻译研究的最新进展进行了较为深入的研究和分析之后,这时我再次启读巴斯奈特的上述专著及其相关论断,我的感受发生了很大的变化。也许我们现在仍然可以说巴斯奈特的断言"不无偏激"、"有失偏颇",因为这一断言用翻译研究代替了比较文学在向文化研究演进后的全部内容,确实有失偏颇,但是我们却不能不承认,这一断言道出了当前国际比较文学现状的主流与实质。而我们中国比较文学研究者(包括笔者在内)之所以觉得巴氏的断言"不无偏激"、"有失偏颇",那是因为我们囿于中国比较文学研究所处的文化语境,而其中一个更为根本的原因,则是因为目前我们中国的翻译研究与西方相比,还有相当程度的滞后。而一旦中国的翻译研究实现并完成了它的"文化转向",那么我们完全可以预言,届时翻译研究也必将成为中国比较文学的一个极其主要并占有相当大比重的研究领域。

比较文学的翻译转向,这一方面固然是比较文学学科自身的跨语言、跨民族、跨文化的学科性质所决定的,但另一方面,它跟当前西方翻译研究的最新进展、尤其是跟当前西方翻译研究所进行和完成的文化转向,更有直接的关系。这只要对当代西方翻译研究的最新进展进行一下梳理和考察,就不难得到印证。

一、翻译研究:从语言学转向到文化转向

翻译研究,无论中外,都有极其漫长的超过两千年的历史。然而在这漫长的两千余年的时间里,直至20世纪50年代以前,除个别几个学者外,翻译研究者的关注焦点始终没有跳出"怎么译"这三个字。也即是说,在这两千余年的时间里,中西方的翻译研究者关注的一直就是"直译"还是"意译"、"可译"还是"不可译"、"以散文译诗"还是"以诗译诗"等这样一些与翻译行为直接有关的具体问题,而他们的立论则多建立在论者自身翻译实践的经验体会之上。

西方翻译研究的第一个实质性的转折出现在20世纪50年代。当时西方出现了一批从语言学立场出发研究翻译的学者,这就是目前国内译界都已经比较熟悉的尤金·奈达、纽马克、卡特福德等人,他们被学界称作西方翻译研究中的语言学派,我把他们的研究取向称为当代西方翻译研究的语言学转向。[①] 意思是说,这批学者的研究已经跳出了传统翻译研究的经验层面,他们从语言学立场出发,运用语

---

① 参见拙文《当代西方翻译研究的三大突破》(载《四川外语学院学报》2003年第5期),以及拙著《翻译研究新视野》(青岛出版社,2003年)和《译介学导论》(北京大学出版社,2007年)。

言学的相关理论视角切入翻译研究，从而揭开了翻译研究的一个新的层面。但是，语言学派的翻译研究虽然表现出强烈的理论意识以及不同于以往的方法论，但其对翻译的定位以及它所追求的目标却与几千年来传统翻译研究者对翻译的要求并无二致，也即寻求译文最大限度地忠实于原文，与原文保持"对等"、"等值"。这样，其研究者的目光也就基本局限在文本和语言文字的转换以内。

西方翻译研究中另一个更富实质性的转折发生在上世纪70年代，这就是当代西方翻译研究的文化转向。上世纪70年代，一批目前我们国内翻译界还不很熟悉的学者登上了西方译学界，我把他们统称为西方翻译研究中的文化学派。这批学者接二连三地举行翻译研讨会，并推出多本会议论文集，以对翻译研究独特的视角和阐释揭开了当代西方翻译研究的另一个层面，即从文化层面切入进行翻译研究，其关注的重点也从此前的"怎么译"的问题转移到了"为什么这么译"、"为什么译这些国家、作家的作品而不译那些国家、作家的作品"等问题上，也就是说，这批学者的研究重点已经从翻译的两种语言文字转换的技术层面转移到了翻译行为所处的译入语语境以及相关的诸多制约翻译的文化因素上去了。这批学者的研究标志着当代西方翻译研究文化转向的开始，其中被公认为西方翻译研究文化学派的奠基之作的是美籍荷兰学者霍尔姆斯（James S. Holmes）的《翻译学的名与实》（*The Name and Nature of Translation Studies*）一文。[①]

霍氏的这篇论文于1972年作为主题发言在哥本哈根第三届国际应用语言学会议上首次发表，这篇论文有两点特别值得注意：首先是它的清晰的翻译学的学科意识，该文明确提出用 translation studies 一词、而不是 translatology 这样的陈词作为翻译学这门学科的正式名称。这个提议已经被西方学界所普遍接受，并广泛沿用。国内曾有个别学者望文生义，以为霍氏不用 translatology 一词就说明国外学者并不赞成"翻译学"，真是大谬不然。[②] 其实在文中霍氏已经详细地说明了他为何不选用 translatology 以及其他如 the translation theory 或 the science of translation 等术语的原因了——为了更好地揭示和涵盖学科的内容。当然，对中国读者来说，有必要提醒的是，当我们看到 translation studies 一词时，应根据具体上下文确定其是指某一个研究领域呢还是某一个学科。其次是它对未来翻译学学科内容以图示的形式所作的详细的描述与展望。在文中霍氏首次把翻译学分为纯翻译研究（Pure Translation Studies）和应用翻译研究（Applied Translation Studies），在纯翻译研究下面他又进一步细分为描述翻译研究（Descriptive

---

① 该文译文已收入谢天振主编《当代国外翻译理论导读》一书（南开大学出版社，2008年），可参阅。
② 参见张经浩：《主次颠倒的翻译研究和翻译理论》，载《中国翻译》，2006年第5期。

Translation Studies, DTS)和翻译理论研究(Theoretical Translation Studies, ThTS);在应用翻译研究下面则细分出译者培训(Translator Training)、翻译辅助手段(Translation Aids)和翻译批评(Translation Criticism)三大块研究领域。

继霍氏之后,以色列当代著名文学及翻译理论家埃文-佐哈(Itamar Even-Zohar)以他的多元系统论(The Polysystem Theory)对翻译研究文化学派起到了理论奠基的作用。他接过霍氏有关描述研究的话语,指出存在两种不同性质的研究,一种是描述性研究(descriptive research),另一种是规范性研究(prescriptive research),而文化学派的翻译研究就属于前者。这样,他就把文化学派的翻译研究与传统意义上的翻译研究明确区分了开来。1976年,他在《翻译文学在文学多元系统中的地位》(*The Position of Translated Literature Within the Literary Polysystem*)一文中更是具体分析了翻译文学与本土创作文学的关系,并提出翻译文学在国别文学体系中处于中心或边缘地位的三种条件,在学界影响深远。①

另一位学者、佐哈的同事图里(Gideon Toury),他把霍氏勾画的翻译学学科范畴图作了一番调整并重新进行划分,使得翻译学的学科范畴、研究分支更加清晰。图里还提出,任何翻译研究应该从翻译文本本身这一可观测到的事实出发,而翻译文本仅仅是译入语系统中的事实,与源语系统基本无涉。这里图里与佐哈一样,实际上是进一步强调了DTS的基本立场,从而与此前以过程为基础、以应用为导向的翻译研究形成了本质的区别,同时也彰显了当代翻译研究的比较文学特征。②

进入80年代以后,美籍比利时学者勒菲弗尔(Andre Lefevere)与苏珊·巴斯奈特或各自著书撰文,或携手合作,为翻译研究向文化转向作出了决定性的贡献。

勒菲弗尔同样以多元系统理论为基础,但他对以色列学者未曾充分阐释的意识形态因素进行了更为透彻的分析。他提出了"折射"与"改写"理论,认为文学翻译与文学批评一样,都是对原作的一种"折射"(reflection),翻译总是对原作的一种"改写"或"重写"(rewriting)。在《翻译,改写以及对文学名声的操纵》③一书中,他更是强调了"意识形态"(ideology)、"赞助人"(patronage)、"诗学"(或译作"文学观念",poetics)三因素对翻译行为的操纵(manipulation),认为译者的翻译行为或隐或显无不受到这三个因素的制约。勒菲弗尔的改写理论以及他的"三因素论"成为文化转向后的西方翻译研究的主要理论支柱,以他为代表的文化学派也因此还被

---

① 该文译文已收入谢天振主编《当代国外翻译理论导读》一书,可参阅。
② 详见 Gideon Toury, "A Rationale for Descriptive Translation",该文译文同样收入谢天振主编《当代国外翻译理论导读》,可参阅。
③ Andrew Lefevere, *Translation, Rewriting and the Manipulation of Literary Fame*, London and New York: Routledge, 1992.

称为"操纵学派"或"操控学派"。

巴斯奈特是西方翻译研究文化转向的坚定倡导者,她的专著《翻译研究》于1980年推出第一版后,又于1991年和2002年先后推出第二版和第三版,对西方翻译研究向文化转向起到了及时总结、积极引导的作用。她从宏观的角度,勾勒出了翻译学的四大研究领域:译史、译语文化中的翻译研究、翻译与语言学研究以及翻译与诗学研究。她在于90年代写的一篇论文《文化研究的翻译转向》(The Translation Turn in Cultural Studies)中更是明确阐述了翻译研究与文化研究相遇的必然性,指出这两个领域的研究都质疑学科的边界,都开创了自己新的空间,关注的主要问题都是权力关系和文本生产,而且都认识到理解文本生产过程中的操纵因素的重要性,因此这两个学科的学者可以在很多领域进行更富有成果的合作。[①]

巴斯奈特的话点明了当代西方翻译研究的一个重要特征。事实上,从20世纪80年代末、90年代初起,西方翻译研究开始全面转向文化,并于90年代末终于完成了当代翻译研究的文化转向。自此,广泛借用当代各种文化理论对翻译进行新的阐释,探讨译入语文化语境中制约翻译和翻译结果的各种文化因素,关注翻译对译入语文学和文化的影响和作用,等等,成为当代西方翻译研究的一个主要趋势。

巴氏的以上论述,虽然谈的是关于文化研究与翻译研究之间的关系,但我们若是把它们用诸比较文学与翻译研究之间的关系也并无多大不妥。因为与此同时,国际比较文学研究同样发生了一个重大的转折,那就是从比较文学向文化研究、尤其是向跨文化研究演进。我把这种演进称作比较文学的文化转向。

二、比较文学:从文学研究向文化研究演进

比较文学的文化转向从深层次看,与二战以来西方学术界的发展趋势有密切的关系,特别是其中的理论热以及对文学文本和文学史的冷落。著名美国比较文学家亨利·雷马克于1999年8月在中国比较文学学会第六届年会暨国际学术研讨会上的大会主题发言中就谈到过这一研究趋势,说他没有想到,"北美学术界所从事的过去被公认的文学研究会变为一种扩散的、名为'文化'的大熔炉的一部分"。他也没有料到,"特别是在结构主义消退之后,蜂拥而至的不是文本主义,而

[①] Susan Bassnett, "The Translation Turn in Cultural Studies", in *Constructing Cultures: Essays on Literary Translation*, ed. S. Bassnett. & A. Lefevere, Shanghai Foreign Language Education Press, 2001, pp. 123—140.

是各种语境理论,超文本理论和前文本理论。还有对作者和作品的一致性否定,对50年代和60年代占统治地位的'新批评'的反叛"。他更没估计到各种理论的猛烈的冲击,这些理论包括符号学、解构主义、新弗洛伊德理论、性别研究、时间编码论、巴赫金的复调理论、原型批评、女权主义、新阐释学、互文性理论、新马克思主义,套上法国外衣的德国现象学、人类学、接受理论及接受史研究、交际理论,以及后殖民主义和新殖民主义,后现代主义,新历史主义,等等,等等。① 在二战以后的北美学术界,确实出现越来越多的人拒绝承认对文学从美学角度的研究具有真正意义(除非把它看作文学社会学的因素),而对文学研究与其他人文科学之间的相互作用发生浓厚的兴趣。

在这样的历史背景下,我们也就不难理解,为什么于上世纪70年代步入比较文学研究领域的西方大学里的比较文学专业研究生们都会纷纷热衷于形形式式的理论,从结构主义到后结构主义,从女性主义到解构主义,从符号学到心理分析理论,不一而足。尽管对这种情况美国比较文学的元老之一哈瑞·列文(Harry Levin)早在1969年就颇有微词,认为"我们花了太多精力谈论比较文学,……但对究竟如何比较文学却谈得很不够"②。然而面对汹涌而来的理论热潮,女性研究的高涨,电影传媒研究的时尚,列文的抱怨不啻杯水车薪,以其区区之力,根本无法阻挡比较文学向文化研究转向的大势所趋。年轻一代的比较文学研究者已经无意求索作家与作家之间的影响与被影响的模式与途径,也无心讨论文本与文本之间的差异与相同。前辈学者的比较文学研究在他们看来,已经成了一具"史前的恐龙",对他们已经没有任何吸引力。

美国斯坦福大学的比较文学教授罗蒂(Richard Rorty)在《回顾'文学理论'热》(Looking back at "Literary Theory")一文中指出:"在1970年代,美国文学系的教师们都开始大读德里达、福柯,还形成了一个名为'文学理论'的新的二级学科。……反倒为接受过哲学、而不是文学训练的人在文学系创造了谋职的机会。"③在文中罗蒂还以他自己的亲身经历,现身说法:他先是在普林斯顿大学做哲学教授,接着去了弗吉尼亚大学任古典文学教授,后来又到斯坦福大学做比较文学教授。专业头衔和同事变了,但他开课的内容却没有变,"有时候开分析哲学课,讲维特根斯坦、戴维森,有时候开非分析哲学课,讲海德格尔和德里达"。更有甚者,教职的变化对他的科研成果也毫无影响,他仍然像他在普林斯顿大学做哲学教授

---

① Henry H. H. Remak, *Once Again:Comparative Literature at the Crossroad*.
② 转引自 Sussan Bassnett, *Comparative Literature — A Critical Introduction*, p. 5。
③ Richard Rorty, Looking Back at "Literary Theory", in *Comparative Literature in an Age of Globalization*, ed. By Haun Saussy, The Johns Hopkins Press, Baltimore, 2006, p. 63.

时一样,写他的哲学论著。罗蒂的这篇文章发表在2006年每十年出版一次的美国比较文学学会的报告论文集里,从中我们不难窥见当前美国比较文学的一个现状。

收在这本论文集里的另一篇文章说明的也是同样的情况。印第安那大学人文学科兼法律教授玛尔蒂-道格拉斯一直致力于学术研究的大的突破,无论是理论方法(诸如符号学、女性主义、性别研究等)还是学科界限,她一直在寻求有所突破。她指出,在新世纪之初的比较文学界有两个重要的突破最引人注目:其一是研究对象从文字扩大到了图像影视,其二是在批评理论的应用上,不再局限于传统的"文学的"理论,研究的文本也更为丰富多彩,把法律、医学和科学的文本也包括进来了。[①] 这篇题为《超越比较本体》(Beyond Comparison Shopping)的论文还有一个饶有趣味的副标题:"这不是你们父辈的比较文学"(This Is Not Your Father's Comp. Lit.)。鉴于作者在其文章的一开头就细说她在大学本科以及在硕、博士生学习阶段先后接触到的比较文学教授均是清一色的男性,而作者本人又是一位从事女性主义和性别研究(Gender Study)的专家,因此不难想象,作者此处的"Father's Comp. Lit."显然在时代辈份之外还另有深意。事实也确是如此。作者在文章中坦然承认,女性主义、性别研究正是她作为新一代比较文学研究者所受到的第一个"诱惑"。不过在文中她还提到另一些对她而言更大、更有趣的"诱惑",那就是电影世界,政治卡通片,动漫片,等等。在文中作者对欧洲比较文学界在这方面的研究相当推崇,同时也以较多的篇幅详细介绍了自上世纪80年代以来直到新世纪初美国比较文学界在动漫研究、文学与法律、文学与医学、文学与科学之间关系的研究成果,然后提出她的一个观点:"比较文学应该是一个没有界限的世界,是一个充满想象的领域。在这个领域里,高雅艺术完全可以和电影并排放在一起进行研究,电影也完全可以和动漫并排放在一起进行研究,而动漫也完全可以和语言文字作品并排放在一起进行研究。"对于自己不无偏激的观点,作者显然也预见到会有摇头反对者,但她觉得这些人"身上还背着老迈陈旧的比较文学的躯体,还没有作好准备投身当前比较文学迅速发展的激流","不过没有关系。因为确切地说,这已经不是我们父辈的比较文学了,我们可以为这个领域注入新鲜的生命"[②]。如果说,前面罗蒂所言还比较多地局限在他个人接触到的当前比较文学的一些变化的话,那么玛尔蒂-道格拉斯的文章就已经"超越"了她个人的范围,其目光所及,不仅包括当前美国的比较文学研究,同时也包括了当前欧洲的比较文学研究,其意义

---

① Fedwa Malti-Douglas, "Beyond Comparison Shopping—This Is Not Your Father's Comp. Lit.", in *Comparative Literature in an Age of Globalization*, p. 175.
② Ibid., p. 182

也就更发人深省。

概而言之,由于当前整个学术研究所处的经济全球化的大背景,国际比较文学研究经历了70年代的理论热,80年代后现代主义思潮盛行并对传统文学经典进行反思和重建,到90年代把它的研究对象越来越多地扩展到了语言文字作品之外,如影视、动漫等,其关注重点也越来越多地跳出"寻求事实联系"的文学关系研究,从而呈现出不同于传统(所谓"父辈")比较文学研究的态势,进入到了斯皮瓦克所说的"文化多元主义和文化研究"阶段。

三、翻译转向:展示比较文学研究新空间

从以上对比较文学向文化研究演进的描述中我们可以发现,当代比较文学的发展确实并不如巴斯奈特所说的仅仅是转向翻译研究。我认为当代比较文学在实现了文化转向以后有三个新的发展趋势值得注意。在某种意义上,这三个发展趋势也可以说是与传统比较文学研究相比出现的三个新的研究领域:第一个领域是运用形形式式的当代文化理论对文学、文化现象进行研究,第二个领域是把研究对象从纸质的、文字的材料扩大到非纸质的、非文字的材料,譬如对影视、卡通、动漫等作品展开的研究,最后一个领域即是对翻译进行研究。

第一个研究领域与上世纪70年代以来的理论热有比较直接的关系,也因此这一领域的研究在初期与文学文本的关系还比较密切,譬如运用心理分析批评理论中的"恋母情结"去解释莎剧《哈姆雷特》的主人公为何迟迟未能把剑刺向他叔父为父亲报仇的原因,运用女性主义的理论去重新解读英国长篇小说《简爱》,并彻底颠覆外国文学研究界长期以来对该作品男主人公罗切斯特作为正面人物的评价,运用文学人类学的理论把我国古典名著《西游记》解读为一场类似人类初民的成年礼游戏,等等,甚富新意,亦能自圆其说。但是随着这一领域研究者视野的不断拓展,尤其是随着对一些新的文化理论的运用,地缘政治、文明冲突、自然生态、民族图腾等问题也纷纷纳入了研究者的视野,该领域的研究对象及其讨论的问题似乎与文学本身正在渐行渐远。

第二个研究领域国内比较文学界目前开展得还不是很多,迄今为止比较多的还是集中在影视作品的研究上,对政治卡通片、动漫片的研究似未见到。而在影视作品的研究方面,如何区别于影视批评而显现比较文学研究的学科特征,这恐怕是一个有待专家们进一步探讨的问题。

第三个研究领域就是翻译研究。当然,不无必要强调一下的是,此处的翻译研究并不是国内翻译界传统意义上对两种语言文字如何转换、也即技术层面上"怎么

译"问题的研究,而是指从文化层面上展开的对翻译动因、翻译行为、翻译结果、翻译传播、翻译接受、翻译影响以及其他一系列与翻译有关的问题的研究。我以为,翻译研究,特别是实现了文化转向以后的翻译研究,与当代比较文学研究的关系最为密切。不过我并不完全赞同巴斯奈特把当前比较文学的发展趋势仅仅描绘成只是向翻译研究转向,甚至认为翻译研究已经可以取代比较文学研究,我认为两者更多的是一种互为补充、互为促进、互为丰富的关系。

比较文学的翻译转向并不意味着比较文学从此只研究翻译,而放弃传统比较文学的研究课题。恰恰相反,通过研究翻译,学者们为比较文学打开了一个新的研究层面,传统比较文学的研究课题得到了比以前更为深刻、更为具体、更加显现的阐释。譬如,文学关系历来是传统比较文学研究的最主要的一个课题。但是以前的文学关系研究要么是致力于寻求两个民族或国家的文学影响与被影响的"事实联系",要么是比较两个民族或国家的文学的异同,然后从中推测它们相互间的关系。翻译研究则不然,以多元系统论为例,它提出了一系列原先一直被学术界忽视的问题,诸如:为什么有些国家的文化更重视翻译,翻译进来的东西多,而有些国家的文化则相反?哪些类型的作品会被翻译?这些作品在译语系统中居何地位?与其在源语系统中相比又有何差异?我们对每个时期的翻译传统和翻译规范有何认识?我们又是如何评估翻译作为革新力量的作用的?蓬勃开展的翻译活动与被奉作经典的作品,两者在文学史上是何关系?译者对他们自己的翻译工作作何感想,他们的感想又是如何通过比喻的方式传达出来的?等等,等等。毫无疑问,这些问题对于我们深入思考文学关系问题是大有裨益的。

多元系统论还对翻译文学在译语文学中的地位进行了分析,认为翻译文学在译语文学中处于中心还是边缘位置,取决于三种情形:一是当译语文学系统自己还没有明确成型、还处于"幼嫩"的形成阶段时,二是当译语文学自身尚处于"弱势"地位时;三是当译语文学中出现了转折点、危机、或文学真空的情况时。在以上三种情况下,翻译文学在译语系统中都有可能处于中心地位,反之则退居边缘。[①] 把这三种情况证之我国清末民初时翻译文学的在我国文学中的地位、上世纪三四十年代我国新文学已基本成型时的翻译文学在我国文学中的地位、以及70年代末、80年代初文革刚刚结束时我国自身文学正处于一片荒芜时翻译文学在我国文学中的地位,我们不难发现,这样的分析显然使得我们对于中外文学关系的阐述变得更加清晰透彻,也更具说服力了。事实上,中外文学关系研究中有关文学的传播、接受、

---

① 详见埃文-佐哈《翻译文学在文学多元系统中的地位》,该文译文同样收入谢天振主编《当代国外翻译理论导读》一书。

影响等很大一块研究领域,都只有通过对翻译(包括对译者)的研究才有可能得到令人信服的阐释。近年来,国内比较文学界一些学者正是在这样的思想的指导下,通过对翻译文学史和文学翻译史(包括具体某一国别文学在中国的译介史)的梳理和编撰,通过对林纾、苏曼殊、胡适、周氏兄弟、林语堂等一批翻译家或作家兼翻译家的翻译活动的深入的个案研究,展示了中外文学关系研究的新局面。正如巴斯奈特指出的:"通过译本的历史以及译本在译语系统中的接受过程来研究文化史,不但可以挑战历来对'主要'作家和'次要'作家、文学活动的高峰期和低谷期等的传统划分,还可以加深对各个文学之间的相互关系的了解。"①

实现了文化转向之后的翻译研究对当代各种前沿文化理论同样也有大量的借用。但与上述比较文学文化转向后出现的第一个趋势有所不同的是,翻译研究对文化理论的运用大多用在对翻译现象和翻译文本的阐释上,体现出较强的文学性。譬如当代翻译研究者借用女性主义理论对某一女性主义作家作品的分析,不仅让读者看到了女性译者的主体意识以及她们使用的策略,诸如补充(supplementing)、加注与前言(prefacing and footnoting)、劫持(highjacking)等,同时通过对同一女性主义作家原作的不同译者(包括不同性别的译者)在不同时期的译本的比较研究,如译文中对原作与性有关的段落的删改处理,对一些性行为或性意识词语的不同方式的翻译和替换,等等,非常具体、形象地展示了我们国家对西方女性主义作家作品的接受过程。

再譬如当代翻译研究对解构主义理论的运用。借用解构主义理论,研究者认识到,翻译不可能复制原文的意义,对原文的每一次阅读和翻译都意味着对原文的重构,译作和原作是延续和创生的关系,通过撒播、印迹、错位、偏离,原作语言借助译文不断得到生机,原作的生命才得以不断再生,不仅对原文与译文的关系作出了崭新的解释,同时也对译文的意义、价值及其在译语文化语境中的作用有了全新的认识。这同样是对比较文学研究的深化。

至于其他一些文化理论,诸如当代阐释学理论、后殖民理论、目的论,等等,既为当代翻译研究提供了新的理论视角,同时也促进了比较文学研究的深入开展。

除了翻译史和对当代文化理论的借用这两块研究领域以外,当代翻译研究还为比较文学提供了其他许多新的研究课题。譬如勒菲弗尔提出的翻译与文学批评、文学史的编撰和文选的编选等一样,都是对原作的一种"改写"或"重写"(rewriting),并指出这种"改写"或"重写"已被证明是一个文学捍卫者用以改编(因时代或地理隔阂而)异于当时当地的文化规范的作品的重要手段,对推动文学系统

---

① Sussan Bassnett, *Comparative Literature—A Critical Introduction*, p. 158.

的发展起了非常重要的作用。从另一层面上,我们又可把这种"改写"或"重写"视作一个文化接受外来作品的证据,并从这个方面对其进行分析。勒菲弗尔指出:"这两点充分证明,文学理论和比较文学应该把对'改写'或'重写'的研究放在更中心的位置上进行研究。"巴斯奈特接过勒菲弗尔的话,进一步强调说:"我们必须把翻译视作一个重要的文学手段,把它作为'改写'或'重写'的一种形式予以研究,这样可以揭示一个文学系统在接受外来作品时的转变模式。"[1]

再如,当代翻译研究中的"意识形态、赞助人、诗学"三因素理论,同样揭开了中外文学关系研究的新层面。上世纪80年代初我国外国文学界曾经围绕英国通俗长篇小说《尼罗河上的惨案》的译介掀起一场轩然大波,从而对我国新时期对国外通俗文学的译介产生很大的影响。而这场风波的背后,就是我国特有的赞助人机制在起作用。而"诗学"(或译"文学观念")因素的引入,对于解释为什么我们国家在上世纪50年代大量译介的都是现实主义文学作品,而进入80年代后又开始大量译介西方现代派文学作品,显然提供了一个很好的富于说服力的理论视角,同时也是一个饶有趣味的研究课题。

当前,国际比较文学研究和和翻译研究都各自实现了它们的文化转向,国外的文化研究则实现了翻译转向。实践证明,这两大转向给国际比较文学研究、翻译研究以及文化研究都带来了勃勃生机。在这样的形势下,本文尝试提出中国比较文学的翻译转向,希望通过辨清比较文学与翻译研究的关系,促进中国比较文学的深入发展。比较文学的翻译转向已经为当代国际比较文学研究的丰富和深化作出了贡献,我相信,随着国内比较文学界翻译转向意识的提升,随着国内译学界翻译研究文化转向的推进和完成,中国比较文学的翻译转向也一定会给目前我国比较文学研究的深入进行带来新的契机,展示广阔的发展前景。

参考文献

Bassnett, Susan. *Comparative Literature—A Critical Introduction*, Blackwell Publishers, 1993.
Bernheimer, Charles. ed. *Comparative Literature in the Age of Multiculturalism*, the Johns Hopkins University Press, 1995.
Saussy, Huan. ed. *Comparative Literature in an Age of Globalization*, the Johns Hopkins University Press, 2006.
Spivak, Gayatri Chakravorty. *Death of a Discipline*, Columbia University Press, 2003.
谢天振主编:《当代国外翻译理论导读》,南开大学出版社,2008年。

---

[1] Sussan Bassnett, *Comparative Literature—A Critical Introduction*, pp. 147–148.

中国比较诗学六十年(1949—2009)

陈跃红[*]

一

比较诗学(comparative poetics),如果不考虑其复杂的学科历史而只是做简略的学科概括,其实就是从跨文化和国际性的学术视野去展开的,有关文艺理论问题的专门性比较研究。它既研究具有历史事实联系的,国际间的文学理论关系史,也研究并未有事实联系,但基于人类文学共生共创关系基础上的多元文化间文学理论问题。它与一般意义上文艺研究的核心差别,主要就在于其特有的"跨文化"立场、独特的学科研究方法论和从事比较研究者的"多语种"和"跨学科"的知识背景。

在今日中国,文艺的理论问题之所以需要从跨文化的视野去研究,至少是基于这样一些重要理由:首先是近代以来,中西文论之间存在的,由历史造成的现代性落差;其次是自先秦孔孟和老庄以来,我们所拥有的,具有原创性话语特征的中国诗学和文论传统资源亟待精神延续;再就是现代中国文艺理论研究追求自我突破和现代性发展的欲望和策略。存在落差,拥有资源,具有追赶和超越的强烈愿望,面对所谓"西方"这样一个现代性的参照系,就不得不借鉴、参照、比较和游走于中西古今之间,以图通过所谓跨文化和比较性的对话,去发现自身,更新自身,以图实现中国文艺研究在21世纪的现代突围。这种学科选择正好在一定程度上反映了中国文艺研究的现代性超越和世界性融入的大趋势。

也正因为如此,比较诗学研究在中国是一个不可回避和具有长期内在需求的学术命题。早在上世纪初,也就是学科化的比较文学理论尚未引入中国以前,中国的学者们就已经在尝试着运用比较诗学的方法来研究文学理论问题了。譬如王国维1904年发表的《红楼梦评论》,1908年发表的《人间词话》;鲁迅1908年发表的

---

[*] 陈跃红,北京大学比较文学与比较文化研究所教授,中文系副系主任,比较文学博士生导师。中国比较文学学会副会长兼秘书长,北京大学跨文化研究中心副主任。

《摩罗诗力说》等等。据对1949年以前近三百余种国内比较文学论著和论文的统计,其中可以列入比较诗学研究范畴的就占四分之一左右。[①] 而且,当时一些最优秀的研究成果,往往就是以比较诗学为代表的。譬如朱光潜的《诗论》(1942),钱钟书的《谈艺录》(1948)等。由王国维开始所建立起来的关于文学、文化和思想史研究的一些方法原则,所谓"取地下之实物与纸上之遗文互相释证;取异族之故书与吾国之旧籍互相补正;取外来之观念与固有之材料互相参证"(见陈寅恪《静安遗书序》)。以及钱钟书所谓"取资异国","颇采'二西'之书",通过互参互照;"以供三隅之反"的研究理论和方法,从一开始就有着自觉的学科价值理念和问题意识。在这些主张中,人们真正容易认同的往往又是"师夷长技以制夷"(魏源《海国图志》);是"中体西用","别求新声于异邦"(鲁迅语);是对域外思想和方法的"同情的了解"(陈寅恪);是"兼收西法,参合诸家"以达到"会通以求超胜"[②](钱钟书)的学术价值追求。他们试图融古今中外为一炉,坚定的相信"东海西海,心理攸同;南学北学,道术未裂"[③]。而无论是东方西方,人作为所谓无毛两足动物,也都具有共同的"诗心"和"文心",正所谓"心之同然,本乎理之当然,而理之当然,本乎物之必然"[④]。也就是说,在深层的人性和文学艺术的本性方面,无论中外都具有许多共同的东西可以加以对话和沟通,而中国特有的传统文论思想资源,不仅可以成为现代中国文论建设的基础和生长因子,而且于世界的文论发展也可以大有补益。正是这样的学术理念和方法原则,确立了现代中国比较诗学最有突破价值的研究理路。

二

如果我们此后半个多世纪的文艺研究能够始终遵循这些思想和方法理念去实践,则今日中国的文艺研究也许会是另外一种局面。遗憾的是,在从20世纪50年代到70年代将近30年的一段时间内,这种跨文化意义上的文艺研究在中国内地人为地被忽略了。在那一段特殊的历史时期内,由于中国内地的学术环境,除了如钱钟书这样的个别人,在私下仍旧做着自己的研究之外,在整体上基本上不可能开展什么系统的比较诗学研究,也更不可能有专业论述的出版。在极左文艺思潮占统治地位的情况下,如果有谁斗胆把中国文论和西方诗学作为建构革命文论的讨

---

① 参见《中国比较文学研究资料:1919—1949》,北京大学比较文学研究所编,北京大学出版社出版,1989年版。
② 参见《明史·徐光启传》。
③ 钱钟书:《谈艺录·序》,中华书局,1984年,第1页。
④ 钱钟书:《管锥编》第一册,中华书局,1979年,第50页。

论基础和资源,其命运除了成为革命大批判的对象,不会有更好的结局。更何况比较文学学科在当时的苏联早已被作为资产阶级反动的文艺方法被批得体无完肤,而相当长一段时间内,中国的文学学术研究又都是常常照搬苏联的体制,既然这种学术路径在当时的苏联已经是过街老鼠,那么,在中国它也就不会有任何机会出笼了;至于到了文化大革命时期,主流文艺思想除了更僵化,左得更过分以外,其理论体系与话语格局也并无根本性的改变。在这样的氛围中,比较诗学的研究除了销声匿迹,似乎也找不出比这更好的命运。

当然,这也并不意味着此一时期中国没有比较诗学的研究,但它们主要由海外和台港的华人学术界来加以推动的。事实上,作为一门现代意义上学科化的比较诗学,在西方也只是到了20世纪60年代才逐渐成气候。从70年代起,它很快被引入中国的港台学界,那里的学者一方面承继了"五四"以来中国学人的研究传统,例如叶维廉在他的代表作《比较诗学》的序言里,就曾经谈到自己在治学路上受到五四精神和诸如宗白华、朱光潜、梁宗岱、郁达夫、茅盾、钱钟书、陈世骧等人的影响。他说:"像我的同代人一样,我是承着五四运动而来的学生与创作者。五四本身便是一个比较文学的课题。五四时期的当事人和研究五四以来文学的学者,多多少少都要在两个文化之间的运思方法、表达程序、呈现对象的取舍等,作某个程度的参证与协商,虽然这种参证与协商,尤其是早期的作家和学者,还停留在直觉印象的阶段,还没有经过哲学式的质疑。"① 可见,五四的确确为后人提供了从事比较文学研究的基础。另一方面,进入六七十年代的港台和海外华人学界,相对于大陆无奈的文化封闭的情形,他们已经可以更方便和更直接地去领受真正学科化国际比较文学潮流的影响和刺激。尤其是他们这一代研究者,相当多的人是在欧美,特别是在美国院校的比较文学系或者英美文学系受到系统的西方文化和理论训练,这基本上决定了他们的学术选择和问题倾向性。检索那个时期台港比较文学研究的成果,以叶维廉的《比较诗学》为代表,比较诗学领域可以说是当时比较文学研究的突出亮点。除此而外,周英雄的《结构主义与中国文学》、郑树森的《现象学与文学批评》、王建元的《雄浑观念:东西美学立场的比较》、古添洪的《记号诗学》、张汉良的《读者反应理论》等,都具有强烈的比较诗学特色。其中每一个具体的研究者,基本上都是以一种至两种西方理论为参照,较为深入地去考察中国文论的问题。在研究重心上,这一批学者比较优先处理和侧重于探讨的,往往是诸如中西共同理论规律的追寻,某种跨文化普遍使用的批评架构的探讨等。他们的学术追求目标在于,认定从诗学发展本身的地域差异和文化个性出发,中西双方甚至世

---

① 叶维廉:《比较诗学》,"比较诗学序",台湾东大图书公司,1988年,第1页。

界各民族的理论,都应该具有各自的原创价值和世界贡献,也都有权利和资格具备谈论的元语言性质,因此,不能因为对方一时的话语强势,便放弃自己的理论自主性,甚至成为别人理论框架的填充物和延伸性的注脚。而任何跨越文化地域的诗学阐释,也就是所谓比较诗学的研究,从一开始就应该是双向性的互释互证,只有把它们放到一个平等的谈判桌上,一个可以互相提问的话语平台上,去追问、对话和协调,这样,才有可能去探求真正的所谓理论的普遍性问题。

但是,问题在于,处于当时中西文化语境不平等,文学及其批评理论发展落差较大,语言和学术意义的世界地位失衡的情况下,如何将这些理论逻辑和学术见解贯彻到底？以港台和海外华人学者的力量和学术身份,试图将中国的诗学理论推向世界,并得到普遍性认可的努力,有时候往往会遭遇西方理论话语世界不屑地转过身去的背影,这也许正是在出现了 80 年代的台港比较诗学理论研究高潮之后,海外和台港的比较诗学研究又一度沉寂的原因之一吧。

三

中国比较诗学学科发展的学术机遇,是伴随着 80 年代改革开放的春风而出现的。三十年来,因为其特定的时代氛围和资源土壤而得到了迅速的发展,很快成长为世界比较诗学学科研究的重要一翼。

回首历史的轨迹,我们大致可以将中国比较诗学的发展脉络归纳为三个阶段:

第一阶段(1978—1988),学科自觉意识的觉醒。

这一时期的开始,无疑是以 1979 年中华书局一举推出钱钟书四巨册的《管锥编》作为标志的。该书承继了作者《谈艺录》以来的研究风格,却进一步打破了更多语言、文化和学科界限,以更加广博的知识面和跨文化涉猎展开视野。作者以《周易正义》、《毛诗正义》、《左传正义》、《史记会注考证》、《列子张湛注》、《焦氏易林》、《老子王弼注》、《楚辞洪兴祖补注》、《太平广记》、《全上古三代秦汉三国六朝文》等十种经典为对象,旁涉中英德法多种语言,千余种中外著述的材料,旁征博引,探幽索微,针对中国学术和文论话语的表达和存在特点,力求从中探讨那些"隐于针锋栗颗,放而成山河大地"的文艺现象和规律性问题,并且将它们置于国际学术文化的语境和材料中加以现代性的处理和确认,一举在中国和国际学术界打造起一座跨文化学术和文论比较研究的丰碑。

《管锥编》涉及的学术面相当广泛,并不全是比较诗学的问题,但是,其中关于中西文论与诗学关系和问题的大量研究成果,无论在方法、范式,还是学理思路方面,在这一领域都有深入的推进和原创性的发明,更不用说丰富厚实的材料和众多新颖的见解了。在宏观历史的较长时段的意义上,我们也许可以说,学术的进步与时间的进化演进是相应的,但是,在诸如十年,数十年,甚至数代人的意义上,后来者,却未必就能够超越它的开创者,而在中国大陆20世纪80年代以来的比较诗学研究中,钱钟书很可能就是这样的一个开创者。他让后来者为中国比较诗学研究的原创性成果而骄傲,同时也面临难以超越的沮丧。

诚然,钱氏的学问是不能以一个什么比较文学家或者比较诗学家去加以概括的,但是,他在文论研究方面独树一帜的跨文化研究理路,却为中西比较诗学的研究开出了示范性的路径之一。正如在和张隆溪的谈话中,钱钟书先生就曾经指出,"文艺理论的比较研究,即所谓比较诗学是一个重要而且大有可为的研究领域,如何把中国传统文论中的术语和西方的术语加以比较和相互阐发,是比较诗学的重要任务之一"①。

继钱钟书之后,老一代学者的学术积累也陆续问世,如王元化的《文心雕龙创作论》(1979年,上海古籍出版社)、宗白华的《美学散步》(1981年,上海人民出版社)、周来祥《东方与西方古典美学理论的比较》(1981)、蒋孔阳的《中国古代美学思想与西方美学思想的一些比较研究》,以及杨周翰的《攻玉集》(1983年,北京大学出版社)等。在这些著述中,普遍都具有明显的比较诗学研究特点。例如王元化先生的《文心雕龙》研究与此前所谓"龙学"著作的一个明显不同,就是引入了西方文论的观念作为参照对象;而宗白华先生在他的美学散步过程中,中西方的对话总是在他的闲庭信步过程中碰出火花;至于杨周翰先生,作为中国比较文学学会的首任会长,他的著述更多了一份学院派比较研究的学科严谨,在他的笔下,许多17世纪英国作家的知识结构中,关于中国的叙述和传说,竟然不断成为其创作想象力的重要基础,而当弥尔顿乘着想象的中国加帆车在"失乐园"中疾驰的时候,中国这个被想象改造过的东方帝国,已经在不知不觉中成为了西方人世界意识和美感诗学的组成部分。

第二阶段(1988—1998),体系化学科建构的努力。

80年代中期以后的中国学术界,是一段让人难以忘怀的激情岁月。思想的解放带来了学术的普遍复兴性建设。这一时期也是中国比较文学学科复兴的大好时光,作为其标志性的事件,就是1985年秋季,中国比较文学学会在改革开放前沿城市深圳的成立。当时的国际比较文学学会会长佛克玛曾经在1988年于德国慕尼黑召开的第十二届国际比较文学学会年会的开幕之辞中,高度评价了这一时期中国比较文学研究复兴的意义,他说:"我们学会近期的一件大事,就是中国比较文学

---

① 《钱钟书谈文学的比较研究》,见张隆溪:《走出文化的封闭圈》,三联书店,2004年,第189页。

学会于1985年秋季成立。中国人在历经数载文化隔绝后对文学的比较研究和理论研究的兴趣,是预示人类复兴和人类自我弥补能力的有希望的征兆之一。"①

在这一时期,比较诗学研究的进展迅速。新起的国内一代学者,明显受到来自三个方面的启发和借鉴:即五四以来前辈学者的经验和成就;台港和海外华人学界的学科知识和成果;国内文学和文艺学研究领域兴起的新理论和方法热潮;由此他们能够敏锐地意识到比较诗学研究对于中国文艺学研究走向世界的意义,于是在这一领域急起直追。

从80年代后期开始到90年代末,比较诗学研究在比较文学界的研究声誉日隆,每三年一届的中国比较文学年会暨国际学术研讨会,比较诗学专题讨论的参与者众多,成果也不断丰富。这些成果无论在研究的广度还是深度方面与前一时期都有新的开掘。有的注重研究具有历史影响关系的中西文论关系史梳理;有的注重对中西诗学之间某些概念、范畴的比较研究;有的则尝试展开中西诗学宏观层面的总体把握,如认为西方诗学偏重于模仿、再现、写实、求"真",而中国诗学则偏重于物感、表现、抒情、求"似"。尤其值得注意的是,有别于早期倾向于异同罗列和差异区分,这一时期则普遍转向于将诗学问题纳入现象产生的文化语境之中来加以探讨,在此基础之上,很快便出现了把微观的概念比较和宏观的文化探求结合起来的著述,也出现了试图系统比较性清理中西文论和美学体系关系的专著。

十余年间开始陆续有较多专门的成果问世,作为比较诗学和广义跨文化文论研究著述的出版一时相当普遍,据不完全统计,仅仅从1988年至1998年间,出版的相关专著和论文集就已经超过了50种。主要的著述有:《中西比较诗学》(曹顺庆,1988年,北京出版社),该书以单纯的中西范畴比较研究见长;《拯救与逍遥》(刘小枫,1988年,上海人民出版社,),该书作者虽声称主要不是以诗学和比较诗学为主题,但是作者的审美阐释学立场和明显的中西作家二元对立比较模式,使其在比较诗学研究领域的研究角度独树一帜;《中西美学与文化精神》(张法,1994年,北京大学出版社),该书最大的特色是作者对于中西美学和诗学范畴系统差异的精当把握和细致入微的分析,读来说服力很强;《西方文论述评》(张隆溪,1986年,三联书店),则是借助中国的观念介绍西方文论,看似信手拈来,实则颇有深意;黄药眠、童庆炳主编的《中西比较诗学体系》,(1991年,人民文学出版社),试图体系化地去梳理中西诗学的主要线索节点;此外还有卢善庆的《近代中西美学比较》(1991),狄兆俊的《中英比较诗学》(1992),周来祥与陈炎合著的《中西比较美学大纲》(1993)等;尤其值得一提的是乐黛云、叶朗、倪培耕主编的《世界诗学大辞典》

---

① 中译文见《中国比较文学通讯》,北京大学比较文学与比较文化研究所编,1988年第3期,第1页。

(1993年,春风文艺出版社,钱钟书题签),该辞典眼界宏阔,立意高远,遍邀国内文论各领域的学人共同撰写,在中国文论研究史上,第一次把中、印、日、阿拉伯、朝鲜半岛文化地域的文论和美学思想与欧美诸国的诗学观念平等地加以梳理和重点介绍,东西方文论观念范畴和著述理念都融为一书,进行整体全方位总体性的平等展示,从而为后来的研究者提供了一个全面和严谨的范畴阐释和理论资源空间,并且在一定程度上改变了当代文论研究中,提到外国文论一直以来总以西方为中心的写作倾向,为学界所称道。

就整体而言,这一时期的比较诗学著述的学科化、体系化尝试目标非常明确,研究者往往具有自觉的比较诗学方法论意识;在研究视域方面,既有对中外诗学比较的逻辑起点、学术向度和可比性等理论问题的深入思考,又有对相近诗学范畴和命题的横向比较和价值钩沉,也还有从文学阐释学和价值本体角度去展开的学术追问,均试图进一步将中国比较诗学的研究引向深入。

尤其是进入90年代末,中国比较诗学研究又出现了具有研究疆域突破性的扩展。首先,是研究的范围不断扩大,如曹顺庆的《中外文论比较史·上古时期》(山东教育出版社,1998年)试图把印度、日本、朝鲜、越南、阿拉伯等民族文论也纳入了研究的范围。王晓平等的《国外中国古代文论研究》(江苏教育出版社,1998年)则将诗学研究的触角延伸到海外汉学领域。其次,是研究视角与方法日益丰富,如王岳川对20世纪西方文论的著述;钱中文等主编的《中国古代文论的现代转换》(陕西师大出版社,1997年);叶舒宪、萧兵等人对中国古典文学的文学人类学诠释;王一川的形象学诗学研究,等等。其三,在研究的层次上也不断有所提高,如杨乃乔的《悖立与整合:东方儒道诗学与西方诗学的本体论、语言论比较》(文化艺术出版社,1998年)等,开始尝试从哲学和审美本体论的高度去关注跨文化的文艺理论问题。

这一时期比较诗学学科化一个值得注意的进展就是,"比较诗学"作为一门研究生课程,开始出现在国内的研究生教育讲坛,在教学、研究和人才培养方面也得到了普遍的重视和较大的发展。譬如,最先被批准的比较文学博士点,其研究方向基本上都是以比较诗学为主,例如全国第一个比较文学博士点地北京大学比较文学与比较文化研究所,首先确定的培养方向就是比较诗学方向;而暨南大学的博士点则是认定为比较文艺学方向;至于四川大学的博士点则选择了以古典为主的比较文论的方向。因此,从根本上讲,它们的基本研究方向实际上都是"比较诗学",而且研究的重点普遍都是放到了中国古典文论与西方诗学的比较研究领域。只不过由于各自的专业强项不同,而各自的表述和侧重点不太一样罢了。

这一时期以来,由于队伍的壮大,参与者知识结构的差异,以及教学培养中的师承关系等等,国内的比较诗学研究领域开始分化集结,出现一些各具特色的重点研究群体。

譬如以北大、社科院、北师大为主的北京、华北地区的学者群体,比较重视西方诗学理论的引进、译介、传播和消化;重视基本诗学概念、范畴和研究范式的研究;近期更关注中国文化经典中的跨文化诗学问题的深入探讨,力图站在思想文化和现代性宏大叙事的高度,重新去读解翻新经典中的诗学意义,从而引出一系列相互关联的研究命题。在此后一个时期出版的北大等校比较诗学博士的著述中,均可以见到这种突出的研究侧重。譬如中国诗学阐释学的现代意义问题,与此相关的言意问题,隐喻、反讽、象征诸形态的转换生成问题,跨文化诗学中的"时间"问题,叙事问题,近代中国审美现代性的产生和外来影响问题,基督教思想中的诗学问题,《诗经》的解释学问题,《孟子》及其先秦儒家著述的意义生成和对话研究,隐喻的跨文化研究,现代性意义上的中国小说理论的生成问题,钱钟书的诗学研究范式和成就等等。

以四川大学为主的西南地区学者群体,则主攻文论总体规律和传统中国文论名著的阐释,后期也关注中国文论和思想经典在西方"理论旅行"的遭遇问题。时有热点问题抛出,引发学界争论。譬如中国现代文论话语的"失语症"问题、中国古代文论现代转换问题等。他们强调对于中国文论体系价值意义的挖掘、对中国古典阐释学理论的宏观考察、对中西诗学概念的异同比较、对传统诗学名著如《文心雕龙》等的理论现代性申说、以及从非主流的民间立场对于诗学问题的颠覆性批判建构等等。

以暨南大学为中心的广东、华南的学者群体,一度更注意从哲学、宗教、语言和美学等层面去追问和辨析诗学的问题,尤其注意佛教与中国文论的关系、现象学意义上的传统诗学理论还原、基本诗学概念的生成性追问等。除此而外,国内也还有不少高校和研究机构的学者致力于比较诗学的课题研究,有的侧重对于中西比较诗学海外资料的整理、有的着重对跨文化的理论交往和对话理论的探讨,有发掘马克思主义、尤其是西方马克思主义的思想资源对于跨文化诗学交流的意义,更有的从文学人类学、文学社会学的多种角度,试探重新建构和叙写中国的文论话语等等。

尤为值得强调的是,20世纪90年代后半期以来,国内文艺理论研究界对于文论的比较研究有越来越重视的趋势。1995年8月,由中国社科院文学所和外国文学所两个研究所和一批重点高校发起,成立了"中国中外文艺理论学会",并在济南召开了成立大会和首届国际学术研讨会,这意味着在原有的比较文学队伍之外,一大批国内文艺研究的精兵强将,从学科意义的认同上进一步开始致力于中外文艺理论的专门研究。中国社会科学院集中国文学,外国文学和少数民族文学等研究机构的研究力量,成立了比较文学研究中心,把研究的重心和主要的项目放到了比较诗学领域,开始对中国与不同国家的文论和诗学关系按照国别和文化地域展开更深入的研究,一套国别性的比较诗学丛书也有望在几年后问世。

第三阶段(1998—2009),学科研究的渐次成熟和文化身份觉醒。

走进新世纪,中国的比较诗学研究正方兴未艾,渐入佳境。

进入20世纪90年代以来,比较文学研究的学科化进程日益加快。主要表现为以下三个方面。

首先,是向中国教育界和学术界全面普及了比较文学的学科理论知识,在高校和研究机构初步建立了一支专业的和兼顾的比较文学研究队伍;其次,组建了自己的学术组织机制,譬如团体、杂志、丛书出版和国内外学术交流管道等;其三,则是由于三代人的努力,积累了相当的学术研究经验和可观的学术成果,在国内外建立起了不可忽视的影响。在这一基础上,比较文学在中国大学和研究机构体制中的地位从最初的不被重视,到一步步得到国家机制的承认。1995年北大召开"文化对话与文化误读国际学术研讨会",国家教委主任亲自出席作报告;而2001年北大召开"多元之美"国际学术研讨会的时候,教育部副部长也亲自与会。尤其是1998年随着比较文学学科被国家认定为汉语言文学一级学科下面隶属的二级学科(比较文学与世界文学),从此正式实现体制化,一整套学科教育体系的框架不容分说地开始快速形成。与此同时原先所有的大学中文系的"世界文学教研室",也变成了"比较文学与世界文学教研室",课程教学和研究生培养都开始向比较文学倾斜。这样的学科规模,即使是与西方比较文学的发达国家相比,也已经算得上是洋洋大观了。尽管这当中始终存在这样那样的问题,但就整体上讲,在经过二十余年的努力之后,比较文学终于在学科体制建设方面迎来了大发展的局面,它正确地反映了当代中国的文学和文化研究与时俱进地走向现代性和国际性的历史趋势。

作为比较文学学科最重要组成部分的中国比较诗学研究也由此进入了它的发展新阶段。可以说,随着世纪初对新时期文艺理论发展总结反思的展开,在整个文艺学领域和比较文学的学科范围内,以中外文论的历史和平行发展关系研究为主旨的比较诗学的研究分量和学术价值变得益加突出。原有的研究群体格局正在发展,作为比较文学重点学科的北大和川大等单位,都在比较诗学领域加大了研究力度。新的研究群体也正在崭露头角,国内不少院校的比较文学与世界文学学科以及文艺理论学科,例如北师大、人民大学等,许多都不约而同地把研究侧重投注到了比较诗学以及相关的跨文化理论研究方面,比较诗学也成为了研究基地的学术方向,重点科研项目和学科发展生长点的重要学术选项。

所有这些,都从一定意义上说明,比较诗学的研究,亦即中外文学理论的跨文化研究,在 21 世纪的中国正在坚实地走向新的深度和广度,并且,它已经不再是比较文学界一家的重要学科分支,而是成为了国内文艺理论研究界的共识。这一时期国内比较诗学各研究群体的研究呈现出了不断深化和扩展的趋势,表现出一些新的特征。

首先是研究的领域方面进一步拓展,并逐步超越以西方文论对中国的影响为研究重心的倾向,开始关注和清理中国传统文论在本土以外的传播、影响和意义。毕竟自 20 世纪以来的近百年间,西方,尤其是英语世界对于中国文论的译介和研究相对而言已经有了很大发展。仅仅是在北美和英国等其它英语世界里,到 2000年为止,关于中国古代文论的博士论文、研究专著、专题论文和翻译评述,可以统计到的大约已经超过了五百余种,中国不同时代的文论著述和各体文论也都受到了不同程度的研究和关注。尽管中国文论的西传在规模和深度上都无法与中国对西方文论的引进相比,但是这种双向的交汇和相遇,毕竟实现了材料的大量译介和积累以及人才造就,而面对研究上不断深化的要求,进入中西诗学之间正式的对话和比较就是研究者的必然选择。在 21 世纪研究深化的今天,重新去回溯这一历史的过程,从而可以将我们的问题意识建立在一个比较理性和明晰的基础之上。因此,如何清理和读解中国文论的海外流传事实,认识和借鉴相关的学术成果,开始成为新阶段比较诗学的一项重要工作。早在 1996 年乐黛云等就率先编译了《北美中国古典文学研究名家十年文选》(江苏人民出版社);1997 年黄鸣奋出版了《英语世界中国古典文学之传播》(上海学林出版社);均对英语世界的中国文论研究进行了梳理和重点介绍。2000 年王晓路由博士论文改定出版的《中西诗学对话——英语世界的中国古代文论研究》(四川巴蜀书社),更加系统地专题介绍了这一领域的西方研究成果。进入 21 世纪,包括宇文所安等人的文论专题著述陆续得到译介出版,一时间对中国文论经典海外译介的研究成为关注重点之一,借助现代阐释学,译介学,语言学等对这种现象展开的研究在北京、上海、南京和四川学界成为风气,至今不衰。其次是对于包括印度,日本,朝鲜半岛在内地东方文论及其与中国文论关系的研究渐成气候。严绍璗对东亚文化圈中汉文学及其所在国家文学观念形成的关联研究,关于超越东亚话语的特殊性而寻找普遍性的主张,黄宝生、郁龙余等对印度古典诗学的系统研究等,都在一定程度上使得向着西方理论一边倒的倾向得到了有效的改善。

其二,则是学界在跨文化诗学研究的深度上,逐渐超越了因误解比较方法而引起的简单化二元对立分析的模式,以及脱离文化共创复杂语境,急功近利的试图迅速找到所谓中西共同诗学规律的"乌托邦"努力。在文论研究的侧重上,从"比较"

开始走向了"对话",从外贸式的争"盈亏"走向了探索文化"共创"的内在机制和问题。学者们开始尝试从学术史发展的文化差异和思想史发展的不同脉络去探讨各种文论关系问题。例如张隆溪创意于国内,完成于北美并在美国以英文出版的《道与逻各斯》一书,1998年被翻译回来由四川人民出版社出版后,其关于文论对话的阐释学机制的深入分析对学界影响颇大;余虹的《中国文论与西方诗学》(北京三联书店,1999年)对"诗学"概念范畴有相当深入追问。陈跃红《比较诗学导论》(北京大学出版社,2004年)中关于问答逻辑,提问原则,方法结构和深度模式的梳理等,都无疑是诗学比较研究提升性思考的进一步开启。与此同时,学者们和新晋的比较文学博士群体于前期启动的研究也在这一时期纷纷结出硕果。譬如张辉的《审美现代性批判——20世纪上半叶德国美学东渐中的现代性问题》(北京大学出版社,1999年);曹顺庆等编写的《中国古代文论话语》(巴蜀出版社,2001年);史成芳的《诗学中的时间观念》(湖南教育出版社,2001年);代迅的《断裂与延续——中国古典文论现代转换的历史回顾》(西南师范大学出版社,2002年);刘耘华的《阐释学与先秦儒家之意义生成》(上海译文出版社,2002年);张沛的《隐喻的生命》(北京大学出版社,2004年);等等。这些著述不少都是由较为扎实的博士论文改写而成,在学理上有着较坚实的资料基础和较严密的问题逻辑,而且宏观式的全景梳理有所减少,专书专题的论述逐渐增多;肤浅的价值判断减少,深入的分析越来越多;情绪化的民族文化浪漫情绪减弱,理性的对话增多了起来,学术层次无疑有了较大提升。而作为"北大——复旦比较文学学术论坛"成果的论文集《跨文化研究:什么是比较文学》(北京大学出版社,2007年)许多论述也广泛涉猎了上述命题;另外一本《比较文学与世界文学——乐黛云教授75华诞特辑》(北京大学出版社,2005年)则收录了十多万字的专题论述;以此同时,由周启超主编,中国社科院外国文学研究所文艺理论室集体著述,数量达80万字的两册《跨文化的文学理论研究》分别由百花文艺出版社(2006年)和黑龙江人民出版社(2008年)推出,以其不同语种,不同国别专业学者的研究实力,对俄罗斯以及斯拉夫文学理论,印度古典诗学,日本文学思想,欧美古典和现代文学理论及其与中国古典和现代文学理论发展的关系,进行了深入的探讨,成为这一时期比较诗学研究的重要收获。而所有这些,都突出地成为了学科化渐次成熟阶段中国比较诗学研究进展的标志。

第三,也是最重要的学术突破,则是从近几年开始,中国比较诗学学界结合西方比较文学研究存在的危机和问题,开始理性地反思自身的学术文化身份,问题意识确立和方法学的结构问题。

作为比较文学学科重要的理论研究层面,既有的学科史清理已经证明,比较诗学在欧美的发育和生成,在整个比较文学的研究范式中都是属于最晚也是最不成熟的。在真正跨文化文学理论比较研究的实践范畴,他们甚至比中国人晚了好几十年光阴。20世纪初叶以来中国学人在比较诗学领域的自觉摸索和实践,应该有理由和有学术资源为它的学科范式建构和方法学形成展开主动的提问,既有的研究实践也应该生长了一些新鲜的知识内容,遗憾的是到现在为止我们还没有认真清理和总结。究其原因,恐怕还在于已经走上而立之年的当代中国学术还缺乏费孝通先生所指出的所谓现代"文化自觉"和对于自身学术主体身份的认知信心。使得我们在学科理念上一味以欧美为标尺,将他者的问题当成自己的问题,将他者的范式当成自己的范式,将他者的标准视为自己学科的标准。于是,我们的危机意识往往不是来自于自身研究,而是来自于国际比较文学和文学理论界的动向,来自于国际年会和美国学界的学科阶段性报告,甚至是国际汉学界和中国研究领域的风向。而一旦西方学界反思性的宣布"学科之死",本土中国学界常常就会陷入学术上的危机境地。

而实际上,面对欧美学界学术反思的再反思,将有可能把我们真正逼回到中国比较诗学自身的学术处境和问题意识原点上来,使我们重新审视自钱钟书以来中国比较诗学学科发展的历史价值和学术意义。事实上,欧美的比较诗学发展在相当长一段时间内,由于多数情况下面对的是具有希腊罗马本源类似性的文化传统,其所谓比较诗学,一直局限在"文类学诗学",即有些学者所谓"比较诗艺"的范畴,直到二十世纪七八十年代(包括韦勒克、艾田伯(René Etiemble)、谢弗勒(Yves Chevrel)、迈纳(Earl Miner)、宇文所安(Stephen Owen)等人的努力)才逐渐转向跨文化的文学理论比较研究,研究成果也相当有限。而中国学者从20世纪初以来的研究,从一开始就是建立在了跨越文化,跨越语言的文学理论比较研究起点上,即所谓"文艺学诗学"的范畴,并且出现了《谈艺录》、《管锥编》这样的巨制鸿作和众多成果。20世纪80年代以来,中国比较诗学六十年的发展,尤其是最近三十年的努力,总的趋势是从非学科化零散研究向学科化的系统研究整体推进。状况尽管众声喧哗,珠沙俱下,但一条基本向上的演进线索和范式构建轨迹还是可以辨认。譬如,从理论概念范畴的简单1+1配对式(如迷狂与妙悟)比较,走向共同论题(如言意关系)的多方对话式探讨;从以西方理论为范式去"整合"中国文论到寻找"相切部分"和"共相"的交集互补;从野心勃勃的要建构统一"普世性"理论,到主动解构自身,尝试去搭建包括非西方理论(如印度,日本,阿拉伯)在内的,具有文化差异的多元复数理论的对话平台;从借助赛义德"理论旅行"的概念,倡导开展"国际诗学关系史"研究,进而认识到当今世界理论本身的跨学科、跨语言和跨文化特性,从而倡导广义的,包含文化思想史反思的比较诗学研究,进而倡导在中国传统文论甚至东亚文艺理论的研究上超出特殊性的局限去寻找普遍性问题,尝试主动提问和自觉建构本土具有现代性特征的文论体系,从多元文化共创的思路去探讨国际间文学理论问题,等等。由此可以见出,中国的比较诗学研究的确具有自己特殊的价值取向、问题意识和发展路径,并且已经初步摸索出了一些较为适合自身文化和理论特征的研究范式和方法路径,有必要进一步加以总结和重新去认识其价值意义。

总之,文艺研究的跨文化向度和国际性特征,无疑是 21 世纪文艺理论研究的重要路径和必然选择,而比较诗学的内在理论逻辑正是要求超越单一民族文化的视野去看待和处理文艺命题,因此,它与世界文艺研究的未来发展趋势是相吻合的。任何一种地区和国家民族的文学理论,即使是盛极一时的现代西方理论,在今天这个文化多元化的时代,在文学生产、传播、消费和评价普遍国际化的语境中,都将会遭遇到由于历史和文化差异导致的理论失效和通约性困扰,都将面临对话沟通的迫切需求。而未来的中国文论现代性命题和中国现代文艺学的建设目标,也都将期待在古今中外文化间不断的比较、对话、沟通和共创的过程中去逐步推进。因此,尽管人们可以对比较诗学作为学科研究的理解不同,命名不同,说法不同,进入和研讨的方向也不尽相同,然而,总体的目标都是试图从跨文化的路径去深入文艺问题的内层,从不同角度去逼近问题的实质。就此而言,作为比较文学学科重要分支的比较诗学,此前曾经为推进中国的文艺研究现代进程有过自己的贡献,而在未来的岁月中,它仍将注定会继续扮演至关重要的角色。

厨川白村的"Essay"观

李 强[*]

厨川白村(kuriyagawa hakuson,1880—1923),是活跃于日本大正文坛的一位热烈而深沉的文艺思想家和批评家。也是日本大正时期的文艺思想家、理论家和批评家中在中国被译介被言说最多,而且是影响最大的一个。作为一个有见地、有信仰的文艺思想家和批评家,他既关心"为人生"又不忘"为艺术",用极具特色的文艺批评和社会·文明批评在"以文艺浸润社会"、以文艺启发民智,改造社会方面做出了历史性的贡献,也为日本现代文艺批评和理论建设的繁荣尽了自己的努力。检索厨川白村1917年以后发表的批评文字,大多是基于其文艺思想而作的社会·文明批评。而这种批评文字又是以"Essay"为言说载体写成的。所以,在日本厨川白村亦被称为"Essay"作家。本文拟从以下三个方面对厨川白村的"Essay"观作一解读。

一

作为文艺思想家和文艺批评家,厨川白村是以《近代文学十讲》[①]跻身文坛的。从厨川白村的文学活动,特别是文艺批评实践来看,《近代文学十讲》和其姊妹篇《文艺思潮论》[②]是厨川白村生前出版的两部纯文学的论著。不过,当时厨川白村却借用英国文学批评家德·昆西区分"知识的文学"与"力量的文学"的说法,把《近代文学十讲》和《文艺思潮论》界定为"作为介绍写给他人看的""述而不作"的著述。在《近代文学十讲》和《文艺思潮论》之后,他没有再写过类似"作为介绍写给他人看的""述而不作"的著述,而是把目光转向了德·昆西所说的"力量的文学"。以《北

---

[*] 李强,文学博士,北京大学东方文学研究中心研究员,主要从事日本近现代文学、中日比较文学的研究与教学。
① 厨川白村:《近代文学十讲》,大日本图书株式会社,1912年。
② 厨川白村:《文艺思潮论》,大日本图书株式会社,1914年。

美印象记》①为界,厨川白村开始把笔触转向能够自由宣泄自己情感的"Essay",批评文字由文艺批评向关注和直面"社会问题"的社会·文明批评延伸或倾斜,俨然成为一个"反抗社会的斗士"。

关于厨川白村文艺批评实践的这种变化,一般认为1920年是最为明显的分水岭,因为这一年厨川白村出版了《出了象牙之塔》②。国内学界普遍认为自1920年起,即《出了象牙之塔》出版后,厨川白村的文艺思想和批评实践发生了根本性的变化。诚然这种变化的分界和痕迹在表面上非常明显,而且前后反差之大也颇令人瞠目。但这种变化并非是突然间产生的。笔者认为厨川白村1920年以后的文艺思想和批评实践的变化只不过是把其早期就已经形成的思想观念和人生态度进一步明朗化和扩大化罢了。由文艺批评向社会·文明批评的延伸或倾斜,其实是他用业已形成的社会观、文艺观和批评观来观照、解释实际的人生和社会,是厨川白村文艺观的一次深化和外延。为说明这一点,笔者拟从以下几个方面予以展开。

(一)"反抗社会的斗士"的潜在倾向

在选择以文艺为自己的终生事业之初,厨川白村最先面对的是:当时正处在因小泉八云辞职风波而失去了同学朋友③,家道中落带来的烦恼,还有个人情感问题的困顿。加之厨川白村从文的时代,"政客、俗吏、爆发户、僧侣之辈,对文士是极端鄙视的,而教育界则更甚。有人骂文学是与琴棋书画相当的游戏,也有许多人认为文学是不健全不道德的罪魁祸首。有的学校禁止学生看杂志和小说,甚至将演剧视为蛇蝎。"④出于反抗和叛逆,使他养成了锋芒毕露、特立独行、习惯于与时代潮流、生活环境公然对抗的气质和性格特征,也形成了与时代同人迥然不同的思想观念和人生态度。这样的性格生成和人生经历显示了厨川白村日后成为"反抗社会的斗士"的潜在倾向。

(二)文艺批评的结构性视角

厨川白村在1912年出版的《近代文学十讲》中有过如下的表述:

> 在罗曼文学的一面,也有可以说是艺术至上主义的倾向。就是说,一切艺术,都为了艺术自己而独立地存在,决不与别问题相关;对于世间辛苦的现在

---

① 指1917年9月至11月连载于报刊上的留美见闻。
② 厨川白村:《出了象牙之塔》,福永书店,1920年。
③ 小泉八云被解雇前,东京帝国大学英文学专业一二年级的学生曾呼吁进行罢课,以迫使学校当局改变决定。当时厨川白村是二年级的学生,因反对罢课,被同学疏远。
④ 厨川白村:《小泉先生》,收入《厨川白村全集》第四卷,改造社,1929年,第35页(笔者译)。

的生活,是应该全取超然高蹈的态度的。置这丑秽悲惨的俗世于不顾,独隐处于清高而悦乐的"艺术之宫"——诗人迭仪生(即丁尼生——引者注)所歌咏那样的 the Palace of Art 或圣蒲孚(即圣伯夫——引者注)评维尼(即罗斯金——引者注)时所用的"象牙之塔"(tour d'ivoire)里,即所谓"为艺术的艺术"(art for's sake),便是那主张之一端。但是,现今则时势急变,成了物质文明旺盛的生存竞争剧烈的世界;在人心中,即使一时一刻,也没有离开人生而悠然的余裕了。人们愈加痛切地感到了现实生活的压迫。人生当面的问题,行住坐卧,常往来于脑里,而烦恼其心。于是文艺也就不能独是始终说着悠然自得的话,势必至与现在生存的问题生出密切的关系来。连那迫于眼前焦眉之急而使人们共恼的社会上宗教上道德上的问题,也即用于文艺上,实生活和艺术,竟至于接近到这样了。①

这段文字足以说明厨川白村在从事文艺批评之初,就已经清楚地看到了文学背后的时代,并开始关注社会问题。到了《出了象牙之塔》,厨川白村对文艺与社会现实和人生的关系有了进一步的认识。他认为:到了1880年代以后的新时代,"文艺家的社会观,已并非单是被虐的弱者的对于强者的盲目的反抗,也不是渺茫的空想和憧憬;他们已经看出可走的理路,认定了确乎的目标了"②。厨川白村这里所说的"文艺家的社会观""可走的理路""认定的目标",指的就是"社会主义底色彩最浓厚地显在文艺上,作家也分明意识地为社会改造而努力"③。为了像西方的文艺家那样具有"文艺家的社会观",走"可走的理路","分明意识地为社会改造而努力",厨川白村认为,文学家就应该走出象牙塔,甚至径直走向十字街头,"向群众中往回,而大声疾呼着"④,对社会、对文明做出自己的批评。因为他坚信:"建立在现实生活的深邃的根柢上的近代的文艺,在那一面,是纯然的文明批评,也是社会批评。"⑤

1916年1月至1917年7月,厨川白村留学美国,期间受到民主主义思想的影响,回国后,他认为不能再躲在象牙塔里埋头于自己的英美文学研究,应该对日本社会·文明的后进性加以批评。在厨川白村的阅读视野中,世界上大凡伟大而深刻的文学家,从来都是将自己置身于社会生活之中,勇敢地为社会改造承担起社会·文明批评家的责任,而且"都是带着社会改造的理想的文明批评家,不单是住

---

① 厨川白村:《苦闷的象征》,鲁迅译,百花文艺出版社,2000年,第87—88页。
②③ 同上书,第223页。
④⑤ 同上书,第190页。

在象牙之塔里的"①。这样的社会·文明批评家,他列举过雪莱、拜伦、斯温伯恩、哈代等,当然,对厨川白村产生决定性影响和作用的则是近代英国文艺史上的两位思想家——罗斯金②和莫里斯③。厨川白村是四十岁时效仿罗斯金和莫里斯,决定"暂时出了象牙之塔,站在搔扰之巷里,来一说意所欲言的事罢"④。由此可以说明厨川白村的文艺批评始终没有偏离过早期形成的结构性视角,而且是在不断阐述和实践的过程中逐步深化和完善起来的。

(三) 独特的历史语境

厨川白村从美国留学回国后的第二年,即1918年11月,第一次世界大战结束。尽管日本作为战胜国跻身世界强国之列,但随着国内危机的爆发,物价飞涨,人民生活迅速恶化。从1918年7月开始,由于米价爆涨,从农村到城市发生了"抢米暴动",由劳资矛盾引发的工人罢工此起彼伏。从1918年开始,劳资矛盾、劳动问题和社会改造等成为文坛关注的焦点,一批综合性杂志如:《大观》⑤、《改造》⑥、《解放》⑦等应运而生。翻阅厨川白村刊载在这些杂志上的文章,无论是文艺批评,还是社会·文明批评,均可以看到一种忧患意识。时代苦、生活苦、国民性改造成为他首要的论题。他多次强调他的文章是有益于世道人心的。他相信自己的文章可以在这种改造事业中发挥作用。

应该说,厨川白村的这种"忧患意识"来自于他对国家、民族与人类前途的价值关怀与审美理解。当这种关怀和理解与现实发生冲突时,"问题意识"和"批判态度"便成为厨川白村对社会现实的基本行为。现实中的种种冲突和矛盾都会使厨川白村以"忧患意识"所必须带有的"问题意识"和"批判行为"来面对现实社会。植于当时独特的历史语境,像厨川白村这样一个以"忧患意识"为己任的学者,是不会独坐书斋的,他势必会将"社会·文明批评"作为自己的话语中心。因为他认为"文艺的本来的职务,是在作为文明批评社会批评,以指点向导一世"⑧。

---

① 厨川白村:《苦闷的象征》,鲁迅译,百花文艺出版社,2000年,第190页。
② 同上书,第253页。
③ 威廉·莫里斯(William Morris,1834—1896),英国画家、小说家、诗人。
④ 约翰·罗斯金(J. John Ruskin,1819—1900),英国作家、艺术评论家。
⑤ 1918年5月创刊。
⑥ 1919年4月创刊。
⑦ 1919年6月创刊。
⑧ 厨川白村:《苦闷的象征》,鲁迅译,百花文艺出版社,2000年,第217页。

二

要研究和考察厨川白村的"Essay",不能忽略的是西方"Essay"对他的影响。如前所述,厨川白村是研究英美文学的,一生中阅读过大量的西方文艺作品和理论批评论著,其中也包含不少属于"Essay"类的作品和论著。这些"Essay"类的作品和论著对于厨川白村"Essay"观的形成是至为关键的。

从通常的定义上说,"Essay"是一种近似于散文的体裁,篇幅短小,表现形式灵活自由,可以抒情,也可以叙事,又能评论。"这一类的文字在西方有时是发挥思想,有时是抒写情趣,也有时是叙述故事。"①是"希腊议论文的一种复兴,常常用来谈道德问题,文章短小灵便,笔调生动、幽默,给读者一种亲切感,就像在聆听作者的娓娓之谈"②。那么,厨川白村眼里的"Essay"又是什么样的呢? 厨川白村在《出了象牙之塔》中专辟一节谈到了"Essay"。他指出"Essay"一词源自法语的"essayer",即"试笔"之意。③ 在《出了象牙之塔》的"自我表现"一节中厨川白村还说过这样一段话:"天下国家的大事不待言,还有市井的琐事,书籍的批评,相识者的消息,以及自己的过去的追怀,想到什么就纵谈什么,而托于即兴之笔者。"④可见,在厨川白村眼里,"Essay"是可以看到什么写什么,也可以想怎么写就怎么写,纯然是即兴之笔,既可介绍说明,也可叙述描摹;既可抒发情感,也可托物言志,阐明哲理。厨川白村将16世纪法国思想家蒙田视为"Essay"的鼻祖。认为蒙田的"Essay"传至英国后为培根和兰姆所继承和发扬光大,所以英国文学是最擅长这种文字的。在论及西方的"Essay"时,厨川白村认为"笼统地说道 essay,而既有培根似的,简洁直捷,可以称为汉文口调的艰难的东西,也有像兰勃(Ch. Lamb,即兰姆——引者注)的《伊里亚杂笔》(Essaya of Elia,即《伊里亚随笔》——引者注)两卷中所载的那样,很明细,多滑稽,而且情趣盎然的感想追怀的漫录"⑤。厨川白村还以日本文学为例做了说明:"倘说清少纳言的《枕草子》稍稍近之,则一到兼好法师的《徒然草》,就不妨说是俨然的 essay 了罢。又在德川时代的俳文中,Hototogis 派(即杜鹃派——引者注)的写生文中,这样的写法的东西也不少。"⑥厨川白村认为"和小说戏剧诗歌一起,也算是文艺作品之一体的这 essay,并不是议论呀论说呀

---

① 朱光潜:《小品文——一封公开的信》,载《孟实文钞》,上海良友图书公司,1936年,第205页。
② P. 博克:《蒙田》,工人出版社,孙乃修译,1985年,第122页。
③ 厨川白村:《苦闷的象征》,鲁迅译,百花文艺出版社,2000年,第98页。
④ 同上书,第93页。
⑤⑥ 同上书,第95页。

似的麻烦类的东西。况乎,倘以为就是从称为'参考书'的那些别人所作的东西里,随便借光,聚了起来的百家米似的论文之类,则这就大错而特错了"①。也就是说,对于什么是"Essay",厨川白村心里自有一种衡量的标准。他是以英国文学史上一些具有自我情趣和自我风格的Essay作家和日本中世的随笔以及近世俳句、写生文为参照物来界定"Essay"的。所以,在《出了象牙之塔》中,厨川白村并不否认日本也有类似"Essay"的东西,但是为了以示与日本传统随笔的区别,他并没有将"Essay"译成"随笔",而是沿用了英语的"Essay"。厨川白村反对将"Essay"译为"随笔",因为"德川时代的随笔一流,大抵是博雅先生的札记,或者玄学家的研究断片那样的东西,不过现今的学徒所谓Arbeit之小者罢了"②。

关于"Essay",早在1909年厨川白村就在《现代英国文坛的奇才》③一文中介绍过英国近代随笔家切斯特顿的"Essay",认为:"Essay已经是其语源所表示的那样,在本来的性质上决不是四角峥嵘的treatise(即论文——引者注)。如日本学生所想的,搜索生硬的德文书而汇录下来的'论文',决不是只限于这个的;是作者抓住一个题目而写出那得对于的刹那间的想的简单的即兴文字。不是精论细叙,单是暗示。所以作者是觉到以自己为中心,把读者作为好像没有意见的亲友而写的。写愚不可说的自己的身上的话,也触到宇宙人生的大问题。以读一回就难忘掉的那样的滑稽与奇警来勾引人,而在这里有Humour(即幽默——引者注),也有Pathos(即哀调——引者注)。如闲话的巨擘Lamb(即兰姆——引者注)所说那样地,所谓a sort of unlicked,incondite things(一种随意空泛的东西——引者注),虽像是随便胡摆着的,但实际是以一个艺术品来说,有统一也有中心"近似闲话的东西。④ 在1912年出版的《近代文学十讲》中,厨川白村谈到"Essay"时则用"闲话"标记了"Essay"。⑤ 1920年,在《出了象牙之塔》中,厨川白村对"Essay"又做了这样的描述性定义:"如果是冬天,便坐在暖炉旁边的安乐椅子上,倘在夏天,则披浴衣,啜苦茗,随随便便,和好友任心闲话,将这些话照样地移在纸上的东西,就是essay。兴之所至,也说些不至于头痛为度的道理罢。也有冷嘲,也有警句罢。既有humor(滑稽),也有pathos(感愤)。"⑥ 在厨川白村眼里,"Essay"在形式上较其他的文学体裁更为自由活泼、灵活多样。看上去显得若无其事,好似信笔写来。是"诗歌中

---

① 厨川白村:《苦闷的象征》,鲁迅译,百花文艺出版社,2000年,第92页。
②⑥ 同上书,第93页。
③ 载《帝国文学》1909年11月号,后收入《小泉八云及其他》。
④ 厨川白村:《小泉先生及其他》,绿蕉译,启智书局,1930年,第98页。
⑤ 厨川白村:《近代文学十讲》,载《厨川白村全集》第一卷,改造社,1929年,第186页。

的抒情诗,行以散文的东西"①,"既是废话也是闲话"② 当然,这里说的"抒情诗"中,"也有锐利的讥刺"③,给人以:"刚以为正在从正面骂人,而却向着那边独自莞尔微笑着的样子。"④ 另外,"废话"和"闲话"也不是漫不经心、信手乱写。自由灵活的"Essay"写作,是"装着随便的涂鸦模样,其实却是用了雕心刻骨的苦心的文章"⑤。厨川白村认为这样的"Essay""须很富于诗才学殖,而对于人生的各种的现象,又有奇警的锐敏的透察力才对,否则,要做 essayist,到底不成功"⑥。很显然,厨川白村这里所说的不仅仅是"Essay"文体的形式,实际上也规定了"Essay"所必须具备的艺术特质和审美境界。从 1909 年以来,厨川白村就"企图在先进的西方资产阶级文坛上找到与日本随笔同宗的文体,使后者在日本现代文学园地中也占有一角之地"⑦。为此他付出了辛勤的努力和实践。他借鉴英国近代"Essay",将感悟和归纳出来的"冷嘲"、"警句"、"滑稽"、"感愤"、"废话"、"闲话"等都纳入了自己的"Essay"观中。并高度评价肖伯纳的 Essay 风格,认为他把"作为贵族举动的英国习俗,嘲弄到体无完肤的手腕,是很伟大的"⑧。可见在厨川白村的"Essay"观中,除了"冷嘲"、"警句"、"滑稽"、"感愤"、"废话"、"闲话"等,他更为看重的是英国 Essay 的批评性,其实在厨川白村前期的一些文章中就已经表现出这种"Essay"的文体特点。他一生中唯一的一部小说《狂犬》⑨就是他在努力寻找更加得心应手的体裁前的一种尝试。他的社会·文明批评是在"Essay"体裁的基础上逐步形成和发展起来的。厨川白村把以后相继发表的《印象记》⑩、《小泉先生及其他》⑪、《出了象牙之塔》⑫和《走向十字街头》⑬都称为"Essay",甚至把《近代的恋爱观》⑭和《苦闷的象征》⑮也称为"Essay"。因为它们都是"表现自己不伪不饰的真"的文字,是自己"不得不尔"的"自我表现"。

---

① ② 厨川白村:《苦闷的象征》,鲁迅译,百花文艺出版社,2000 年,第 93 页。
③ ④ ⑤ ⑥ 同上书,第 96 页。
⑦ 程麻:《日本随笔和鲁迅杂感》,《聊城师范学院学报》(哲学社会科学版)1987 年第 4 期。
⑧ 厨川白村:《走向十字街头》,绿蕉译,启智书局,1928 年,第 196 页。
⑨ 厨川白村:《狂犬》,大日本图书株式会社,1915 年。
⑩ 厨川白村:《印象记》,积善馆,1918 年。
⑪ 厨川白村:《小泉先生及其他》,积善馆,1919 年。
⑫ 厨川白村:《出了象牙之塔》,福永书店,1920 年。
⑬ 厨川白村:《走向十字街头》,福永书店,1923 年。
⑭ 厨川白村:《近代的恋爱观》,改造社,1922 年。
⑮ 指 1921 年 1 月发表于《改造》杂志的文章。

三

在厨川白村的"Essay"观里,除了上述的特点外,还特别强调了"Essay"与作家人格的关系。他说:"在 essay,比什么都紧要的要件,就是作者将自己的个人底人格的色彩,浓厚地表现出来。从那本质上说,是既非记述,也非说明,又不是议论,以报道为主眼的新闻记者,是应该非人格底(impersonal)地,力避记者这人的个人底主观底的调子(note)的,essay 却正相反,乃是将作者的自我极端地扩大了夸张了而写出的东西,其兴味全在于人格底调子(personal note)。"①厨川白村认为,文章是人格,不是笔尖的勾当。能用一枝笔撼动天下之人心的人,其人格上肯定有强烈的特异的色彩。毋庸置疑,它与凡俗是毫不妥协的。② 而这种"人格"是以"表现自己不伪不饰的真"③为"调子"的。由此,厨川白村把"Essay"与人格和"自我表现"紧密地联系在了一起。

在《出了象牙之塔》中开篇伊始,厨川白村就讲到"自我表现"。此时的厨川白村还未接触德国的"表现主义"。他是从"艺术是个性的表现"和"表现自己不伪不饰的真"的角度谈到了"自我表现",与他早期受到的蔼理斯的"自我表现说"有关。

厨川白村认为世界上"无论是谁,在自己本身上都有两个面。宛如月亮一般,其一面虽为世界之人所见,而其他,却还有背后的一面在。在隐蔽着的一面,是只可以给自己献了身心相爱的情人看看的"④厨川白村以画家拉裴尔(Raffaello,1483—1520)送给情人的小诗,作家但丁(Dante,1265—1321)给情人作的画为例,说明真正的艺术家是可以将自己隐藏着的另一面献给自己的心上人的。厨川白村认为这就是"赤裸裸的自我表现"⑤,是"作家的自我告白",是"以自我表现为生命的艺术家的人格"。所以,他说,诗人、学者、艺术家染笔"Essay",就是为了像拉裴尔写诗、但丁作画那样,表现自己隐藏着的另一面。

思想层面上的自我肯定,很容易导致艺术层面上的"自我表现"论。正是在这样一种认识下,厨川白村特别关注日本文学中的"自我告白"。他认为日本文学中告白类的作品甚少。近代的新文学作品,文章虽好,但不是"自我告白",只能称为"自我广告",远不如平安朝才女的日记文学。他把藤原道纲母的《蜻蛉日记》比作

---

①③　厨川白村:《苦闷的象征》,鲁迅译,百花文艺出版社,2000 年,第 93 页。
②　厨川白村:《小泉先生》,《厨川白村全集》第四卷,改造社,1929 年,第 34 页(笔者译)。
④　厨川白村:《苦闷的象征》,鲁迅译,百花文艺出版社,2000 年,第 90 页。
⑤　同上书,第 91 页。

能与英国女作家伯尼(Frances Burnry,1752—1840)比肩的"东西才女的日记双璧"。① 厨川白村是以"表现自己不伪不饰的真"来评判"自我告白文学"的。1918年岛崎藤村发表长篇自传体小说《新生》。这部作品对作者本人与侄女之间发生的有悖于伦理的行为作了毫无掩饰的直白,希望通过"自我忏悔"和宗教的"宿命论"来求得罪孽的解脱,并由此获得"新生"。小说发表后,舆论哗然,褒贬不一。对此,厨川白村曾在《岛崎藤村的忏悔——"新生"合评》②中表明了自己的态度:"从某种意义上讲,所有的文学都是作者自己的忏悔或自我辩解,如此看来,(《新生》)也许并不值得大惊小怪。"在这篇不足百字的短文中,厨川白村为岛崎藤村的《新生》做了辩护,表明了自己对"自我告白文学"的一种最基本的看法和态度。这说明在道德与艺术之间,厨川白村看重的是在艺术上"表现自己不伪不饰的真"。因为在厨川白村看来,文艺"乃是生命这东西的绝对自由的表现;是离开了我们在社会生活,经济生活,劳动生活,政治生活等时候所见的善恶利害的一切估价,毫不受什么压抑作用的纯真的生命表现。所以是道德底或罪恶底,是美或是丑,是利益或不利益,在文艺的世界里都所不问"③。

厨川白村一生从事文艺批评,从中后期开始倾向于法朗士、佩特和卢美忒尔等的主观批评说和印象批评说,看重个性的创造和表现。在他看来,文艺批评就是"灵魂在杰作中的冒险"④,"所谓鉴赏者,就是在他之中发现我,我之中看见他"⑤。他认定文艺批评就是自我感悟,"是自己从作品得来的印象的解剖"⑥,而且必须以讲真话为前提。为此,他特别赞赏王尔德所说的"最高之批评,比创作之艺术品更为富有创造性……"⑦,极不爱看当时文坛那些令他生气的批评文字。在《出了象牙之塔》开篇的"自我表现"中厨川白村这样呼吁道:

> 为什么不能再随便些,没有做作地说话的呢,即使并不俨乎其然地摆架子,并不玩逻辑的花把戏,并不抡着那并没有这么一回事的学问来显聪明,而再淳朴些,再天真些,率直些,而且就照本来面目地说了话,也未必便跌了价罢。⑧

---

① 厨川白村:《苦闷的象征》,鲁迅译,百花文艺出版社,2000年,第92页。
② 载《妇女公论》1920年1月号。
③ 厨川白村:《苦闷的象征》,鲁迅译,百花文艺出版社,2000年,第74页。
④⑥ 参见厨川白村:《苦闷的象征》,鲁迅译,百花文艺出版社,2000年,第42页。
⑤ 同上书,第44页。
⑦ 参见厨川白村:《苦闷的象征》,鲁迅译,百花文艺出版社,2000年,第42页。鲁迅的译文是:"最高的批评比创作更其创作底。"此处引用的是梁实秋的译文,见梁实秋《文学的纪律》,载梁实秋《浪漫的与古典的文学的纪律》,人民文学出版社,1988年,第150页。
⑧ 厨川白村:《苦闷的象征》,鲁迅译,百花文艺出版社,2000年,第89页。

为此,他不无偏颇地主张,艺术家就应该把自己赤条条地展现出来,即使剥得一丝不挂,也在所不惜。就像精神病人的裸露癖一样,只要裸露的是自己真正的内心,那就是艺术的天才。尽管厨川白村也承认真正的"Essay"是他力所不及的。但是,他还是想像但丁作画,拉斐尔写诗一样,用"Essay"赤裸裸地表现自己隐藏着的另一面。对于厨川白村来说,"Essay"不仅可以用来进行"文明批评"和"社会批评",而且还能够用来袒露自己的"心声",是一种极其重要的言说载体。她所具备的功能与厨川白村对文艺的看法是一致的:既是"为人生",又是"为艺术"的,而且无论是"为人生",还是"为艺术",它们本来都是文艺所应该承担的责任。因为在他从事的专业研究的英国文学中就有许多诗人和批评家是这样做的。这样的见解和主张,在当时无疑是非常前卫和具有探索性的。所以,无论是《出了象牙之塔》、《走向十字街头》,还是《近代的恋爱观》,都是厨川白村实践其"Essay"观的 Essay 集,其中都体现了厨川白村独特的批评指归和言说风格,渗透着厨川白村对文艺的独特见解。

三、海外"中国学"与"日本学"的研究

原典实证的方法是展开域外汉学(中国学)研究的基本路径

——《耶稣会在亚洲》档案文献研究为中心

张西平*

  对中国文化在域外的传播历史和影响的研究,其基础性的工作就是从基础历史文献梳理入手,无论是梳理汉学家们所读的中文文献还是梳理汉学家们所读的外文文献,这都是一个绕不过的一个环节。唯有从基础文献入手展开的域外汉学研究才是可靠的研究。

  严绍璗先生作为上个世纪 80 年代逐步兴起的海外汉学(中国学)研究的奠基人,其重要的学术贡献就是给所有从事这一学科的研究者指出了一个海外汉学(中国学)的重要、而且是不可缺少的路径——域外中国基础文献的调查与研究。严先生坚持从最基本的原始材料的积累开始,以《汉籍在日本流布的研究》、《日本藏宋人文集善本钩沉》为代表,特别是他的 350 余万字的《日藏汉籍善本书录》积 20 年之功力,往返日本 30 余次,整理文献 1.08 万余种,成为其学术成就的基本标志。严绍璗长期从事对国内外汉籍善本原典的追寻、整理和编纂,在此基础上形成了他在理论上的一系列原创性见解和在方法论上的原典性实证的特征,从而奠定了他作为人文学者的最基本的学术基础。建立并推进了"日本汉学"与"日本中国学"的学科建设,成为当今正在蓬勃发展的"国际汉学(中国学)"的一个重要部分。严先生在理论上的一系列原创性见解和在方法论上的原典性实证的特征,从而奠定了他作为人文学者的最基本的学术基础。

  在庆贺严先生七十华诞之际,本人仅以这篇短文表达自己对严先生的敬意。笔者在从事西方汉学的研究中,正是受启于严先生这一方法,沿着这样一条道路展开的。对西方汉学来说,它有着区别于日本中国学之处的重大特点就是,在其形成的重要阶段——传教士汉学阶段,来华的传教士留下了大量的西方语言文字的关于中国的文献、书籍,中国学术界在从事西方汉学研究中最困难、最缺乏的就是缺

---

* 张西平,北京外国语大学中国海外汉学研究中心主任、教授。

乏对这批文献的系统了解和整理,而如果对这批文献不能全面掌握,对整个西方汉学的研究就无法建立一个坚实的基础。也许对这批文献的而研究需要几代人的努力,但在我们这一代必须开始。在这里奉献给学术界的《耶稣会在亚洲》(Jesuíitas na Ásia)档案文献原藏于葡萄牙的阿儒达图书馆(Biblioteca da Ajuda),它是从1549年沙勿略到达日本后西方传教士在远东传教活动的真实原始记录。全部档案共61卷,均为手抄本,计三万页。文献是以拉丁文、葡萄牙文、西班牙文和意大利文及法文写成。

这批文献最早是由葡萄牙耶稣会神甫若瑟·门丹哈(José Montanda)和若奥·阿尔瓦雷斯(João ÁLvares)修士等于1742—1748年对保存在澳门的日本教省档案室的各个教区整理而成的。在这些教区中包括中国的副省北京、广州、南京以及交趾支那、老挝、柬埔寨等地。他们将这些原始文献加以分类、整理和编目,最后抄录,形成这批档案。

这批文献是研究中国清代天主教史和明清中西文化交流史及清代社会史的最重要的一手文献,它包括向耶稣会总会的年报告表;教区内的通信;发生在康熙年间的"礼仪之争"的伦理学和神学的争论;宗座代牧与罗马传信部争论的报导;耶稣会殉难者列传;澳门、日本和中国教区的主教和各省会长记载;航行于澳门和日本之间的黑船所载运货的货物表;澳门及各省会修会的财产清单;传教士之间的通信等。这些文献为我们提供了清中前期的许多重要的情况,许多文献都是中文文献所不记载的。

本人在承担国家清史纂修工程中的《清代入华传教士文献收集与整理》项目时[①],将对《耶稣会在亚洲》(Jesuíitas na Ásia)档案文献的项目整理作为整个项目的一个重要方面。我们从这三万页文献中挑选出最有代表性的《耶稣会年报告表》(当然,也包括其他的内容)文献目录,将其整理成目录列出,并将其翻译成中文以供清史纂修所用。通过对《耶稣会在亚洲》(Jesuíitas na Ásia)档案文献目录的整理和翻译,深深感到这批文献对研究清代历史,对研究中西文化交流史和中国基督教史有着重要的学术意义。特将其主要内容从学术上加以整理,以求表达在西方汉学的研究我们必须沿着严先生这样的学术路径展开。

---

① 本项目的目录整理翻译有金国平先,张晓非,张西平。在翻译目录的过程中得到了何高济先生、雷立伯先生、文铮、蒋薇等学术同仁的帮助,在本文发表之际,对于课题组的全体成员,对于曾帮助过我们的各位同仁表示感谢。

一、清中前期天主教在华发展的基本情况

如果从意大利籍耶稣会传教士罗明坚(Michel Ruggieri,1543—1607)于1582年12月27日进住肇庆算起,到清1644年入关到北京时,天主教在中国已经传播了82年。由于汤若望很快地得到入主中原的清王朝信任,天主教在清初得到较快的发展。到1664年时,耶稣会住院前后有38余所,耶稣会士前后来华人数达82人,全国的教堂已经有156座,全国天主教徒达245000人之多。①

清初杨光先通过历狱案将传教士排出钦天监后,天主教在华发展一度受挫,后经南怀仁(Ferdnand Verbiest,1623—1688)的努力,康熙皇帝对天主教传教士逐步好感,这样南怀仁、利类思、安文思三人联名上奏,要求为汤若望平反,他们在奏书中说:

利类思、安文思、南怀仁,呈请礼部代奏。称呈诡随狐假。罔上陷良。神人共愤,恳歼党恶。以表忠魂事。棍恶杨光先在故明时,以无籍建言,希图幸进。曾经廷杖。虽妇人小子,皆知其为棍徒也。痛思等同乡远臣汤若望,来自西洋,住京四十八载。在故明时,即奉旨修历,恭逢我朝廷鼎新,荷蒙皇恩。钦敕修历二十余载,允合天行,颁行无异。遭棍杨光先依恃权奸,指为新法舛错。将先帝数十年成法,妄谮更张。频年以来,古法件件参差。幸诸王贝勒大臣考正新法,无有不合。蒙恩命怀仁仍推新历,此已无庸置辨。惟是天主一教。即云:"皇矣上帝,临下有赫,为万物之宗主"。在中国故明万历间,其著书立言,大要以敬天爱人为宗旨,总不外克己尽性、忠孝廉节诸大端。往往为名公卿所敬慕。世祖章皇帝数幸堂宇,赐银修造,御制碑文,门额"通微佳境"。赐若望号"通微教师"。若系邪教,正教奉袭,先帝圣明,岂不严禁?乃为光先所诬,火其书而毁其居,捏造《辟邪论》,蛊惑人心。思等亦著有《不得已辩》可质。且其并将佟国器、许之渐、许缵曾等,诬以为教革职。此思等抱不平之鸣者一也。

又光先诬若望谋叛。思等远籍西洋,跋涉三年,程途九万余里。在中国者不过二十余人,俱生于西而卒于东,有何羽翼,足以谋国。今遭横口蔑诬,将无辜远人栗安当等二十余人,押送广东,不容进退。且若望等无抄没之罪。今房屋令人居住,坟地被人侵占。况若望乃先帝数十年勤劳荩臣,罗织拟死,使忠魂含恨。此思等负不平之鸣者二也。

思等与若望俱天涯孤踪,狐死兔悲,情难容已。今权奸败露之日,正奇冤

---

① 参阅孙尚扬、钟明旦:《1840年前的中国基督教》,学苑出版社,2004年,第328页。

暴白之时,冒恳天恩。俯鉴覆盆,恩赐昭雪,以表忠魂,生死衔恩,上呈。①

康熙八年9月5日康熙颁旨"恶人杨光先捏词天主教系邪教,已经议复禁止。今看得供奉天主教并无恶乱之处,相应将天主教仍令伊等照旧供奉"。这样在华的传教士扭转了杨光先"历狱案"以来的被动局面,在广州的传教士也允许回到原来的教堂传教。1683年法国耶稣会传教士入华并被康熙召见,传教士在宫中的力量日渐强大,在日后与俄罗斯的边界谈判中徐日升(Thomas Pereira,1645—1708)和张诚(Jean Francois Gerbillon,1654—1707)积极斡旋,使中俄双方签下了尼布楚条约。传教士的这些表现终于使康熙在1692年(康熙三十一年)下达了著名的容教令:

> 查得西洋人,仰慕圣化,由万里航海而来。现今治理历法,用兵之际,力造军器、火炮,差往俄罗斯,诚心效力,克成其事,劳绩甚多。各省居住西洋人,并无为恶乱行之处。又并非左道惑众,异端生事。喇嘛、僧等寺庙,尚容人烧香行走。西洋人并无违法之事,反行禁止,似属不宜。相应将各处天主堂俱照旧存留,凡进香供奉之人,仍许照常行走,不必禁止。俟命下之日,通行直隶各省可也。②

但此时在入华传教士内部争论已久的礼仪问题最终爆发出来,从而严重影响了天主教在华的发展。1693年3月26日(康熙三十二年)巴黎外方传教会的阎当主教在他所管辖的福建代牧区发布著名的禁止中国教徒实行中国礼仪的禁令,从此天下大乱,争论愈演愈烈,一发而不可收。这样关于中国教徒的宗教礼仪这个纯粹宗教的问题演变成了清王朝和梵蒂冈之间的国家问题,并促使梵蒂冈在1701年(康熙四十年)和1719年(康熙五十八年)先后派铎罗(Carlo Tommaso Maillard de Tournon)和嘉乐(Carlo Ambrogio Mezzabarba)两位特使来华,期间罗马教廷发布了一系列的禁教令。③铎罗使华以失败而告终,嘉乐来华后"康熙接见嘉乐宗主教前后共十三次,礼遇很隆,对于敬孔敬祖的问题,当面不愿多言,也不许嘉乐奏请遵行禁约。嘉乐宗主教因有了铎罗的经历,遇事很谨慎。看到事情不能转圆时,乃奏请回罗马"④。1721年(康熙六十年)康熙在看到了嘉乐所带来的"禁约"⑤后说:

> 览此条约,只可说得西洋等小人如何言得中国之大理。况西洋等人无一

---

① 见黄伯禄编:《正教奉褒》,光绪三十年,上海慈母堂,第57—58页。
② 见黄伯禄编:《正教奉褒》,第116—117页。
③ 参阅《中国礼仪之争西文文献一百篇》,上海古籍出版社,2001年。
④ 罗光:《教廷与中国使节史》,光启出版社,1961年,第164页。
⑤ 《自登基之日》,载《中国礼仪之争西文文献一百篇》,上海古籍出版社,2001年。

通汉书者，说言议论，令人可笑者多。今见来臣条约，竟与和尚道士异端小教相同。彼此乱言者，莫过如此。以后不必西洋人在中国行教，禁止可也，免得多事。钦此。①

"礼仪之争"是清代基督教史的一个转折点，也是清代与西方国家关系中的一件大事，他既表现出了一种纯粹文化意义上的碰撞与争论，同时也使"清代开始了近代意义上的对外交往"②。

1722年康熙驾崩后雍正继位，由于传教士穆敬远在康熙晚年卷入几位皇子之间争夺皇位的政治旋涡，雍正对传教士心怀不满，在雍正禁教期间相继发生了福安教案和苏努亲王受害等事件，从而天主教陷入低谷之中。

雍正十三年(1735年)八月，世宗驾崩，由高宗践祚，乾隆对传教士的态度教之雍正有所改观，他对西学的态度也较雍正更为积极，这样传教士在华的活动环境有所改变。不少传教士在宫中受到很高的礼遇，如郎士宁(Joseph Castiglione, 1688—1766)、王致诚(Jean-Denis AttiRet, 1702—1768)、马国贤(Mattea Ripa, 1682—1745)、戴进贤(Ignace Kogler, 1680—1746)等人。但乾隆禁止天主教在华发展的政策并没有改变，这样先后发生了1736年(乾隆元年)、1737年(乾隆二年)和1746年(乾隆十一年)三次较大的教案。

嘉庆、道光两朝继续执行禁教政策，天主教在中国只能采取地下发展的形式。

由于本文献截止到1748年(乾隆十三年)，故1748年后清朝的天主教发展情况在这里暂不做研究。天主教在清中前期的发展呈现出有高到低的状态是有多方面的原因。

首先，它和康熙、雍正、乾隆三个皇帝个人对待天主教的不同态度有关，"因人容教"和"因人禁教"是清前期基督教政策的重要特点。③ 康熙在文化态度上较为宽容，对西学有强烈的兴趣，甚至对天主教也有一定程度上的理解，这样，他必制定出宽容的宗教政策，允许天主教在中国自由传教。而雍正本身对西学并不感冒，又加之传教士卷入宫内政治斗争，成为他的直接政治对手，他的严禁天主教的政策是很自然的。乾隆上台后纠正雍正的严厉的政治政策，他本人和传教士也无直接的冲突，这样苏努一家的平反是自然的。而他本人对西洋技术又有较浓的兴趣，由此"收其人必尽其用，安其俗不存其教"就成为乾隆对待西学的基本态度。我们应该看到"他们的思想认识、决策措施，不是凭空产生的，而是孕育于中国悠久的历史文

---

① 北平故宫博物院编：《康熙与罗马使节关系文书影印本》，1932年，第41—42页。
② 李天纲：《中国礼仪之争》，上海古籍出版社，第280页。
③ 参阅于本源：《清王朝的宗教政策》，中国社会科学出版社，1999年。

化之中,取决于中国的社会性质、政治体制、经济基础,受制于风云变幻的国内外形势,也与他们的心态、性格、才能密切相关"①。

其次,"礼仪之争"是天主教在清代发展的关键事件,以此事件为转折点天主教在中国发展呈现出了两种形态,这也是最终导致康熙禁教的根本原因,而这个重大事件的"主要责任恐怕应该有罗马教廷承担"②。

二、《耶稣会在亚洲》文献中所记载的传教士关于明清鼎革的历史事实

明清之际是"天崩地解"的时代,李自成的农民起义军一度夺取政权,推翻了明王朝,而后清入关,南明王朝与清抗衡,社会处在极度动荡之中,关于这段历史中国史也有记载,学者也有较深入地研究。③ 但由于当时传教士在中国的特殊地位,他们的记载应格外引起我们注意。

当时的在华耶稣会传教士实际上服务于不同的政治势力,在北京汤若望和龙华民在清入关后掌握着钦天监;清人所派出攻打西南的孔有德、耿忠明、尚可喜和吴三桂四位异姓王则都是当年徐光启的爱将孙元化的部下;在张献忠的大西政权中,传教士利类思(Louis Baglio,1606—1682)和安文思(Gabriel de Magalhaens,1609—1677)作为"天学国师"为其效力,还为张献忠的某一侧房的娘家二十余人受洗;在南明小王朝则先后有瞿安德(Andre-Xaveier koffler,1613—1651)、卜弥格(Michel Boym,1612—1659)、毕方济(Francois Sambiasi,1582—1649)等在其活动,并使宫中皇后等人受洗入教。④ 这些传教士虽然服务于不同的政治势力,但他们作为同一修会的传教士则分别从不同的地区将其所见所闻写成报告寄会教内机构,从而给我们留下有关明清之际中国社会变迁的真实材料。

例如,文献中有关于清和南明王朝的战争及南明王朝内部的有关记载,(1306)⑤南方官员在"漳州(福建)"拥举一位名叫"隆武"的人为王。第八章:(1307)广州的官员决定推举一位名叫"永历"的人为新王。第九章:(1308)"李(定国)"的军队开赴广州。第十章:(1309)李定国揭竿对抗鞑靼人,并归顺永历王。第十一章:(1310)李定国向永历王遣使,随后他本人前去归顺;其密谋。第十二章:(1311)一支军队从广州整装出发前往漳州;李两战两败。第十三章:(1313)曾德昭

---

① 吴伯娅:《康雍乾三帝与西学东渐》,宗教文化出版社,2002年,第489页。
② 孙尚杨等:《1840年的中国基督教》,学苑出版社,2004年,第422页。
③ 樊树志:《南明史:1573—1664》,复旦大学出版社,2003年。
④ 黄一农:《南明永历朝廷与天主教》。
⑤ 这是原文献的编号,以下同。

神甫和瞿安德神甫前往肇庆拜访国王;及随后发生之事。第十四章:(1315)一支人数达三万的由步兵和骑兵组成的鞑靼部队抵达广州,首次攻城;及随后发生之事。第十五章:(1316)鞑靼人进攻了福建人聚居区外三座堡垒;占领了它们,部署了一个有50门炮的阵地,并籍此破城而入;攻城及抢劫事。第十六章:(1377)简要介绍中国皇后嫔妃受教化的情况和太子的领洗过程,以及S. Fede在中国的其他一些进展,由耶稣会卜弥格神父汇报。

这些材料对于编写清史的"通记"的第一卷满族的兴起、清朝建立;第二卷清朝入关、平定南中国有重要的参考价值。

三、《耶稣会在亚洲》文献中关于"礼仪之争"的记载

上面我们在介绍清初天主教发展的基本情况时对"礼仪之争"做了简单的介绍,近年来国内学术界对西方文献中的有关"礼仪之争"的介绍和研究的著作有《中国礼仪之争:西方文献一百篇》和李天刚的《礼仪之争:历史·文献和意义》,这两部著作大大推进了我们对"礼仪之争"历史的认识和研究,但我们应注意《中国礼仪之争:西方文献一百篇》是"从已经出版的罗马教廷传信部和其他有关的原始文献中选录、编辑、翻译而成的"①。这一百封信中只有六封是中国当地教会所写的文献,其余则全部为教宗的教令和传信部与圣职部的指令,也就是说这本书主要反映的是罗马教廷在礼仪之争中的态度,对当时礼仪之中中国教会内部的情况和当时中国社会的反映并无多少报道和反映。②而李天刚的《礼仪之争:历史·文献和意义》一书主要学术贡献在于对"礼仪之争"中中文文献的发掘和研究,正如李天纲所说:"我们在礼仪之争中,常见到的外部的观念,常看到的是外国人对中国文化的评论。……我们需要以中国的文字、中国的语言、中国人的思维方式来对待中国礼仪之争。现在正好有了一批中文资料,可以供我们从这样的角度来看此问题。"③无疑,这是一个重要的方向,我们应继续在中文文献上下工夫。

但从"礼仪之争"的实际文献来看,西文文献仍是主要的,虽然几十年来我们陆续翻译了一些西文文献④,但可以说最主要的基本文献仍未翻译,这直接影响了我

---

① 〔美〕苏尔·诺尔编:《中国礼仪之争:西方文献一百篇》(中文版序),沈保义、顾为民、朱静译,上海古籍出版社,2001年。

② 从清中前期的祖国天主教来看只有1693年的阎当的布告较为重要。参阅《中国礼仪之争:西方文献一百篇》,第15—19页。

③ 李天刚:《礼仪之争:历史·文献和意义》,上海古籍出版社,1998年,第155页。

④ 李明:《中国近事报道》,郭强译,大象出版社,2004年,此书是最近国内出版的有关礼仪之争在西方影响的最重要著作。

们对清代这一重大历史事件的研究。① 关于"礼仪之争"的西方文献有两类,一类是在中国的传教士所写的文献,反映了"礼仪之争"爆发后中国方面的情况,特别是关于铎罗和嘉乐来华后与康熙接触的有关文献。这一类文献对清史研究有着直接的意义。另一类文献是"礼仪之争"发生后,在西方所产生的影响,这部分文献对清史研究关系不是太大,它主要是西方近代思想文化史的一部分,或者说是西方早期汉学史的一部分。我们在这里所选的条目全部是第一类的内容,是当时在华的传教士所写的各类报告和文章,从这些目录我们便可看出它所提供的丰富的内容。

(1536)祭孔,孔庙;(1538)论曾祖父们(祖先们)的隆重敬拜(宗教崇拜);(2818)简述广州传教士被逐往澳门一事,其缘由及后果(1732年12月8日);(5236)沙勿略神甫对闵明我神甫著作《中华帝国历史、政治、伦理和宗教札记》之评论(1676年);(5409)论中国教会所允许的种种礼仪。辩护。所发生的事物的辨别,向神圣的、普遍的宗教裁判所向在罗马的耶稣会士们提出的问题的回答,说明种种合法的理由,获得圣座权威的肯定(1656年);(5523)中国人的礼仪、信仰和理论;耶稣会神甫与来自教廷的外国修会的教士辩论之论据(1680年);(5582)关于 Ly Klem 回答的记录,内容为驳斥37篇反对孔子及丧葬文化的中文著作。该著作尚为完成,正如开头所述:许多内容尚待补充;(5715)耶稣会视察员南怀仁神甫北京学院院长。洪度亮神甫关于"烧纸"以及其他在西安府所见之葬礼习俗(1683年11月23日);(6351)第八章:分析及揭露刘应神甫的诡辩;(6399)祭礼(要求)的着装;(6403)困难二,中国人是否向祖先祈求;(6404)困难三,传教会的神父是否允许信徒们参加寺庙的祭礼;(6405)困难四,中国人在庙堂以外对祖先进行的膜拜和敬献是否算祭祀;(6410)困难七,能否允许基督教徒参加祖先祠堂的祭祀;(6411)困难八,对孔子的敬献是否是祭祀;(6623a)中国耶稣会诸神甫致教皇函(北京,1700年12月2日);(6624)某些礼仪方面的声明;或说,关于华人的种种习俗的声明——就是以耶稣至今允许了的习俗的意义上;由康熙皇帝于1700年11月30日所提出来的(声明);(6636)1701年,致敬阎当先生,Conon 的主教和福建的宗座代牧的一些观察;针对耶稣会神父们向华人的皇帝所提出的问题以及针对皇帝的回答;(6637)第一部分;关于向华人皇帝所提出的申请书;以及关于那个皇帝的回答;(6726)礼仪法案的文献,或华人诸典礼的宝典;1)福建宗座代牧和 Canon 主教,阎当神父的规定或任命;2)罗马教廷传信部和普遍的宗教裁判所从这个规定所提出

---

① 只要对比一下罗光主教在几十年前所写的《教廷与中国使节使》一书和新近国内学者所写的有关礼仪之争的著作就可以看出其中的问题,可以这样说除李天纲的著作外,在礼仪之争问题上的研究著作鲜有进展,其根本问题在于完全不掌握西方的基本文献,即便使用西方的文献也停留在二手文献的转述上。

来的问题的摘录;3)前面说的传信部对于这些问题所给予的回答;4)至圣克莱盟六世教宗——他因上主的按排任教宗——向前说的传信部所发出的敕令,发布于1704年11月20日,通过它,这些回答被肯定和批准。罗马宗座印行,(1693年3月26日);(6757)由至敬铎罗宗主教,宗座视察员向华人至高的皇帝所提交的小册子,康熙第45年5月12日,就是1706年6月22日。这个小册子被皇帝和朝廷中的人称为"控诉";(6789)皇帝于1706年9月29日发布的另一条命令;(6790)皇帝于1706年10月1日发布的另一条命令;(6816)在铎罗宗主教的命令公布前接收了皇帝颁发的委任诏书;(6890)铎罗宗主教致北京众神甫的恐怖的信函,(1701年1月18日);(6953)第三节:皇帝第一次接见铎罗宗主教:拒绝其在北京派驻教皇派遣的教廷大使:北京主教抵达宫廷:铎罗宗主教召见阎当主教;(6956)第六节:铎罗宗主教获得皇帝和太子接见的荣誉:接受了一道转交给教皇的圣旨:给皇帝传达了阎当主教和格特教士抵达北京的消息。太子威胁毕天祥神甫,称他本人或者总主教将指控葡萄牙人;(6958)第八节:皇帝召见阎当主教:考察其文字及中国知识:认定其无知并固执己见;(6960)第九节:皇帝发出两道极其严厉的圣旨,斥责阎当主教和铎罗宗主教,后者对皇帝进行强烈反驳,招致更严厉斥责;(6962)第十一节:皇帝向宗主教宣布不准许驻大使;命白晋神甫返回宫廷,……毕天祥神甫被捕回京;(6963)第十二节:根据皇帝旨意,毕天祥神甫被押送至苏州;阎当主教及格特、米扎法斯教士被驱逐。所有的传教士都被传唤接受审查,目的是驱逐在中国礼仪事件中阎当主教的追随者。宗主教对抗另一道政令,使得传教会面临灭顶之灾;(6964)第十三节:耶稣会省长神甫命令遵循宗主教的政令,并同其四位下属在审查中遵循之:皇帝被冒犯,驱逐全部这五人,并宣布不遵守礼仪的基督徒为叛逆;其他耶稣会士向教皇求助,并留在其教堂中;皇帝颁发了一道恐怖至极的旨意并驱逐其他传教士;(7048)在宗主教命令公布之前接受皇帝委任状(领票—译者注)的教士名单;(7056)1708年10月等待皇帝派出命令之神甫名单。

从这些文献目录我们可以看到,这些文献对于纂写"通记"中的第三卷"康熙之治和雍正改革"和第四卷"乾隆统一全中国";对于纂修清史的"典志"中第二十卷澳门、香港志,第三十三、三十四卷宗教志,第九卷思想文化志;对于纂修清史的"传记"中第四十九卷顺治朝人物(约100人),第五十卷康熙朝人物(约100人),第五十一卷康熙朝人物(约100人),第六十九卷遗民一(明清之际)、遗民二(清、民国之际外籍人士约250人)等卷都是十分有价值的。

四、《耶稣会在亚洲》文献中关于清代天主教史的记载

清代天主教史的研究近年来有了长足的进步,特别是台湾学者黄一农先生所写的一系列论文达到了很高的水平,澳门金国平和吴志良的研究也成绩斐然,中国大陆学术界的研究也取得很大的进展。但是我们应看到,制约清代天主教史研究的关键问题仍是基本文献的整理不足。从中文文献的整理来看近年来出版了一些重要的原始文献,从而有力的推动了研究的进展,但现在所出版的中文文献只是很小的一部分①,大量的清代天主教的中文文献仍藏在欧洲各大图书馆,进一步收集和整理这些中文文献应是清史文献整理中的重要工作。从西方文献来看,主要有北京外国语大学海外汉学研究中心组织翻译了一些传教士的西方语言著作,但对档案文献文献的翻译和整理中国学者从来未做过,正是在这个意义上这个目录将为清代天主教史的研究者提供一手的教会内部文献,从而加深对清代天主教史的研究。

例如,清初的在华传教士南怀仁等人的通信就显得十分珍贵。

(1752)南怀仁致省长神甫函。(北京,1683年5月5日);(1821)南怀仁致方济格神甫函。(北京,1687年6月27日)。(1822)南怀仁致高级神甫函。(北京,1687年1月28日);(1823)南怀仁致高级神甫函。(北京,1687年4月26日);(1824)南怀仁致高级神甫函。(北京,1687年9月24日);(1826)徐日升致视察员神甫函。(北京,1688年2月24日);(1828)徐日升致狄若瑟神甫函。(北京,1688年12月1日);(1829)徐日升致视察员神甫函。(北京,1688年12月12日);(1831)徐日升致视察员神甫函。(北京,1688年2月8日);(1834)徐日升致高级神甫函。(北京,1688年2月11日);(1835)徐日升致视察员神甫函。(北京,1688年2月27日);(1851)……致徐日升院长神甫及安多神甫函。(广州,1688年5月21日);(2021)洪若翰神甫致在华主教助理神甫阁下函之。(1688年6月10日);(2069)主教神甫致北京院长徐日升神甫函之,以备中国及日本视察员神甫查询通报。(1688年11月20日);(2209)徐日升神甫同年致视察员方济格神甫若干信函之。(1690年1月10日);(2219)徐日升神甫致视察员方济格神甫的另一封信函。(1690年6月3日);(2242)徐日升神甫致同一位视察员金弥格神甫的另一封信函。(auzenteao

---

① 钟鸣旦等编:《徐家汇藏书楼明清天主教文献》(1—5卷),台湾万济出版社,1996年;钟明旦:《耶稣会罗马档案馆明清天主教文献》(1—13卷),台湾利氏学社,2002年。参阅张西平:《明末清初天主教入华中文文献研究的回顾与展望》,载《炎黄文化研究》2003年第10期。

（1690年10月29日）。

又如，目录中提供了在华传教士的会内的各种报告、著作目录、各个住院的通信和报告等，使我们对清初的天主教内部运作有了等清楚的了解。

（2778）自沙勿略起所有入华神父的名单；（2779）关于道明会；（2780）关于圣方济各会；（2781）关于圣奥古斯定会；（2821）亚洲尽头。信仰传入：耶稣会的神甫们传播上帝之法则于斯。第六卷第一部分。致尊敬的吾王若望四世陛下。著者：耶稣会士何大华神甫，于中国，（1644年）；（2027）洪若翰神甫致在华主教助理神甫阁下函之。（1688年6月10日）；（2082）柏应理函。（马德里，1689年6月22日）；（4490）中国传教会为神甫所制书籍目录；（4522）利类思神甫在宁波所建传教会；（4515）毕方济神甫于常熟所建另一家住院；（5018）1658年中国省北部诸住院年报；（5150）中国大迫害之简短记录；（5627a）某些书的目录，这些书是由于那些在华夏帝国宣讲基督的耶稣会神父们写的，他们用汉字和汉语印刷这些书，其中仅仅列出那些与基督宗教规律有关系的书籍，而省略其他学科和艺术的书，因为全部著作的目录以及作者们的种种话会在别处出现。（6425）第二节：如何管理宫廷里的基督徒社团；（6426）第三节：宫廷基督徒社团诸修会组织；（6782）记述从1706年至今在中国传教会所发生之事。（1707）；（6970）宗主教两次突破警卫或看守所：请求中国人帮助来对抗葡萄牙人；宣称革除总督、加约上尉及总兵之教籍；被看押得更加严密；主教宣布对此宗主教进行审查，后者则宣称革除主教教籍。耶稣会林安廉服从了大主教，拒绝了宗主教给他的信函。

以上文献对于纂修清史的"典志"的第九卷天文历法志；第二十一卷澳门、香港志；第三十三、三十一卷宗教志；第四十卷学术志；第四十四卷科学技术；第五十卷康熙朝人物（约100人）；第五十一卷康熙朝人物（约100人）；第五十二卷雍正、乾隆朝人物（约100人）；第六十九卷遗民一（明清之际）、遗民二（清、民国之际外籍人士约250人）等卷都有着重要的价值。

五、《耶稣会在亚洲》文献中关于清代社会史的记载

这批文献对清史纂修的另一价值是它提供给了我们有关清代社会史的许多宝贵材料，因为传教士生活在中国社会的各个不同方面，他们中既有长期生活宫廷中的，也有长年生活在社会底层的，这样他们的这些信件和报告就给我们展现了一幅清代社会生活的画卷，其中许多材料和描写是在中国史料中很难看到的。例如，前不久我在为不久将出版的清代传教士鲁日满（Fracols de Rougemont，1626—

1676)帐本研究的一本著作中①的序言中曾引用过这本书的作者的一段话,他说鲁日满的"帐本也是反映中国商品价格史及各种服务价格的一种材料,从这点上说,它的内容又属于汉学的领域,更确切地说,属于所谓的'康熙实唯期'中国经济学的领域。这份迄今为止未被发现的来自常熟的西文材料,由此可以充分补充当时中文材料的缺陷。"

作者还根据帐本对鲁日满的日常生活的消费做了具体的价格计算,通过他的计算我们可以对17世纪70年代的江南经济生活有了一十分具体的了解。下面就是作者对鲁日满的日常生活的47种物品的价格计算。

物品	价格		账本页码	地点
桑皮纸	0.035 两/张	87.5 文	页 133	
墨	0.05 两/两	125 文	页 173	
蜡	0.185 两/斤	462.5 文	页 142	
大米	0.0900 两/斗	2250 文	页 140	
面粉	0.0056 两/斤	14 文	页 192 等	杭州
盐	0.0120 两/斤	30 文	页 226 等	
糖	0.0370—0.062 两/斤	73.4 文	页 214 等	
羊肉	0.0220 两/斤	55 文	页 190	杭州
牛肉	0.0170 两/斤	43.33 文	页 192	杭州
猪肉	0.0260 两/斤	64 文	页 192 等	杭州
未知名称的肉	0.0268 两/斤	67 文	页 188 等	杭州
油	0.0270 两/斤	69.33 文	页 185 等	杭州
香油	0.0254 两/斤	63.5 文	页 190	杭州
香圆片	0.0766 两/斤	191.5 文	页 156	杭州
茶叶	0.0480 两/斤	120 文	页 190	杭州
山药	0.0533 两/斤	133.25 文	页 221	
瓜仁	0.004 两/两	10 文	页 190	杭州
鸡	0.048 两/只	120 文	页 184	杭州
野鸡	0.090 两/只	225 文	页 220 等	
夏帽	0.0300 两/顶	75 文	页 186	
冬帽(成人)	0.2500 两/顶	625 文	页 153;223	

---

① 高华士(Nöel Golvers)、赵殿红译:《耶稣会传教士鲁日满在常熟》,此书将在大象出版社出版。

续表

冬帽(儿童)	0.175 两/顶	437.5 文	页 223	
冬衣(成人)	1.200 两/件	3000 文	页 41	
冬衣(儿童)	1.000 两/件	2500 文	页 152	
眉公布制成衣	0.600 两/件	1500 文	页 156	
丝带	0.200 两/条	500 文	页 141 等	
冬袜(成人)	0.200 两/双	500 文	页 126	
冬袜(儿童)	0.170 两/双	425 文	页 136	
紫花布	0.085 两/匹	212.5 文	页 202	
锦布	0.130 两/匹	325 文	页 227	
本色棉布成衣	0.110 两/件	275 文	页 46	
棉桃	0.060 两/斤	150 文	页 140	
煤(或炭)	0.003 两/斤	7.5 文	页 189	杭州
铅笔(或毛笔)	0.006 两/支	18 文	页 229;164	
石青	0.250 两/两	625 文	页 134	
(铜制)灯笼	0.0048 两/只	12 文	页 177	杭州
铜门栓	0.04 两/条	100 文	页 178	杭州
铜十字架	0.13 两/个	325 文	页 173	
茶壶	0.02 两/只	50 文	页 44	
夜壶	0.016 两/只	40 文	页 178	
容器	0.035 两/只	87.5 文	页 52	
钟表架子	0.03 两/只	75 文	页 52	
骨制念珠	0.03 两/串	75 文	页 225	
眼镜	0.3 两/只	750 文	页 45	
望远镜	1 两/只	2500 文	页 228	
盒子(盛放毛皮)	0.55 两/只	1375 文	页 148	
桌子	0.8 两/张	2000 文	页 226	

这里我们只是举了鲁日满的例子,其实在我们这个文献目录中这样的文献是有不少的,例如:

(1962)出于明确需要及明显用途而在南京进行的一次房地产置换,1688 年,由副省长神甫殷铎泽批准,南京学院院长毕嘉神甫经手。(1690 年 10 月 30 日);(2764)教友伊那西奥库埃略留给澳门学院的省教区记录,以管理房地产,以及该学院于 1646 年 8 月 12 日将土地(chão?)出售予迪奥哥瓦兹帕瓦罗的记录;(2765)教友伊那西奥库埃略赠与澳门学院以购买房地产的两千帕道(古葡属印度货币)银两的花费,以及该学院出售予迪奥哥瓦兹帕瓦罗土地所得银两的花费。(1646年);(2771)澳门学院来自日本省教区的传教士;该省从1616年8月31日至1639年8月31日供养这些传教士;澳门学院每年的人数及上述省教区对此的花费,如本书所述,香烛钱不记在内;(2792)澳门学院不动产清单;(2810)中国教会收入及不动产清单;(2823)第一阶段之中文词汇解释;(4961)北京宫廷住院;(5127)第九章:国王政令下达南京及南部其他省份,关于宫中诸神甫的生死及如何执行政令;(5257)1673、1674年北京年报,致日本及中国视察员神甫。第23条。1674年年报北京宫廷住院摘录;(5328)耶稣会华夏("支那")副省于1662年的年度收入;(5497)中国皇帝圣旨;(6242)呈交康熙皇帝用于北京学院新教堂之铭文事宜;(6257)杭州府学院的详细收入,从1725年9月1日到1726年8月底。

这些文献将为清史纂修中的"典志"的第二十五卷农业志;第二十六卷手工业志;第二十七卷商业志;第二十八卷对外贸易志;第三十卷财政志;第三十一卷漕运、盐政、钱法志(附金融)等卷提供一手的原始材料。

六、《耶稣会在亚洲》文献中关于清代中外关系史的记载

历史发展到17世纪时,由地理大发现而开始的世界融为一体的进程在加快,葡萄牙、西班牙、荷兰、英国等西方国家在晚明时已经将其力量扩张到东方,当从内陆起家的满清贵族掌握了国家政权时,他们最初对于外部世界的认识在一定程度上还不如晚明王朝。在全国政权基本稳定后他们基本沿袭了明朝的对外政策对于朝贡国"清仿明制,完全继承明朝朝贡制度,通过颁赏,建立宗藩关系,但对其国内事务不加干涉,关注的知识礼仪和名分"①。对于已经来到大门口的西方国家虽也时有将其作为朝贡国记载,但并不敕封,而只是侧重"互市",把贸易关系放在首位。

由于不少耶稣会士生活在宫廷,对清王朝的外交活动有近距离的观察,特别是在与西方国家的交往中,康熙时代还让传教士们直接参与其外交活动,最明显的在俄罗斯的边界谈判中徐日升和张诚发挥了重要的作用。因此,在入华耶稣会的通信和报告中不少文献直接反映了清代的外交活动,给我们提供了研究清代外交关系的重要文献。

例如,(1549)玛讷萨尔达聂大使广州来函。(1668年11月7日);(1550)玛讷

---

① 万明:《中国融入世界的步履:明与清前期海外政策比较研究》,社会科学文献出版社,2000年,第319页。

萨尔达聂大使另一函。(1668年5月19日);(1551)玛讷萨尔达聂大使另一函。(1668年7月1日);1700年葡萄牙国王特使玛讷萨尔达聂前往京廷及觐见中国及鞑靼皇帝行程简记:自广州登岸日始;(2817)1725年葡萄牙国王若望五世派遣一名使者觐见中国皇帝,但(envernar)里约热内卢。大使名为亚历山大·米特罗·德·门得斯·索萨,于1726年6月10日乘坐一艘载有54门大炮的葡船只抵达澳门,下列神甫同行;(5166)1667年,荷兰使节于该年即康熙六年呈交中国皇帝康熙的备忘录;(5167)国王的回答;(5168)描写荷兰人进贡诸事之礼仪备忘录;(5168a)皇帝赐荷兰人物品清单;(5169)荷兰人请求国王赐予的物品,为礼部法庭呈交国王一份备忘录,向陛下表述这些请求;(5170)提及荷兰人向中国皇帝晋献的厚礼,以及如何得到批示。中文译成葡文。若望·曼苏卡提交中国皇帝的备忘录;(5171)荷兰国王自巴黎向中国皇帝赠送的物品清单;(5184)为皇帝及其他官员晋献礼品清单;(5185)晋献皇帝之礼品;(5186)晋献皇后之礼品;(5495)吾王至中国皇帝信函之副本;(5496)皇帝就此函所做批示。

以上文献将为清史纂修中的"典志"的第二十二、二十三卷邦交志;"传记"的第六十九卷遗民一(明清之际)、遗民二(清、民国之际外籍人士约250人)等卷提供外文的材料和文献。

内藤湖南的"支那论"的变迁
——以对华"监护人"意识的形成为中心

陶德民[*]

一、内藤湖南的中国观的变迁

在内藤湖南(1866—1934)于1924年元旦发表的《支那研究的变迁》一文中,把日本人的中国问题研究划分为以下四个阶段。

第一阶段是到甲午战争为止(明治前期,晚清)的"浪人、野心家的研究"。

> 明治初年日本振兴之气鼎盛,对朝鲜和支那都有侵略之意。用现在的话说,即充满了军国主义倾向。这并没有隐讳的必要吧。""虽然有些人对支那的军备和政治腐败等情况有相当的了解,但是这些野心家们自身毕竟在学识和意见上也与支那人不相上下,因此在支那的开发和改革等问题的见识上,并没有超出支那的先觉者之上的人。

第二阶段是甲午战争之后(明治后期,清末)的"学者、政治家的研究"。

> 甲午战争作为一个转折点,使支那的国势为之一变。其自身的改革论风起云涌,并有许多留学生来到了日本。而且日本与支那之间的贸易也显著增长,在经济方面也有了研究的必要。而且对于支那来说,日本的改革是他们的榜样,有必要对政治改革进行研究。""然而,大多数日本人都主张稳健改革的方针,而来日本的支那留学生中主张用非常手段在支那发动革命的人却不断增多,特别是义和团运动以后,这种倾向更加激化,日本简直变成了培养支那革命党的温床。此时,上一阶段中那些的野心家们多是与革命党勾结,而持稳健改革意见的人则多是日本的学者和有识的政治家们。

第三阶段是大正前期(民国初期)的"有识者冷眼旁观"期。

---

[*] 陶德民,日本关西大学教授。

当时支那的第一革命爆发,脆弱的清王朝被推翻了。当时成了那些不顾国家长久之计而谋权夺位之徒得势的时代。当时日本的浪人并没有支那人那样的智慧,而日本的有识之士则对支那的情况又无能为力,而且也不想卷入复杂的关系之中。支那人对以日本为其本国改革的榜样的想法向来很淡薄,日本的支那研究者们也渐渐对制定直接帮助中国的计划死了心,对于支那的命运也就开始报以袖手旁观的冷淡态度了。

而后的第一次世界大战后的第四阶段中,世界的大势是对于自古以来就对支那有深刻研究的英国人的意见已经听不进去了,相反,原来对于支那情况最不了解的美国的意见开始变得重要起来。日本人的意见也受到了这种倾向的诸多影响。或者有人认为把支那放手交给支那人自己,其青年人会自然而然地进行改革。相反,却无视数十年来在列强的压迫之支那才终于觉醒这一事实,认为只要从压迫之下解放出来,支那的情况便会自然得到改善的浅薄意见受到了欢迎。还有许多既不了解自己,又不了解本国学问和历史的支那青年,以及在美国等国接受教育后回国、直接就要将支那从列强手中解放出来成为完全国家的自不量力的人。当时空谈高调盛行,这些也影响到了对支那缺乏了解的日本政治家和报社记者等,使得关于支那的问题应交给支那人的意见盛行起来。①

以上的内藤的概括肯定不能涵盖各方面的全部研究,但是对于明治以后日本人对中国问题研究的流变、特别是对内藤自身对中国态度变化的理解上还是非常有益的。即在明治以后日本人的中国问题研究上,关于"军备"方面,由"日本如何摧毁中国的军备"的甲午战争前的着眼点转换到了"以日本人的力量,如何帮助其进行改革"的日俄战争前的着眼点;而关于中国的"政治"方面,亦有"支那人自己的观点哪里有问题,在日本等新兴国看来,应从何处着手帮助其趋利避害,成功实施改革"这样的参照型、同情型的研究。

有趣的是,于第一次世界大战前的1914年3月27日出版的内藤的《支那论》,可以说正是日俄战争前的改革助成论的延长线上的杰作,但同时又是大正前期"冷眼旁观"论调的代表。内藤在这本于1913年末写成的书中提到"熊希龄的政策,实际上也可以看成是在革命后当今,把清朝末年的想法原封不动地付诸实施。熊氏和我是好友,十年前在当时的支那救济政策的问题上,我们虽有些观点不一致,但是我大体赞同他的意见",并对以他的故交熊希龄为首而组成的"名流内阁"的施政方针进行了一定的评论,并提出了建设性的意见。但是,在1914年3月12日对本

---

① 「支那研究の変遷」(1924年1月1日『木堂雑誌』第一号。这里的"木堂"是与内藤关系甚厚的政治家犬养毅的号。)『内藤湖南全集』(以下略称为"全集")第五卷,第165—168页。

书所作的《自叙》中,他又对当时的袁世凯总统和熊希龄内阁的"越顶"对美契约(1914 年 1 月 13 日刚兼任全国水利局总裁不久的农商总长张謇和美国红十字会之间达成的 2,000 万美元的淮河水利事业借款契约,以及同年 2 月 10 日与美孚石油公司即标准石油公司达成的关于陕西省延长和热河省建昌的油矿开发的 3,500 万美元的借款契约。后者的签字仪式,辞任之前的熊希龄也参加了)大加批评,怒斥为"为了谋权利益而不顾国家的长远大计"的行为,并说,"只要没有看到他们实施直接有效的有助于支那人利益的计划,我们就对支那的命运袖手旁观"。其结论是"支那是个庞大的民族,这个民族又作为一个整体而被统一在了一起。而且列强在支那的利用又错综复杂,因此我自己也不认为应该迅速将其分割。但是'义和团事件之后,像在天津成立的由列强领导的都统衙门那样的都统政治,是什么时候都有可能施行的。而且这种都统政治又能令支那人体面地感到国民的独立,这对于他们来说,是再幸福不过的了'"。这是一种警告与讽刺并存的"列国共同统治论"。之后他自己也承认,这样的"极端观点","不仅引起了支那人的厌恶,而且也甚至招致了日本人的批判"①。

这种对美的"越顶"契约,就是中国事先不与日本商量就将开发事业的优先权给了美国,这就意味着中国本土成了美国的立脚点,这就有可能比只有满洲这块立脚点的日本占有更优越的地盘。而内藤的对于"都统政治"再现的警告,也可以认为是与以下的他的现状认识联系在一起的。第一,关于民国初期列强势力的对比,内藤在《支那论》附录的政论中进行了以下的阐述。"当今若比较在支那的列国势力,日本和俄国两国很明显地具有支配支那命运的实力。而英国也很明显地在贸易上拥有对支那内部事务的发言权。(中略)日本提出支那保全,与(美国等国)为了自己在支那的利益而主张支那保全在立场上是不一样的。(中略)因为在支那不能保全的情况下,日本将是获得最大权利,并有能力获得最大利益份额的一方。而且也握有发言权。"②即日俄两国是以军事实力为背景在政治上支配中国,而英国则是在中国的贸易和内政上有发言权。与之相比,包括美国在内的其他诸国对中国的影响都是非常有限的。第二,在资本输出方面,日本远不及美国,根本无法与之竞争,这是一个严酷的事实。因此,内藤上述的极端论调可以被认为是对日本虽在军事上占优势,却由于资本不足而在竞争中国权利时居于美国下风这一事实的过激反应。虽然最后这两件融资都因为同年七月爆发的第一次世界大战而没有实

---

① 详细的论证参考拙稿「内藤湖南における『支那論』の成立ち—民国初期の熊希齢内閣との関連について—」(『東方学』第 108 輯,2004 年 7 月)或者参照在这基础上写成的「明治の漢学者と中国」,(関西大学出版部,2007 年 3 月)第五章「辛亥革命後の支那管理論」。

② 『支那論』,文会堂书店,1914 年 3 月 27 日初版,第 395—396 页。

现,但是可以说,内藤把美国当作竞争对手的心境以及对中国的高压姿态却充分地表现了出来。①

综上所述,内藤在对中国的态度上可以说是这样变化的。即对清末改良派、立宪派向日本学习报以好感,并给予了支援,但是强烈反对脱离"日本模式"的革命派的急进主义。后来,辛亥革命后,虽在一定程度上对由袁世凯达成的统一抱有希望,但不久就对为了牵制日俄对中国的支配趋势而导入美英资本的袁氏势力绝望了。

内藤的对华"监护人"意识,正是在第一次世界大战中膨胀起来的日本的对华观的阴暗面。

二、内藤的对华"监护人"意识的膨胀

第一次世界大战给东亚带来了以下两个重大变化。

第一,西方列强由于忙于欧洲的大战,无暇顾及中国,于是日本趁此机会大幅加速了向中国扩张的步调。充斥着公然要求中国政府在各部门任用日本人顾问以及要求日本人对中国的警察和兵器工厂进行管理等条款的 1915 年的《对华 21 条》,可以说就是这个趋势的集中体现。

第二,由于战争景气的影响,日本出口增加,导致国内过剩资本膨胀。从 1916 年到 1918 年,寺内内阁以日中亲善为名,向北京的段祺瑞政权提供了以"西原借款"为中心的 2 亿 4 千万日元的巨额贷款。因从清政府继承下来的赔偿金和由清末新政及辛亥革命而产生的种种债务而苦不堪言的中国政府,由此就处于了日本的财政支配之下。这也可以说是包括内藤在内的日本的舆论领袖和政治家对华"监护人"意识膨胀的相当重要的原因。

内藤认为,"在欧洲大战爆发使得世界经济界发生震荡的时候,支那政府最忧虑不堪的,就是无处可借外债,导致中央政府的财政难以维持。去年年末出现了如何才能度过年关这样的事"②。在这种状况之下,1915 年 1 月 18 日,大隈内阁的加藤高明外相向袁世凯政府提出了《对华 21 条》。原本,内藤对 21 条中的部分内容和不明智的要求方式是持批判态度的。但是,他对于交涉时机过晚这一点,向当局提出了以下的批评。"去年岁末支那政府的财政难关得到缓和,稍微看到一点光明

---

① 内藤对美国观念的变迁参考拙稿「大正期の日中関係と「米国問題」—内藤湖南『支那論』を手掛かりに—」(陶德民、藤田高夫编『近代日中関係人物史研究の新しい地平』所收,雄松堂出版,近刊)

② 「日支交涉論」(1915 年 7 月『太陽』第 21 卷第 9 号),全集第 4 卷,517 页。

前途的时候,日本政府就在没有任何铺垫的情况下突然在一月十八日提出二十一条要求。""对于政府为何侵入青岛,而且没有在出兵之前进行交涉一事上的批判,虽有种种解释,但是无论是否驻军,从当时的世界局势和支那国内情况来看,去年年中没有开始和支那交涉,绝对是一个失败。而到了今年,德军已经在欧洲战场上显现出持久力,支那政府也已度过难关的时候,才提出这个令支那蒙羞的要求,并无论如何想逼其接受。这不能不说是非常不明智的。""如果按照我的办法,(即在趁支那财政危机时提出此要求),支那哪里还会考虑什么选择的方法,肯定会三跪九叩地全盘接受的。"①

也就是说,内藤是在批评日本政府,对于像中国政府这样的只有通过贷款才能度过"财政年关"的"债务者",日本政府利用作为新贷款的资金源的"债券者"地位,如果在1914年年末的时候就开始《对华21条》的交涉,中国政府肯定会立即接受。但是为什么日本政府却没有这样做呢?这也可以说是栩栩如生地反映出内藤对中国财政情况了如指掌及其敏锐的经济洞察力。

除了财政支配外,日军对青岛的侵入以及上述对列强在中国势力的对比的认识也使得内藤"监护人"意识不断膨胀和显现。

在1916年3月《大阪朝日新闻》上,内藤也发表了极端的言论。

即使是在当今,在支那人要怎么办这个问题上,不仅是帝政派、革命派也好、进步党也好,动辄就将支那的国防挂在嘴边。但是我屡次对支那人说,支那人在此后的三十或五十年间,一点儿也不用考虑国防问题。如果总是考虑国防,反而会给支那带来危险。现在支那虽是能拥有百万军队的国家,但是如果是拥有以日本精神训练的军队的国家要侵略中国的话,只需半年或一年就能把支那拿下来了。列强之所以没有侵略支那,并不是因为支那有兵或顾及支那的体面,而是为了他们本国的利益以及对支那的怜悯心。②

正像这种赤裸裸地显露出国际关系上权力政治逻辑的傲慢论调中所看到的,内藤面向中国政治家们的视线,正是以"监护人"和支配者的立场为出发点的。即他认为,中国虽然由王朝国家变成了共和国,但是还没有成为近代的国民国家的"未成年者",也是因为财政破绽和军阀混战而无法自己管理的"禁治产者"。其所以能够存续全是因为列强之间的均势,因此不得不接受日本的"监护"或者列强的

---

① 「日支交渉論」(1915年7月『太陽』第21卷第9号),全集第4卷,第518—519页。
② 「支那将來の統治」(1916年2月28日至3月3日连载的大阪朝日新闻的评论。以下以"论说"略称。)全集第4卷,542页。稲葉岩吉述『支那帝政論』所收。

"共同管理"。① 正是在这样的历史转折关头,我们在 1916 年 6 月中下旬,即帝制失败后的袁世凯(1859 年—1916 年 6 月 6 日)死后不久在京都经济会举行的内藤演讲的记录中看到了这种"监护"字句的使用例子。

  如今欧洲交战正酣,日本国内有人提出利用此机会在支那肇事以便摧枯拉朽。这确实也是一种办法。但是日本在贸易上的损害,以及所有的费用,都不得不加以忍耐。如果不行的话,就哪怕继续妥协半年或一年,待时局渐渐转向和平期,并根据时局采取相应的对策。当今政府所做的事,细节我不知道,但是认为有种种地方值得商确。但是无论如何,我仅在令支那南北妥协、并提供财政援助这两点上赞成政府。(中略)日本虽可以为监护人,但是也不能承诺保证支那政治家们的性命,只能是暗示要提供保护。(中略)支那人中好像连决定要收拾这个混乱局面的人都没有。我也不清楚日本政府是否愿意付出很大努力来收拾这个局面。但是如果从目前情况来看,如果日本政府无论如何要收拾支那的混乱局面的话,最好是以一个理由把支那各地的政客整合在一起,成立一个中央政府。对于其中是进步党占优势还是国民党占优势,只有顺其自然了。但是无论如何,先要将其聚集在一起。而其后在日本人的指导下或者根据外国人的忠告进行彻底改革,则是要等到妥协而成立中央政府之后的事了。②

也就是说,在袁世凯死去后,中国南北对立和社会不安进一步深化的情况下,内藤为日本政府想了许多对策,但最终得出结论认为,考虑到第一次世界大战中日本的景气,与其用军事干涉,倒不如用财政援助和政治建议等手段牵制中央政府。

1917 年秋,内藤与稻叶岩吉和高桥本吉一起到中国去旅行。从 10 月到 12 月,按着青岛—济南—南京—上海—苏州—杭州—汉口—长沙—汉口—北京—满洲的

---

① 按照『広辞苑』的解释,"监护人"是指"替禁治产者以及没有亲权者的青少年管理财产并对其进行监护的人。也是法定代理人"。按照这种意思,笔者认为日本方面来看,在明治后期和大正初年形成的日中关系中,自己难道不是一个监护人的形象吗? 笔者在上述的《東方学》杂志的拙文中,为了表现内藤对于熊希龄等人所展现的自我形象时首次使用了这个提法。

另外,"禁治产者"是指"由于受到精神失常,经家庭裁判所的审判,被宣告为禁治产的人。其在财产上的行为由作为法定代理人的监护人行使"。(『広辞苑』)

内藤在论及民国初期的政治时曾说"支那的政治,就像是一个精神衰弱的病人,即使想以自己的力量进行活动,也无法做到。只能向其血液之间注入一种药,以令其振奋起来。这样的意思就是要使外国人进入支那政治的重要领域,并依靠他们来进行政治改革,渐渐按照外国的好的模式对支那进行根本的改造。"(『支那の政治』,1916 年 6 月 8 日发行『支那研究』,全集第 4 卷,569 页)。也可以说,他的"监护人"意识在这里充分地表现了出来。

② 「支那問題」,『内藤湖南全集』第 4 卷,第 586—587 页。文中的下划线是笔者所划。

行程与各地的要人和学者见面,并视察中国的外国人教育设施。这次视察出自寺内内阁的秘密派遣,有推测认为这是代替最初预定的犬养毅而进行的视察。①

众所周知,采用经济借款形式的政治贷款即"西原借款"的大半,都经当事者的默许,用作了企图打击南方革命实现武力统一的段政权的政费和军费。但是由于段的失势,使得一部分资金无法收回,日本政府也受到了来自国内的关于债务整理问题的非难。但是,内藤在因"米骚动"而动摇的寺内内阁倒台(1918年9月29日辞职)之前,对其对华借款外交这样辩护说:

> 日本在支那的南北问题上,不得不慎重考虑。但是支那政府一借款就给,一要求提供武器就提供的状况,无论是哪届内阁都是无法完全废绝的吧。即使现在的寺内内阁倒台,其他内阁取而代之之后,也没有希望能完全改变这种状况。特别是在欧洲大战一直持续的当今,无论是用作讨伐、还是行政费、还是经济借款,无论其实际用在哪里,既然支那在财政上非常贫困,我们便借钱给它,这样就不会背上拒不借钱的罪名。如日本的支那支持论者所说,如果日本不在援助中偏袒北方的话,段内阁也好、其他的内阁也好,都不会只依赖日本,而会转向其他国家寻求援助。向支那借钱,是一笔很好的买卖。唯利是图的欧美诸国,只要受到支那的请求,是不会拒绝的。然后,他们正处在交战之中,无暇东顾,因此也不得不来找日本。这就导致日本不得不低价贷款,而使外人赚取中介费。武器也是一样。支那政府向好多国家订购武器,但是在当今,只有日本最有余力,所以无论多少个国家接受了支那的订购,最终武器都是从日本买的。特别是日本的陆军,向来就对外出售武器,不能因为现在的情况而把这笔生意废弃。因此,向支那政府借钱或出售军火等,都是现在日本不得不做的事情。②

内藤认为,无论是政府间贷款还是武器输出,结局都是商业买卖。这种国际认识和经济思想的阴暗面,内藤晚年也进行了自省说,"在现代的社会组织和经济组织中中毒很深的所谓强国的国民","无视宗教和道德,只知急功近利"的倾向很明显。所以,以上内藤对寺内内阁对华借款外交的辩护,肯定和约1年前内藤的中国视察之旅是由政府秘密派遣一事有关联。

---

① 关于这一点,详见深澤一幸「内藤湖南は日本政府のスパイだ」(『中国学の十字路—加地伸行博士古稀紀念論集』所收,研文出版社,2006年)。另外,关于其对包括传教团在内的外国人在中国的教育设施的观察所感,以及关于其用义和团赔偿金在北京和汉口建立学校的建议,请参考拙作『明治の漢学者と中国』的最后一章「「近代」への反省」。

② 「対支勢力の真発展」(1918年9月『東方時論』第3卷第9号),全集第5卷,第39页。

意味深长的是，在内藤的辩护文章发表前一个月的1918年8月，已经从中国政界引退的熊希龄在北京从与内藤关系密切的日本政治家犬养毅的使者手中接到犬养给他的亲笔信。这是一封劝他复出政坛收拾中国混乱局势的劝告书。对此，熊希龄是如下回复的。中国历史上王朝更替之际，虽群雄割据、相互杀戮在所难免，但是最终国家都自然会在新的势力之下实现统一。现在也是这样的时代。当前的南北抗战，因为以武力为背景，没有正义和人道可言，所以只要我无法赞成双方行使武力，就没有发言进行调停的余地。只能暂时隐忍保身，待到双方武力两败俱伤、人心厌战时，再图挽救。而且，虽然应该日中亲善，但是并不希望因此而招致欧美列强的猜疑。①

熊希龄这种对民国初期时局的认识，既有近代的"均势"观念，又有传统的"王朝更迭"意识。前者，即中国的存立在很大程度上有赖于列强的均势的意识，可能有受到了内藤的《支那论》以及"支那将来的统治"等相关论述的影响吧。总而言之，他的基本认识就是，从两千年的王朝国家向近代共和国极速转变的中国政治，从财政拮据和列强干涉的分裂状态走上新秩序的轨道，还需要相当长的时间。如果把明治前期的经验作为参考，就可以知道这种认识确实是有一定道理的。即从1854年打开国门到1877年西南战争，用了几乎二十三年左右的时间，最终才实现了政治的安定。如果算到自由民权运动中的激化事件沉寂下来的1884年的话，大约用了三十年时间。那么，作为比日本国土面积大二十多倍、人口多十倍的多民族国家，作为一个被多重不平等条约体系所束缚、而且列强的利权错综复杂的半殖民地国家，中国的近代化路程与日本相比需要经历更加长期的混乱，这绝不是不可思议的事情吧。

但是，想把中国全域作为安定的市场和半殖民地的列强们，是不允许中国出现这样的混乱期的。特别是想趁第一次世界大战之机独占中国市场并扩大势力范围的日本帝国，更是不允许这样的混乱期长久地持续下去。正是在这样的情况下，内藤把民国初期那样的混乱与曲折相伴的缓慢的改革过程当作是"支那人缺乏政治能力"的证据，论称"在外国人的支配下，支那人才能幸福"。这显然是为旨在争夺对中国的开发和利权而加速对中国政治支配的日本帝国进行辩护的言论。

但是，第一次世界大战结束后，西方列强再次把势力伸向东亚。特别是在中国问题上，美国的主导权大大提高。战时一时膨胀的日本政治家和意见领袖的对华"监护人"意识就随之开始冷却。内藤也在1921年华盛顿会议召开之际发表了《支那国际管理论》一文，自负地说道："自己个人已经对此问题考虑多年，或许自己就

---

① 「復犬養毅書」(1918年8月11日)，『熊希齡先生遺稿』第5卷(上海书店出版社，1998年)，第4541页。

是所谓支那的国际管理理论最早的倡导者。"①

但是,后来强烈地感到华盛顿条约体系对日本的限制过于严格的内藤,在1924年出版的《新支那论》中,对坚持贯彻国际协调路线的"币原外交"加以嘲讽的同时,又仿佛像预料到1940年代前期的太平洋战争一样,表明了不惜与美国对决的决心。"关于日本在华的特殊利益,美国对以前的让步极其悔恨,终于废除了《石井兰辛协定》。但是如果事情涉及日本绝对不能让步、倾注国力也要维护的问题,美国是否会不惜挑起战争来压迫日本,那还是一个疑问。要之,支那问题的解决,关键是要找到美国和日本在哪一点上可以相互忍让的妥协点。"②"如果稍微考虑一下最近和将来二三十年的情况的话,把支那的土地果断地让给日本做市场,应该是一个对维护国际和平非常必要的问题。(美国等国)如果过分的怀有压迫日本的兴趣,一直继续这样的政策的话,曾经在朝鲜和满洲拼死维护自己利益的日本人,也将会拼死与那些国家抗争以维护其在支那的利益。这岂不是将来国际上的一大祸根吗？"③

三、内藤在"近代"问题上的执着与反省

如上所述,在中国问题上一贯强调与列强竞争以使日本帝国的利益最大化的内藤,实际上也尝到了不少辛苦。但是对自认为"近代"的使徒,而担负着"日本的天职"的内藤来说,这些辛苦可能并不算什么。但是,对第一次世界大战后急剧变化的国际环境和国际秩序的对应,确实是给他带来了一种疲劳感和焦躁感,也进而给他带来了一种自省的机会。这就是对19世纪的"近代"的重新探讨。这种探讨在根据他的口述记录而成的《新支那论》(1924年出版)一书的字里行间初露端倪,并在1931年12月大阪举行的"东方文化联盟"成立仪式的演说中,以下述形式发表了出来。

> 大体欧洲的近代政治经济组织的形成,是以中世纪末期开始的新领土发现为第一原因的。新领土发现后,欧洲人首先以掠夺当地的天然产品为主,并把在当地渔猎到手的产品带回欧洲,作为奢侈的生活材料。后来,根据殖民政策对新领土进行农业开发,并进一步通过向新领土推销本国的工业产品来致富,然后更进一步向新领土输出本国的资本。这样,数百年间,本国也随着人口增加、生产发展、资本增值不断进步。政治上也经历了从地主到资本家、再到

---

① 「支那の国際管理論」(1921年12月『表現』第1卷第2号,全集第5卷,第153—154页)。
② 『新支那論』「一 支那対外関係の危険—破裂は日本より始まる—」,全集第5卷,第494页。
③ 『新支那論』「三 支那の革新と日本—東洋文化中心の移動—」,全集第5卷,第516页。

工人的政权转移,不仅在发挥人的才能这一点上不断进步,而且人们相互之间也通过选举有使得有进取精神和才干者得以发挥其实力,把这些代表所组成的(议会)视为最高组织。但是最近的社会状况是,殖民地的发展渐渐停滞,劳资双方的阶级斗争渐渐高涨,由选举产生的政治组织是否就是最好的体制这个问题也受到了质疑。(效仿欧美新的政治经济组织的明治后的日本也)在六七十年间也与欧美有同样的经历,因此也不得不同样受到这种停滞带来的弊端。①

这里内藤对"近代"的理解,绝不是浅薄之见,而是已经抓住了"近代"的本质和趋向的明快描写。触发他在最后对"近代"进行反省的契机有两个。一个是殖民地发展出现的停滞,另一个是选举制度的弊病,特别是这种制度给宗教团体带来的弊害。

关于前者,内藤在《新支那论》中就已经做过以下论述。"虽然无法判断世界的发展会到何处为止,但是对殖民地的利用,绝不是无限期的。一旦世界经济发展受到阻碍,那么缓和这种阻碍的方法只有支那人从其历史中得出来的安分之法。因此,支那现在的政治经济状态也能预示着将来世界的状态。""恐怕随着时代的发展,作为对欧洲人的科学发展的困境的补充,支那人应该能占有一种特殊的地位吧。"这里所谓的"安分"的方法,是指与自然资源相适应的中国人的朴素的生活方式以及南洋(东南亚)和满蒙地区的"以人力来发展殖民地的方法",而这与"欧洲人的通过科学来发展殖民地经济的方法"是形成对照的。②

这里,更重要的是对"为了欧化一味地向前发展的近代日本,在获得了欧美新政治经济组织的利益的同时,也不得不受到'殖民地纷争和阶级斗争等'这个组织所带来的弊病"的认识。换句话说,"近代"化不仅有"光明"和"福"的一面,也有"阴暗"和"祸"的一面。而且可以说,在内藤对"与自然资源相适应的中国人的朴素的生活方式"以及"南洋(东南亚)和满蒙地区中国人的'以人力来发展殖民地的方式'"的评价中,也包含了他新的"支那"论。

内藤在这次"东方文化联盟"的开幕式上听了比哈利·鲍斯(Rash Bihari Bose,1886—1944)对印度民族运动的介绍,联想到古代日本和东洋文化,对"以文化联盟为基础,对已经大体中毒的现代社会组织、经济组织,即所谓强国的国民要进行最痛彻的反省"开始寄以期待③,在演说中用到了如下的事例。

(一)古代印度的佛教僧团"在内部采取最和平的、不会激起竞争心的行政方

---

① 「東方文化連盟に関する鄙見」(1931年),全集第6卷,第154—155页。
② 『新支那論』「五 支那の国民性とその経済的変化—果して世界の脅威となるか?—」,全集第5卷,531—532页。『新支那論』第五章的全体,或许可以部分地从注15的引文中了解。
③ 同上书,第153,158页。

式;向外部则通过各自的才能获得国王和人民的信赖,从而扩大自己的力量。这样,即使不用平常的选举或激起竞争心的方法,也可以达成人类进步的目的"。

(二)古代日本的村落组织的机能,"在不用选举或平常的竞争手段就达到了和平自治方面,是依然值得现在参考的方法"。

(三)从奉天城外的清真寺的长老那里得知有"伊斯兰教徒在交通方面的一种组织"。即满洲的伊斯兰教徒并不使用现代的快速汽船,而是依靠伊斯兰教徒的村落网络,利用沿岸当地的木船,花费漫长的岁月去麦加朝圣。"这个组织中尊重现代的科技的同时,又会利用那种交通组织。这种维持自己所信仰的宗教的固有仪式的方法,一定会对当今这个无视宗教与道德只知急功近利的时代有些教育意义。"①

以上言论流露出内藤对速度、力量、竞争心及选举这些近代的价值观的基本要素的倦怠和反省,以及对和平的宗教团体、和平的自治组织的期待与讴歌。我们在这里所看到的无欲而温厚的内藤形象和上述的贪欲而进取的内藤形象是完全不同的。可以说一般人多少都具有这两方面的思想倾向,而某个人处在特定的时空内而其中的一面异常膨胀的话,那么,这个人的整体形象也就会发生极大变化了。

但是,对于内藤来说,他还有对"近代"的执着与抵抗交织混杂在一起的第三种形象。这从1932年3月1日"满洲国"成立当日《大阪每日新闻》开始连载的他的"关于满洲国建设"的长篇谈话中就可以看出来。其中,内藤对这个"新国家"的诞生加以讴歌,并根据以西方模式完成改革的近代日本的政治经验(包括对殖民地台湾的统治经验),对于"满洲国"的统治方针和理念进行周到的建议,这显示了其对19世纪式的"近代"的执着。② 另一方面,他对在日本已固定了"翻译自治制(即从

---

① 『新支那論』「五 支那の国民性とその経済的変化—果して世界の脅威となるか?—」,全集第5卷。

② "满洲国建设的机运终于到来了,今天就是其宣言发表的时候。这对我们这些对满蒙地区历史有兴趣的人们自是不用说,从现今的东亚形势上说也是非常重大的事件。听说这个新国家是一个除满蒙三省外,还包括热河和东蒙古的一部分的大国。从历史上,这一地区就是驱动东亚大势的民族的摇篮:契丹、女真自是不提,蒙古民族的根据地虽是在外蒙古,但是其民族的发源地还是在黑龙江沿岸。因此可以说,这个地方发源的民族曾几度驱动世界大势。而这次建立的新国家,并不是在军国主义的企图下建立起来的,而是要在这个肥沃的土地上建立起世界民族共同的乐园。因此,它并不会对世界构成威胁,而且组成新国家的人民的思想和准备也都是以这种建造人间乐园的精神为基础的。我觉得,大到国家的组织,小到地方的民政和文化开发,都应以这种精神为基础进行计划。"「満州国建設に就て」(『大阪毎日新聞』1932年3月1日、5日、7日、8日连载),全集第5卷,170页。

内藤在满洲问题上的执着,从他壮年时期在满洲所进行的调查和日俄战争时期他宣称的"主战论"和"满州经营论"等就可以看出。关于这一点,可参照笔者的「内藤湖南の奉天調査における学術と政治—内藤文庫に残る1905年筆談記録について」,(関西大学『アジア文化交流研究』第1号,2006年3月),以及在此基础上写成的『明治の漢学者と中国』的第四章「日露戦争前後の満州経営論」。1905年夏秋之际内藤进行的满洲军占领地民政调查的结果是否传达到正在北京与袁世凯进行东三省善后交涉的日本外务大臣小村寿太郎,至今是个谜。然而,我在关西大学图书馆内藤文库的未整理资料中发现了内藤应小村命令从满洲前往北京时提交的交涉意见书,其主要内容及释读结果已收录在上述拙著之中。

西方生吞活剥照搬而来的地方自治制度)、即基于选举的自治制"的町村自治制则进行强烈的质疑,认为那些町村一级的议员是"根据翻译自治制而获得职业的一种游民",并对人民会因为町村议会和由传统而来的自发的自治组织的并存而不得不背上双重负担这一倾向表示了忧虑。然后,为了不让这种制度的负面影响波及满洲,他忠告说,最好不要把这种制度移植到满洲。由此可以看出他试图把上述对"近代"的反省结果应用在满洲国的建设上。

那么,对于内藤在建设满洲国实验上的宏大梦想,作为他的旧友,当时"中华民国国难救济会"、"中国国际联盟同志会"主要成员的熊希龄是如何看待的呢?他在满洲国刚成立的1932年3月给国际联盟秘书长写信报告了土肥原贤二奉天特务机关长对溥仪的绑架、以及占东三省人口一大半的三千万汉族移民不想脱离中国的愿望。①

的确,内藤有着创造"世界民族共同的乐园"、并在其中设立"和平的自治组织"的梦想,这种梦想就其本身来说并没有什么不好。但是,要在邻国的土地上实现这个梦想,总还是应该争得"邻人"的同意才行吧。特别是这个邻国的政权是受到国民支持并力求推进国家统一的"国民政府",而且这个政府还受到了20世纪的国际组织"国际联盟"的支持,在这种情况下,自诩为监护人的日本帝国对中国的分割行径就更加不能被允许了。

---

① 「致国际联盟秘书长函」,「支那の国際管理論」(1921年12月『表現』第5卷,第4714—4715页。)

服部宇之吉的"孔教"观念与其国体观念的考察

〔日〕 丹羽香*

服部宇之吉所提倡的"孔教",似乎是种对孔子的崇拜,是近代日本意识形态(ideology)的一种,或者可以说是启蒙教义,而不属于宗教。他的主要著作《东阳伦理学纲要》、《孔子之话》、《孔子及孔子教》、《孔教大义》等,从孔子的为人写起的这些都是相关启蒙思想的教材、教科书。这些著作不是为一般老百姓看的,所以说他不是"孔教"的传教士。但是,在服部之前没有任何人把"孔教"提炼成有系统的教义,他可以称得上是"孔教"的提倡者,他却又不提出新的内容,只是细腻地分析孔子的教义和近代初期日本已有的文化因素,重新构筑了适合于当时日本国体的一系列思想(ideology),这种非独属于服部一人的思想或说观念,代表且标志着近代日本的思想文化。

一、服部宇之吉的"孔教"之宗教性

虽说中日文化关系很密切,有些部分或要素很相似,但是也有些是很不相同的。比如,"儒教"这一概念就具有相当大的区别。

服部认为"孔教"与"儒教"的不同之处就在于是否具有宗教性质。

> 孔子之教为师儒合一,道德合一,乃旧有儒教思想之一大变革。此亦孔子所以不肯以儒自居。如此,儒教与孔子教之间严格来论是有差别,不可混同的。今明其差别姑且谓之孔子教。①

孔子之教固不为宗教。依吾之见,所谓儒教,有广义与狭义之分。其广义之儒教带有些许宗教意味,狭义之儒教,即孔子教,则绝非宗教。②

---

* 丹羽香,日本中央学院大学助教授。
① 「孔夫子の話」,『序言』,京文社出版,1927年12月発行。
② 服部宇之吉:〈孔子及孔子教〉,『三 孔子に就いて』,京文社,1926年3月,第42页。(初版1917年1月)

关于"儒教"是否宗教之问题,中日两国学界都有争议,没有一定的说法。不知何时"孔教"这一思想和说法开始在日本普遍采用的。"孔教",日语叫"孔子教",有关日语规定明治时代还没确定。当时往往省略助词和送假名,"孔子教"或许是"孔子の教へ"。服部常常提起"孔教"与"儒教"之不同而强调其非宗教性。看服部的著作和多种文章,近代日本"儒教"中,起码可以看出服部宇之吉提倡的"孔教"绝对不属于宗教。如前所述,服部之前未曾有人这样把"孔教"用多方面的知识来理论性分析而写出那么多的有关"孔教"的书。服部使"孔教"成为有一定的系统的思想,确实是"孔教"的提倡者。

他把儒教分为两种,广义儒教则是具有宗教性质之儒教,以他在中国是看到的民间风俗为例:"儒教虽主以人道为主,亦多言天神、地祇、人鬼之事。礼以天地祖先之祭祀而为国家之大典,将社、祖先祭祀等作国民之大礼,颇含宗教思想。"并说:"孔子祭祀之义主要为伦理而非宗教。其天命之说则达到了天人合一的理念,自此始生伟大的宗教性思想。"①

以有限一致于无限,以相对一致于绝对,是为宗教,在此意义上,孔子教的极致就是宗教。……孔子教在此意义上虽有宗教性,但不同于儒教的宗教性。……孔子教是现世教,人事教,不以未来之事鬼神之事为主。梁之皇侃早已言说过孔子教为现世教、人事教之事。②

他也承认"孔教"里面的一点宗教要素,用"宗教的"之词(有一点含有宗教性或看起来有宗教性)来解释这两种儒教。现代文学家伊藤整(1905—1969年)在《近代日本人发想的诸形式》曾经说过"孔子是个现实主义者"。服部的"孔教"则是"孔子"的教义。服部是很重视孔子学说之实践性的。

服部还跟西方宗教比较,以孔子不谈鬼神、没有传教活动等内容为不同之处。③。但是,服部确实是对孔子怀着特别的尊敬的,有时让人怀疑他讲孔子到底有多大客观性。他的学生法贵庆三郎在服部的追悼会上说:

我从仙洞御所之东,新鸟丸丸太町之上先生的宅邸出来,自己带着霍丁格

---

① 服部宇之吉:「東洋倫理学綱要」,『第二章 儒教に含まる宗教思想』,明治出版社,1916年,第205页。
② 同上书,第196—197页。
③ 孔子の教は前学者が後学者を指導し先進者は後進者を誘ふと云ふことはあるけれども、今申した宗教の如き意味に於て、此教を伝布するのが義務であると云ふやうな、さう云ふ一種の義務を負はしてあるのではない孔子之教,虽然有前学者指导后学者,先进者辅导后进者之说,但与今所谓宗教意义上的传播该教为义务不同,它不承担这样的义务。(服部宇之吉:〈孔子及孔子教〉,「三 孔子に就いて」,京文社,大正15年3月,第43页)。

的心理书,恭听了先生那旁征博引、充满乐趣的解说。先生总是在二楼的十块席左右的书斋中,挂上孔子像,四周摆着书箱,将书桌放在中间,身穿着和服,端坐其中……

阿部吉雄也说:"先生的人品,似乎脱于论语之中,他常以孔子为范勉励自己实践躬行。"①服部以孔子做为人的、人道的理想,他的文章充满着自己的信念。他的孔教是从他对孔子的这种尊崇出发而随着中国的变化发展的。

二、服部"孔教"之发展

服部开始专门写孔教,大概辛亥革命前后。但是,他所提倡的"孔教"内容,最初能看到他第一次去中国之前写的《伦理学》里面。这是1896年服部28岁写的教科书。这时候服部还没用"孔教"一词。

> 吾人信仰伦理学之任务,乃列举提示道理,明白其意义,合于实际,去其谬误,明示条理,且统道之全体,除其矛盾冲突,调和一致,融会贯通。②

服部认为人要知道善恶区别而要有道德修养。他从教育学的角度来说,"教育的目的,在于陶冶牢乎不拔之道德品性。规定该目的的就是伦理学。"他以这种内容的伦理学为最高学科,并以教育的究竟目的为修养这种伦理学。

> 孔子的集大成,勿论,指的是从各方面集合古代的圣人之说,创造出一个大成之物。它说的是,研究所有孔子之前发达的思想,对其进行分析,发现其中一贯的道理,并在该法则之上,创立一种能包容以往所有思想的,有着庞大系统的思想。……孟子所谓孔子的集大成必须这样来看。③

他的著作中很多地方提起"孔子之集大成",以孔子的教义为儒学的最高成就,以目前的伦理学之内容为修养道德。"一貫の道理"一贯的道理则是孔教的根本原则"仁"、"仁义"。这就是"人道"、"人的品德"。

> 孔子以仁一贯全体,并以此为根本原则,集大成的事业以此点作为根据。换言之,仁就是孔子唯一的理想,从一面看是人道,从另一面看是人的全德。④

---

① 吉川幸次郎编:『東洋学の創始者たち』,講談社刊,第160頁。
② 服部宇之吉:《伦理学》,《本论 第一篇 序论 第三章 伦理学的任务》,金港堂(改订第二版,1896年10月第一版 金港堂),1899年10月,第79页。
③ 『孔子教大義』,「第三章 孔子の根本思想」,冨山房,1939年10月,第100页。
④ 同上书,第105页。

他在《伦理学》讲述"伦理学的定义"、"伦理的判断之性质"、"伦理学的部门"等理论性的内容,和"对自己之道"、"对父母兄弟妻子等之道"、"对师友官长等之道"、"对一般世人之道"等实践性内容。服部强调孔教的实践性,说:"伦理之要点不在乎理论而在乎实行,不在乎讨论而在乎躬行。"①这都是他的孔子教义。

其实上揭"对自己之道"、"对父母兄弟妻子等之道"、"对师友官长等之道"、"对一般世人之道",都是1890年10月发布的教育敕语里提到的"孝父母、友兄弟、夫妇相合、朋友相信、恭俭持己"之内容。

1897年,服部29岁发表的文章中,已经有《教育敕语》之名。

> 又关于论伦理科之必要者,若问此举如何有效,则答奉戴教育之圣诏之意,勿论全体日本国民,皆须奉戴此诏意。②

这里能看到他对伦理学的观念已经和国体观念在一起。明治初期"入欧脱亚"正值隆盛,日本政府里面的皇国主义者应1880年前后的民权运动,要以"忠"、"孝"教育国民而要操作国民的意识形态。他们主张"天皇之圣"和弘扬"儒教"之精神。他们把"儒教"里面的"人之道"即是"对君主之忠"、"对长辈之孝"变成对祖国的"忠"与"孝"。孔子学说在近代日本便是国民教化教材,先把"仁"做为普遍性"道德"、"修身",然后把"忠"、"孝"等具有政治性的内容来倡导国民发挥所有力量奉献天皇体制的国家。孔子教义在近代日本却不是儒学、哲学的对象。在这个意义上,陈玮芬教授谈元田永孚时用的"教育者、知识分子,有着强烈的担负对天皇制国家精神秩序的使命感。……过于受政治现实的制约,成为不了宽容的、丰厚的思想大系之言,"③相当适合于表现服部这个人。在近代日本"仁"不能成为普遍性的人类爱,服部也不能脱离当时的时代背景。所以他的努力,毋宁说是他按照自己的信心,积极地有意识地从事这领域的工作。

服部积极而有意识的作理论,不过,看日本政府发行的材料,说法都一样。他的见地是与国体在一起的。

> 彼我国体不同,儒教之说难以直接施于我国……与其养成勇往进取之风气,不若养成栖息于自家天地自足之风气。古来以农业建国,以农为本业,工商为末作,农业之性质为恒固人心,贵勤劳节俭,此等事情相合,儒教自然重勤

---

① 服部宇之吉:《伦理学》,《本论 第一篇 序论 第三章 伦理学的任务》,1899年10月金港堂(改订第二版,1896年10月第一版 金港堂),第79页。
② 「中等教育に於ける倫理科教授に関して漢学者に問ふ」关于中等教育中伦理科教授问汉学者《东亚学会杂志1—8》,东亚协会,1897年9月。
③ 陈玮芬:《服部宇之吉的'孔教'论》,《季刊日本思想史》,2001年59卷,第49—68页。

劳节俭自足,容人心于范型之内,不令外出。然此节俭自足之缩小主义与今日之时势不相适应。考虑到本邦现在之国势,将来之事体,谋求国家富强乃最为紧要之事。致富强之途虽多,然独奖励农业则不足,须令工商业发达,与海外诸国交通兴盛,将世界之富吸收为我用,才乃当今急务。又,若种种社会性伦理问题伴随工商业之发达、财富之增长新起而来,此亦须预先谋求相应之对策。①

我国今国运颇盛,海外发展之势显著,处前途弥弥多望之际。产业隆盛,国防威力增加,生活富足,文化发展于诸方面繁盛。……

大日本帝国,奉万世一系之天皇皇祖神敕,永远统治其国。此乃我万古不易之国体。当基于此大义,以一大家族国家,亿兆一心奉圣旨,发挥忠孝之美德。此国体为我国永不变之大根本,贯国史而辉炳……②

服部在弘道会的讲演中将"个人主义"和"民主主义"细腻地分析,使《教育敕语》的内容具有非常正统的个人主义"③。学过西方思想的服部在这里说的不是利己主义而是尊敬个性的个人主义。这篇文章细腻而详细,并具备一定的理论性,可是仔细看似乎有些地方尚有逻辑上的空间。这或许是他无意识地体现了明治时代日本人的心理底层性意识形态;(或许是他有意识,那么,)这是他作为不需要说明的、作为常识的、作为前提的地方。这就是他对天皇的态度。

敕语中虽然没有现在所谓的自利主义、利己主义的弊害之说,然而却有真实正确的个人主义之说,即,以个人各自为目的发挥个性,完成自我价值的个人主义。教育敕语中的"启发智能成就德器",就是让人们在现代社会中启发智能成就德器,令各人完备自我的人格。而且,五条誓文的"官武一途至庶民"中,是以优秀正确的个人主义、具有神圣意义的个人主义为基础的。这些个人主义都在教育敕语中有所体现。④

他用《教育敕语》中的"天壤無窮の皇運を扶翼"扶翼天壤无穷之皇运接着说:

我们该如何扶翼天壤无穷之皇运呢?也就是要求我们每个人要完备自我的人格、做到家族主义,即谋求家中美满发达,不失为社会奉献的观念、尊重国家,现今日本已居于一等国之列,今日的世界有着共同的重大事业,所以我们

---

① 「中等教育に於ける倫理科教授に関して漢学者に問ふ」,1897年2月,『東亜学会雑誌』,1-8,第676-7页,東亜協会。
② 『国体の本義』,文部省著,内閣印刷局,193年。
③ 「教育勅語に就いて」,《弘道》,弘道会,1922年10月号。
④ 同上书,第2—13页。

应完全发挥自国的能力,应成为共同为世界人类的幸福做出贡献的国民。如果不能这样做,那么无论家庭如何美满,即便对社会和国家没有亏欠之处,也不能称之为完全的国民,完全的国民是必须为国际共同的主张做出相应贡献的。①

每个人要完备自我的人格、做到家族主义,即谋求家中美满发达、不失为社会奉献的观念就是服部1896年在《伦理学》一书中讲的内容。

现今世界意识到偏重物质文明之弊,求救于精神文明,东洋文化研究遽然兴盛。我国亦经历过同样道路,现在到了面对东洋文化研究问题的时候了。二千年来为我国德教权威孔子之教义,重新成为学者研究的对象,孔子人格更加为世人所景仰。我们理应期待孔子教能取得新的生命,从而支配世道人心。予虽菲德敢以孔子之徒自任,以阐明孔子教为终生之事业……②

"天壤無窮の皇運を扶翼"扶翼天壤无穷之皇运,这便是他孔教之"新的生命"。服部认为这是日本国和日本国民要发展的唯一的路。我们能够看到服部对自己有信心和觉悟的同时,还能知道代表中国文化的儒学,在近代日本如何演变而复兴。

下面是文部省检定的中学生"汉文"的教材《论语钞》〈绪言〉。1929年10月出版,第一页有孔子像。这是汤岛圣堂的"圣像",看起来很像日本各个家庭几乎都有的"佛檀"里的佛像。

(一)本书为中等学校汉文教科书,主要用于三年级以上,与正读本并用,并于论语中抄录有助于培养道德修养、读解能力的合适材料。

(二)头注主要依据朱注,取他说之处限于三四处,注释尽可能多,学习者可以以此了解其大意。希望教授者多加详述,品其微旨,敬培东洋固有之根本思想。

(三)自论语传来我国,一千六百年间,多裨益我邦之政教。其说中正稳健,合我国体,与列圣彝训一致,而且可以视作教育敕语之注释书,本书作为修身科的参考书使用,相信也极为适当。希望教授者以本书提倡本邦固有之道德,努力振兴精神文化。

(四)卷末,检出论语中最脍炙人口之语句文章,作为练习以助学习者一用。③

《汉文》是"国语"科三大系统之一,其他还有"现代国语"和"古典(日本古典文学)"。其内容是中国古典文学。因为古代日本的文学和文化与中国的文学和文化

---

① 「教育勅語に就いて」,《弘道》,弘道会,1922年10月,第2—13页。
② 《孔子及孔子教》,《序》,京文社,1926年3月。
③ 服部宇之吉:『論語鈔』,1929年10月(1930年1月改正第二版),冨山房。

有着密切的关系,为了培养阅读中国古代文献,文部省(政府)把《汉文》设置在义务教育课程里。从前小学课程都有的这一科目,现在失去了重点学科的地位,在高中课程里都变为选修课了。

服部在这里除了强调"道德"、"东洋固有的思想"之外,还特意地举出《教育敕语》说《论语》与国体之适合,甚至主张鼓吹本国固有的道德而弘扬精神文化。这绪言明明标志着当时的日本国体与教育之关系。

三、服部对皇权之看法

服部宇之吉 1917 年—1922 年六年间的每年一月担任"御讲书始汉书进讲控"给天皇讲汉书。另外,1916 年 9 月还担任"皇族讲话会讲师",1920 年 9 月作为"东宫职御用挂"每周一次给皇太子(昭和天皇)讲中国文学。1922 年 1 月担任帝室制度史的研究员。1925—30 年之间共四次任给皇太子的内亲王(现在的天皇的姐妹)起名之命。1926—7 年还任"宫内省御用挂"。

服部在几部著作和多数文章里谈到日本文化的取舍折衷性。关于 1920 年当时的皇太子(现在的天皇)的欧洲之行,服部说:"我日本自开国以来,历代天皇均努力取文物于海外,取他人之长,补我之短",并提起这次旅游虽有国外参观之意,但是皇族亲身访问外国能解决他们对日本的误会。

> 然若论世界对日本之误解,当属日本乃军国主义之说。……日本是军国主义,这断然是误解。何为军国主义,欧美人的军国主义,是德国的军国主义,即侵略性的军国主义,日本未曾有侵略主义,……日本虽然被认为是喜欢战争的国家、侵略性国家,但明治时代的战争,如诸位所知,是为了东洋的和平,绝不是侵略主义操控下的行为。①

他在这里说:"日本的国体与他国不同,皇室之尊,是无法形容的尊贵"有難い"这词是本来是"很少有"的意思,是指在残酷的自然条件下生活的古代人偶尔有好事,感谢神对自己的保佑之时使用的。这种表达本身标示着他对皇室的尊拜。

关于与外国不同的国体,服部举"君民同祖"、"君民同心"等词,说天皇相当于家长,历来为国民考虑治国。服部说起的君主对人民的负责观念,或许在明治时代的知识分子之汉学修养中,含有江户时代以"义"为重的水户派汉学家的观念。

江户时代后期的汉学家藤田东湖(1806—1855 年)做案,德川齐昭发表的《弘

---

① 《弘道》,《皇太子殿下御外遊に就て》,弘道会,1920 年 11 月,第 2—17 页。

道馆记》有下面记载。

　　　　宝祚以之無窮、<u>国体以之尊厳</u>、蒼生以之安寧、蛮夷戎狄以之率服。而<u>聖子神孫</u>、尚不肯自足、楽取於人以為善。乃若<u>西土唐虞三代之治教、資以賛皇猷</u>。於是斯道癒大癒明、而無復尚焉。……吾祖威公、実受封於東土、夙慕日本武尊之為人、<u>尊神道</u>、繕武備。義公継述、嘗発感於夷斉、更崇<u>儒教</u>、明倫正名、以藩屏国家。……其営孔子廟者何。以唐虞三代之道折衷於此、欲欽其徳、資其教、使人知斯道之所以益大且明、不偶然。嗚呼我国中士民、夙夜匪懈出入斯館、<u>奉神州之道、資西土之教</u>、忠孝無二、文武不岐学問事業、不殊其効、<u>敬神崇儒</u>、無有偏党、集衆思、宣群力、以報<u>国家無窮</u>之恩、則豈徒祖宗之志弗墜、神皇在天之霊、亦将降鑒焉。①

弘道馆 1841 年设立,以"奉神州之道、資西土之教、忠孝无二、文武不岐学問事業、不殊其效、敬神崇儒、無有偏党、集衆思、宣群力、以報国家無窮之恩"为教育方针的水户藩校。他们按照其教育方针以神道为基础,同化儒教,忠孝为一而政教一致培养出很多藩士,并且他们的这种思想,包括尊王攘夷和皇国思想,影响到了全国藩校。②

在日本,君以民心为心,而民以君心为心,此点为日本国民思想的特色。若问军民同心为何物,只有诚一字。我日本的教育,最重要的就是诚,诚没有两个,若有两个就不是诚,诚是唯一的,独一无二的。

换言之就是真心,依靠这真心,君民成为一体,君民有着共同的心。以此真心,即以诚而为我国民的精神之根本,它自然形成君民同心,君民一体的特色,这是我们自祖先传下来的教诲。充分了解此教诲,将它广泛发扬到世界各地,是我们日本国民的义务。说共和、民主等对日本来说是没有价值的这样的话,是一点也没有必要的,对日本而言最为可贵的是说,君以民心为心,民以君心为心,上下一心同体,以此期盼国运昌盛。③

但是,不等发展到近代,江户时代的汉学家已经开始说到对日本国体的尊敬。

　　　　中国风俗异于日本,天子简直和外地迁入者一样,不如意可以更换,出现了不停宣扬天下非一人之天下,乃天下之天下而抢夺主人天下的可恶已极之

---

①　岡村利平:『弘道館記述義の精神と釈義』,旺文社,1943 年。
②　興亜教育会編纂「藤田東湖正気歌・回天詩・弘道館記 読解」,『館及び館記の由来』,興亜教育会,1941 年 7 月。
③　《福冈日日新闻》,《战后国民的觉悟》1—9,1917 年 8 月 11 日—19 日(九)内外君民的差异。

国,圣人才出现给予教诲。日本是天然的守仁义之国,故圣人不出亦享太平。①

仁厚之政,非汉唐宋明企及。自从德川家统治天下以来,二百年没有干戈兵乱之患。此亦非三代圣人之治所及。……如此我邦有着郡县制下比汉土更加安定,封建制下比汉土更加平定的国风。这首先是因为我邦人情风俗淳朴忠厚的原因。②

下面是服部晚年的讲稿,他强调近代日本知识分子的使命。

予平生促邻邦人士反省,谋求善处,今在此将余之想法告之诸众。即,支那国民应该站在民族昌盛的本义之上,恢复国民精神之根本……以文化的同化方针为主,在它行不通的时候,便不得不使用武力来开创发展前途,这是支那民族发展的基本方针……然而正如今日,支那盲信日本会灭亡其国,徒然强调抗日排日,幻想长期抗战,国民精神根本的文化非但不能得到发展,还会灭绝民族存立的意义,并流害世界成为耻辱。这是支那国民最需要反省的。……我国以远大的理想为本,没有对邻邦抱有领土的野心,从始至终将其视为独立的国家来重视。既然我们在逐渐落实这一理念,支那也应该抛弃从来对日本的轻蔑敌视的态度,怀敬交往。……日本在过去有东亚和平和进步唯一的保持者这一名声和事实,吾等确信将来也会永久如此。予深切希望,支那国民迅速唤醒其国民精神根底之诚与敬,举善邻之实才是使支那国民永远繁荣的唯一途径,还希望明达之士深刻反省。③

这是服部根据1929年1月29日30日两天在东京中央放送局向国外演讲时的讲稿改写而成,后在《斯文》中发表过的。服部这里没有宣传(Propaganda)的口气,而是很认真地诚心诚意讲中日两国的合作和他的伟大理想。

田冈岭云(1867—1912年)说:

支那是东洋文明的代表者,……在今日世界之中,最将支那思想进行同化的就是我日本,而在东洋,最将西欧思想进行同化的也是日本。既然如此,成就世界文明融合之大任,非吾国民莫属。

……日本国民今天必须背负起东西两大文明融和的大任。吾人私下确信,吾帝国确实受此天命。未见否,从前年开始至去年止的征清之事,吾帝国

---

① 『風流志道軒伝』平賀源内(1728—1799年)著:1762年(中村幸彦校注『日本古典文学大系55・風来山人集』,岩波書店,1961年,第216—217頁。
② 大田錦城:『梧窓漫筆』,1765—1825年。
③ 『隣邦の人士に告ぐ「国民精神の根本に復れ」』,《斯文》第21卷3号,斯文会,1933年3月,第1—7頁。

非但超越了东洋列国,还占据了东洋列国盟主的地位。我们已经成为东洋盟主,就应该发扬东洋文明之光彩,进一步驰骋世界之中原,而成为其主导者,作为这样的国民,就应该成为东西文明者、世界文明的成就者。呜呼,前途希望洋洋哉。①

冈仓天心(1862—1913年)也在《东洋的理想》里说(1903年)说:

> 拥戴万世一系的天皇这样无比的祝福、从未被征服过的民族所持有的自负、孤立的岛国将扩大发展作为代价而守着祖先传下来的观念和本能,这些,都说明了日本是亚洲思想与文化的真正的储藏库。王朝的覆灭,鞑靼骑兵的侵入,激昂暴民的杀戮蹂躏——这些事件在中国全土多次发生。在中国,除了文献和废墟外,若追忆唐代帝王们的荣华和宋代社会的典雅,则任何的标记也没有留下。

这表明服部那种国体观念与"天命"(使命)观念,不只是他一个人的看法,而是这时期的日本国民思想。服部是以这种文化语境为前提提倡孔教和讲述自己教育观念的。

---

① 田冈岭云:《岭云摇曳》,新声社,1899年,第75—76页。

关于儒学的"原典批评"
——以武内义雄的论语研究为中心

刘 萍*

武内义雄(1886—1966)字谊卿,号述庵,出生于日本三重县。武内义雄的学术生涯可以说始自其就读于京都帝国大学之时。1910 年,武内义雄从京都帝国大学文科大学哲学科毕业。此后十年间,和当时的许多大学生一样,武内义雄的职场生涯颇为不顺,他作过"怀德堂"讲师①,在大阪府立图书馆兼职,但也正是在这期间,武内义雄完成了他最初的学术积累,不仅为其日后开展的有关《老子》、《论语》的研究,积累了大量日本古写本资料,也就经典的形成过程问题,投入了作为一个哲学史家的的考量,此即其所谓"原典批评"的学术思考之肇始。

1919 年至 1921 年武内义雄留学中国。归国后不久于 1923 年赴仙台就任东北帝国大学法文学部教授之职,担当"支那学第一(中国哲学)讲座"。翌年任该校图书馆馆长、学部长。二战期间,曾任"东宫职御用掛",为日本天皇讲授中国哲学史,并于 1942 年至 1944 年期间主编《东洋思想丛书》第三十八种《顾炎武》。1948 年退官获名誉教授称号。1959 年任名古屋大学中国哲学讲师。1960 年作为"文化功劳者"受到表彰。1966 年八十岁辞世。

作为近代日本中国学领域著名的中国哲学研究家,武内义雄长期从事有关儒学以及先秦诸子思想的研究,他力主排除传统汉学的义理空疏之弊,实证地追求确立思想的历史确定性,成为日本中国学实证主义学派的中坚学者。② 武内义雄的思想史式的中国哲学思想研究理念与"原典批判"的文化主张,在其对于《论语》的研究中,得到了集中体现与彰显。

---

* 刘萍,北京大学中文系副教授、北京大学中国古文献研究中心副教授,文学博士。

① 怀德堂为 18 世纪日本汉学家中井履轩兄弟以大阪商人为对象开办的儒学私塾,后大阪《朝日新闻》的西村时彦得大阪财界资助,再度将其复兴。大阪府立图书馆丰富的汉籍收藏亦得益于西村时彦的倡言。

② 严绍璗:《日本中国学史稿》,学苑出版社,2009 年,第 254 页。

一、关于《论语》文本的厘定——对《论语》文本的究明

20世纪初,近代日本中国学的形成已显露端倪,表现在学科建设上,在当时著名的两所帝国大学——东京帝国大学和京都帝国大学中,都开始设立了近代意义的中国学研究学科。① 1906年,作为近代日本中国学开拓者之一、也是京都帝国大学文科大学哲学科创设委员之一的狩野直喜,担纲主讲中国哲学史。武内义雄就是在1907年从第三高等学校考入了刚刚开设不久的京都帝国大学文科大学,成为狩野直喜门下的最初的学生。同年,即武内义雄入学当年的1907年,京都帝国大学又开设了史学科,由刚刚从新闻界转入大学执掌教鞭的内藤湖南负责讲授中国古代史;1908年文学科开讲,狩野直喜又担任了中国文学史讲座课程。在此后的学术研究中,武内义雄继承并发展了其前辈学者狩野直喜、内藤湖南等人的学风和近代学术理念。

武内义雄一直恪守着立足于文献、求实求真的学术风格。他坚持认为:"所有的古典研究都必须从两种基础研究做起——第一,通过校勘学获得正确的文本;第二,弄清书籍的来历,进行严密的原典批评。"基于此,武内义雄的《论语》研究便开始于关于《论语》本文的确定。

首先,武内义雄从四、五百种现存《论语》文献中②,选取了在中国的《论语》研究史上最具代表性的两种本子——何晏的《论语集解》和朱熹的《论语集注》,加以校勘,成书于魏的《论语集解》,首创中国古籍注释史上集解之体,其中收录的东汉以来的八种注本,集中保存了《论语》的汉魏古注。而朱熹的《论语集注》则为南宋最具代表性的注本,据朱熹本人所言,其注释原则乃不废古注并多集宋人之说,且兼下己意,注重义理分析(《朱子语类》)。武内义雄对此二注本的基本判断当属准确,他指出二者的差异即在于作为古注的何晏《论语集解》基本上是以训诂学的方式对《论语》做出解释,而作为新注的朱熹《论语集注》则重在从义理上推究儒教的精神。③ 而就日本方面而言,武内义雄则着力推重伊藤仁斋的《论语古义》和荻生徂徕弟子山井鼎的《七经孟子考文》。

---

① 1904,东京帝国大学在"哲学科"内,正式设立了独立的"支那哲学讲座";1906,京都帝国大学设立"支那哲学讲座",其内容涉及经学与诸子学。

② 武内义雄所据文献包括清初朱彝尊(1629—1709)《经义考》(1695—1699撰成)中著录有关《论语》的注释书370余种;日本经研会大正三年(1914)编纂的《四书现存书目》中著录日本人关于《论语》的著述240种;又朱彝尊之后的中国学者著述、《四书现存书目》漏记的日本人注释以及西方人的翻译之作等,计有七八百种。除去其中久已散佚、失传的部分,应该不下四五百种。

③ 武内义雄:《论语之研究》,岩波书店,1972年,第35页。

伊藤仁斋(1627—1705)是江户时代的著名学者,也是日本汉学时代"古义学派"的创始人,素有"江户第一大儒"之称。年轻时的伊藤仁斋曾以程朱理学作为治学之本,年届中年之时,伊藤仁斋开始对宋儒的理气心性之说产生怀疑,于是便以一家之言著书立说,从而开创了古义学派。① 伊藤仁斋尊《论语》为"宇宙第一书",他说:"盖天下所尊者二,曰道,曰教。道者何？仁义是也；教者何？学问是也。《论语》专言教,而道在其中矣。"②因此为探究孔子之深义,伊藤仁斋执笔撰写了《论语古义》一书。

伊藤仁斋以尊重《论语》的古来原义为本,尝试剔除朱子之学加之于《论语》的主观阐释。伊藤仁斋以一种学术直觉分别从哲学、语言学的角度,对《朱子集注》的缺陷加以辨明。《论语古义》中记录了伊藤仁斋的许多独特体认与独到的见识,其中一个特别值得称道的创见是,伊藤仁斋将论语二十篇以"乡党篇"为界分为上、下两部分,称之为"上论"和"下论",认为只有"上论"才是"古论",而"下论"则是作为补遗由后人续辑而成的。伊藤仁斋阐述了如此划分的理由。第一,乡党篇理应作为"古论"的终章而放在最后,故应放在"上论"的终了处以分隔上论下论；第二,在内容和文体上,"上论"、"下论"都存在着明显的不同。③ 伊藤仁斋为首的古义学派对《论语》所作的上论、下论的划分,指出了《论语》中窜入了既非孔子也非孔子弟子及再传弟子的言论,这在对于《论语》的研究上,无论于日本学术界还是中国学术界,都发挥了开启研究视野的作用。

荻生徂徕(1666—1728)是晚于伊藤仁斋四十年的江户时代又一著名学者、江户汉学古文辞学派的创始人。荻生徂徕为学之初先治朱子学,后对朱子学产生疑问而追随伊藤仁斋古义学,至晚年又进而反对伊藤仁斋的古义学,自倡古文辞学而成一家之说,其《论语徵》一书就是针对伊藤仁斋的《论语古义》而作的。④ 所谓"论语徵",在该书的"序言"中说得很明白:

> 余学古文辞十年,稍稍知有古言。古言明而古义定,先王之道可得而言矣。……有故有义,有所指摘,皆徵之古言,故合而命之曰论语徵。⑤

---

① 伊藤仁斋曾于京都崛川的私塾"古义堂"广设讲筵,引得公卿、武士、町人纷纷前来受教,一时间社会各界听者云集,据称弟子达三千之众,其学派即因此古义堂而得名。因其名重一时,故多次受到大名延请,但伊藤仁斋孜孜潜心于学问,数度坚辞不就,直至终老。
② 贝塚茂树:《伊藤仁斋》,中央公论社,1972年,第42页。
③ 伊藤仁斋:《论语古义·总论》。参见金谷治:《论语的世界》,日本放送出版协会,1970年,第26页。
④ 因其先祖出于"物部氏",故又称物茂卿。著有《辨道》、《辨名》、《大学解》、《中庸解》、《论语徵》等一系列著作。
⑤ 小川环树译注:《论语徵》,平凡社,1994年。

这种"徵诸古言"的作法，在《论语徵》中随处可见①，这表明荻生徂徕对宋儒的流于空疏所予以的责难，是建立在涉猎先秦古籍、归纳其用例的基础上的，这一研究中国古典的"语言学"方法，正是古文辞学派的精髓。②

　　荻生徂徕注意到历来古书多有误谬，并意识到那些以奈良、平安时代遣唐使带回的古写本为源头的日本古钞本，多可正中国古籍版本之误，于是便命弟子山井鼎对足利学校秘藏的古钞本及旧版本进行校勘。山井花费了三年的时间，对易、书、诗、礼、春秋、孝经、论语等七经和《孟子》加以校勘，于享保十一年（清世宗雍正四年、1726年）著成《七经孟子考文》，献之幕府，引起了极大反响。③

　　武内义雄服膺于伊藤仁斋和荻生徂徕的学说，他认为，伊藤仁斋学术上最杰出之处在于"推行经典的批判，以批判的态度作为学问的基础"；荻生徂徕的出色之处则在于立足训诂学的立场，以阐明古典本义。二者的方法虽有所不同，但其学术诉求却是高度一致的，此即"摆脱朱子学的羁绊，自由地把握儒教的精神"。④ 在武内义雄的《论语》研究中，特别表现在对《论语》文本的厘定上，可以清晰地看到其深受此二人学术影响的痕迹。

　　概括说来，武内义雄在考察了《论语》的各种版本异同之后，按照《论语》各篇成书的先后顺序，分别就所谓"河间七篇本"、"齐人七篇本、"齐鲁二篇本"等篇章次第加以分析整理，对应今本《论语》篇章作了下述归纳编序：

　　齐鲁二篇本——学而第一、乡党第二。
　　河间七篇本——雍也第三、公冶长第四、为政第五、
　　　　　　　　　八佾第六、里仁第七、述而第八、泰伯第九。
　　　　　　　　　（"子罕第十"为后人附加在河间七篇本上的内容）。
　　下　论————先进第十一、颜渊第十二、子路第十三、宪问第十四、卫灵
　　　　　　　　　公第十五、子张第十九、尧曰第二十。
　　○季　氏　第十六。
　　○阳货　第十七。

---

① 如："有子曰其为人也孝弟"，注云："君子务本，本立而道生，盖古语，有子引之"。再如："祭如在，祭神如神在"，注云："祭如在，古经之言也，祭神如神在，释经之言也。"又如："子曰知者乐水，仁者乐山"，注云："知者乐水，仁者乐山，此二句非孔子时辞气，盖古言也，而孔子诵之，下四句，乃孔子释之也"等等，不一而足。

② 作为一位日本学者，荻生徂徕对中国古代汉语有着相当丰富的知识，其见解也颇见功力，故而对中国学者也不无启发，清代学者对荻生徂徕就多有评价。参见严绍璗：《日本中国学史稿》，学苑出版社，2009年，第91—93页。

③ 当时的将军吉宗悦此事，并将其中一部送至我国，在乾隆年间编纂《四库全书》时即将此书收入其中，及至仁宗嘉庆二年（1797年）又被浙江提督阮元翻刻，受到文人学士的普遍欢迎。

④ 参见武内义雄：《儒教的精神》，岩波书店，1939年，第185—187页。

○微子　第十八。
　　○子张问第二十一。

并提出了如下三个结论：

1. 现存《论语》二十篇，通常被认为是齐论、鲁论、古论三个版本系统的折中产物，但是，所谓齐论、鲁论不过是以今文写定古论时产生的异本，终究还是一个基于古论系统之内的本子。
2. 古论的出现是在西汉中期，其前已有齐鲁二篇本、河间七篇本以及其他种种有关孔子语录的流传。
3. 今所传之《论语》，《学而篇》、《乡党篇》二篇大约相当于齐鲁二篇本，《为政》至《泰伯》七篇为河间七篇本，《先进》至《卫灵公》五篇与《子张》、《尧曰》二篇共计七篇为另外独立的孔子语录，为齐人所传之《论语》。①

很明显，武内义雄对《论语》文本的厘定是在伊藤仁斋上、下论划分的基础上，又直接利用并采纳王充对《论语》的辨疑之说而完成的。所谓齐鲁、河间篇章之说，初见于王充《论衡·正说篇》："说论者皆知说文解语而已，不知论语本几何篇……汉兴失亡，至武帝发取孔子壁中古文，得二十一篇，齐鲁二、河间九篇，三十篇……"②此说为清儒刘宝楠谓之"无稽之说，不足与深辨也"。③ 然王充以《论语》今古文在篇目上皆有亡佚，文字亦有讹误，因而提出需全面加以考察，抑或正是在这一点上，武内义雄获得了立论的启发与支持。通过对《正说篇》的解读，武内义雄提出了上述对《论语》篇章构成的三个结论，这种对经典的大胆质疑于学术的进步无疑是具启发之功的，但在其结论的得出则不免显得过于简单轻率，在这样的篇章数目上，"展开对论语内容的分析，不由人心生不安，担心会带来巨大的危险"④。如此说来，造成这一疏漏的产生，应该是另有原因的吧。

二、关于《论语》的思想史意义上的"原典批评"
——对《论语》思想的分析

武内义雄将"原典批评"首先运用于他以之获得博士学位的《老子原始》一书

---

① 武内义雄：《论语之研究》第106页，岩波书店，1972年版。
② 刘盼遂：《论衡集解》，古籍出版社，1957年，第557页。
③ 刘宝楠：《论语正义》，《诸子集成》第一册，中华书局，1954年，第423—424页。
④ 宫崎市定：《论衡正说篇说论语章稽疑》，《东方学会创立二十五周年纪念东方学论集》，1972年12月。

中,在《论语之研究》中,武内义雄则又一次作了发挥。这部著作的初稿是刊登在《支那学》第五卷第一号(1929)上的《论语原始》,后经"十年深思熟虑",于1939年出版问世。

  通过对《论语》文本的清理,事实上武内义雄将《论语》拆解成了四个部分,即"河间七篇本"、"齐人七篇本、"齐鲁二篇本"与之外的"《季氏》、《阳货》、《微子》等篇"。进一步武内义雄对《论语》的内容即所谓文本的原始意义进行了分析和阐释,其所论主要围绕仁、礼、乐、忠、信等概念展开。

首先是关于"仁"道的思想。

在《论语之研究》尚在写作进行中的1936年,武内义雄既刊出了《中国哲学思想史》一书,这部著作可以看作是武内义雄关于中国古代思想研究的纲领性著述。在这部著作的第二章"孔子"一章中,武内义雄对孔子的思想学说作了这样的阐释:

  孔子一生很敬慕周公,尤其是他底盛年中,甚至于梦寐之间也不忘周公。我以为:孔子一生的事业,是再兴那周公制定的周初底礼乐,实行周公底理想。①

这个理想是什么呢?在武内义雄看来此即"仁道"之说。"孔子把自己所教导的称为'吾道',门人把孔子所教导的称为'夫子之道';所谓夫子之道,尽于'仁'之一字。"②

在《论语之研究》对"河间七篇本"的清理中,武内义雄再次重申了这一观点。武内义雄认为,在河间七篇本中可以看到,孔子并非如其后儒家所称之"祖述尧舜,宪章文武",其理想即在于复兴周公之道。他说:

  河间七篇本表现出的孔子的思想,在于要复活鲁国建国始祖周公制定的礼乐,而且不仅仅是复兴其礼乐的形式,更在于要复活其精神。因此,孔子提倡仁道,主张所谓仁道亦即行忠恕。③

武内义雄还进一步指出:"吾人据述而、泰伯二篇可窥见儒教思想之推移,在考知道统说成立路径之同时,亦可推想此等篇章传之于何种系统之学派。"④因此武内义雄将"雍也第三"到"泰伯第九",考订为"河间七篇本",认为此本以鲁人曾子为中

---

① 武内义雄:《中国哲学思想史》,仰哲出版社,1982年,第13页。
② 同上书,第14页。
③ 武内义雄:《论语之研究》,岩波书店,1972年版,第257页。
④ 同上书,第146页。

心,是曾子、孟子学派所传之孔子语录,概为《论语》之最古之形式。①

其次是《论语》中关于礼乐的论说。

  武内义雄认为,与曾子学派的"河间七篇本"重视仁道的精神相对照,在下论中的先进、颜渊、子路、宪问、卫灵公、子张、尧曰等七篇齐人所传之《论语》中,礼乐的形式受到特别的重视。此七篇为"儒教传至齐后被编纂的孔子语录",以子贡为中心流传下来,"概为齐论语的最早的形态"。②

武内义雄举《颜渊篇》"问仁"为例,孔子告谕颜回"克己复礼为仁"(12.1),又教导仲弓"出门如见大宾,使民如承大祭"(12.2)。据此武内义雄认为,虽然孔子对"仁"的解释,在表达方式上有所不同,但内心怀抱的那份对于"礼"的虔敬之情却是毫无二致的。接下来的一句"己所不欲,勿施于人",武内义雄认为似与《卫灵公篇》中的"其恕乎!己所不欲,勿施于人"(15.24)一样,也是在教导仲弓"忠恕"之道,只是在《卫灵公篇》中,仅以一"恕"字来说明行仁道的方法。因此武内义雄认为,作为仁道的实践方法,在齐论中仅有"恕"受到重视而并未提及"忠",取而代之的则是更加注重礼的形式。③

三是关于忠信。

武内义雄在分析孔子的思想核心"仁"时,引《述而篇》所言"子以四教:文、行、忠、信"(7.25),认为孔子正是以此四点,教以弟子仁道的。对于其中的忠信两个概念,武内义雄尤为看重。他说:

  孔子仁道底精神,说尽于(忠信)这两个字,这也不是过分的话。孔子以为自己内省而尽忠,是仁道第一义,所以他的门人曾子说"夫子之道,忠恕而已矣"……要把"忠"在社会上实现出来的第一要件,是人人互相重"信"。所以孔子说,"人而无信,不知其可也"。④

考之齐鲁二篇本之内容,武内义雄认为其所重为"忠信"。他指出:孔子所谓"仁道,说到底即为爱人、守信,要作到诚信,就必须'为人谋而忠',同时还要尊重礼,'知和而和,以礼节之',才能实现其理想。"武内义雄更进一步分析指出,在《乡党篇》中,还记录有孔子的行止举动,可知孔子的一举一动皆为礼的具象表现。因此,在齐鲁二篇本中,仁道的精神与礼的形式是被糅合在一起加以论说的,从内容

---

① 武内义雄:《论语之研究》,岩波书店,1972年版,第256页。
② 同上书,第199页。
③ 同上书,第257页。
④ 武内义雄:《中国哲学思想史》,仰哲出版社,1982年,第21页。

及用语来看,齐鲁二篇本应该是子贡学派与曾子学派即齐学与鲁学的折中之作,概为孟子游齐后所作。①

第四,武内义雄对"河间七篇本"、"齐人七篇本"、"齐鲁二篇本"之外的《子罕》、《季氏》、《阳货》、《微子》、《子张问》等篇的内容作了大致的总结归述,认为其内容驳杂,反映了早至战国末年、晚至秦汉时期的各种中国古代思想主张。如《子罕》为后人附加在河间七篇本上的内容;《子张问》在内容上则流于空泛,缺乏精神内涵;《微子》表现出了明显的老庄思想的影响。②

武内义雄特别论及《季氏》、《阳货》、《微子》三篇的形成年代及价值,认为这三篇是《论语》中最后形成的篇章,概为后人根据各种材料拾缀而成,因此与其说它们是孔子本人的语录,不如说是以孔子的话为基础,由后世儒家改写而成、附加上去的,较之其他篇章价值不高。③ 在这里武内义雄很明确地吸收了清代辨伪学家崔述对于《论语》的考疑辨伪之论。

武内义雄从"思想变迁的过程"着手,对《论语》的内容进行思想史意义上的解析,指出"儒教的中心是随时代的变化而不断推移的",这种解读最终使《论语》作为文本的经典性遭到消解。

三、对武内义雄《论语》研究的学术史意义的若干考察

论及武内义雄在近代日本中国学史上的地位,可谓前承具开山之功的狩野直喜、内藤湖南,将其学术发扬光大,同时又将中国学研究与日本思想文化研究有机地加以整合,为战后日本中国学的发达,启示了新的路径。

(一)"原典批评"的近代解释学立场

武内义雄作为狩野直喜与内藤湖南的弟子与高足,从其两位师长处得到了丰厚的学术滋养与启迪。对此武内义雄感触颇深,他曾撰文表示,在京都大学受教期间,聆听狩野直喜、内藤湖南两先生的讲座,受到非常大的启发具体到以"古典解释学"的立场来究明《论语》原始文本的实相,在武内义雄的这一学术设想中,更直接折射出"狩野中国学"的影像。狩野直喜在中国哲学思想史的研究中将之定义为"中国古典学或古典学研究的历史"。在狩野直喜看来,"研究中国哲学史即是站在以中国的古典研究为中心的立场上,阐明中国古典的接受方式及其在解释方面的

---

① 武内义雄:《论语之研究》,岩波书店,1972年版,第251页。
② 同上书,第258页。
③ 同上书,第231页。

内容与形式上的诸种变化"。① 狩野直喜之所谓"古典学",是以汉唐训诂学和清代考据学为主、兼及宋明性理学的中国传统经学、诸子学之学问。在近代日本中国学形成之初,狩野直喜力倡重视考据学,以抗拒此前日本汉学时期唯朱子学马首是瞻之学风,有学者认为在这一点上武内义雄秉承其师,"以清代考据学作为其学问之出发点"。② 诚然,武内义雄在京都大学受业时,曾师从狩野直喜学习"清朝学术沿革史","对清代考据学家考证之精确、引证之赅博深为感佩"。③ 但是在《论语之研究》中,武内义雄对清代考据学却作过这样的评价:

> 尽管清代考据学者早就采用了校勘学的方法,并在此基础上建立了精致的训诂之学,但对书籍的原典批评则尚未充分地展开。当然,在众多的考据学家中也不乏像崔述那样的批判性学者,但归根结底对中国学者而言,经书是被视为神圣的,他们惮于轻易对经书作出批评,因此校勘学的引进只不过被当成了构筑训诂学的基础,而对原典的批评并未展开,这实在是清代考据学的一大缺陷。④

这一评述表明武内义雄之所谓"原典批评"研究,不仅强调在方法论上的实证,而且对于其师狩野直喜着意推重清代考据学之论,武内义雄亦有所克服并超越。这在其有关古典研究的论述中表述得更为清楚:

> 对于包括《论语》在内的所有古代典籍的研究,不外乎三种态度:第一,从语言学的角度解释其字句,把握其意旨,此之谓训诂学;第二,对古典作出与自身的思想相吻合的解释,这是宋明性理学家的作法;第三,稽查书籍的变迁,探究其源流,从而阐明其原始的意义,此可谓之曰批判的态度。我在《论语之研究》中所要采用的正是这第三种态度。⑤

在狩野直喜的中国哲学研究中,汉唐时代的训诂学被谓之"传经派",宋明时代的性理之学被谓之"传道派",二者被放置于平等的学术地位上,即既不偏重于训诂学,也不偏重于性理之学。"这对于公正而客观地描绘中国哲学思想的演进轨迹,无疑是一个进步"。⑥ 武内义雄的"第三种态度"表明,在对古代典籍的研究中,他确实深受其师的影响,但是也做了极大的发挥,其有意为之的更在于在对《论语》展

---

① 严绍璗:《日本中国学史稿》,学苑出版社,2009年,第256页。
② 金谷治:《谊卿武内义雄先生的学问》,载《怀德》37号,1966年。
③ 江上波夫:《东洋学的系谱》,大修馆书店,1992年,第250页。
④ 武内义雄:《论语之研究》,岩波书店,1972年版,第44页。
⑤ 同上书,第254页。
⑥ 严绍璗:《日本中国学史稿》,学苑出版社,2009年,第256页。

开的研究中作深层次的挖掘,即带着"原典批判"的问题意识去探究古书源流,将古代文献作为"经典"的价值取向予以瓦解,使之成为可以评判的解读对象,从而追求阐明《论语》文本的原始意义。

(二) 思想史研究的新构想

在武内义雄的学说体系之中,始终贯穿着的"原典批评"的基本主张,是继狩野直喜、内藤湖南等近代日本中国学实证主义先驱学者之后,由其弟子们继续发扬光大的、具有体系性的学术特征。武内义雄之所谓对古代典籍的第三种"批判的态度"即"原典批评"这一主张的提出与其所处的时代、与其身处的学术环境不无关系。

当武内义雄还在中国留学之时,在日本本土的日本中国学界,正在发生着悄然的变化。1920年,以青木正儿为首的近代日本中国学的部分年轻后继学者,如铃木虎雄、小岛祐马、本田成之等,继狩野直喜、内藤湖南等人的"支那学会"之后,发起创设了"支那学社",并发行了自己的社团刊物《支那学》。"支那学社"的特点从青木正儿所撰《支那学·发刊辞》即可见一斑,概而言之,主要表现在两个层面:一是真正从传统汉学的窠臼中摆脱出来,以一种批判的眼光和客观的观照面对古典本文;二是聚集在《支那学》周边的这批年轻学者,他们接受的是近代学科教育,中国的学问对于他们来说是客观的知识对象,因此他们可以自由地选取研究的角度和方法,展开自由的研究。[①]

武内义雄在1921年学成归国后,便立刻加入了"支那学社"阵营,并成为在《支那学》上极有影响力的论者。[②] 从其发表的论文大旨来看,大多采用的是比较典型的传统文献学的治学路径,但这一时期的武内义雄已显现出一定程度的学术疑惑。下面是他对1922年前后心路历程的一段回忆:

> 时至那时,我学过了汉学,认为清朝考证学便是金科玉律了。可是,那时多少感到了考证学的危机。觉得那样做精细的考据是难以开掘出更大的学术

---

① 有关"支那学社"的论述,参见严绍璗:《日本中国学史稿》,学苑出版社,2009年,第275—276页;刘岳兵:《日本近代儒学研究》,商务印书馆,2003年,第129—131页;子安宣邦:《东亚论——日本现代思想批判》,吉林人民出版社,2004年,第175页。

② 以《列子冤词》(刊登在第一卷第四号)为开端,武内义雄相继发表了一系列充分运用和展示"原典批评"的研究文章,如:《论〈子思子〉》、《〈曾子〉考》、《论南北学术之异同》、《曲礼考》、《关于桓谭新论》、《孙子十三篇之作者》、《支那思想史上所见之释道安》、《中庸在先秦学术史上之位置》、《礼运考》、《大学篇成立年代考》、《孟子与春秋》等等。

路子的。①

这段自白是在听了内藤湖南的讲演后有感而发,因此这里所说的"那时"的思考的发生,就不能不说是直接受到内藤湖南的影响而形成的。细加推究,其直接的来源应该说是内藤湖南的"文化历史观"以及在此基础上形成的对于清代考据学的反拨。内藤湖南认为,所谓历史就是文化发展的过程,而文化的发展演进又是有规律的,"以时为经,以地为纬,文化历史灿烂而成"。②而对于历史文献的研究,则应"摆脱考证烦琐之弊,从文明的批判、社会的改造之见地出发"③,其具体方法便是,"与其去追溯古书中的的事实,不如去寻找引起事实变化的根本思想的变化"。④

内藤湖南"文化历史观"的核心理念深刻影响到年轻一辈日本中国学家的中国研究。"支那学社"重要成员之一、提出以"社会思想史观"⑤研究中国哲学思想后成为京都大学教授的小岛祐马,早年也曾因仰慕狩野直喜而追随其后涉足中国哲学研究,但其自称为"先生的异端弟子",在对中国哲学思想的研究中,小岛祐马更重视考察作为哲学思想背景的社会经济的发展变动,似更得内藤湖南真传。⑥武内义雄在对《论语》内容的思想分析中,也表现出对于时代推移以及思潮流动的强烈关注,注意把握各流派在思想的时代脉动中、在不同的活动场域中所表现出的不同特质,以求作出相应的阐说,就这一点而言,武内义雄与小岛祐马都深谙内藤湖南"文化史观"之真谛,显现出异曲同工之妙。

这种立足于原典批判的思想史研究方法,构成了武内义雄中国哲学思想史研究的根干,或许正是从这个意义上,武内义雄"被视为内藤湖南最真诚的后继者"。⑦经由武内义雄的努力,中国哲学以思想史学面貌出现,哲学被诉诸历史学的考量,传统汉学时期对于思想的哲学性的追逐,被揭示思想的流变与推衍的近代历史性研究所代替,对于这一学术转型的发生,武内义雄功不可没。

(三)日本文化语境下的中国哲学思想史论说

武内义雄的《〈论语〉之研究》(1939年)与其《老子原始》(1926年)、《诸子概说》

---

① 武内义雄:《关于富永仲基》,收入《武内义雄全集》第10卷,角川书店,1979年,第318页。
② 内藤湖南:《近世文学论》,收入《内藤湖南全集》第1卷,筑摩书房,1969年。
③ 严绍璗:《日本中国学史稿》,学苑出版社,2009年,第273页。
④ 内藤湖南:《尚书编次考》,转引自子安宣邦:《东亚论——日本现代思想批判》,吉林人民出版社,2004年,第177页。
⑤ 严绍璗:《日本中国学史稿》,学苑出版社,2009年,第278页。
⑥ 贝塚茂树:《小岛祐马博士》,载《东方学》第42辑,1971年。
⑦ 子安宣邦:《东亚论——日本现代思想批判》,吉林人民出版社,2004年,第179页。

(1935)、《中国哲学思想史》(1936)、《儒教的精神》(1939年)等著述共同构成了其中国哲学思想史研究的风景线。尽管武内义雄关于《论语》文本的论断如前所述在日本学术界也曾引起争议、受到质疑,但其对于《论语》各篇内容的分析却颇得盛赞,被认为是"开创了前人未曾发现的学说"。① 这样的评述是否确当或可商榷,但其所作的努力引发了一种新的思维,确是不争的事实。武内义雄明确指出,《论语》作为一部一直以来被一以贯之地加以信奉的经典,不是不可言说的,而且因其内容上也大有可疑之处,更应该予以批判性的评说。

既然《论语》在其形成、传播的过程中不断地"被形成",其思想内涵也在不断因时因地而"被添加"、"被推移"地得以传衍,那么儒教从中国传到日本又完成了怎样的移易呢?这或许成为武内义雄深长思之的问题了。考之武内义雄在20世纪20年代末期至30年代末期的研究著述,如《诸子概说》(弘文堂,1935年)、《支那思想史》(岩波书店,1936年。中文译本名为《中国哲学思想史》)等专著中,关于孔子与儒学思想,武内义雄都设列了专章加以讨论;《〈论语〉之研究》一书更是由最初写作于1929年的《〈论语〉原始》一文而发其端,历"深思熟虑"之十年后,于1939年付梓。特别值得注意的是几乎与《〈论语〉之研究》同时期进行并完成的《儒教的精神》(岩波书店,1939年)一书,笔者以为,这是一部对于考察武内义雄的《论语》研究有着特别意义的著述。

这部著作由两部分构成,前半部分有关中国儒学的论述,是武内义雄据其1928年为《岩波讲座世界思潮》所撰之《儒教思潮》改订而成的,后半部分则加入了关于日本儒教的论述。这两部分的构成颇耐人寻味,它表明武内义雄的《论语》研究,不仅是在近代发展起来的日本中国学的学术框架下,对中国儒学思想展开的讨论,更是将《论语》研究置于日本思想文化特别是日本儒教的文化语境下所作的阐发。武内义雄在《儒教的精神》一书中所作的阐发,为我们了解其中国哲学思想史论说的内在思考理路,提供了有价值的启示。他说:

> 我国几千年来摄取中国文化,接受儒教的影响,然而我们的祖先绝不是生吞活剥地接受,而是采取批判性的取舍,使儒教在我国获得了独特的发展。在以五经为中心的儒学传入的时代,于春秋三传中,定左传一家而排斥公羊、谷梁,以摒除蕴含其中的革命思想,使与我国国体相一致。至于新儒教时代,中国的朱子学与阳明学或曰程朱之学与陆王之学之间,相争不绝甚而反目;然及传入我国,则二者皆被日本化而最终归于精神上的一统,发扬而为忠孝一体、

---

① 宫崎市定:《论衡正说篇说论语章稽疑》,载《东方学会创立二十五周年纪念东方学论集》,1972年12月。

至诚本位的国民之道德。忠孝一体源于朱子之学,至诚之道发乎阳明之学,忠、孝二合而一归于至诚之道,达成忠孝一体,与此同时则至诚之道亦尽在其中,日本儒教之特色便存于其间。①

武内义雄研究《论语》之始的20世纪20年代,日本中国学界的儒学研究者们普遍认为"儒学的正宗已经不在中国而在日本了"(如服部宇之吉、刘岳兵《中日近现代思想与儒学》)三联书店,2007年,147页),也就是说,中国儒家学说体系对孔子思想内核的解说似乎退居其后了,而其中那些经由日本"变容"了的所谓儒教的精神才最符合孔子真意,才应该因其最适用于日本而受到虔心重视。因此,传统所谓经典是否再被视作经典就不那么重要了或者说不必要了,在经典的解构中,孔子所代表的中国儒家学说被消解,而日本儒教的精神世界得以建立。武内义雄对于《论语》、对于孔子乃至对于整个中国哲学思想史的论说都不可避免地建立在这样一种对传统主流阐释加以颠覆的尝试中,武内义雄的主观预设也不免透露出来。尽管如其所言试图有别于中国古典文献学的训诂考证与义理阐发,但事实上,传统经学研究的主张,对他的影响仍然是存在的,只是他更为关注的或许只是一向为主流话语所忽视甚或排斥的声音,比如来自王充《论衡》的启发以及与崔述的共感,或者不如说是从王充、崔述那里找到了有力的支持。但必须注意的是,王充也好,崔述也罢,他们所表现出的疑古辨伪的方法论不过是中国传统经学体制内的自我补充与调适,其学术思考从根本上说仍在于为维护体制而战,这与武内义雄的学术诉求可谓南辕北辙,因此从这个意义上讲,王充、崔述也只不过是被当作了"方法"。

在对日本精神史的探究与建构中展开对于《论语》的研究,因此作为"方法"的《论语》当然就不再被简单地视为传统学问的经典——而不过是诸多典籍中的一部文本;也不再被单纯地目为传布儒家实践道德的伦理文献——而是推衍日本精神史的思想史材料。武内义雄的《论语》研究折射出来的精神指向或许更在于此。

---

① 武内义雄:《儒教的精神》,岩波书店,1939年,第212—213页。

拉夫卡迪奥·赫恩(小泉八云)《中国鬼故事》考

牟学苑[*]

拉夫卡迪奥·赫恩(Lafcadio Hearn,1850—1904),也即赴日后的小泉八云,一直是日本文学研究界的一个热点,近年来在国内的影响也越来越大。赫恩最为知名的作品无疑是描述日本风情的文章和他改编的日本"怪谈",但赫恩在1890年赴日之前,其实最感兴趣的远东国家是中国。1887年,他就曾编译过一本《中国鬼故事》(Some Chinese Ghosts)。这本书自出版之后,至今已有了十几个版本,并被译为多国文字,在西方世界有相当的影响。然而这本书中的"中国"故事读起来总让人有似是而非的感觉,所以它们的发生情况也就成了赫恩文学研究中的一个谜题。赵景深1928年在《文学周报》上发表的《小泉八云谈中国鬼》即对这些故事的来源进行了初步整理。此后美籍韩裔学者Beong cheon Yu和日本学者梅本顺子也曾考证过《中国鬼故事》[①],但由于二人对中国古典不太熟悉,基本没有超越赵景深的研究,所以有不少关键问题至今一直没有解决。本文将从文学发生学的角度,试对《中国鬼故事》的来源及其发生线路再次进行探索。

赫恩一直对"异国情调"文学和鬼怪故事非常感兴趣,《中国鬼故事》即为这种文学兴趣的早期表现。这部作品包含了六个从中国传说中撷取的小故事:《大钟的灵魂》(The Soul of the Great Bell)、《孟沂的故事》(The Story of Ming-Y)、《织女的传说》(The Legend of Tchi-Niu)、《颜真卿宾天》(The Return of Yen-Tchin-King)、《茶树的历史》(The Tradition of The Tea-Plant)、《瓷神的故事》(The Tale of the Porcelain-God)。

此书虽名为"中国",但赫恩并不懂中文,这些故事都是他从西方汉学家特别是法国汉学家的著作中搜寻来的。在创作形式上,赫恩也受到了汉学研究的强烈影

---

[*] 牟学苑,新疆石河子大学文学艺术学院副教授,文学博士。
[①] 梅本顺子「ラフカディオ・ハーンの日本文学の語り直し作品に見る中国文化の受容」、国際関係研究・国際文化編(日本大学国際関係学部国際関係研究所),vol. 20(2),(Dec, 1999).
Beong cheon Yu, "Lafcadio Hearn's Twice—Told Legends Reconsidered", in *American Literature*, vol. 34,(Mar, 1962).

响,比如他在书中专门制作了《题解》(Notes)和《词汇表》(Glossary)。在《题解》中,赫恩将每一篇故事的来源及基本情况做了介绍,而在《词汇表》中,赫恩则对作品中出现的一些音译语汇做了注释。其实作为一部再创作的非学术作品,这些本来并不是必需的,而且限于赫恩的知识背景,这些介绍和注释中不可避免会有讹误,但对后世的研究者来说,却是一种极大的便利。

《中国鬼故事》所选的六个故事彼此间并没有什么关联,赫恩从大量的素材中将它们挑选出来,除了它们都是与"鬼"相关的故事外,还有自己的取舍标准。对此,赵景深分析说:"大约因为中国是产丝茶的国家,所以小泉八云就搜求了织女和茶树的故事;也许还因为中国以江西景德镇瓷器闻名世界,China 一字又本有瓷器的意思,所以又写了瓷像的故事这一篇;我又以为中国受佛教影响甚深,西人谈到中国的书,每每喜欢在封面上画上一个宝塔和佛寺之类,或者小泉八云记载大钟的灵魂不为无因吧?倘若我的猜测不错,则小泉八云实在是想拿几个中国鬼来代表中国。再说中国古代的礼教总拿忠孝两字放在前头,所以我又觉得忠臣的归来记忠,大钟的灵魂与织女的传说记孝,也是一种有意的选择。"① 赫恩并没有与中国实际接触的经验,他的选择标准受西方流传的中国套话的影响很重,赵景深此说虽系揣测,与赫恩的原意应该相差不远。

《大钟的灵魂》

《大钟的灵魂》大致是一个孝女救父的故事:明永乐年间,官员关宇(译音,Kouan-Yu)② 监造大钟,然久铸不成,关宇及工匠们都面临着杀头的危险。女儿可爱(译音,Ko-Ngai)为解父忧,奋身投入熔炉之中,大钟终于铸成。

故事开篇赫恩就提到,这个传说出自 "Yu-Pao-Tchen" 的 "*Pe-Hiao-Tou-Choue*",在《题解》中,他又说:"可爱的故事是名为 *Pe-Hiao-Tou-Choué* 或者叫《一百个孝道的范例》的故事集中的一篇,不过中国讲述者说得非常简单。博学的法国领事达伯理③ 于 1877 年翻译出版了此书的一部分,其中就包括大钟的传说。他的翻译还附有不少中国插图为之增色,其中一幅奇异的小像画的就是可爱跃入熔炉的场景。"④ 由此我们可知,这个故事原出自清代俞葆真的《百孝图说》。但实际上,

---

① 赵景深:《小泉八云谈中国鬼》,载《文学周报》(第 328 期),1928 年。
② Kouan-Yu 很可能是指"官冶",即"铁官冶",后来在翻译传播中被姓名化了。
③ P. Dabry de Thiersant (1826—1898),法国人,曾任法国驻汉口、上海领事,著有《中国的穆斯林》(*Le Mahometisme en Chine*)等书。
④ Lafcadio Hearn, *Some Chinese Ghost*, Boston: Roberts Brothers, 1877, p. 165.

《百孝图说》中并没有所谓可爱投炉的故事。与此相近的是"投炉成金"一条:"吴李娥父为吴大帝铁官冶,以铸军器。一夕炼金于炉而金不出。吴令耗折官物者坐斩。娥年十五,遂自投炉中。于是金液沸溢,塞炉而下,遂成沟渠,注二十里,所收金亿万计。"①但《百孝图说》的记述亦非原创,早在宋代的《太平寰宇记》(一〇五卷)、《太平御览》(四一五卷)中就收有李娥的故事,但与铸钟都不相干。赵景深在考证此问题时曾求助于鲁迅。鲁迅在致赵景深的信中回复说:"顷检出《百孝图说》已是改订板了,投炉者只有李娥,但是因铸军器而非钟,不知是怎么一回事。今将全部奉借,以便通盘检查——那图上的地下,明明有许多军器也。"②

其实这个问题的真正原因出在达伯理的译本上。达伯理于1877年出版了《中国的孝道》(La Piété Filiale en Chine),这是一部从《百孝图说》中摘选翻译的故事集,除了故事之外,还附有二十多幅插图,其中《可爱:女孩为父亲所做的惊人的牺牲》(Ko-Ngai, Sacrifice Extraordinaire D'Une Fille Pour Son Père)一篇即为赫恩《大钟的灵魂》的原本。当然,相比于《大钟的灵魂》,达伯理的《可爱》要简单得多。在讲述了"可爱"为铸钟投炉的故事之后,达伯理又补充说:"根据中国历史的记载,在三国时期的吴国,曾经有一件非常类似的事情。国王的铁官因铸造的军器质量不高而遭指控,将被处死,他的女儿李娥(Ly-Ouo)跃入熔融的金属之中而救了父亲。国王下令建了一座庙来表彰这个英勇献身的姑娘。"③此外,《可爱》正文前标有"投炉成金"的插图即是从《百孝图说》中翻印的,但插图正下方又注有"KO—NGAI"字样。由此推测,因为达伯理的《中国的孝道》只是一部编选作品,并非《百孝图说》的严格翻译,大钟的传说很有可能是达伯理根据听闻或其他资料所做的记录,又因为与"李娥投炉"在情节上的相似性而放在了一起。但赫恩并不了解这其中的曲折,便将《可爱》的真正来源误认为是《百孝图说》了。

这个孝女投炉铸钟的传说在明清之际的北京地区应当是比较流行的,在达伯理之前5年,英人司登得④在《中国传说》⑤一文中也记录过"可爱"的故事。现代金受申编《北京的传说》、谭伊孝编《北京文物胜迹大全·东城区卷》、于弢编《大钟寺》中都收录了"铸钟娘娘"的传说,情节大致相类,不过三人所记的孝女都没有提到名

---

① 俞葆真编、俞泰绘:《百孝图说》,同治辛未年(1871)刻本,页目八。
② 鲁迅:《书信·281031 致赵景深》,见《鲁迅全集》第 11 卷,北京:人民文学出版社,1981 年,第 639 页。
③ Yü Pao-chen, *La piété filiale en Chine*, traduit et rédigé par P. Dabry de Thiersant, Paris: E. Leroux, 1877, p. 220.
④ George Carter Stent(1833—1884),英国人,曾长期在清海关工作,著有《汉英合璧相连字典》(*A Chinese and English Vocabulary in the Peking Dialect*)等书。
⑤ George Carter Stent, "Chinese Legends", *Journal of the North China Branch of the Royal Asiatic Society*, vol. VII, p. 1872.

字。北京德胜门内原铸钟厂附近,曾有一"金炉圣母铸钟娘娘庙"(匾额现存于大钟寺古钟博物馆),乾隆五十年(1785 年)立《重修铸钟娘娘大殿碑记》中有"兹因鼓楼西铸钟厂真武庙原有金炉娘娘王元君大殿三间"①字样,似乎与"可爱"相去较远,达伯理和司登得的"可爱投炉"故事源出何处,似已无可考证了。

不过无论是老北京的传说还是达伯理、司登得的记述,其中都有一个细节,即所谓的大钟是指北京内城钟楼上的大钟,这一点与赫恩的描述相矛盾。《大钟的灵魂》开篇是这样的:"滴漏指示着大钟寺(Ta-chung sz')——大钟楼——的时刻,接着钟捶开始重击这金属制作的庞然大物的钟壁,那巨大的钟壁上镌刻着《法华经》、《楞严经》等佛家的经文。"②从"大钟寺"、钟壁上镌刻着经文等信息我们不难认定,《大钟的灵魂》中所说的大钟,指的是北京大钟寺所悬的永乐大钟。

大钟寺即今之"大钟寺古钟博物馆",本名觉生寺,由于寺内悬有一口明代永乐年间铸造的大钟(重约 42 吨且镌有汉梵文 23 万字佛经),故俗称大钟寺。而内城钟楼上所悬的大铜钟亦铸于永乐年间,重达 60 吨,是目前国内所存最大的古钟,但钟体上没有铭文,只有"大明永乐年月吉日制"的款识,所以这两口钟是不易混淆的,而且达伯理笔下完全没有"大钟寺"的说法,《可爱》开篇即点明"在北京的内城,你仍然可以看到一个巨大的塔楼,名字叫做钟楼(la tour de la cloche)"③,由此可见,赫恩除达伯理的法译本之外,一定还参考了其他资料。

经过笔者的查考,赫恩的说法应该来自美国汉学家卫三畏(Samuel Wells Williams)的《中国总论》(The Middle Kindom,1848)。赫恩在《词汇表》中对"Ta-chung sz'"做了注释:"从字面上说,就是'钟寺'。这座北京的建筑如此命名是由于内有可能是世界上最大的吊钟,铸于永乐年间,大约是公元 1406 年,重量超过 12 万磅。"④而《中国总论》中是这样描述"大钟寺"的:"Ta-chung sz',或'钟寺',这里挂着北京的大钟。它大约铸造于 1406 年,永乐统治时期……重量是 12 万磅……它的内外被数不清的汉字覆盖,内容是从佛教的两部经典《法华经》、《楞严经》中摘录的……它是世界上最大的吊钟。"⑤通过对比不难发现,赫恩关于大钟的各种信息几乎都包含在《中国总论》的描述之中,而且在汉语词的拼写方法上完全一致。据此推断,事实可能是:赫恩在编译达伯理的《可爱》时,由大钟联想到了《中国总

---

① 此碑已不知所踪,有拓片存于国家图书馆。
② Lafcadio Hearn, *Some Chinese Ghost*, Boston: Roberts Brothers, 1877, p. 11.
③ Yü Pao-chen, *La piété filiale en Chine*, traduit et rédigé par P. Dabry de Thiersant, Paris: E. Leroux, 1877, p. 217.
④ Lafcadio Hearn, *Some Chinese Ghost*, Boston: Roberts Brothers, 1877, p. 181.
⑤ S. Wells Williams, *The Middle Kingdom-I*, New York: Charles Scribner's Sons, 1913, p. 79.

论》中关于"大钟寺"的描述,由于他不懂汉语,也不了解北京的实际情形,因而武断地将"大钟寺"与"钟楼"等同起来,从而将钟楼大钟的传说安放到了大钟寺大钟上。

《孟沂的故事》

《孟沂的故事》是一个人鬼恋的故事,讲的是洪武年间,书生田洙(字孟沂)在桃林中偶遇一美人,终成鱼水之欢,后事发,只见到桃林中有冢累然,才知道美人原来是唐妓薛涛的鬼魂。在《题解》中,赫恩对故事来源做了交代:"我的这个奇特的幽灵故事是由著名的作品集《今古奇观》中的第三十四个故事而来的,它最初由博学的施古德①翻译,题名为《蜀国的学者》,作为他那奇特而香艳的《卖油郎独占花魁》(莱顿,1877;同时还出了法国版)的序言。"②1877 年,荷兰汉学家施古德将《今古奇观》中的第七卷《卖油郎独占花魁》和三十四卷《女秀才移花接木》译为法文,以《卖油郎独占花魁》为名在莱顿和巴黎同时出版,在此书的序言中,施古德以插叙的方式,翻译了"田洙遇薛涛"的故事。《孟沂的故事》即由施古德译本转译而来。

准确地说,《孟沂的故事》只是《今古奇观》之三十四卷《女秀才移花接木》前的"入话",因系开场故事,所以并无题目,只在行文中称为"田洙遇薛涛"的故事。但《今古奇观》是从《三言二拍》中抽选出来的,所以它的原本其实是凌濛初所编《二刻拍案惊奇》之第十七卷《同窗友认假作真,女秀才移花接木》。若再向前追溯,这个故事的源头应该是永乐年间李祯所编《剪灯馀话》之卷二《田洙遇薛涛联句记》。

《织女的传说》和《颜真卿宾天》

《织女的传说》和《颜真卿宾天》这两个故事都是以法国汉学家儒莲③翻译的《太上感应篇》为蓝本创作的。《太上感应篇》由于后人不断增订,所以版本极其繁杂。儒莲的法译《太上感应篇》到底以哪本书为原本,暂时还无法证实。只是从其形制来看,应该是有注、有传的某一种"图说"或是"集传"。

《织女的传说》即在中国妇孺皆知的"董永遇仙",经查出自儒莲译本第 119 页"福禄随之"条的"传",原文极其简略,只有两百字不到,赫恩将其铺陈成文,但在风

---

① Gustave Schlegel(1840—1903),又译薛力赫,荷兰汉学家,莱顿大学首任汉学讲座教授,著有《天地会研究》、《古琉球国考证》等书。

② Lafcadio Hearn, *Some Chinese Ghost*, Boston: Roberts Brothers, 1877, p.165.

③ Stanislas Aignan Julien(1797—1873),又译茹理安,法国汉学家,法兰西学院院士,通晓多种东方语言,曾将《孟子》、《赵氏孤儿》、《道德经》、《大唐西域记》等中国经典译为法语,并著有《汉文指南》等书。

格上,倒像是一个艳情故事了。

《颜真卿宾天》讲述的是唐代颜真卿宣诏于李希烈,威武不屈,终为叛军所杀的故事。颜真卿的事迹《旧唐书》(卷九十八,列传第七十八)、《新唐书》(卷一百五十三,列传第七十八)中皆有记载,但赫恩笔下有真卿死后其尸状若生前,众人言其神灵归天的说法,为正史所无。赫恩根据的是儒莲译《太上感应篇》第 130 至 131 页"神仙可冀"条的描述:

> 叛军收服后,家人将颜真卿的尸体运回以便举行隆重的葬礼。但棺木已经朽坏,颜真卿却面色红润,如同活着一样。
>
> 有个道士叫作邢和璞的,见此情景叫道:尸体如此,必是成仙了。
>
> 后来,一个颜真卿的仆人说,他看到主人走过殿中,这是在他成仙之后了。①

这种成仙的描述可参见《太平广记》"神仙"第三十二"颜真卿"条。曰真卿服食丹药,死后如生。后十余年,家仆于郑州同德寺佛殿中见到真卿,引入郊外破屋中与言。其子前来探视时却满目荒芜,一无所见云云。《太平广记》云此说出自《仙传拾遗》及《戎幕闲谭》《玉堂闲话》。但赫恩只提到死后如生,没有采用成仙后重现的说法。

《茶树的历史》

《茶树的历史》按赫恩的说法,来源于布列施耐② 1871 年发表在《教务杂志》(*The Chinese Recorder and Missionary Journal*)上的一篇文章。布列施耐德的描述如下:"有一个日本的传说,说在大约公元 519 年的时候,有一个僧人来到中国,愿意奉献他的灵魂给神。他发愿要日夜不停地冥想。经过多年的警醒之后,最后他实在是太累了,就睡着了。次日清早醒来之后,因为破了誓言他愤而切下了自己的眼皮扔在地上。第二天在同样的地方,他发现每个眼皮都变成了一株灌木。这就是之前无人知晓的茶树——中国人似乎并不太知道这个传说。"③赫恩对这个故事进行了大量的润饰和改造,添加了女鬼诱惑僧人使之入睡的情节,茶的起源也由

---

① Traduit du Chinois par Stanislas Julien, *Le Livre des Récompenses et des Peines*, London: Richard Bentley, 1835, p.131.

② Emil Bretschneider(1833—1901),德国人,植物学家,1866 年至 1883 年在俄国驻北京公使馆任医生,著有《欧洲人在中国探寻植物的历史》(*History of European Botanical Discoveries in China*)等书。

③ Emil Bretschneider, "The Study and Value of Chinese Botanical Works", *The Chinese Recorder and Missionary Journal*, 1871, p.220.

僧人的眼皮换成了女鬼的香唇。此外赫恩认为："考虑到佛教本身及各种精彩的传说都是由中国传到日本的,那么这个故事很可能应该有其中国原本,之后又被日本的编年史改造了。"① 所以依然将这个日本传说收在了《中国鬼故事》中。

无独有偶,只比《中国鬼故事》早一年出版的谭勒(Nicholas Belfield Dennys)著《中国民俗学》(The Folk-Lore of China)中,也收有这个故事。不过无论是谭勒还是布列施耐德,他们的记述都是转引,其源头指向同一本书,即阿尔伯特·凯普弗尔② 1727年出版的《日本史》。由此可知,西方世界流传的这个日本传说其源头应该是凯普弗尔的《日本史》③。

但正如布列施耐德所说,中国人对这个故事显然并不熟悉。这个由印度东来的僧人即禅宗祖师达摩,但在中国流行的关于达摩的传说,一般都是"一苇渡江"、"面壁十年"、"只履归西"等,遍查诸典没有发现类似的故事,而在日本的确有达摩眼皮化为茶树的传说,关东地区常将达摩人偶(即不倒翁)做成没有眼睛的模样,据说也跟这个故事有关,但源出何典,尚待考证。

赫恩认为这个传说来源于中国,不过是一种猜测,并没有任何证据。中国是茶树的原产地之一,民间传说一般将茶树的发现归功于神农。考虑到达摩东来是在南朝梁武帝年间的事,因禅宗的传播而为人崇拜又需将时间再向后推,而早在汉代,中国已有饮茶的习俗,所以不太可能将茶树的起源与达摩联系起来。日本的情况则不同,日本原不产茶,奈良时期茶才开始传入日本,饮茶习俗在日本民间开始流行,则至少要到镰仓时代之后了④,这与禅宗大规模东传和流行的时间是基本吻合的。再者这种割去眼皮化为茶树的传说不太符合中国传统的文学审美习惯,所以这个传说很有可能本来就是日本原生的。

《瓷神的故事》

《瓷神的故事》是《中国鬼故事》的最末一篇。故事的主人公叫做菩(译音,Pu),是一个有名的制瓷工人,皇帝要求他制出一件具有生命的瓷缸,有着肉体的颜色和形质,能随人的心意而变化。菩只好乞灵于窑神,窑神却启示他,灵魂与肉体是不

---

① Lafcadio Hearn, *Some Chinese Ghost*, Boston: Roberts Brothers, 1877, p.168.
② Engelbert Kaempfer (1651—1716),德国博物学家、旅行家,1691—1692年间曾前往日本旅行,是较早与日本接触的西方人之一。
③ Engelbert Kaempfer, *The History of Japan*, trans. J. G. Scheuchzer, Glasgow: James MacLchose and Sons, 1906, vol.3, pp.218—219.
④ 马兴国、宫田登主编:《中日文化交流史大系·民俗卷》,杭州:浙江人民出版社,1996年,第167—169页。

可分别的！于是,菩投入了烈火之中,终于制成了瓷缸,天子也因此封他为瓷神。

根据赫恩在《题解》中的提示可知,故事中关于景德镇制瓷的大量名词、信息都来自儒莲的《中国瓷器的历史及其工艺》(Histoire et Fabrication de la Porcelaine Chinoise)①。而故事情节的灵感主要来自法国传教士殷弘绪②关于景德镇制瓷工艺的通信。殷弘绪在 1712 年的信中记述过景德镇瓷神的传说:"由于每个行业都有特定的偶像,再加上这里神明的传播像某些欧洲国家伯爵、侯爵身份的授予一样容易,所以制瓷业有一个神毫不足怪。菩萨(这个神的名字)的来源正是缘于工匠们无法做成的这类式样。据说从前有个皇帝一定要瓷工们按照他给的式样制作瓷器,官员们多次报告说无法办到,但这些谏诤却使他的愿望愈发强烈。在中国,皇帝是尘世间最令人畏惧的神,他们的任何意愿众人都不能违背。因此官员们加倍操心此事,对瓷工们使用了各种严酷措施。可怜的瓷工们费钱费力得到的却只是惩罚。他们中有个人由于绝望跳进了烧得通红的窑里,当即被烧成了灰烬。但瓷器烧成了,非常漂亮,也完全符合皇帝的要求。从此,这个不幸的人被当成了英雄,后来又变成了掌管制瓷的神。"③

殷弘绪所说的这个瓷神其实是指"风火窑神"或"风火仙"童宾。童宾的传说在明清之际的景德镇地区广为流传,直到今天景德镇还保存着祭窑神的传统。乾隆三十九年(1774)朱琰所著《陶说》中即有风火仙的记载,乾隆四十八年(1783 年)《浮梁县志》收唐英撰《火神童公传》,其事最为详尽:"神,姓童名宾,字定新,饶之浮梁县人。性刚直,幼业儒,父母早丧,遂就艺。浮地利陶,自唐宋及前明,其役日益盛。万历间内监潘相奉御董造,派役于民。童氏应报火,族人惧,不敢往,神毅然执役。时造大器累不完工,或受鞭箠,或苦饥羸。神恻然伤之,愿以骨作薪,丐器之成,遽跃入火。翌日启窑,果得完器。自是器无弗成者。家人收其余骸,葬凤凰山,相感其诚,立祠祀之,盖距今百数十年矣。"④

殷弘绪说这个瓷神的名字是"菩萨"(Pou sa)显然不够准确,景德镇民间也有将童宾称为"窑神菩萨"的说法,殷弘绪的"菩萨"大概由此而来。赫恩的汉学知识

---

① 《中国瓷器的历史及其工艺》是清代蓝浦所著、郑廷桂补辑的《景德镇陶录》的法译本,但并非全译,儒莲在正文之前添加了长篇导言及一些相关资料。

② Père Francois Xavier d'Entrecolles (1662—1741),法国人,耶稣会传教士,曾在景德镇附近长期居住传教。他在 1712 年及 1722 年写给耶稣会同仁的两封信中详细介绍了景德镇瓷器制作的概况及工艺。这两封信最早向欧洲人泄漏了中国的制瓷秘密,有较大的影响。

③ "Lettre du Pere D'entrecolles", in Stephen W. Bushell, *Description of Chinese Pottery and Porcelain*, Oxford: Clarendon Press, 1910, pp. 204—205.

④ 唐英:《火神童公传》,见熊寥编《中国陶瓷古籍集成》,南昌:江西科学技术出版社,2000 年,第 126 页。

虽不深厚,也对"菩萨"的说法表示了异议,但儒莲的译本中也没有讲明窑神的名字,所以赫恩将"菩萨"做了一下改造,更名为"菩",并创造了一个情节使之合理化:菩最终烧制的瓷缸在敲击时有"Pu"的声响,这就是神的名字。

《中国鬼故事》的编译策略

由上可见,《中国鬼故事》绝非简单的重译,很大程度上是一种以译本为底本的再创作,但又并非"翻案"作品,因为作者并没有对人物、地点、主要情节进行本土化改造,也没有故意隐藏其真实来源。大致说来,赫恩在《中国鬼故事》的编译中主要采取了两条策略:其一,对作品进行"赫恩式"文学改造;其二,渲染、增强原作的"异国情调"。

从文学史的角度看来,赫恩算是一个浪漫主义作家,他的早期创作受法国浪漫派特别是戈蒂耶的影响很大。赫恩曾说戈蒂耶的特别之处在于"想象的特殊的美和用词语描画的能力"①,其实赫恩自己的创作风格也大致如此。除《孟沂的故事》之外,《中国鬼故事》各篇的底本只是一段梗概而已,而赫恩却能将其改造为活色生香的故事,其细节描绘基本是靠丰富的想象来填补的,但这也就决定了,这几个故事的风格只能是"赫恩式"的。赫恩在《中国鬼故事》中使用了大量的景物描写、心理描写、人物对话,而且特别注重人物的感官体验,如视觉、听觉、味觉等感官描写,这种风格是原译本和中国原本所不具备的。比如孟沂与薛涛初见时,原作对环境的描写只是:"偶然一个去处,望见桃花盛开,一路走去看,境甚幽僻。"②法译本变化不大,而在赫恩笔下则是这样的:"那天,空气中到处布满了花香和蜜蜂的嗡嗡声。孟沂所走的道路似乎已经多年没有人走过了,长长的草覆于路上,两旁的大树那巨大、长满苔藓的枝桠交连起来,遮天蔽日。然而那树叶的阴影随着鸟鸣颤动着,树林的深景因金色的雾气而更加秀丽,空气中充满了花香,如同香烟缭绕的庙宇。"③如果仅从文学的角度考虑,赫恩的描写显然要比原本生动得多,对气氛的烘托也更加成功,但也因此远离了原作,这种"用词语描画的能力"完全是一种"赫恩式"的特色。

从题材上看,《中国鬼故事》无疑是一种"异国情调"文学,但赫恩并不满足于此,他在编译中,又对故事中的中国元素进行了突出和渲染,使之更加符合西方读

---

① Lafcadio Hearn, "To the Rader", in Théophile Gautier, *One of Cleopatra's Nights*, trans. Lafcadio Hearn, New York: Brentano's, 1900, p. v.
② 抱瓮老人辑:《今古奇观》,北京:人民文学出版社,1957年,第663页。
③ Lafcadio Hearn, *Some Chinese Ghost*, Boston: Roberts Brothers, 1877, p.30.

者的异国想象和接受品味。书中的题献、题记基本都是赫恩翻译、引用的中国诗句、名言;在正文中,则使用了大量的音译外来词,出版商曾对此表示不满,但赫恩却非常坚持。对此赫恩的传记作者比斯兰评论说:"他热爱这些异国情调的词,不仅仅因为它们本身,还因为它们给他的风格带来的装饰色彩。"① 此外,《中国鬼故事》中还有很多装饰性的文字和图案。这些汉字、图案与故事内容往往没有什么关联,有些甚至是莫名其妙的,其作用无非是炫示汉学知识,烘托中国情调罢了。《中国鬼故事》出版 11 年以后,赫恩曾将自己的这部早期作品评价为:"一个试图从书本中理解远东——却并未成功——的人的早期作品,但那时,这些故事的真正目的是艺术的。如果我要重印它的话,我不会改动任何东西的,只是要在新版本的前言中做一个合适的致歉。"② 由此,我们不难推测其创作心态。

从汉学和翻译的角度看来,赫恩的《中国鬼故事》其实是极不可靠的一个作品,但如果从文学和接受的角度来说,赫恩的改造又是非常成功的,更加符合西方读者的阅读习惯,也更具有文学性和可读性。严绍璗先生曾论述过,不同文化之间的传递,它们的内在的运行机制,遵循的都是"不正确的理解"的规律,所以像《中国鬼故事》这种"不正确的理解"的中国文化因素,在东西方文化交流中,特别是东西方文化交流的初期其实是非常普遍的现象。但也正如严先生所说:"当文化史学的科学化可以使文化学者具有'自觉的精神'的时候,我们又面临着一个更艰巨的工作,那就是在'不正确的理解'中,通过文化的传递的轨迹,从各种'变异型态'的文化中,来复原'事实的文化'。"③ 本文对《中国鬼故事》所做的考证,庶几可以算作这个艰巨工作的一小步吧。

---

① Elizabeth Bisland, "Introductory Sketch", in Lafcadio Hearn, *Life and Letters* Ⅰ (*The Writings of Lafcadio Hearn*, V. 13), Boston & New York: Houghton Mifflin Company, 1922, p. 79.

② Lafcadio Hearn, *Life and Letters* Ⅲ (*The Writings of Lafcadio Hearn*, V. 15), Boston & New York: Houghton Mifflin Company, 1922, p. 100.

③ 严绍璗:《文化的传递与不正确理解的形态》,《中国比较文学》,1998 年第 4 期。

张伯伦的《古事记》英译与研究

聂友军*

曾任日本东京帝国大学(Imperial University of Tokyo)教授的巴兹尔·霍尔·张伯伦(Basil Hall Chamberlain, 1850—1935)是 19 世纪后半叶至 20 世纪初年活跃在日本的英国学者,日本研究者中的杰出代表。张伯伦居留日本三十余年,以自己广博的兴趣为依托,对日本语言、社会、历史、文学与现实生活展开了持续的跟踪调查;他最早进行过将俳句译入英语的尝试;他的一卷本百科全书《日本事物志》(Things Japanese)在日本海内外广为人知;他积极向西方世界推介日本能剧;他身为外国人却空前绝后地在大学教授日本人日语语法;他还是将《古事记》完整地译入西方语言的第一人。

在众多的日本研究学术成果中,张伯伦的《古事记》英语译本①具有里程碑意义。《古事记》是日本文化的开篇长卷,它为追踪研究日本列岛上早期居民的历史,揭示占主流地位的日本宗教与社会思潮提供了便利与可能;同时它也在世界神话文学中占据着独特的位置。张伯伦的翻译辅以博学的注解,表明译者对日本历史与文化的熟稔,也显示出他对文本的细致解读,以及对前人研究成果的审慎判断。张伯伦撰写了长篇译者导言,从文本的真实性、基本特征及文献资料,关于翻译方法的细节,与《日本书纪》的比较,早期日本的习俗和风尚,早期日本的宗教与政治观念、日本国家的创立及日本民族口传历史的可信性等方面进行分析、阐释与论证。

对日本古事的恰当理解,此前基本上还是一片空白,单纯依靠翻译所能填补的空白相对有限。为有效地填补这一空白,张伯伦寻求与考古学家合作,借鉴他们发掘到的材料和最新的研究成果;同时对文献进行批判性的调查分析,不仅让日本的资源展现出自身包含的信息,而且也借助中国和朝鲜的文献;同时,基于外来习俗

---

* 聂友军,北京大学文学博士。

① B. H. Chamberlain, *A Translation of the "Ko-ji-ki," or "Records of Ancient Matters"*, 1882 年 4 月 12 日、5 月 10 日、6 月 21 日分三次在日本亚洲学会会员大会上宣读,并作为《日本亚洲协会学刊》(*Transactions of the Asiatic Society of Japan*)第十卷的增刊于 1882 年出版,后多次再版、重印。

与观念在一直生活于日本列岛上的阿伊努人那里基本没有发展,而被原封不动地保存了下来,对阿伊努人现实生活的调查也提供了研究古代日本的一个方向。

一、文本的选择与解读

张伯伦摆脱日本学界的定见,明确标举《古事记》在日本古典文献中首屈一指的地位,是颇具手眼的。他对《古事记》进行了细密的读解阐释,并与一贯与之对举的《日本书纪》对照比较,使文本分析更加透辟。建基于精细阅读与深入思考的基础上,结合自己的语言学功力,张伯伦就日本国族记录的可信性做出了令人信服的判断。

(一)《古事记》的地位

纵观日本文化史,最为完备、最具体系的文化活动当属历史著作的撰写与历史研究。日本人关于自己国族历史的著述汗牛充栋,然而无论从出现的时间而言,还是从著作的现实价值考量,《古事记》皆首屈一指。诚如张伯伦所言,横陈于我们面前的大量日本著作中,"最重要、具有里程碑意义的"当推《古事记》,因为"它比任何其他书籍都更忠实地为我们保存了古代日本的神话、习俗、语言及口传历史"。[1]

张伯伦指出,尽管欧洲学者已普遍接受《古事记》的重要性,但此前对《古事记》内容的呈现很不全面,出现在任何一种欧洲语言中的译文都不及全书内容的二十分之一;并且关于该书文体、涵盖范围及内容方面的错误观点充斥了论述日本的通俗作品之中。张伯伦希望自己能够为全书提供一个完整的英语译本,以便"更清楚地呈现该书的真正本质,也更清楚地呈现早期日本传统、习俗与观念的真正本质";唯一力争达到的目标是"严格地在字面上与日语文本保持一致"。[2]

张伯伦在《〈古事记〉译者导言》中首先探讨了《古事记》一书的编纂缘起,认为较为保险的说法是,编集一部纯粹国族历史的计划肇始于天武天皇,这一计划在他的继任者指导下得以最后完成,具体执行者是一位名为安万侣的宫廷贵族。[3] 接着张伯伦廓清了《古事记》文本中表现出来的中国影响与"日本特色"之间的关系。在《古事记》成书后不久,中国文化大举涌入日本并取得支配地位,独特的日本国民性遭到重压,绝大多数显著的日本特征被尘封。张伯伦同时也承认,《古事记》本身

---

[1] B. H. Chamberlain, "Introduction to *A Translation of the 'Ko-ji-ki'*", in *Transactions of the Asiatic Society of Japan*, Supplement to Vol. X (1882), Yokohama: R. Meiklejohn and Company, p. i.

[2] Ibid., p. iii.

[3] Ibid., p. v.

也并非丝毫未受中国影响，最明显的影响体现在文本书写所用的汉字上；但这种影响相对较小，不像后来的著作中那样，与中国发生交往以前的日本帝王和英雄人物满口华丽的中文辞藻。

(二)《古事记》与《日本书纪》之比较

《古事记》与《日本书纪》构成日本古代典籍文献的双璧。张伯伦在《〈古事记〉译者导言》中以一节的篇幅，论述成书略晚（公元720年）、价值稍逊，却一直比《古事记》更受欢迎的另一部著作——《日本书纪》（或译《日本纪》）。两部著作所涉及的是大致相同范围的历史，但两者的语言风格及对待本国传统的方式形成了鲜明对照。张伯伦认为，《古事记》体现的是一种毫不造作的质朴；《日本书纪》则不仅文体完全是中国式的，甚至在很大程度上只是陈腐的中国成语的杂烩；而且在题材方面也经过修改、重置和润色，以致看起来更像一部中国史书。《日本书纪》的旨归是把一切事物的起源都归结到分属中国哲学中的消极因素与积极因素阴与阳。张伯伦称，可以将评价《圣经》旧约希腊文译本(Septuagint)的话移来评价《日本书纪》，以便自圆其说。时代错误因援用汉语记录而被部分地遮掩，在汉语语境下带有时序错误的措辞听起来却很自然。

毫无疑问，《日本书纪》篡改过本国口传历史并且不是以本国语言写就的，但它是如何获得通过的？为何它的真实性不及《古事记》，反而更受欢迎？张伯伦一针见血地指出："向中国观念妥协就是基于中国模式训练成的思维方式，同时，读者对本国古代帝王的维护增加了，保存对本国神祇的信仰因而成为可能。"①

张伯伦也以相对客观公正的态度指出，《日本书纪》对学习日本神话和日本语言大有裨益，尽管单纯就日本历史著作的价值而言，《日本书纪》比不上《古事记》。张伯伦总结《日本书纪》的价值在于在：第一、作者在处理所谓的"神代"时，以"一书曰"为标题，以注释的方式把同一传说的不同版本补缀在正文后面，将《古事记》编纂者忽略不谈的事情在正文或"一书曰"中保存了下来；第二、《日本书纪》中的许多歌谣也与《古事记》所载不同，提供了古代日语词汇的宝贵增补；第三、《日本书纪》以注释形式提供的许多阅读材料，有助于理解《古事记》以表意符号书写的词语的读音，以及标注读音的词语的意思；第四、《日本书纪》还提供了超出《古事记》涵盖范围以外72年的历史记录。

张伯伦通过对照研读《古事记》与《日本书纪》，从中抽取出一条非常有趣的信息，追溯到传说开始衰落的最初时期，中国影响已然在这些传说中显现，中国人与

---

① B. H. Chamberlain, "Introduction to *A Translation of the 'Ko-ji-ki'*", p. xxi.

当地居民既有工具的交换又有思想的交流：在出云和九州传说圈中都提到过筷子；天照大神和月读命是从伊耶那岐命眼中生出来的传说，是几乎未加改动的中国盘古神话的一部分；桃子帮助伊耶那岐命打退众多黄泉国追兵的迷信也可以追溯到它的中国源头；天照大神的侍女所用的名字就是取自中国神话《天衣织女》，同一则神话中出现的"天河"，也完全是中国的；关于酒、桂树、鳄、勾玉、鸣镝的记载都是中国影响在物质层面的印痕，比如最早的日本传说中提到造酒工艺，根据可以接受的历史记载考证，一次是在稍早于公元纪元，另一次在公元3世纪；早期的历史著作本身带有不利于自己的证据，因为当提到这种酒时，其措辞足以表明它是珍贵的稀罕物，而当时在中国酿酒早已是相当普遍的工艺了。①

（三）日本国族记录的可信性

由于头脑中已有某种误解存在，欧洲学者总是被热诚的神道捍卫者虚构的一些故事误导，从而相信所谓的"神字"，后者声称它们系由日本的神创造出来的，日本人早在中国的表意文字传到日本之前就在使用。

张伯伦指出，尽管《古事记》整个文本中的故事没有断层，至少在时间先后顺序上没有断层，并且在虚构与真实之间没有明显脱节的断层，但实际上，直到公元5世纪，也就是说比通常接受的日本历史的真正开端晚一千多年，所记录的才是真实可信的历史。

> 日本神话与历史一致性的事实已被主流的本土评论家充分认同。他们的观点被现代神道学家视作正统，他们从中得出这样一个结论，即标准的国家历史著作中的任何东西都必须作为确凿的事实加以接受。……他们用一个传奇支撑另一个传奇的做法动摇了自己立论的基础；他们也没有发现自己的个体想象力同样囿于把历史事实当作唯一的标准。②

张伯伦建议，援用一种在别处取得过丰硕成果的方法解读日本传说时要尤其小心。他更愿意从日本人的观点出发，加以甄别判断最终形成自己的看法。他拒绝单纯从《古事记》与《日本书纪》中抽取与早期日本相关的事实，并相信其断言。张伯伦明确指出，所有关于"神代"的口传历史、直到公元3世纪被认可的历史记载出现前的早期君王统治期，关于书写、书写材料以及任何书面记录都没有点滴记载。最早出现的书籍《论语》和《千字文》，时间当晚于公认的日本开放与亚洲大陆交往之后。据说它们是在应神天皇统治时被带到日本的，甚至这一陈述也被提前

---

① B. H. Chamberlain,"Introduction to *A Translation of the 'Ko-ji-ki'*", p. lxix.
② Ibid., p. liv.

了，这可以由《千字文》直到两个多世纪以后才成书这一事实确定。

张伯伦善于利用自己作为语言学家的优势，他指出，通过阅读《古事记》，可以对它成书时的日语有所了解；反过来又从语言问题这一视角入手，提出独特的见解。张伯伦大胆推测，《古事记》中的歌谣是编纂者出于娱乐读者的目的而创作的：

> 我们太了解日语的历史了，可以从8世纪以降直至当今的太多文献中梳理其发展与衰落的历程。……最新的、有着详尽音节标注的歌谣出现时间晚于8世纪后半叶，而其中的绝大多数，则可以肯定出现于一个虽不确切但必定更早的时期。书写的采用可以上溯到5世纪初，……据信为神祇或远古英雄所创的歌谣当属首批书写下来的文字，而他们秉持的崇敬之情在某种程度上会令他们完全按照传统遗留下来的样式抄录这些歌谣，即便无法理解或者疑虑重重；而在其他情况下，同样的感受会促使他们去修正某些被认为舛错或不雅的地方。①

张伯伦认为，就日本文献证据所能达到的明确程度而言，日本历史可信的最高限度是公元400年，早于那个年代，则立即遭遇神迹。张伯伦在《芭蕉与俳句》一文中再次论及日本早期文献的可信性："《古事记》是现存最早的日本文学作品，自公元712年存在至今。但直至它处理5世纪的事件时的记录才是可信的，其中保存的一些歌谣，大概是6世纪或更早时候的产物。"②《日本事物志》的"历史"条论及日本古代史时继续沿用这一观点。从公元6、7世纪以降，皇室和集权的日本政体完全确立了，明显是为了权力计，而尽可能地消除掉先前各种政权组织形式的痕迹，并且让人们相信情况就是当时的样子，一直以来都如此。天武天皇渴望对诸家所记载的历史档案"既违正宗，多加虚伪"的情况予以修正。

诚如人类学家泰勒所言，历史批判是判断，不是为了不相信什么，而是为了做出相信什么的判断。③ 在张伯伦看来，通过研究包含早期日本口传历史的书籍，追溯更遥远的日本历史与部落分割，追溯日本传说的源头，从对日本宗教与政治特征的分析中很少得到确切无疑的结论性东西，但至少有一些有趣的可能性，"即便是不能作为历史真实接受的部分，常常也有许多人会从其他观点看到有价值的东西。因此，如果我们失去一千年所谓的日本历史，必须不能忘记日本神话仍是阿尔泰思

---

① B. H. Chamberlain, "Introduction to *A Translation of the 'Ko-ji-ki'*", p. vii.

② B. H. Chamberlain, "Basho and the Japanese Epigram", in *Transactions of the Asiatic Society of Japan*, Vol. XXX, Pt. II (1902), p. 249.

③ Taylor: *Anthopology* (Chapter XV); 转引自 B. H. Chamberlain, "Introduction to *A Translation of the 'Ko-ji-ki'*", p. lxxi.

想中最古老的现存物"①。

二、可译性限度的突破

译本的基础必须由文本本身来构建,而非经由任何其他人对文本进行的个人化解读。正是基于这个原因,张伯伦采取的策略是遵照原文,在可达致的范围内尽量忠实地逐字翻译;针对每一个有分歧的地方,都分别仔细地加以分析,若认为该处足够重要,则在注释中予以说明。但翻译又是一个涉及多重因素的过程,原语和译入语在语言文字上存在差异,文化习俗上往往也有很大不同,不同语言的各个层次并不是处处存在信息通道,这就限制了转换的完全实现。换言之,翻译有一定的限度,即所谓"可译性限度"。翻译过程中译者将不可避免地遭遇形式结构障碍、表达法障碍和文化障碍。正是可译性限度和翻译实施过程中绕不过去的各种障碍给译者留出了更大的发挥与创造的余地。

(一)形式结构障碍的克服

形式结构障碍是翻译过程中首当其冲的问题。任何一个译者在做异质语言的迻译时,都会遇到许多基于语言习惯差异而出现的难题。译者要时刻直面两种语言、两种思想形式之间的冲突,翻译过程中难免会有程度不等的走失。从技术层面而言,译诗历来被看作是困难的,因为诗作兼有音韵、形式、内容与意境之美,过度关注意义的传递,而忽略了形式,则译作仅仅变成或优美或晦涩的散文,不复成其为诗。

嵌入在《古事记》散文文本当中的歌谣翻译是颇费思量的难题,因为其中一些属于该语言中最难懂的部分,日本评论者也经常就较为隐晦的章句做出不一致的解读。张伯伦认为:"对外族诗歌的翻译,特别是用散文体照字面进行的翻译,无助于表现其优势。"张伯伦在译本中通常先给出歌谣大意,然后解释个别表达方式的意思,若争议值得关注,则提供不同的观点与见解。张伯伦将所有歌谣以口语体翻译,同时提供罗马字音译一起刊印在附录中。

《古事记》的文本,像许多其他日语文本一样,完全没有欧洲作品中拥有的那种章节或段落的划分。考虑到用类似的连续方式印行英语版文本会漫无尽头,只会使原本就枯燥的读物更加不堪卒读。根据"神代"阶段中日本学者熟知的片段对上卷自然地进行段落划分;在包含中卷和下卷的"人代"叙述中,以每一任帝王的统治

---

① B. H. Chamberlain, "Introduction to *A Translation of the 'Ko-ji-ki'*", p. lxxii.

期形成类似的划分。

张伯伦认为,如果要想对日本古事有一个全面、真实的描摹,需要不完全依赖某些权威学者的论断,不管这一权威多么受人敬仰,毕竟其中部分论断属于孤证。张伯伦在翻译过程中,上卷援用了本居宣长在《古事记传》的前言中给出的标题,但在中卷和下卷中却没有效仿他,因为他给出的各部分标题是一些地名,据说是帝王的统治所在地。而在通常意义上,人们对帝王的理解,不是基于他们的统治所在地,而是基于他们的"谥"。作为一位激情的民族主义者,本居宣长拒绝援用这些"谥",因为它是相当晚近时期日本天皇模仿中国而采用的。作为西方学者的张伯伦并没有这种情结,所以用帝王的"谥"作为分节的标题。

(二) 缺乏对应词的表达策略

在一种语言中的某些词汇在另一种语言中缺乏对应词是非常普遍的现象。张伯伦深有感触地指出:"在所有事物中,文学原义是最难从一种语言迻译到另一种语言的。……唯一的问题在于搞清楚是向谁用最意想不到的词语传达最不自然的观念(to who should express the most far-fetched ideas in the most unexpected words)。"[1]张伯伦在《〈古事记〉译者导言》中也指出,所谓两种语言间的对等术语,很难完全吻合,因而有必要根据上下文用两三个英文单词转换原文中的一个日语词汇。这就形成对原文的一种带假象的理解,认为它事实上带有现代欧洲特色,而丝毫没有早期日本的特色;英语译词也不可避免地存在自身的缺陷,原因在于英语中并没有像日语一样多的意义接近的近义词,比如一些称谓词:

> 在所有难以找到对应词的情况中,最难的当属"kami"。事实上英语中没有任何一个词接近它的确切含义。因此如果将他译作"deity"(用以指神,"god",因为它包括两性的高级生灵。),必须清楚"deity"一词被赋予了任何英语词典中都未收录的一个义项。"Kami"与"deity"或"god"只是彼此大致相当。"kami"一词确切的意思为"最高的"或"在上的",并且现在仍这样使用。基于这个原因,它有第二个义项"头发",仅指头顶上的头发而不包含颜面上的毛发就是这样确定的。同样,以恰当的措辞来表示,政府为"Kami",字面意思为"在上的(高级官员)",直至几年前,"kami"一直是某种名义上的省级职衔。这样就便于理解这个词是怎样被用来在普遍意义上指称级别更高的人,特别是用以指称那些级别高于人、我们称之为"神"(god)者。对一个日本人来说,

---

[1] B. H. Chamberlain, *Basho and the Japanese Epigram*, in Transactions of the Asiatic Society of Japan, Vol. XXX, pt. II, 1902, p. 273.

该词的词源是明显的,他会在日常生活中绝无"天赐"、"神意"的语境下使用该词,并不会产生一种敬畏的感觉;不同的是,更热诚的欧洲人在使用"deity"或"god"时会产生与词源相联系的敬畏感。因此在使用"deity"来翻译日语中的"kami"这一术语时,必须从西方观念中被抬起的高度降落下来。事实上"kami"仅意味着"更高级别"。①

《古事记》中表达亲疏程度不同的关系采用有差别的称谓。父亲、(外)祖父、曾祖父、叔(伯)、侄(甥)、继父、继子、岳父、女婿,以及相应的女性称谓如母亲、(外)祖母,等等,连同父母、祖先、堂兄(妹)这些较模糊的称呼,根据关系亲疏来分类与当代欧洲的分类没有质的区别;唯一显著的区别是兄弟和姐妹,它们不是以同样的方式相互指称,而是完全依照汉语中的用法被分成了两类:

  ani   兄 ………… elder brother(s)
  otouto 弟 ………… younger brother(s)
  ane   姊 ………… elder sister(s)
  imouto 妹 ………… youger sister(s)②

张伯伦推断说,古代似乎有一个不同并且更复杂的体系,在某种程度上类似于朝鲜仍在沿袭的体系;一定是中国思想的引入,尤其是汉字的使用使得该体系后来被舍弃。张伯伦在《〈古事记〉译者导言》中不加删节地引用本居宣长在《古事记传》中对古代亲属称谓用法的阐释。③ 张伯伦注意到这套命名法体系的基础发生了转向,由弟弟妹妹从属于哥哥姐姐而调整为姐姐、妹妹从属于哥哥、弟弟。基于这一点,张伯伦论断说东方,尤其远古时期的东方,不是一个男尊女卑的地方,而是一个长幼有序的地方。④ 汇通东西方文化的优势使张伯伦能够深入研读并主动借鉴日本学者的研究成果,而作为来自异质文化背景下的"他者",又能够与研究对象间保持一定的距离,便于客观审视并大胆推断。

  对专名的处理也是颇见译者功力的一个重要方面。翻译过程中对专名的处理

---

 ① B. H. Chamberlain, "Introduction to *A Translation of the 'Ko-ji-ki'*", p. xvii.
 ② Ibid., p. xxxvii.
 ③ 本居宣长说:"在古代,当提到兄弟姐妹的时候,哥哥被称作 se 或 ani 以与弟弟妹妹相对,弟弟也被称作 se 以与姐姐像对。姐姐被称作 ane 以与妹妹相对,弟弟在提到自己的姐姐时也会用 ane 一词。弟弟被称作 oto 以与哥哥相对,姐姐也同样被称作 oto 以与弟弟相对。兄弟姐妹之间也习惯用 iro-se 代替 se,用 iro-ne 代替 ane,iro-do 代替 oto,类推法令我们推导出 iro-mo 被用来代替 imo。推导出,doensoyounger sisterr"见本居宣长:《古事记传》第十三卷第 63—64 页。转引自 B. H. Chamberlain, "Introduction to *A Translation of the 'Ko-ji-ki'*", p. xxxvii.
 ④ B. H. Chamberlain, "Introduction to *A Translation of the 'Ko-ji-ki'*", p. xxxviii.

总是身处尴尬,部分的原因在于通常很难确定什么是一个专名,部分原因还在于在原文中意思明显,甚至背后有一个故事的专名,翻译后失却了原来的意义。因此译者首先要确定一个名称是否真的是一个专名,还是仅仅是对名人或一个地方的描述,然后决定要达意还是存形。所谓达意,是因该词只是用作名字,翻译时只将意思表达清楚却牺牲原来的名字;所谓存形,是为保存原来的名字,而不能将其包含的意思翻译过来,而这种被迫放弃的意思往往是彰显古老思想的。比如"苇原色许男命(oho-kuni-nushi-no-kami)",不过是对所讨论的神的一种描述,他还有许多其他的名字,之所以会获得这一特殊的名号,在于"苇原"即日本(更准确地说,日本西北部的出云及临近地区)的最高统治权,是由另一位神转让给他的,他欺骗对方并将其女儿骗走。[①] 基于上述理由,在此处翻译时达意比存形重要。

难点在于两种状态之间的情况,即那些名字中只有部分可以理解,或者仅有部分与其持有者有关联,这样一来便几乎没有令人满意的解决可能。为了在音与意两方面传达出所有必需的信息,在将这些名字译成英语时,张伯伦总是在脚注中把日文原文标注出来,反之亦然,当讨论任何有疑义的词源时,也在音与意方面都传达出所有必要信息。在《古事记》上卷中,当文本的传说中出现不寻常数量的专名时,只要可行,不管人名还是神名,译者都悉数译出。

(三)文化障碍的补偿

文化障碍指的是"一种文化里不言而喻的东西,在另一种文化里却要费很大气力加以解释"。[②] 因此,要成功地进行语言转换,不但要掌握语言,而且要熟悉两种语言所代表的文化,这造成翻译当中最大的困难。文化差异涉及生活习俗、政治历史、思维方式等许多内容,表现在日常生活的方方面面,作为文化信息载体的语言又把这些内容表达在文本中,因而对译者的困扰也较多。

乔姆斯基提出语言分"表层结构"与"深层结构"。单纯注意语言的表层结构,进行字当句对的翻译,却无法表现出深层次的文化内涵;或者相反,为表达同样的文化意蕴,而采用相去甚甚至毫无联系的语言形式,两者都是片面的,都不是严格意义上的翻译。如果不能充分了解原语和译入语所涉及的两种文化,语言间的转换就不能有效地进行。要克服文化障碍,就要进行深层文化翻译,包含语义诠释、情态透析和表现形式调整三个方面。

[①] B. H. Chamberlain, *A Translation of the "Ko-ji-ki," or "Records of Ancient Matters"*, p. 45. Supplement to *Transactions of Asiatic Society of Japan*, Vol. X, 1882, Sect. XXIII, pp. 71—75.

[②] 王佐良:《翻译与文化繁荣》,《翻译:思考与试笔》,北京:外语教学与研究出版社,1989年,第34页。

张伯伦将"妣"译作"deceased mother"(已故的母亲),超越了一般日本权威仅看作"mother"的理解,十分贴切地做到了达意,并且于原意没有增减。① 另一处是大国主神为众神所害,他们把鸣镝射入大野之中,大国主神受命去取回那箭时,他们乘机放火烧那原野,大国主神不知如何出去之际,一只老鼠走来对他说,"里头空空洞洞,外面狭狭小小",张伯伦的翻译为:"The inside is hollow-hollow; the outside is narrow narrow."② 毕肖天真烂漫的童话故事中可爱的小动物口吻,真乃神来之笔。这就是典型的深层文化翻译例证,不仅准确地进行了语义诠释,而且神态、语气也是符合原文与人物身份的,从形式上说,字数、音节对仗工整,韵律节奏读来琅琅上口。

异质文化之间有一定的不可通约性,因而每一种语言中总有部分蕴涵是不可译的,也就是说有些文化障碍单纯借助语言层面是难以逾越的。如张伯伦将《古事记序》的最后一句:"臣安万侣诚惶诚恐,顿首顿首"译作:"I Yasumaro, with true trembling and true fear, bow my head, bow my head"③,尽管已经尽了最大努力,但读来韵味全失。张伯伦已有多年的日本生活经验,理解这类表达当不致太过费力,对日本文化不甚了了的西方人,阅读"诚惶诚恐"与"顿首"的译文,则必有如坠五里云雾之感。这一译例也从另一个侧面说明,翻译得以实现,并不总是照字面精准的直译为上佳。

三、多领域开启的日本研究

张伯伦在《〈古事记〉译者导言》中,对日本研究中的常规问题和热点问题,从自然风物、动植物、历史、哲学、宗教、习俗、文学、艺术到经济、工艺、人种学、人类学等,都有广泛而深入的论述。其中浓墨重彩详尽探讨的,当推日本远古时期的习俗与风尚研究、日本早期的宗教观念、日本国家的起源等方面。

(一)日本习俗和风尚研究

张伯伦分析说,神话时期的日本,正如《古事记》保存下来的传说所描绘的,早已从蒙昧状态中摆脱出来,并且已经具备很高的原始技能。他们懂得用铁制造武器和生产、生活用具。在使用衣物和饰品方面,早期日本人已达到很高的水平。在

---

① B. H. Chamberlain, *A Translation of the "Ko-ji-ki," or "Records of Ancient Matters"*, Supplement to Transactions of the Asiatic Society of Japan, Vol. X, 1882, p. 45.

② Ibid., p. 73.

③ Ibid., p. 13.

最古老的日本传说中有关于上衣、裙子、裤子、腰带、面纱和帽子的记述,两性都用项链、手镯,用珍贵的石头制成头饰装饰自己。早期日本人的食物包括鱼和野生动物的肉,这种动物性的饮食习惯在佛教禁律尚未介入时是存在的。天照大神躲进天之岩户的传说或许可以表明穴居是日本先民们普遍采用的一种居住方式。航行处于相当基础的阶段,出行几乎不使用任何交通工具。此外张伯伦亦明确指出:早期日本人并不熟悉一些工艺和产品;他们没有茶、没有扇子,没有瓷器,没有漆器,这些后来却成为几种主要的日本知名物品。

张伯伦强调指出,《古事记》中仅有少数几个篇章涉及主要妻子与次要妻子的差别,这不过是因为出身好些或差些而做出的界定,但这种差别没有贯彻始终,大多数时候妻子总是被称作"妹妹"。事实上不仅在术语上,而且在观念上,姐妹是可以转换为妻子的。自然这种结合与中国的伦理观念激烈冲突,中国伦理观念在日本施加影响的最初痕迹之一是他们因乱伦而感到羞耻。根据《古事记》记载,本国的旧有习俗与舶来的道德准则之间的冲突最终导致战争纷争。兄妹(姐弟)血亲婚姻自然最先消失,实际上该情况只有在众神的传说中提到过;但是与异父(异母)姐妹、姑(姨)母的通婚则一直持续到有史可稽的时代。

张伯伦不时利用语言作为指引,寻求有效地理解古代日本。他仔细考查古代日语,尤其动植物名称及工具名、产品名,并认为借助这种方式可以发现比所有文献都古老,甚至比这些文献保存的传说明确形成的时期都要早的古物的特征。比如不同种类的石头与金属的差别在早期日本似乎很少引起注意,几种主要的金属后来大都以颜色命名。《古事记》中涉及大量植物、动物,但许多今天最为常见的植物,诸如茶树、梅树等都没有出现在名单上,桔树则明确标明引自海外;用以骑乘而非驾车的马、家鸡、捕鱼用的鸬鹚是早期口传历史中提到的仅有的家畜和家禽,《古事记》与《日本书纪》的后半部分,提到过狗和牛,但是绵羊、猪,甚至猫都没有介绍。

《〈古事记〉译者导言》中提到:"没有奴隶制是另一个值得钦佩的特色。"[①]这是一论断是颇值得怀疑的,当时就有学者提出疑义,认为"这一错误观念无疑是基于不了解'niki'一词,该词几乎是表示奴隶的惯用术语"[②]。反驳者提供了奴隶形成的几种方式:欠债不能偿还者成为债主的奴隶;盗窃者不能归还赃物并支付罚款者成为失主奴隶;胆敢冒犯君王的臣民降格为奴隶;未被消灭或未被驱赶到日本北端

---

① B. H. Chamberlain, "Introduction to *A Translation of the 'Ko-ji-ki'*", p. xli.
② John H. Wingmor, "Notes on Land Tenure and Local Institutions in old Japan", Edited from Posthumous Papers of Dr. D. B. Simmons, in *Transactions of the Asiatic Society of Japan*, Vol. XIX (1891), p. 242.

及难以接近的山地的阿伊努土著人也有可能沦为奴隶。① 事实上，家长制被真正的行政体制取代后，产生了许多限制条件，约束主人对奴隶的管控。②

（二）早期日本的宗教观念

张伯伦从《古事记》与《日本书纪》的字里行间搜集到关于日本人早期宗教状况的一些信息。意欲探寻中国文化传入之前日本人民的远古信仰，文献不足是一大困难；现代的评论亦不足为据，它们都或多或少地存在先入为主的缺陷，因为早在任何形式的文献编纂之前即已经过滤吸收进了一些中国观念。并且因为涉及人类历史与神话传说相交融、相混合的情况，使得问题愈发复杂化。

张伯伦提出，我们现在看到的历史著作中开篇提到的神，并不必然是最初崇拜的神。因为在宗教的产生和著述一样，最早写的未必总是前言。这一理念的提出，在当时具有划时代的意义，它一举打破了日本学者与西方学者有意无意地将神话与历史相混同的根深蒂固的观念。张伯伦认为构成《古事记》与《日本书纪》开头重要部分的各种抽象概念很可能是后来的产物，并且实际上很可能只是个别神职人员的创造。③ 不能把早期日本的宗教看作一个有组织的宗教，甚至称之为宗教也不够确切。有些神在地上居住，或者从天上降临，并与人间的女子生养孩子。他们像希腊诸神一样，被想象成不过是更强大的人。作为崇拜对象的山神、河神、海神都以复数形式出现，类似于"天神"与"地祇"的说法。

《古事记》关于神的叙述充斥着前后矛盾的情节：他们被生育出来，其中一些死去，并真正终结；而在有些情况下，这种死仅仅标志着转移到了阴间——"一路（the One Road）"。"阴间"本身是这种前后矛盾的另一例证：在筑紫系列传说的大国主神故事中，阴间被描述得犹如人类生活的陆地的一部分，或者恰似天堂；在伊耶那岐命的传说中，阴间则意味着可怕的腐化与怀恨死去者的居所，冒险到此的神把它描述成"丑恶污秽"的地方。两个传说的唯一一致之处在于人间与阴间当中有一道名为"黄泉比良坂"的关卡。

张伯伦在研究过程中对比日本与西方的宗教信仰差异，从而凸显日本宗教观念的显著特征。《古事记》最常提到的神圣仪式是袯除，偶尔也有与神订立契约的情节。张伯伦认为这种订立契约在某种程度上类似于欧洲人的打赌、宣誓或者诅咒。许多地方出现了花样繁多的迷信观念，如只用一盏灯、在夜晚弄断梳子齿、穿

---

① John H. Wingmor, "Notes on Land Tenure and Local Institutions in old Japan", p. 244.
② Ibid., p. 243.
③ B. H. Chamberlain, "Introduction to *A Translation of the 'Ko-ji-ki'*", p. lxv.

着雨衣戴着草帽进家都被看作不吉利的。也有关于吉祥物的描述，比如速须佐之男命在八歧大蛇尾部发现的"草薙剑"，据说现今仍作为皇家的特别饰品而保存。张伯伦指出，早期日本人的宗教信仰中没有大洪水的传说；没有证据表明地震给日本人带来什么有效的想象，尽管它造成了持续的恐慌；没有崇拜星星的迹象；没有人格化的投胎转世观念。

（三）关于日本国家的起源

张伯伦尝试将《古事记》中的些微发现组合起来解释日本远古时代以前，对古老的传统习俗进行全面概括，并对日本人民构成的组织状况进行了大胆推测。在此基础上认定日本神话是一个混合体。更确切地说，不同的神话可能一样古老，一样有独创性，只是分属于不同的地域而具有地理区分。伴随着政局的动荡与不同地方政权的扩张，神话的不同组成部分、多样性的日本口传历史被逐渐连缀成一个整体，这种方式被多次重复，就是对神话传说进行的不太高明的修订例证。

考虑到神的多样性以及对所谓口传历史的编纂情况，张伯伦认为，那种相信日本文明的发展一直沿着唯一的一股潮流前进，直到3世纪与亚洲大陆交往时才被打断的看法存在着由因及果的困难。文明发展不应受制于这种单纯的理论考虑。有明显迹象表明，有三个各具中心的传说圈，这些中心是出云、大和与筑紫（今九州），三股潮流混合到一起共同构成后来的日本，这就是我们看到的公元前5世纪时处于信史黎明阶段的日本。这也说明大和并非一直居于日本统治的中心地位。

张伯伦指出，中国官方史书明确表明日本和邪马台是两个不同的国家，"日本"用以指代筑紫岛或筑紫岛的一部分；古老的中国文学作品中不止一次提到"在东部和北部深山里多毛发一族的国家"——即为虾夷人的国家。但没有一本中国书籍提及出云单独形成一个国家的情况。从传说中重建历史几乎是一项不可能完成的任务，或许也没有足够的正当理由相信出云曾作为一个独立的国家存在过，要说明出云在神话故事中所占的特殊地位也很困难。

张伯伦认为，在有史年代早期，国家统治者的权力并不直接在日本各地施行，在很多情况下由地方首领继续掌握统治权，各地统治者只是在某种意义上效忠于大和的天皇。天皇实力足够强大时也会废黜地方统治者，而将这些地方分封给自己的亲属或臣仆，后者在自己的封地上享有无限的权威，并沿用以前当地统治者的称号。也就是说在帝国的势力范围之外，政府看起来更像是封建制的，而不是无可置疑的中央集权制。

张伯伦表示相信，《古事记》与《日本书纪》中介绍的各种不同的神界集会，系世界许多地方都有的原始部落的村落集会，这种集会拥戴一个人的智慧并普遍接受其建议,以后发展成为更确定的组织形式。神从天上降临到大地的情况,在所谓"神代"中只是一些孤立的个人或家庭的故事。地方首领在各自极小的势力范围内似乎是唯一的力量所在。

四、结　语

张伯伦的《古事记》英译与研究不仅认真严肃,而且是全方位的,借助日本研究这一对象,不仅突破了时间、地域、学科、语言等多种界限,而且打通了包括物质层面、制度层面和精神层面在内的整个文化领域。《古事记》的英译,使基础性的日本经典文献走出国门,为外部世界更真切地了解日本贡献了丰富翔实的资料,为既有的日本研究向内向外都开拓了空间,日本学界从中亦可学到西方近代学术鲜活的研究思路与研究方法,也为日本民众更加理性地反观自身提供了宝贵的镜鉴。张伯伦的《古事记》英译连同他的一系列关乎日本语言、历史、文学、社会的论述一道,为当时方兴未艾的日本研究开启了诸多崭新的领域,并且持续深远地影响了后世的日本研究,这种影响至今不衰。

多元共生、海纳共存
——李明滨教授、严绍璗教授与李福清院士谈中外文学交流

张 冰[*]

2006年6月,"中俄社会科学论坛"期间,著有《中国文学在俄苏》、《中国文化在俄罗斯》、《中国与俄苏文化交流志》等专著的李明滨教授、著有《日藏汉籍善本书录》、《中国与东北亚文化关系志》、《中日古代文学关系史稿》等著作的严绍璗教授和著有《中国古典文学研究在苏联》、《中国现代文学在苏联》、《中国传统小说在亚洲》等著述的李福清院士在北京饭店,围绕中俄文学的双向交流传播与接受,中外文化传递的轨迹与方式,对象国对异域文化的容纳、排斥和变异以及学者个案研究等诸方面进行了热烈而深入的对话和讨论,笔者后又就这些问题及当时研讨记录分别就教三位先生,现整理成文,以飨读者。

其一,借助中介语言的转译是各国文学相互交流的最初阶段常常会出现的现象。中俄文学交流肇始于世界文学交流发展的长河横跨欧亚大陆,比邻而居的中俄两国,有三百多年历史的中俄文学交流发展渊源。1880年瓦西里耶夫院士出版的世界上第一部《中国文学史大纲》、1892年圣彼堡大学格奥尔吉耶夫斯基教授出版的世界上第一本中国神话研究专著《中国人的神话观与神话故事》、1924年郑振铎先生编写的《俄国文学史略》、1932年鲁迅先生发表的《祝中俄文字之交》,都在中俄两国乃至世界文学文化思想交流史上占有重要的地位。但是,相对俄国早在18世纪60年代便开始的对中国文学作品的了解和介绍,中国则是晚其一百年后于19世纪下半叶才有首篇俄国文学作品面世。并且相邻的中俄两国最初的交流并非直接的双向往来(对译),而恰恰是肇始于世界文学交流发展的长河。

据李福清先生考证,俄罗斯最初对中国文学作品的关注和介绍并不在于俄国汉学家对中国文学的兴趣,而是因为这些中国小说在西方的广为流传才引起了他们的注意。譬如,18世纪在西方广泛流传的《今古奇观》,特别是第二十篇话本小说《庄子休鼓盆成大道》的备受关注。这个关于妇女失节的故事曾被多次翻译。

---

[*] 张冰,北京大学出版社编审。

1763 年在俄国的《学术情况通讯月刊》上发表时,这篇故事是对英国作家哥尔德斯密的作品的转译,尽管作品人物的姓名不同。1785 年圣彼堡出版的一本翻译小说集也是用这篇话本的名字命名。并且编者将这篇中国话本小说与西方小说合集出版,说明编者认为中国文学并非奇异古怪之物,是外国文学中同等价值的一部分。与这个中国话本合集出版的还有一篇情节类似的西方(可能是西班牙)小说,以使读者能够比较。

李福清先生谈到,1835 年圣彼得堡出版了一本名为《旅行家——列昂季耶夫斯基译自中国的小说》。这本书被誉为"中国巴尔扎克的作品"。当时巴尔扎克已经因其《人间喜剧》的出版享有盛名,这篇评论最后还希望"更多地出版中国小说,他们确实比法国小说更好"。应该指出的是,在崇尚法国文学的俄罗斯,这是对中国文学最高的赞美。可是在中国文学史上却找不到这样一部同名小说,事实上这是用小说语言对著名的中国王实甫的杂剧《西厢记》进行的改编。在后来发现的列昂季耶夫斯基的自传里,他写道他曾翻译过小说《西厢房》。但是,我们不清楚小说版的《西厢记》的任何信息,与中国学者也讨论不出任何结果。最可能的情况是,他手边确实有这样一本叫《西厢房》的书,一些次要人物的别名也间接地证实了这一点,譬如,我们熟知的主人公的丫环不叫红娘,而叫王丫头。并且也不排除译者有时自己加进些东西,如,男主人公张生与法聪和尚的对话。

李福清先生还谈到,19 世纪 30 年代末出版的首部中国戏剧译作、郑光祖的《樊素,或机诈的使女》(即《邹梅香骗翰林风月》)也引起巨大的反响。一些评论家甚至不相信它是中国戏剧作品。译者、当时著名的东方学家、作家先科夫斯基(笔名白巴克夫,即闲人)虽然学过一些中文,本书却是从几年前出版的法文译作转译的,在翻译的同时,还增加了新的主人公和新的情节线索,创造性地进行了改编。

可以说,从法文、英文等西方文字以及满文等转译、改写和改编在俄国早期译介中国文学作品中是较普遍的现象。借助中介语言的转译也是各国文学相互交流的最初阶段常常会出现的现象。

俄国文学作品在中国的最初译介也印证了这一点。最早的中国对俄国文学作品的译介,1872 年在《中西闻见录》创刊号上发表的丁韪良译的一篇《俄人寓言》,极有可能依据的是从俄文转译成英文的《俄国民间故事》一类的书籍。(参见汪介之、陈建华:《悠远的回响》,宁夏人民出版社,2002 年,第 115—117 页。)而以前国人一直认为的最早(1899 年)的汉译俄国文学作品克雷洛夫的三则寓言则是据印度广学会英文本转译的。(参见李定:《俄国文学翻译在中国》,载智量等著《俄国文学与中国》,华东师范大学出版社,1991 年,第 354 页。)

据李明滨先生的研究,五四运动以前转译俄国作品的媒介是日语和英语。这又以辛亥革命为界,以前主要是日语,之后则为英语。因为从 1906 年起留学生赴日的热潮已过,逐渐转向西方了。

其二,对象国文化对异域文化的容纳、排斥和变异,受制于研究者的母体文化。

严绍璗先生从汉学研究的学术层面谈到:汉学的学术范畴之一是研讨中国文化在对象国文化语境中的存在状态即对象国文化对中国文化的容纳、排斥和变异的状态。任何一个外国学者对中国文化的观念和他的方法论,都受制于他的母体文化;而他的母体文化与中国文化的交会接触的层面,便是造就他们的中国文化价值观的最重要的区域。这样形成的"中国文化价值观"便支撑着他们对中国文化的研究。有的时候,有些"中国学"家的研究,使中国学者感到不可理解(这里只是就学术范畴讨论,不涉及政治层面),这是因缘于他们在接受中国文化时形成的"文化的变异"所造成的。

中国对俄国文学的接纳和解读,道理亦然。

李明滨先生将俄国文学进入中国的历程界定为三大时期,即早期的汉译俄文学作品、五四以后的两次热潮和 20 世纪 50 年代和 80 年代的翻译高潮。

根据李明滨先生的研究,从早期、清末民初对俄国文学作品的接纳开始,当时中国社会政治、心态对俄国文化的渴求就烙印鲜明。鲁迅先生说得好:"那时就知道了俄国文学是我们的导师和朋友。因为从那里面,看见了被压迫者的善良的灵魂的辛酸的挣扎;还和 40 年代的作品一同烧起希望,和 60 年代的作品一同感到悲哀。我们岂不知道那时的大俄罗斯帝国也正在侵略中国,然而从文学里明白了一件大事,是世界上有两种人:压迫者和被压迫者!从现在看来,这是谁都明白,不足道的,但在那时,却是一个大发现,正不亚于古人的发现了火的可以照暗夜,煮东西。俄国的作品,渐渐的介绍进中国来了,同时也得了一部分读者的共鸣,只是传布开去。"五四运动前,我国翻译的俄国著名作家作品包括普希金、莱蒙托夫、列夫·托尔斯泰、契诃夫、高尔基等人近百种,其中托尔斯泰的作品占了 40%,位居第一。其原因除了他作为艺术家的世界意义和作为思想家的世界名声,都能赢得人们的崇敬之外,主要在于他所代表的俄国文化与中国传统文化之间有着共同点,容易被中国人所认同。到了汉译俄苏文学作品第二时期,五四之后到 40 年代末,俄苏文学的译介则有了快速的发展,其间曾在 20 年代(1921—1927)和 30 年代至 40 年代(1937—1949)出现过两次热潮。第一次热潮是因为十月革命后,中国人将译介俄苏文学当作"盗天火给人类",当时俄苏文学的译介在外国文学翻译中的比重急剧上升,占居首位。华夏其时对俄人文学的推崇,诚如李大钊在《俄罗斯文学与革命》一文中所说:"一为社会的彩色之浓厚,一为人道主义之发达",这种带有"社会的政治的动机"之文学,足可以用作"解决可厌的生活问题之方法",充当"社会的、政治的幸福之利器",并成为"革命之先声"。五四后正值中国新文化运动方兴未艾,俄国文学的现实主义适逢其时。这一热潮的低落也是因为1927年"四·一二"事变后政治局势突变,是年12月中苏断绝邦交(直至1932年12月才宣布复交)。1937年"七·七"卢沟桥事变到1949年新中国成立,译介俄苏文学被视为可以直接为抗日战争和人民解放战争服务,尤其是苏联文学,更是备受重视。形成了第二次热潮。政治文化国情现实和国民心态的期待需要同样使上个世纪的50年代和80年代,成为了汉译俄苏文学的第三时期,也是又一个新的高潮时期。

其三,对象国中具体学者的具体研究成果和方法论构筑了具有对象国国学全局性质的系统,确认其学术状态和脉络,是研究其国学的基本定位仪。

严绍璗先生的《日本中国学史》便是在拟定了一个认识"日本中国学"的具有学派谱系性质的四十余位学者的名单图谱的基础上,依据学派和谱系展开论述。围绕严先生提出的"应该将推进包括综合性的和学者个案的研究,作为本学术学理认知和更加深入阐述的基础"的洞见,李福清先生从各个方面谈到俄国汉学史上瓦西里耶夫院士、他的学生阿列克谢耶夫院士以及艾德林等人的贡献。如上面谈到的,瓦西里耶夫院士在世界上出版了第一部《中国文学史大纲》,有意思的是,瓦西里耶夫院士基于了解儒家学说对理解中国文学作品至关重要的看法而对儒家文献等诸子百家备加注重。明治24(1891)年开始创作,明治30(1897)年出版,1902年再版的日本第一部中国文学史(古城贞吉的《支那文学史》)中,也用大量篇幅讲述儒家、墨家、法家和孙子兵法以及中国古代哲学家作品,并且述及的学派与瓦西里耶夫院士笔下完全一样。20世纪俄罗斯新汉学的奠基人阿列克谢耶夫院士是毕生献身中国文学教学和研究的学者,同时从事中国文学的翻译,译有中国各代230位作者约1000篇作品,他的三卷译作《中国古典文学作品》即将出版。李明滨先生对他的论司空图诗品的巨著给予高度的评介,称他是一位中国文学理论比较研究的先驱。

其四,2006年3月,中俄首脑亲自主持在北京揭开了"俄罗斯年"(2006,中国)、"中国年"(2007,俄罗斯)的帷幕。相信这必将促进两国及世界范围的"国学"研究确立学术体系的开掘。

据李福清先生介绍,中国语言文学教学和研究除一直在莫斯科和圣彼得堡大学进行外,目前已经扩展到俄罗斯很多城市的八十多所院校,并有专门的大学教材,如:新西伯利亚的关于中国古典诗歌及其翻译原则的教材。还有两个研究项目应该提到:其一是2005年彼得堡大学的教师们完成并出版的《中国文学史手册》(公元前12世纪—21世纪初),包括收录的作家中文姓名、作品的中文名称和俄文译名、作家的生卒日期、中文文学和文艺学专有名词和俄文译音等等内容。它对学生,以及无论是中国古典文学还是现代文学爱好者研究者,都非常有用。其二是俄罗斯科学院远东研究所目前正在编写的三卷本《中国精神文明大百科》，其中一卷是中国各时代的文学艺术卷，古典文学在其中占有相当重要的篇幅。此外，目前的中国文学研究一个重要倾向是对当代作家，如：王蒙、冯骥才等人创作的重视。在汉学研究方面，则开始重新翻译和重新注释《论语》《诗经》等古籍读本。

我自己曾经在北大俄语系受业于李明滨教授，又在莫斯科大学学习时就教于李福清院士，现在又在严绍璗教授的指导下完成关于俄罗斯汉学的博士学位论文。三教授的交谈生动有趣，充满着学者对于世界性文学与文化交流的热情，令我感动。他们从黄昏夕阳的18点左右一直聊到几近深夜的22点多，还约定下次"继续深谈"。大家都赞成严先生的建议："把我们这4个人的小沙龙对'中俄文学和文化交流的研讨'，就作为中俄两国在2006年举行的'俄罗斯年'和2007年举行的'中国年'的一个自我设计的节目吧！"

四、思想文化的研究

"孝"的观念与古代日本

〔日〕 河野贵美子[*]

古代日本引进了中国的各种思想与文化,在建设国家的基本体制方面发挥了巨大的作用。遣隋使、遣唐使在这个方面发挥了巨大的作用,最有代表性。本文将集中调查"孝"的思想以及有关"孝"的书籍在古代日本流传的情况,特别要研究奈良、平安时代初期(8—9世纪)的接受情况。

"孝"是古代中国社会的根本道德之一。看当时的日本律令就知道,"孝"在古代日本作为道德和伦理观念极受重视,与国家制度产生了密切的关系。"孝"的概念和有关"孝"的论述在中国的历史发展过程中也呈现了非常复杂的现象。如果要了解"孝"在日本接受的现象,应该详细地分析中日两国的情况。比如,"丁兰木母"是中国孝子传说的代表性故事。东汉以后,孝子丁兰的故事载于各种书籍,也不断地出现在《日本灵异记》和空海的《三教指归》等奈良时代以后的很多著作里。

那么,古代日本人对丁兰故事的哪些部分感兴趣,把它使用于什么样的语境中呢?本文以丁兰故事为例,研究中国"孝"的思想和"孝"的论述,同时探讨对古代日本的影响,考察汉文化的流传和影响的状况。

一、律令与"孝"

日本奈良时代的制度接受了"孝"的思想,通过律令的记载可以了解"孝"在日本渗透的状况。《养老令》赋役令记载:

> 凡孝子、顺孙、义夫、节妇,志行闻於国郡者,申太政官奏闻,表其门闾。同籍悉免课役。有精诚通感者,别加优赏。[①]

这一条文与《唐令》大致相同[②],是有关孝子、顺孙、义夫、节妇的表彰和免服课役的

---

[*] 河野贵美子,日本早稻田大学副教授,文学博士。
[①] 新订增补国史大系《令义解》,吉川弘文馆1983年,第121页。
[②] 仁井田陞:《唐令拾遗》,东方文化学院东京研究所1933年,第683—684页。

规定。在《续日本纪》等日本史书中,天皇即位或者改元等时,常常可以看到表彰孝子和顺孙免服课役的诏敕。

《养老令》户令条还有如下的记载:

> 凡国守每年一巡行属郡……部内有好学、笃道、孝悌、忠信、清白、异行,发闻於乡闾者,举而进之。……①

此条规定国守每年巡视一次自己的管辖地域,寻找孝、悌的典范人物,然而实际上这样的条令实行到什么程度,就不是很清楚了。但《续日本纪》以后的日本史书记载了一些受表彰的孝子和节妇等具体例子②,由此可以窥见一斑。

关于大学的教学课本,《养老令》的学令有如下的记载:

> 凡经。《周易》、《尚书》、《周礼》、《仪礼》、《礼记》、《毛诗》、《春秋左氏传》。各为一经。《孝经》、《论语》,学者兼学之。
>
> 凡教授正业,《周易》,郑玄、王弼注。《尚书》,孔安国、郑玄注。《三礼》、《毛诗》,郑玄注。《左传》,服虔、杜预注。《孝经》,孔安国、郑玄注。《论语》,郑玄、何晏注。③

学令把《孝经》和《论语》规定为必修课。天平宝字元年(757)四月,孝谦天皇发布诏敕云"宜令天下家藏孝经一本,精勤诵习,倍加教授"④。这是仿照唐玄宗皇帝的先例而制订的。在贞观二年(860)十月十六日的"制"中颁布,此后采用玄宗皇帝《御注孝经》,同时也可以兼习孔安国的注本。⑤

通过如上的律令规定,可以知道古代日本非常重视由中国传入的"孝"的思想观念,有些条文是有关"孝"或《孝经》的制度。那么,实际上古代日本人如何理解"孝"的呢?

二、孝子传说的流传——丁兰木母的故事

《日本灵异记》是由药师寺僧景戒编撰,是日本现存最早的佛教说话集(成书于平安时代初期),其中引用了中国的孝子传说。《日本灵异记》上卷第十七缘"遭兵灾信敬观音菩萨像得现报缘"的内容如下:

---

① 新订增补国史大系《令义解》,吉川弘文馆1983年,第102页。
② 《续日本纪》卷六,和铜七年(714)十一月戊子条等。
③ 新订增补国史大系《令义解》,吉川弘文馆1983年,第130页。
④ 《续日本纪》卷二十。参见新日本古典文学大系《续日本纪》,岩波书店1992年,第182页。
⑤ 参见新订增补国史大系《日本三代实录》卷四,吉川弘文馆1966年,第55—56页。

> 伊予国越知郡大领之先祖越智直,当为救百济,遣到军之时,唐兵所擒,至其唐国。我国八人,同住一洲。儻得观音菩萨像,信敬尊重。八人同心,窃截松木,以为一舟,奉请其像,安置舟上,各立誓愿,念彼观音。爰随西风,直来筑紫。……盖是观音之力,信心之至也。丁兰木母,犹现生相,僧感画女,尚应哀形。何况是菩萨而不应乎。①

越智直等八个人为了援助来到百济后,却成了唐国的俘虏。他们得到观音菩萨像,就虔诚地祷告。他们偷偷地造船,船上安置了观音像。乘船返回时突然刮起西风,就乘风顺利地回到了筑紫。文末总结说,这是观音菩萨的神力和他们的虔诚祷告创造的奇迹,既然丁兰木母也能够显示"生相",菩萨不会不应人们的誓愿。

丁兰的名字在空海的《三教指归》中可以看到。

> ……若能移觑恶之心,专行孝德,则流血出瓮,抽笋跃鱼之感,轶孟丁之辈,驰蒸蒸美。……②

这段文字是按照儒教思想来解释"孝"的重要性的,其中引用了几个中国著名的孝子,"流血"是高柴,"出瓮"是郭巨,"抽笋"是孟宗,"跃鱼"是指王祥的故事。"孟丁之辈"指的是孟宗和丁兰。

下面梳理一下丁兰木母故事的具体内容。先看阳明本《孝子传》的丁兰故事。阳明本《孝子传》编者不详,一般认为是大概六朝时期形成的孝子故事集,一共有四十五条。六朝前后形成的几种《孝子传》,现在中国都散佚不传。但在日本现今存有阳明本《孝子传》和船桥本《孝子传》,这是所谓"佚存书"之一。阳明本《孝子传》丁兰的内容如下:

> 河内人丁兰者至孝也。幼失母,年至十五,思慕不已。乃剋木为母,而供养之如事生母不异。兰妇不孝,以火烧木母面。兰即夜梦语木母。言:"汝妇烧吾面。"兰乃笞治其妇,然后遣之。有邻人借斧。兰即启木母。母颜色不悦。便不借之。邻人瞋恨而去。伺兰不在,以刀斫木母一臂。流血满地。兰还见之,悲号叫恸,即往斩邻人头以祭母。官不问罪,加禄位其身。……③

孝子丁兰幼年失母,刻木雕成母亲像,将雕像视为生母,侍奉供养。丁兰妻子不孝,用火烧了木母的脸。在梦里木母告诉丁兰媳妇的恶行,丁兰就鞭打妻子,让她出去。一次丁兰的邻居来借斧子,丁兰先请示木母可否借斧。丁兰看木母的表

---

① 新日本古典文学大系《日本灵异记》,岩波书店2001年,第214—215页。
② 《龟毛先生论》,日本古典文学大系《三教指归》卷上,岩波书店1965年,第95页。
③ 幼学之会编《孝子传注解》,汲古书院2003年,第80页。

情不太高兴,就拒绝了邻居。邻居愤然而归,趁丁兰不在家时来到丁兰家,用刀砍了木母的臂。木母的臂出血,丁兰回家看木母失臂,悲痛之极,马上去邻家砍掉了邻人的头,供在木母像前。官吏不仅不问丁兰的罪,反而表扬,并委以官职。

丁兰故事本身与佛教没有什么关系,丁兰因木母被伤而杀害邻居是相当"残酷"的事,可是丁兰的故事为何竟然与《日本灵异记》发生关系呢?下面有必要继续探讨丁兰故事在中国的情况。

三、丁兰故事的展开——后汉到六朝

孝子丁兰的名字最早出现在中国后汉武梁祠画像石上雕刻的榜题里。后汉武梁祠画像石第三石榜题如下:

丁兰二亲终殁　立木为父　邻人假物　报乃假与①

榜题的内容非常简单,只说丁兰用木造父亲像,邻居来借东西时,先请示木像再借。丁兰的故事应该是以这样的内容为核心开始流传的。古代中国非常重视父母去世以后以"礼"祭祀父母和祖先,这样的行为也被看成是"孝"。在《论语·为政》也能够看到这样的思想。

孟孙问孝於我,……子曰,生事之以礼,死葬之以礼,祭之以礼。②

不过到了六朝,就开始出现了像阳明本《孝子传》这样情节复杂的丁兰故事。下面再看看《太平御览》中的两种丁兰故事。

《孙盛逸人传》曰,丁兰者,河内人也。少丧考妣,不及供养。乃刻木为人,髣髴亲形。事之若生,朝夕定省。后邻人张叔妻,从兰妻借。看兰妻跪投木人。木人不悦,不以借之。叔醉疾,来酣骂木人,杖敲其头。兰还见木人色不怿,乃问其妻,具以告之。即奋剑,杀张叔。吏捕兰,兰辞木人去。木人见兰,为之垂泪。郡县嘉其至孝,通於神明,图其形像於云台也。③

《搜神记》曰,丁兰,河内野王人。年十五丧母。乃刻木作母事之。供养如生。邻人有所借,木母颜和则与,不和不与。后邻人忿兰,盗砍木母,应刀血

---

① 参见大桥一章监修《石刻汉代世界——武氏祠画像石拓本》,早稻田大学会津八一纪念博物馆 2005 年,第 11 页。
② 十三经注疏本《论语·为政》。
③ 《太平御览》卷四一四《人事部五十五·孝下》;中华书局影印本,第 1909 页。

出。兰乃殡殓,报雠。汉宣帝嘉之,拜中大夫。①

这两个丁兰故事都是现在已散失的六朝书籍的佚文。②《孙盛逸人传》和《搜神记》的丁兰故事都以复仇为中心。在此应当注意的是两种故事的末尾部分。《孙盛逸人传》引文的末尾说,郡县的人赞扬丁兰的孝心而画丁兰像。《搜神记》引文的末尾写,汉宣帝称赞丁兰,给他"中大夫"的官职。

孙盛和《搜神记》的撰者干宝都是东晋(4世纪)人,编纂史籍而被称为"良史"。《晋书》中有二人传,文字如下:

> 孙盛……著《魏氏春秋》,《晋阳秋》,并造诗赋论难复数十篇。《晋阳秋》,词直而理正,咸称良史焉。③

> 干宝……著《晋纪》,自宣帝迄于愍帝五十三年,凡二十卷,奏之。其书简略,直而能婉,咸称良史。④

孙盛和干宝皆为修史的人,在他们记载的丁兰故事中,"郡县"或者"汉宣帝"称赞丁兰,这表明了孙盛和干宝作为史家的态度。笔者认为孙盛和干宝把丁兰故事是作为"受表彰的孝子纪录"而记下来的。

附带说一下,六朝出现了许多史籍,像《逸人传》、《孝子传》一样,是以特定的主题编纂的,称为"某某传"的"传记"也有很多。六朝形成的各种《孝子传》在《隋书·经籍志》都放在"史部·杂传"类。这个事实明确地说明,从六朝到唐代初期,这种"传记"被看做"历史纪录的一部分"⑤。中国正史设置以"孝"为主题的传,是从六朝开始的。有很多中国的正史设置了以"孝"为主题的传,其中最早的是《宋书》。

《史记》 无	《汉书》 无
《后汉书》无	《三国志》无
《晋书》 孝友传	《宋书》 孝义传
《南齐书》孝义传	《梁书》 孝行传
《陈书》 孝行传	《魏书》 孝感传
《周书》 孝义传	《南史》 孝义传

---

① 《太平御览》卷四八二,《人事部一二三·仇雠下》,中华书局影印本,第2207页。
② 现在流传的《搜神记》二十卷本跟原三十卷本《搜神记》不一样。现存二十卷《搜神记》里没有记载丁兰的故事。
③ 《晋书》卷八十二《孙盛传》,中华书局1974年版,第2147—2148页。
④ 《晋书》卷八十二《干宝传》,中华书局1974年版,第2149—2150页。
⑤ 《隋书·经籍志》史部·杂传类里比如有王韶之撰《孝子传讃》三卷,萧广济撰《孝子传》十五卷等各种《孝子传》以及干宝撰《搜神记》三十卷。

《北史》 孝行传　　　　《隋书》 孝友传
《旧唐书》孝友传　　　《新唐书》孝友传……

后世称为"小说"或者"说话"而流传的故事,与历史纪录存在着渊源关系。《日本灵异记》所载的故事中,也有许多与日本史籍(《日本书纪》《续日本纪》等)有关的内容。笔者认为这种观点对研究小说和说话形成过程具有着关键的意义。

四、孝与报仇

丁兰的故事写了因"孝"而"复仇的情节",丁兰的行为还获得了赞许,这样的内容给予现代的我们产生了极其强烈的印象。不过,可否为父母"复仇",是古代中国不断争议的问题。这种问题在古代日本也有讨论,奈良时代录用官吏的考试中也有关于"报仇"的题目。《经国集》卷二十收载了天平五年(733)大神虫麻吕所撰的"对策文"。

问:明主立法,杀人者处死。先王制礼,父雠不同天。因礼复雠,既违国宪。守法忍怨,爱失子道。失子道者不孝。违国宪者不臣。惟法惟礼,何用何捨。臣子之道,两济得无。

对:窃闻。孝子不遗,已著六义之典。干父之蛊,或纶八象之文。是知兴国隆家,必由孝道。……夫以资父事主,著在格言。移孝为忠,闻诸甲令。由是,丁兰雪耻,汉主留赦事之恩。维氏刃雠,梁配有减死之论。……则可能孝于室,必忠於邦。当守孝之时,不惮损生之罪。临尽忠之日,讵领膝下之恩。谨对。①

杀人之罪,判处死刑。这是合乎道理的法规。"父雠不同天",这是所有的人应该尊重的"礼"。如果遵"礼"报仇,就违法规。如遵"法"不报仇,就失去了子之道。失道之人就是不孝,违法的人就不能算是"臣"。"法"和"礼"应该尊重哪个,放弃哪个,子之道和臣之道可否并存,是一个很大的问题。大神虫麻吕认为对父母的"孝"可以移为君主的"忠"。他把丁兰的故事作为一个例子,表述了自己的看法。他的结论就是"孝"和"忠"之间没有矛盾,能够并存。

这样的论述在当时的日本具有怎样实际意义,不太清楚。但是,大神虫麻吕引用《孝经》和中国的孝子传说,论述显得非常巧妙。对策文中的"资父事主"和"移孝

---

① 日本古典全集《怀风藻 凌云集 文华秀丽集 经国集 本朝丽藻》,日本古典全集刊行会1926年,第195—196页。

为忠"都是基于《孝经》。①

> 资於事父以事君,其敬通。②
> 君子事亲孝,故忠可移於君。③

通过这个"对策文"可以知道,"孝"和"忠"可以并存。对当时律令国家的官吏来说,这应该是能够清晰把握和判断的问题。

与大神虫麻吕同时期的中国人对"报仇"也有各种看法。《旧唐书》孝友传有这样的记载:

> 王君操,莱州即墨人也。其父,隋大业中,与乡人李君则鬭竞,因被殴杀。……而君操密袖白刃刺杀之,剖腹取其心肝,啖食立尽,诣刺史具自陈告。州司以其擅杀戮,问曰,"杀人偿死,律有明文,何方自理,以求生路"。对曰,"亡父被杀,二十余载。闻诸典礼,父雠不可同天。早愿图之,久而未遂,常惧亡灭,不展冤情。今大耻既雪,甘从刑宪"。州司据法处死,列上其状,太宗特诏原免。④

王君操的父亲被人杀害,王君操报仇后自首,最后得到皇帝的赦免。上文中有对"律"和"礼"的讨论。《旧唐书》孝友传还有这样的记载:

> ……开元二十三年,瑝,琇候万顷於都城,挺刃杀之。……时都城士女,皆矜琇等幼稚孝,烈,能复父雠,多言其合矜恕者。中书令张九龄又欲活之。裴耀卿、李林甫固言,"国法不可纵报仇"。上以为然,因谓九龄等曰,"报仇虽礼法所许,杀人亦格律具存。孝子之情,义不顾命,国家设法,焉得容此。……"
> ……瑝,琇既死,士庶咸伤愍之,为作哀诔,榜於衢路。……⑤

上文纪录的是张瑝、张琇兄弟为了父亲报仇杀人,围绕处理他们兄弟二人的问题,张九龄等人反复讨论,最后还是由玄宗皇帝亲自断案。皇帝以为虽然礼法允许报仇,但是格律禁止杀人,他们终于被处以死刑。开元二十三年是公元735年,这是大神虫麻吕写对策文以后仅仅两年的事情。

按照《孝经》的思想来看,"孝"是对父母的"爱"和"敬"。敬重父母,顺从先辈的

---

① 参照小岛宪之《国风暗国时代的文学·序说三》上,塙书房1968年,第27—35页。同《国风暗国时代的文学》补篇,塙书房2002年,第466—488页。同《万叶以前——上代人的表现》第六章,岩波书店1988年,第265—306页。
② 《古文孝经》士章。参见仁治本《古文孝经》(贵重图书影本刊行会1939年影印本)。
③ 《古文孝经》广扬名章。
④ 《旧唐书》卷一八八《孝友传·王君操传》,中华书局1975年,第4920页。
⑤ 《旧唐书》卷一八八《孝友传·张琇传》,中华书局1975年,第4933—4934页。

态度,也可以移到对君主的"忠"。

> 爱亲者,弗敢恶於人。敬亲者,弗敢慢於人。①
> 君子事亲孝,故忠可移於君。②

对"孝"或"忠"、"礼"或"律"的认识,是随着时代的变迁而慢慢发生变化的。唐代初期编撰的《晋书》是中国正史中首次设列"忠义传"的正史,到了《旧唐书》,"忠义传"放在了"孝友传"的前面,再到《新唐书》,"孝友传"只有一卷,"忠义传"却有三卷之多。③ 中国正史内容的如此变化,也反映了"孝"和"忠"伦理观的变化。"孝"的观念在古代中国不断地发生变化。六朝以后,外来的佛教思想与"孝"的观念产生了针锋相对的冲突。

五、佛教与"孝"——六朝到唐代

《孝经》开宗明义章如此论述孝:

> 身体发肤,受于父母,弗敢毁伤,孝之始也。

与此相反,佛教提倡的"剃发出家"是与《孝经》的思想水火不容,但是前文提到的《日本灵异记》虽是宣传佛教的说话集,但引用了孝子丁兰的故事。

下面再看一下《日本灵异记》上卷第十七缘末尾的记载:

> ……盖是观音之力,信心之至也。丁兰木母,犹现生相,僧感画女,尚应哀形。何况是菩萨而不应乎。④

《日本灵异记》确实引用了丁兰的故事,但是根本没提到丁兰的报仇故事。《日本灵异记》只是为了证明观音菩萨像的灵验,将丁兰的故事作为了一个类似的实例,只谈到丁兰木母像的奇异现象。出于佛教思想的需要,只是利用中国孝子传说的部分内容,这是中国佛教书籍中早已采用的方法。

唐慧沼撰《十一面神咒心经义疏》有如下记载:

---

① 《古文孝经》天子章。
② 《古文孝经》广扬名章。
③ 《晋书》卷八十八《孝友传》,卷八十九《忠义传》。《旧唐书》卷一八七《忠义传》上下,卷一八八《孝友传》。《新唐书》卷一九一《忠义传》上,卷一九二《忠义传》中,卷一九三《忠义传》下,卷一九五《孝友传》。
④ 新日本古典文学大系《日本灵异记》,岩波书店2001年,第215页。

> 丁兰木母,犹现生相,僧感画女,尚应哀形。何况是菩萨而不应乎。①

《日本灵异记》上卷第十七缘末尾部分的文字,与《十一面神咒心经义疏》完全相同。《日本灵异记》的这一部分无疑是从《十一面神咒心经义疏》转引的。唐道世所撰的佛教类书《法苑珠林》(668年成书)卷四十九的忠孝篇与感应缘有两条关于丁兰故事的记载。

> 《刘向孝子传》:丁兰,河内野王人也。年十五丧母,刻木作母。事之供养如生。兰妻夜火灼母面。母面发疮。经二日妻头发自落。如刀锯截。然后谢过。兰移母大道。使妻从服三年拜伏。一夜忽如风雨。而母自还。邻人所假借。母颜和即与。不和即不与。
>
> 《郑缉之孝子传》曰,兰妻误烧母面。即梦见母痛。人有求索许不先白母。邻人曰,枯木何知。遂用刀斫木母流血。兰还悲号。造服行丧。廷尉以木减死。宣帝嘉之,拜太中大夫者也。②

在此必须强调的是《法苑珠林》引用的两条《孝子传》引文中,只有木母的灵验和借给邻人居东西等内容,没有"报仇"的情节。

还要关注的是《法苑珠林》忠孝篇感应缘开头的目录,《法苑珠林》在各"篇"的后面,附载了作为"感应缘"的有关该篇内容的故事。《法苑珠林》忠孝篇感应缘的目录是如下:

> 舜子有事父之感　　郭巨有养母之感
> 丁兰有刻木之感　　董永有自卖之感
> 陈遗有爨饭之感　　姜诗有取水之感
> 吴逵有供葬之感　　萧固有延葬之感……③

看这些题目就知道,《法苑珠林》给这些中国的孝子传说都附加了"某某之感"的文字,使之适合于"感应篇",是作为证明"感应"的故事来利用的。④

---

① 《大正新修大藏经》第三十九卷,1927年,第1010页。参照中村史《日本灵异记と唱导》第二编第二章,三弥井书店,1995年。
② 《大正新修大藏经》第五十三卷,1928年,第658页。《法苑珠林》引用的《刘向孝子传》和《郑缉之孝子传》都是现在失传的佚书。
③ 《大正新修大藏经》第五十三卷,1928年,第658页。
④ 《魏书》有"孝感传"。《太平御览》也有"孝感"卷。早在《孝经》中也有"应感章"。"孝"早就跟"应感"连在一起。参照小南一郎《敦煌的孝子传》麦谷邦夫编《三教交涉论丛》,京都大学人文科学研究所,2005年,第545—585页。同《父母恩重经》的形成与孝子传说的变貌》,说话・传承学会编《说话・传承学会创立二十五周年记念论集 说话・传承的脱领域》,岩田书院,2008年,第7—39页。

为了在中国牢牢地扎根,佛教适当地妥协,应该解除与中国自古以来的基本伦理观念"孝"的冲突。面对这样的冲突,佛教采用了避免涉及"复雠"的巧妙方法,只吸收孝子故事中的"灵验"部分,把它改造成为佛教的"灵验"故事,试图纳入佛教思想的框架之中。通过对《法苑珠林》孝子故事的研究,笔者认为这是出自于佛教的策略。

六、"孝"在日本的流传

汉代以后,丁兰木母的故事继续变化,受到了各时代非常复杂的思想影响。并且,后汉石像上有了丁兰名字的几百年之后,奈良、平安时期的日本学生写了肯定丁兰报仇的对策文,同时也出现了像《日本灵异记》那样的改编,只关注木母的感应,用它宣传佛教灵验的思想。

"汉文化"的流传与影响,确实存在着这样非常复杂的过程和背景。笔者认为通过阐明在日本接受"汉文化"的各个层面,也有可能反观到孝的观念在中国具体发展的状况。

最后要谈的是日本的"孝"字读法。《日本书纪》旧钞本在"孝"字旁边附加"オヤニシタカフ(从父从母)","オヤニツカフ(事父事母)"的古训。① 但是这样的训读没有普及,"孝"字的读法——除了人名以外只有音读"コウ"。这意味着"孝"就是汉语,到现在为止一直没有适当的日语译词,"仁"、"忠"、"义"等其他道德概念也是一样。

"孝"对日本人来说是非常复杂而难解的外来思想。不过古代日本人为了了解这个思想,不懈努力,继续学习。在中国久已失传的《古文孝经》等书在日本流传至今,这是古代日本人一直热心学习这种书籍的结果。孝子传说是了解"孝"思想的极佳参考个案。对于努力理解"孝"思想的日本人来说,《孝子传》一定是非常有用的"课本"。《孝子传》也是失传于中国的佚书,但在日本有两种钞本。这说明日本人比中国人更重视这些书籍。

笔者认为通过调查在日本流传的现存书籍文献,将会打开日本文化、中国文化研究的许多大门,东亚文化交流的研究也会进入到无限深广的世界。

---

① 参照尊敬阁文库所藏《日本书纪》仁德天皇即位前纪,雄略天皇二十三年八月,尊敬阁善本影印集成,八木书店,2002年。宫内厅书陵部所藏《日本书纪》允恭天皇即位前纪,宫内厅书陵部影印集成,八木书店,2006年等。

附记：本文基于拙文「古代中日における孝子譚の展開と継承—丁蘭を例として」『アジア游学』112，2008 年 7 月版，在 JSAA-ICJLE 2009 International Conference，July 13th，2009 in the Centenary Auditorium，Art Gallery of New South Wales 口头发表的〈The Development of Discourse on Xiao and Its Reception in Ancient Japan〉以及在第二届世界汉学大会（2009 年 10 月 31 日于中国人民大学）口头发表的〈"孝"的展开与古代日本——以丁兰故事为例〉。

人文之中:文中子的中国观

张 沛*

中国传统蒙学经典《三字经》于孔孟道统之外标举诸子五人:"五子者:有荀扬,文中子,及老庄。"其中"老庄"指老子、庄子,"荀扬"谓荀子、扬雄,而"文中子"即隋代大儒王通之号。

王通字仲淹,生于隋开皇四年(公元 584 年),隋河东郡龙门县万春乡(今山西省万荣县通化镇)人。其先为太原祁人,后因永嘉之乱,随晋室南迁,侨居江左。王通六世祖王玄则,仕宋历任太仆、国子博士,人称"王先生";五世祖王焕,曾任江州刺史;四世祖王虬因南齐萧道成代宋,于建元元年(魏太和三年,公元 479 年)奔至北魏,任并州刺史,始家河汾;三世祖王彦曾任同州刺史,因北魏永安之变①,退居河曲;祖父王一②,曾任济州刺史;王通父王隆,隋开皇初曾以国子监博士待诏云龙门。王通少年早慧,"十五为人师"(9.5)③,仁寿元年(公元 602 年)秀才高第,次年任蜀郡司户书佐、蜀王侍读。仁寿三年初春,赴长安上隋文帝《太平十二策》(8.26、10.21),不能用,作《东征之歌》④而归。自大业元年(公元 605 年)起,居乡著述讲学,以九年之功续成《六经》(又称《续经》),世称"河汾之学"。此后朝廷与地方(杨玄感)数次征召,均辞不就。大业十三年(公元 617 年)五月甲子病逝于家,门人私谥曰"文中子"(《文中子世家》)。

---

* 张沛,北京大学比较文学与比较文化研究所副教授,文学博士。

① 魏武泰元年(公元 528 年),胡太后鸩杀明帝,尔朱荣起兵,杀胡太后、幼帝元钊及王公臣民二千余人。永安三年(公元 529 年),庄帝诛杀尔朱荣。(《魏书·帝纪第十·孝庄纪》、《魏书·列传第六十二》及《北史·列传第三十六》)

② 一说名杰,见司马光《文中子补传》:"彦生杰,官至济州刺史。"载邵博:《邵氏闻见后录》卷四,中华书局,1983 年,第 28 页。

③ 前为《中说》卷数,后为章数;下引同此。

④ 其辞曰:"我思国家兮,远游京畿。忽逢帝王兮,降礼布衣。遂怀古人之心乎,将兴太平之基。时异事变兮,志乖愿违。吁嗟!道之不行兮,垂翅东归。皇之不断兮,劳身西飞。"(《文中子世家》)

王通殁后，《续经》湮灭无闻①，仅《元经》与《中说》传世。《中说》一名《文中子》，原为王通门人问学记录②，由胞弟王凝整理成书，王福畤（王通第三子）编为十卷（时在贞观十九年至二十三年，即公元645—649年之间），而后刊行于世。③今本《元经》系后人伪作，不足为信；《中说》虽有窜乱，大体尚真④，《续经》之义、河汾之学犹可得而闻焉。是故"文中子"一名有三义焉：一曰王通其人（文中子）；一曰《中说》其书（《文中子》）；一曰河汾之学（如《续经》之具见《中说》者）。本文即以《中说》为蓝本，由此而论"文中子"之中国观。

上　篇

《续经》为王通平生最大著述，包括《礼论》、《乐论》、《续书》、《续诗》、《元经》、《赞易》六种。《续经》既成，王通感慨陈言：

> 甚矣，王道难行也！吾家顷铜川六世矣，未尝不笃于斯，然亦未尝得宣其用。退而咸有述焉，则以志其道也。盖先生（按：此言其六世祖王玄则）之述曰《时变论》六篇，其言化俗推移之理竭矣。江州府君（按：此言其五世祖王焕）之述曰《五经决录》五篇，其言圣贤制述之意备矣。晋阳穆公（言其四世祖王虬）之述曰《政大论》八篇，其言帝王之道著矣。同州府君（按：此言其三世祖王彦）之述曰《政小论》八篇，其言王霸之业尽矣。安康献公（按：此言其祖王一）之述曰《皇极谠义》九篇，其言三才之去就深矣。铜川府君（按：此言其父王隆）之述曰《兴衰要论》七篇，其言六代之得失明矣。余小子获睹成训，勤九载矣。服先人之义，稽仲尼之心，天人之事，帝王之道，昭昭乎！（1.1）

又其尝告弟子董常："吾欲修《元经》，稽诸史论，不足征也，吾得《皇极谠义》焉。吾欲续《诗》，考诸集记，不足征也，吾得《时变论》焉。吾欲续《书》，按诸载录，不足征

---

① 唐人言《续经》大多语焉不详，想来未见其书。北宋司马光称"今其六经皆亡"（《文中子补传》），已有定论；然而此后张耒又称"读通所著《续经》"云云（《答李文叔为兄立谥简》），又似其书尚在。未审二者孰是，录此待方家考证。

② 王凝曰："夫子得程、仇、董、薛而《六经》益明。对问之作，四生之力也。"（10.28）杜淹告王凝："昔门人咸存记焉，盖薛收、姚义缀而名曰《中说》。"（《王氏家书杂录》）阮逸《中说序》："《中说》者，子之门人对问之书也，薛收、姚义集而名之。"《文中子世家》："（王通）寝疾七日而终。门弟子……丝麻设位，哀以送之。礼毕，悉以文中子之书还于王氏。"

③ 李翱曰："其理往往有是而辞章不能工者有之矣，刘氏《人物表》、王氏《中说》、俗传《太公家书》是也。"（《答朱载言书》）是知《中说》中唐前已行于世。

④ 宋人邵博曰："世传王氏《元经》、薛氏《传》、关子明《易》、《李卫公问对》皆阮逸拟作。"（《邵氏闻见后录》卷五）清人李光地曰："文中子《元经》都是假的，《中说》内有几条假的。"（《榕村语录》卷二十）

也,吾得《政大论》焉。"董常问:"夫子之得,盖其志焉?"曰:"然。"(1.2)是则《续经》非一人一时之作,实王氏六代继志戮力而成。

王通自云:"王道之驳久矣,礼乐可以不正乎?大义之芜甚矣,《诗》、《书》可以不续乎?"(2.33)又曰:"吾续《书》以存汉晋之实,续《诗》以辩六代之俗,修《元经》以断南北之疑,赞《易》道以申先师之旨,正礼乐以旌后王之失,如斯而已矣。"(6.29)此其著述大旨。王氏以圣人自任,乃以《元经》拟《春秋》,每将二书并举。如其谓仲弟王凝:"汝为《春秋》、《元经》乎?《春秋》、《元经》于王道,是轻重之权衡、曲直之绳墨也,失则无所取衷矣。"(3.25)又称:

1. 《元经》天下之书也,其以无定国而帝位不明乎?征天命以正帝位,以明神器之有归,此《元经》之事也。(8.11)
2. 《元经》其正名乎!皇始之帝,征天以授之也。晋、宋之王,近于正体,于是乎未忘中国,穆公之志也。齐、梁、陈之德,斥之于四夷也,以明中国之有代,太和之力也。(5.47)

王通之"正名",即正中国之名,以明中国之道。

考诸古籍,"中国"实具二义:一曰中国之地,一曰中国之道。中国之地,乃就四方而言之天下之中。如《礼记·王制》所称:

> 中国戎夷,五方之民,皆有其性也,不可推移。东方曰夷,被发文身,有不火食者矣。南方曰蛮,雕题交趾,有不火食者矣。西方曰戎,被发衣皮,有不粒食者矣。北方曰狄,衣羽毛穴居,有不粒食者矣。

中国之道,谓人文之中。如《战国策·赵二》记赵公子成语:

> 中国者,聪明睿知之所居也,万物财用之所聚也,贤圣之所教也,仁义之所施也,诗书礼乐之所用也,异敏技艺之所试也,远方之所观赴也,蛮夷之所义行也。

再如《法言·问道》设为宾主问答:

> 或曰:"孰为中国?"曰:"五政之所加,七赋之所养,中于天地者为中国。"

夷狄而行中国之道,则夷狄为中国;中国而行夷狄之道,则"中国亦新夷狄也"(《公羊传·昭公二十三年》)。是故中国之为中国,不在居中国之地,而端在行中国之道。

行中国之道,在建人文之中。《易·贲卦·象传》:"观乎人文,以化成天下。"《国语·周语下》记单襄公语:"忠,文之实也;信,文之孚也;仁,文之爱也;义,文之制也;智,文之舆也;勇;文之帅也;教,文之施也;孝,文之本也;惠,文之慈也;让,文之材也;……经纬不爽,文之象也。"再如孔子称尧:"巍巍乎其有成功也,焕乎其有文章!"(《论语·泰伯》)称周公:"周监于二代,郁郁乎文哉!"(《八佾》)是知"文"因人而称,实即"人文"。按《易·说卦》:"立人之道,曰仁与义。"《礼记·丧服四制》:"仁义礼智,人道具矣。"是"人文"与"人道"同义。人居天地之中,如《易传》所说:

1. 《易》之为书也,广大悉备:有天道焉,有人道焉,有地道焉。(《系辞下》)
2. 天地设位,而《易》行乎其中矣。……乾坤,其《易》之缊邪?乾坤成列,而《易》立乎其中矣。(《系辞上》)

故"人道"又称"中道"。"圣人成之",意同"观乎人文,以化成天下"(《易·贲卦·象传》);此圣王事业,即所谓"王道"。王通曰:"天下无赏罚三百载矣,《元经》可得不兴乎?"薛收曰:"圣人达而赏罚行,圣人穷而褒贬作。皇极所以复建,而斯文不丧也。不其深乎?"出告董常,董常曰:"仲尼没而文在兹乎?"薛收曰:"皇极所以复建,而斯文不丧也。"(1.8)秉持"斯文",所以建有"皇极"。《尚书·洪范》:"皇极:皇建其有极。"孔安国传:"太中之道,大立其中。"是知"皇极"即中道(大中之道),亦即"王道"。荀子曰:"礼者,人道之极也。"(《荀子·礼论》)荀爽曰:"圣人建天地之中而谓之礼。"(《后汉书·列传第五十二》)王通则曰:"王道盛则礼乐从而兴焉。"(3.1)又曰:"礼其皇极之门乎?圣人所以向明而节天下也。其得中道乎?故能辩上下,定民志。"(6.26)居家不暂舍《周礼》,曰:"先师以王道极是也,如有用我,则执此以往。"(8.14)王通殁后,弟子会而议曰:"夫子生当天下乱,莫予宗之,故续《诗》、《书》,正《礼》《乐》,修《元经》,赞《易》道,圣人之大旨,天下之能事毕矣。仲尼既没,文不在兹乎?《易》曰:'黄裳元吉,文在中也。'请谥曰文中子。"(《文中子世家》)斯文在兹,故曰"文中";人文之中,即是"中国"。王通以大中立言,为中国说法,此其所以为"文中"也。

下 篇

自晋永熙元年至隋开皇九年(公元290—589年),三百年间南北分立,中国不一。北朝为异族政权,史称"五胡乱华";然隋乘魏、周之势统一中国,俨为华夏正统,于是而有"南北之疑"。王通自称"修《元经》以断南北之疑"(6.29),即在判定正统以为中国说法。判之之法,首曰"天命":

1. 《元经》天下之书也,其以无定国而帝位不明乎?征天命以正帝位,以明神器之有归,此《元经》之事也。(8.11)

2. 《元经》抗帝而尊中国,其以天命之所归乎?(8.15)

王氏所说"天命",非上天之耳提面命,如"天命玄鸟"、"昊天有成命"之类,实称人德而言:

1. 子述《元经》皇始之事,叹焉,门人未达。叔恬(按:王凝字叔恬)曰:"夫子之叹,盖叹命矣。《书》云:天命不于常,惟归乃有德。戎狄之德,黎民怀之,三才其舍诸?"子闻之曰:"凝,尔知命哉!"(1.10)

按"皇始"乃北魏道武帝拓跋珪年号(公元396—398年)。皇始二年拓跋珪平灭后燕,统一北方。"天命不于常,惟归乃有德"引用《尚书·咸有一德》伊尹语:"天难谌,命靡常。常厥德,保厥位。……非天私我有商,惟天佑于一德;非商求于下民,惟民归于一德。"又《大禹谟》:"皋陶迈种德,德乃降,黎民怀之。"施行仁政而得民之心,此之谓"有德"。得民心者得天下:

1. 或曰"苻秦逆",子曰:"晋制命者之罪也,苻秦何逆?昔周制至公之命,故齐桓、管仲不得而背也;晋制至私之命,故苻秦、王猛不得而事也。其应天顺命、安国济民乎?是以武王不敢逆天命、背人而事纣,齐桓不敢逆天命、背人而黜周。故曰:晋之罪也,苻秦何逆?三十余年,中国士民,东西南北,自远而至,猛之力也。"(4.12)
2. 子曰:"苻秦之有臣,其王猛之所为乎?元魏之有主,其孝文之所为乎?中国之道不坠,孝文之力也。"(4.13)
3. 董常曰:"《元经》之帝元魏,何也?"子曰:"乱离斯瘼,吾谁适归?天地有奉,生民有庇,即吾君也。且居先王之国,受先王之道,予先王之民矣,谓之何哉?"(7.10)

所谓"苻秦"指前秦苻坚,"元魏"指北魏拓跋氏。孔子尝告弟子:"管仲相桓公,霸诸侯,一匡天下,民到于今受其赐。微管仲,吾其被发左衽矣。"又曰:"如其仁!如其仁!"(《论语·宪问》)王通称苻秦、王猛,犹孔子之许齐桓、管仲。"应天顺命、安国济民"、"天地有奉,生民有庇",此王者之道,亦即中国之道。行中国道者,可为中国之主;主中国者,不必中国之人。孟子曰:"舜生于诸冯,迁于负夏,卒于鸣条,东夷之人也;文王生于岐周,卒于毕郢,西夷之人也。地之相去也千有余里,世之相后也千有余岁,得志行乎中国,若合符节。先圣后圣,其揆一也。"(《孟子·离娄下》)王通断南北而"帝元魏"、"尊中国而正皇始"(10.9),遥契孔孟之心。

宋儒严夷夏之防,故于王通之帝元魏不无訾议。如欧阳修曰:"夫帝王之统,不容有二。而论者如此,然缙绅先生未尝有是正之者,岂其兴废之际,治乱之本难言与?……文中子作《元经》,欲断南北之疑也,绝宋于元徽五年,进魏于太和元年,是绝宋不得其终,进魏不得其始。"(《原正统论》)南宋林夔孙更称:

> 《玄经》(按:即《元经》)尤可疑。只缘献帝(按:当为"献公"之误)奔北(按:奔北者为"穆公",即王通四世祖王虬;"奔北"指公元479年即齐高帝建元元年、魏孝文帝太和三年王虬自齐奔魏),便以为天命已归之,遂帝魏。(《朱子语类卷第一百三十七·战国汉唐诸子》)

后人对此曾有辩驳,如明人郑晓以为:

> 《春秋》谨华夷之辨,中国有主也。文中子帝元魏未为非。(《今言》卷一)

清人钱曾称:

> 《春秋》抗王而尊鲁,《元经》抗帝而尊中国。文中子之孝文犹帝魏也,殆夫子之遗意欤?宋儒高谈性命,不达经权,数百年来抹略其书,无有扬之如司空表圣、皮袭美其人者,可不叹乎!(《读书敏求记卷三·元经薛氏传十卷》)

李慈铭亦曰:

> 夫通生于元魏,不帝魏而将谁帝乎?且舜生东夷,文王生西夷,然则舜与文王亦当绝之中国乎?(《越缦堂读书记·集部·别集类·升庵集》)

盖时势有异,故立论不同,此且不言;王通岂真"绝宋不得其终,进魏不得其始"乎?按宋"元徽五年"(公元477年)即魏太和元年,是年萧道成废刘昱,两年后齐代宋立。王通自云:"晋、宋之王,近于正体,于是乎未忘中国,穆公之志也。齐、梁、陈之德,斥之于四夷也,以明中国之有代,太和之力也。"此其所以"绝宋于元徽五年,进魏于太和元年"。再如王通因穆公奔北而帝魏之说,亦不尽不实。《中说》记载:

1. 子之家庙,座必东南向,自穆公始也,曰"未忘先人之国"。(4.16)
2. 裴晞问穆公之事,子曰:"舅氏不闻凤皇乎?览德晖而下,何必怀彼也?"叔恬曰:"穆公之事,盖明齐魏。"(7.17)

所谓"明齐魏",即"明中国之有代,太和之力也"。王通又云:

1. 太和之政近雅矣,一明中国之有法。惜也不得行穆公之道!(5.12)
2. 孝文没而宣武立,穆公死、关朗退,魏之不振有由哉!(10.1)

穆公之奔魏,盖"览德晖而下",然"未忘先人之国";王通之帝元魏,盖"太和之政近雅矣,一明中国之有法",然又惜其"不得行穆公之道",以为"信美"而"未光"(7.6)。王氏之家国情怀如此。故王通之帝元魏,初不在穆公北奔,实以大中为心而不得

不然:

1. 薛生曰:"殇之后,帝制绝矣,《元经》何以不兴乎?"子曰:"君子之于帝制,并心一气以待也,倾耳以听,拭目而视,故假之以岁时。桓、灵之际,帝制遂亡矣;文、明之际,魏制其未成乎?太康之始,书同文、车同轨,君子曰'帝制可作矣',而不克振。故永熙之后,君子息心焉,曰:'谓之何哉?'《元经》于是不得已而作也。"(5.50)

2. 董常曰:"敢问皇始之授魏而帝晋,何也?"子曰:"主中国者,将非中国也。我闻有命,未敢以告人,则犹伤之者也。伤之者,怀之也。"董常曰:"敢问卒帝之,何也?"子曰:"贵其时,大其事,于是乎用义矣。"(7.10)

3. 叔恬曰:"敢问《元经》书陈亡而具五国,何也?"子曰:"江东,中国之旧也,衣冠礼乐之所就也。永嘉之后,江东贵焉,而卒不贵,无人也。齐、梁、陈于是乎不与其为国也。及其亡也,君子犹怀之,故书曰'晋、宋、齐、梁、陈亡',具五以归其国,且言其国亡也。呜呼,弃先王之礼乐以至是乎!"叔恬曰:"晋、宋亡国久矣,今具之,何谓也?"子曰:"衣冠文物之旧,君子不欲其先亡;宋尝有树晋之功,有复中国之志,亦不欲其先亡也。故具齐、梁、陈以归其国也,其未亡则君子夺其国焉。"曰:"中国之礼乐安在?其已亡,则君子与其国焉?"曰:"犹我中国之遗人也。"叔恬曰:"敢问其志。"文中子泫然而兴曰:"铜川府君之志也,通不敢废。书五国并时而亡,盖伤先王之道尽坠。故君子大其言,极其败,于是乎埽地而求更新也。'期逝不至,而多为恤',汝知之乎?此《元经》所以书也。"(7.13)

《元经》"天下之书"(8.11),王通于此为大中立言,故属意江东而不得不尊中国,伤怀南土而不得不帝元魏。苦心孤诣,岂"弃亲昵而媚豺狼,悖逆至此"(章太炎:《菿汉微言》)①一语可以了得!叶适谓其《续经》"以圣人之心处后世之变"(《水心别集卷八·王通》),王阳明言其"良工心独苦"(《传习录·上》),近人汪吟龙亦曰:"推文中子之用心,曷尝一日忘中国哉!《元经》之作,实具苦心。"(《与章太炎论文中子书》)②皆是解人知言。

附 论

有宋一代,文治远胜武功,此史有定论。其时中国积弱,强敌环伺,于是宋儒大

---

① 章氏感激时事,故有此说;然其厚诬古人,实不足为训。
② 汪吟龙:《文中子考信录》,台湾商务印书馆,1963年,第96页。

夷夏之防以自持。① 王通断南北之疑,正皇始而帝元魏,其不为宋儒所喜,自是意料中事。然宋儒又奉王通为道统中人②,几乎众口一词。如宋初柳开以为:

1. 隋之时,王仲淹于河汾间,务继孔子以续《六经》,大出于世,实为圣人矣。(《补亡先生传》)
2. 昔先师夫子,大圣人也……厥后寖微,杨墨交乱,圣人之道复将坠矣。……孟轲氏出而佐之,辞而辟之,圣人之道复存焉。……孟轲氏没……再生扬雄氏以正之,圣人之道复明焉。……扬雄氏没,佛魏隋之间,讹乱纷纷……重生王通氏以明之(下略)。(《答臧丙第一书》)

稍后"宋初三先生"之孙复、石介声称:

1. 吾之所谓道者,尧、舜、禹、汤、文、武、周公、孔子之道也,孟轲、荀卿、扬雄、王通、韩愈之道也。(孙复:《信道堂记》)
2. 传曰:"五百年一贤人生。"孔子至孟子,孟子至扬子,扬子至文中子,文中子至吏部……其验欤?(石介:《上赵先生书》)

朱熹虽谓文中"其学之不足以为周、孔",然又云:

1. 荀卿之学杂于申商,子云之学本于黄老,而其著书之意,盖亦姑托空文以自见耳,非如仲淹之学颇近于正而粗有可用之实也。(《王氏续经说》)
2. 邹汾(按:即孟子、王通)断简光前载,关洛(按:即张载、二程)新书袭旧芳。(《抄二南寄平父因题此诗》)

是亦推许有加。③ 同时提倡事功之陈亮,史称"其学自孟子之后惟推王通"(《宋史·列传第一百九十五·儒林六》),朱熹曾言:"陈同父(按:即同甫,陈亮字)学已行到江西,浙人信向已多。家家谈王伯,不说萧何、张良,只说王猛;不说孔孟,只说文中子,可畏!可畏!"(《朱子语类》卷一二三)心学宗匠陆象山亦称:

> 由孟子而来,千有五百余年之间,以儒名者甚众,而荀、扬、王、韩独著,专

---

① "自持"兼自认(self-identification)与自张(self-assertion)之意。西方哲人称为政要在分别敌我(参见卡尔·施米特:《政治的概念》,刘宗坤译,上海人民出版社,2004年,第106—107页),宋儒严华夷之辨,用意正同。

② 以文中接承儒家道统,始自晚唐皮日休。如其曰:"夫孟子、荀卿翼传孔道,以至于文中子。"(《请韩文公配飨太学书曰》)又曰:"夐乎千世,而可继孟氏者,复何人哉? 文中子王氏,讳通……较其道与孔孟,岂徒然哉!"(《文中子碑》)然文中子道统地位之底定,实在宋代(说见下)。

③ 李光地曰:"程朱身分高,又见得到,直眼大如箕。三代下所推者,不过几人:董江都、诸葛武侯、文中子、韩文公,余则称陆敬舆、郭汾阳。"(《榕村语录》卷二十二)可为旁证。

场盖代,天下归之,非止朋游党与之私也。(《与姪孙浚书》)

非特如此,宋代科考兼用策论,南渡之后尤以策论取士;据《宋史·选举志》载:

> 绍兴元年,初复馆职试,凡预召者,学士院试时务策一道,天子亲览焉。……凡应诏者,先具所著策、论五十篇缴进,两省侍从参考之,分为三等,次优以上,召赴秘阁,试论六首,于《九经》、《十七史》、《七书》、《国语》、《荀》、《扬》、《管子》、《文中子》内出题,学士两省官考校,御史监之,四通以上为合格。

是则文中之学不但为士林所重,更列入国家考试经典。今以王十朋(绍兴二十七年丁丑科状元)、陆象山(乾道八年进士)二人策论为例:

1. 后世有大儒王通者,鸣道河汾间,与弟子难答问,动以洙泗为法。《中说》十篇,犹孔氏《论语》也。(王十朋:《策问》)
2. 孟子之后,以儒称于当世者,荀卿、扬雄、王通、韩愈四子最著。(陆象山:《策问》)

窥斑知豹,犹可想见当时风习之盛。宋以积弱偏安之国而如此推重帝元魏之王通,岂非咄咄怪事?按儒家崇尚文德,以武功为次,所谓"大上有立德,其次有立功"(《左传·襄公二十四年》)。古史载禹征有苗,三月而苗民叛;舜敷文德,七旬而有苗格(《尚书·大禹谟》)。孔子称之:"无为而治者,其舜也与!"(《论语·卫灵公》)又曰:"远人不服,则修文德以来之;既来之,则安之。"(《季氏》)孟子亦曰:"以力服人者,非心服也,力不赡也;以德服人者,中心悦而诚服也。"(《孟子·公孙丑上》)所谓"文德",即人文大中之道,说已见上。孔子曰:"夷狄之有君,不如诸夏之无也。"(《论语·八佾》)斯文在中,是为"中国"。千百年来,其说深入人心。① 宋室偏安一隅而自居中国,根源在此。文中子为大中立言,宋引为奥援,又何足怪哉!

孔子论政,以为"民无信不立"(《论语·颜渊》),言国家当取信于民。取信之方,"君子以为文,而百姓以为神"(《荀子·天论》),如"天命"、"五德终始"即是,"正统"、"道统"之说亦然;以今人视之,则亦不过当时之"国家(民族)意识形态"而已。国固不可无信,否则人心涣散,势将土崩鱼烂而后已。虽然,国家欲取信于民,唯当以可信者信之,所谓"有诸己而后求诸人"(《礼记·大学》);不可信而欲人信,甚且强人信从,则不过愚而暴而已,此又不必烦言也。

---

① 西人谓之"汉族文化中心主义"(费正清、赖肖尔:《中国:传统与变迁》第八章第一节),颇有见地。

唐密教遗珍丹棱县陀罗尼石经幢考异

王益鸣*

缘 起

我国中央电视台在制作的有关扶风法门寺之专题节目里,谈及法门寺地宫发现之重要意义时,声称除此以外我国没有发现唐代其他密教遗物。这一论断是有问题的,因为法门寺地宫虽然作为保存唐代大量密教遗物而非常重要,但是我国目前仍然有唐代其他密教遗物可供考察,四川丹棱县陀罗尼石经幢就是其中的佼佼者,另外世界遗产的乐山大佛旁边之乌尤寺里,即供养了一尊唐代铸造的"乌尤菩萨"之铜像,而密教里所谓"乌尤菩萨",相当于显教之观世音菩萨。再,依据空海所撰《大唐神都青龙寺故三朝国师灌顶阿阇梨惠果和尚之碑》记载,剑南之惟上和尚与慧日、弁弘、义明、空海、义满六人①,乃惠果和尚门下高徒,他重点在四川传播密教,空海《拾遗杂集》里有《在唐日示剑南惟上离合诗》一首。② 这些情况表明,唐代四川是密教兴盛之地区,时至今日仍然有唐代密教遗址(后详)。遗憾的是,学术界似乎对于丹棱县陀罗尼石

此相片为笔者所摄乐山乌尤寺里唐代密教"乌尤菩萨"之铜像

---

* 王益鸣,华南师范大学教授,文学博士。

① 碑文云:"河陵辨弘,经五天而接足,新罗惠日,涉三韩而顶戴,剑南则惟上,河北则义圆,钦风振锡,渴法负笈。若复印可绍接者,义明供奉其人也,不幸求车,满公当之也。"该碑文收入空海文学作品集《性灵集》(全称为《遍照发挥性灵集》),读者可以参考国文学研究资料馆编《性灵集注》(2007年临川书店)、坂田光全《性灵集讲义》(昭和29年高野山出版社)、静慈圆《性灵集一字索引》(平成3年东方出版)、太田次男『空海及び白楽天の著作に係わる注釈書類の調査研究』(2007年勉誠出版)以及拙著《空海学术体系的范畴研究》(2005年9月由广东人民出版社出版)。

② 全诗为:"蹬危人难行,石嶮兽无升。烛暗迷前后,蜀人不得过。"

经幢仍然缺乏研究①,而本论文之目的,便是对丹棱县陀罗尼石经幢进行考异。

2009年2月27日(正月初二),早稻田大学宗教文化研究所所长吉原浩人教授、高野山清凉院的静贵生先生与本论文作者一起,在王云贵、詹跃、王文君、王仿生等先生的陪同下,经丹棱县文化界郑林森先生以及政府官员等当地人士的指引,多有跋涉,终于实地考察了丹棱县的陀罗尼石经幢。

此石经幢,本论文作者认为其全称应命名为"丹棱县唐代尊胜陀罗尼石经幢"。今四川省眉山市丹棱县西南约五十公里处,为张场镇老峨山之金峡村四组石笋沟(当地人因见陀罗尼石经幢其形状犹如一巨大竹笋,故名),在其悬崖上基本完好地保存了

此相片为笔者所摄丹棱县唐代尊胜陀罗尼石经幢之全貌

一石经幢,此即"丹棱县唐代尊胜陀罗尼石经幢"。这里地处深山浚谷、人迹罕至,故多少年来一直不为人所知晓,直到上世纪80年代初文物普查时,才开始引起有关部门的重视。

老峨山为横断山系总岗山脉之中段,它北起四川新津县老君山(又名宝资山),南至四川雅安市与四川洪雅县青衣江与四川名山河口交汇处一个叫水口的地方。

照片中间部分,即"眉州洪雅縣懷"之题字

其地势呈东北、西南走向,连绵一百多公里,地处四川盆地边缘。山形绝类峨眉山,景色特异,蔚为大观。老峨山上一寺院曾有楹联云:"云海绮丽老峨山,成都南来第一峰",由此可见,老峨山景观不同凡响。

值得注意的是,和我国目前可见的诸多陀罗尼石经幢相比较,此石笋沟"尊胜陀罗尼经幢"具有许多不同的特点。其中,其保存环境之差异尤令人瞩目。更明确地说,其他陀罗尼石经幢不仅大多残破不已,并且基本上陈列于博物馆,人们似乎只着眼于它们的文物价值。后者却相反,自出世以来就一直没有变化,留存至今。完全可谓是十足的原生态。它是由一巨大石壁上凿龛而成的,因其石质比

---

① 郑林森先生有相关文章,《中国美术全集》有照片和说明。

较坚硬，又加上原有佛阁遮护（今已不存，然有若干石孔为证），且位于人迹罕至之所，故一千多年来保有完好。它面对观众的左方有一石窟，内有佛像，右方刻有"眉州洪雅縣懷"之题字，依据其风格以及风蚀程度等加以判断，应该属于同期之遗物。不过，考察之际，仍然能感受到当初大唐时信徒们那浓浓的宗教气息。当时，我们在此周围细寻，发现这里原有一寺院，可惜早年已圮，仅存基础之类，不知其名。当地的农民告诉我们，以前石经幢是一对，其中另外一个已经被毁不存。综合这些信息，可知大唐时信徒们在此荒寺范围里，斧凿了一对石经幢，以求祈福灭灾。

前述"眉州洪雅縣懷"之题字与文献记载龃龉，据清乾隆《丹棱县志·方舆》载隋唐时期其县属"剑南西川眉州丹棱县"①，并且现在之行政区划亦属丹棱县，故其标准命名应以"四川眉山丹棱县唐代尊胜陀罗尼石经幢"为是。

石经幢之滥觞

石经幢之滥觞问题，对于研究此陀罗尼经幢，不无裨益。故今特论之。

本论文作者以为，石经幢係中国文化与印度文化友好交融而得以形成的产物。它自唐代以降开始流行，迄于明清。石经幢来源于我国文化和异国文化之交流，这一点完全与唐代的开发风气和博大胸怀吻合。具体而言，石经幢之形状脱胎于中国古代文化中之华表与幡盖，印度文化里对幢非常重视这一思想则构成石经幢之灵魂。

经幢俗称"八棱碑"，另外还有"石柱"、"宝幢"、"花幢"之名称。其形式有八棱、六棱、四棱等多种，与塔相仿，一般由幢顶、幢身和基座三部分组成，主体是幢身，刻有佛教密宗的咒文或经文、佛像等。我国经幢多为石质，铁铸较少。密宗认为，这种经幢具有无限的法力，可以镇魔驱邪、护佑太平。在我国五代二宋时最多，一般安置在通衢大道、寺院等地，也有安放在墓道、墓中、墓旁的。

自历史的角度来看，经幢是公元七世纪后半期随着密宗迢迢东传中国，佛教建筑中增加了一种新的艺术类型。所谓"幢"，为梵文 Dhvaja 和 Ketu 的意译，故译为"幢"。中国文化中"幢"原是中国古代仪仗中的旌旒，《汉书·韩延寿传》记载："延寿在东郡时，试骑士……驾四马，傅总，建幢棨。"（注云：幢，旌旒。师古曰：幢，麾也）唐朝最初是将佛经或佛像书写在丝织的幢幡上，为保持经久不毁，后来改书写为石刻在石柱上，因刻的主要是《陀罗尼经》，因此称为经幢。

---

① 见彭遵泗撰乾隆版《丹棱县志》。彭遵泗，丹棱人，字磐泉，是彭端淑之弟，诗人、学者。乾隆二年（1737年）进士，授翰林院庶吉士等。

作为经幢雏形之华表发轫于石柱,亦名望柱。相传由尧肇始。但当初止为木。后易为石。《古今注》卷上"尧诽谤木"条有这样的对话:程雅问曰:"尧设诽谤之木,何也?"答曰:"今之华表木也。以横木交柱头,状如华也。形如桔槔,大路交衢悉施焉。或谓之表木,以表王者纳谏也,亦以表识衢路。秦乃除之,汉始复修焉。今西京谓之交午柱也。"①

按今天我们还能看到书中所记的石柱已经不多了。比较早的应是江苏省萧齐大墓前所立之石柱,但不华美,可观者唯北京天安门前、北京大学校内和明十三陵及清代帝陵等处。当年立石柱(今人已尽称为华表)的用意是警示君主之久不还宫者。君主出宫,石兽伫盼之状也。

而石经幢亦受到了古代市楼之影响,这可在四川出土的东汉汉画像砖中得到证实。此砖正中有一宫阙建筑,上部顶端有一类似后来石经幢顶部之结构。这在汉代名之曰"市楼",因其形状似亭,故曰市亭、旗亭、或曰旗亭楼,是管理市井的官衙机构。其机构皆设于市井中,一般位于中心部位。亭内为市长,又称市令的办事机构。其职司为专门对市肆交易人等收税并监督物价以及处理交易纠纷等事务。每当集市时,有专人在亭楼上居高临下观察,"俯视万隧"的买卖,这为我们研究石经幢的演变提供了不可多得的最早实物。②

石经幢因佛教徒之刻经遂应运而生,后来则大行其道。其实早在石经幢未问世前已有石幢了,如葬幢、墓幢、灵塔幢等等。

以上除了受到中国古代建筑艺术的影响外,还受到了佛教文化的影响。佛经里所谓的幢,同样也为旛之意义。依据《大日经疏》可知,幢与旅相同。这些例子可以在《佛本行集经·耶输婆罗梦品》找到:"净饭大王,亦梦城内处中,竖立一帝释幢,以多杂种,众宝壮严,复持种种璎珞,校饰庄严,犹如须弥山王,从地涌出,在于虚空,彼帝释幢其中,又复出大光明,四方皆悉,周匝照耀,又复四方,兴起大云,俱来俱于帝释幢上,降注大雨,滂沛灌洗彼帝释幢,又于空中,雨种之无量无边妙华之雨,其帝释幢周匝,复有无量种种之微妙音声,不作自鸣"③,亦为可又一佐证。这还可以从梁代南三藏曼陀罗仙之《宝云经》中得到证实。

"三千大千世界,空网弥覆,庄严显现,于虚空中,遍大云雨,天妙莲花,杂花妙果或天雨花鬘,好香末香,袈裟衣服,珠盖幢幡……"。此经又云:"宝幢云雨宝幢、宝幡云雨宝幡,如是众云,随种而雨……"④,有关"幢"之出现,在此经之中有若干

---

① 此书共三卷,为晋崔豹所撰。崔豹,字正熊,一作正能,惠帝时官至太傅。
② 见《国宝大观·石雕砖刻》。
③④ 《大正藏》。

次,兹不赘述。另外还受到刻经影响。大凡刻经有六类:一为碑,二为幢,三为柱,四为摩崖,五为造像之阴,六为碑之阴侧。碑为长方形,经刻于两面。幢一般以八棱形为最多,而丹棱的则为六棱形。柱为圆形,上小下大,经文皆随石而刻之。而历代刻经之文字,以佛教经典为最多,儒家次之,道家再次之。至于摩尼、祆教、景教等,不过一二种而已,且书体多为楷书。至于赵汝珍先生谓释氏所刻经文,唯有楷书,并无篆书之说,亦为众家所认同。但此说亦不无偏颇之处,因为丹棱之尊经陀罗尼经幢就有篆文曰:"奉为大地水陆苍生敬造佛顶尊胜陀罗尼经幢"等字①,这在全国亦仅此一例。

由此可见,幢在印度传统佛教文化里,的确也不是什么稀罕之物,它通过佛经之形式,与中国文化里关于幢之概念结合,就产生了经幢尤其是佛顶尊胜陀罗尼经幢这一信仰和艺术。

这一信仰和艺术在唐朝的流行,当然无法离开制作经幢所必需的翻译成汉语的佛经和翻译者。佛经历来名目特为繁多,且尤以陀罗尼经为最甚,心经次之。今能见者,有《金光明更光大辩才陀罗尼经》、《金光明银主陀罗尼经》、《庄严王陀罗尼经》、《七俱胝陀罗尼经》、《曼殊室利五字心陀罗尼经》、《瑜伽三密陀罗尼经》、《虚空藏菩萨能满诸愿最胜心陀罗尼经》、《千手千眼观世音菩萨大圆满无碍大悲心陀罗尼经》、《无垢净光陀罗尼经》、《生无边法门陀罗尼经》、《庄严王陀罗尼经》、《守护国界主陀罗尼经》、《清净观世音菩萨陀罗尼经》、《不空罥索陀罗尼经》、《佛说毗戍陀罗尼经》,以上诸陀罗尼经虽名称各有所异,但内容则大同小异,均简称陀罗尼经。

按《唐尊法传》载:"释尊法,西印度人也,梵云伽梵达摩,华云尊法。远逾沙碛,来抵中华,有传译之心,坚化导之愿。天皇永徽之岁,译出《千手千眼观世音菩萨无碍大悲心陀罗尼经》一卷。经题但云西天竺伽梵达摩译,不标年代。推其本末,疑是永徽、显庆中也。"②此亦为印度来华高僧所译《陀罗尼经》也。

又有《唐西京慧日寺无极高传》云:"释无极高,中印度人,梵云阿地瞿多,华云无极高也。出家氏族未凭书之。高学穷满字,行洁珠圆,精炼五明,妙通三藏。永徽三年壬子岁正月,自西印度赍梵夹来至长安,敕命慈门寺安置。沙门大乘琮等十六人英公李世勣,鄂公尉迟敬德等十二人,同请高于慧日寺浮图院建陀罗尼普集会坛,所须供办。法成之日,屡现灵异,京中道俗咸叹希逢。沙门玄楷等固请翻其法本。以四年癸丑至于五年,于慧日寺从《金刚大道场经》中撮要而译,集成一部,名《陀罗尼集经》一十二卷,玄楷笔受。于是有中印度大菩提寺阿难律木叉师、迦叶师

---

① 《丹棱县志·古迹》,1997年版。
② 赞宁:《宋高僧传》上册,范祥雍点校,中华书局,1997年,第29页。

等于经行寺译《功德天法》,编在《集经》第十卷中,故不别出焉。"①

由此可见,唐代来华高僧热心于翻译《陀罗尼经》者不乏其人,并皆情有独钟。

又有《周洛京寂友传》载:"释弥陀山,华言寂友,觐货逻国人也。自幼出家,游诸印度,遍学经论,《楞伽》《俱舍》,最为穷核,志转像法,不恪乡邦,杖锡孤征,来臻诸夏,因与实叉难陀共译《大乘入楞伽经》,又天授中与沙门法藏等译《无垢净光陀罗尼经》一卷。其经,佛为劫比罗战荼婆罗门说,延其寿命。译毕进内,寻辞帝归乡,天后以厚礼饯之。"②中国历代君主中对佛教礼遇最为恩渥的武则天对此外来学问僧的赏赐也可谓奖励有加了。

又有《唐京师总持寺智通传》上又云:"释智通,赵氏子,本陕州安邑人也。隋大业中出家受具,后卓锡总持寺。律行精明,经论该博。自幼挺秀,即有游方之志,因往洛京翻译馆学梵书并语,晓然明解。属贞观中,有北天竺僧赍到《千臂千眼经》梵本,太宗敕天下僧中学解者充翻经馆缀文、笔受、证义等。通应其选,与梵僧对译,成二卷。天皇永徽四年,复于本寺出《千啭陀罗尼观世音菩萨咒》一卷、《观自在菩萨随心咒》一卷,共四部五卷。通善其梵字,复究华言,敌对相翻,时皆推伏。又云:行瑜伽密教,大有感通。后不知所终。"③

由此看来初唐的帝王对于外来僧人翻译的内典都十分欣赏,这与佛教在北魏太武帝灭佛后释氏重兴是息息相关的。

又《唐京师奉恩寺智严传》云:"释智严,姓尉迟氏,本于阗国质子也,名乐。受性聪利,住鸿胪寺,授左领军卫大将军上柱国,封金城郡公,而深患尘劳,唯思脱屣。神龙二年五月,奏乞以所居宅为寺,敕允,题榜曰奉恩是也。相次乞舍官入道,十一月二十四日墨制听许。景龙元年十一月五日,孝和帝诞节剃染。寻奉敕于此寺翻经,多证梵文,诸经成部,严有力焉。严重译出《生无边法门陀罗尼经》。后于石龟谷行头陀法,又充终南山至相寺上座,体道用和,率从清谨。"④唐时僧人对于高官显爵,不为所动,一心向佛,终成正果,真令人感喟也。

又有《唐洛京天竺寺宝思惟传》云:"释阿你真那,华言宝思惟,北印度迦湿蜜罗国人,刹帝利种。幼儿舍家,禅送为业。进具之后,专精律品,而慧解超群,学兼真俗,乾文咒术,尤攻其妙。加以化导为心,无恋乡国。以天后长寿二年,敕于天宫寺安置。即以其年创译至中宗神龙景年,于佛授记、天宫、福先等寺,出《不空罥索陀罗尼经》等七部。睿宗大极元年四月,太子洗马张齐翼等缮写进内。"⑤为什么唐时

---

① 赞宁:《宋高僧传》上册,范祥雍点校,中华书局,1997年,第30页。
② 同上书,第34页。
③④ 同上书,第41页。
⑤ 同上书,第42页。

有那么多高僧著述《陀罗尼经》,真可令人值得加以认真研究。

又有《唐洛京长寿寺菩提流志传》云:"释菩提流志,南天竺国人也,净行婆罗门种,姓迦叶氏。年十二,就外道出家,事波罗奢罗,学《声明》、《奢佉》等论。历数、咒术、阴阳、谶纬,靡不该通。年逾耳顺,方乃回心,知外法之乖违,悟释门之渊默,隐居山谷,积习头陀。初依耶舍瞿沙三藏学诸经论,其后游历五天竺,遍亲讲肆。高宗大帝闻其远誉,挹彼高风,永淳二年,遣使迎接。天后复加郑重,令住东洛福先寺译佛境界、宝雨、华严等经,凡十一部。中宗神龙二年,又住京兆崇福寺,译《大宝积经》。属孝和厌代,睿宗登极,敕于北苑白莲池、甘露亭,续其译事,翻度云毕,御序冠诸。其经新旧凡四十九会,总一百二十卷。先天二年四月八日进内,此译场中沙门思忠、天竺大首领伊舍罗等译梵文,天竺沙门波若屈多、沙门达摩证梵义,沙门履方、宗一、慧觉笔受,沙门深亮、胜庄、尘外、无著、怀迪证义,沙门承礼、云观、神暕、道本次文。次有润文官卢粲、学士徐坚、中书舍人苏瑨、给事中崔璩、中书门下三品陆象先、尚书郭元振、中书令张说、侍中魏知古,儒释二家,构成全美。宝积用贤既广,流志运功最多,所慊者古今共译《一切陀罗尼》末句云'莎嚩诃',皆不窃考清浊,遂使令章有异。志开元十二年,随驾居洛京长寿寺。十五年十一月四日,嘱诫弟子五日斋时,令侍人散去,右肋安卧,奄然而卒,春秋一百五十六。帝闻轸悼,敕试鸿胪寺卿,谥曰'开元偏知三藏'。遣内侍杜怀信监护丧事,出内库物,务令优赡。用卤薄羽仪,幡幢花盖,阗塞衢路。十二月一日,迁窆于洛阳南龙门西北原,起塔,勒石纪之。"

系曰:西域丧礼,其太简乎?或有国王酋长,倾心致重者,勿过舁之火葬。若东夏僧用卤薄导丧车,罕闻之矣。呜呼!导尊德贵,不言而邀,此不其盛欤[①]!

查上文中所提及的提流志是外来高僧中之最著者。他原来是一个精通历数、咒术、阴阳的外道婆罗门,六十岁以后才皈依释氏。其"隐居山谷,积习头陀"。后来在全印度讲论佛法。永淳二年(即弘道元年,683年)被唐高宗李治备礼延请至京城,不久李治崩殂,武则天弄权,周革唐命。武氏为了巩固其统治地位,大肆杀戮李唐王室之人,便倚重释佛来为其合法地位大造其舆论。证明她是"授记神皇","慈氏越古金轮圣神皇帝"。她对佛教徒大加重用,这在历史上比梁武帝、隋文帝皆有过之而无不及。她直接使和尚参与军国大事,这在历史上也是不多见的。于是外来和尚也不例外,亦为其所用。殁后哀荣,极致一时僧侣之冠矣。而其所译之《一切陀罗尼》为其翘楚,由此可知此经在唐时之重要地位。

又有《唐京兆慈恩寺寂默传》云:"释牟尼室利,华言寂默。其为人也,神宇高

[①] 赞宁:《宋高僧传》上册,范祥雍点校,中华书局,1997年,第43—44页。

爽,量度真率。德宗贞元九年,发那烂陀寺,拥锡东来。自言从北印度往此寺出家,受戒学法焉。十六年至长安兴善寺……出《守护国界主陀罗尼经》十卷,又进《六尘兽图》,帝悦,檀施极多。"①按《守护国界主陀罗尼经》是般若译,牟尼证梵本,翰林院待诏光宅寺智真译语,园照笔受,鉴虚应文,澄观证义。

综合以上所引各条,我们就能知道唐代帝王对于《陀罗尼经》之各种著述皆有极大兴趣,真值得我们深思。笔者认为,有必要将佛教史上之发展阶段与此种现象出现的原因联系起来考虑。在纯密出现以前,是杂密盛行的时期,而那时正属于后者。杂密最大的特点在于讲究陀罗尼,即咒文,纯密则以《大日经》和《金刚顶经》为经典,讲究"金胎两部曼荼罗",主张通过身口意三密以实现"即身成佛"。无论是中国的杂密还是纯密,对于皇帝等最高统治者都主张"镇护国家",对于普通民众都宣传灭灾祈福,二者在这一点上并无二致。特别是经帝王等大力提倡,于是上行下效,更是风靡无比。即使纯密占统治地位以后,陀罗尼信仰也未消失。这可能是由于纯密需要"师资系承",有资格的法师非常少,昂贵的法器和复杂的仪轨,因此只能由皇室在重大时刻进行法会。而陀罗尼信仰则比较方便,故能受到上下的欢迎。

关于《尊胜陀罗尼经》之来历

据《唐五台山佛陀波利传》上有:"释佛陀波利,华言觉护,北印度罽宾国人也。忘身徇道,遍观灵迹,闻文殊师利在清凉山,远涉流沙,躬来礼谒,以天皇仪凤元年丙子,杖锡五台,虔诚礼拜,悲泣雨泪,冀睹圣容。倏焉见一老翁从山而出,作婆罗门语,谓波利曰:'师何所求焉?'波利答曰:'闻文殊大士隐迹此山,从印度来,欲求瞻礼。'翁曰:'师从彼国将《佛顶尊胜陀罗尼经》来否?此土众生,多造诸罪,出家之辈,亦多所犯。《佛顶神咒》除罪秘方,若不赍经,徒来何益?纵见文来,亦何能识?师可还西国,取彼经来,流传此土,即是遍奉众圣,广利群生,拯接幽冥,报诸佛恩也。师取经来至,弟子当示文殊居处。'彼利闻已,不胜喜跃,裁抑悲泪,向山更礼。举头之顷,不见老人。波利惊愕,倍增虔恪。遂返本国取得经回,既达帝城,便求进见。有司具奏,天皇赏其精诚,崇斯秘典,下诏鸿胪寺典客令杜行顗与日照三藏于内共译,还其梵本。波利得经,弥复忻喜,乃向西明寺,访得善梵语僧顺贞,奏乞重翻。帝俞其请,波利遂与顺贞对诸大德翻出,名曰《佛顶尊胜陀罗尼经》,与前杜令所译者,咒韵经文少有同异。"②

---

① 赞宁:《宋高僧传》上册,范祥雍点校,中华书局,1997年,第45页。
② 同上书,第28—29页。

按波利在华所译之《佛顶尊胜陀罗尼经》实为诸多《陀罗尼经》之代表作,在世上运用尤多。本文所论经幢上镌刻之文者即此。延至清代乾隆裕陵地宫四道汉白玉大门上所刻之满汉文经即此经也;慈禧定东陵地宫中棺内衾(金龙大被)上亦为此经文也。可见影响千年,不可谓不深矣。藏传佛教与日本真言宗对此经均奉若神明。

上述内容,主要说明了罽宾国佛陀波利《佛顶尊胜陀罗尼经》译本(一卷,永淳二年,《大正藏》一九卷,三四九 a—三五二 c)之来历。除此最流行译本之外,还有杜行顗译本(一卷,仪凤四年,《大正藏》一九卷,三五三 a—三五五 a)、地婆诃罗《佛顶最胜陀罗尼经》译本(一卷,永淳元年,《大正藏》一九卷,三五五 a—三五七 a)、地婆诃罗《最胜佛顶陀罗尼净除业障咒经》译本(一卷,翻译年不详,《大正藏》一九卷,三五七 b—三六一 c)、义净译本《佛说佛顶尊胜陀罗尼经》(一卷,景云四年,《大正藏》一九卷,三六一 c—三六四 b)。

陀罗尼为梵文 dharani 之音译,其意为总持,或译遮持、持盟。谓诸菩萨不可思议之密语,即咒。《大智度论》五云:"陀罗尼,秦言能持,或言能遮、能持者,集种种善法,能持令不教不失,譬如完器盛水,水不露散,能遮者,恶不善根心生,若不作善罪,持令不作,是名陀罗尼。"归纳起来,陀罗尼共有三种用法,首先是显教里的意义,其次初唐以前的杂密作为咒来使用,最后是盛唐以后纯密里与真言并用,陀罗尼经为比较长的咒文,真言则较之为短。

会昌法难与丹棱陀罗尼经幢开凿与保护

研究丹棱陀罗尼经幢,不能回避一个问题,这就是它正是在会昌法难最高峰的时候开凿的。熟悉佛教历史者,都知道在晚唐时,中国发生了一件震惊佛教世界的大事件,这就是唐武宗会昌年间的一次全国性的大规模的灭佛行动。人们难免对丹棱陀罗尼经幢之开凿年代产生疑问,究竟真正的开凿年代是何时?

要解决这个疑难,大的方面既必须研究会昌法难的过程、影响等问题,小的方面也有必要思考丹棱的环境。

关于会昌法难之史料,有新旧唐书之《武宗本纪》、《资治通鉴》、《唐会要》、《唐大诏令集》、《佛祖统记》、《宋高僧传》、《全唐文》、《金石萃编》、《入唐求法巡礼行记》等等。其中,新唐书之《武宗本纪》最为疏陋,只有"(五年)八月壬午,大毁佛寺,复僧尼为民"一句,而以《入唐求法巡礼行记》最为详实,所记中夏之事甚夥、其中颇有可资考史者,足以补中国古史之阙。此书为日本学问僧圆仁所著,其作为外国高僧亲历武宗灭法之整个过程,并付诸笔端,当然比其他史料更具价值。因此,笔者主要参考其记载,这对于我们研究唐代丹棱之《陀罗尼经》石幢为何修造于灭法之时但又安然无损者颇为重要。

在《入唐求法巡礼行记》中云:"(会昌元年)六月十一日,今上降诞日,于内里设斋。两街供养大德及道士集谈经,四对议论,二个道士赐紫,释万大德总不得着。南天竺三藏宝月入内对君王,从自怀中拔出表,进请归本国;不先咨开府,恶发。五日军内收禁犯越官罪,故宝月弟子之人各决七棒,通事僧决十棒。不打三藏,不放归国。"①

又曰:"(会昌二年)三月三日李(德裕)宰相奏僧尼条疏,敕下发遣保外,无名僧不许置童子沙弥……十月九日敕下,天下所有僧尼解烧炼咒术、禁气背军、身上杖痕、鸟文杂工功、曾犯淫、养妻、不修戒行者,并勒还俗。若僧尼有钱物及谷斗田地庄园,收纳官。……大同诸州府中书门下牒,行京城内仇军容拒敕……"②

以上引文,本极为繁杂,故特意删去枝蔓。武宗当政不久,就优遇道士,责打高僧的弟子。接着就勒令僧尼还俗,并肆意没收财产。当然朝中也有反对灭法者,譬如仇士良。及韦宗卿撰疏受斥,而武宗灭废佛法之意已明朗。非佛之行为则更加坚决矣。《入唐求法巡礼礼记》又云"(会昌三年六月)太子詹事韦宗卿撰《涅槃经疏》二十卷进。今上览已,焚烧经疏,敕中书门下,令就宅追索草本烧焚。其敕文如左……可任成都府尹,驰驿发遣……"③韦宗卿向武宗献自己写的《涅槃经疏》,却受到严厉处罚,书被焚烧,人被贬官。

自此以后,武宗对佛教破坏之力,更加变本加厉,其过程《入唐求法巡礼行记》尤为翔实。这些劣行都可以从《行记》中得知。

"(会昌五年四月)见说功德使条疏僧尼还俗之事,商议次第。且令三十以下还俗讫,次令五十以下还俗,次令五十以上,无祠部牒者还俗。第三番令祠部牒磨勘殊者还俗,最后有祠部牒,不差谬者,尽令还俗,即僧尼绝也。斯之商议,天下大同也。……不论验僧、大德、内供奉也;但到次第,便令还俗……颇有敕问,已还俗者多少,未还俗者多少,催进其数。……外国僧若无祠部牒者,亦敕还俗,递归本国者。……又帖诸寺牒云,如有僧尼不伏还俗者,科违敕罪,当时绝杀者……又有敕令天下寺舍,奇异、宝珮、珠玉、金银,仰本州县收检上。又有敕云,天下寺舍,僧尼所用银器、钟磬、釜铛等,委诸道盐铁使收入官库。具录闻奏者。"④先是逼令三十岁以下还俗,然后逼令五十岁以下还俗,最后是连五十岁以上也要还俗,只要无祠

---

① 圆仁:《入唐求法巡礼行记》,广西师范大学出版社,2007年,第123页。
② 同上书,第125页。
③ 同上书,第133页。
④ 同上书,第144页。

部发行的牒。甚至连内供奉这样崇高地位者亦不能幸免。武宗还不断查问还俗者的数量,僧尼不服还俗者,格杀勿论。"奇异、宝珮、珠玉、金银"和"银器、钟磬、釜铛"之类,无数佛教的文物,就这样被毁掉了。丹棱陀罗尼经幢由于是石头的,没收也无法得到经济价值,并且和山体连接,不容易破坏,终于得以幸免遇难。就如乐山大佛那样,在文革中疯狂的人们曾经想法使用炸药将其炸掉,因为大佛过于庞大,一时不得要领,缺少足够的炸药,无奈之余只好放弃。

在这样的高压下,在中国历来受优待的外国人,也被迫害。早在会昌元年八月,圆仁即要求归国,唐廷不许,而排佛虐僧之事,时有发生。会昌三年七月二十日,圆仁弟子惟晓卒,当时圆仁患病已七月,圆仁为筹殡葬,益发深感进修已无可能,乃求速归,五年武宗废佛已达登峰造极,后来圆仁被迫还俗才得以归国。

安史之乱后,唐之社会经济遭到极大的破坏,生产力至文宗、武宗时尚未恢复,故广大民间对于对于佛教的信仰,佛教徒之供养也随之衰微。但这是对某些未遭到战争破坏的地区而言,不但没有败落,反而,如本文论及的丹棱陀罗尼经幢就修造于会昌五年。为什么在轰轰烈烈的灭法中不仅没有停止开凿石窟(此石幢东西边不远处还有开成佛经石刻文字和镌刻于会昌五年的华严三圣龛)呢?答案有两个,一为灭佛在各地进行的轻重程度不同,二为各地环境和风气不同,这些都可以在以下论述中得到解决。

《行记》(会昌五年十一月)有如下记载:"三、四年已来,天下州县准敕条僧尼还俗已尽,又天下毁拆佛堂、兰若、堂舍已尽,又天下焚烧经、像、僧服罄尽,又天下剥佛身上金已毕,天下打碎铜铁佛,称斤两收验讫,天下州县收纳寺家钱物、庄园,收家人奴婢已讫。唯黄河以北,镇、幽、魏、潞等四节度,元来敬重佛法,不毁拆寺舍,不条疏僧尼;佛法之事,一切不动之。频有敕使勘罚,云天子自来毁拆、焚烧,即可然矣,臣等不能作此事也。"①

可见当年黄河以北一带,因信仰而发生冲突,公然蔑视中央政权,面对武宗派遣使节的责问,直接对抗。故废佛似未普遍实行,其实在统治者势力最强的长安一带,为害最烈,至于遥远的四川,则恐怕未必。所以,四川许多佛教胜地之遗物遗址,往往能和文献相互印证,而诸如杭州、普陀山等地,却只有文献可看了。其次,四川信仰佛教的风气非常盛行,唐宋以前都是"佛教先进地方",今天成都一带,六朝时期的佛像并不罕见,乐山的东汉崖墓里有三尊佛像,是我国现存最古老的佛像,历时90年而于贞元19年(公元803年)完工之世界最大佛像——乐山大佛等等,都是说明这种风气的实物。《旧唐书》卷一七四、《新唐书》一八0《李德裕》的记

---

① 圆仁:《入唐求法巡礼行记》,广西师范大学出版社,2007年,第154页。

载,李德裕在蜀,毁属下浮屠私庐数千,以地予农。蜀先主祠旁边有村落,其民有剃发如浮屠的模样,也遭到禁止。此记载,从反面证明四川信仰佛教的风气。

另外石幢之存废还与其所处幽深环境有关。诚如丹棱名士彭端淑在《老峨山记》中所言:"余观老峨山,用名实相等之蜀南下,高与天齐,目穷四野,暮鼓晨钟,十里相闻,疑为天籁梵音,峨眉与也。"这段引文不仅说明石幢所在地老峨山广阔高大,而且梵宫禅寺甚多,其佛教隆盛与峨眉山相侔。故在佛教势力强大之地,短时期内无法将石幢之类的东西全部毁灭。

彭氏在《萃笼山记》中对于石经幢所处的隐蔽位置记得尤为详尽。其文曰:"丹之山自瓦屋而来,亥数百里为总岗,或曰诸山这岗也。自总岗山而来,亥延数十里为盘陀。……唯载赤崖、尤鹄、飘然诸山,而兹山与盘陀不载,乃丹之人,尚知有盘陀,不知有萃笼,而萃笼之胜不减诸山,竟不附以传,则夫世人此灵区奥境,其荒没野裔僻壤而不得以传,如萃笼山者,皆可概世也。"①老峨山属于总岗山的支脉,这段引文更比前文表现出石幢所在地之雄浑苍莽的气势。即使丹棱土著中也有不少人不明此地的地理。

总之,由于独特的地理环境,石幢躲过了会昌法难和十年浩劫,终于保存下来了,这不能不说是佛教史上一大幸事。

此丹棱经幢在其中间陀罗尼咒部分后,即有"会昌五年六月十六日镌记"之文字,这是最直接最重要的证据。

丹棱唐代《尊胜陀罗尼经石幢》之价值

丹棱经幢以实物的形式,证明了唐代会昌法难时期密教中的陀罗尼信仰之存在,具有诸多方面的价值。故被《中国美术全集》收入。

首先,其制作年代。丹棱经幢为会昌五年六月十九日造,虽然不是中国目前存最古老之石经幢,但却是最特殊和最关键时期的遗物,因为那时正值镇压佛教的高峰。会昌法难是中国历史上对佛教的迫害最厉害的事件,许多寺院、僧尼、法器和佛经都在劫难逃,一般认为直到唐朝灭亡佛教都未能恢复元气,尤其是密教更加一蹶不振。但是,丹棱经幢却以实物的形式,告诉我们应该对这种常识进行修正。其附近尚有摩岩造像两龛、石碑两方,皆明确题为会昌五年,由此可见其并非孤证,

---

① 以上两处关于彭端淑之引文,均见于彭遵泗撰乾隆版《丹棱县志》所录《白鹤堂诗文集》。彭端淑,字乐斋,号仪一。清康熙38年(1699年)生于丹棱,雍正十一年进士,先后任吏部主事、郎中、广东肇罗道按察使。与李调元、张问陶并称清代四川三才子,著有《白鹤堂诗稿》、《白鹤堂文稿》、《雪夜诗话》、《碑传集》、《国朝文录》、《小方壶斋舆地丛书》、《广东通志》等书。

而且其制作年代完全可信。

据载籍所记，陀罗尼经石幢开创于初唐，但今天我们已看不到最初的原貌了。作为实物而可见者，是西安碑林所藏的仪凤元年(678)的陀罗尼经石幢。

其次，为其存在的地点。唐代制作的陀罗尼经石幢，目前大多湮没不见，作为遗物主要收藏于西安碑林，而常年展览的只有一种，在众多的石碑里很不起眼。西安碑林的收藏品，基本上来源于其周遭地区，其余的则主要收藏于全国各地的博物馆，但数量稀少。①

具体而言，其存在的地点远离当时的政治文化经济中心之长安，而绽放馥馥之密教之花，其意义令人深思。汉唐时期的四川地区，其文化要比普通人想象的发达，丹棱也并非不毛之地。洪雅的汉朝《张道陵碑》表明早期道教起源的历史，道教历史上的李阿和会昌法难时期佛教界的代表人物"三教首座"的悟达国师，都是洪雅人。其存在的地点离悟达国师出生地不过几公里②，离佛教文化鼎盛之地的乐山峨眉山也不过一个小时的路程，丹棱城西二里隋仁寿年间修建的白塔至今完好，可谓国宝。唐庚、李焘等都是丹棱出生的一流学者文人。前述乐山乌尤唐代之"乌尤菩萨"铜像以及空海的同门剑南之惟上和尚，晚唐密教大师柳本尊和赵智凤都在丹棱活动过，这些都说明丹棱不乏浓厚的宗教文化气氛。

其次，为其艺术价值和独创风格。

此幢雕刻于大岩石上，岩石高大约50米，长大约100米，它坐北朝南，大体由基座、幢体、顶盖构成，共七层，通高3.95米，底部周长4.98米。人们只能仰视，不禁产生一种崇高感。它面对观众的左方有一石窟，内有几尊佛像，下有一较大之石面磨得平滑，依稀能辨认出"开成"等字样，上端之卷拱稍嫌粗糙，当属石碑无疑，右方则刻有"眉州洪雅縣懷"之题字。这些形成一个奇妙的有机体，使人感受到当初人们的匠心独运。

再具体看一下此幢之局部状况。其第一层高0.34米，宽2.3米，檐高0.6米，共有23个瓦当，五面幢上每个面都刻一龛，浮雕一小坐佛，结跏趺坐于莲台之上。塔刹为宝盖式被拱托于牟尼珠上，雕工细腻，惟妙惟肖，十分生动。

第二层高1.12米，檐下为幢体。值得指出的是，此幢当初在雕刻时，雕刻者就故意使其一面与陡崖相连，而没有使其与岩石剥离。这样的做法，同样和全国其他的陀罗尼经石幢相异。我们不得不佩服古人的独创，因为这样既能节省时间精力，

---

① 见于《经幢细目》，收入陕西省博物馆编《西安碑林书法艺术》，陕西人民美术出版社，1994年。
② 悟达国师知玄，唐代眉州洪雅人，为中国佛教史上著名高僧，其名见于《宋高僧传》、《净土往生传》、日本圆仁《入唐求法巡礼行记》等文献，并有《慈悲三昧水忏》等著述流传于世。

更重要的是能和当时修建的小楼阁一起,发挥保护的作用。山谷里风大,此幢与山体相连,保证此幢能安然度过 1163 年的漫长岁月。起首云:罽宾沙门佛陀波利真奉诏译。它采用的是五种译本里,最流行的那种。(前详)然后是陀罗尼经里的咒文部分,并且还加以注音,不录经文。末尾是信徒们的名单。这一做法,也有自己的特色,因为根据文献记载有一半的陀罗尼经石幢是要录经文的。共有八百余字,字迹清楚,只是由于微黄色的青苔等原因,也有辨认困难处,总体保存完好。中有佛教人物造像如天龙八部等。此幢看起来十分壮观。它为邑人宋添和施泰捐资修造,其中有若干王、章二姓供养人。此地至今仍有不少王、章二姓生活于附近,余疑为其后人。丹棱历史上著姓为彭、李、杨、史、唐等,文献中唯不见此二姓,可补史之阙也。

此幢共有六棱,除开与山体相连之一面外,与山体最近的左右两面为空白,没有刻文字,其余三面才雕刻了文字。这也是其特异之处。

另在石经幢南边二尺许处刻有小碗大小正楷字"眉州洪雅县怀"等文字。查今洪雅与丹棱毗邻,经幢所处位置与洪雅中山乡不过五里地。此崖刻题字亦可为研究两县地理沿革提供了最早的实物资料。对此,洪雅文管所准备前往考察。

经幢分七层,最下层为三赑屃,取善负重之义,中国古代寺祠大碑碣下皆有之。往上第二层为佛教圣物莲花。往上第三层为释迦、神兽等。

其次,正如前述,其保存环境之难得,自出世以来就一直没有变化,留存至今。完全可谓是十足的原生态。此一点容不赘述。

陀罗尼经在日本也有流传。爱宕元教授指出:"《陀罗尼经》流传我国被认为在 8 世纪中期前后,现存最古老的事例是著名的 770 年的百万塔陀罗尼。此陀罗尼经为武周时来中国的吐火罗僧人翻译成汉语之《无垢净光大陀罗尼经》(《大正藏》一九卷,七一七 c—七二一 b)。作为表明最澄、空海等人入唐之前,密教的陀罗尼信仰已经在我国相当广泛的传播而意味深长。以后,最澄、空海、圆仁、圆珍、常晓、惠运等人相继入唐,请来以《佛顶尊胜陀罗尼经》为首之《陀罗尼经》诸本和诸注。贞观二年(860 年,日本年号)下诏使诸国之寺院每天读诵尊胜陀罗尼 21 遍(《三代实录》卷二贞观二年四月条),这是仿效唐朝在大历十一年(776 年)因为不空三藏的奏请而代宗颁敕令全国僧尼每日诵尊胜陀罗尼 21 遍(《表制集》卷五敕天下僧尼诵尊胜真言制,《大正藏》五二卷,八五二 c)。可是,在我国似乎完全没有将陀罗尼刻于石幢的做法,也可以说是日中之间广义上之文化状况的差异反映于陀罗尼经幢之有无"。① 此引文从宏观之角度，俯瞰了中日两国之密教围绕陀罗尼信仰交流之概况，理清了二者之间的脉络，并且同时还涉及了二者之间不同的特色。

爱宕元教授最后总结道："仅就佛教文化而言，多数石窟寺院之存在，北京西南郊的房山所代表的大部石经，上自贵族下至普通民众所创造的数量庞大的造像与造像铭，以及盛行于唐朝的陀罗尼经幢之建立等等，雕刻于石头力图永久保存的行为，在中国尤其显著"。② 这段话，使读者更加理解中国密教异于日本密教的特征。而我们对丹棱经幢之认识，理应纳入中日两国密教这一大环境中去理解，不应该孤立看待。

四川省社科院研究员胡文和、日本早稻田大学教授兼宗教研究所所长吉原浩人等先生在考察了此石经幢后认为：如此精妙绝伦的佛教石刻艺术是罕见的，它填补了"会昌法难"这一特殊历史时期中对于佛教造成的空前浩劫的一个空白，这不能不说是一个奇迹。

---

① 立川武藏、赖富本宏编：《中国密教》之《日中之密教交流》，春秋社，2005年，第109—110页。笔者将引文日语翻译为中文。
② 《大正藏》。

荻生徂徕对《四书》的解释
——以《大学》、《中庸》为中心

王 青[*]

一、训读与古文辞学

日本社会自古代以来就积极地输入、引进中国典籍,日本知识分子的教养以中国文化为基础,当时无论是中央的大学寮还是地方的国学、私学等各级教育机关,教学内容都以中国儒学经典为主,而教授的方法是先"素读"后"讲义"。素读就是用汉音诵读经典原文,讲义就是以法定的注释解说经文。不言而喻,当时只有具备了相当深厚的中国语言文字修养的日本人才能阅读汉文的经典,这就使汉文化的传播局限在贵族和上层知识分子的阶层。

14世纪初,日本五山禅僧歧阳方秀、桂庵玄树为《四书集注》作了和训,他们创立的汉籍训读法成为日本社会中世以后阅读中国文献的新方法。其基本特点是在汉文原著上,按照每一个字的训诂意义,标注上日文假名,这种办法实际上是把"汉文直读"变成"汉文译读",从而使汉文程度不高的人也能大致理解原著的内容。但是这种汉文训读法虽然于普及汉文化有功,却造成读者只能根据和训者的解释去理解文献的意思,往往与原著者相乖离。江户时代中期的儒学家荻生徂徕(1666—1728)就指出"训读"其实是一种翻译,而翻译是译者再创造的过程,无论怎样忠实的翻译都无可避免地会与原文产生各种各样的偏差和误解:"此方学者以方言读书,号曰和训,取诸训诂之义,其实译也,而人不知其为译也……是以和训回环之读,虽若可通,实为牵强"。[①] 徂徕主张只有"唐音直读",才能绝对忠实地理解经典,也就是像中国人一样按照中国语的发音和语顺来读中国的古典。

就像绝大多数日本学者一样,徂徕在中年以前对于儒学经典的解释也是以程

---
[*] 王青,中国社会科学院哲学研究所副研究员,哲学博士。
[①] 《译文筌蹄》初编卷首,《荻生徂徕全集》第2卷,第2页。

朱之学为宗。将徂徕从一个朱子学追随者转变为批判者的契机除了他与仁斋之间的恩怨之外,还有他与中国明代文学家李攀龙、王世贞的文学理论的邂逅。明代16世纪后半叶的文坛后七子李攀龙、王世贞等人为矫正当时的文坛弊风,提出了"文则秦汉,诗则汉魏盛唐"、"不读宋以后之书"等口号,将自己的文学主张命名为"古文辞学"。

通过李王的古文辞学的启发,徂徕认识到中国语经历了从古文到今文的历史变迁:"世载言以移,唐有韩愈,而文古今殊焉;宋有程朱,而学古今殊焉……殊不知今言非古言,今文非古文,吾居其于中,而以是求诸古,乃能得其名者几希……故欲求圣人之道者,必求诸六经以识其物,求诸秦汉以前书以识其名,名与物不舛,而后圣人之道可得而言焉已"。① 中国的宋儒尚且不知今文与古文之区别,与徂徕同时代的日本人更不知道中国语还有古文与今文之区别,只知以宋学为宗。

由于古今的历史变迁,记载先王之道的六经已经残缺不全了,先王之道也因此而失传了,要想重新挖掘先王之道,就必须屏弃今文——宋儒的义理之学,以古文辞学的方法来钩沉稽古。就这样徂徕把李王的古文辞学进一步发展到以此为武器批判朱子学,建立了自己的"先王之道"的学说体系。

徂徕认为古文对应的是中国三代的封建之世,但是其中的人情世态与今日日本是一脉相通的,他的古文辞学的真正目的并非只是为了汉诗文写作,"合古今(华和)为一者,是吾译学,是吾古文辞学"(《译文全蹄》),所以他研究"古"="彼"=中华,目的是为了认清"今"="此"=日本,而欲知今先知古,李王的古文辞学正是为徂徕学提供了"梯于古"的方法论。

徂徕认为语言是有限的,无法完全、准确地表述无时无刻不在发展变化的事物,何况语言在传递的过程当中,不可避免地要受到来自说者、听者两方面的主观的误解和歪曲,所以语言只能表述事物的大概轮廓或其中的某一个侧面,但是同时却会湮没事物的其他侧面,所谓"举一而废百",企图以语言描述事物,反而会更加偏离事物的本质。

所以圣人不对"道"做任何议论和阐发,只提供了道的载体"物","盖先王之教,以物不以理"。让后人自己去体会所谓"物"可以说就是包括了诗书礼乐等四教六艺在内的"礼"。

以程朱为代表的宋儒虽然以正统自居,却不知先王之道存在于六经之中,只知把思孟视为捍卫先王之道而与百家争衡时的争论视为先王之道本身,殊不知这种争论已经导致了先王之道的歪曲和偏离。而且又不知今文与古文之区别,导致先

---

① 《辨名》,《荻生徂徕全集》第2卷,第209页。

王之道的实态与名称在认识上的脱节——"物与名离",虽然义理盛行,其实进一步制造了误解和谬误。

> 程朱诸公,虽豪杰之士,而不识古文辞,是以不能读六经而知之,独喜《中庸》、《孟子》易读也。遂以其与外人争言者为圣人之道本然。又以今文视古文,而昧乎其物,物与名离,而后义理孤行,于是乎先王孔子教法不可复见矣。①

朱子学企图以普遍的"天理"来对自然界和人类社会的诸多事象作出一贯的阐释,而"理"完全是主观的解释,没有任何客观的标准,它导致人在主观恣意的泥坑里越陷越深。宋儒对儒家经典的解释发挥即所谓义理之学,正是主观的臆测和语言的诡辩。

> 理无形,故无准,其以为中庸为当行之理者,乃其人所见耳。所见人人殊,人人各以其心谓是中庸也,是当行也,若是而已矣。人间北看成南,亦何所准哉。又如天理人欲之说,可谓精微已,然亦无准也。譬如两乡人争地界,苟无官以听之,将何所准哉。故先王孔子皆无是言,宋儒造之,无用之辩也,要之未免坚白之归耳。②

因此"古文辞学"的研究方法就是必须排斥宋儒以来的讲释、义理的风气,因为学习主体将学习内容对象化的时候,往往伴随着假想的论敌,会造成主客之间的疏离,然后主体再将自己的主观想象强加于学习对象,最终完全背离对象的本质。而先王之道的出发点是对天的尊敬和由此引发的信赖的心情,也就是一种无我的境界,然后才能达到自己和对象也就是先王之道的密着和一体化。

徂徕认为圣人之道以"习"为第一,否定语言这一中介,而强调通过模仿来达到"习惯如天性"的主客观的同一化。

> 且学之道,仿效为本,故孟子曰:服尧之服,诵尧之言,行尧之行,是尧而已矣,而不问其心与德何如者,学之道为尔。……久而化之,习惯如天性,虽自外来,与我为一。③

以对《大学》篇的"古之欲明德于天下者,先治其国。欲治其国者,先齐其家,欲齐其家者,先修其身,欲修其身者,先正其心,欲正其心者,先诚其意,欲诚其意者,先致其知,致知在格物,物格而后知至,知至而后意诚,意诚而后心正,心正而后身修,身修而后家齐,家齐而后国治,国治而后天下平"的解释为例,朱子学认为"天

---

① 《辩道》1,《日本思想大系 荻生徂徕》,第 200 页。
② 《辩道》19,同上书,第 205 页。
③ 《徂徕集 27·答屈景山第一书》,同上书,第 531 页。

理"是贯穿世界上一切事物的唯一的本质和根源,所以"格物致知"就是以世界上所有客观事物为考察对象,从中验证和体会"天理"的存在。

而徂徕却解释为:"故古之学者,必遵先王诗书礼乐之教,服习之熟,自然有以致其知,是之谓物格而知致。舍先王之教而不由,独欲以己心穷彼事物之理,亦可谓妄矣哉。其究必陷于佛氏而后已。何则佛生于西域无圣人之邦,而独用其知以穷理者也。吁!孔子没而千有余载,生圣人之邦者,尚不识是义矣。悲夫!"[①]

"物格而后知至","物"是先王之道,"格"是使它与自己一体化,"知至"就是聪明睿智由此生长。就是象儿童描红模字一样,通过对古文的模拟性学习,把自己投入到古典当中,以掌握古文辞学,然后通过对诗书礼乐的技术性实践来达到按照先王之道完成自我完善的目的。

本来训读法是为了消解中日之间的空间隔阂,把对方的语言以推定的形式以本国语言进行解释,移植到日本语言当中的,但是徂徕认为宋儒的注释本身已经是当时中国的俚俗的口语体,就是对于简洁文雅的中国文言的翻译,破坏了文言的原意;而日语的训读又是对宋儒注释的再翻译,等于是又一层的破坏。这样一来以训读法得到的"诗书礼乐"实际上是日本的"诗书礼乐",而不是中国的"诗书礼乐"。因此徂徕认为训读、注释、解释都是反价值的,必须"废和训及传注",采用"唐音直读法"和古文辞学。但徂徕学的古文辞学的目的并非是把明确诗书礼乐是中国的固有文化作为目标的近代文献学,而是为了确认先王之道放之四海而皆准的天下普遍性的一种策略和手段。

二、"封建"与"郡县"

如上所述,徂徕"废和训"而鼓吹"古文辞学"的目的其实并非单纯为了对古语进行实证性研究,而是为了确认中国上古三代在政治社会体制上与德川时代有一致性,因此先王之道在异国今日的德川社会也具有实践上的可行性。

德川家康在形式上完成了日本全国的和平统一,确立了幕藩体制这一封建土地制度和身份制度。但是幕藩体制本身也包含着构造上的矛盾,即幕府统一权力与各藩领主权力之间的矛盾。参勤交代制度既是幕府对诸藩在政治上军事上进行有效控制的手段,同时也削弱了大名领主以及武士阶级的经济实力,必然动摇幕府的统治基础。

另一方面德川时代生产力大大提高,特别是德川时代后期即18世纪末至19

[①] 《日本名家四书注释全书·大学解》,第19页。

世纪初,资本主义经济开始萌芽并获得相当发展。由于商品经济和金融的发达,社会生活日益复杂化、文明化,阶级进一步分化,身份制动摇,武士阶级作为统治阶级的权威受到了很大的冲击和挑战。

当时的学者经常会受到统治者要求提供时务方策的咨询,徂徕也为八代将军德川吉宗献上了《太平策》和《政谈》两篇政论文。徂徕着眼于国家的整体制度,指出问题的根源就在于"制度未立"和"旅宿之境界",所以"建立制度与终止旅宿境界,此二者乃拯救困穷之根本也",也就是说解决武家经济的贫困以及因此而导致的统治危机,根本的出路就在于改"旅宿"为"土着",改无制度为有制度。

徂徕认为无论异国(中国)的古代还是近世,或者日本的古代,治的根本都在于使人世世代代附着于土地之上,男耕女织,自给自足,这就是"土着"。这样世界上就没有游离于统治体系之外的人,万民都在统治者一人的掌握之中,任由支配。

所以徂徕提出的改革方案就是恢复先王之道的"土着"政策,他在《政谈》中指出物价的高低与货币品位和数量没有关系,单靠行政命令也不能完全控制住米价,所以他提出改变制度,把在城下町里游民化了的武士遣返回乡,让他们男耕女织,平时务农,战时为兵,这样不仅可以随时洞察领地内农民的动向,更重要的是可以远离商品经济带来的消费生活,降低商品需求量。因为他知道不把身份等级制度化,《俭约令》也就形同虚设。因为俭约是对消费欲望的压制,而压制欲望是无法靠强制的,只能创造出一种使人不产生消费欲望的环境——"风俗",那就是使万民土着制度化,这就是"圣人之妙术"。

所以当务之急就是应该按照士、农、工、商的秩序以及身份的贵贱在生活的各个细节都彻底贯彻等级制度,并且要以贬低工商、抑制农民、抬高武士为指导原则。他在《政谈》中非常具体、详细地记述了根据身份、官位的不同而制定相应的服饰家居器物等衣食住行各个方面的制度。可以说所谓制度就是"礼",圣人先王制"礼",将军制"制度",礼乐制度是最为重要的。

而制度之所以重要,是因为天地万物皆有一定之限制,而人的欲望是无止境的,物少人多则发生争乱;物多人少则相安无事,所以制度就是一种对资源的合理分配手段。可以看出徂徕的理想社会就是兵农未分时的自然经济模式,他排斥商品经济和商人,主张幕府应该"重本抑末",以自给自足的小农经济为统治的社会基础,以图重新加强武士主从关系的紧密化和对农民阶级的专制统治。

正象徂徕自己反复强调的那样,先王之道的核心就是"土着",而这一制度的完成形态就是周代的社会制度"分封制"。中国社会从夏禹传位于子开始就从氏族社会进入到国家社会,商汤灭夏后,建立了宗法制的奴隶社会。周武王灭商,标志着中国进入封建领主制国家,是封建社会的初期阶段。西周建国以后,在继承商代政治制度的基础上,建立了一整套的政治经济制度——宗法制、分封制和井田制。

以周天子为首的中央政府对各领主的侯国保有一定程度的控制权,但是直接统治的地区则只限于王畿之内。随着周平王东迁(公元前 770 年),周王室与诸侯之间的封建从属关系逐渐废弛,周王室在政治上和经济上不得不依附于强大的诸侯,各诸侯之间为争霸而挟持天子。在整个春秋战国时代,礼崩乐坏,各诸侯国内逐渐从宗法制向地主土地所有制转化过渡,社会进入大混乱大变革时期。

公元 221 年,秦王政灭六国,结束了战国以来封建诸侯长期割据的局面,统一了全中国。由于周代以来封国建藩的制度与专制皇权和统一国家是不兼容的,所以秦始皇废除分封制,全面推行郡县制度,从此确立了中央集权的制度。此后虽然中国历史上各个朝代也多次爆发地方诸侯割据势力与中央集权的矛盾,但是总的趋势是中央集权走向巩固,国家统一逐渐加强。①

徂徕对中国社会政治制度的历史沿革是持一种否定态度的,他认为"成周与春秋之间有如鸿沟,乃前世界与后世界之别"。中国社会自秦始皇之后,推行中央集权制度下的"郡县"制,先王之道便失去了宗法制的社会基础,先王之道的"礼乐"体系因此被废置了,隋唐以后实行科举制度,更是沦于法家之习,总而言之一句话,中国反倒是自"汉唐以后无礼乐",他甚至断言说"且三代而后,虽中华亦戎狄猾之,非古中华也"。② 即废除了"封建制"的中国因为圣人之道已被废弃,因而丧失了其权威性和正统性。

而纵观日本历史,从古代到德川时代却呈现出与中国相反的从郡县制到封建制的历史推移过程。在日本以氏姓制和部民制为主要社会组织形式的奴隶社会向封建社会的过渡中,以汉文化为代表的大陆先进文化的影响起了十分重要的作用。"大化"革新引进了隋唐的政治和经济制度,建立了以天皇为首的中央集权体制,在经济上依靠的是以土地国有制为前提的班田收授法和租庸调制。然而这种制度随着日益加剧的土地兼并和土地私有制的发展,到 9 世纪末和 10 世纪初已基本结束。皇族、贵族和寺社利用其特权和财势,占有了很多土地,在私有土地上形成了很多庄园。在庄园制的环境下,便出现了众多的以有力领主和庄官为中心而组成的武装集团,形成了武士阶级。源赖朝于 1185 年建立了日本历史上第一个由武士占支配地位的社会政治体制镰仓幕府,而室町幕府又基本上因袭了镰仓幕府的政

---

① 明末清初,由于经济的发展,大地主和工商业者阶层的成长,出现了以黄宗羲、顾炎武、王夫之等人为代表的在"公私论"的名义下,反对封建专制君主制的进步思潮:他们针对中央集权制度下的皇权过度膨胀的弊病,从抵制君权独揽的角度出发提出了"寓封建之意于郡县之中"的政体构想,主张地方自治,地方分权,以限制君主的"独权"。

② 《荻生徂徕》,《徂徕集·复柳川内山生》,第 516 页。

治体制。

德川家康统一日本后，在政治结构上突破了"战国大名领国制"，建立了以幕藩体制为基础的中央集权的政治体制。所谓"幕藩体制"的基本特征：一是幕府将全国的土地分封给臣属——大名或旗本，将军拥有对土地及属民的没收、削减及转封的权力；二是大名和旗本受封土地和属民后，在其领国内拥有相对独立的权力，即实行幕府、大名、旗本分权的封建体制；三是将军、大名和旗本不再把土地和属民下赐家臣，而实行俸禄制，使家臣脱离土地，集中于城下町，使土地所有制成为幕府直接领有制。与"战国大名领国制"时代大名拥有完全独立的权力不同，幕藩体制下的大名仅有相对独立的权力，中央在许多重大问题上拥有最终决定权，从而形成中央集权——地方分权相融合的政治体制。

从幕府将全国的土地分封给臣属——大名或旗本这一性质上看，徂徕认为德川时代应该属于封建制的体制，所以本应比已经进入"郡县制"时代的中国更加具备实行先王之道的社会、物质条件，但是实质上德川日本的现实情况却是越来越向郡县制的方向滑落。武士由于聚居在城下町里，失去了"乡里"，也就脱离了亲密的上下关系以及互相扶助同时又互相规制、约束的有机体，如同"浮云"一般，其统治能力已经日益退化。

当时有人认为日本江户时代的现状与中国的三代在具体的人情世态上古今有异，所以中国的先王之道并不能解决日本社会的现实问题，但是徂徕认为由于同样的社会体制——封建制的纽带，古代中国与今日的日本又是相连的，所以可以以古知今，通过对历史的学习，从历朝历代的治乱兴衰中摸索出经验教训，以为今日之鉴。并且从各朝具体的礼乐制度的变迁中把握"道"的精神，再运用于江户时代的现实，以解决时弊，刷新政治。

徂徕为逐渐暴露出体制弊端的德川幕府拟出了恢复"土着"与建立"制度"的改革方案，归根到底就是要以中国三代建立在宗法制社会基础上的政治制度分封制为典范，剔除已经侵蚀到德川氏政权体制内部的商品经济要素，以恢复武士统治阶级内部血肉般的紧密联系，巩固以血缘关系为根干的封建制基础上的德川氏一元化专制统治。

三、先王之道与人情人性

众所周知，儒学家总是以对经典的注释来阐发自己的思想学说，徂徕也正是以对程朱的经典注释的批判和对经典的重新诠释来构筑自己的古文辞学以及先王之道德理论体系的。

如前所述,徂徕认为人总是企图用自己的主观智能去推理、演绎,以理服人,首先让人从内心发生观念上的变化,然后在观念的指导下诉诸于实践,而这是最愚蠢而荒谬的。因为对于观念的思索会使小人产生奸智,犯上作乱,败坏风俗。

所以徂徕否定语言这一理性思维工具,而是强调"模仿"、"习惯"等身体的实践。他所谓的道具体是指四教六艺等具体的技术性体系,所以圣人之道以"习"为第一,圣人之治以"风俗"为第一。"风俗"就是人们在日常生活中所形成的行为规范,就是使民众无法靠理性推理去真正理解圣人之道的精神,只要依靠"风俗"这种潜移默化的力量来教化民众,一样可以达到治理天下国家的效果,这就是所谓不言之教、无为之治。

徂徕的"道"就是指中国古代的先王君主们制作建立的具体的历史制度,既包括伏羲、神农、黄帝创造的卜筮、农耕渔猎等生活体系的"利用厚生之道",更主要的是指尧、舜、禹、汤、周文王、周武王、周公七人制作的精神文化的"礼乐之道",可以说"道"就是自孝悌仁义到礼乐刑政等制度、文化的总称。

徂徕认为"铢铢而称之,至石必差;寸寸而度之,至丈必过"①,所以认识不应以个体的事物——"小"为对象,而应把存在看作集合体——"大",从把握其整体发展方向的角度来认识。"大"不是"小"的简单的累计,所以对于"大"和"小"的认识方法是不同的。对于"小"的认识无论怎样积累也无法达到"大",只有以"大"的方法来认识"大"。

从这种认识论出发,徂徕主张个人的道德实践的积累并不能直接带来社会全体的幸福,因为"小"与"大"——个人与社会是本质不同的两个概念。社会问题的解决就是政治,指导方针就是"先王之道"。所以"道"是"统名",即包括性的概念,其内涵是无限丰富的,甚至有看起来似乎是矛盾的,任何语言都只能描述"道之一端",而对于"道"的本质无法进行一贯的分析、推理和演绎,只能用文学的方法来描述其整体的印象。道就是礼乐,礼乐粲然的样子形容为"文",所以"文"就是道的隐喻。

《论语·子罕》篇中有"孔子曰'文王既没,文不在兹乎'"一句,对此朱子的注释为"道之显者谓之文,盖礼乐制度之谓,不曰道而曰文,亦谦辞也"②。徂徕抓住这一条,对朱子学的思维方式进行了下列总结批判:

  古者道谓之文,礼乐之谓也。物相杂曰文,岂一言所能尽哉。古谓儒者之道博而寡要,道之本体为然。后世贵简贵要。夫直情径行者,戎狄之道也,先

---

① 《辩道》11,《荻生徂徕》,第 204 页。
② 《论语集注》卷五,《四书章句集注》,中华书局,第 110 页。

王之道不然。孔子曰：文王既没，文不在兹乎，后儒谓谦辞。文者文王之文也，假使孔子自谦，而谦文王哉，是自理学者流二精粗之见耳。又有文质之说，文者道也，礼乐也；质者学者之质也，贵忠信者，谓受教之质耳，忠信而无文，不免为乡人矣。故孔子十室之邑，不贵忠信，而贵好学也。后儒仅能言精粗本末一以贯之，而察其意所向往，则亦唯重内轻外，贵精贱粗，贵简贵要，贵明白贵齐整，由此以往，先王之道藉以衰飒枯槁，肃杀之气塞于宇宙，其究必驯致于戎狄之道而后已焉。盖坐不知古之时道谓之文，而其教在养以成德故也。①

对于朱子学而言，理与气的关系是"理一分殊"的关系，即是"一"与"万"或"一"与"多"的关系，借用佛教"月印百川"的比喻，天地万物皆是一理，理可散在万物，使万物各具一理；然又皆是一理，是一个统一的理。在这里理不是指事物本身的特殊规律或特殊原则，而是指其所体现的普遍原则或普遍规律。

徂徕认为朱子学的"道"的本体是"能以一言所尽者"，其思维方式是"内圣外王"、"精粗二分"，把人类的社会存在的应有状态等都从内在的本来性或道德性出发进行演绎，区分本质与现象，将内与外、体与用、内之德性与外之功业分裂为二，具有重内轻外的倾向。而且朱子学企图以"一理"来贯穿包括自然、政治和伦理道德的所有事物，"举一而废百"，无异于浮屠法身之说。

应该说徂徕的批判正确地抓住了朱子学的本质，而他所主张的是一种内外一体、本末一致、精粗不分的思维方式，即"道无精粗无本末一以贯之"②。

尽管如此徂徕学与朱子学并非就是水火不兼容的对立物，因为在徂徕看来将事物分成善恶是非曲直等势不两立的对立物，这一思维方式本身就是朱子学式的，就是违背"道"的"大"的性质的。就连佛老这样只追求自身心灵的解脱安宁，将治国安天下付之不问的学说，因为可用于妇人愚民之辈的教化，所以也是可以吸收到"先王之道"的范围里的。道既然是政治的技术，就应该是多姿多彩的。可以说徂徕学是把朱子学、佛老之学等等都作为"道之裂"——"先王之道"的一个组成部分，也就是"大"中之"小"来对待的。

先王之道的最高目标就是"仁"，"仁"是儒家学说中关于政治的最高境界。徂徕认为"仁"就是统治者象父母抚育子女一样抚育百姓，让百姓安居乐业，繁衍生息。只有安民的主观动机，却没有安民的客观效果的"仁"只是与佛老之言一样的空虚议论。朱子学强调"心"，仁斋讲"慈爱"，都是只强调主观动机，不问有无"安民"之效果，所以都是以释迦为仁人的"不学无术"。既然先王之道是包括性的，所

---

① 《辨道》17，《荻生徂徕》，第205页。
② 《辨名·道》，《荻生徂徕》，第210页。

以"仁"也是包括性的,需要各种各样的人才协力合作。

朱子学主张为了回归本来的"道心",必须"存天理、去人欲",人人以成为本然之性的完美体现者——圣人为目标,进行严格的道德实践。对于徂徕来说,圣人不是朱子学式的天理的完美的体现者,而是政治社会制度的制作者,是超越于普通人的,"人人皆可得为圣人"无异于痴心妄想。既然普通人无法通过内在的修养实现道德的完善,就只有遵循圣人制定的"先王之道"这一外在的规范来约束自己,陶冶自己,使自己"成材"——有某种专长或技术的职业人才,并以此为社会作出贡献,同时也实现自我的价值。"先王之道"既然是涉及人类社会生活各个方面的具体的政治经济制度,就需要多样化的技术和人才,而不应该让人人都泯灭自己的个性,成为整齐划一的道德"圣人"。

可以说"仁"与"人"就是"大"与"小"的关系,任何人只要能够取得"仁"的实际效果,都可以纳入到"仁"也就是"道"的体系当中。象朱子学那样要求人人都"存天理去人欲"成为整齐划一的道德完人,反而会损害"仁"的实现。因为所谓"恶"并不是绝对的,只是指善的过不及的状态,"恶"终究要被纳入到先王之道的体系中,在这个体系中得到陶冶、纠正而达到"善"的状态。不过这种过程不是像朱子学那样的主体的严格的道德修养,而是抛却自己的主体性,无条件地把自己置身于作为"术"的先王之道的的体系之中,让自己与先王之道消除主客的对立,以达到完全的一致。

> 仁者养之道也,故治国家之道也,举直措诸枉,能使枉者直矣。修身之道,亦养其善而恶自消矣,先王之道之术也。后世儒者不识先王之道,乃逞其私智,以谓为善而去恶,扩天理而遏人欲也。此见一立,世非唐虞,人非圣人,必恶多而善少,则杀气塞天地矣。故通鉴之于治国,性理之于修身,人与我皆不胜其苛刻焉。①

的确徂徕认为个人的道德修养并不能直接实现社会的安定,但是这并不等于说徂徕轻视道德,或是说他主张把人情人性从道德的束缚下解放出来,而是说在他看来政治与道德有不同的属性,但这并不意味着道德与政治是对立的关系,对徂徕而言,道德与政治是"大"与"小"的关系,即道德是包括在政治里面的,而且是"先王之道"的基础部分。

徂徕多次强调"孝弟忠信为中庸之德行",是不分贵贱凡为人者所应勤行之事。尤其是他对下层被统治阶级的"民"持有"唯上智与下愚不移"的愚民观,主张推行

---

① 《辩道》9,《荻生徂徕》,第 203 页。

"民可使由之,不可使知之"的愚民教育,所以他更重视道德教化的作用,主张"古圣人之道以教民以孝弟为第一"①。

徂徕指出当时有只以《中庸》、《孟子》为根据,主张孝悌五常就是"道"的人(指伊藤仁斋),他批判说他们根本就不明白《中庸》所说"天下达道者五(义、亲、别、序、信)",本来是说"先王之道"适用于从天子到庶民的所有人的共有五个的意思,并非是说这五个就是"先王之道"的全体。所谓"尧舜之道,只是孝悌"(《孟子·告子下》)与《中庸》所谓登高必从低处是一个意思,而不是指尧舜之道只是孝悌。而且认为"道"是根据自己的判断的中庸,可是如果不学先王之道,又以什么作为中庸的基准呢?而且"往来不已者为道"(仁斋《语孟字义》)是仁斋得意的"死活之说",与宋儒的贵精厌粗实为一类,都是因为没有认识到"道"是"统名"这一点。

朱子学主张"修身齐家治国平天下",认为君主在进行政治活动时应该首先"诚意正心",将个人道德修养和政治看作是统一的和连续的,而徂徕认为个人的道德修养并不能直接带来政治和经济的成功,但是这并不能说明徂徕学把政治与道德视为不同领域的独立的东西。"故人务以中庸以成其德,则广大精微高明者皆至焉。此登高必自卑行远必自迩之意。"②关于政治与道德的关系,如果说朱子学是认为道德即政治,那么徂徕学或许可以说道德是包括在政治中的局部。

在徂徕学与朱子学的分歧背后有一个重要的社会制度的背景——那就是科举制的有无。对于中国的读书人来说,科举制是将修身齐家治国平天下有机地联系起来的有效途径,不论现实情况如何,至少在原则上"科举面前,人人平等",一介书生完全可以凭借寒窗苦读而成为掌握国家命运的宰相首辅。但是江户时代的日本是世袭身份制社会,只有武士才能成为统治阶级,而武士所授官职大小也是父荫所庇,与道德无关。武士阶级以外的农工商阶级如果试图以个人的道德实践来参与"治国安天下"的政治行为,不仅不是受鼓励的,而且对于武士统治阶级来说还是会危及其统治秩序的令人恐惧的事情。所以政治与道德的"独立"不仅不能说是徂徕学所特有的"近代"的特征,甚至可以说是比朱子学更加"自觉地"维护封建身份秩序的保守主义。

另一方面徂徕认为郡县之治是"法"治,封建之治是"礼"治,"法"是"禁令",是强制性的,作用不能长久,而"礼"是自律性的。所以徂徕认为"法"固然重要,但是制定和实施"法"的"人"是更加重要的。只要有"人"——统治的人才,即使"法"有不完备的地方,"人"还可以斟酌考虑,尽量扬长避短,但是如果没有"人",即使"法"

---

① 《政谈》卷一,《荻生徂徕》,第277页。
② 《日本名家四书注释全书·中庸解》,第25页。

再完善,也得不到正确的运用。

然而让徂徕感到不满的正是武士统治阶级内部官僚主义、教条主义、形式主义作风日益严重,机构膨胀,闲官充斥。而且上下隔绝,缺乏人才的流动,上者愈上,下者愈下,呈现出天地"否之卦"的态势,上层不谙世事,统治能力退化,日益腐败,使下情上告如探虎口般危险。而下层为了保身,只知奉承迎合上层,所以当务之急是要打破僵化的身份制的束缚,不拘一格地大胆提拔优秀人才。

众所周知,朱子学的根本在于理气二元论,这种理气二元论在人性上就是"本然之性"和"气质之性"之说。而徂徕既主张"道无精粗内外本末",所以他也否认人性具有"本然之性"和"气质之性"的两个层面,而是只有由天秉得的"气质之性"。而且"气质之性"的本质是"万品",就是多样化的,是人力不可改变的。

徂徕虽然批判宋儒的变化气质之说是"欲以人力胜天"的臆断之说,但又认为人之性"善移",习善则善,习恶则恶。就是说人性虽不可能发生质的变化,但在环境的外力作用下可以发生量的改变。

先王之道就是"礼",礼的具体内容就是"诗书礼乐",君子——统治阶级成员通过礼的实践,陶冶自己的人格,不断地提高自己处理实际政务的能力,这种能力或特长就是所谓"德"。

因为人性的本质是"万品",是各不相同的,所以"成德"的过程并非是朱子学所说的"复性"的过程,而是在各自本来的人性基础上发掘潜在的能力,以求掌握一技之长,所以这种"德"也是"相殊"的。成德的目的是要为统治阶级提供足够的人才,统治一个国家是需要各种各样的专业人才的,没有任何特长的人只能是庸才。

徂徕认为虽然人有身份上的尊卑贵贱,但工作岗位没有尊卑贵贱之分,任何职务职位都是"天职"、"职分"。无论自己的"职分"——社会角色是什么,都应该最大限度地发挥自己的才干。因为社会是一个有机的整体,不论尊卑上下,每个人都有自己天赋的位置和职责,只要完成自己的职责,就是为社会的安定和发展作了贡献,就是参与了"先王之道",所以就是"仁"之一端,这就是米有米用,豆有豆用,象朱子学那样要求人人都成为整齐划一的道德完人,是使米有豆用,豆有米用,反而会损害"仁"的实现。

> 天下至诚者,谓圣人也,尽其性者,谓扩充其所得于天者而极广大业。尽人之性者,谓圣人立教,以俾天下之人,各顺其性质成其德也。尽物之性者,谓举天下之物,皆有以顺其性质,而各极其用,如尽木之性,以造宫室;尽金之性,以铸刀剑;尽牛马之性,以羁革勺穿鼻之类是也。①

---

① 《日本名家四书注释全书·中庸解》,第44页。

在幕藩体制下,德川社会实行严格的士、农、工、商等级身份制,复杂而又严格的身份等级制把社会每一个成员固定在特定的阶位、职位上,徂徕学以及近世类似的职分论使之安于自身地位,忠于职守,在一定程度上保持了社会、政治的稳定;与此同时,它又因各阶层的不平等导致阶级差别,不断激化阶级矛盾而引起社会动荡。

朱子学认为人性有"本然"与"气质"之别,"本然之性"就是"天理",是绝对善,而现实的"人情"、"人欲"都是由"气质"所产生,是应该被铲除的恶,所以人人都应该"存天理,去人欲",以求"克己复礼"。而徂徕学的"气质之性"从气一元论的立场否定了朱子学"复性"行为的意义,所以徂徕学的人性论曾被评价为从朱子学式的道德禁欲主义下解放了人性。但实际上徂徕是从职能论的立场出发强调人的社会属性,否定个人在任何意义上的主体性,即使是朱子学那样的个人在道德实践上的主体性。因此他对朱子学"天理"的否定并非是把人性从道德禁欲主义的束缚下解放出来,而是否认个人的道德主体性。

徂徕虽然认为人性是多样的,是人的内在能力无法统御的,但他并不是赞美,而是因为其不能控制而担忧,所以他更加强调需要对于人情人欲施以来自外部的礼乐之统御。他认为所谓"人情"是不待思虑或思虑发生前人的基本欲求和欲望,道与人情的关系不是对立的,他否认只要克服了人情人欲,就实现了道,而是主张先王之道"不违人情物理,"但"人情""人欲"若不依靠先王之道就不能得到控制和驯服,"则必至伤中和之气",所以圣人"故立乐以教之"。

如上所述,徂徕虽然主张人性相殊,而且人力不可改变,但同时他又强调所谓"先王之道"是在顺应人性的基础上制作的,"圣人之建道,乃率人有是性而立之",①所以道与人性在本质上仍然具有一种自然的连续性,这样他的人性论仍然未能超脱传统的儒学范畴。

而且这种天然的共同的人性就是"相爱相养相辅相成之心"的社会性这一共同本质。人类社会就是以此为纽带才能成为一个有机的整体,而士农工商等社会分工体系正是圣人为了顺应这一人性而制作的制度。"盖人生有相亲相爱之心,而以合群为其道。"②人们在按照道去实践的过程中,自然地达到"道与性合而为一",即自觉维护现行政治体制的境界。

徂徕学人性论的这种自然的连续性既不同于朱子学式的"性即理",也不同于老庄之流的不假人工、人为的"自然"。对于徂徕来说所谓"道"与"人性"的连续性

---

① 《辨名·中庸和衷》,《荻生徂徕》,第232页。
② 《日本名家四书注释全书·中庸解》,第33页。

或一致性,是说顺应人性的发展方向,提高自己的能力,在包罗万象的"先王之道"中寻找到最适合自己的位置。徂徕的人性观把人看作社会的存在,只是在使社会全体的调和成立的前提下才承认人性的多样性。

因此徂徕认为道就是圣人对人情人性加以调控和节制,而孟子为了与人争辩,过于强调道"根于性"的自然性侧面,而程朱又受佛教影响,更加侧重于"心"的侧面:

> 观夫子思作中庸,与老氏抗者也。老氏谓圣人之道伪矣,故率性之谓道,以明吾道之非伪,……至于孟子性善,亦子思之流也。杞柳之喻,告子尽之矣,孟子折之者过矣。盖子思本意,亦谓圣人率人性以立道云尔,非谓人人率性皆合乎道也。它木不可为桮棬,则杞柳之性有桮棬,虽然,桮棬岂杞柳之自然乎。恻隐羞恶,皆明仁义本于性耳。其实恻隐不足于尽仁,而羞恶有未必义者也。立言一偏,毫厘千里,后世心学胚胎于此,荀子非之者是矣。①

可以说徂徕学的道就是自然与人为的对立统一,可以说徂徕虽然没有象朱子学那样根据与自然秩序的同一性而主张善的根据先验地存在于人,但是他认为人类是相辅相成的,其中慈育万物的自然(天地)运行这一自然秩序观占有重要位置,"道之大原出于天,故大德之人,必受天命"②,关于人与自然的关系性虽然没有朱子学的同一性那样紧密,但是与西欧近代思想认为自然与人对立、自然是人的作为的对象的理解又有很大不同。

四、结　语

试举徂徕对《大学》开篇"大学之道,在明明德,在亲民,在至于至善"的解释来看,很典型地反映了他与朱子学各自的思想特质:

> 此言天子诸侯所以建学宫行养老等礼于其中教人者。其意在务德焉。谓之道者,是礼即先王之道也,明德犹显德,对玄德言之。方舜之在下,一乡之士也。虽有圣德,民莫得识之。故书谓之玄德。幽暗之辞也。君上之德,崇高之位,民所具瞻。出一言,行一事,显然乎天下皆知之,难可隐蔽。故谓之明德。征诸诗书左传皆尔。郑玄以至德解之,盖谓孝也。本诸孝经至德要道,旁观史传,魏晋多称孝友为至性。是必古专门学者相传授之说。以明德之教孝弟云

---

① 《辨道》1,《荻生徂徕》,第 200 页。
② 《日本名家四书注释全书·中庸解》,第 27 页。

尔,其实非明德正训也。朱熹虚灵不昧,无稽之言也。近岁又有以圣人之德光辉发越为说者,亦坐不深考古义,皆不可从矣。明之者,施行诸事以明示于民之谓也。古书明字皆尔,朱熹之解,磨而明之之谓,古者莫有是义,而出自程颐天理人欲之说,乃佛氏真如无明之说耳。……故大学之礼,国人之贱者而人君父事之,世子兴之齿,是亲近之而不敢远之,又从而孝养之,亲爱之至也。夫然后国人化之。而孝弟敬让行乎下,百姓亲睦,亦亲其上如父母,此之谓亲民。而程颐不识古文辞,误以下文引作新民而谓释此文之言。妄改亲为新,殊不知新民者革命之辞。而大学者守成之君所奉也。岂有是言乎,不可从矣。……朱熹乃以明德亲民止于至善,为皆为学之方。而谓至善者事理当然之极,此使人人自求至善于事物之理也。夫宇宙以来,历数千年数十圣人,竭其心力,极其智巧,建之道,故谓之至善,而欲以一旦之知骤得之,岂非凡人而夺圣人之权乎?非僭则妄。亦不自揣之甚也。夫人君建学以一民心志,是谓止于至善。而逞其私智以乱之,议论纷纷,是非蜂拥,天下由是骚然。毫厘千里之差,不容不慎矣。①

即对于徂徕来说,以"古文辞学"取代"训读"是为了挖掘已被宋儒义理之学湮没的先王之道,道不是程朱理学的"新民""明德"等个人道德实践,"不识古文辞"的程朱既不知"新民者革命之辞",也不知"人人自求至善于事物之理"是"夺圣人之权"的主观臆断,所以实在是"非僭即妄"。而《大学》既是"守成之君所奉",无疑应以维护现行政治体制为最高目的,所以统治阶级推行"孝悌""亲民"的道德教化等"明德",正是为了实现先王之道的正确策略。从徂徕与朱子对四书等儒家经典的解释的不同来看,也许其分歧更多的是在于中日两国当时所处的历史条件之不同,而不能简单地理解为近代—前近代这样的时间序列。

参考文献

中文参考文献

朱谦之:《日本的古学及阳明学》,人民出版社,2000年。

王守华、卞崇道:《日本哲学史教程》,山东大学出版社,1989年。

严绍璗、刘渤:《中国与东北亚文化交流志》(收入《中华文化通志第10典 中外文化交流》),上海人民出版社,1999年。

王青:《日本近世儒学家荻生徂徕研究》,上海古籍出版社,2005年。

韩东育:《日本近世新法家研究》,中华书局,2003年。

---

① 《日本名家四书注释全书·大学解》,第9—13页。

三宅正彦:《日本儒学思想史》,陈化北译,山东大学出版社,1997年。

日文参考文献

小島康敬著「徂徠学と反徂徠」,ぺりかん社,1994年.
今井淳、小澤富夫編「日本思想論争史」,ぺりかん社 1996年.
黒住真著《复数性的日本思想》,ぺりかん社,2006年.
相原亨著「日本の思想——理、自然、道、天、心、伝統」,ぺりかん社,1998年.
古川哲史、石田一良編「日本思想史講座 4　近世の思想 1」,雄山社,1975年.
古川哲史、石田一良編「日本思想史講座　5　近世の思想 2」,雄山社,1975年.
尾藤正英《日本封建思想史研究》,日本青木書店,1961年.
編集委員代表　佐藤弘夫「概説日本思想史」,ミネルバ書房,2005年.
安丸良夫「"方法"としての思想史」,校倉書房,1996年.
中村春作「江戸時代と近代の"知"」,ぺりかん社,2002年.
渡辺浩《近世日本社会与宋学》,东京大学出版社,1996年.
澤井啓一《作为"符号"的儒学》,光芒社,2000年.
黒住真《近世日本社会与儒教》,ぺりかん社,2003.
田原嗣郎《徂徠学的世界》,东京大学出版社,1991年.
丸山真男《日本政治思想史研究》,东京大学出版社,1996年.
《江戸的思想》編集委員会編「江戸の思想」1—10 冊,ぺりかん社,1995年.
岩波講座「日本通史」第13巻近世3,岩波書店,1994年.
奈良本辰也「近世日本思想史研究」,河出書房,1965年.

荻生徂徠著作

《日本思想大系 36・荻生徂徠》,岩波书店,1974年
《日本名家四书注释全书・学庸部一》非卖品,大正12年

浅论福泽谕吉的早期经历对其思想的影响

贺 雷*

福泽谕吉是日本近代化过程中思想领域的旗手,作为一个锲而不舍地在日本传播西学的人,他对塑造日本近代的思想转型功不可没。而福泽思想的形成与其早期经历不无关系,本文即尝试从这一视角出发,来对福泽思想的形成脉络进行初步的考察。日本明治维新时期主导日本变革的精英大致有着类似的出身背景,即大都出身于下级武士,福泽也不例外。那么到底是什么原因,使下级武士成为了这场改革的主要的领导者呢?福泽作为一个个案或许能为我们提供某些启示。

福泽谕吉出生于1835年,殁于1901年,爆发于1868年明治维新正好可以将其人生分为大致相等的两段,福泽的思想也是在该运动前后开始走向成熟的,因此本文所涉及的福泽早期经历主要指其在1868年之前的经历。关于其这段经历,我想主要从三个方面来展开我的讨论,这三个方面分别是:幼年时代的经历,洋学的学习以及三次出国的经历。

一、幼年时代

福泽于一八三五年一月十日出生于大阪,兄弟五人,其父母都是丰前奥平藩的士族,然而地位并不甚高,其家禄只有十三石,在福泽一岁半时,父亲就因病去世,他们家人为此一起从大阪迁回藩所在地中津(今日本九州中津市),此后福泽就一直居住在此,直到1854年他21岁时到长崎求学为止。

这一段时期可以说是福泽逐渐形成其思想的时期,而这一段时期也是幕府统治逐渐松懈的时期。奥平藩在德川的两百多个藩里并不算很大,藩主的俸禄只有十万石,实际上每年能够到手的俸禄不过五万石[①],算是一个中型的藩。这个藩有一个值得特别提出的特点,那就是该藩与兰学有着较为长久的渊源。兰学的创始

---

* 贺雷,中国社会科学院哲学研究所,文学博士。
① 石河干明:《福泽谕吉传·一》,岩波书店,1981年,第42页。

人之一的前野良泽(号兰化)就是奥平藩的医师。① 而当时奥平藩的藩主奥平昌鹿非常喜欢前野,而前野与另一位兰学创始者杉田玄白讨论兰学问题就是在江户(今东京)铁炮洲的奥平藩的官邸中。这样其实奥平藩与兰学的两位创始人都存在着直接或间接的联系。② 虽然我们现在不清楚奥平藩与兰学的这种渊源对福泽有何具体的影响,但很可能对福泽日后学习西学具有潜移默化的作用。

关于福泽的幼年经历,有两点是比较重要的,其一是由于他幼年丧父使他性格中的某种反叛精神得以保持,另一点则是他早年对汉学的学习使其对汉学有较为深入的了解。

在福泽的幼年经历中,恐怕对他日后影响较大的是其早年丧父的经历,福泽的父亲百助在其还不到两岁时便因病逝世。这使福泽的成长环境发生了比较大的变化,首先,如果福泽父亲在世,那么福泽恐怕会在很小的时候就接受保守的儒学教育,而这也将会对其未来的发展甚至性格产生影响。根据福泽的自传,他的哥哥姐姐便受到父亲的干涉,不让他们去大阪的私塾里学习算术。而福泽的哥哥便在传统的儒学教育下而成为一个严谨而略显保守的人。然而由于父亲早逝,福泽却是在相对宽松的环境中长大,他一直到十四、五岁才开始接受教育。虽然接受教育比较晚,但福泽却比较有天分,所以并没有感到压力。另外,父亲早逝从某种意义上也大大改变了福泽的人生轨迹,因为根据福泽自传的记载,如果父亲活着,是很有可能让福泽去当和尚的。③ 在当时的日本,由于严格的世袭制度,像福泽这样出身于中下级士族同时又不是长子的人很少有施展自己抱负的机会。而根据福泽的推断,父亲之所以准备让自己去做和尚正是因为在寺庙中反而不存在对个人通过自己的努力来提高地位施加限制的门阀制度。

父亲早逝带给福泽的一个重要的影响也许是使其幼年时便显现出来的反叛精神没有受到压抑,而后来福泽提出"一人独立、一国独立"的口号以及终其一生采取不加入官府的态度或许正是在这种精神的延续。在福泽的自传里就记述了不少他小时候"特立独行"的事迹,比如偷偷在厕所里踩写着神佛名字的神符、白天公然上街买酒、将从藩主那里拜领的"纹服"当日便卖掉④等等。这些事迹显示出福泽在小时候便具有某种独立的带有叛逆色彩的性格,而这一性格日后也体现在他成年后的写作中。

其次是对汉学的学习,虽然福泽在其一生中都对汉学没有什么好感,经常指汉

---

① 《福泽谕吉传·一》前引书,第96页。
② 同上书,第223页。
③ 《福泽谕吉自传》,商务印书馆,1995年,第5页。
④ 《福泽谕吉自传》前引书,第150页。

学为"虚学"、斥汉学者为"腐儒",以一个汉学批判者的面目出现,但他对汉学的批判其实正是建立在他早年对汉学较为深入的系统学习的基础上的。

现在我们可以知道的是,福泽的父亲在汉学上造诣很深,福泽认为他是一个"真真正正的汉儒"。而比福泽大很多岁的长兄,就是在其父亲的影响下成为一个"终身谨守孝悌忠信"的人。另外根据明治时代曾任外务大臣的青木周藏(1844—1914)的回忆,他年轻时曾为学习汉学而在中津游学,当时的先生应该就福泽外祖父的养子①,所以我们也可以推测出,福泽母亲的家庭也和汉学有着较为密切的渊源。由此可见,福泽的家庭和汉学有着比较密切的关系。

福泽自己的汉学修养主要来自于其早年接收的汉学教育。前面已经提到,由于父亲早逝,无人严格约束,所以他到了十四五岁才进入村塾读书,或许正是由于入学较晚,使福泽在学习中不是像幼童那样依靠死记硬背而是依靠理解,根据福泽的回忆,当时在集体讨论如《孟子》、《论语》等儒家经典时,他往往能在对这些著作的理解上胜过先生一筹,他的汉学成绩也是同辈中最好的。② 在村塾之后他又曾师从白石常人学习了四五年汉籍,涉及的内容非常广泛,除语、孟外还包括《诗经》、《书经》、《蒙求》、《世说》、《左传》、《战国策》及《老子》、《庄子》等经典。此外他还读了很多历史书,包括《史记》、《前后汉书》、《晋书》、《五代史》、《元明史略》等,可见他对中国的历史也有相当程度的了解。在这些汉籍经典中他最感兴趣的是《左传》,据他说曾前后通读过十一遍,由于他的这些汉学功底,福泽在自传中并不讳言自己是"一个小小的汉学家"③。

正是由于福泽的汉学基础很好,他才能在学习西学后而从本质上认识到汉学中所存在的问题,如果没有其幼年学习汉学的基础,很难想象福泽后来能对汉学提出直击要害的批评。当然,如果认为福泽思想成熟后对汉学一直都持绝对排斥的态度也有欠公允,比如在其1877年出版的《分权论》一书中他就曾写到:"今读汉书与读洋书其趣虽异,经年学习汉书者学习洋书亦可速成。又恰巧懂洋书者,即使从来没有见过汉书,读汉书时也一定容易理解其意义。"④认为无论学习洋书还是汉书都可相互促进,并不是对学习汉书持全盘否定的态度。

---

① 《福泽谕吉传·一》前引书,第51页。
② 《福泽谕吉自传》前引书,第19页。
③ 同上书,第8页。
④ 《福泽谕吉全集》,岩波书店,第4卷,第236页。

二、学习洋学

福泽对洋学的学习可以分为两个阶段,一个阶段是对兰学的学习,另一个阶段则是对英学的学习,两者共同构成了福泽对西方文化的理解。

正如福泽所言:"如探询新文明进入我日本国的道路,正始于此物理之门。"①福泽接受西方思想也是从兰学开始的。福泽之所以接触到并学习兰学其实是由于相当偶然的因素,其一是由于他强烈地想离开中津这个地方,其二则是当时由于佩里来航,一时间炮术变得非常流行,而福泽的哥哥认为要学习炮术就必须先掌握荷兰文,于是让福泽去学习荷兰文。② 福泽最初是在长崎师从山本物次郎学习兰学的,根据福泽传记作者石河干明搜集的逸事,当时的福泽学习非常刻苦,每天都要挑灯夜读。③ 在长崎的一年时间里,福泽的主要目的是学习荷兰文,由于没有专门的老师,所以大都是利用去西医或荷兰翻译家里的机会进行零零散散的学习。④ 然而即使在这样艰苦的学习条件下,福泽依然取得了长足的进步,开始能够读懂原文著作了。

由于受到藩主儿子的排挤,福泽离开长崎到大阪继续学习兰学,在大阪福泽师从的是日本著名的兰学家绪方洪庵。大阪的绪方洪庵与当时居于江户的杉田成卿被认为是当时最著名的两大兰学家。在绪方的"适塾"中,福泽开始系统地学习兰学,前后共计三年,中间只是曾因生病和长兄病逝的变故而回过中津两次。在这段时间里,福泽主要学习的是生理学、物理学、化学等西方近代的自然科学知识。福泽以刻苦著称,据说他几乎读遍了学塾中所有的原文书,并把里瑟兰著的生理学读了三遍。⑤ 福泽虽然如此刻苦地学习兰学,但当时并非出于什么具体目的,既非为了自己的前途,亦非出于救国的理念,可以说是"为学习而学习",而这种纯粹的学习也为福泽奠定了良好的科学知识基础,使他被后人评价为一位百科全书式的思想家。

1858年,因奥平藩命令福泽到江户的藩邸去教授兰学,于是福泽结束了在大阪的学习生活而来到江户。在福泽履历表上,他将自己的学历划分为三个部分,首先是师从白石常人学习汉学,其次是师从绪方洪庵学习兰学,最后则是英学,但这

---

① 《福泽谕吉全集》,岩波书店,第6卷,第426页。
② 《福泽谕吉自传》前引书,第19页。
③ 《福泽谕吉传·一》前引书,第72页。
④ 《福泽谕吉自传》前引书,第22页。
⑤ 《福泽谕吉传·一》前引书,第229页。

次没有老师,是自学,而福泽是在江户开始自学英学的。

根据德富苏峰的观点,日本人的英学开始于1811年吉雄忠次郎翻译的《英吉利人性情志》一书,而日本最早的英日辞典则是1814年根据幕府命令编著的《英吉利语林大成》①,可见英学在日本的传播其实要比兰学晚近一个世纪,虽然传入较晚,但或许是由于当时的英国的势力如日中天,或许也是由于后来叩开日本大门的美国也是英语国家,所以英学很快就传播开来,与兰学相比大有后来居上的势头。福泽自身的经历恰恰可以为此情况提供佐证。福泽之所以意识到学习英语的重要性是由于他的一次偶然经历,在横滨开港后,福泽有一次到横滨参观,却发现当地外国人店铺招牌上写的字几乎全不认识,因为这些牌子上大都是英语,这件事深深刺激了福泽,虽然他现在已经是一位兰学教师,但他意识到作为一个洋学者,学会英语具有更实际的意义,于是就开始刻苦学习英语。由于当时江户尚没有教授英语的学校,加之会英语的人非常稀少,为人所知的只有两个英语翻译,即森山多吉郎和中滨万次郎。福泽一度想师从森山学习英语,然而由于森山居住的地方离福泽的住处很远,森山又非常忙碌,最后只得作罢。福泽还曾进入蕃书调所,试图通过借阅该所的英荷对照的词典来学习英语,但由于所里的字典不允许带走,所以最后也只得放弃。虽然面临着种种困难,但福泽学习英语的热情丝毫没有因此降低,最后他终于托人从横滨购得一部英荷对照的字典,就是通过这部字典,福泽开始了艰苦的自学过程。开始学习英语后不到半年,福泽就获得第一次去美国的机会,在美国他购买了韦氏大词典,他形容当时的感受是"如同得到了天地间无上之宝"②,由此可见福泽对学习英语的热情,福泽同时还在美国购买了一些英语书带回国学习。

从美国回来以后,福泽继续学习英语,这时他已经不在学塾中教授荷兰文,而改为教英语,实际上是与学生一起钻研英文书。幕府的外国方(相当于后来的外务省)这时雇佣他翻译外国的往来文书,这也为他学习英文提供了很多便利的条件,因为一方面当时一般的外国公文都附有荷兰文的译文,而这正好使福泽可以对照荷兰文来学习英文。另一方面福泽还可以借阅外国方所藏的很多英文书,而福泽主要的学习方法就是借助字典阅读原著。

兰学和英学的学习进一步加深了福泽对西方的了解,这也为其日后写作介绍西方的著作《西洋事情》奠定了基础。

考察学习洋学的经历对福泽思想的影响,我想最主要的有两方面,首先是培养

---

① 参见信夫清三郎:《日本政治史・一》前引书,第123页。
② 《福泽谕吉传・一》前引书,第268页。

了他对"实学"的信念。这种信念进一步促使福泽对弥漫于日本的汉学文化影响产生了怀疑及拒斥的心理。在学习了西方近代的医学生理学知识后,福泽就对中医持否定态度,认为中医所学不过是些"空虚、抽象、莫名其妙的课程",同时也开始对儒学产生了反感。西方文化在东方的传播,自然科学往往能够发挥很大的作用,因其与现实相吻合,往往能收到立竿见影的效果,使人信服。这样就给西方文化带来一种整体可信的面貌,从而也就对西方的宗教、政治、经济等方面的知识的传播起到了助推作用。实际上西方最初的传教士也曾有意识地对此加以利用。比如曾在中国传教的利马窦就认为:"已得到承认的西方数学和天文学的严格性和精确性可以加强宗教的权威。根据一种简单的推理,如果西儒们对于可见世界之所说在理论上已得到了证实,那么中国人也应该相信他们有关天使、魔鬼、地狱、天堂等不可见世界以及在造物主上帝存在问题上之所说。世俗科学与宗教可以互相支持。"①而洋学的学习正使福泽看到了与传统汉学不同的更为可信的学术体系。洋学对福泽的另外一方面的影响则是坚定了他支持开放反对攘夷的态度,换句话说就是坚定了他认为西方学术先进,而日本为谋求富强就必须向西方学习的观点。

三、三次出国之行

除了上述学习荷兰语与英语的经历外,对福泽产生深刻影响的还有他三次出国之旅。福泽的三次国外旅行都是在明治维新之前,分别是1860年2月10日到1860年6月24日(根据阴历推算)的第一次美国之行,1862年1月21日到1863年的1月29日的欧洲之行以及1867年1月23日到6月27日的第二次美国之行。虽然德川幕府最后被推翻的一个主要原因是由于在处理外国事务上所表现出的颟顸无能,但与同时代的清朝政府相比,其表现还是要积极的多,这从幕府在受到黑船的刺激后频繁派出访西使节的举动中就可以窥见一斑。同时,幕末时期日本人的西航也为明治维新后日本能够迅速确立起中央集权的政治体制奠定了知识基础。在1869年,也就是明治维新后的第二年,新政府的首脑在讨论如何建立军制时就曾"讨论法国式陆军利弊"②,可见,当时的新政府的成员已经对西方有了比较细致的了解,对于他们来说西方已经不是一个笼统的概念,他们已经能辨别西方各国之间存在的区别,这与幕末时期日本人对西方的积极探索无疑存在着密切的关

---

① 〔法〕安田朴、谢和耐等:《明清间入华耶稣会士和中西文化交流》,耿升译,巴蜀书社,1993年,第70页。

② 木户孝允语,参见井上清:《日本的军国主义·第一册》,商务印书馆,1959年,第127页。

系。而作为明治维新中影响力卓著的思想家,福泽对西方的亲身体验在明治维新前便已完成了。

虽然在当时的技术条件下,乘船远洋旅行还是件非常危险的事,但在幕末时期,已经有很多后来成为明治维新的中坚的"志士"因渴望了解外国情况而甘愿冒此风险远行,其中最为著名的是更早一些的吉田松荫,他甚至因试图偷偷跟随美国军舰赴美而被判入狱。而松荫的弟子高杉晋作随千岁丸的上海之行也是在他自己努力争取下才得到的机会。① 同样,福泽的两次美国之行也是自己主动要求随船出海的。这使他成为日本获得欧美实地考察经验的最早的一批人。在当时武士阶层中,表现出如此强烈的对外界知识的渴望的主要是像福泽这样的下级武士。实际上,在日本幕府派出的使节团中,最致力于了解西方情况的也是他们,相反高层官员却并不那么热心于观察西方,这就使派往外国的使节团的情况往往是:"人物的级别越高,其观察则越没有用处。"② 而且根据福泽的记载,当时的官员甚至还阻止这些好奇并好学的下级武士与外国人接触。③

福泽的第一次海外之行是1860年随幕府使节去美国,在从3月17日抵达旧金山至5月9日离开,共停留了五十余日。这次海外之行几乎与日本幕府为交换条约文本而派往美国的使节同时,虽然与前者相比,这并不是一次正式的外交旅行,但从日本获得关于西方的知识而言却更有收获。④ 这次与他同船航行的有胜海舟,他是日本海军的缔造者,也是最早主张与外国通商赚取金钱以建造日本海军的人。⑤ 关于这次旅行的一个有趣的细节是,福泽在其回忆录中为日本能够迅速掌握航海知识而感到自豪,并称在整个航海过程中并没有得到同船的美国船长布鲁克的帮助,然而根据布鲁克船长的记述,情况却并非如此,美国人所给予的帮助不仅是提供建议,在日本人因风浪大而晕船时美国人甚至还负责掌舵和值班。⑥ 虽然这显示福泽在自传中的上述记述有可能存在夸大的成分,但首先,根据布鲁克的记述,在他们赴美航程的前段还不太胜任驾驭这样一艘机帆船,但当他们抵达美国时,他们"已经完全胜任驾驭他们的船只"了,其次,当他们从美国回国时却是在没有任何外国人帮助的情况下完成的。因此,福泽的自豪感并非没有理由,如其所言,日本人在1853年才第一次接触到轮船,但在1860年就已经能够驾驶轮船完成

---

① 冯天瑜:《千岁丸上海行》,商务印书馆,2001年,第68页。
② W. G. Beasley, *Japan Encounters the Barbarian*, Yale University press, 1995, p. 70.
③ 《福泽谕吉自传》前引书,第111页。
④ W. G. Beasley, *Japan Encounters the Barbarian*, p. 67.
⑤ 参见信夫清三郎:《日本政治史·一》前引书,第211页。
⑥ W. G. Beasley, *Japan Encounters the Barbarian*, p. 68.

横跨太平洋的航海,这确实是非常迅速的。

相形之下,虽然中国受到西方的冲击更早,但对外派遣使节团却晚于日本,在福泽等人乘坐的咸临丸出发后三天,日本德川幕府派往美国的使节团也出发了,这也是日本派出的第一个正式的使节团,其任务在于为之前日美签署的《日本修交通商条约》(1858年)交换条约文本。而中国第一次派出的对外使节团却是1866年的斌春使节团。实际上该使节团并非是正式的使节团,所以其地位与福泽所参加使节团更为接近,而从该使节团的行程来看则更接近于1862年福泽第二次外国之行所参加的欧洲使节团,但不管与哪一个使节团相比,从时间上都晚于日本。而且中国派出使节团还是在外国人的多次建议下才实现的。① 虽然在时间上中国与日本派往的使节团前后只隔了两年,但两者之间最重要的差异却在于对西方的观察。福泽在其欧洲之旅后所著的《西洋事情》都将各国的政治列为"史记"之后的第二项予以介绍,他还在"小引"中指出:"余窃以为,如仅穷究洋外之文学技艺,而不详知各国之政治风俗,则即使得其学艺,因不归经国之本,不仅无益于实用,甚至有可能招致祸患。"② 其介绍各国情况是按照"史迹"、"政治"、"海陆军"、"钱货出纳"的顺序进行的,也就是从历史、政治、军事、经济等方面予以介绍。福泽将政治置于军事之前是非常重要的突破,在西学向日本的传播中军事曾一直占据一个重要的位置,日本向西方学习的最早的技术就是制造枪炮的技术③,此后德川时代前期的政治家新井白石(1657～1725)也是从军事方面展开他的世界地理研究的。④ 到德川时代晚期又有佐久间象山提出的"东洋道德西洋艺术"的口号,将对西方的学习仅仅局限在"艺(技)术"的范围内。而福泽却正确地认识到了在后发现代化国家的现代化过程中,学习西方的技术固然重要,但更重要的是学习西方的政治经济体制。可以说正是由于福泽这一代人认识到这一点,才使日本的明治维新走上了正确的道路。因为实际上所谓现代化的过程也可以归结为政治的民主化与经济的市场化的过程。

福泽的这种认识与中国的斌春使节团"的观察主要以西方的社会风俗习惯、高楼大厦、煤气灯、电梯和机器为限,对于政治制度只是一笔带过"⑤的情况恰恰形成鲜明的对照。实际上,这种情况并不仅仅限于官方,在我国更早一些的民间人士如

---

① 关于斌使节团的情况参照《剑桥中国晚清史·下》第二章,中国社会科学出版社,1993年;以及钟叔河:《走向世界》,中华书局,2000年。
② 《福泽谕吉全集》,岩波书店,第1卷,第285页。
③ 杉本勋:《日本科学史》,商务印书馆,1999年,第123页。
④ 《日本科学史》前引书,第266页。
⑤ 《剑桥中国晚清史·下》前引书,第90页,着重点笔者加。

魏源(1794~1850)的《海国图志》中,虽然也提出了"师夷长技以制夷"的先进思想,但魏源所指的"长技"只是"一战舰、二火器、三养兵、练兵之法"①,这种重视军事的观点毋宁说更接近于日本比其早一个世纪的新井白石的观点,并没有意识到西方先进的政治制度在西方现代化中发挥的作用。可以说福泽已经意识到西方先进并强盛的原因中政治是一个非常重要的因素,这正显示出其非常深刻的观察力。

福泽1861年与同藩武士土歧太郎八的二女儿结婚,婚后不久便开始了第二次出国旅行,即1862年1月21日到1863年的1月29日的欧洲之行。正是在这次旅行之后,福泽写出了对在当时日本传播西方知识非常重要的《西洋事情》②。与福泽第一次海外之行之后所著的《华英通语》相比,《西洋事情》无疑是一部深入介绍西方的著作。这部著作与中村正直(敬宇)的译著《西国立志篇》(1870)与内田正雄的《舆地志略》等两部书一起被认为是明治时期在介绍西方情况方面最有影响力的三部著作。③ 上面已经提到,《西洋事情》主要从历史、政治、军事、经济等介绍各国情况,虽然在开篇第一卷也介绍了部分西洋独有的事物,但即使是在这一卷,政治也被列为介绍的第一项。在福泽所写的序言中,他提到,在欧洲旅行时,欧洲人都拼命向他们介绍自然科学方面的知识,但这些福泽在国内早已经学过,福泽当时更为感兴趣的毋宁说是他没有见到的西方政风人俗,比如他就对西方的党派非常感兴趣,对人们公开就政治问题进行辩论也觉得非常惊奇。④ 所以说兰学的影响和福泽对政治的兴趣有着很深的关系。一方面如前所述,兰学巩固了西方学术带给人的可信感,另一方面也正是由于福泽等早期学者因学习过兰学而对西方自然科学方面的知识比较熟悉,所以他们反而对政治、经济等未知领域的知识更觉得好奇。虽然福泽被认为是在日本传播西洋文化的先驱,但实际上在其欧洲之行中,他对西方政治的了解才刚刚开始。这次欧洲之行还有一点非常重要,那就是在与英国人的接触中福泽发现在他们中间"也有一些光明正大的好人",这进一步坚定了他主张开港的信念。⑤

1867年福泽再度赴美。这次赴美也是福泽主动争取到机会去的,这次是跟随幕府去办理从美国购买军舰的未尽事宜。这次旅行一方面进一步加深了福泽对美

---

① 魏源:《海国图志》,中州古籍出版社,1999年,第99页。
② 根据福泽为自己的全集所写的序言,《西洋事情》是他的著作中流传最广的一部,其初篇经他手销售的就不下15万部,而且在大阪等地还有盗版存在,加起来总共有20万到25万之多,参见《1—27》。
③ 石田雄:《日本近代思想史中的法与政治(日本近代思想史における法と政治)》,岩波书店,1976年,第3页。
④ 《福泽谕吉全集》,岩波书店,第1卷,第28—29页。
⑤ 《福泽谕吉自传》前引书,第110页。

国的了解,同时这次旅行最大的收获是福泽倾财力从美国购买了大量原文书籍以供其创办的学塾所用。在此之前,因为原文书非常有限,学塾的学生们往往在学习中需要手抄原著,而自从福泽从美国回来之后,学员们则"能够自由使用原文书了"①。根据石河干明的记述,福泽这次去美国总共带去了近 2000 元书款,虽然具体购买了多少册已经无从查考,但根据负责运送行李的学生三轮光五郎的记载,总共有八、九大箱都装满了书②,可见量是非常大的。所购买的书籍包括大中小的辞书,地理书和历史书,还包括法律、经济数学等方面的书。从福泽购买的书籍已经可以看出他对西方的兴趣更注重社会科学方面,这在当时可以说是非常有远见的。

三次出国之行使福泽成为日本最早拥有国际视野的精英之一,通过对西方社会的近距离观察,使福泽意识到,西方社会的先进之处不仅仅在于科学技术,还在于政治、经济、文化等人文领域,这也使福泽拥有了全方位介绍西方文化的视野,同时也坚定了他认为要向西方学习的信念。在转型期的日本,像福泽这样主张向西方学习的人并非毫无风险,有时甚至会有生命危险。根据福泽在自传中的记载,因为害怕攘夷"志士"们的袭击,他从"文久年间开始直到明治五、六年的十三四年当中",从来没有在夜里外出过。③ 然而虽然福泽受到攘夷派的威胁,自己也感到非常害怕,但他开国的思想并没有因此而发生变化,他只是在"言行方面和缓了一些",并尽量不和不相识的人谈他那些开国的思想。④ 在他 1863 年从欧洲回来到 1867 年再次赴美之间,他主要是在著述、翻译和教学中度过的。根据福泽自传中的记载,在当时攘夷之风甚嚣尘上的情况下,学习洋学的人依然在逐渐增多⑤,可见虽然日本转型期各种思想主张之间存在着激烈的冲突,但以福泽为代表的主张开放的思想仍旧在不断扩大着影响。

考察三次出国之行对福泽思想形成的意义,我想有以下几个方面,首先对西方文明的亲身接触以及近距离观察使福泽对西方的认识更为全面也更为真实,从而能够避免间接经验所容易引致的错误,同时,这也提高了福泽介绍西方著作的可信度,使读者更易于相信这些著作中对西方的介绍。其次,这种直接接触也可以使福泽更为准确地把握西方社会与日本社会的不同之处,这样也就使福泽能够更为准确地发现推动日本实现转型的关键之处,可以说,福泽之所以成为明治维新时期思想界的领军人物与此不无关系。最后,这种对西方的实地考察也给福泽留下了深刻的印象,同时也进一步使福泽坚定了对日本社会及思想进行改革的信念。

---

① 《福泽谕吉传·一》前引书,第 444 页。
② 同上书,第 511 页。
③ 《福泽谕吉自传》前引书,第 139 页。
④⑤ 同上书,第 120 页。

结　语

　　上面简略地从三个小的方面讨论了福泽的早期经历对其思想形成的影响。作为那个时代非常富于好奇心的思想者,福泽早期经历当然要远为复杂多彩,但是,限于篇幅,这里不可能对他的每个经历都展开讨论,只能择其要者,这也是我选取上述三个小的方面的理由。

　　在本文的最后部分,还想就福泽的个案来简单讨论一下为什么像他这样的中下级武士成为推动改革维新的中坚力量。众所周知,欧洲近代化过程的主导者是新兴的资产阶级,而与之不同,日本在面临现代化转型时并不存在资产阶级这一群体,而中下级武士之所以在这个时候站上历史舞台成为主导变革的主角,也有其内在的历史脉络。笔者认为其中最重要的因素是这些武士受到来自传统体制的双方面的束缚,因而有着强烈的谋求改变现状的意欲。传统体制首先限制了这些武士发挥自己的才能实现自己抱负的机会,正如福泽自传中所写道得那样"'家老'家生的孩子永远当家老,'足轻'家生的孩子永远是足轻"[①],在传统的门阀制度下,中下级武士再怎么努力也很难获得像上等士族那样的机会。同时,传统体制带给中下级武士的另一重束缚是使他们也不能很好地融入平民的世界来经营世俗生活。作为"士族"他们的身份地位被认为是高于其他平民的,因此这一地位也使他们无法像普通民众那样享受世俗生活的乐趣。比如士族由于其高人一等的地位是不允许去看戏的,而福泽在自传中就曾写道,不少武士去看戏都不是堂而皇之地入场,而是"把脸一蒙,急急忙忙地踢破篱笆闯进戏场"[②]。正如前面提到过的,武士的身份甚至使他们连自己上街打酒也要遮遮掩掩的。在这种情况下,中下级武士进无法施展抱负,退无法经营世俗生活,因此,一旦社会显现出某种变革的动向,这些中下级武士中的精英自然就会热情地投入其中,因为只有寻求变革才是改变他们处境的唯一出路。

　　日本的中下级武士最终主导了以明治维新为代表的近代化转型运动,他们也在此运动中实现了自己的抱负,福泽可以说是其中的佼佼者。作为明治时期思想领域的先行者,他的思想在当时思想界产生了广泛的影响,而他思想的形成与发展则和他的早期经历不无关系。

---

① 《福泽谕吉自传》前引书,第6页。
② 同上书,第5页。

德富苏峰的亚洲观
——以帝国主义的展开为视点

〔日〕 小园晃司*

德富苏峰(1863—1957)是19世纪末期到20世纪中期相当有影响力的言论家、历史学家,其言论生涯跨明治、大正、昭和三个时代。自从他的第一部代表著作《将来之日本》(1886年)刊出以后,他的以泰西自由主义为基础的"平民主义"思想便成为了明治中期思想界的一个潮流。此后为了实践平民主义,他于1887年创立了民友社,并接连创办了《国民之友》(1887年)和《国民新闻》(1890年)等报刊。但是,中日甲午战争时期他刊出了《大日本膨胀论》(1894年)一书并开始借助报纸等媒体大力宣扬帝国主义。特别是在俄、法、德"三国干涉"之后,此倾向就更为明显。

他著有一部《近世日本国民史》(1918年起稿、1952年脱稿),共一百卷,在近代日本个人著作史上堪称数量最多。除了这些代表著作之外,苏峰在大约七十多年的言论家生涯中发表了上百部著作。他一生致力于追求和创造近代日本的国民精神。第二次世界大战期间,苏峰担任了大日本言论报国会会长和大日本文学报国会会长。1945年日本战败之后,被指控为甲级战争犯罪嫌疑人。可以说,苏峰的一生正是日本帝国主义道路发展历程的缩影。

那么,考察日本帝国主义话语的形成过程,特别是考察近代日本如何在以中国为中心的亚洲展开帝国主义这一问题时,有必要对苏峰的言说进行意识层面的再分析。

本文将主要以苏峰从甲午战争到日俄战争结束后这段时期内发表的文章为中心,以如何处理与亚洲的关系问题为主对苏峰的亚洲观进行分析。

一、德富苏峰早期思想的形成过程与其亚洲认识

德富苏峰(本名猪一郎、号苏峰)1863年(文久3年)生于幕末日本肥后国(今

---

* 小园晃司,暨南大学外国语学院,文学博士。

日本熊本县)的乡士家庭,其父亲德富一敬是日本幕末开国论者、"实学党"领袖横井小楠(1809—1869)的弟子。由于德富一家与横井小楠关系极其密切,苏峰在其早期的思想形成过程中潜移默化地受到了以横井小楠为中心的实学党的影响。横井小楠曾主张"和魂洋才"之道,他在1866年给赴美留学的外甥的信中写道:

> 明尧舜孔子之道,尽西洋器械之术,何止富国,何止强兵,布大义于四海而已。①

这正是他在幕末混乱时期为日本勾画出的未来理想蓝图。

然而,苏峰并非像横井小楠那样主张实施儒教。苏峰曾就读于新岛襄(1843—1890)留美归国后为弘扬基督教精神教育而创办的同志社英学校,并在那里获得泰西自由主义思想,1882年回到熊本以后创立了以泰西自由主义为宗旨的私塾——大江义塾,并在此期间发表了《自由、道德、及儒教主义》(1884年)、《第十九世纪日本之青年及其教育》(1885年)等论著,对"儒教主义"进行了激烈的批驳。

苏峰认为,中国改革挫败的原因是儒教主义。儒教是复古的、专制的,它已不是符合从专制过渡到自由时期大势的改进革新之教。他说道:

> 盖儒教主义之大病痛,其极乐世界定在最远古的陶虞三代,要率领社会回归到此点。故其主义不是向着将来进步,而是向着过去退步。②

从当时的国际形势看,亚洲处境甚危,"安南丧失独立权,清国土崩瓦解,朝鲜也处在(列强的)虎视眈眈注视之下"③。因此,苏峰认为,要想在欧洲帝国列强东渐危机加深的情况下保持自存独立,就需要"唯不中止维新来改进之气运,欲速将我邦改变成纯粹自由之邦土"④。因为在他看来,欧亚势力不均、压迫或被压迫的主要原因在于"自由"与否,而亚洲两大旧国"印度和支那(中国)⑤缺少了自由"⑥。他认为:

> 泰西人以财富、文学、兵力、学术、法律制度雄视宇内,主宰乾坤,这是泰西人施用自由的结果;东洋人被剥夺独立权,被视作野蛮人,被愚弄,垂首于大地

---

① 横井小楠:《录二语送左大二姪》(日本熊本县"横井小楠纪念馆四时轩"展览室资料)。
② 《自由、道德及儒教主义》,载植手通有编《明治文学全集34·德富苏峰集》,筑摩书房,1974年,第38页。
③ 《自由、道德及儒教主义》,第47页。下文中的括号也均为笔者所加,表示说明。
④ 《自由、道德及儒教主义》,第49页。
⑤ 有关"支那"一词,本论文按照原典文献的说法直接引用。
⑥ 《自由、道德及儒教主义》,第35页。

一角,束手屏息,这是东洋人放掷自由的结果。①

因此,针对日本儒教复兴之趋势,他强烈反驳道:"两千年来败坏支那人民知德的儒教主义,尚欲败坏我明治改进人民之知德耶。"②

另一方面,苏峰对泰西自由主义的崇拜和追求却不断上升,与他对儒教思想的强烈批驳形成了鲜明对照。他在《新日本之青年》中提道:

> 在生活、政治、学问各个方面,我们的社会已经无一不接受泰西新主义,因此如今我们社会将要成为泰西社会。唯一能够支配这个社会的泰西道义法则,究竟为何到现在还没有被接受呢?……我希望用自助论和品行论的道德取代小学和近思录的道德。③

由此可见,作为明治青年的他有着对于横井实学党的"明尧舜孔子之道、尽西洋器械之术"精神的反驳和对泰西自由主义的追求。

二、中日甲午战争期间德富苏峰对"亚洲"的否定

19世纪80年代,随着西方帝国主义列强对中国瓜分、掠夺的加剧,"日本人对中国文化的关心渐趋淡薄,并日渐把中国作为文明的对立物"④。其中,福泽谕吉(1834—1901)于1885年发表的《脱亚论》对当时日本知识阶层的中国观产生了很大影响。福泽谕吉在《脱亚论》中指出:"我日本虽位于亚细亚之东,其国民精神却已脱离亚细亚之固陋而转向西洋文明。"⑤

(一)甲午战争与德富苏峰对外扩张思想的发展

1894年,中日之间爆发了甲午战争。当时以福泽谕吉为首的脱亚论者,声称日本对中国的战争是"文野阴暗之战"。德富苏峰对此观点持认同态度,他同样认

---

① 《自由、道德及儒教主义》,第48页。
② 同上书,第39页。
③ 德富猪一郎:《新日本之青年》,集英社,1887年,第151页。
④ 严绍璗:《日本中国学史(第一卷)》,江西人民出版社,1991年,第166页。严绍璗先生称此现象为"一元论中国观的破产"。
⑤ 福泽谕吉:《脱亚论》,《福泽谕吉全集》第10卷,岩波书店,1960年,第239页。

为,这场战争的意义在于接受了西洋文明的日本教导野蛮后进的中国。① 此外,苏峰还把内村鉴三的《义战论》(*Justification of the Corean [Korean] War*)登载于《国民之友》(1894年8月23日)上,宣扬这场战争是所谓的义战。

甲午战争开战不久,苏峰于1894年刊出了《大日本膨胀论》一书,完整地提出了他对外扩张的思想。他在书中指出,"若把过去几百年的历史作为收缩的历史,那未来几百年的历史就不得不说是扩张的历史"②。对苏峰而言,对外扩张就是应该恢复的"国是"。因为他认为日本的开国是迫于西方列强的外压而被动实现的,这对他来说是日本的一个"国史之污点"③。他同时也把与清国的交战当作"使日本扩张之良机"④。

也就是说,甲午战争之目的并不只在于它本身。对于苏峰来说,战争的目的就是"在东洋建立国民扩张之根据"⑤。

甲午战争中,日本在平壤、黄海、旅顺等战役中取得了胜利,于1895年4月分别与朝鲜和清朝缔结了媾和条约。苏峰在《大日本膨胀论》的其中一篇《征清之真意义》中将此战争的胜利视为"大日本国民有能力应用、适用及消化近世文明"⑥的证明。也就是说,他认为,这场战争证实了日本是代表作为普遍文明之近世西洋文明的。而且,英国杂志《目击者》(*Spectator*)、《时代》(*The Times*)等西洋媒体也积极评价了上述观点,使苏峰更增加了自信。即使当初认为"模仿来的文明不能战胜固有之蛮力"⑦的《目击者》杂志上也出现了"欧洲明显误解了日本,……日本人不仅模仿了欧洲,还消化了欧洲"⑧的观点。然后,他讲道:"于武事消化近世文明者,焉有于文事不能消化近世文明之理。于战争使用文明新势力者,焉有于和平不能

---

① 「宣战布告の好潮合」(《国民新闻》,1894年7月31日)一文写道:"(甲午战争是)进步主义和守旧主义之间的冲突。……皇天赋予日本以扶植东亚新文明之大任。"
另外在「大日本の文明力を利用せよ」(《国民新闻》,1894年8月23日)一文中进一步写道:"欧洲强国之中,仍有国家不知道利用大日本的文明力量来给予东亚贸易事业以大飞跃之进步,我们为此感到遗憾。……大日本对支那的运动乃大日本文明力量之运动,孰不知此文明力量将给世界各国、尤其给欧美诸国在东亚这片天地上带来贸易上的巨大利益、巨大进步。大日本军队战胜支那军乃是大日本之文明力量战胜支那之野蛮力量。……大日本战胜支那之日即顽钝之清国开始走上文明道路之时。"以此来主张日本通过对华战争在中国开创文明、最终将对促进以英德为首的欧洲列强在东亚的经济、贸易活动起到有利的作用。也就是说,由此可见,此文主张通过从经济方面论及这场文野之战所带来的效果,从而获取列强的支持。
② 德富猪一郎:《大日本膨胀论》,民友社,1894年,第1页。
③ 《大日本膨胀论》,第87页。
④ 同上书,第19页。
⑤ 同上书,第23页。
⑥⑦ 同上书,第118页。
⑧ 同上书,第118—119页。

使用之理。"①他在设定此理想的同时,又对西欧对日本持有的如"只在军事上承认了其文明消化力"②的观点表示了不满。但是,此时他把如下国外媒体的评价当作给予日本的正当评价而欣然接受,国外媒体评价道:"(杂志《话者》(Speaker)曰)若东洋某国效仿欧洲之模型整顿组织、利用其好原料,则必然兴起可畏之新势力,日本正是如此成功的。"③然而,当这种观点和人种论结合起来时,日本便迎来了新局面。

不久,日本遭遇了战后三国干涉,这让苏峰深深感到"若力量不足,任何正义公道都没有半文价值"④。此后,他开始信奉"力量的福音",并以万世一系的皇室中心主义为主更加鼓吹帝国主义。按照他自己的话说,"辽东的还付支配了他一生的命运"⑤。

(二)"黄祸论"("Yellow Peril")与德富苏峰的脱亚愿望

甲午战争的胜利产生的另一个后果就是,新近勃兴的帝国主义国家日本使西方列强普遍感到嫉妒和恐慌。这种嫉妒、恐慌与当时世界上盛行一时的"种族主义"(racism)思想相结合,导致了19世纪末期"黄祸论"的产生,黄祸论是由于白种人因逐渐感觉到黄种人带来的威胁而引发的。

具体来说,它是日本获得甲午战争的胜利之后,德国皇帝威廉二世(Wilhelm II)为了使俄、法、德的三国干涉正当化而使用的政治思想(ideology),即他首倡的"人种主义政治论"。⑥

为此,关于甲午战争之后日本的对外政策,德富苏峰认为,如果黄种人组织的日中联合或东亚同盟以欧洲诸强国为先天敌国并与之对抗,那日本将只能在世界上陷于孤立的状态。因此,他对过度的排外思想深感忧虑。同时他认为,这种排外思想将导致欧美诸国假借"黄祸论"而加速极东经略。⑦

甲午战争结束后,中国面临着被列强瓜分的危险。特别是俄国,占领旅顺和大连后,1898年进入辽东半岛,并将其据为租借地。1900年(光绪26年)发生义和团运动之后,俄国占领满洲并企图进一步南下,也使朝鲜受到了压力。

就像苏峰后来在《义愤论》中讲到的那样:"俄国取得了满洲,便可进而取朝鲜。

---

①② 《大日本膨胀论》,第121页。
③ 同上书,第120页。
④⑤ 《苏峰自传》,第225页。
⑥ 参见平川祐弘:「和魂洋才の系譜」,河出书房新社,1987年,第173页。
⑦ 参见苏峰生:「支那及列国に題す」(1898年4月24日),『支那及列国』,民友社,1898年,第5—7页。

取得朝鲜则日本之独立将变得危险。"① 为了牵制俄国势力的南进,1902 年(明治 35 年),日本和英国缔结了《日英同盟条约》。苏峰在谈到日英同盟的缔结时无不欢喜地讲道:"这对我国民取得世界市民的资格来说是极大的刺激,也是极好的机会。"② 但是他同时认为:"英国之求于我,乃我有实力也。若有一日我实力丧失,即使同盟之名还在,英国也决不会依靠于我。"③ 而且他也认为只有"实力"还不够,今后的日本应该站在世界的视角上,放弃"排外思想",并具有对他国的同情心。日本人立足于"宗教、人种的异同决无力量成为共通之人道的壁垒"④ 这一人道立场上的理想,做"世界市民",苏峰试图以此来软化西方列强对日本的嫉妒和恐惧并得到他们的支持。但是申张世界市民的日本所看到的是国际社会上依然不变的人种论。据苏峰后来的话,他认为甲午战争结束后日本在国际上一直没能得到应有的正当地位,他说:

> 我日本国民,从来于黑人之上,支那人之下。今虽已颠倒其地位处于支那人之上,……不幸的是,迄今为止,还不能说白皙人种的同胞主义已经完全被使用于我日本帝国。⑤

在 1904 年发表的《我国国民之抱负》中,苏峰对在当时国际社会上所谓人种论阻挡在日本面前的这一情况感到焦虑。文中他指出:

> 大凡误导事物之真相者,莫过于肤浅的、概括性的文字。吾人从未见过有如<u>亚细亚</u>的文字这般让世界产生了极大误解的。如果世界上存在对日本国民真相产生的误解,那恐怕是由<u>亚细亚</u>的文字造成的。他们以为日本国民是<u>亚细亚</u>的,所以其抱负是率领黄种人反抗白皙人种。……大抵对我帝国及国民的一切猜疑、嫉妒、恐怖,几乎一切的嫌恶都被<u>亚细亚</u>的文字所概括。这岂不是极端危险的断定吗。所谓黄祸一词也终究不过是由此僻见而来,或在此偏见盛行之风中产生。亚洲的名称,除了地理区域的标识以外,并没有其他意义。……如果世界要审判我国国民,希望不是在<u>亚细亚</u>的这种概括性文字上,

---

① 《义愤论》(1904 年 2 月),载草野茂松、并木仙太郎编《苏峰文选》,民友社,1915 年,第 736 页。
② 《世界的市民》(1902 年 2 月),载草野茂松、并木仙太郎编《苏峰文选》,民友社,1915 年,第 613 页。
③ 「日英同盟の国民的性格に及ぼす影響如何」(1902 年 2 月),载草野茂松、并木仙太郎编《苏峰文选》,民友社,1915 年,第 611 页。
④ 《世界的市民》(1902 年 2 月),载草野茂松、并木仙太郎编《苏峰文选》,民友社,1915 年,第 616 页。
⑤ 「日露戦争の副産物」(1904 年 5 月),载草野茂松、并木仙太郎编《苏峰文选》,民友社,1915 年,第 766 页。

而是在<u>日本</u>的这种特有名词上进行。①

这是苏峰对于欧洲将日本同视为亚洲国家的极力反驳,表达了他希望日本在地域、文字上摆脱亚洲束缚的强烈愿望。

三、日俄战争前后德富苏峰对东亚文明的认识及世界观的转变

如上所述,甲午战争前后,德富苏峰一再强调日本不属于所谓"亚洲",它只是地理上的概念,并极力反对西方用"黄祸论"的视点看待日本。从中我们可以看出苏峰的忧惧——若按照白种人对待黄种人的方式来把日本划分在"亚细亚"的名下,那这在国际上很有可能成为日本对外扩张过程中的不利因素。

1904年2月日俄战争爆发以后,苏峰开始意识到,虽然甲午战争时期日本可以通过宣扬"文野"之战使世界列国认为此场战争是所谓的"义战",但是与俄国的战争不能使用此类的逻辑。② 这种对于时局的把握促成了苏峰在"亚洲"问题的处理方法上的转变。

(一)《东亚的日本与宇内的日本》

日俄战争开战后不久,英国《目击者》杂志将日本在鸭绿江一役的胜利评论为"时运一转之大机、欧亚关系之一大变"③,也就是白种人对黄种人因这一战而威信扫地。德富苏峰针对该报道指出:"吾人要预先做好精神准备,如此带有嫉妒的惊异、转为憎恶的动机等都将对我帝国与欧洲诸国的交涉产生极大影响。"④由此可见,苏峰无疑对于西方对日本持有的复杂感情将产生怎样的影响这一问题感到畏惧。

对此,苏峰在《东亚的日本与宇内的日本》(1904年)一文中说道:

> 我的愿望是成为宇内的日本,而不是东亚的日本。具体说来,与其成为东亚的盟主而反击欧西文明的东渐,不如成为欧西文明的先驱,开导东亚诸国。

---

① 「我が国民の抱負」(1904年4月),载草野茂松、并木仙太郎编《苏峰文选》,民友社,1915年,第761页。下文中的下划线也均为笔者所加,意在强调。原文中"亚细亚的"一词均带注音假名"エシヤチック"。即英文的"asiatic"。

② 日本学者米原谦先生在『德富蘇峰日本ナショナリズムの軌跡』(中央公论新社,2003年,第156页)里面也指出,"因为与俄国的战争是亚洲与欧洲的战争,所以如若只讲'文明',则对俄国更有利。"

③ 『東亜の日本と宇内の日本』(1904年6月),载草野茂松、并木仙太郎编《苏峰文选》,民友社,1915年,第773页。

④ 『東亜の日本と宇内の日本』,第773页。

进一步说,推倒东西文明的壁垒,除掉黄白人种的割据,扩大宇内共同文明的范围。……作为欧西文明的宣传者对东亚各国,作为东亚文明的输入者对于欧西诸国,对此任务我是毫不犹豫的。①

他接着说道:"我们期待着即使达不到感化的目的,至少也要采取世界之善。对其精挑细选,重新加盖本国之印,进而把它献给世界。"②这一言论的性质无疑是属于所谓的"东西文明融合论"的。同时,苏峰认为亚洲两大旧国—印度和支那的文明是"有失健全的"、"残缺不全的文明"③。他说:"吾人认为,支那或印度复活再生的气力已经消耗殆尽。"④在此,苏峰继承了自己当时在《自由、道德、及儒教主义》中所阐述的对中国文明的观点并加以描述。

在这里我们不能忽视的是苏峰对作为所谓"普遍文明"的欧西文明所持的积极态度,以及与"欧西文明的范围向东亚扩大"这种态度相反的对东亚文明所持的消极态度。他始终强调日本向东洋诸国灌输西欧文明的作用。

(二) 作为"内在的他者"的中国文化

虽然日本在近代化进程方面已经超越了中国,但在考虑东亚文明时,不能忽视日本文化里所包含的作为内在的他者的中国文化的问题以及如何处理它的问题。⑤

其中,汉学是重要的问题。它是近代日本知识分子具备的主要修养。虽然明治时期汉文学的地位已经大大降低,但是,日本文化里生根成长的中国文化的影响是很难抹去的。众所周知,德富苏峰在《国民之友》上发表用"汉文调"撰写的评论文章,这在当时受到了很多读者的欢迎。"汉文调"不仅对明治时期的文体的形成发挥了作用,也对梁启超(1873—1929)等旅日的中国知识分子也产生了不小的影响。⑥

迄今为止,很多研究者认为,对于苏峰来说,汉学的素养是一个很重要的问题。⑦ 他平生作过很多汉诗,也著有汉诗集《苏峰诗草》(草野茂松、并木仙太郎编,

---

① 『東亜の日本と宇内の日本』,第 773 页。
②③ 同上书,第 774 页。
④ 同上书,第 775 页。
⑤ 严绍璗先生在《战后 60 年日本人的中国观》(《日本研究》,2005 年第 3 期,第 1 页)中说道:"日本和中国漫长的历史关系和复杂的利益关系,决定了从古代到现在,日本在处理它自身从政治层面到文化层面的诸多问题的时候,始终有一个如何处置与中国及中国文化的关系问题。"
⑥ 关于德富苏峰对旅日中国知识分子的影响问题,这里不作特别叙述。请参见冯自由:《日人德富苏峰与梁启超》,《革命逸史》第四集,商务印书馆,1946 年。
⑦ 日本学者杉井六郎先生在「蘇峰の中國観」(『德富蘇峰の研究』,法政大学出版社,1977 年,第 218—219 页)中,也曾经指出过作为德富苏峰的中国观根底的汉诗的影响问题。

自家版,成箕堂文库,1917年)。

在此通过一篇文章可以窥见苏峰关于内在他者的中国文化问题的部分观点。1903年,也就是日俄战争的前一年,苏峰发表了《读敬宇文集》一文,从中可以发现苏峰早期对汉学的客观评价。苏峰在这篇文章里介绍了以《西国立志编》(1871年,斯迈尔斯(S. Smailes)的《自助》(*Self Help*)的译本)而闻名的译者、启蒙学者中村正直(号敬宇)(1832—1891)贯通东西的博学。中村通过《西国立志篇》从精神层面将泰西文明介绍到日本,是苏峰评价最高的人物之一。

他评论道:"进入明治时代,文运最极隆盛。唯独汉学不可适用于此断言。"而后,具体说来,他称中村为"德川三百年汉文章家的后卫"[①],提及其文章,说"即使(荻生)徂徕、(赖)山阳、(安井)息轩的文章都不及他"[②]。之前的汉学家"(汉学家所讲)不过惟六经,惟诸子,惟韩柳欧苏。或程朱,或陆王,下至金石考证之学而已"[③]。而"(中村)知新约圣经,知倍根(培根(Francis Bacon))、知弥尔(John Stuart Mill),知惠磨逊(爱默生(Ralph Waldo Emerson))。其知虽未必渊博,然其精要,概无误其真"[④]。然后他讲道:"将几近纯正之泰西学问要素加入其博大精深之汉学素养,并陶镕之,自成一家。……概而论之,先生尚是汉学者而已。泰西的学问,毕竟是在汉学的台木上嫁接的。"[⑤]

此外,在《大正的青年与帝国的前途》(1916年)中,他也说道:"(中村)作为同人社的创立者,培养出了很多弟子。因此人们一般将他视为洋学者,但他其实只不过是个汉骨洋皮的学者。……他能够在精神层面接受泰西文明,靠的正是他的汉学素养。"[⑥]

他在此重新确认了"汉学本身或多或少帮助西洋文明思想在日本传播的媒体作用"这一事实。也就是说,苏峰在此将中村视为近代化过程中东西学问在日本内部融合的一个典型,并通过介绍中村说明了日本不仅真正消化了中国文化,而且在近代化过程中,还在其基础上接受了西欧文明。

要注意的是,苏峰将西欧文明视为普遍文明,所以他的东亚文明观就要在近代化这一脉络中展开。

---

① 「敬宇文集を読む」(1903年11月),载草野茂松、并木仙太郎编《苏峰文选》,民友社,1915年,第698页。

② 同上书,第698页。

③ 同上书,第699—700页。

④ 同上书,第700页。

⑤ 同上书,第702页。

⑥ 「大正の青年と帝国の前途」,神島二郎編『近代日本思想大系8・徳富蘇峰集』,筑摩書房,1978年,第207页。

简而言之,虽然"汉学"在"文运最盛"之时期已经衰落,但我们可以看出苏峰对内在他者的中国文化—汉学的影响力给予了客观评价。在此之后他也一直持有"尽管格物穷理的知识是从西方来的,但是治国平天下的智慧应该是靠汉学获得的"①这一观点。它是苏峰战后在《读卖新闻》上连载的绝笔之作《三代人物史》(1954—1956 年期间,共 101 回)上发表的。他同时说道:

> 使我们获得精深的智慧的,大概莫过于支那周代的文字。《论语》自不必说,《老子》、《孙子》、《孟子》、《韩非子》、《春秋左氏传》等诸子百家的字里行间不少都包含着无尽的智慧。我认为教育了日本人而让我们拥有今天的,不管怎么打折扣,其大半的功劳应该归于汉学。②

并且,我认为上述观点也反映在《东亚的日本与宇内的日本》的文明论中。就像在《我国国民之抱负》里看到的一样,日本虽然接受了欧西文明,但现实是由于地理、人种观念而不能摆脱"亚细亚"的束缚,受其影响无法适用西欧诸国的"四海之内皆兄弟的人道主义",得不到西欧国家的平等待遇。《东亚的日本与宇内的日本》就是在这样的情况下发表的。③

甲午战争之后,由于日本在国际上依然未能得到正当的地位,仍被列为亚洲国家之一,因此要寻找新的理论来谋求自己存在的合理性。苏峰认为,面临着日俄战争,日本为了得到西方的认可,需要代表世界文明。由此可见,苏峰通过重视日本文化中东西方文化因素的作用以及它们在日本文化中得到融合的事实,主张日本已具备了代表世界文明的条件。换句话说,日本没能得到与西方同样的地位而回过头来重新审视和评价东亚文明。

这一事实反而能够使当时的日本人获得包含着东方和西方的新的"世界观",并赋予其东西文明融合论的历史使命感。④ 持有上述世界观的日本经过日俄战争

---

① 德富苏峰:《三代人物史》,读卖新闻社,1971 年,第 151 页。
② 《三代人物史》,第 152 页。在此书中他也说道:"即使不能说明治维新是靠汉学而发生的,也可以说它是在汉学的很大的刺激和援助之下发生的。""在作为正宗的支那没有意识到汉学给日本带来如何感化的情况下,日本依靠汉学的力量尝试了自我蜕变和超越。"同上,第 150 页。
③ 笔者执笔本稿的时候,从日本学者米原谦先生的『德富蘇峰日本ナショナリズムの軌跡』一书受到了不少启发。米原先生也在此书中将《东亚的日本与宇内的日本》看作"东西文明融合论"性质的言说,认为"东西文明融合论"是"从脱亚论到回归亚洲的中间形态"。(第 159 页。)
④ 众所周知,东西文明融合论并非是苏峰独有的观点。譬如,近代日本的文艺评论家田冈岭云(1870—1912)曾在甲午战争后发表的《汉学复兴之机》(「漢学復興の機」1896 年 1 月,载田冈岭云《岭云摇曳第 2》,新声社,1899 年,第 76 页)上提出过类似的观点。田冈虽然将中国视为"东洋文明的代表者",但是日本的胜利使他认为日本将是"东亚盟主",应该担任"发扬东洋文明的光彩"的重任,并必须成为东西洋文明的浑融者、世界文明的大成者。

的胜利更加增强了其作为文化大国的意识。

(三) 东西文明融合论——寻求"文化大国"的努力

苏峰认为,甲午战争是"日本国民作为帝国成员觉醒之时期",日俄战争是"日本国作为帝国被世界认可之时期"①,于此,日本需要在代表东亚文明的同时立足于世界文明的舞台。

如上所述,德富苏峰在《东亚的日本与宇内的日本》中阐述了其"东西文明融合论"或"东西文明调和论"的言说。不久以后,第一次世界大战结束时对华强行实施"二十一条"的大隈重信(1838—1922)也展开了"东西文明调和论"的论述。他的主要观点是认为日本是"已经处于既代表东洋文明又将西洋文明介绍给东洋的地位了。"②。

大隈重信于1907年4月2日给中国人组织的中国基督教青年会员以及中国留学生做了关于"东西文明调和论"的演讲,根据现存的演讲稿,大隈在演讲中反复强调中日两国在文化、人种上的同一性。他说道:

> 日本和清国的往来始于最古的历史,加之一千五百年前儒教传入日本,在政治、文学、宗教、道德上产生了很大的影响。两国的文明调和以后的结果是,我们几乎具有同一的思想。③

在这里特别要注意的是,他认为中日的文明早已"持有同一思想"。这是在面临作为外在他者的西洋文明之际,以接受了作为内在他者的中国文化的事实为依据,对日本在东洋文明中所占有的重要位置及其作用的一个自我证明的过程。

与之类似,日本国文学家冈崎义惠(1892—1982)曾在《明治文化史文艺篇》里面说道:

> 明治时代的代表性作家大都具有国粹主义和欧化主义的因素,并且表现出东西思潮的交错与融合。他们除了具有西欧的教养以外也有日本特色。这是东西两个思潮融合的象征。所以如果他们的作品可以被称为世界文艺,那么明治文艺便是在近代的世界上做出了世界文艺成立的实验,并在历史上展

---

① 「大正の青年と帝国の前途」,神島二郎編『近代日本思想大系 8・徳富蘇峰集』,筑摩书房,1978 年,第 190 页。
② 《新日本论》1912 年,《经世论》所收,野村浩一『近代日本の中国認識』,研文社,1981 年,第 7 页。
③ 大隈重信:《大隈伯演说集》,早稻田大学出版部,1907 年,第 511 页。

现了世界文艺的缩图。①

后来冈崎义惠也在《文艺春秋临时增刊版》中回顾明治时代说道,"在明治末期度过自己的青春时代,这(经过东西思潮的融合的世界文艺的成立)对我来说是最大的意义。它就是推动我到现在的力量"②。在这里我们要注意两点,第一,他说东西思潮时,东是以日本为代表的。第二,在明治末期日本获得的视点,即东方和西方的结合状态才是"世界"。这应该是当时的一种特殊意识形态,也是近代日本追求"文化大国"的初步尝试。而且,这种意识形态也是帝国主义话语在日本社会容易被接受的一个土壤。在这种文化语境下,苏峰的言说与日本大众及其文化状况形成互动关系,对当时日本大众的意识产生了影响。

四、日俄战争的胜利与《黄人之重荷》

以小说《不如归》而闻名的德富苏峰的弟弟德富芦花(1868—1927),在日俄战争结束后的1906年首次赴耶路撒冷朝圣,途中经过了土耳其。在他归国后创作的巡历记《顺礼纪行》(1906年)中,记述了当时他在土耳其所看到的土耳其人对战胜了俄国的日本的态度以及其精神方面所受到的影响。他说道:

> 土耳其人现在对日本人只有一个态度。日本打败了我们所深怨的露西亚,同样是东洋人的日本挫败了始终欺负我们的西洋白皙人的锐气。这就是他们的日本观。……远东的病人为了站立起来正处在挣扎的状态,近东的病人也不能这样止步不前。日俄战争的确就像电击一样影响到了亚细亚诸国,也同样波及到了土耳其。③

苏峰感受到了当时这种来自于非西洋诸国的对日本胜利的赞赏及其受到的精神方面的影响。日俄战争结束后,他模仿英国诗人吉卜林(Rudyard Kipling 1865—1936)创作的《白人之重荷》(White man's Burden),发表了《黄人之重荷》(1906年)一文。由此可见,苏峰认为帝国日本是被动地背上了黄人的重荷。他认为:

> 如果白人有重荷,那么黄人也应该有重荷。我们大和民族并不是自己去

---

① 参见开国百年纪念文化事业会编、冈崎义惠编纂委员:《明治文化史第七卷文艺》,原书房,1980年,第95—96页。
② 『文艺春秋'坂の上の云と日清战争'』,1972年,第118页。
③ 德富芦花:《顺礼纪行》,警醒社,1906年,第247—248页。

当黄种人的首长。我们的眼里只有人类,没有人种。……虽然自己不希望,但是世界两大人种之一的黄种人里面,没有不依靠我们大和族的。除了支那、朝鲜、暹罗等黄种人以外,还有印度、波斯、亚拉比亚、埃及、土耳其等不属于白皙人种的各个人种都把大和民族作为他们的希望。……我绝对不希望我们大和民族成为黄人同盟的霸主对抗白皙人种。①

这些言说虽然表面上否定了日本要当亚洲盟主的愿望,但若细细研讨隐藏在其中的真意,实际上,他却认为日本被别的亚洲国家看作盟主。也就是说,在这里可以看出其"逆说性"亚洲主义的意识形态。从《七十八日游记》中我们可以了解到苏峰半年以后访问中国时,在上海对少壮名流谈论了同样的内容。②

五、日俄战争后德富苏峰对中国的访问

日俄战争结束后,为了视察战后的情况,德富苏峰于1906年访问了中国,其行程被记录在《七十八日游记》(1907年)中。

在《七十八日游记》中,苏峰以土耳其的对外硬、埃及的国民精神的勃兴、回教徒的自觉运动等为例,认为日俄战争的胜利让非白种人产生了"平等的自觉",其中最值得关注的是中国人的自觉。③ 他认为为了"恢复黄白两大人种之间的平均",实现"人类同胞、四海之内皆兄弟"的世界,日本要扮演"利导此大势"的角色。④

1917年苏峰再次访问了辛亥革命后的中国,其行程被记录在《支那漫游记》(1918年)中。当时的中国为了国家的富强,试图实行中央集权,他对当时的这种状况评论道,"支那本有特有的民风国俗。然而忽视它而一概地模仿他人,其失败亦难怪"⑤。而且,他把中国改革遭遇挫折的原因归于所谓火急的"翻译政治"⑥。他认为,在万世一系的皇室中心主义的日本施行的中央集权政治在易姓革命的中国不可能实现。因为实现中央集权的先决条件就是"国是"的确立,而支那不是万世一系,不能确立国是。⑦ 在这一点上,苏峰对于在中国确立中央集权制产生了

---

① 「黄人の重荷」(1906年1月),载草野茂松、并木仙太郎编《苏峰文选》,民友社,1915年,第891—892页。
② 参见德富猪一郎:《七十八日游记》,民友社,1907年,第206—207页。
③ 同上书,第342—343页。
④ 同上书,第345—346页。
⑤ 德富猪一郎:《支那漫游记》,民友社,1918年,第433页。
⑥ 同上书,第437页。
⑦ 同上书,第441—442页。

质疑,认为这是中国走向近代国家过程中的巨大障碍。

明治末期访问过中国的近代日本中国学家宇野哲人(1875—1974)也在《支那文明记》(1912年)里面谈到过类似的观点:

> 因为皇室是日本的大宗家,日本奉行国民一体的大家族主义,所以在日本忠孝一致就是绝对真理。然而支那的情况迥然不同。因为自古奉行民主主义,比如易姓革命之风,因此没有形成大家族观念,忠孝一致思想也没有充分渗透到全国的百姓里面。我认为这就是支那作为国家的弱势的最大原因。①

另外,为了考察苏峰的两次中国之行,笔者曾翻阅了当时他在华逗留期间中国各家报社(以北京、上海为主)出版的报纸。结果,关于1906年苏峰的访问情况几乎一无所获。但是,在1917年上海的《时事新报》、北京的《日知报》和《国民公报》上却可以看到对当时苏峰的访华日程及行踪的相关报道。比如,有中方官员及新闻工作者与苏峰在以"日支亲善"为名的招待会中进行交流的内容。由此可见,相隔十年之后日本对中国的指导性色彩更加浓厚了。此外,从苏峰在《支那漫游记》的序言部分中我们也可以看出如上所述的倾向。正如《陈言一则》里面说道的:

> 予于上海,承蒙支那新闻记者诸君招待,故对诸君曰:"世界上最伟大、最理想的新闻记者的先驱乃是贵国的孔夫子。其作春秋,直书事实,寓褒贬于其中,这岂非吾人操觚者之标准。盖贵国本应有尽有,唯不致力于维新,此话决非一时之玩笑,予对此深信不疑。……诸君或咎予以其言之非礼,则望以予唯直书予所信之事实故而恕予。其言虽露骨痛切,然吾人思想之根本乃是对支那及支那人士之深切同情。②

此外,在《支那漫游记》的结尾,苏峰对日支亲善的要诀做了如下概括:

> 拥有世界级大宗师老子、孔子之国民。涌现出如管仲、唐太宗等大政治家之国民。孕育了六经、四书、诸子、百家的思想界大产物之国民。修建万里长城、开凿江南至燕蓟的大运河,完成了世界大工程之国民。岂能此后一无所为、甘做白人之雇奴哉。日支亲善之要诀首先在于彼此有亚西亚人之自觉。③

由此可见,苏峰虽然承认中国文化的伟大性,但他也认识到,在所谓"近代(体

---

① 宇野哲人:《支那文明记》,大同馆,1912年,第350页。
② 《支那漫游记》,第1—3页。
③ 同上书,第555页。

制)"的方面,中国已无法适应。① 基于这种认识,他认为日本要对中国进行"引导",在中国实现所谓的"日支亲善",其侵略性在此彰显出来。同时,由此也可以看出在某种程度上,作为亚洲文明大国的中国及其文化是如何被纳入,并重新建构以日本为中心的近代东亚文明这一过程中的。②

结　语

虽然德富苏峰对于"亚洲"、"东亚"等的言说和观点并不是孤立存在的,而是和作为文化语境的当时的国际政治形势,以及日本在东亚和世界上的位置等复杂因素相互交织而形成的,但是作为当时可以说是最具代表性的帝国主义的鼓吹者,苏峰的言说也代表了当时帝国主义思想的部分内容。

如上所述,苏峰关于亚洲的言说,紧紧跟随着世界帝国主义的潮流。甲午战争时期,扩张本身就是目的,因此他主张在东亚建立扩张的基础。但是这一过程也正反映出他迫切希望从作为外在他者的西洋给予的"亚细亚"的形象中解脱出来的愿望。此后,面临着日俄战争,他认为日本虽然已经接受西洋文明,但由于人种的不同而被排除在四海同胞主义之外,在国际上深感孤立,所以要在日本与亚洲、西欧的关系中重新寻找其立足之地。于是,在内部确立了东西文明这样的新的世界观;然后除去东西之间的壁垒、扩充宇内的共同文明,这就是苏峰所认为的日本应该承担的历史使命。

同时,从以上的考察中我们也可以看出这种被归纳为日本应该承担的历史使命的观念,它虽然表面上可以说是以"东西文明融合论"出现的,可是实质上苏峰认为世界大势所趋,与欧洲老牌国家抗衡不是日本的出路。日本的未来只有与欧洲联合,这既能缓和欧洲对日本的嫉妒和威胁,又能使日本成为亚洲近代化的首领。因此,可以说对于苏峰来说,"亚洲"始终是一个为了开展日本帝国主义的客体性存在。

---

① 苏峰在《支那漫游记》中明确说道:"支那的文明该是世界领先的文明之一,虽说现在的支那人缺乏代表其文明的资格,但作为其文明的创造者的后裔,我们依然要尊重他们。……在日新月异的科学方面,支那文明固然不如欧美文明,但与世界整体文明相较,对于人文开发方面而言,支那的先秦文明虽不是唯一占优的,但要说是其中之一也非言过其实。"(《支那漫游记》,第391—392页)。

② 由于1911年日英同盟被修改,苏峰对欧美的危机感日益增长,此时,在《大正的青年与帝国的前途》中他开始提出由亚洲人处理亚洲之事的"亚细亚门罗主义"。文中他虽然否定了与欧洲列国对抗的想法,但同时也说道:"除日本国民之外,没有资格接受此任务者,则亚细亚门罗主义即为由日本人处理亚细亚之事的主义。"由此可见其亚洲盟主意识渐渐浮出水面。

黄遵宪《日本国志》清季流行新考

王宝平[*]

一

近代首任驻日参赞黄遵宪撰写的《日本国志》完稿于光绪十三年(1887),问世至今,1次修订,12次再版,风靡一世,已成为研究日本的经典。本书最初由广州羊城富文斋于1895年冬(或1896年初)刻成,继有浙江书局1898年翻刻本。1897年富文斋再度推出经黄遵宪本人修订的改刻本,此后有下列重印本或标点本问世:上海图书集成印书局铅印本(1898年)、汇文书局木刻本(1898年)、上海书局石印本(1901年)、丽泽学会《五洲列国志汇》石印本(1902年)、台湾文海出版社《近代中国史料丛刊续编》影印本(1974年)、上海古籍出版社《晚清东游日记汇编》影印本(2001年)、上海古籍出版社《续修四库全书》影印本(2002年)、天津人民出版社吴振清等标点本(2005年1月)、中华书局《黄遵宪全集》陈铮标点本(2005年3月)等等,不一而足。刊本中,华东师范大学图书馆庋藏的富文斋初刻本有黄遵宪亲笔题字,对考订《日本国志》版本具有较高的史料价值。此外,上海图书馆和华东师范大学图书馆分别拥有袁昶和盛宣怀的《日本国志》抄本。

上述12种版本中,清末占7种之多,尤其是1898年,为适应戊戌(1898年)改革的需要,上海图书集成印书局、汇文书局和浙江书局同时推出了三种《日本国志》。与此相呼应,媒体上有关《日本国志》的广告也刊登得如火如荼。笔者曾对清季影响最为广泛的《申报》1898年—1901刊登的图书广告进行专题调查,发现上海图书集成印书局铅印本的《日本国志》,一花独放,持续广告时间长达3年。

该印书局最早在光绪二十四年(1898)三月二十七日刊登广告,它首先发布《日本国志》开印的消息:

---

[*] 王宝平,浙江工商大学日本文化研究所教授。

开印《日本国志》

粤东黄公度廉访昔年参使日本，博考彼中掌故，著《日本国史》四十卷，付诸剞劂，以广流传。兹由书肆友人嘱本局印，以铅板俾工料节省，价可淀殷，刻已开工，俟告成时当再布告，世有驰情于十洲三岛者，当亦先睹为快乎。

翌日（三月二十八日），这则预告重复出现在《申报》上。约4个多月后，《日本国志》刊印事成，七月十六日和七月十七日，上海图书集成印书局连日广而告之：

新印日本国志告成

是书为新简出使日本大臣粤东黄公度星使所著，星使博览群书，留心时务，昔年参理日东使节，穷数载之心力，冥搜默讨，惟日孜孜，成书四十卷，分为一十三门：首年表，以次而下曰国统、曰邻交、曰天文、曰地理、曰职官、曰食货、曰兵政、曰刑法、曰学术、曰礼俗、曰物产、曰工艺，每门各分一表，上下数千年，条分缕析。梁溪薛叔耘星使谓为奇作识哉，月旦非诬也。今者中日言和，轺车互驻，封疆大吏选派学生前往彼都游学，得此书以互相印证，彼中事尤了如掌上螺纹，然则有志外交者可不各置一帙乎？本馆遵照原书刊印，纸墨一切格外精工，刻已告成，每部十本，计码洋二元五角，售处仍在三马路申报馆申昌书室及各书坊外埠亦皆寄致，以使人就近购求。此布。

此后，自同年十月二日起，《申报》以"新印日本国志"为题，连年累月刊登广告，直至1901年。

新印日本国志

是书为粤东黄公度廉访所著，廉访前曾赞使日本，研求彼国数千年来礼、乐、兵、刑，而于明治维新力行新法，尤三致意焉，成书四十卷，原原本本洽见殚闻。本局排印精良，分装十本，告成之后，购者如云，计每部码洋二元五角，世有先观为快者，请临申报馆申昌书室及各书坊购取可也。

据统计，《日本国志》在《申报》上的广告活动，1898年共刊登21次，1899年增至46次，1900年再创新高，达64次，平均每年以20次左右的速度递增。每月的广告，少则2次（光绪二十五年七月十三日、同年七月二十五日），多则9次（光绪二十四年十月、光绪二十六年二月），直至1901年七月二十日后才告一段落（参见表一），并且，每次出现在头版。从频繁的广告活动中，可见上海图书集成印书局对该书的重视，使得《日本国志》既成为当时的畅销书，也成为长销书。

表一　1898年—1901年《申报》刊登《日本国志》广告统计

光绪二十四年 (1898)21次	光绪二十五年 (1899)46次	光绪二十六年 (1900)64次	光绪二十七年 (1901)33次
三月二十七日	正月初七日	正月初八日	正月初九日
三月二十八日	正月十三日	正月十二日	正月二十一日
七月十六日	正月十八日	正月十五日	正月二十六日
七月十七日	正月二十二日	正月十九日	二月初一日
十月初二日	正月二十七日	正月二十五日	二月初五日
十月初三日	二月初二日	正月二十九日	二月初九日
十月初五日	二月初九日	二月初三日	二月十三日
十月初九日	二月二十三日	二月初七日	二月十八日
十月十三日	三月六日	二月十一日	二月二十二日
十月十八日	三月十四日	二月十四日	二月二十五日
十月十九日	三月二十三日	二月十八日	二月二十九日
十月二十五日	三月三十日	二月二十一日	三月十二日
十月二十七日	四月初九日	二月二十四日	三月十九日
十一月初七日	四月十七日	二月二十八日	三月二十六日
十一月初十日	四月二十三日	二月三十日	四月初三日
十一月十七日	五月初四日	三月初四日	四月十三日
十一月二十一日	五月十三日	三月初八日	四月二十三日
十一月二十八日	五月十九日	三月十七日	四月二十九日
十二月初五日	五月二十九日	三月二十四日	五月初六日
十二月十五日	六月初七日	三月二十八日	五月十一日
十二月二十二日	六月十八日	四月三日	五月十六日
	六月二十七日	四月十一日	五月二十四日
	七月十三日	四月二十日	五月二十九日
	七月二十五日	四月二十五日	六月初四日
	八月初二日	五月初一日	六月初九日
	八月初六日	五月初五日	六月十三日
	八月十三日	五月初九日	六月十八日
	八月十九日	五月十七日	六月二十三日
	八月二十七日	五月二十三日	六月二十八日
	九月初四日	五月二十六日	七月初二日
	九月十二日	五月三十日	七月初六日
	九月二十日	六月初五日	七月初十日
	九月二十五日	六月十一日	七月二十日
	十月初二日	六月十六日	

续表

	十月初七日	六月二十三日	
	十月十三日	七月初一日	
	十月二十三日	七月初四日	
	十月二十七日	七月初八日	
	十一月初八日	七月十三日	
	十一月十六日	七月十五日	
R	十一月二十三日	七月二十日	
	十一月二十八日	七月二十四日	
	十二月初五日	七月二十八日	
	十二月十一日	八月初四日	
	十二月十七日	八月十四日	
	十二月二十四日	八月二十五日	
		闰八月初四日	
		闰八月十七日	
		闰八月二十七日	
		九月初七日	
		九月十四日	
		九月二十四日	
		十月初四日	
		十月初十日	
		十月十四日	
		十月二十日	
		十一月初二日	
		十一月十四日	
		十一月二十四日	
		十二月初三日	
		十二月十一日	
		十二月十六日	
		十二月十八日	
		十二月二十三日	

二

关于《日本国志》的版本问题,盛邦和①、郑海麟②、刘雨珍③等学者做了可贵的研究。但是,对于该书以节本形式出版的问题,多语焉未详。

所谓节本,是指因原书浩繁,节其要者而重刻之图书。如宋吕祖谦《十七史详节》、宋魏了翁《五经要义》等即是。黄遵宪的《日本国志》,四十卷首一卷,凡十二志,50万余言,卷帙庞大,价格不菲,阅读不易。于是,节本应运而生。从文献体式而言,《日本国志》属编述文献,即引述(明抄暗引)前人著作为主,在此基础上进行新的体系组织和内容加工。但黄遵宪又并非完全"述而不作",在文中常间发议论,尤其在每志首尾或中间以"外史氏曰"的形式,寓论于史,史论结合,阐发微言大义。如:"余考日本诸教流行,独无道教,盖所谓神道者即为道教,日本固早重之,彼张鲁之米教、寇谦之符箓、杜光庭之科仪,反有所不必行矣。"④提出了神道相当于道教,所以道教在日不盛行的观点。再如,针对日本明治维新后出现的轻视汉学的思潮,黄遵宪批驳道:"今朝野上下通行之文,何一非汉字?其平假名、片假名,何一不自汉文来?传之千余年,行之通国,既如布帛菽粟之不可一日离,即使深恶痛绝,固万万无废理。……方今西学盛行,然不通汉学者,至不能译其文。……吾愿日本之治汉学者,益鹜其远大者,以待时用可也。"⑤

据查,"外史氏曰"的评论共有31篇,各卷少者1篇,多者数篇,其中食货志7篇、礼俗志6篇,以及学术志4篇,数量最多。现列表如次,其中表中"黄遵宪撰写的序论"的标题,如卷一"国统志序"、卷三"论国统篇后序论"等,原文统一以"外史氏曰"行文,未列标题,此据《日本国志序论》(后述)所加。所谓"序论",置于文章前面者称"序",置于文后者称"论"。出版社将上述31篇"外史氏曰"的内容单独抽出,裒合一书发行。

表二 《日本国志》黄遵宪序论("外史氏曰")一览表

志	卷次(卷数)	内容	黄遵宪撰写的序论	篇
	卷首	中东年表		0
志一	卷一至卷三(三卷)	国统志	卷一国统志序、卷三论国统篇后	2

---

① 《黄遵宪史学研究》,江苏古籍出版社,1987年,第109—110页。
② 《黄遵宪与近代中国》,三联书店,1988年,第166—168页。
③ 《日本国志·前言》,上海古籍出版社,2001年影印本。
④ 《日本国志》卷三十七,上海古籍出版社,2001年,第389页。
⑤ 《日本国志》卷三十二,第339页。

续表

志二	卷四至卷八（五卷）	邻交志	卷四邻交志序、卷七论泰西篇	2
志三	卷九（一卷）	天文志	卷九天文志序	1
志四	卷十至卷十二（三卷）	地理志	卷十地理志序	1
志五	卷十三至卷十四（二卷）	职官志	卷十三职官志序、卷十四序大臣参议更替表	2
志六	卷十五至卷二十（六卷）	食货志	卷十五食货志序、论户籍篇后、卷十六论租税篇后、卷十七论国计篇后、卷十八论国债篇后、卷十九论货币篇后、卷二十论商务篇后	7
志七	卷二十一至卷二十六（六卷）	兵志	卷二十一兵志序、论兵制篇后、卷二十六论海军篇后	3
志八	卷二十七至卷三十一（五卷）	刑法志	卷二十七刑法志序	1
志九	卷三十二至卷三十三（二卷）	学术志	卷三十二学术志序、卷三十二论汉学篇后、论西学篇后、卷三十三论文学篇后	4
志十	卷三十四至卷三十七（四卷）	礼俗志	卷三十四礼俗志序、卷三十四论祭祀篇后、卷三十六论游燕篇后、卷三十七论神道篇后、论佛教篇后、论社会篇后	6
志十一	卷三十八至卷三十九（二卷）	物产志	卷三十八物产志序	1
志十二	卷四十（一卷）	工艺志	卷四十工艺志序	1
总计				31

笔者通过在国家图书馆的调查，获知有以下几种节本问世：

1. 日本国志序（索书号：77345）

上下2册，凡60叶。每半叶13行，行22字，黑口，左右双边，版心仅记页码，题签、牌记（A面）及卷端题名同作"日本国志序"，牌记（B面）题"光绪丁酉孟夏锓木/板存绍郡中西学堂"，知光绪二十三年（丁酉，1897）农历四月上梓，版存浙江绍郡中西学堂。

绍郡中西学堂为清末著名的新式学堂之一。它仿天津中西学堂，二等学堂（相当于中学）规制，由山阴乡绅、维新人士徐树兰（仲凡）于1897年（光绪二十三年）创办，领绍兴乃至浙江近代教育之先。蔡元培曾任该校总理（校长），徐锡麟任经学兼算学教员，学堂副办（副校长），鲁迅任监学（教务主任）兼博物教员。

本书卷端钤有"陈垣同志遗书"印，知为当代著名史学家陈垣旧藏。

陈垣（1880—1971），字援庵，又字圆庵，广东新会人。自幼好学，无师承，自学成才,在宗教史、元史、考据学、校勘学等方面成绩卓著,受到国内外学者的推重。从教 70 多年,先后任国立北京大学、北平师范大学、辅仁大学校长,还担任过京师图书馆馆长、故宫博物院图书馆馆长。1949 年后,任中国科学院历史研究所第二所所长。主要著述有《元西域人华化考》、《校勘学释例》、《史讳举例》、《明季滇黔佛教考》等。文革中饮恨以殁后,大部分所藏归北京图书馆,北图刻此一章,作为捐赠标识①。

全书圈点较多,先后载薛福成序(光绪二十年春三月,巴黎使馆);黄遵宪序(光绪十三年夏五月);凡例;国统志序、邻交志序、天文志序、地理志序、职官志序、食货志序、兵志序、刑法志序、学术志序、礼俗志序、物产志序、工艺志序。"国统志序"以下载《日本国志》十二志中"外史氏曰"序论计 31 篇,3 万余字。其中,除"志"(如"国统志序")外,未列"论"的标题。

又一种,日本国志序(索书号:75116),1 册,行款、牌记、内容等完全与 77345 本相同,当为同一版本。卷首钤"苦雨斋藏書印"(参见书影一),知为周作人旧藏。

又一种,日本国志序(索书号:6752),1 册,行款、牌记、内容等完全与 77345 本相同,当为同一版本。卷末钤字"廿七年三月廿五日王荫泰先生赠送",知系民国廿七年(1938)王荫泰赠书。

王荫泰(1886—1947),字孟群,山西临汾人。曾留学日本和德国,回国后在北京政府任职,官至外交部总长、司法部总长。1921 年起任张作霖顾问。抗战爆发后投敌,战后被国民政府逮捕,1947 年在南京处决。著有《实业部工作要略》等,国图藏有他赠送的数十种图书,如《日本监狱实务》、《日本法制录》、《监狱访问录》、《调查日本裁判监狱报告书》、《日本改正刑法》、《庚辛提牢笔记》、《万国公使议》等。

2. 日本国志序(索书号:42315:4)

1 册,系《铸学斋丛书》之第 4 种。《铸学斋丛书》共 13 种,清徐维则辑,光绪二十六年(1900)铅印本。全书行款、顺序、内容等同 77345 本,当为后印本。

3. 日本国志序(索书号:5695)

1 册,59 叶,每半叶 12 行,每行 24 字,黑口,左右双边,版心刻"日志"和页码,牌记作:光绪壬寅年七月/黄公度日本国志序/苏州开智书室刊行(参见书影二)。光绪壬寅年,即光绪二十八年(1902)。卷端钤"长乐郑/振铎西/谛藏书",卷末钤"长乐郑氏/藏书之印",为现代著名学者郑振铎(1898—1958)之手泽本。本书顺序与内容完全同上述 77345 本。

---

① 来新夏:《从"陈垣同志遗书"说起》,载《中华读书报》,2008 年 7 月 9 日。

4. 日本国志序(索书号:7370:21)

1册,38叶,每半叶14行,行32字,白口,四周单边,双鱼尾,版心下镌:日本国志序、页码、通学斋校印。系《通学斋丛书》之第21种。《通学斋丛书》共50种,清邹凌元辑,民国年间铅印本。全书顺序、内容等同77345本。

5. 国朝黄遵宪日本国志序论(索书号:76733)

1册、80叶,每半叶10行,行24字,黑口,四周单边,版心刻篇名全称和页码,书名据卷端。首有"长乐郑/振铎西/谛藏书",末有"长乐郑氏/藏书之印",有朱批圈点。刊年未详,似为清末刻本。载国朝黄遵宪日本国志序论目录、国朝黄遵宪日本国志自序、国朝黄遵宪日本国志国统志序(以下篇名前皆冠有"国朝黄遵宪日本国志",略)、论国统篇后、邻交志序、论泰西篇、天文志序、地理志序、职官志序、序大臣参议更替表、食货志序、论户籍篇后、论租税篇后、论国计篇后、论国债篇后、论货币篇后、论商务篇后、兵志序、论兵制篇后、论海军篇后、刑法志序、学术志序、论汉学篇后、论西学篇后、论文学篇后、礼俗志序、论祭祀篇后、论游谦篇后、论神道篇后、论佛教篇后、论社会篇后、物产志序、工艺志序。正文内容与77345本一致,只不过77345本的小标题只列"国统志序"、"邻交志序"等12志序,而本书除此之外还根据内容加上"论"的标题,如"论国统篇后"、"论泰西篇"、"论户籍篇后"等。

本书亦藏上海图书馆(参见书影三)。

除上述《日本国志序》之外,也诞生了《日本国志》的其他节本。如吉林大学图书馆皮藏有下列二书:

6. 日本食货志(索书号:史6603K)

不分卷,无封面,2册,每半叶12行,行24字,白口,四周单边,全书施有朱笔圈点和眉批,牌记作:光绪丙午岁/日本食货志/成都官报局印。光绪丙午,即光绪三十二年(1906)。"光绪丙午"下小字标有书价:每部定价银元五角。卷端著者项作:出使日本参赞官黄遵宪编纂。卷首钤朱印:东北人民大学图书馆藏书印(参见书影四)。东北人民大学为吉林大学的前身,1950年由东北行政学院更名为东北人民大学,1958年更名为吉林大学。揆之《日本国志》,知包括《户籍表》、《国税表》等表格在内,全文选自《日本国志》卷十五至卷二十《食货志》一至六。全书不通页,第一册食货志一至食货志三,53叶;第二册食货志四至食货志六,51叶,共104叶。

7. 日本国刑法志(索书号:史6649K)

不分卷,无封面,2册,全书施有朱笔圈点和眉批,行款、卷首钤印、卷端著者项署名(参见书影五)等悉与《日本食货志》同。经与《日本国志》勘比,知取自《日本国志》卷二十七至卷三十一《刑法志》一至五。全书不通页,第一册刑法志一至刑法志三,60叶;第二册刑法志四至刑法志五,44叶,凡104叶。该书虽未见牌记,但行款等与《日本食货志》相伴,疑同为光绪三十二年(1906)出版,待考。

光绪三十一年(1905),清廷派载泽等五大臣出洋考察宪政,翌年,各地立宪运动风起云涌。节本《日本食货志》和《日本国刑法志》或许就是这种时代的产物。

通过上述考察,究明了以下几个问题:

第一,以上《日本国志序》凡5种,其中,光绪二十三年(1897)绍郡中西学堂刻本《日本国志序》开先河,后有光绪二十六年(1900)《铸学斋丛书》本(《日本国志序》)、光绪二十八年(1902)苏州开智书室刻本(《日本国志序》)、民国初《通学斋丛书》本(《日本国志序》),以及刊年未详的《国朝黄遵宪日本国志序论》踵之。此外,清季还诞生了另一系统的节本《日本食货志》(光绪三十二年)和《日本国刑法志》(刊年未详)。

第二,《日本国志》"详今略古,详近略远",特别是"凡牵涉西法,尤加详备,期适用也"①。因此,这部40卷、50余万言的恢宏著作,风云际会,刊行后便立即成为畅销书,短短数年间,多家书坊竞相刊刻,印行7种之多。而《日本国志》节本以其薄册小书,经济实用,适于阅读,出现了7种版本。这充分证明,《日本国志》和其节本一起盛行于晚清,构成了两书并行畅销和传播的独特现象(参见表三),而黄遵宪的维新变革思想,藉此也得以更为广泛的传播。

表三 清末《日本国志》版本一览表

年代	日本国志	《日本国志序》等节本
1895年末(或1896年初)	广州羊城富文斋初刻本	
1897年	广州羊城富文斋修订本	绍郡中西学堂《日本国志序》
1898年	1. 浙江书局重刊本(初刻本) 2. 上海图书集成印书局铅印本(修订本) 3. 汇文书局木刻本(修订本)	
1900年		《铸学斋丛书》本《日本国志序》
1901年	上海书局石印本(修订本)	
1902年	丽泽学会石印本(修订本)	苏州开智书室刻本《日本国志序》
1906年		1. 成都官报局铅印本《日本食货志》 2. 铅印本《日本国刑法志》
清末		刻本《国朝黄遵宪日本国志序论》
民国		《通学斋丛书》本《日本国志序》

---

① 黄遵宪:《日本国志·凡例》,第4页。

第三,这些节本虽然册薄页单,并不起眼,但既有周作人(1885—1967)的旧藏,也有现代著名文献学家郑振铎的手泽本,还有现代著名史学家陈垣的捐献本,说明受到大家的青睐,从而增加了文献学价值。

黄遵宪的《日本国志》,除以上全本和节本外,也有以单篇文章的形式在清末传播。如麦仲华辑《皇朝经世文新编》卷四法律卷,收有《日本国志》中的《日本刑法志序》和《日本邻交志序》。对此,笔者将另行撰文探讨。

值得注意的是,《日本国志》虽然在清季成为经久不衰的长销书,但在东瀛日本却寥寥落寂,无人关注。日本素以注重输入域外文化见长,翻刻了数以千计的"和刻本",但迄今未见《日本国志》问世。明侯继高《日本风土记》(五卷)一书,专论日本,关西大学图书馆竟藏有6种日本人的抄本,其中有江户时代著名木村孔恭(1736—1802)的旧藏。至于《日本国志》的节本,笔者查访有日,居然未见一家馆藏。也许甲午一役,日本从文化上完成了"脱亚入欧"的转型,心仪的对象已移情于西方了罢。

注:《申报》图书广告的调查得到浙江理工大学陈越老师、浙江教育学院黄宇雁老师的鼎立协助,吉林大学图书馆藏《日本食货志》和《日本刑法志》的调查,得到徐磊博士的大力协助,谨表谢忱!

书影一 《日本国志序》,国家图书馆藏,钤周作人藏书印

书影二:《日本国志序》,国家图书馆藏

书影三:《国朝黄遵宪日本国志序论》,上海图书馆藏

书影四：《日本食货志》，吉林大学图书馆藏

书影五：《日本刑法志》，吉林大学图书馆藏

杨守敬与罗振玉的交友
——读杨守敬致罗振玉书札

陈 捷[*]

在回顾中国近代学术史时,杨守敬与罗振玉二人都是必然会被提到的重要学者。在清朝末年动荡不安的社会环境下的,他们对保存与研究传统文化怀有一种历史责任感,在收集研究金石资料、搜求传播国内外珍贵古代文献等方面做出了长期持续的积极努力。二人年龄各异,出身、经历不同,社会地位与影响力也颇为悬殊,但是因为学问方面的共同兴趣和见识,在很长时期内保持了相当密切的关系。阐明杨守敬与罗振玉的交友关系,不仅是考察二人的学术经历和学问取向所必须的基本工作,而且也有助于我们思考和理解清末中国知识分子在学术人生中的选择。做为这一研究的第一步,本稿拟对现在可以见到的几通杨守敬致罗振玉的书信资料进行分析,通过这些资料,对二人的交友关系、特别是辛亥革命前后的交往情况进行考察。

一、杨守敬与罗振玉的交友关系

光绪二十六年(1900),罗振玉奉张之洞之命从上海赴武昌担任湖北农务局总理兼农校监督,在武昌住到翌年六月。恰好这一时期杨守敬也应张之洞之邀在两湖书院担任教习,教授地理。罗继祖《永丰乡人行年录》光绪二十七年辛丑(1901)项云:"当在鄂时,乡人颇与宜都杨惺吾守敬、会稽章硕卿寿康讨论金石目录学,以遣岑寂。"由此可见他们在这一时期交往之频。在杨守敬的学者生涯中,光绪二十七年是十分重要的一年。这是因为,奠定了他在中国版本目录学史上重要地位的两部著作《日本访书志》和《留真谱》都是在这一年刊成出版的。罗、杨、章三人在"讨论金石目录学"时,想来也就这两部书的内容做过探讨。杨守敬在《留真谱》序文中谈到他刊行此书的动机时云:"友朋见之者多叹赏,嘱竟其功。至本年春,共得

---

[*] 陈捷,日本国文学资料馆准教授。

八册,略为分类印行。"可以想见,在这些给他以鼓励的"友朋"之中,应该也包括罗振玉在内。

　　罗振玉离开武昌之后,二人仍有见面的机会并保持书信往来,相互提供学术资料,交换各种意见。罗振玉曾经在其藏书《贞元新定释教目录》的题跋中写道:"宜都杨君惺吾曩游日本时得之。去冬过鄂,欲从杨君假钞,以卷帙多且大,慨然持赠。百朋之锡,忻慰何似。异日当劝有力者重雕,俾不负杨君见惠之雅意也。"字里行间流露出他对杨守敬的感激之情。① 医统重刻宋本《脉经》跋文云:"杨葆初大令寿昌曾据杨氏观海堂所藏宋嘉定何氏本重雕,未见印本。昨过武昌,杨君面许见寄。异日寄至,当与此一校异同也。"这也是二人相互提供研究资料的例子。② 罗振玉在杨守敬的协助下影印古书的例子可举出1914年出版的《日本古写本隶古定尚书商书残卷》。此书《商书》部分是从杨守敬藏日本古钞本《商书》残卷影写的。罗振玉在跋文中记述此事经过云:"闻老友杨惺吾舍人藏日本古写本商书残本,因移书乞影写,拟与敦煌本比勘。杨君许之,不逾月邮至。"这些例子既说明了杨守敬在为朋友提供研究资料时的豪爽态度,也可以看出,在积极推动古代文献的传播和出版方面,杨守敬与罗振玉的想法有共通之处。另一方面,杨守敬也曾得到罗振玉赠送的资料,并利用罗振玉的研究成果。例如杨守敬的《三续寰宇访碑录》就吸收了罗振玉《寰宇访碑录刊谬》、《补寰宇访碑录刊谬》、《再续寰宇访碑录》等著作的成果。

　　系统阅读杨守敬与罗振玉相关的资料就会了解,二人之间在学术上的交流绝不仅仅是在交换资料的层面,他们的交友关系应该是建立在对相互学问的深入理解和尊敬的基础之上的。杨守敬在光绪六年(1880)到光绪十年(1884)期间访问日本,对流传于日本的中国善本古籍有比较丰富的知识,并通过各种方式收集了大量珍本旧籍,在国内学者和藏书家之间引起很大反响。但是在当时,真正能够理解杨守敬关于日藏汉籍的见识以及认识到其藏书中的日本古钞本、古刊本之价值的学者并不很多。③ 从这一意义上说,重视日本古钞本、古刊本的价值,并积极致力于收集、研究和传布有关文献的罗振玉可以说是杨守敬难得的知音和事业上的继承者。从杨守敬对罗振玉的影响方面看,罗振玉1901年为考察教育第一次出访日本,在考察日程之馀,他走访杨守敬曾经频繁出入的文行堂、琳琅阁等古旧书店购求古书,与和杨守敬有密切交往的书法家日下部东作等人结交。罗振玉的藏书题跋也经常引用杨守敬之说,对其见解或表赞成,或加订正。在得到杨守敬未得到的

---

①②《大云书库藏书题识》卷三。
③ 1913年杨守敬在上海避难期间写给罗振玉的信中云:"(藏书)择其稍旧者卖之,而问价者亦少,缘所得日本书坐有倭文,不投时好。"

珍本古籍时,更是加倍的喜悦。① 在中国近代学术史上,罗振玉在传布和研究中国已经散逸而日本尚有流传的古代文献方面做出了巨大贡献,如追溯其研究的出发点,则当推杨守敬的《日本访书志》、《留真谱》。此外,杨守敬回国以后到去世之前倾注了最多精力的是以《水经注疏》为代表的历史地理学研究。罗振玉曾将杨守敬在这一领域的成就与王念孙、段玉裁的小学和李善兰的算学相提并论,称为清代学术的"三绝",给予了其他人所没有过的高度评价。对此,杨守敬一直心存知己之感。杨守敬撰《邻苏老人年谱》光绪乙巳年(1905)记载《水经注图》出版事云:

  上虞罗叔蕴振玉得吾书叹赏之,谓吾地理之学与王怀祖念孙、段若膺玉裁之小学、李壬叔善兰之算学,为本朝三绝学。推挹过当,但不知后世以为如何也。

在谦逊之词中流露出喜悦之情。如下文所述,在生活艰难的晚年,杨守敬为了刊行《水经注疏》,曾考虑过集股出版等种种办法。当时他曾请求罗振玉出面帮他集资,这一方面是想借助罗振玉的名声与影响力,另一个重要原因则应该是出于这种长期以来的知己之感。

  如下文所述,杨守敬与罗振玉的交谊在杨守敬晚年因为进退出处问题上的不同选择产生了裂痕。但是即使是在此之后,杨守敬仍然写信给罗振玉,言辞恳切地请求他为《水经注疏》撰写序文。罗振玉在杨守敬去世之后也曾写道:"舍人水地之学为本朝之冠","异日必当为一传,以章所学,庶慰此老于九泉。"表示日后要为杨守敬作传以表彰其学术。② 可见,二人在学术上的相互理解与信赖的关系超越了政治与道德选择的分歧,一直持续到生命的最后一刻。

二、关于杨守敬致罗振玉书札

  从各种文献记载分析,杨守敬是一位勤于动笔的人,一生中应该撰写过不少信札。但是现在保存下来并公开出版的书信资料却十分有限。根据1987年出版的《杨守敬集》第1册卷首《总序》,编者最初曾计划根据收集资料的结果编成《杨守敬书信选录》,收录于《杨守敬集》最后一册中。但是或许是因为收集到的书信资料数量较少,这一设想最终未能实现。从杨守敬致罗振玉书札中"已三次赐书,并付浮

---

① 如《大云书库藏书题识》卷三《祕密漫荼罗教付法传》云:"宜都杨氏在日本得中土佚经颇多,乃亦无此传,岂不至可宝耶!"
② 罗振玉《五十日梦痕录》。

沈,何缘悭也"①、"两次寄来大著并石刻拓本"(详后)等文字可以窥见,二人之间应该有相当频繁的书信往来,但是据笔者管见,现在公开发表的杨守敬致罗振玉书信只有以下三通。②

1. 1912 年 5 月 8 日(农历壬子年三月二十二日)

杨守敬致罗振玉书札的底稿,现藏湖北省博物馆。近年出版的杨守敬孙子杨先梅编集、刘信芳校注《杨守敬题跋书信遗稿》中收录照相图版、释文和注释。此札作于辛亥革命翌年杨守敬在上海避难期间,在报告留在湖北的藏书和刻书书版的现状之外,还请求罗振玉助其集资刊刻《水经注疏》。

2. 1913 年 3 月 8 日(农历癸丑年二月朔日)

此札图版见日本学者内藤虎次郎编《清朝书画谱》,注为"京都罗氏宸翰楼藏",应当是内藤从罗振玉处借用拍摄。在杨守敬致罗振玉书札中,是最早公开发表的一通。③《杨守敬题跋书信遗稿》中收录该札未完成的底稿,主要内容与《清朝书画谱》所录者一致,但也有一些不同之处。④ 杨守敬信中描述了上海避难生活的穷困状态,在表达了对罗振玉移居京都的羡慕之情的同时,表示自己要争取在年内完成多年来一直坚持的《水经注疏》的编纂工作,并希望罗振玉能在出版方面给予协助。

3. 1914 年月日不详(农历甲寅年)

此信亦为湖北省博物馆收藏的杨守敬致罗振玉书札底稿,收录于《杨守敬题跋书信遗稿》。《永丰乡人行年录》记载 1914 年罗振玉临时返乡后经上海乘船再次前往日本时事云:

> 比自沪返,杨惺吾至舟中相送,以所注《水经注》序为托。惺吾时将应征北上,乡人劝止行,惺吾有难色。及乡人抵东,又投书言此行乃谋刻所著书,非求仕,仍申前请。

所说的就是这通书札。信中详细介绍了自己在辛亥革命以后的境遇,说明自己决

---

① 《寄罗振玉之一》,杨先梅辑、刘信芳校注《杨守敬题跋书信遗稿》,第 181 页。
② 补注:本文发表之后看到《中国文化》第十五、十六期(1997 年)发表的胡振宇《记杨守敬与罗振玉讨论甲骨文之信一帧》,应予补入。此札作于宣统二年八月四日,比本稿讨论的四通信札时间更早。关于此札内容,笔者后来在拙稿《关于〈罗振玉手札〉所收罗振玉致杨守敬书札的考察》(《文献》2009 年第 3 期)中曾经引用。
③ 内藤虎次郎编《清朝书画谱》,大阪,博文堂,大正五年。
④ 《寄罗振玉之二》,杨先梅辑、刘信芳校注《杨守敬题跋书信遗稿》,第 185—186 页。

心前往北京的主要原因是为了争取刊行《水经注疏》,并恳请罗振玉为《水经注疏》撰写序文(详后)。

此外,《杨守敬集》第1册卷首还刊载了另外一通收藏于国家图书馆的杨守敬致罗振玉书札的两张图版,分别是该书札第一页和最后一页。笔者根据《杨守敬集》主编谢承仁先生及郄志群先生的教示,在国家图书馆善本特藏部看到了这通书札的原件。下面即将书札全文录出,并对其内容加以考察和说明。

三、关于中国国家图书馆收藏的《邻苏老人手札》

国家图书馆收藏的杨守敬致罗振玉书札使用的是印有双钩"邻苏园"三字的杨守敬专用信笺,装为一册,书衣左侧有题有"邻苏老人手札"的题签。书札内容如下:

叔韫仁兄足下:

两次寄来大著并石刻拓本,感谢感谢。《萧瑒》一志足下未有副本,何可攘夺。然可补入《寰宇贞石图》,俟石印后再以奉缴。新出《齐郡王妃》等三志,守敬但见《齐郡王妃常氏》一志缩印本,真精绝,不在《张贵男》下。闻系武进董氏所得,奇货居之。然闻董氏欲购我《寒山诗集》影宋本,吾亦爱不忍割。如董君肯以三志赠我者,则《寒山诗集》可议让也。足下试为商之。

《唐六典》守敬所藏,一册正德本,一日本人校刻本,一扫叶山房本此本不佳。日本校刻本凡正德缺字皆补之,颇精。守敬在日本尝亦致力于此,于各史志中有异同互证者抄出之,亦可备参证。支阁二十余年,未尝省视。得足下提及欲重刊此书,甚善甚善。今新法将数千年来制度尽行翻改,不知彼有深浅者,且欲当效法我古制而变其粗野。今以所校原本呈览。吾意行款仍照正德本,缺字依日本刻补之。其守敬所辑有可采者可附于后,何如何如?记中有作明庆者,守敬谓当作显庆。既检唐中宗讳显,则明庆不误。此等处仍求足下正之。但刻此书似宜用木板精写刻之,不可以石印。如必欲刻,似应仍在鄂嘱陶子林刻之。唯近日刻工较前更贵,未知贵同人允否?如不刻,仍祈将原书付还,断不可迟留。缘从前甚负翻检力,不欲轻弃也。

《书史会要》敝处有两写本,行款不同而互有长短,似是元本有模糊处,形近致误者。然二本亦竟有不可通者。未知尊处所藏何本?似宜寄来与此二本互校,再以《墨池篇》等书校之,方可入木。大凡守敬在日本得旧钞本,每叶一角,影钞精者,每叶三角,次者二角。此二书,每部约二百余叶,原以二十余元得之。如足下欲得之不刻,则以原抄赀付我议定寄书。如欲刻之,则不须给我赀亦不必寄书,缘传古我亦有同情也。

《悉昙字记》、《帝范》、《黄帝明堂经》三种本是二十年前汪穰卿嘱我刻者。当时仿宋每字三文，诚然。而写工及板片在外，故每字五文。今则刻工每字五文，写工、板片又在外矣。此书汇入《国学丛刻》中甚善，以其板式甚小，与尊刻合也。通计三种五十五叶，共计一万九千一百五十七字，每字五文，当日之价应九十五千七百八十五文，合洋银七十六元。足下欲买之，即恳以洋银兑付 缘近日需款甚急。其板片由陶子林汇交为便。又《帝范》与中土所传大异，守敬有校记未刻，其稿当尚存。《悉昙字记》、《黄帝明堂经》，吾不在行，未有题跋，唯足下补刻之。

伯斧所得《唐韵》不能定为何人之有，故不敢附和。恐伯斧见之不悦。然实事求是，生平不肯假借，惟伯斧谅之。

伏侯所得《文选》故是希有，然未必千金之宝 吾有跋，可阅之。郎注《苏集》日本有重刊本 非影宋，吾有之，未知其板尚存否？

伯斧拟刻之《王子安集》，已刻样子数行，甚精，当以附入《国学丛刻》。吾之北齐人书《左传》，去年在上海石印之，不□佳。今已择良工木刻之，他日亦可附《国学丛刻》也。

吾与伯斧之题跋等，足下可拆开一阅。书此竟腕欲脱，足下当笑我痴也。

守敬所著书未刻者甚多，然必不能尽刻。非惟力不足，且日暮途远，断不能竣事。颇有劝我辑股者，吾鉴于周沅帆得股款而未成书，致遭嗤骂，故迟迟未敢出。今时日已迫，急于成书，未知海内学者赞成否？足下交游最广，声誉最著，鼎力招来，或属可行。且守敬著书已有刻成者，人必信之，不同虚悬。惟经理乏人，恐贻后人累也。谨以质之足下，可否唯裁示。即颂

著安不庄

守敬顿首
六月二十五日九钟

又吾见足下《国学丛刻》宗旨，则吾所藏可汇入者甚多，匆匆不及缕述。有古钞《庄子》残卷子三卷，与宋板大有异同，勿论近刻也。如可汇入，当检出商之。惟守敬年老，精力衰颓，不能照料一切，为可憾也。

又吾得朱竹垞《宋元人集本书目》一册，似可补入尊刻，容日检寄。

守敬昨日廿三日为田伏侯跋《文选》约千馀字，昨日又为蒋伯斧书《唐韵》跋又千馀字。今日为伯斧、伏侯作信，又为足下书信，精殚力竭，语无次第，草率不堪。缘伏侯限今日渡江，定于午前送各件去故也。

《水经注疏》仍未写定。缘《历史地志详图》已刻成大半，不欲中辍。俟全成后，方以全力治《水经注疏》。惟日者言吾生命尽于今年，则《水经注》不能成，盖此五百年大憾也。惟祈天鉴我忱，再假我数年，此书成，可瞑目矣。今以刻成北魏、西魏两

图呈览,可知吾所刻地图皆用力至勤,非苟而已也。张石洲《延昌地形志》残稿为吾乡陈士可此君亦吾两湖书院门生所得,屡嘱其重抄一部,未得。兹以北魏、西魏二书由足下赠之,祈恳其速抄来,以与吾书互正,其抄赀即由足下兑付为祷。

书札日期署"六月二十五日",没有纪年。根据信中提到"为田伏侯(笔者按:即田吴炤)跋《文选》约千馀字"、"昨日又为蒋伯斧(笔者按:即蒋黼)书《唐韵》跋",而这两篇题跋均见于《杨守敬题跋书信遗稿》,即该书所收《曹子建七启八首跋》及《古钞广韵卷子残本跋》①。其中前者署"宣统三年六月廿有三日宜都杨守敬记时年七十有三",后者署"宣统三年",可知此札当作于宣统三年六月二十五日,即 1911 年 7 月 20 日,也就是辛亥革命前夕。与前面提到的三通书札均为辛亥革命之后所作不同,此札虽然也有"今新法将数千年来制度尽行翻改,不知彼有深浅者"等关于政局的议论,但基本内容都是有关收集碑版拓片和校印古籍等方面的话题,可以窥见二人当时学术生活的一个侧面。下面我们对其内容做一些具体的考察。

书札最初先对罗振玉两次寄赠著作和石刻拓片表示感谢。此处提到的"《萧玚》一志"是隋大业八年刻石,收入罗振玉《六朝墓志精华》。从此札可知,杨守敬计划将罗振玉赠送的拓片石印,以补《寰宇贞石图》。"新出《齐郡王妃》等三志"指前一年发掘的《齐郡王妃常氏墓志》、《燕州刺史元扬墓志》和《元扬妻墓志》。《永丰乡人行年录》宣统三(1911)二月八日条记载:"洛中运魏燕州刺史元扬及元使君夫人王氏、齐郡王妃常氏三志石至,督工烧烛拓墨",翌日记:"田伏侯、董授经康、方地山尔康先后至,终日闻打碑登登之声。"由此可知,在杨守敬撰写此札时,罗振玉已经从原石拓取到拓片。武进董氏当指罗振玉拓取三志时来访的董康,他收藏的这三种墓志后来出让给日本实业家、收藏家大仓喜八郎。董康想要得到的《寒山诗集》应该就是现在收藏于台湾故宫博物院图书馆的杨氏观海堂旧藏日本江户时代影钞本,其底本现藏日本宫内厅书陵部。② 1926 年董康访问日本宫内厅图书寮时,终于亲眼目睹该书实物。③

紧接著,杨守敬阐述了关于刊行《唐六典》的意见。从"得足下提及欲重刊此书,甚善甚善"这段话来看,罗振玉来信中可能提到希望刊行《唐六典》,并征求杨守敬的意见。杨守敬《日本访书志》卷五著录他在日本得到的古钞本《唐六典》,在介绍各种版本的情况之后说:

---

① 《杨守敬题跋书信遗稿》第 164—167 页,第 173—175 页。
② 有 1928 年日本审美书院影印本,《日本宫内厅书陵部藏宋元版汉籍影印丛书》第一辑(线装书局,2001 年 12 月)收录。
③ 《书舶庸谭》卷三。

>　　余谓此书自唐虞而下本末粲然,真所谓经国大典,岂独有唐一代,百世而
> 下虽有损益,不能出其范围。顾传本绝少。余尝合诸本,竭一月之力,就天保
> 刊本定其从违。安得有心经世之略者重刊焉。

可见杨守敬早就期待有人刊行此书。在得知罗振玉计划出版此书之后,杨守敬不仅积极提供底本和自己以前所做校勘记,还对刊印方法提出建议,并且要求,如果不能刊行,一定即刻将原本退还。这一方面可以看出杨守敬对此书的重视和对自己所做校勘记的珍惜,另一方面也可窥见他对自己二十多年以来的愿望将要实现时的喜悦之情。

关于《书史会要》钞本的说明应当也是对罗振玉来信的答覆。他一方面详细开列两种钞本的叶数、每叶抄费和总价,一方面表示:"传古我亦有同情也。"因此,如果罗振玉不仅仅是为了收藏而是准备刊刻,则他愿意无偿提供底本。由此可见杨守敬对传布古籍与罗振玉同样热心。早在访日期间,杨守敬就曾对日本人宫岛诚一郎说过:"他日于贵邦所得古书,相谋划刻之,则一生之愿足矣。"从那时起,他就把刊刻在日本得到的古籍善本做为自己一生的理想。① 从这一意义上说,罗振玉积极热心地从事的古籍刊行事业,实际上也是杨守敬自己的理想之一。

关于二十年前为汪康年刊刻《悉昙字记》、《帝范》和《黄帝明堂经》等书的情况,《汪康年师友书札》中收录的杨守敬致汪康年手札第四通中云:"《悉昙字记》、《黄帝明堂经》二种已经刻成,样本呈览。馀《帝范》一种,不日亦可竣工。"同书收录的第五通书札中亦有"《明堂经》、《帝范》、《悉昙字记》均刻成,封面亦书就"等语。② 关于当时的工价,致汪康年书札中也有明确的记载:"此等仿宋,向来连板片、写工每百字二百四十文,前已详告。"③可以清楚地看到,这一价格与他后来告诉罗振玉的数字相差甚多。在关于杨守敬的各种评论中,有人提到他的好利和斤斤计较。这个例子恰好可以做为一个实证,让我们窥见他在代人刻书时从中谋利的一面。

杨守敬写作此札的时候,正是罗振玉筹备编辑出版《国学丛刊》的时期。宣统二年(1910)秋,罗振玉看到世人纷纷追求新学,传统学术日益荒疏,珍贵的历史文献不断散失,感到十分忧虑。因此,他与同志相商,计划刊行《国学丛刊》④。翌年春便编辑、出版了包括《周易王弼注唐写本残卷校字记》、《殷虚书契前编》卷一等在

---

① 见拙稿『楊守敬と宮島誠一郎との筆談録』(《杨守敬与宫岛诚一郎的笔谈录》),《中国哲学研究》第12号,日本东京大学中国哲学研究会,1998年11月。
② 《汪康年师友书札》(三),上海古籍出版社,1987年5月,第2371—2372页。
③ 《汪康年师友书札》(三),上海古籍出版社,1987年5月。
④ 罗振玉《国学丛刊序》:"于是乃有《国学丛刊》之约,岁成六编,区以八目:曰经,曰史,曰小学,曰地理,曰金石,曰文学,曰目录,曰杂识。将以续前修之往绪,助学海以涓流。"

内的《国学丛刊》三册。《国学丛刊》的出版在当时学者中引起极大反响。罗振玉的好友沈曾植甚至说:"公自今在环球学界伟人中高踞一席矣。""《国学丛刊》鄙人极表同情。要当以世界眼光扩张我至美、至深、至完善、至圆明之国粹,不独保存而已。""公果且有意于斯,鄙固愿隶编摩之末也。"①据《永丰乡人行年录》宣统三年(1911)记载,罗振玉在这一时期"又辑刻藏书中稿本及罕见者若干种及所藏宋元刊本之罕见而精者,依原本影雕,拟分别汇为丛书,功皆未就。"可见除了《国学丛刊》之外,他还曾计划将所藏稿本、稀见本及宋元刊本中的罕见者分别编为几种丛书覆刻出版。对于这些计划,杨守敬均表现出积极支持的态度:"此书汇入《国学丛刻》中甚善,以其版式甚小,与尊刻合也。""吾之北齐人书《左传》(中略)他日亦可附《国学丛刻》也。""又吾见足下《国学丛刻》宗旨,则吾所藏可汇入者甚多。""有古钞《庄子》残卷子三卷,与宋板大有异同,勿论近刻也。如可汇入,当检出商之。""又吾得朱竹垞《宋元人集本书目》一册,似可补入尊刻,容日检寄。"从这些话来看,此札中不少关于刊刻古书的意见,很可能是针对罗振玉编纂出版《国学丛刊》等丛书的计划所作的建议。

但是,此札发出后不久的宣统三年八月,在武昌爆发了辛亥革命。罗振玉移居日本,《国学丛刊》只出版了上述三册便告终焉,杨守敬在这通书札中提出可编入《国学丛刊》的几种书籍均未能出版。1913年,《国学丛刊》的刊行计划再次被提出,改由王国维负责编校,其结果是出版了包括52种子目在内的《雪堂丛刻》,但是杨守敬在此札中提到的书籍均不在内。关于刻版已经完成的《悉昙字记》、《帝范》和《黄帝明堂经》三种,杨守敬在1912年5月8日(农历三月二十二日)致罗振玉的书札中云:"足下之《悉昙字记》等版亦未毁,此后尚未可知也。"由此可知,至少在这时版木尚存于世。1913年致罗振玉书札中则曰:"《悉昙字记》、《黄帝明堂经》、《帝范》三巾箱□□已嘱陶子林送上,未见收信,想未必送也。从前阁下所嘱刻板何如?"可见,长期客居上海的杨守敬自己此时对存放于武昌的版木的情况也已经无法把握了。这种处境一定令他感到十分无奈和寂寞。在杨守敬去世之后的1916年,罗振玉根据另外得到的日本宽治七年(1093)古钞本重新刊刻《悉昙字记》,由他弟弟罗振常经营的蝉隐庐书店出版。② 罗振玉在跋文中对该书出版的前后经过做了以下介绍:

予往在京师,亡友杨惺吾舍人守敬曾为予在鄂中刻此书。辛亥国难,杨君避地上海,尚移书言板固无恙,而未尝见寄。及舍人物化,遂无从索取。然印

---

① 《永丰乡人行年录》,江苏人民出版社,1980年10月,第40—41页。
② 《蝉隐庐丛书》,1916年。

本尚存行笈,盖即据通行本重刊者。今邂此至古之善本,则彼刻之存亡不足计矣。①

由此看来,上述三书的版木最终似乎没有找到。此外,1924 年罗振玉编辑的《东方学会丛书初集》中收录了《帝范》二卷、《臣轨》二卷②,二书均附有罗振玉校记,以铅字排印,也是重新印行出版的。不过,罗振玉在《帝范》卷末甲子七月题识中特意提到"杨星吾舍人守敬言之已详",又在卷末附录了杨守敬的跋文③,由此也可窥见此二书与杨守敬的密切关系。④

刊刻《书史会要》一事虽然暂时未能实现,但是 1930 年武进陶琪根据罗振玉所藏洪武初印本为底本印行,所阙卷首至卷三用傅增湘藏本补足,罗振玉为该书题写封面书名。距罗振玉最初与杨守敬共同商讨出版此书,已经过去了二十年。此外,关于《唐六典》,罗振玉后来得到日本江户时代近卫家熙校刻本⑤,但是出版此书的计划最终未能实现。

书札中屡屡谈到的"伯斧"是吴县人蒋黻(一作黼)的字。蒋黻是和罗振玉一起创建农学社的好友,在古代文献研究方面也有共同的兴趣。关于他收藏的古钞本《唐韵》残卷,王国维曾经做过校勘,并撰有《唐写本唐韵残卷校勘记》⑥。书札中提及蒋黻准备刊刻并已经刻好数行样本的《王子安集》是指日本传世的唐代诗人王勃集的唐钞本。蒋黻之父蒋清翊著有《王子安集注》,蒋黻计划将罗振玉通过在日本的友人得到的日本大藏省印刷局根据正仓院藏本影印本等资料与杨守敬收藏的古钞本合编一处,做为其父亲著作的附录刊刻。但是,这一计划因蒋黻于是年秋天不幸病逝而受挫。1918 年,罗振玉将其搜集的王勃佚文资料编为《王子安集佚文》出版,终于实现了两位亡友的遗志。⑦

在撰写此札的 1911 年,杨守敬已经 73 岁。书札中虽然有"精殚力竭,语无次第,草率不堪","惟守敬年老,精力衰颓,不能照料一切,为可憾也"等表现出精力渐衰的无奈之感的言辞,但是对收集拓片、古籍和校勘、刊刻古籍之事,仍然显示出与以往同样的热心和执著,并且仍在为编纂完成和出版《历代舆地详图》、《水经注疏》

---

① 罗振玉《日本古写本悉昙字记跋》,《雪堂校勘群书敘录》卷下。
② 1924 年东方学会排印本。
③ 杨守敬跋无纪年,当是作此札前后为罗振玉而作。
④ 罗振玉《大云书库藏书题识》卷三宽文刻本《帝范》、《臣轨》条亦引用杨守敬之说。
⑤ 见罗振玉《大云书库藏书题识》卷二《唐六典》、《贞松老人遗稿乙集》之二。跋文中引用杨守敬《日本访书志》之说以证该本校勘"用力之勤"。又按《大云书库藏书题识》卷二《唐六典》题下注"日本德川宗熙校刻本"及跋文中的"宗熙"均当作"家熙"。
⑥ 王国维《唐写本唐韵残卷校勘记》,《王国维遗书》第八册。
⑦ 关于《王子安集佚文》编撰出版的经过可参考罗振玉序。

而汲汲努力。① 当时《历代舆地详图》的刊刻尚未完成,《水经注疏》也未写成定稿,但是他已经在计划将《历代舆地详图》全部出版之后要倾注全力完成《水经注疏》。虽然易者曾预言他的生命将在这一年结束,但他仍然渴望能够在有生之年完成《水经注疏》的著述并将自己的著作刊布于世。他甚至称言如果自己在《水经注疏》完成之前就离开人世,将是"五百年大憾"。此时他已经感到仅凭一己之力恐怕很难将自己的著作刊行,所以开始计划用集股出版的方式筹集资金,并且希望罗振玉能出面帮他号召。为完成《水经注疏》和出版自己的著作而竭尽全力的杨守敬此时似乎完全没有注意到,就在自己的书斋之外,正在酝酿着不久将会震撼全国的重大事件。

四、关于辛亥革命以后杨守敬与罗振玉的关系

在杨守敬写下上述书札的一个半月之后,武昌爆发了革命起义。此后不久,清王朝便落下了帷幕。中国开始走向一个新的时代,杨守敬的生活也被卷入时代的大浪。武昌起义刚开始的时候,杨守敬还曾在家观望。但是当闯入家中的士兵用枪威胁他时,杨守敬不得不下决心离开他多年收集的藏书,和家人一起逃往上海,在广东籍富商甘翰臣的帮助下开始了艰难的避难生活。他一方面千方百计地想办法保护及试图运出留在武昌家中的藏书,一方面靠鉴定金石拓片及为人写字维持全家在上海的生活。罗振玉则在日本友人的斡旋下,应大谷光瑞的邀请举家渡海移居日本京都。《杨守敬题跋书信遗稿》收录的 1912 年致罗振玉书札是对前一天收到的罗振玉来信的回信。从信中"嘱为条幅二十纸并呈。(中略)仿单数纸,足下付博文时酌加折扣,使经手得微利,或可陆续索书也"等文字看,罗振玉曾在日本通过博文馆帮助靠卖字为生的杨守敬介绍求字的客人。从"知已三次赐书,并付浮沉"等语句可以窥见,当时两国之间的通信联系经常会出现问题。杨守敬在此札中谈到留在武昌家中的藏书时说:"守敬著小儿等四次入武昌取书,皆不效。势必守敬亲自回武昌,方可揭封条。然武昌城中党派甚多,时有风潮。守敬既忧虑,尝有不寐之症,畏死不敢去。"关于在混乱中的损失则云:"城内家屋虽未毁,而城外别庄所贮医书、《经典释文》等版片及一切器具,楼地板、窗棂,拆毁一空,损失不下万金。"②1913 年致罗振玉书札中云:"久不通音问,深以为歉。"可知二人之间的书信

---

① 关于《历代舆地详图》的书名,杨守敬自己曾用《历史地志详图》、《历代地理详图》、《历史地理详图》、《历代舆图》、《历代地图》等。

② 《寄罗振玉之一》,《杨守敬题跋书信遗稿》,第 182 页。

联系减少。① 在此札中,杨守敬谈到自己当时的境况云:"今年七十有六,在上海卖字为活,衰老颓唐,眼昏手弱,并字亦不能多作。家中书籍,虽蒙黎副统出示保护,而付托非人,亦损失几半。"② 但是,即使是在这样困难的状况中,杨守敬仍然未曾中断撰著《水经注疏》的工作和刊刻著书的努力。在 1912 年的书札中,他提到:"所著《历代地理详图》已刻成十之七八,若使不乱,今年当已全成。《水经注疏》八十卷稿已成,(中略)拟于今年同熊固之督同写生成净本,每成一卷,即刻一卷。然余财产尽失,何能完此宏工。但守敬与熊固之数十年心血尽萃于斯,若不成,死不瞑目。"③ 1913 年的书札中也云:"上海房租奇昂,每月七十馀元,尚堆积无座处。(中略)然颠沛流离之下,犹复与熊君会真无朝无夕纂集《水经注疏》,董理至三。有十七、八大册,满拟今年赍事。"④ 从这些叙述可以看出,完成《水经注疏》的编纂和刊刻自己的著述,几乎是他在所剩无几的人生中最大的心愿。

在上述这些书信中,杨守敬反复表达著一个同样的期望,这就是希望罗振玉能够出面帮助他实现在辛亥革命之前已经开始考虑的集股出版的计划。他在 1912 年的书札中写到:"然集股之事已成弩末,况当此大难之后,谈何容易。惟守敬之书确已成稿,海内人士当已知之。且除《水经注疏》外,已刻成者已过一半,其未刻者亦可限日成之。"在明明知道大动荡的时代中策划集股出版之困难的情况下,他一方面强调自己的著作必能完成,一方面举出潘存和罗振玉等人对自己著作的好评云:"三十年前蒙文昌潘孺初先生奖借,推守敬为地理绝学,其文已载之《要删》中。昨年又蒙足下证成其说,以比王怀祖、段茂堂、李壬叔,合之为三绝学。虽不敢当,然大贤之言,信从必众",恳求曾经高度评价其著作的学术价值的罗振玉出面帮助他召集组织集股出版。⑤ 此外,1913 年的书札中则云:"刻下方欲集股刻之,然大市里卖平文冠,恐亦无人问价。守敬素寡交游,阁下之所知。然此书不传,死不瞑目。凤蒙阁下过誉,何以教我? 若得阁下作一敘,感其不朽。"在求罗振玉助其集股之外,还求其为《水经注疏》撰写序文。

根据现有的资料,我们已经无法知道罗振玉是如何回答杨守敬这些请求的了。但是从杨守敬此后的行动看,罗振玉大约未能实现他的期待。在担心有生之年无法刊行《水经注疏》的焦虑中,杨守敬开始尝试新的办法。他先后给梁启超和副总统黎元洪写信,并将已经刊行的《历代舆地详图》进呈总统,希望政府能够采用《历代舆地详图》做为各省学堂的教材,更期待政府能够帮助他出版《水经注疏》。这一尝试很快有了回应。1914 年,杨守敬收到黎元洪来信,答应由政府出资为他刊印

---

① ② ④ 《杨守敬简牍》,《清朝书画谱》,第 41 页。
③ ⑤ 《寄罗振玉之一》,《杨守敬题跋书信遗稿》,第 182 页。

著述,并帮助他把藏书运到北京,以此为条件,邀杨守敬到北京担任参议院参政。①杨守敬大约从黎元洪的信中看到一线希望,于是下决心北上。恰恰在这时,罗振玉在返乡之后回到上海,准备乘船再赴日本。杨守敬闻讯赶到船上为罗振玉送行。关于这次会面以及以后的情况,罗振玉在《五十日梦痕录》中做过如下的回忆:

> 十四日晨,与静安同趁春日丸。忆去年亦趁此船返东,老友杨星吾舍人守敬携其孙来送予。予与舍人交至久。舍人水地之学为本朝之冠。去年至沪,本欲往见,闻其将北上而止。舍人闻予将行,则亟至舟中,以所著《水经注》序为托。予劝毋北行。舍人言:使者已在此,容设法却之。颇有进退维谷之状。予既至海外,惺老卒入都,殆不能却使者。然尚投书陈此行乃谋刻所著书,非以求仕。仍申前请,属为之序,且云:即足下鄙其人,曷垂念所学乎? 语至惨切。乃不及一岁,而遽殁。因与静安追谈往事,为之黯然。异日必当为一传,以章所学,庶慰此老于九泉。②

在此之前的1912年,刚刚在京都建好新居的罗振玉收到了从北京寄来的邀其担任清史馆纂修的书信,罗振玉当场烧掉来信,并把新居院中小池命名为洗耳池,以表示他效忠清王朝的决心③。杨守敬也在1913年致罗振玉的信中写道:"比闻政府有任阁下为农业次长之说,久之寂然,想不屑就也。"可见他对罗振玉的政治立场十分清楚。如此坚持效忠清朝立场的罗振玉,自然不会赞同杨守敬到北京担任参议院参政的决定。因此,当1914年春回国时,在听说杨守敬要去北京的消息之后,便取消了准备去拜访他的计划。在见到前来送别的杨守敬之后,又劝告他不要北上。杨守敬知道罗振玉的心思,答应设法推辞,并再次当面请求罗振玉为《水经注疏》撰写序文。这次见面成为多年交往的两位朋友人生中最后一次会面。不久,杨守敬还是举家迁居北京,在北京写下了《杨守敬题跋书信遗稿》收录的这通书札。从时间和内容上看,这很可能是他写给罗振玉的最后的书札。

在此札中,杨守敬再一次回顾他在上海的避难生活和无力刊行《水经注疏》的绝望状况,反复说明他到北京的目的完全是为了刊行自己的著书。对于罗振玉劝他像陶渊明那样保守节操,他用"鲁齐敬修,不敢自拟,亦觉时势不同"为自己辩解。他并且说,自己也曾考虑过要渡海赴日,但因为没有充分的资金,只好放弃,表示了

---

① 关于这前后的情况,可参考杨守敬致黎元洪、梁启超等人的书札。《杨守敬题跋书信遗稿》,第199—202页。
② 罗振玉《五十日梦痕录》。
③ 罗振玉《集蓼编》:"宅中有小池,落成日,都人适有书,为赵尔巽聘予任清史馆纂修。既焚其书,因颜池曰'洗耳池'。"《罗雪堂先生全集》续编二,台北,文华出版公司。

对罗振玉的羡慕之情："足下能为朱舜水，是真世外桃源，为渊明所不能及者矣。"对于在此之前他托人带书给罗振玉却没有收到回信的事，他推测说："岂鄙守敬，谓不足与言耶？"但是就是在十分清楚罗振玉对自己前往北京的选择所抱的态度之后，他仍然感叹说："当今能知吾书之程度者，唯足下与益吾二人。"也就是说，在当今世界上，恐怕只有罗振玉和王先谦二人才是真正能够理解自己著作的学术价值的人。①《杨守敬题跋书信遗稿》收录的这通书札虽然是尚未写完的书信草稿，但是根据上文引用的罗振玉的回忆可知，罗振玉收到的信中确实有"即足下鄙其人，曷垂念所学乎"的言辞，与此札中"如念守敬苦衷，人虽不足称，而书可存，为作一序以示学者，尤一息不能忘也"的文意相同，可知此信确实发出。由此可见，一直到最后，杨守敬仍在恳求罗振玉能为《水经注疏》撰写序文，期待他在学术上的理解和支持。

在杨守敬写下这通书札之后不久，第一次世界大战爆发，原来属于德国势力范围的青岛被日本军占领。政局的变化致使黎元洪无法实现由政府出资刊印《水经注疏》的诺言，杨守敬的期待再次落空。他也曾写信给王先谦等从前的老友商议，探讨靠个人力量在刊书费用比较便宜的永州刊刻的可能性②，但是这一设想尚未落实，他便于1915年1月9日在北京去世。如上文所述，罗振玉在杨守敬去世之后曾表示将来一定要为其撰写传记，以表彰他的学术，但这一传记是否曾经动笔，现在已经无法查考了。

结　语

本文通过杨守敬致罗振玉的书札，对他们二人之间的交友关系，特别是辛亥革命前后的交际进行了考察。王国维在《雪堂校刊群书叙录》序文中曾经谈到："近世学术之盛，不得不归诸刊书者之功。"在这些极力鼓吹或积极参与刊刻书籍的热心人之中，王国维对罗振玉在搜求、校订、刊刻方面的业绩给予特别称赞：

> 生无妄之世，《小雅》尽废之后，而以学术之存亡为己责，蒐集之，考订之，流通之，举天下之物不足以易其尚，极天下之至艰而卒有以达其志，此于古之刊书者未之闻。③

在表彰罗振玉在敦煌文书、殷周甲骨文金文以及古器物、金石学等多种领域中

---

① 《寄罗振玉之三》，《杨守敬题跋书信遗稿》，第187—190页。
② 《寄王先谦之二》，《杨守敬题跋书信遗稿》，第211—212页。
③ 《罗振玉校刊群书叙录》，江苏广陵古籍刻印社影印本，1998年1月。

留下的有关文献蒐集、保存与刊行方面的丰硕成果的同时，也应该指出做为罗振玉的先驱者的杨守敬在搜集散失于海外的古代文献、很早就对这些文献的特殊价值给予关注的功绩。杨、罗二人的学术及其人生经验在某种意义上或许可以说是代表了一个时代的中国知识份子的典型。生活在剧烈动荡的中国近代社会中的这两位学者，长期以来受到了来自各种立场的各种批评和批判。但是与此同时，他们竭尽全力搜求、校刊的珍贵文献却并未得到充分利用，他们竭尽一生努力得到的对古代文献的丰富知识也未必得到充分的理解。

一百年后的今天，当我们重新回首考察杨、罗二人的交谊，不能不对这一代生活在时代漩涡中的中国近代学者们在动荡不安的社会环境下留下的大量创造性研究成果和他们对学术研究的执著追求感到钦佩。在新的社会环境下，如何充分理解、利用他们留下的丰硕成果并继承他们坚韧顽强的精神力量，是我们所面临的任务和课题。

附记：本文在利用中国国家图书馆所藏资料时得到首都师范大学历史系谢承仁、郗志群两位先生的教示和当时在国家图书馆善本特藏部工作的张丽娟女士的协助，在此特表感谢。

拒禅与逃禅

——试说王夫之、方以智的不同人生选择

张　辉*

一、"天下"沦亡后的选择

对中国知识人来说,晚明清初无疑是一个极特殊的时期。这期间,明代的士大夫遗民则又是格外痛苦的群体。无法接受一个陌生的朝廷且不去说,更加令士大夫们悲从中来的是顾炎武所谓的"天下"的沦亡。

为此,有人选择了殉节,更多的人选择了随波逐流、"与时俱进",但也有一些人为了气节和内心的平安,选择了一种特殊的不合作方式——隐居,试图以一种回避表达自己的政治介入,甚至实践一种政治哲学。

不过,同样是以隐居苟全性命于乱世,不同的士人也在寻求不同的、属于自己的理据和精神依托。王夫之和方以智或许是其中最具代表性、也恰好形成巨大反差的两个重要个体。

毋庸赘述,船山与密之有着类似的遗民身份,共同的命运将他们联系在了一起。他们不仅彼此互相唱和,甚至是订交几十年的友人。不过这些其实还在其次。不能不引起我们深思的真正问题是,这两位鼎鼎大名的知识人,面对天下之沦亡,却采取了几乎可以说完全不同的方式。方以智最终做了和尚,而且当了住持,毅然告别尘俗,并最终自沉惶恐滩;而王夫之则一直保持世俗的平民身份,寿终正寝于生活了几十年的湘西草堂,并完成卷轶浩繁的著述。

面对几乎同样的生存境遇,这两种"隐居"差异何在?作为知识人,他们究竟在内心赋予自己的选择什么意义?

---

*　张辉,北京大学中国语言文学系教授,中国比较文学学会常务理事兼副秘书长。

二、生存或毁灭:为何是个问题?

对船山和密之来说,最关键的,其实不是是否要退隐、逃离以及采取不合作态度,而是以怎样的方式进行并完成这种退却——或更准确的说,退却式的反抗。换言之,尽管退隐的时间有先有后,退隐的直接动因不无差异,但最终选择退隐而非直接介入,二者其实并无任何分歧。在这个问题上,他们是不可多得的知音。

不过,这种心有灵犀,却并不能掩盖二者最终取舍的不同。毕竟一个选择了出家,一个选择了在家。至少,对这两个著作等身的写作者,而不是一般意义上的僧人与俗人,我们不能不注意他们对自己行为的合法性论证;对两个尽管选择不同退隐方式,而却在一定程度上引为知己的知识人,我们又不能不看到二者价值取向上的内在差异。

外在的处境实际上大同小异。明朝覆亡后,王夫之、方以智起初都是积极介入、试图反清复明的士人。或许可以说,在相当长一段时间内,他们的生存理由,至少在一定程度上寄托于国家社稷。但最终,这种理由却都化为泡影。所谓国家社稷,其实不过是一个朝廷、一个不同姓氏的王朝罢了,身家性命尚且无法安顿其上,更何况安身立命、在其中活出意义?

事实上,他们的退隐,从直接的、外在的原因的来说,都与他们对南明王朝的失望有关。这看来并不值得深究。导致他们退隐的诱因,很难说有多大不同,因而也很难在这方面找到决定二人做出最终选择的根本动机。

那么,几乎相同的外部诱因,却产生了不同结果,为什么?

最直接简便的解释,也许是,因为王夫之是正统儒家,所以他入世,而方以智的思想中佛家和道家的思想占了重要部分,所以他出世。但是,给出这样的理由,尽管看起来很有解释力,却其实并未回答问题本身;相反,却用一种定见遮蔽了事情的复杂性。至少这忽视了明末清初总体思想氛围对船山与密之的影响,而且对王、方二者的思想构成也有抽象化之嫌。

陈援庵这样描述明末清初三教合流的思想史图景:"其始由一二儒生参究教乘,以禅学讲心学,其继禅门宗匠,亦间以释典附会书传。冀衍宗风,于是《中庸解》、《老子解》、《周易禅解》、《漆园指通》等书,纷然杂出。国变既亟,遗臣又多遁空寂,老庄儒释,遂并为一谈。"①仅仅看一眼王夫之与方以智写了哪些著作②,也许已不难知道,他们与这一思想背景的联系。尽管作为卓然独立的思想大家,他们不必人云亦云,可是却无疑必须对这样的思想气候做出自己的应对——即使隐居,也不可能使写作者回避这一切,对隐居而并没有真正放弃现实关怀的船山与密之就更不可能。

不过,在儒释道多元价值交汇并存的氛围中,他们所可以获得的价值依托看起来似乎多了,意义空间似乎也更大了,但同时,却也给他们的选择造成了更大难度。至少,他们必须回答这样一个直接而棘手的问题:是否存在一个根本的价值立场,足以支撑自己直面外在严酷现实?因为,对于一个知识人来说,面对家国之恨、面对精神放逐、面对身心自由的大失落,仅仅凭一点外在的闲适与满足、一点远离尘世的高蹈与著书立说的孤傲显然不够。无论面临什么样的严酷现实,只有意义不死,其生存才有理由;否则,即使活着,也只不过是在无奈地默认与容忍,以犬儒的方式苟延生命。

王夫之的坚守与方以智的自沉,是否与此有关?能够假设说,王夫之最终期望找到那最终价值依托,因此他选择了生,而方以智则在多元价值面前最终放弃了希望,因此他选择了死?

我们能知道的只是,价值多元事实上既具有解放的意义(终于打破了一统天下的价值世界的束缚和限制),却也不能不说在给出更大思想空间的同时,给出了无所归依、"怎么都行"的前提。面对新的、价值多元的可能,生存还是毁灭,至少又面临一次重大抉择。这一点,王夫之和方以智都是如此。

在《老子衍·自序》中,船山这样来解释自己涉猎道家思想的初衷:

> 昔之注老子者,代有殊宗,家传异说,逮王辅嗣、何平叔合之于乾坤易简,鸠摩罗什、梁武帝滥之于事理因果,则支补牵会,其诬久矣;迄陆希声、苏子繇、董思靖及近代焦竑、李贽之流,益引禅宗,互为缀合,取彼所谓教外别传者以相糅杂,是犹闽人见霜而疑雪,雒人闻食而剥滂蜞也。
>
> 老子之言曰:"载营魄抱一无离","大道泛兮其可左右","冲气以为和",是既老子之自释矣。庄子曰:"为善无近名,为恶无近刑,缘督以为经",是又庄之为老释矣。舍其显释,而强儒以和道,则诬儒;强道以合释,则诬道;彼将驱世

---

① 陈垣:《明季滇黔佛教考》,中华书局,1962年,第108页

② 参见"船山全书总目",《船山全书》第一册,岳麓书社,1990年,第33—38页;邓显鹤,《船山著述目录》,《船山全书》第十六册,第408—412页;任道斌:《方以智年谱》,安徽教育出版社,1983年。

> 教以殉其背尘合识之旨,而为蠡来兹,岂有既与?①

问题似乎很清楚,作为对时代思想氛围的回应,"夫之察其誖者久之,乃废诸家,以衍其意;盖入其垒,袭其辎,暴其恃,而见其瑕矣,见其瑕而后道可使复"。②这一思想方法,在另一个地方,他说得更加清楚:"欲辨异端,亦必立说之始末,而后可以攻之",因为,

> 邪说之立,亦必有所以立者。若无会归之地,则亦不成其说。墨之与儒,公然对垒者数百年,岂漫然哉?天地之间,有正道则必有邪径。以寻常流俗,只是全不理会道理,及至理会道理,劈头一层便得个稍宽一步、稍深一步见解,苟异其昔日之醉梦无觉者,遂不审而以为至极,而喜其乍新,遂相敺以从之。此邪之与正,自有教以来,只是个窠臼。与圣道亢衡而争,在汉以后为佛,在汉以前为墨,其实一也。③

当然,在字里行间,我们不难看到王夫之坚定的正统儒家立场。而在这里我们更不能忽视的则是,他在此过程中,所采取的在一定程度上容忍异端的态度("邪说之立,亦必有所以立者。若无会归之地,则亦不成其说")和在与不同学说驳难之中坚持自身价值立场的坚毅性("见其瑕而后道可使复","舍其显释,而强儒以和道,则诬儒;强道以合释,则诬道")。对儒家以外的学说,一概以邪说名之,固然值得后人审慎处之。但简单斥之为"卫道士",显然又不过是感情用事、求全责备于古人。客观地说,身处王夫之那个时代,在否定道家与释家的情况下,又期望不放弃某种价值立场,似乎除了从儒家出发加以综合吸收还没有太多的选择余地。不难想见,面对失去天下的劫难,王夫之为了寻求并保护意义——乃至是认定"意义还存在"这个信念本身,何其艰难!外在的、几乎是被逼迫到极端的境遇,似乎在限制生活可能性的同时,反衬内心对意义追寻的紧迫与孤决。

当然,也可以采取另外一种方式——方以智的方式,即承认各种价值取向的合理性,认可其冲突,视之为自然的、不可避免的状态,乃至是解脱的根源。

请看方以智在《象環寤记》中假托梦境,模仿自天而降的蒙媪对赤老人、缁老人和黄老人(都是方以智的先人。分别代表儒释道?)所说的一段话:

> 三公求迷,何太迷耶?古今家具系骡驥之擭指也,守为圣解,圣必诉屈。求之云者,无奈何尔矣。人情好胜,自昵其所易知以相高,而言道德者为尤高。愈高愈伪,伪愈自护,非若学业、文章之翻然无惭也。理学者,为其生小读四子

---

① ② 《老子衍》,《船山全书》第十三册,第15页。
③ 《读四书大传说》,《船山全书》第六册,第973—974页。

书,取而讘讘耳;好禅者,正可假托不立文字之下,掩其固陋,而斥鄙诸家耳;老子有逃祸之薮也。使真洛、闽、陆、杨、临济、赵州,则或笑而受子;若言洛、闽、陆、杨、临济、赵州之言者,各迷其迹以为神,能迷所迷,执为秘要,以自尊于天下,虽杀之,必不肯虚心无住。语学未出唇,面已洞赤,尚能补乎? 此久为庄子所叹终身不返者也。学何如参? 参何如学? 学即是参,参即是学;有心非参,无心非学;有心无心,言此何心? 心心相迷,以迷求迷;知可以迷,是即不迷,天地数万年,始数人耳。此后有开天地眼者出,当世并不甚信,且信且疑;千年之后,人人迷天地眼矣。天地间,生生而蠹蠹也,奈何不求? 求亦奈何? 权且奈何? 是为方便。有此弊法,相反相胜,足以奈何之而终奈之何,奈何不得而遂有奈何之道。独不见所以贯代明、错行者乎? 日奈月何? 月奈日何? 春奈秋何? 秋奈春何? 象环寱记容之斯疗之矣,转之斯贯之矣……多事诚多事,然不如此,又太无事。欲其无事,究竟多事,则不如自乐其所事矣。①

难怪余英时认为"密之于思想不喜立门户。不徒禅宗内不应立门户,即所谓儒、释、道之界限亦当'泯'而'统'之。"②《象环寱记》这段话,也许又是一个明证。③ 而密之还有所谓"东西均"的说法,也正是从哲学的高度试图调和相互冲突的各个方面,从根本上打破不同思想之间的壁垒,以臻于"均"。因为:

> 均固合形、声两端之物也。故呼均为"东西",至今犹然……两间有苦心法,而东西合呼之为道。道亦物也,物亦道也。物物而物于物,莫变易、不易于均矣。两端中贯,举一明三,所以为均者,不落有、无共均也;何以均者,无摄有之隐均也;可以均者,有藏无之费均也。相夺互通,止有一实,即费是隐,存、泯同时。④

显然,如果用现代的语言来表达,王夫之所采取的是一种绝对价值立场;而方以智则刚好与之相反,他坚持的是多元思想的共存或者"存、泯同时"。由此推论,前者认为不同价值有高下之分,乃至有正邪之别,而且必定有一个可以判定的终极标准。而后者则认为,恰恰需要消解掉这一切,意义与价值本身都是平等的乃至是同等的,而没有一个最终标准。有,也只是一"东"一"西"而已,正象"日奈月何? 月奈日何? 春奈秋何? 秋奈春何?"一样,人们无法对之作出孰优孰劣的评判。因此,对

---

① 方以智:《东西均》,附录,中华书局,1962年,第163—164页。
② 余英时:《方以智晚节考》,三联书店,2004年,第48页。
③ 《东西均》成于中年,关于"三教合一"或调和不同思想的问题方以智多有论及,另可参见《首山庵记》、《无可大师六十序》等,见《方以智晚节考》附录,第208—209页、第248—249页。
④ 《东西均·东西均开章》,第1页。

个人来说似乎只有"自乐其所事也",对价值选择来说,也只有"公均"才是唯一的结果。否则只不过是"自昵其所易知以相高",甚至"愈高愈伪,伪愈自护",那才真正伤害了思想与行动的自由。质言之,对王夫之来说,价值是绝对的(注意:并非不容异见也);而对方以智来说,价值本来是相对的,并没有绝对价值存在。

这至多让人联想到现代人所谓的保守主义和自由主义之争;可是,这与王夫之与方以智最终的生命选择有什么联系?我们似乎最多只能说,那是在两种不同价值立场引导下的、两种看似相同、实质迥然有别的隐居罢了。我们真的能够说,方以智式的相对主义的多元选择由于取消终极意义,因而必然带来对生命存在的否定?而王夫之式对绝对价值的肯定,却最终足以促使他勇敢面对受迫害的现实,并且以凛然的气概拯救那被宣判死亡的生存意义?

也许,面对迫害像方以智那样选择死本来不难理解,而象王夫之这样选择生,才更需要理由。

三、生存理由或高贵谎言?

是的,我们确实要问:究竟什么是王夫之面对迫害,选择著述以终老的理由?

不过,我们还是得首先反过来看看,他为什么拒绝逃禅?几乎所有年谱中,都记载了方以智邀其逃禅,而王夫之予以拒绝这个重要细节。王夫之在自己的著作中也屡次提及。我们看看他是怎么叙述的:

> 方密之阁学,逃禅洁己,受觉浪记莂,主青原,屡招余将有所授,颂"人各有心"之诗以答之;意乃愈迫,书示吉水刘安士诗以寓从臾之至。余终不能从,而不忍忘其缱绻,因录于此:"药铛□□一鑪煎,霜雪堆头纸信传。松叶到春原堕地,竹花再重更参天。纵游泉石知同好,踏过刀枪亦偶然。何不翻身行别路,瓢落出没五湖烟?"①

所谓"翻身行别路"、"出没五湖烟",方以智的意思非常明确。对此,王夫之并非不知个中情形,②但他的回答则显然别有寄托:

---

① 《南窗漫记》,《船山全书》第十五册,第887页。其中阙字,刘毓崧《王船山先生年谱》康熙十年条作"茶罋",而"刘安士"则作"刘安礼",见《船山全书》第一册,第230页。刘谱所录与湘西草堂本《船山六十自定稿》同。

② 《搔首问》中曾对比方以智披缁前后的生活,认为"方密之阁学在粤,恣意浪游……谑笑不立崖岸,人皆以通脱短之……乃披缁以后,密翁虽住青原,而所接者类皆清孤不屈之人……门无兜鍪之客",见《船山全书》第十二册,第635页。

> 洪鑪滴水试烹煎,穷措生涯有火传。
> 哀雁平分弦上怨,冻峰长惜纸中天。
> 知恩不浅难忘此,别调相看更飒然。
> 旧识五湖霜月好,寒梅春在野塘边。①

无疑,尽管船山对密之"不忍忘其缱绻",并且"知恩难忘",甚至"别调相看更飒然",但是,任凭是"旧识五湖霜月好",他却还是认为"寒梅春在野塘边"。也就是说,不愿意放弃"在家"的、隐居的生活——那在野塘边的,而不是"出没五湖烟"的生活。

在《搔首问》中,王夫之则明确道出了不愿从密之逃禅的真正原因:

> 青原晚号"极丸",取一峰"太极丸春"之旨。此足见其存主处,与沉溺异端者自别。顾一峰太极丸中,羞恶、辞让、是非具足于恻隐之中,而密翁似以知和之和为太和,故深取庄子两行之说,以为妙用,意熊掌与鱼可以兼取,兼则不得时必两失也。②

看来,王夫之的判断,再一次解释了我们前面的疑问。至少依船山的观点,在价值立场上试图"熊掌与鱼可以兼取","羞恶、辞让、是非具足于恻隐之中",不仅不可能,而且很可能会最终失去拥有任何价值的可能性——"兼则不得时必两失也"。

船山的以上观点,至少说明了两个问题。首先,尽管方以智入了佛门,但在船山看来,他却实质上还是一个儒者,因此仍可以一定程度上引为同道(所谓"哀雁平分弦上怨,冻峰长惜纸中天")。其次,也许更重要的是,在船山眼里,他与密之之间却又并非没有深刻分歧。分歧何在?根本问题是,密之只强调了"知和之和"——也就是各种不同观点之间的共存、互补与沟通的可能性,而没有达到王夫之所认为的"太和",即最高层次上的"道"、"太极"或者"天地人物之通理"。③

用现代语言来说,王夫之也许不难同意方以智在知识论层面兼容性的主张,但是对这个自许为"六经责我开生面"的大儒来说,这一立场,决不意味着放弃对最高的道或价值的追求。

但是,这就是支撑王而农面对现实人生乃至精神迫害,著述以终老的最后(高)理由吗?

---

① 《船山全书》第十五册,第356页。余英时《方以智晚节考》中,此诗"冻峰常惜纸中天"句,"惜"作"恨"。

② 《船山全书》第十二册,第635—636页。

③ 《张子正蒙注》这样解释张载"太和所谓道":"太和,和之至也。道者,天地人物只通理,即所谓太极也,阴阳异撰,而其絪缊于太虚之中,合同而不相悖害,浑沦无间,和之至也。未又形器之先,本无不和,既有行器之后,其和不失,故曰太和。"

对早已熟悉德里达、福科学说的现代知识人，也许并不难找到便捷的工具来拆解这种形而上学的本质论。人，怎么可能是为抽象的理念而活？寻求生命意义的最终答案，如果不是没有根据的臆断，也应该是一种过时的执着。说王夫之是为了献身于那最高的道而活，难道不是在说，在这个世界上有一种超出个体生存的精神力量左右了我们的生命？至少我们需要弄清楚，王夫之怎么知道，那不是个体意识的某种幻觉，而确实是对道与道义的真正承担？怎么知道，那不是对既有意识形态或乌托邦的默认，而的确是无可争辩的生存理由？不是对生命的压抑，而恰是无条件的肯定？

王夫之的生存理由到底是什么？难道那是一种高贵的谎言——尼采或柏拉图意义上的高贵谎言？向自己、也向世人隐藏了存在的虚无本质，而试图给定这种虚无以意义，并以此作为生存的寄托？写作本身，只不过是在陈述这一切而已？

将船山著述与其身世联系起来，上述问题也许可以反过来看。与其说船山是某种道的承继者、为某种既存理念或外在崇高目的而活，不如更准确地说，外在的政治迫害使他获得生命与思想的极端体验，他的一生就是在为生存寻求理由。在一般人看来已经没有理由的状态下，寻求理由。

何以这么说呢？船山主要的贡献很显然是在注解经典上，他的思想也更多地是通过解释前人的微言大义体现出来的。如果说这些解释是在寻求生存的理由，这岂不是意味着，他是在前人的字里行间寻觅意义之所在？他自己对此说了些什么呢？

请看《张子正蒙注》"序论"。船山在说明《正蒙》一书成因时，部分地回答了上述问题：

> 抑古之为士者，秀而未离乎朴，下之无记诵词章以取爵禄之科，次之无权谋功利苟且以就功名之述。其尤正者，无狂思陋测，荡天理，蔑彝伦而自矜独悟，如老聃、浮屠之邪说，以诱聪明果毅之士而生其逸获神圣之心，则但习于人伦物理之当然，而性命之正自不言而喻。至于东周而邪慝作矣。故夫子赞《易》而阐形而上之道，以显诸仁而藏诸用，而孟子推生物一本之理，以极恻隐、羞恶、辞让、是非之所繇生……特在孟子之世，杨、墨虽盈天下，而儒者犹不屑屈吾道以正其邪，故可引而不发以需其自得。而汉、魏以降，儒者无所不淫，苟不跃如之藏，则志之摇摇者，差之黍米而已背之霄壤矣。此《正蒙》之所繇不得不异矣……①

---

① 《张子正蒙注》"序论"，《船山全书》第十二册，第9—10页。

这一段话,至少有下面这样几层意思。首先,在王夫之看来,"古之为士者,秀而未离乎朴",因而可以"习人伦物理之当然,而性命之正不言而喻"——按现在的话来说,在古代,自然法已经规定了生存的意义,因此不必"狂思陋测"。不过,上述淳朴时代难以持久不变。因此,其次,当"邪慝作矣"、"儒者无所不淫"的情况下,就需要象孔子或孟子那样的圣贤来"阐形而上之道"、"推生物一本之理",换言之,给定这个"荡天理,蔑彝伦"的世界以意义。第三,随着时代的变化,累积起来的关于意义的各种学说越来越多——以至于到了"无所不淫"的状况,所以后来的"孔、孟",就难免"所繇不得不异矣"。由此出发,联系前一节所述,我们或许也不难理解王夫之为什么在大量解释儒家经典的同时,对道、释两家也同样倾注了不少心力。像他们心目中的圣人一样,张子、以及张子的解释者和继承者王船山,无疑对自身都有很高的期许,而他们所要做的无非是,在意义世界迷失的情况下,上下求索之而不是简单地浸淫、认同或放弃。

无可否认,在多元价值中寻求本真意义,至少部分地构成了王夫之——这个有着高贵理想的思想者存在的理由。在"无所不淫"的思想背景上,一个勇敢而坚贞的思想家,怎么可能就此罢休,怎么可能仅仅以一死了却生前生后事呢?船山曾感叹说:"死生,昼夜也……故君子曰终,小人曰死",[①]面对自身与外部世界的大疑问,既然他不愿意调和、不愿意以逃禅的方式退却,我们也就没有理由相信,他会以舍弃生命来求得平静与安宁。那对王夫之来说,不仅是怯懦和卑贱,而且是一种耻辱和无能。

王夫之说:"立天,立地,立人,反经研几,精义存神,以纲维三才,贞生安死,则往圣之传,非张子其孰于归?"[②]他是在说张子,有何尝不是在说他自己?

不过,尽管如此,王夫之的生存理由,又显然不可能仅仅建立在与不同价值的对话或斗争之上,在意义的迷失中"立天、立地、立人",才是其宏伟抱负。因此,在一针见血地指出"无所不淫"这个客观现实的同时,王夫之至少从两个侧面提出了问题。一方面,"无所不淫"是对"形而上之道"或"一本之道"的反对,它反对的是所谓整全的意义;另一方面,"无所不淫"又不是全然的"无意义",而是取消了本真意义,翻译成现代语言也许是:"一切都可以"、一切都有意义。二者无疑构成了深刻的矛盾,甚至悖论。

面对这样的矛盾,王夫之不可能不产生莫大的困惑,但同时他或许也从中获得了愿意倾注整个生命的动力。对他来说,这不仅仅就是一个思想方略,而事实上是

---

① 《思问录内篇》,《船山全书》第十二册,第413页。
② 《张子正蒙注》"序论",《船山全书》第十二册,第12页。

一个从未有过的挑战、一个难解的谜。如果他坚信"一本之道"放之四海无时无地不具有效性,他或许不会有这样的苦恼,他有的大概只是服从乃至盲从;如果他同样可以"无所不淫"、乃至只是象方以智那样逃禅或者象吕留良那样选择不僧不俗的生活,他也不会需要太多生存的理由——甚至完全可以否定存在这样的理由。但是,现在的问题是:他在"一本之道"与"无所不淫"之间。他需要在两者的张力间求得应有平衡,只要这样,才能使他的生命存在本身具有真正价值。

从一定意义上说,揭开这个谜底构成了他生存意义的重要部分。

即使我们不能说,回答上述问题是他生存的全部理由之所在,但我们无疑可以认为,对上述悖论的解答给了他生命以独特的、乃至不可替代的意义。这无疑也构成了他写作生涯的最突出主题。

王夫之的回答与他对"中道"的寻求相关。《张子正蒙注》"序论"中的一段话间接说出了这一点:"特揭阴阳之固有,屈伸之必然,以立中道,而至当百顺之大经,皆率此以成。故曰率性之谓道。天之外无道,气之外无神,神之外无化。"①不难看出,他在努力通过解释张子以接近"中道",是在回答一个思想上未决的问题。这个"中道",诚如有研究者所言:"不只是肯定天之创造性直贯于人,而更是肯定通过人之创造而显发为一切实有之道德事业也。"②但是值得注意的是,一方面他试图打破"天道"的抽象性,而与实体世界的"气"直接贯通,从而将超验世界与客观存在之世界融为一体;另一方面,在船山看来,"气"的实体世界如果不与天地大精神相沟通,也将成为死物而不化,因而也就无法成其为真正的存在。因此,他对"中道"的解释,实际上是本末之间的互相应答与呼应,而不是简单的"下贯"。王夫之在不同著述中从不同侧面关涉了这一重要问题,不过在有些地方,他讨论的是道器关系,体用关系,理欲关系,乃至心物关系或有无之间的关系⋯⋯等等传统哲学范畴罢了。③ 但很显然,他所想期望获得的答案,既不偏向这些范畴任何一极,也不仅仅就是所谓二者之间的辨证统一。

这些回答无疑是纯思辨性的。但它无形之中,使我们又一次面临深刻的政治哲学问题。王夫之集中一生精力所要做的工作,实际上正是要保护这种具有"中道"意味的圣学,即对世界和人的生活的"关于全体的知识",而不是流于一偏之见的"观点"或"看法"——从多种角度作出的不同透视。

从这个意义上看,王夫之不仅不可能同意方以智的看法、无法接受逃禅的选

---

① 《张子正蒙注》,《船山全书》第十二册,第11页。
② 曾昭旭:《王船山哲学》,远景出版事业公司,1983年,第319页。
③ 参钱穆:《中国近三百年学术史》(上册),台湾商务印书馆,1957年,第95—120页。

择,而且从根本上说,他既是清王朝的敌人,又是整个时代的异数。

作为时代的异数,隐居,的确使王夫之获得了一个逃避迫害的方式,但更重要的是,写作才使他的生存获得了意义。前者是一种有意识的缺席,仿佛一种无言的教诲,透露出对既有意义世界的失望;后者则是一种更强烈的介入,将自己对美好生活世界的思考呈现给同好者,给外在世界一个巨大参照。而在写作活动之中,王夫之则一方面遵循已有经典的意义——为大多数人所共享的意义,另一方面则在解释经典的字里行间表达了一种对新意义的构想,阐述着一种隐微的教诲。从这个意义上说,王夫之实践了一种双重的隐微写作。

通过这双重的隐逸(匿)与表白,船山至少期望自己以个体生存实践并体现了"中道"。可是,那究竟意味着对自我的超越、对无意义世界的反抗,还是一种无奈的选择?是思想者生存智慧的凝结,还是一个无法回避的谎言——高贵谎言?

中日母语作为第二语言教学的师资培养比较研究[*]

刘元满[**]

引　言

第二语言教学针对非母语学习者，我国称之为"对外汉语教学"，日本称之为"日本语教育"。作为不同语种的、将母语作为第二语言教学之间的比较，除了英语之外，其他的还所见不多。进行多边的或者双边第二语言教学的比较，既可发现第二语言教学的共同规律，又可了解彼此的不同和差异，对于丰富第二语言教学学科研究，有着重要意义。

在第二语言教学中，教师有着举足轻重的作用。"教师的教学能力，左右着教学质量和学习效率"（赵金铭，2007），本文将研究重点放在师资培养比较方面。为了与我国作为外语教学的"日语教学"相区别，本文使用日语原文"日本语教育"一词。行文中有时会因汉语搭配习惯而使用"培训"一词，但实际上并不刻意区分"培养"和"培训"的差异。

一、师资状况比较

（一）日本语教师的状况

据日本国际交流基金会（2007）统计，2006 年日本海外有 133 个国家和地区、计 2979820 人在 13639 个学习机构中学习日语，教师人数为 44312 人。通过其他方式学习的人数估计应达数倍。学习者的学习目的比较广泛，排在前三位的为：学习与日本文化相关的知识、使用日本语进行交流、对日本语有兴趣。日本每年都派

---

[*]　［基金项目］本文为 2006 年度日本住友基金资助项目"作为第二语言的日语教学与汉语教学对比研究"系列成果之一。

[**]　刘元满，北京大学对外汉语教育学院副教授，文学博士。

遣一定数量的日语教育专家和志愿者到海外任教,派出要求是日本语教育专家要有硕士学位并有4年以上的实际教学经验,志愿者要有大学本科以上学历,并有420小时以上的日本语教师培养研修经历或同等水平。所有派遣教师赴任前都必须参加研修和培训(杨薇,2007)。

在日本国内,日本语学习者类型主要有以下一些:在大学学习专业的"留学生"、以上大学为目的而接受日语教学的"就学生"、在日本工作的外国商务人员、既学习技术又作为补充劳动力的技术研修生和技能实习生、归国战争孤儿及印支难民、日裔移民及其子女、与日本人结婚的外国配偶、高中生等(日本语教育学会,2005:964－975)。据文化厅文化部国语科(2006)公布的数字,2007年全国的日本语学习者163670人,教师31234人,均为历史最高,据此推算,全国总体师生比为19:100。

日本国内日本语教师数量除2006年略有下降外,十年间一直呈增加趋势,具体变化见表一。

表一 日本国内日本语教师人数变化一览表①

年度 类别	1998	2003	2004	2005	2006	2007
专任教师	2323	4248	3585	4008	4788	4851
兼职教师(非常勤)	7202	9799	10959	10874	8495	8972
志愿者等	10168	14464	15160	15202	16096	17411
合计	19693	28511	29704	30084	29379	31234

大学里从事日本语教学的教师有专任教师和兼任教师②之别;在一般性社会团体中,除了这两类教师外,还有一类志愿者。专任教师呈增长趋势,兼职教师却略有下降,而志愿者人数却一路上升。从2007年的教师总体情况来看,专任教师、兼职教师、志愿者人数比例分别为15.5%、28.7%、55.7%,专任教师明显低于其他,而志愿者人数超过一半。日本国内学习者成分比较复杂,社会上很多公益性机构,如各县市的公民会馆、国际交流中心等都开设了免费的日本语课程,任教者基本都是志愿者,因而在数量上大大超过了其他类型的教师。

教师素质是影响教学效果的重要因素。一般来说,教师所受教育程度与教师素质成正比。日本教师培养体系比较完善,得益于日本实行教师专业化的制度。1972年日本学者三好信浩最早提出了"教师教育"这一概念,日本教师的培养成为

---

① 日本文化厅每年都要统计上一年国内的日本语教育状况。表一、表二、表三数字均引自日本文化厅《平成19年度国内の日本語教育の概要》,平成19年为2007年。

② 日语称兼职教师为"非常勤",不占编制,仅代相关课程。

一个由职前师范教育、教师入职辅导和教师在职教育三个发展阶段组成的连续过程(王彦力,2004)。日本设立了多种职业培训和发展渠道,体现了教师培养多元化的特点。日本语教师同样也有很多获得职业发展的机会,学习场所早期以大学院、大学为主,后来则以社会培训机构为主。具体数字见表二。

表二　日本语教师培养机构、团体数字变化表

年度 机构	1998	2003	2004	2005	2006	2007
大学院、大学	180	193	200	203	214	215
短期大学	37	17	21	12	12	10
高等专门学校	0	0	0	0	0	0
一般机构、团体	167	184	169	261	302	316
合计	384	394	390	476	528	541

2007年日本国内专门培养教师的院校、机构、团体为541所[①],大学院、大学占39.7%,而一般性社会机构则达到58.4%,说明日本民间办学力量充分调动起来,为师资培养做出了重要贡献。培养机构不仅层次多,培训时间也很灵活,学习者可以根据个人条件制定学习计划。有少至10学时以下的,也有多达420学时的。总体上来看,高校开设的课程比较系统,课时比较多,而社会性机构,特别是地方培养机构开设的课程课时比较少,体现出针对性强、速成的特点。大学是最受欢迎的培养场所,其次是社会机构,大学院和短期大学最少。从学习者成分来看,学生占大多数,也有少数主妇、公司职员、无业人员以及中小学教师,不过比例都以个位计。

在这些培养机构中担任培养师资工作的教师人数也形成了一定规模,具体数字见表三:

表三　日本语教师培养机构教师人数变化一览表

年度 机构	1998	2003	2004	2005	2006	2007
专任教师	742	939	1216	1383	1962	2012
兼职教师(非常勤)	1938	2803	2939	2448	2419	2458
志愿者等	172	974	849	992	525	702
合计	2852	4716	5004	4823	4906	5172

---

① 一般机构、团体,主要包括国际交流协会、日本语教育振兴协会认定机构、任意团体、株式会社、有限会社、地方公共团体、教育委员会、财团法人、社团法人、特定非营利活动法人等,个人也算在其中。

从2007年情况来看,专任教师、兼职教师、志愿者人数比例分别为38.9%、47.5%、13.6%,与教授日本语的语言教师人数相比,培养日本语教师的专任教师和兼职教师比例占绝对优势,志愿者人数比例大为下降。这也说明教师培养工作有较高的专业要求,不同于普通的语言教学。

针对海外的日本语教师,日本有专门的机构负责提供研修课程,并在经费上予以资助。

(二)对外汉语教师的状况

在我国,很少见到专门教授汉语的全日制汉语学校,学习者主要集中在大学的汉语培训机构,一些特殊的服务机构也进行一对一教学,社会上还有一些补习性质的学习班。目前国内外汉语学习者人数和从教人数未见到翔实的统计数据,张和生、鲁俐(2006)估计"2008年北京的留学生预计规模将达到8万人,其中约6万人为语言生。按现时大约10:1这个并不理想的师生比例计,我们至少需要6000名专业对外汉语教师,而目前我们的专职教师队伍不会超过千人"。从全国情况来看,赵金铭(2007)认为对外汉语教学专职教师近3000人。我国派出汉语教师海外志愿者的工作于2004年启动,根据国家汉办发布的信息,到2007年初,累计向41个国家派出3400多名志愿者。

市场有巨大需求,但专业教师严重不足。由于编制有限,各类教学机构都不约而同地采取了聘请兼职教师的方法,并建立起一套任课和管理制度,有的院校中兼职教师人数已经超过了专职教师,不少人实际上是没有编制的全职教师,他们已经成为一股不容忽视的、重要的教学力量。

对外汉语教师的来源也比较广泛,"大部分来自中文专业、外语专业及其他人文学科,少数来自心理学、计算语言学、教育学等专业"。他们有一些自身特有的问题,"总体来看,大多数人缺乏必要的汉语作为外语教学能力的专业训练,只凭借身为母语者和自身固有的知识体系投入对外汉语教学之中。进入讲堂之前,既无全面、系统、科学的岗前培训,工作之后又缺少系统、及时的在职培训与提高,不能随时充电,全靠实践中个人努力来适应日益增长的教学需求"(赵金铭,2007),兼职教师的情况就更不容乐观,"有些教师在知识结构和能力结构方面没有得到正规的训练就仓促上岗,他们所遇到的问题是可以想见的"(崔希亮,2007)。

绝大多数高校在招聘兼职教师时都考虑到学历和教学经验,由于第二语言教学特别强调应用,操作性很强,教学经验显然极大地影响到教学质量。对兼职教师的专业背景要求,各校表现有所不同,如北京大学条件较为宽泛,对外汉语教学专业或者中文、外语、历史、哲学等文科相关专业均可;清华大学声明对外汉语教学专业、中国语言文学专业优先;对外经贸大学要求中文专业毕业[①]。对专业背景要求不同,也说明了在学科认识或者课程设置上是有一定差异的。

由于可资利用的权威信息比较少,我们无法准确得到对外汉语教师培养机构中担任培养工作的教师数字。有些大学在进行汉语教学的同时,也培养对外汉语的师资。研究生培养是我们进行师资培养的主要方式,一些院校还设置了短期的培训课程作为补充。与日本语教育相比,我们需要大量增加培训渠道和灵活的培训方式。

二、教师专业素质要求比较

(一)日本语教师的专业素质要求

1985年日本文部省制定《培养日本语教师的标准教育内容》,从日语结构及语言生活的知识和能力、日本概况、语言学知识和能力、教授日语的知识和能力四个领域规定了日本语教师要具备的知识和能力,并在学分方面提出具体要求(刘元满,2000),这套标准为规范教师素质、保证教学质量起到了一定的积极作用。

随着学科的发展,设置主专业和副专业、制定各课程的标准学分等做法暴露出不少问题,实际教学反而因之受到束缚。日本的大学审议会1998年发表了《21世纪的大学形象和今后的改革方针——在竞争环境中发挥个性的大学》,提出今后大学要加强自主性、自律性,发挥各自的个性和特色。2000年《关于日本语教师培养调查研究协力者会议》提出了日本语教师培养机构课程的基本想法:今后不再区分主副专业,取消标准学分数,由过去划一的"标准教育内容"转向从基础到应用的可选性教育内容。各机构可以根据自身的教学目标和学习者的实际水平进行组合,自主制定相关领域的多样化课程。文部省强调,各培养机构不应只在某些尖端领域或特定领域下工夫,而要充分考虑日本语教师应掌握的最基本的内容以及各内容之间的关系,为了提高日语教师的教学实践能力,教学实习被放在特别重要的地位。

2000年3月,日本文化厅发表《关于日本语教育教师培养》报告书,从个人素质和专业能力两个方面对日本语教师提出新的要求(日本语教育学会,2005:816)。

---

① 信息来自各校的兼职教师招聘广告,北京大学见 http://hanyu.pku.edu.cn/info/汉院公告(2008.5.18读取),清华大学见IT英才网 http://www.cnithr.com/user/user_show_job.php?id=136139,对外经贸大学见教师招聘网 http://www.kmhuan.com/bj/998.html(2008.2.13读取)。

1. 个人素质方面

要具备能够正确理解并准确运用日本语的能力。在此基础上有如下要求：

（1）作为语言教学者，必须具备面对学习者的实际交际能力；

（2）不仅对日本语，还必须对更多的语言有较深的了解并具备较强的语感；

（3）作为进行国际性活动的教学人员，在感受和人性理解方面必须具备较强的国际化特点；

（4）作为日本语教育的专家，必须了解自己所从事工作的重要意义并具备专业热情。

2. 专业能力方面

要能够了解不同学习者的学习过程，判断适合他们的教学内容和方法，有针对性进行教学。

（1）关于语言的知识和能力

具备与外语或者学习者母语相关的知识、基于比较语言学的日语结构的知识、语言运用和语言发展以及语言习得过程的知识，还应具有活用这些知识的能力。

（2）关于日本语教育的知识和能力

能够在过去的研究成果和经验的基础上制定课程，分析教学及教材，能够在实际教学中活用、传授这些综合性的知识和经验。

（3）关于日本语教育背景的知识和能力

具备日本和其他国家的教育制度、历史、文化等知识，具有准确把握、分析学习者需求的能力。

1985年的"标准教育内容"只是笼统地提出教师在教授日语方面的知识和能力，新的改革则将个人素质和专业要求分列，表明个人素质在第二语言教学中被提到了非常重要的地位。

（二）对外汉语教师的专业素质要求

为了对汉语教师素质进行规范，1990年，国家教育委员会颁布《对外汉语教师资格审定办法》，对教师的外语、汉语、对外汉语教学理论与中国文化知识提出了要求；2004年，教育部制定《汉语作为外语教学能力认定办法》，分为初、中、高三级，各级证书获得者需要在以下方面具备相应水平的条件：（1）良好的外语交际能力；（2）现代汉语知识、汉语作为外语教学理论基本知识，掌握语言学、教育学、心理学基本知识，了解必要的中国文化及当代中国国情。（3）汉语作为外语教学的基本能力，包括实施教学的能力、处理教学材料的能力、评价与测试的能力、运用适当教学手段的能力。（4）跨文化交际意识；具备良好的跨文化适应能力、人际交往能力和较强的工作组织与业务开拓能力,能满足所从事的汉语教学工作的要求。

认定办法实施以后,虽然对规范对外汉语教师的素质和专业能力起了一定作用,但总体上还是比较宽泛的,分等级的作法也使得从业教师水平参差不齐。张和生、鲁俐(2006)根据国家汉办拟定的"汉语作为外语教学能力等级标准",从掌握汉语本体知识、掌握中华文化知识及跨文化交际能力和把握第二语言教学技巧这两个方面,讨论了对外汉语教师应有的基本素质。茅海燕等(2007)认为对外汉语教师应具备"杂家"的综合能力,即学科结构素质和综合能力素质,可通过定向型、非定向型与混合型两个渠道进行培养。

2007年《国际汉语教师标准》(2007:62)分为五大模块、十大标准,欲对"教师所应具备的知识、能力和素质进行全面描述"。"教师综合素质"单独作为一个模块,具体内容为:应具备对自己教学进行反思的意识,具备基本的课堂研究能力,能主动分析、反思自己的教学实践和教学效果并据此改进教学;应具备自我发展的意识,制定长期和短期的专业发展目标;应积极主动参与专业或社区活动以丰富自己的教学档案;应在各种场合的交际中显示出责任感、合作精神和策略性;应具备良好的心理素质,能应对教学过程中的突发事件,并在任何教学场合中,都体现良好的职业道德素养。

如果说过去注重的是知识硬实力,那么现在则同时重视个人软实力。中日两国都十分重视教师的综合素质表现,不过对教师素质的要求有不同侧重。我国特别侧重在教师教学能力的提高上,如强调教师对教学过程的设计和反思,教学过程中要有合作精神、应变能力等;日本则特别强调教师的国际性特点以及与学生交流的能力,并对职业认识和职业热情专门提出要求。也就是说,仅仅做一个日本语专家是不够的,还必须有教学能力、传授能力、交际能力、职业热情,具备广博的视野,这样才能称其为有较强的综合素质。

三、师资培养内容比较

(一) 日本语教师培养教育内容

日本文化厅(2000)《关于日本语教育教师培养》中对日本语教师培养的教育内容进行调整,概括起来为一个中心、三大领域、五大类别。

一个中心:以交际为中心。教学者与学习者之间关系并不固定,而是处于互相教与学的实际交际活动中。"交际"占据了核心位置,所有教育内容都紧紧围绕交际而展开。

三大领域：与社会和文化相关的领域、与社会和文化相关的领域与教育相关的领域、与语言相关的领域。这三者之间没有截然的界限，可分阶段性，但不设主次顺序，三者是平等关系。

五个类别：从三个领域划分出五个类别：社会、文化和地区，语言与社会，语言与心理，语言与教育，语言。每个类别下有具体的指导内容，可作为各机构开设日本语教师培养课程时的科目组合参考。以下为五个类别及指导范围和具体内容摘要。

类别	指导范围	具体内容
社会、文化、地区	世界与日本	世界各国、地区和日本；日本社会和文化
	跨文化接触	跨文化适应、调整；人口的移动（包括移民、难民政策）；儿童、学生不同文化之间的移动
	日本语教育历史和现状	日本语教育史；日本语教育和国语教育；语言政策；日本语的教育哲学；与日本语及日本语教育相关的考试；日本语教育概况；包括世界各地区和日本各地区
语言与社会	语言与社会的关系	社会文化能力；语言接触与语言管理；语言政策；各国的教育制度与教育概况；社会语言学与语言社会学
	语言运用与社会	语言变体；礼遇、敬意表现；语言、非语言行为；交流学
	跨文化交际与社会	语言、文化相对主义；双语政策；多文化、多语言主义；自我归属意识
语言与心理	语言理解的过程	预测、推测能力；谈话理解；记忆、视点；心理语言学、认知语言学
	语言习得、发展	习得过程（第一语言、第二语言）；中介语；双语现象；学习策略；学习者类型
	跨文化理解与心理	社会性技能、技巧；跨文化接受、适应；教授日本语及学习日本语的情感因素；日本语教育与残疾人教育
语言与教育	语言教学法、技巧（实习）	实践性知识、能力；教学课程设计；教学大纲设计；教学法；评价法；教学技巧（实习）；自我评估、授课分析能力；偏误分析；教材分析、编写；教室、语言环境的设定；针对不同目的、不同对象的日本语教学法
	跨文化之间的教育、交流教育	跨文化之间的教育与多文化教育；国际、比较教育；国际理解教育；交流教育；跨文化接受训练；语言对比；学习者的权利
	语言教育与信息	数据处理；媒体及信息读取能力；培训助学人员；教材编写、选择；知识产权问题；教育技术

续表

语言	语言的构造	语言类型；世界各地语言；普通语言学、日本语学、比较语言学；理论语言学、应用语言学
	日本语构造	日本语结构；语音、音韵体系；形态、词汇体系；文法体系；意义体系；语用论规范；文字与表记；日本语史
	交流能力	接受、理解能力；语言运用能力；社会文化能力；人际关系能力；跨文化调整能力

由于学科交叉性越来越强，日本文化厅（2000）建议大学设置日本语教师培养课程时，还要考虑以下一些内容：

（1）国内学习日本语的儿童在增加，海外初中等教育机构中的日本语学习者也在增加，因此需要将获取国语、外语、社会等初中等教师资格的科目与日本语教师培养的科目结合起来。

（2）设置针对外国人的日本语教育及初中等教育中的国语教育、外语教育都能包括在内的语言教育专业。

（3）随着国际化扩大，不同语言文化者之间的跨文化接触增强，需要加强日本语教师的跨文化适应能力，要将跨文化心理学及与人交际的科目同日本语教育科目结合起来，设立交际教育专业。

（二）对外汉语教师培养教育内容

《国际汉语教师标准》旨在"为国际汉语教师的培养、培训、能力评价和资格认证提供依据"，因此也可作为师资培养内容或培养目标看待。其中的五大模块为：语言基本知识与技能、文化与交际、第二语言习得与学习策略、教学方法、教师综合素质。每个模块下的标准数量不一，共有十个。限于篇幅，本文只择其上位标题，具体描述可参考原文：

五大模块	所含标准
语言基本知识与技能	标准1 汉语知识与技能；标准2 外语知识与技能
文化与交际	标准3 中国文化；标准4 中外文化比较与跨文化交际
第二语言习得与学习策略	标准5 第二语言习得与学习策略
教学方法	标准6 汉语教学法；标准7 测试与评估；标准8 汉语教学课程、大纲、教材与辅助材料；标准9 现代教育技术及运用
教师综合素质	标准10 教师综合素质

将日本语教师培养必备教育内容中的五大类别与汉语教师标准中的五大模块进行比较,我们发现二者的内容还是有很大不同的。日本语教育以交际为核心,强调跨学科特点,重视与语言相关的文化、地区环境,并重视语言社会、心理、教育等其他学科之间的关系,把语言本身的研究放在了最后一类;关于教师素质的内容,在《关于日本语教育教师培养》报告中是单列出来的,因此在五大类别中就不再设立。对外汉语则首列语言基本知识与技能模块,设置了教师本人所应具备的最基本汉语能力和外语能力标准,与其他学科之间的关系没有受到特别强调。日本的五大类别均可作为课程设置内容,各机构根据自身的需要和目标从中组合。我国《标准》第一模块和第五模块则属于从业的基本素质,作为教师培养内容则需要从其他模块入手。

四、小　结

语言教学理论在进一步发展,第二语言教学以及社会语言学、交流学等相关学科在不断取得新成果,科学技术的发展也使第二语言教学有了新的依托,信息传媒被运用于教学中,网络的普及运用等都对教师培养工作提出了新的要求。

我国的汉语学习者虽然增长速度加快,但构成比较单一,移民、外来久住者比较少,绝大多数都在正规的大学里学习汉语。由于大学编制有限,对教师学历有刚性要求,专业教师规模短时间内不会有太大改变,兼职教师将成为补充师资的重要的来源,对此我们应当制定相应的政策予以支持,开设适合这一人群的培养课程。

海外汉语学习者增长迅猛,带来了大量的教师需求。我国目前对志愿者在专业方面的基本要求是"具有对外汉语、中文、历史、哲学、教育学、外语、政治学、心理学、法学、社会学等相关专业的大专及以上学历;退休大学中文教师;具有大专及以上学历的中、小学退休语文教师;普通话标准"[①]。同日本的海外志愿者要求比起来,条件是比较宽松的,入门比较容易。

海外的汉语学习者分散在不同的学习机构,学习环境复杂,学习水平多级,学习目的也不尽一致,因此对赴海外教师的培训要具有针对性,如在大学和在中小学教学应有所不同,而教授全日制学生和教授业余学习者也应有所区别。张和生(2006)建议"拓宽研究领域,并将我们的研究重心转移到汉语教学志愿者和海外中小学汉语教师的培训上"。我们还要立足当地现状,或者我们走出去,或者把他们

---

① 中国国家汉语国际推广领导小组办公室,2007－1－3,国际汉语教师中国志愿者应具备的基本条件,http://www.hanban.org/cn_hanban/content.php?id=1940(2008.2.19.读取)。

请进来,对当地的教师队伍进行培训,开设适合他们的课程。周小兵(2007)认为海外教师培训工作要加强分类分层分科培训、分语种培训,这样的建议很有意义,倘能实施,教师素质一定会大有改观。

由于教学经验对教学质量有较大影响,对培养机构来说,要为学习者提供良好的实习园地,加强实践性指导。我们的课程设置现在还比较缺乏这一内容。

我们也应注意到,教师标准不同时期也会有不同的发展。在数量达到一定规模后应在质上提出要求。目前我们对教师素质的描述主要还是针对新手教师的,而教师有职业发展的问题,并且是终生的。知识结构的建立和更新需要有计划安排才能保持职业的良性持续发展。除了不断完善已有的大学培养课程外,还应开设多种培养机构。大学作为专业的学历教育课程和一般机构旨在提高的进修课程内容应该有所不同,国内和海外不同语言环境下也应该有不同的培养模式。

增加培养机构数量是容易的,但必须有一套好的培养标准进行指导和衡量,才能保证质量。培养标准要切实可行、施之有效。培养内容必须具备核心要素,还要有一定的弹性空间供人们选择,可以组合的课程更容易满足各方不同的需求。

欲望都市の誕生──上海の一九二〇、三〇年代

劉　建輝*

一　内外資本の流入と半植民地都市の誕生

　一八九五年四月、中日両国は、半年以上にわたった「朝鮮半島」の権益をめぐる戦争を終結させ、下関で後に「馬関条約」と称される講和条約を結んだ。この条約により、中国は台湾、澎湖列島、それに遼東半島（後に返還）の領土を割譲せざるを得なくなったのみならず、当時の国家財政収入のおよそ三年分にあたる二億三千万両（テール）を戦争賠償金と遼東半島還付代償金として日本に支払うことを余儀なくされたのである。領土の割譲と莫大な賠償金、この未曾有の屈辱は朝野を震撼させ、後に「戊戌変法」と言われる中国近代史上初めての維新運動を引き起こしたことは従来のよく知られるところである。
　しかし、「馬関条約」の中国にもたらした衝撃はけっしてこれでは終わらなかった。前記の二つの過酷な条文以外に、実は後に中国社会を根底から変えてしまったもう一つの内容が同条約に盛り込まれている。その内容とは、すなわち条約の第六条に定められた「日本臣民得在中国通商口岸城邑、任便従事各項工芸製造」（日本臣民が中国の通商港となる土地において、任意に各種の工業・製造業に従事することができる）という外国資本による工場設立の合法化にほかならない。これは、いわば阿片戦争後清朝政府が何とかして守ってきた外国資本進出阻止の最後の防波堤を完全に突き破ったもので、以後、いわゆる「最恵国待遇」の適用により、列強諸国の資本はまさに「洪水猛獣」の如く一気に中国、とりわけ沿岸部の各開港地になだれ込んできたのである。
　たとえば、筆者がここで問題にしている上海の例だけを見ると、「馬関条約」の締結された一八九五年から二年も経たないうちに、すでに後の軽工業の柱とな

---

　　* 劉建輝、日本国際日本文化研究センター準教授、文学博士。

る紡績会社、イギリス資本の怡和(Ewo Cotton Spinning and Weaving Co.)、老公茂(Lao Kung Maw Cotton Spinning and Weaving Co.)、アメリカ資本の鴻源(International Cotton Manufacturing Co.)、ドイツ資本の瑞記(Soy-Chee Cotton Spinning Co.)という四大外資系工場があいつぎ落成し、急ピッチに生産を始めている。そして、これらの欧米諸国にやや遅れて、いわゆる日本資本も、まず一九〇二年に三井上海支店が債務に苦しむ中国資本の興泰綿紗工場(後の上海紡績第一工場)を買収したのを皮切りに、一九〇五年の鐘淵紡績(後の鐘紡)による上海製造絹糸株式会社(中日合弁)の創立、一九〇六年の三井上海支店による中国資本の大純綿紗工場(後の上海紡績第二工場)の買収、さらに一九〇七年の日本綿花による日信綿紗工場の設立や一九一一年の内外綿紡績による内外綿第三工場の創設などとその進出がまさに破竹の勢いだったと言える。

　紡績関係だけではない。同じ時期には、列強諸国はまたさまざまな分野において多大な投資活動を行った。たとえば、造船業では、一八六〇年代に創設されたイギリス資本の耶松造船が一八九二年の段階においてまだ七五万両(テール)の資本金しか有していなかったが、一九〇〇年に入ると、同じイギリス資本の祥生造船、和豊造船とあいつぎ合併し、またたく間に資本金五五七万両(テール)、社員四千人の大企業に急変身した。また煙草産業では、一九〇二年にロンドンで創立された英米合同資本の英美煙公司(British American Tobacco Co.)が、その年の九月に上海支店を開設するやいなや、早くも美国紙煙公司や茂生煙廠などの中小企業をつぎつぎと買収し始め、短期間に後の中国全土の七割の生産量を誇る一大企業の基盤を作り上げた。そして娯楽分野では、一九〇八年にフランス商人の投資によって設立されたレコード会社東方百代唱機唱片公司が、初期の資本金こそ五〇万元とさほど多くないが、後日のいわゆる「娯楽王国」としての上海の成立には実に甚大な影響を及ぼしている。

　甲午戦後のこうした怒濤のような外国資本の流入について、むろん中国朝野がまったく座視していたわけでもなかった。「興実業、挽利権」(実業を興し、利権を挽回せよ)「設廠自救」(工場を設立し、自らの手で国を救おう)などの当時のスローガンにも反映されているように、このかつてない経済の「侵略」に対して、清朝政府、とりわけ民間の商工業者がむしろ一種のナショナリズムに駆られて、果敢にも外来資本の阻止に挑み出したのである。たとえば、前述の四大外資系紡績工場が上海であいつぎ落成したのと同じ時期に、いわゆる民族資本の大型紡績工場、裕晋紗廠(1895)、大純紗廠(1895)、また裕通紗廠(1898)などもつぎつぎと創設され、前者との間に厳しい競争を展開していた。そして、その多くが経営難に陥り、日本の財団などに身売りせざるを得なくなった後、今度はまた製糸や製粉、さらに機械修造などの業種に投資が集中した。中でも製粉業は、義和団運動や日露戦争などによる北方の食糧恐慌に乗じて、わずか数年の間に阜豊麺粉(1900)を始め、華興麺粉、裕豊麺粉、裕順麺粉、中興麺粉、立大麺粉、申大麺粉などの製粉工場がつぎつぎと誕生し、一時の浮き沈みを経ながらも、後には唯一民族資本による半ば独占的な地位を作り上げたのである。

このように、「馬関条約」締結後に展開されたこの内外資本の壮大な攻防は、それまでの洋務運動における諸投資の規模をはるかに上回り、まさに上海を始めとする中国近代経済の本格的な「開幕」を示すものであるが、列強資本の大挙進入とそれに対する民族資本の懸命な抵抗というこの初期の投資構造は、その後の中華民国の建国によってもたらされた第二次投資ブームにおいて、また第一次世界大戦中に繰り広げられたヨーロッパ資本衰退後の日米資本と民族資本の新たな投資合戦においてもほぼそのまま持続され、そしてこれとまったく同じ構造が、実は甲午戦後の金融界に対する内外諸資本の進出状況にも当てはまり、その各分野における両者の熾烈な競争は、いわばまさしくこの半植民地都市の経済繁栄を支える最大の原動力だったのである。

二　消費の「発見」と欲望空間の現出

甲午戦後から第一次世界大戦後までの二〇数年間、三回の投資ブームに代表される内外資本の大量導入は、それまでの上海の都市機能や都市空間にきわめて大きな変化をもたらした。機能の面で言えば、まず、外国銀行の進出ラッシュと国内銀行の誕生によって、あくまで「銭荘」を中心とした在来の金融界が著しい発展を遂げ、その急速な業務拡大、企業投資や紙幣発行などの新たな事業活動は、またたく間に上海を中国最大の金融都市に変貌させた。中でも多くの外国銀行が、甲午戦争や義和団事件の莫大な賠償金(六億八千万両)を抱えながらまったく支払う能力のない清朝政府に対し、海関の関税を担保に多額の借款を押し付けることによって、ほとんど半ば直接的に中国の財政を管理する一大「権力」として立ち現れたのである。

次に、内外資本による数々の企業投資は、また短期間に市街の周辺に楊樹浦、閘北、滬西、滬南などの工業区を形成させ、それまでの船舶修造工場以外にほとんど企業らしい企業を持たなかった上海をほぼすべての分野にわたる中国随一の工業都市に変身させた。そして、この工業化が進むにつれて、周辺地域からの流入人口が幾倍にも増加したことを受け、それを顧客層と見込んで行われた大量の商業投資によって、上海はさらに従来の規模をはるかに上回る一大商業、消費都市に成長したのである。

　都市機能の変化と連動して都市空間内部のそれぞれの性格や役割も大きく変わった。そして、そのいずれの区域もおしなべて資本の論理や資本の運動に乗せられた形で自らの「景観」を形成し、露骨にその「欲望」を曝け出していたのである。たとえば、上海の玄関とも言われる外灘（バンド）の一郭だが、ここは阿片戦争後長い間いわゆる洋行という主に貿易業を営む欧米の商社が領有し、阿片を始めとするさまざまな内外物品の独占的な輸出入を通じて、莫大な利益を挙げてきた。その結果、一九世紀後半の外灘（バンド）では、あたかもその南端のフランス領事館と北端のイギリス領事館に「護衛」されているかのように、南側から北側にかけて利名洋行（レミ商会）、天長洋行（アダムソン商会）、旗昌洋行（ラッセル商会）、華記洋行（ターナー商会）、江海関（上海税関）、宝順洋行（デント商会）、東方銀行（オリエンタル銀行）、瓊記洋行（アウグスチン・ハート商会）、仁記洋行（ギブ・リビングストン商会）、沙遜洋行（サッスーン商会）、怡和洋行（ジャーデン・マゼソン商会）などおよそ二〇数軒の公館や洋行が一列に聳え立ち、厳然として一大植民地的貿易商業空間を形成していた。

　しかし、洋行を中心とするこのような外灘（バンド）の空間も、甲午戦後、とりわけ二〇世紀初頭に入ると、既述の内外金融資本の大量進出などの理由により、急速に大きな変貌を遂げたのである。ここでは試みに一九三〇年代の外灘（バンド）の諸建築物を並べ、その新たに形成された景観の特質を検証してみよう。先ほどと同様、まず最南端のフランス領事館（1896〈建造年、以下同じ〉）を起点として見ると、そこから順番にフランス郵船会社ビル（1937）、亜細亜火油公司（1916）、上海総会（1909）、有利銀行（1916）、日清汽船（1925）、中国通商銀行（1897）、大北電報公司（1908）、招商総局（1901）、匯豊銀行（1923）、江海関（1927）、交通銀行（もと徳華銀行、1890）、華俄道勝銀行（1901）、台湾銀行（1926）、字林西報（1923）、麦加利銀行（1923）、匯中飯店（1908）、沙遜大廈（1929）、中国銀行（1937）、横浜正金銀行（1924）、揚子保険公司（1916）、怡和洋行（1922）、怡泰郵船（グレン・ライン汽船、1922）、東方匯利銀行（インドシナ銀行、1914）などが延延と立ち並び、そして最北端のイギリス領事館（1873）に続くわけであるが、一連の建物を見てわかるように、この時代の外灘（バンド）には、いくつかの運輸会社や石油会社、保険会社などの新興事業の関連施設も見られるが、かつてその中心的な存在だった洋行がことごとく内外の銀行に取って代わられ、あたかもここにウォール街が惣然出現したかのような印象さえ覚えられる。そのため、この一郭は以前の商業的な諸要素に加え、いわばほとんど中国の経済を左右する金融資本の最大の拠点として、従来をはるかに上回る権力性を獲得したのである。

　外灘(バンド)における機能と空間のこうした急激な変化は、その隣接する二つのストリート——南京路と福州路にも多大な影響をもたらした。というのは、先ほども触れたように、ここから繰り出された多額の投資が市街の周辺部にいくつもの工業区を作り出したため、労働者を始めとする都市人口が急増し、その各階層によるさまざまな消費活動がもともと商業と娯楽施設の集中するこの二ヶ所の空間性格を一層強化したからである。たとえば南京路の場合だが、ここはおよそ一九世紀半ば頃からすでに内外の薬房(薬屋)や糸号(絹織物店)、洋貨店(西洋雑貨店)、銀楼(貴金属店)などが集まり始め、その後も福利公司、泰興公司、匯司公司、恵羅公司などの外資系デパートがあいつぎ進出して、それなりの繁栄を築いていた。しかし顧客が一定の階層に限られ、あくまで外灘(バンド)の「付属商店街」としてのその存在は、当然と言えば当然だが、二〇世紀初頭に入ると、既述の都市人口の急増による消費需要の拡大に徐々に対応できなくなってしまった。そのため、あたかも外灘(バンド)の急激な変化に合わせたかのように、いわゆる民族資本の投資によって、後にビッグフォーと呼ばれる大型百貨店の先施公司(1917)、永安公司(1918)、新新公司(1926)、大新公司(1936)や主に輸入商品を販売する中型百貨店の麗華公司(1926)、中華百貨公司(1927)、またもっぱら国産品を取り扱う大型「国貨商場」の上海中国国貨公司(1933)などがつぎつぎと落成し、名実とも南京路を中国最大の繁華街として現出させたのである。

　そして、南京路のこの変遷のプロセスは、もう一つのメーン・ストリートである福州路にもほぼそのまま当てはまる。福州路の一郭は、かつてキリスト教伝道組織ロンドン会の関連施設である墨海書館や仁済医院、天安堂などが近くに集まっていたため、布道路または教会路とも呼ばれ、およそ一九世紀半ば頃からすでに内外の新聞社や書店、また文房具屋などが林立し、「文化街」として発展してきた。一方、ほぼ同じ時期から伝統的な劇場(劇園)や寄席を兼ねた茶館(茶楼)、それに「妓家」や「堂子」と呼ばれた妓館などの娯楽施設もこの界隈に多く進出し、書店などとはまた違う賑やかさを示していた。

　しかし前述のように、このような福州路も、二〇世紀初頭に入ると、やはり先ほどの南京路と同じく大きな変化を見せ始めた。たとえば、文化施設で言えば、出版社だけでも商務印書館(1897)、広智書局(1898)、文明書局(1902)、会文堂書局(1903)、有正書局(1904)、広益書局(1904)、中華書局(1912)、百新書店(1912)、泰東図書局(1914)、大東書局(1916)、世界書局(1917)、民智書局(1918)、伝薪書局(1923)、光華書局(1926)、開明書店(1926)、光明書局(1927)、現代書局(1927)、生活書店(1932)、大衆書局(1932)、啓明書局(1936)など、大小数十社が軒を並べ、異様な活況を呈していた。また娯楽施設を見ると、劇場では丹桂第一台(1911)、新新舞台(1912、後天蟾舞台に改名)中華大劇院(1912)、大新舞台(1926)、茶館では中華第一楼(1910年代)、四海昇平楼(1910年代)、青蓮閣(1900年代)、長楽茶楼(1910年代)、薈芳楼(1910年代)、妓館では新会楽里(1920年代)、福祥里(1920年代)、群玉坊(1920年代)、三元坊(1920年代)などもわずか一平方キロにも満たない狭い一郭に密集し、まさに一大「消費」装置として大々的に機能していたのである。

　このように、後に上海の「玄関」、「昼の顔」、「夜の顔」とそれぞれ呼ばれた外灘(バンド)、南京路、福州路の三つの空間は、二〇世紀前半においてほかならぬ資本という近代の「魔物」により、従来をはるかに上回る規模と速度で激変し、それこそその欲望を実現する「場」として現出させられていたのであるが、一方、それらはまた内外資本の作り出した消費というもう一つの欲望を満たし、その装置として機能していたことによって、いわば二重にもそれぞれの欲望的な空間性を作り上げたのにほかならない。その意味で、この三つのストリートを代表とする一九二〇、三〇年代の上海の都市空間は、次に取り上げる諸表現形態のさまざまな「欲望」の表象とまさしくパラレルの関係にあり、いわゆる欲望都市・上海も、結局はこの両者の共犯的な「合作」によってはじめて誕生したと言えよう。

三　欲望装置としての表象

　二〇世紀前半の上海において、「欲望」をめぐる種々の表象は、概して氾濫という言葉が相応しいほど、実に視覚芸術を始めとする諸表現分野に溢れていた。中でも、漫画、月份牌、写真、映画、文学などがいわばとりわけその主役を演じていたのであるが、紙数の関係で、今回は月份牌と文学の両者に絞り、不十分ながらもその「欲望」を生成する装置としての内実を明らかにしたいと思う。

　まず、月份牌から見てみよう。月份牌とは、簡単に言えば、つまり一九世紀末期に上海で発案された一種の年画(新年を祝うために飾る伝統的な木版画)的要素を持つ商業広告のことで、そこにはおおむね水彩画などの手法を取り入れた独自の技法で描かれた人物像とある特定商品の広告、それにカレンダーの三要素が含まれている。これは年画を飾る中国の民間風習を巧みに利用した広告術の一つで、いわば商品の宣伝のついでにお正月用の年画と日常生活必需の暦を一緒にお負けにしたようなものだが、ほとんどの場合商社か代理店などから無料で配布されることになっていた。

　既述のように、内外資本が投資ブームを起こした一九世紀末期の中国において、多くの外国企業や商社が単に各地でつぎつぎと工場を作り出したのみならず、増大する消費人口を見込んでさまざまな外国商品の輸入にも力を入れ始めた。そしてこれらの商品の販売を促進するために、各商社が自国での慣例に従って、多くの宣伝ポスターを作製し、一種の景品として広く配布した。しかし、外国の風景、名人、美女などを題材とするこれらのポスターは一時は珍しがられたものの、その内容があまりにも現実生活から離れ、装飾性、実用性ともに「価値」が小さかったため、結局中国人の消費者に受け入れられることはなかった。その後、こうした文化的な差異に気付いた輸入商たちは、にわかに方向転換し、一部の中国古代名画をポスターに印刷して、各商品の宣伝に充てみたが、これもその画題がいささか高尚過ぎたため、同じく一般の大衆消費者には認めてもらうことができなかった。そして一連の試行錯誤を経過した後、各商社が最終的に考案し出したのは、つまり前記の伝統的年画をベースにした庶民的な題材の人物像、商品広告、暦による「三位一体」の月份牌にほかならないが、この新たな商業宣伝ジャンルの誕生で、いわば単に中国の近代広告業が諸外国と比べやや異なる道を歩むことになったのみならず、同時にその独自な表象内容によって、いわゆる上海の「モダン空間」も著しく特色のあるものとなることができたのである。

　初期月份牌広告画を描く画家の中に周慕橋(1868～1923)という人がいる。彼は当初蘇州の桃花塢で伝統的な年画の制作に従事していたが、その後上海に移り、『点石斎画報』を主宰する著名画家呉友如のもとで時事風俗画などの創作に加わった。その彼がおよそ二〇世紀初頭から商社などの依頼を受けた形で一般消費者の好む月份牌を作り出したが、しかし年画画家出身の彼は遠近法や光線などの要素を取り入れて在来の画法を一部修正したものの、最後まで伝統絵画の限界を超えることができず、画題、技法ともにその新鮮さは長く続くことができなかった。

　周慕橋ら第一世代の後、月份牌広告画の世界で一つの革命を起こしたのは鄭曼陀(1888～1961)であった。彼は若い頃杭州の写真館で「木炭写真技法」(木炭画による臨模で写真を伸ばす技法)を使って肖像画などを描いているうちに、その上に水彩画画法を加えた「木炭水彩画法」という独自の技法を考案した。一九一四年、自らの更なる活躍の場を求めて、鄭曼陀は杭州から上海に移住し、「木炭水彩画法」による月份牌の創作を始めた。そしてその斬新な技法と伝統的な仕女（美女）造形に取って代わった女学生を始めとする新時代仕女の画題が中法大薬房などの依頼者のみならず、高剣父のような著名中国画画家にも高く評価されたため、彼は業界内で一躍時代の寵児となり、その独特の技法もたちまち月份牌創作の主流となったのである。

　この鄭曼陀の広めた技法と画題をさらに深め、より月份牌の存在を一大商業美術ジャンルとして隆盛させたのは杭穉英（1901～1947）という天才画家であった。彼はおよそ一五歳の時からすでに商業美術学校の性格を持つ商務印書館図画部に入り、そこで三年間中国の伝統絵画、西洋画、商業設計などの手解きを受けた後、一八歳から商業画家としてデビューし、早くもその才能が広く認められた。一九二二年、二一歳の杭穉英が商務印書館を離れ、自らの事務所である「穉英画室」を開いて、専門的に月份牌とその他の広告設計業務を請け負い始めた。以後、彼は金雪塵や李慕白など商務印書館図画部の優秀な卒業生をつぎつぎと画室に入れ、一種の集団体制で大量の作品を世に送り出した。ある意味で、二〇、三〇年代の上海において、月份牌が「モダン上海」を表象し、またそれ自身が「モダン空間」を作り出す装置として大々的に機能することができたのは、この「穉英画室」の存在に負うところがきわめて大きいと言わなければならない。

　このように、月份牌はまさに二〇世紀初頭上海の商業的「欲望」の膨張とともに誕生し、また発展してきたのだが、その歩んだ道程を一通り概観した後、これらの月份牌が一体どのように「モダン上海」を表象し、またそれが一つの「装置」としていかなる「欲望」を生産していたのかについてすこし検証してみたいと思う。

　すでに先ほども触れたように、月份牌の技法もさることながら、その画題は実に近代中国における西洋文化の浸透とその受容過程における中国社会のさまざまな移り変わりを表している。それは、たとえば同じ「仕女図」でも、清末民初の初期の月份牌ではその「仕女」はまだ伝統的な髷、在来の衣装、それに纏足という「古装美女」が多数を占めているが、およそ一九一〇年代後半から二〇年代前半にかけての次の時期になると、これに取って代わってちょうどその時代を反映する断髪、上下の分かれた新式衣装に天足（纏足から解放された天然の足）という「時装美女」が大量に登場し始める。そしてその後の三〇年代前後に入れば、今度は一斉に断髪の上にパーマ、スリットの入ったチャイナ・ドレス、さらにハイヒールという「旗袍美女」がほとんど主人公となっているのである。
　この変化は、明らかに中国近代女性の身体的「解放」、またその「都会化」のプロセスをそのままかあるいはややリードした形で表していて、時期ごとにきわめて大きな「摩登」としての規範機能を果たした。しかし一方、この徐々に露出されていく身体は、まさにさまざまな「商品」と並べて描かれ、また各家庭に飾られることで、それ自身も一つの「消費」の対象となったのにほかならない。そして、もちろん女性身体におけるこの「解放」＝「消費」という商業的操作が近代資本主義的「欲望」論理の一つとして他の表象世界でも少なからず確認することができ、けっして月份牌独自の現象ではないが、ただ両者をここまで露骨に結び付け、かつ常時にそれを無数の「消費者」に提供し続けたのは、また月份牌の存在をおいてなかったと言わざるを得ない。
　たとえば、「陰丹士林」（徳孚洋行）という染色布の生地を広告する月份牌シリーズがあるが、その絵柄としてきまって美女がパーマとスリットの深いチャイナ・ドレス、それにハイヒールの姿でさまざまなポーズを取りながら、「消費者」に微笑みかけることになっている。また煙草を宣伝する南洋兄弟煙草公司、大東南煙草公司や医薬品を紹介する上海中法大薬房、五洲大薬房などの月份牌では、浜辺に立つ水着姿の若い母親や山間の渓流で水浴する乙女、半裸で西洋ベッドに横たわる少女、上半身の片方を露出しながら小船の上で遠方を見詰める青年女性など、いわば「女体」が完全に「欲望」の眼差しに晒され、格好の「消費」の対象となっている。その「開放」＝「解放」ぶりは、まさに二〇年代後半まで終始「人体作品」問題で揺れ続いていた正統な画壇と好対照で、この時代の「摩登」の度合を大いに高めたと言える。
　ところで、月份牌の現出した世界において、以上のような現代「仕女」のほかに実はまたもう一つ欲望装置としての要素が存在している。これらの美女を取り囲むモダンな生活環境である。それはたとえば空間的に言うと、広い洋風のリビング、ダブルベットの寝室、ジャワー付きのバスルーム、ダンスホール、プールサイド、海水浴場などであり、生活「用品」で言えば、ソファー、西洋椅子、電話、電気ストーブ、ピアノ、バイオリン、洋書、テニスラケット、ゴルフグラブ、自転車、猟銃、飛行機、西洋犬などにほかならない。これらはいわば大小の舞台道具となって、その「モダン空間」にふんだんに取り入れられ、ただでさえすでに十分誘惑的な画面にさらにもう一つブルジョア的中産階級への「欲望」を付け加えたのである。
　このように、月份牌はいかにも二〇世紀初頭の商業資本膨張時代に生まれるべくして生まれてきた新たな表象媒体として、巧妙に伝統的な年画のシステムに乗りながら、かつて想像だにしなかった女性の身体やモダンな洋風生活を流布させることによって、まぎれもなく一つの「欲望」を産出する装置と化していった。そして、それは、先ほども触れたように、前述の外灘や南京路、福州路などの役割と多くの面で類似する一方、同時に次の文学を始めとするその他のさまざまな表象や言説とも緊密に絡み、いわばそれらの強力な「共犯者」としてこのモダン＝欲望都市・上海の現出に大いに貢献したのである。

　さて、その文学における「欲望」の表象だが、これには実に数多くの作家や作品が関わっているため、ここではその中のもっとも代表的な新感覚派の文学についてだけ、ごく簡単に紹介したいと思う。

　新感覚派文学とは、およそ一九二〇年代末から三〇年代初めにかけて日本の新感覚派などの影響を受けて形成されたモダニズムを標榜する文学流派で、正式の結社ではないが、劉吶鴎、穆時英、施蟄存ら数人を中心メンバーとして、主に雑誌『無軌列車』(1928)、『新文芸』(1929)、『現代』(1932)などを拠点に活動していた。新感覚派文学は、後にまた「海派」文学と呼ばれたことからもわかるように、ほとんどの作品が、おおむね上海を舞台とし、そのいわゆる都会人たちの生活環境や生活形態について、つとめて感覚的に捉えようとした。中でも、おそらくもっともこの町を「代表」できると判断したからだろうが、作者たちはとりわけそのさまざまな娯楽空間や摩登女郎（モダンガール）の生態、または「女体」そのものに強い関心を示し、執拗にそれらを描出した。そして、その内容は、先ほどの月份牌はもちろん、漫画や映画などその他の視覚芸術ジャンルとも大いに交差し、いわばまさに上海をめぐる「表象空間」の中心において絶えずその「欲望」的な性格を演出し続けていたのである。以下はその中のいくつかの具体的な例を見てみよう。

　　晴れた午後。漂い疲れた大きな二片の雲が、光るような汗の雫を滴らしながら、向こうの高層建造物によって作られた連山の頂上に留まっている。遠くこれらの都市の城壁を眺め、また眼下の広大な青い芝生を見下ろしている大きな高架台、ここは先ほどからすでに賭け事に夢中になった人々によって、ほとんど蟻の巣のようにごった返している。緊張から失望に変わった紙切れが、ちぎられて水溜り一面に散らばっている。一方、喜びが浮ついた微風となって、ぴったりと恋人に寄り添っている若い娘の緑色のスカートをちらりと翻した。掏摸と妾の人を除き、望遠鏡と春のコートはすなわち今日の二大お得意のお客さんだ。むろん、それは彼らの懐に五元札がまだ一杯詰め込まれている間だけの話ではあるが……。埃、唾、涙と馬糞の匂いが疲れ切った空に発散し、人々の決意、緊張、失望、落胆、意外、歓喜と一緒に一つの飽和状態的な雰囲気を作っている。そんな中、得意満面のUnion Jackだけが依然として美しい青空に向けて風に漂いながら朱色の微笑を浮かべていた。（筆者訳、以下同じ）

劉吶鴎『両個時間的不感症者』(1930)

青い黄昏が全会場に垂れ籠める中、一本のsaxophoneが首を長く伸ばし、口を大きく開けながら、人々にウォーウォーと叫んでいる。中央の滑らかな床の上で揺れるスカート、揺れるコートの裾、精巧なヒール、ヒール、ヒール、ヒール、ヒール。パーマをかけた髪と男の顔。男のシャツの白い襟と女の笑顔。伸ばしたままの腕、肩にまで垂れている翡翠のイヤリング。整然と並ぶ円卓の隊列に散乱する椅子。暗い隅っこに白い服の給仕が立っている。酒の匂い、香水の匂い、煙草の匂い……独身者が片隅に座りながらブラックコーヒーで自らの神経を刺激している。

穆時英『上海狐歩舞』(1932)

そのボーイッシュな断髪と欧化の痕跡が明らかな裾の短い服装から、誰でも彼女が近代都会の申し子だとすぐわかる。ただその理知的で、直線的な鼻と敏活で、落ち着きのある目だけはたとえ都会においてもそう簡単には見付けられない。体こそ小柄だが、胸や腰辺りの豊かな曲線がいかにもその肉体の弾力的であることを示している。もし首筋から丸い肩先を通って両腕にまで伸びた二本のラインから判断すれば、人々はきっと彼女がただいまドランのキャンバスから飛び出してきたばかりだと思うにちがいない。そして何よりもその成熟しすぎてなかば割れかけた小さい石榴のような唇が神経質そうに見えて、もっとも特徴的であった。奥様？そうではない、妾さん？なおさら違う、女学生？どうも年齢は……、こうしてちょうど燃青が思いをめぐらしている間、突然、その石榴が裂けてきて、しばらくは一つの甲高い金属音がこちらにも届くほど響き続いていた。

劉吶鴎『風景』(1928)

にわかに漂ってきたCyclamenの香りが彼を振り返らせた。いつの間にかこの色っぽい存在が後ろに来たのかまったく気付かなかったが、振り向くやいな一人のsportiveな近代的女性が彼の目に飛び込んできた。透けたフランス製シルクの奥で、弾力のある筋肉がどうやら体の軽い動きと一緒に震えているのが見えた。二人の目線が簡単に触れ合った。小さな桜桃が綻びて、微笑が紺碧の湖からこちらに射てきた。Hは自分の目がopera bagにやや遮られた、黒みがかったグレーのストキングから透けて見える二つの白い膝から離せなくなりつつあるのを感じながらも、この時点ではもう一つの強い意志がまだ彼の脳裏になんとか住み付いていた。

劉吶鴎『両個時間的不感症者』(1930)

　以上の引用文において、一番目と二番目はそれぞれ競馬場とダンスホールの「娯楽空間」を描いているが、その幼稚とも言える執拗な擬人法の使用を挙げるまでもなく、作者がここでつとめて強調しようとしたのは、あきらかにこの二つの「空間」の性格であり、またそれを包む「雰囲気」そのものであった。これには、むろんいわゆる新感覚派独特の表現法も作用しているが、同時にそれぞれ賭博の「場」と男女交際の「場」として、この両者の空間性が何よりもこの町の「欲望」を一番リアルに代弁しているというもう一つの理由もけっして考えられないことはないだろう。三番目と四番目はどちらも「女体」を細かく観察し、描出したものだが、これは先ほども触れたように、まさに同時代のその他の芸術ジャンルの女性表象と「共犯」関係にあり、きわめて露骨に「欲望」ないしは「消費」の対象としての女性の位置付けを表していると言えよう。

　このように、いわゆる月份牌と新感覚派文学だけを取り上げ、それもごく簡単にしか紹介することができなかったが、しかしこのわずかな事例からでも、およそ一九二〇、三〇年代の上海をめぐる「表象空間」が果たして如何なるものだったのかはわかるだろう。むろんここで確認されたさまざまな特徴は、同時期の世界的な大都会、ニューヨーク、ロンドン、パリ、東京などに関する表象体系の中にも存在し、けっして上海独自のものとは言い難い。ただ、前述のように、一九世紀末から二〇世紀初頭にかけての上海における内外資本の大量導入やそれに起因する都市機能、都市空間のあまりにも急激な変動によって、たとえ同じ都市の「欲望」、またその装置としての表象でも、そこにはつねに一種の半植民地的な過激さが伴っているのもまぎれない事実であろう。そして、この過激さこそ、いわばまさしくわれわれが求めようとした、「欲望」が先鋭化し、町全体が「魔都」と化した所以にほかならない。

北京お茶事情

〔日〕 大野香織[*]

一　ジャスミン茶の北京

（北京の路線バスの運転席）

　写真は北京の路線バスの運転席。中国では、よく見慣れた風景だ。
　この運転席の脇に置かれたガラス瓶に注目して欲しい。手編みのカバーでよく見えないが、茶色い液体の底に、ジュンサイのような葉が沈んでいる。これは何だろう？
　答え。これは、蓋つきのガラス瓶に茶葉を入れて湯を注いだ運転手たちの水筒がわりなのだ。北京の場合、入っているのは殆どがジャスミン茶だ。彼らは

---

[*] 大野香织，庆应义塾大学讲师，文学博士。

これで運転の合間に喉の渇きを潤し、ジャスミンの香りに気持ちを和ませる。近年の飛躍的な経済発展に伴い、日々ハイピッチになってきている北京人の日常だが、こうした、しばしの一服の時間を彼らはとても大切にする。
　広大な中国大陸には、千を越える銘柄の茶があり、香りも味も実に様々だ。これらは、加工法や発酵の度合いにより、大きく「緑茶」、「白茶」、「黄茶」、「青茶（烏龍茶）」、「紅茶」、「黒茶」という六色のグループに分類される。バラエティー豊かな中国茶だが、全ての中国人が常時ありとあらゆる茶を飲んでいるのではなく、その土地の人が習慣的に飲んでいる茶は決まっていることが多い。茶の産地の人々は、もちろん地元の茶を飲んでいた。そして北京ではジャスミン茶だ。
　茶の産地から北京までは、運河や陸路で茶を運ぶことになるが、交通の便が悪かった時代、新鮮さと香りが持ち味の茶は北京に運ばれるまでに劣化が免れない。また、昔の北京では通常井戸水が飲まれていたが、水質が硬いうえ味が苦く、茶本来の繊細な香りと味わいを引き出しにくかった。こうした輸送による劣化や水質条件の不足を補い、北京人が美味しく飲むことが出来たのがジャスミン茶だったのだ。
　ジャスミン茶は先に挙げた六色のグループには含まれず、緑茶に香り付けをした加工茶として"花茶類"に分類される。このグループには薔薇、蘭、モクセイ、クチナシなど様々な花の香りの茶があるが、北京人はジャスミンの香りをこよなく愛し、北京では"花茶"といえば即ちジャスミン茶を指す。
　北京人は濃い味が好みだ。お茶も例外ではない。コップに茶葉を多めに入れ、ジャスミンの香りがしっかり立つよう沸騰したての熱い湯をたっぷりと勢いよく注ぐ。茶漉しは使わず茶葉に直接湯を注ぎ、茶葉が沈むのを待ってから飲む。絶えず水分補給が必要な乾燥した北京に暮らす人々は、朝から晩までジャスミン茶が手放せない。
　緑茶の産地の人々が茶を飲む際、その新鮮な香りと味わいを愛しむように水温は低めに、小さな急須で丁寧にいれ、少しずつ品ずる。彼らにとってジャスミン茶は、品質の落ちた古い茶葉を無駄にせず美味しく飲むための手段でしかなかった。産地の人々は、香りも味も水色も本来の茶とは似て非なるジャスミン茶を愛飲する北京人を「真の茶の味を知らない」と嘲笑する。しかし、北京の風土になじみ飲み続けられてきたジャスミン茶を、今日も北京人はこよなく愛している。
　だが北京を取り巻く中国茶事情は、近年大きく変化している。そういった変化を、いくつかの切り口から観察してみよう。

二　茶葉の流通

（北京馬連道茶葉城）

　北京には"張一元"、"呉裕泰"、"元長厚"など、老舗の茶葉店が数軒あり、それぞれが独自の生産ルートや茶とブレンド法によるジャスミン茶を扱っている。代々北京に暮らす人たちは、家庭によりひいきの店が決まっていて、長年そこのジャスミン茶を飲み続けてきた。

　しかし、近年になり交通手段が飛躍的に向上し全国中の茶が新鮮な状態で北京に運ばれるようになると、北京人が飲める茶の選択肢は着実に増加した。普段飲みは依然としてジャスミン茶でも、もてなしやハレの場では異なる茶を選んでみる。北京人の喫茶生活も次第に変化に富んできたようだ。

　九十五年、台湾の茶葉専門店天仁茗茶が大陸市場への足場として開設した天福茗茶が北京市内の商店街やデパートにチェーン展開を始めた。ガラス張りで外から店内が見やすい店構え、ショーウインドウに飾られた美しい茶器、店内に足を踏み入れると、あらゆる茶葉や茶鞄子を試飲・試食させてくれる。ラインナップは当時大陸に紹介され始めたばかりの台湾烏龍茶が中心で、出店当時の北京人には目新しく、店員が優雅な所作で茶をいれるデモンストレーションも人気を呼んだ。自社の茶園で生産し販売しているため茶葉の価格設定も低く、庶民にも手が伸ばしやすい。こうした販売形態で着実に顧客を増やし、北京における新しい喫茶スタイルの普及に大いに貢献した。

　また、市内東南部に位置する馬連道という通りは、二十年ほど前はほんの数軒の茶葉卸店があったに過ぎなかったが、北京人がジャスミン茶以外にも目を向けるようになったことに目をつけた茶葉産地やその卸店が商機をつかもうと全国各地から集まり、現在では、あらゆる銘柄の茶葉や茶器が揃う全国有数の「茶葉ストリート」にまで発展した。茶葉店や茶館関係者以外にも、口の肥えたお茶好きが良いお茶、珍しいお茶を求め、北京中からここにやって来る。「北京に居ながらにして全国のあらゆる茶を味わう」、昔は皇帝にしか出来なかったことが、今日の北京人には簡単に出来るようになったのだ。

三　ペットボトルの普及

（コンビニに並ぶペットボトル）

　美味しいお茶をいれるのに大切なのが水だ。先にも触れたように、昔、北京で飲用されていた井戸水は、性質上、繊細な茶の味・色・香りを引き出すには向いていなかったようだ。その後、水道水を飲む時代になったが、硬度が高く石灰を多く含んだ北京の水は、生水として飲用することが出来ない。北京では今も多くの家庭で毎朝、その日に使う分の水を沸かし、保温瓶に入れて利用している。

　一方で、現在ではミネラルウォーターや蒸留水を定期的に購入している家庭も少なくない。これら市販の飲用水が北京で普及し始めた時期は日本とそれほど変わらない。それまでにも、外国人居住区にある商店にはエビアンなどの輸入品や「岻山（ラオシャン）」という国産のミネラルウォーターが販売されていたが、これらは全て外国人向けの高価な品だった。それが九十年代に入る頃から、杭州を中心とした水が美味しく豊富な地域を中心に国内向け販売を主とした飲用水産業が盛んに興り、ペットボトルやタンクでのミネラルウォーターや蒸留水の販売が活発になった。同時期に北京に登場しはじめた台湾式茶芸館では、茶の味と香りをうまく引き出すためにこれらの「特別な水」を用い、客はお茶代だけでなく水代も請求された。

「当時ペットボトルの水は一本三、四元もして、今より倍も高かったのよ。どんなに美味しいのかしら、とワクワクして飲んでみたら、味も何もないただの水。がっかりしたわ。でも、そのうちに気付いたの。ミネラルウォーターは、口当たりがまろやかだし、飲んだ後、普通の水よりも喉が乾きにくい。北京の水は石灰分が多いから、結石になりやすいっていうしね。今ではミネラルウォーターのない生活は考えにくいわ。」ある北京女性の弁である。

さて、ペットボトルとして販売されたのは水だけではない。ソフトドリンクやお茶など、さまざまな飲み物が市場に現れた。コンビニなどで見られるペットボトル飲料のラインナップは日本とさほど変わらない。

ペットボトル茶の中国大陸進出は、台湾のメーカー"統一"や"康師傅"などが最初で、次いで日本のサントリーや伊藤園、キリンなども進出した。北京人が好むジャスミン茶以外にもさまざまな種類の製品が販売され、これにより北京人にとって緑茶、紅茶、烏龍茶などがより身近なものになってきた。

よく見ると、これら中国のペットボトル茶のラベルには、「低糖」の文字がみえる。それに気付かず手を伸ばした日本人旅行者は、一口飲んで「うわっ、何これ!?」と驚く。紅茶のみならず、緑茶も烏龍茶もジャスミン茶も甘いのだ！ 実はこれらは、台湾から入ってきた当初すでに甘いものだった。「冷たいお茶は体に良くない」と信じてきた中国人は、ペットボトル茶を「お茶」そのものではなく「茶飲料」というお茶の味のする冷たいソフトドリンクの一種ととらえているのだ。日本企業の製品も、中国市場に適応するため、中国では甘い「中国バージョン」を製造し、同時に「無糖」と書かれた甘くないものも販売しているが、その量はずっと少ない。近頃は、もともと日本でも甘いキリンの"午後の紅茶"シリーズが若者中心にたいへん好評らしい。

四　北京の茶館文化

(《茶館》第一幕をモデルにした泥人形)

　茶の産地の人々から見たら、ジャスミン茶しか知らない北京は「茶文化不毛の地」であるが、北京人は胸を張って言うだろう：「北京にも茶文化はある。中国文学史に残る名作《茶館》だって北京が舞台じゃないか！」
　《茶館》とは、北京の街角のとある茶館の盛衰やそれに関わる人物らの浮き沈みを通して中国の近代史を描いた中国近代作家・老舎〈ろうしゃ〉の描いた話劇で、中国屈指の劇団である北京人民芸術劇院が現在も繰り返し演じ、また映画にもなっている。作中には物語の舞台となる裕泰茶館の店構えや内装、そこで働く人々や顧客たちの動作や会話にいたるまで、当時の北京の茶館の様子が生き生きと表現されている。こうした情景表現をみると「北京にも茶文化はある」ということも納得できる。ただし、南方の文人的な茶文化とは異なり、北京の場合は、もっと大衆的な、"茶"文化というより"茶館"文化だった。茶館で飲まれるのが主にジャスミン茶で、廉価なため誰もがそれを享受しやすかったのだろう。
　清代末期の北京には、大した兵役もないまま北京城内に常駐していた満州八旗の軍人や、一つの官職に満・漢二つの民族が就くという制度の下で暇を持て余す官吏、科挙試験のために上京してきた文人、故郷に家族を残し北京に暮らす商人など、多くの有閑層が存在した。彼らは大茶館と呼ばれる格式の高い茶館に入り浸って時を過ごした。
　また、茶とともに軽食も摂れる二葷舗、演芸鑑賞ができる書茶館、囲碁将棋を楽しめる棋茶館、城内の喧騒から離れた郊外で自然に接する野茶館、仏教や道教の寺院などで参拝客用に設けられた茶禅・茶寮、車夫・大工などの労働者が職業ごとに集まり御用待ちや同業者間の情報交換を行う清茶館など、客層や目的の異なる喫茶空間が北京のいたるところに次々と生まれ、上流社会から下層市民にいたるまで、茶館が生活の一部となっていた。

しかし、こうした茶館文化繁栄の様相は、その後の相次ぐ動乱のなかで変貌し、その後数十年にわたり茶館は北京の街角から姿を消していた。

五　茶館文化の復活

（京味茶館での老芸人の出し物）

老舎の描いた裕泰茶館の柱には"莫談国事"という札が貼られていた。国事、つまり国家の大事について語るなかれ、ということだ。そういう札が貼られていること自体、天下のお膝元である北京人がいかに時事論争好きな性格かを表しているといっていい。中華人民共和国の誕生以来、相次ぐ政治運動の嵐の中、人々が集まって議論をすることを体制側が嫌がったこともあり、北京の街角にはずっと茶館がなく、食堂さえ数少なかった。しかし、乾燥した気候の北京で、街をゆく人々が足を止め喉の渇きをいやす方法がないのはたいへん不便だ。七十九年、北京の繁華街・前門で、尹盛喜らが路上で机にどんぶり碗に茶を汲んで並べ、一杯二十銭で販売した。これが見事に当たり、またたく間に「大碗茶」売りは北京のいたるところで見られるようになった。

八十年代に入ると、改革開放政策により飲食などの個人経営が自由化された。

同時に、海外との物的、人的交流も頻繁になってきた。このような機運にのり「大碗茶」で成功した尹盛喜は八十七年、前門に「老舎茶館」を開業する。清代の大茶館風の店構え、北京風の茶請けとジャスミン茶、そして演芸、京劇や曲芸のパフォーマンス。高価な価格設定で市民はまだ安易に足を踏み入れることは出来なかったが、当時増加していた香港・台湾や海外からの観光客の人気を博し、観光・演芸・茶文化を融合した新時代の北京風茶館の先駆けとなった。

一方、対外的な「売り物」ではなく、北京人のために茶文化を取り戻そうという気運も生まれた。馮建華が九十五年頃瑠璃廠文化街に開いた"京味茶館"は、簡素な店構えながら内装や従業員の服装や所作、言動など随所に"北派茶"つまり北京茶文化の伝統を再現し、古い世代には懐かしさ、若い世代には新鮮さをもって歓迎された。また価格は可能な限り低く設定し、また、茶代にわずか二元を足すだけで講談などの演芸を鑑賞することができた。しかし、急速に経済発展を遂げる北京の現状のもと、こうした良心的な価格設定が仇となり、数年で経営困難のため姿を消してしまった。

六　台湾風茶芸の流入

（五福茶芸館一号店）

ある外資系ホテルでポーターをしていた段雲松という青年は、仕事中に知り合った台湾人客にもてなされて飲んだ台湾烏龍茶の味わいと、それをいれる美しい所作や文化的な雰囲気にいたく感銘を受けた。台湾では大陸に先駆け、七十年代から烏龍茶の改良と生産に力を注ぎ、その飲み方として日本の茶道を参考に"茶芸"という喫茶作法も確立されていた。段青年は、是非これを北京にも広めたいと考え、九十四年八月、地安門大街に北京初の台湾式茶芸館"五福茶芸館"を開業した。

　台湾から運び込まれた高級な茶葉や茶器、当時まだ少なかったミネラルウォーターを使用し"水代"を払っていれる高額な茶。茶葉は高級なバーのように店にキープすることができ、こうした場所の「お得意様」であるというステータスを感じることができる。一般人には足を踏み入れにくい場所だったが、個室もあって落ち着いた雰囲気の中で商談が出来ることから、企業経営者や商社マンなどの新進層から歓迎され、数年後には市内に十数か所の支店を持つまでに発展した。また、茶芸館の経営を考える人たちのアドバイザーとして経営のノウハウや茶芸の指導、茶器や茶葉の仕入れ先の紹介などを積極的に行い、その成果もあって二〇〇〇年頃には、北京市内に数百店の茶芸館がひしめく状態となった。

　これだけ増殖すると、互いの競争も激しさを増し、淘汰されるもの、消費者の需要を敏感に受け入れて変化しながら発展を遂げるものに分かれた。とくに、純「台湾式」にとどまらず、それぞれの特色を打ち出した茶芸館に人気が集まっているようだ。茶葉を利用した創作茶膳料理を売りにしたスタイリッシュな紫雲軒や若き日の西太后も過ごしたという邸宅を改造し伝統的茶膳料理を供する桂公府、風光明媚な北京郊外の仏教寺院大覚寺にありマイカー族が郊外のドライブでよく訪れる明慧茶院、本屋に併設され読者に静かな読書スペースを提供する三味書屋茶座など、さまざまに工夫を凝らした茶芸館が誕生した。また競争が激化する中で価格もある程度抑えられ、より多くの人々が茶芸館を利用できるようになり、人々が予算や目的に合わせてこうした喫茶空間を利用するようになってきている。

七　コーヒーの台頭

（故宮にあったスターバックス）

　北京に出現したばかりの頃の茶芸館は、高級感に溢れていた。高価で珍しい茶葉や茶器、手間のかかるいれ方。若者たちには、価格的にも雰囲気的にも近寄りがたかった。もっと気軽に、リラックスした雰囲気で喫茶したい。そんな彼らを魅了したのが、洋楽が流れるスタイリッシュなカフェやバーだ。こうした場所で仲間達と「お茶する」のが新しいもの好きな都心の若者の絶好の余暇の過ごし方となった。その中で現在最も人気の高いのが"星巴克"、つまりスターバックスである。

　経済発展のめざましい中国をアメリカ以外の最大の市場とみたスターバックスは、九九年、北京の国際貿易大厦に中国大陸第一号店を出店した。これは香港やマカオよりも早い。当初は主に外国人顧客向けだったが、経済成長によって収入が増え生活に余裕のできた若いホワイトカラー達から人気を博している。あまりに勢いのあるスターバックスの進出に危機感を持ったのか、二〇〇七年には「中国が誇る故宮博物院の中にさえアメリカの珈琲店があるのは適当か」といった論争さえ起き、結局、このスターバックス故宮店は閉店となったが、あちこちの街角では急速に数を増やし、その勢いはまだとどまるところを知らない。また、台湾系の"上島珈琲"というチェーン店は、スターバックスより年齢の高い層を照準に、食事も出来る喫茶店としてこれも人気がある。

　北京人がコーヒーを飲み始めたのはもっと早く、八十年代中頃にはネスカフェのインスタントコーヒーが洋風の灑落た飲み物として人気を博していた。年越しなどの贈答の季節には、ネスカフェとクリープの大瓶にコーヒーカップとソーサーの付いた洒落たパッケージが贈答品として流行したこともある。また、「三合一」と呼ばれるコーヒー・クリープ・砂糖が一袋に入った小袋は、今も若者の旅行の必需品だ。

中国人がコーヒーを飲む場合、その独特の苦みや香りをたのしむというよりも、現段階ではまだ、クリープと砂糖をたっぷりいれた甘い飲物として好まれているようだ。現在でもこの嗜好は変わらず、スターバックスでも甘いカフェラテがダントツの売上げで、その上、さらに店内備え付けのミルクと砂糖を加えて飲んでいる客がいて驚かされることが多々ある。コーヒー豆や器具も販売されてはいるが、洋風な飾りとして客間などに飾ることはあっても、実際に豆を挽き、ゆっくりと湯を落としていれるストレートのコーヒーの香りと味わいを楽しむまでにはまだ少し時間が必要なようだ。

雲南省や海南省ではコーヒー豆を生産しており、これが実はなかなか美味しいのだが、高い購買力を身に付けた彼らがそれに気づいて買い占めてしまわないうちに、しばしゆっくり味わわせていただくことにしよう。

　　　　　　　　八　茶葉投機ブーム

（ドラマ《茶馬古道》のDVD）

七十二年二月、当時のアメリカ大統領ニクソンが訪中し、長らく対立していた米中の国交正常化の道付けをした。このとき、周恩来首相はニクソンを杭州の銘茶・西湖龍井という緑茶でもてなした。これを機に西湖龍井は、国賓茶、人民大会堂で供される茶として定着し、その生産には国の補助が下りるなどの優遇策がとられた。その後、人民大会堂指定の茶は何度か変わったが、こうした「お上のお墨付き」を得ることは、九十年代前後までテレビなどにコマーシャルがなかった中国では、国内外での茶の知名度を高める最大のコマーシャルだった。

　経済成長が始まると、一部の茶葉業者はメディアを利用した大小のブームを利用し茶葉の販売促進につとめた。その著しい例が最近のプーアル茶ブームである。中国茶ファンの間では根強い人気のあるプーアル茶だが、それを中国国内で全国的・一般的なブームに押し上げたのは、歴史上プーアル茶の輸送に使われた雲南省の"茶馬古道"に生きる人々の生き様を描いた《茶馬古道》というドラマである。これをヒントに、雲南の茶葉生産者が"現代版茶馬古道"として、実際に馬で茶葉を運び北京を目指す、というイベントを催した。毎日テレビで彼らがどこを通過中か中継放送され、視聴者の注目を集めた。こうした過程で、"少数民族の飲むお茶"、"何やら神秘的なお茶"として一般の人々には近寄りがたかったプーアル茶の健康面での効能や、「長く寝かせるほど値が上がり、投機の対象にもなる」といった財テク好きな現代中国人の好む特徴が繰り返し紹介され、全国的なプーアル茶ブームが巻き起こった。

　こうしたブームは、茶葉の生産者たちが画策するものではあるが、もう一つ重要なのは「首都・北京」というブランド力である。北京は茶の産地ではない分、「守るべき茶葉産業」がなく、また、一定の経済力のあるホワイトカラーや文化人が多く存在する。「北京には茶文化なんてない」と言っていた産地の人々だが、いまでは、いかに北京を取り込むかにやっきになっている。

九　暮らしの質を求めて

（東方国芸茶文化センターのある勉強会で）

　三月八日、国際婦人デー。中国ではこの日、女性は半日の休暇がもらえる。この日の午後、北京の五道口にある東方国芸茶文化センターは多くの女性で賑わった。開催されたのは「内面からの美しさを求めて」と銘打ったハーブティーの勉強会。講師が紹介するさまざまなハーブの効能やブレンドの仕方、美味しく味わう方法に、受講者たちは熱心に聞き入り、神妙な面持ちで試飲していた。
　茶芸館や新進の茶葉店などの誕生に伴い、その営業管理や従業員の質を保証することを目的に、日本の通産省にあたる"国家労働保障と人事部"は他の業界でも普及を目指している「持証上崗（就業に免許の取得を義務付ける）」という制度を採用し、茶葉店や茶芸館で茶葉の鑑定や品質管理を行う"評茶員"、客に提供する茶をいれる"茶芸員"という二つの資格を設定した。東方国芸茶文化センターは、こうした資格の取得のための指導を請負う部門としてスタートした。
　「しかし、ここ数年、受講生の質が変化してきました。実際に茶葉店や茶芸館での仕事を目的とした人に交じって、ホワイトカラーの女性、いや、男性も増えてきているのです。」センターを運営する熊志恵さんは言う。このセンターは「中国のシリコンバレー」と言われる中関村に近く、周囲にはコンピューター関連のオフィスビルが多く立ち並ぶ。こうしたオフィスに勤務する女性たちが、余暇を利用して茶芸を学びに来るというのだ。「仕事において顧客などにお茶をいれたり茶芸館で接待を行ったりすることが多くなってきたのですね、その際のマナーや茶芸の知識などは仕事の評価にも繋がるのです。」熊さんが言うように、書店でもホワイトカラー向けの礼儀作法教本が多く売れており、それらの殆どが茶芸に触れている。

　また、茶芸を学んだことによって茶文化に興味を持ち、更に広く深い知識を得たいという人々も増えてきた。東方国芸茶文化センターでもこうした受講経験者を集め、定期的に勉強会や品茶会、さらには茶葉産地を見学するツアーなどを催すなど、資格取得者養成部門からカルチャースクール的な側面も見せ始めた。先にあげたハーブティー勉強会もその一環だ。北京でも茶芸は"仕事の需要"から"趣味"へと広がりをみせ始めたようだ。

　既に衣食住が安定してきた北京は、今、より良い生活へと暮らしの質の向上を求める時代を迎えている。そしてこうした社会背景のもと、茶芸は一つのライフスタイルとして北京の人々に再発見され始めている。北京の「茶文化不毛の地」という汚名返上の日も近いようだ。

附录

一、严绍璗先生70年大事编(1940—2010)

聂友军

1940年(出生之年)

是年岁次庚辰,农历八月初一(9月2日),据上海观象台资料,是日晴天,5点29分日出,18点16分日落。乙卯时辰(晨8点左右)严先生降生于上海市法国天主教堂医院。排行"绍"字辈,尾字从"玉";依据卦占,命中缺"水",故从《说文解字》中摘出"璗"字,以"绍璗"命名。

1941年(1岁)—1944年(4岁)

住上海市善钟路(今愚园路)祖父旧宅(先生祖父严志文公,上海大东南烟公司董事长。父亲严善鸿字雁宾,英国教会圣约翰大学数学系肄业、法国教会震旦大学法文系毕业。承继祖业,并在上海"日据时期"与共产党人彭述之、李平心、蔡方信并石挥、鲁思、穆尼、乔奇、姚克、谭正璧、胡山源、杨荫深、赵景深诸人创建"中国艺术学院",设3系6专业,出任院长。母亲葛福津,盐商官卖家族出身,教会女中毕业)①。

1945年(5岁)

年初,移住江苏省嘉定县南门内"汇龙潭"南侧严志文公老宅"崇本堂"②。

1946年—1947年(6岁—7岁)

进嘉定县企云小学一年级。其校歌云"唯我企云学校,独占文明地。"但先生毫无感受,经常"赖学",令长辈失望。翌年,企云小学留级一年。以21世纪国人"育儿理论"中所谓"不能输在起跑线"观察之,实有不堪造就之势。

1948年(8岁)

勉强升入企云小学二年级

1949年(9岁)

4月,先生尊父拒绝移居海外,决心迎接"解放区的天是明朗的天"。母亲在炮声中把先生从嘉定带到上海市迪斯威路(今溧阳路)居宅。数日后,先生嫡亲三姑夫作为中国人解放军一部指

---

① 可以参见严先生著《与历史悄悄对话——严绍璗北大50年亲历纪事》"1959年纪事/夏天的故事"(将刊行)。原档案文书今存上海图书馆。

② "崇本堂"为嘉定县老城南门内有数的工商地主宅院,其中有厅堂、楼层、假山、码头、果园等,占地凡约5亩余。1951年在"土地改革"中没收为"上海永嘉纱厂"之一部分,现已改造为居住区宅第,唯外侧"横立河"与"汇龙潭"犹存。

挥员率部从嘉定西门突进,并把他老丈人严氏"崇本堂"作为挺进上海的一个指挥所。

9月,进入上海市育华小学(今溧阳路第三小学)三年级

1950年(10岁)—1953年6月(12岁)

上海市育华小学四年级至六年级,初始先生"赖学"秉性不改,成绩中等。语文老师喜欢用板尺打学生手心,一次在课堂上老师把"华尔街的老板(laoban)们"读成"laolv"们,先生则大声说"是'laoban'们,不是'laolv'们",即被罚站并挨手板发落,打至手心血红发烫,课后却照打乒乓球不误,不以老师"板心教育"为训。

1953年7月(12岁)—1959年6月(18岁)

考上上海市最优秀的中学之一即复兴中学。从初中一年级读到高中三年级。其间,1956年7月以"全优"成绩免试直升高中部一年级。1958年1月先生尊父被定为"资产阶级反党右派分子",属"敌我矛盾",2月先生则当选为共青团复兴中学委员会委员并任组织部部长。1959年2月,获"上海市高中学生文学创作鲁迅奖"(一等奖)。高考期间兴致勃发,仿马雅可夫斯基"楼梯诗"于同年4月27日撰写122行长诗《向科学进军》,与当时上海市教育局局长黄丹騰先生、复兴中学校长姚晶先生的文章同时集刊在一本"纪念册"中。诗中曰:"朋友,亲爱的伙伴,来吧!来到向科学进军的大队伍里,当一名志愿兵吧!如果你热爱祖国,你就会热爱科学!……亲爱的伙伴,把眼睛放远些:看看东方的旭日,在怎样升起;望望月亮和你,到底有多少距离?……我们会有自己的星际探险队,去揭开大自然的一切奥秘!……朋友,亲爱的伙伴,在这支浩荡的队伍里,当一名勇敢出色的战士吧!……让我们用自己的劳动,与世界上最聪敏的朋友,并排站在一起,甚至走在前面!……我们一定会以高度文明的国家——出现于世界!"这样的心绪先生历50年竟然不变①。

6月,上海市复兴中学高中三年级毕业。

1959年9月(19岁)—1964年7月(24岁)

59年9月,先生进入北京大学中国语言文学系古典文献专业,成为该专业创建第一届学生,五年中得与中国人文学术界各位巨擘面见,聆听教诲,奋力读书

五年内修读课程及授业恩师如下:

"古文选读"一年2学期:吴小如(同宝)先生讲授;

"中国文学史"二年4学期:游国恩、林庚、冯仲云、吴祖湘四先生讲授;

"中国文学史史料学"一年2学期:彭兰、赵齐平二先生讲授;

"中国历史"二年4学期:张政烺、田余庆、吴宗国、邓广铭、袁良义五先生讲授;

"中国哲学史"一年2学期:张岱年先生讲授;

---

① 2007年9月4日,《人民日报》刊载时任我国国务院总理的温家宝先生的诗歌《仰望星空》。诗曰:"仰望星空,它是那样寥廓而深邃……仰望星空,它是那样庄严而圣洁……让我们心中燃起希望的烈焰,响起春雷!"诗句直击心扉,严先生钩忆起48年前少年时代的诗作,心为之动。同年10月24日星期三中国"嫦娥一号"绕月探测卫星发射成功,青年时代先生在诗歌中的预言和期盼终于成为现实,无比振奋!2010年北京地区"高考"作文命题为《仰望星空与脚踏实地》,更使严先生不胜欣喜。1959年刊登的122行诗作(载《复兴特刊》)保存至今)或许也算是51年前先生为这个作文命题写就的一个作业了。

"中国哲学史史料学"一年 2 学期:冯友兰先生讲授;

"中国文化史"二年 4 学期:郭沫若、吴晗、齐燕铭、侯仁之、席泽忠、向达、史树青、周一良、启功、阴法鲁、聂崇歧等十二位先生讲授;

"敦煌发现 60 周年文化系列讲座"半年 1 学期:由向达、王重民、阴法鲁、启功等先生讲授;

"中国经学史"一年 2 学期:顾颉刚先生讲授;

"文字音韵训诂学"一年 2 学期:魏建功先生讲授;

"目录版本校勘学"一年 2 学期:王重民先生讲授;

"古代汉语"二年 4 学期:王力、吉常宏、赵克勤三先生讲授;

"现代汉语"二年 4 学期:林焘、朱德熙二先生讲授;

"专书阅读一左传"半年 1 学期:游国恩先生讲授;

"专书选读一论语"半年 1 学期:王效渔先生讲授;

"专书选读一孟子"半年 1 学期:王效渔先生讲授;

"专书选读一史记"半年 1 学期:宋云彬先生讲授;

"专书选读一说文解字"半年 1 学期:周祖谟先生讲授;

"外国语文一日本语",二年半 5 学期,魏敷训、陈信德二先生讲授;

"科学共产主义"一年 2 学期:李普先生讲授;

"政治经济学"一年 2 学期:肖绍基先生讲授;

"马克思主义哲学"一年 2 学期:赵光武先生讲授;

"古籍整理概论"一年 2 学期:吴竞成、徐敏诸先生教授;

"语言学概论"一年 2 学期:武彦选、陈松岑二先生讲授。

"特别文化讲座"不定期:老舍、波兹德涅娃、齐燕铭等先生讲授

五年本科期间,经历诸如"反右倾机会主义"、"批判苏联修正主义"、"学习大庆"等政治运动,参加建筑"物理大楼"、"朗润园公寓"、"昌平新校舍"、"昌平北大铁路"、"通县三八养猪场"、"马驹桥抢种抢收"等体力劳动。期间国家经济全面凋敝,北大学生以白薯粉、窝窝头、白菜汤等果腹,先生一心只想成为"又红又专的知识分子"。上述学习课程成绩除《马克思主义哲学》一门"良好"外,余皆"优秀",参加过北大"摄影社"、"舢板队"等学生社团,出演过英语小剧《The Story of Tom》,至今北大 50 年好友仍称严先生为"汤姆"。获得过"北京大学三好学生"、"北京大学优秀共青团员"等嘉奖。64 年春末与同班同学许树安、吕永泽共同完成"毕业业务实习"即编辑《(清)黄本骥〈历代职官表〉索引》由中华书局上海编辑所 1965 年 5 月出版发行。此为严先生首次以"古籍整理"实绩走进专业领域。此本实习业绩,1980 年 1 月由上海古籍出版社新版再刊,1984 年 3 月第二次印刷(统一书号:11186-18)。

1964 年(24 岁)

7 月,北京大学中国语言文学系古典文献专业(五年制)本科毕业。7 月底,北京大学经过慎重研究,把出身"黑类"的严先生留任为北大教师。

8 月 14 日,向北京大学报到,定级为"见习助教",由此开始了"北大教师"生涯。18 日,北大

副校长魏建功先生依据国务院有关领导指示,指令严先生开始从事对被封存北大16年的美国"燕京－哈佛学社"相关资料的解密和摘记。此为新中国人文学术中"Sinology"研究萌芽起始之一个层面。

9月25日,北大停止上述工作①。先生回古典文献教研室学习"社会主义教育运动"的文件。

10月17日开始,参加"北京大学社会主义教育工作团"(1500人组成),出发前往湖北省荆州地区农村。11月3日,进入江陵县滩桥区张黄公社星南大队第6生产队,发动当地"贫下中农"对"资产阶级四不清干部"进行"社会主义革命"。与当地农民"同吃、同住、同劳动"。居地农户皆一日两餐,咸菜调味,且常有蛆虫蠕动菜中。北大师生"在推动农村社会主义革命的同时,接受贫下中农的再教育"。

1965年(25岁)

6月15日,结束在湖北省江陵县8个月的生活,返回北大。

7月30日,"见习助教"考察期满,定级为北京大学"助教"。

8月10日开始,依据国务院周恩来总理的指示,北京大学1964年毕业任职的所有"助教",前往"首都钢铁厂"进行"工业劳动锻炼","接受工人阶级再教育",先生被分配在"电缆工程队"。白天8小时作业,晚上自由读书(两个月内读完了被恩格斯称为"天才著作的"马克思著《路易·波拿巴政变记》等)。

11月6日开始,从"首都钢铁厂实习总队"调往"北京市社会主义教育总团延庆县工作分团",派驻大庄科公社慈母川大队,参加当时的贫下中农向"四不清干部"的夺权斗争,并"接受贫下中农再教育",任工作队副队长兼任三岔口生产队工作队队长。深山老林,沟壑交错,寒冬腊月,炸山造田,粮食断绝,树叶充饥,野狼吼叫,怪兽出没。国家配给当地农户一人一年食用油2两(100克)、面粉半斤(250克)。先生为距离京畿中心不到100公里的"天子脚下"竟然有这等不堪的"老解放区"痛心不已,并对幼年时代的生活深自忏悔。

1966年(26岁)

6月5日,奉命回到北大,由此开始了"文化大革命"10年的生活。18日,北大发生有史以来"人性泯灭"的"最黑暗的第一天"(以后还有后续)。上百名教师干部被用苇席捆绑,浇上墨水,肩扛人拖;或头戴纸糊高帽,颈挂打叉名牌,游街示众。严先生一介助教,出身"黑类",在北大既不是"革命的对象"也不是"革命的动力",但在批判北大走资本主义道路当权派时,有时也会被稍带上受到训责,有红卫兵曾在批斗"中文系三家村罪恶"的会上,揭发出"1964年在伟大领袖警告'千万不要忘记阶级斗争'之后,中文系仍然把反党右派分子、托派嫌疑分子、上海资本家的儿子留在北大,组织起你们资产阶级的反党王国!"这样的警告促使先生不断"反省与改造资产阶级世界观"。

7月,中共中央"文革领导小组"主要成员数次闯入北大,挑逗起"革命师生"的"精神变态",

---

① 可以参见严先生著《与历史悄悄对话——严绍璗北大50年亲历纪事》"1964年纪事/夏天的故事"(将刊行)

以"疯狂激情"洗劫着北京大学的"人文主义"传统和"民主与科学"精神。一部分师生在"革命的名义"下以从未见过的疯狂的"权力"欲望,把北大拖入分裂之中,教务长崔雄昆死亡,一说"被谋杀",一说"畏罪自杀"。以后凡有人死,栽赃陷害,结论皆照此类推。人性之恶、祸害至深、于今病灶未能除根。

10月18日至12月1日,与中文系助教张少康、陈铁民、袁良骏、马振方、贾志明5位共6人自发组成"大串联小分队",在西安游古都,在成都会杜甫,在重庆闹革命,在昆明登龙门,在广州喝鱼粥,于12月初凛冽的寒冬中回返北京,累极而病,完成了一次"大洗礼"①。

1967年(27岁)

1月,与北大同级留任同学陈宏天、黄书雄、谢冠洲、宋祥瑞,许树安及师弟安平秋,自动组织到北京国营第一棉纺织厂"劳动锻炼",在车间日夜三班轮转并参加"工厂文革"近两个月。

3月开始,在"革命学习"之余,与陈宏天先生以及尚未分配工作的五年级毕业生(即61级)学弟杨牧之、崔文印、学妹曾贻芬、任雪芳组成"傲霜雪战斗小组",编注《毛主席诗词注释》。在郭沫若、李淑一、魏建功诸先生帮助下,于12月完成,并编著有《资料长编》。自费印刷近6万册,风行全国。此为先生以"专业+革命"的尝试。

1968年(28岁)

9月,北大进入"清理阶级队伍斗争"时期,教师集中生活,便于"交代问题"和"相互揭发"。同系教师有被指定为"历史反革命"而被逮捕下狱的,有被指定为"现行反革命"而被游街批斗的。这是北大百年历史中考问"人性"最严峻的时期。

1969年(29岁)

10月6日,随北大近1700余名教职员工开赴江西省鄱阳湖边中国最严重的"血吸虫病疫区"之一的鲤鱼洲"北大五七干校",在荒芜人烟的滩涂上开始"响应伟大领袖毛主席号召,坚决一辈子走五七道路,做工农兵欢迎的知识分子"。②鲤鱼洲四周三十余公里荒无一人居住,不见"工农兵"丁点踪迹。自建草棚,百余人一屋,夜晚里任凭硕鼠在自己身上耳边乱窜跳跃,白日里奋力向大自然争夺生存的权利。在"绝不增加江西人民负担"的伪善口号中,"不在江西买菜,自己种菜自己吃;不在江西买肉,自己养猪自己食"。在等着自己菜地里出苗的几十天内仅以酱油汤下饭。每日里东方晨曦即下地干活,西方落日才收工返回;若遇天雨,则要高呼"愈是下雨愈要干,五七道上不停步!"冷不丁半夜还要接受"为打倒帝修反"而进行的"卧爬滚"为主要操练项目的"军事训练"。当时的"政治学习"成为最好的休息,先生乘此时常刻阅读"红宝书"(日文版)《毛主席语录》,读日文的收获超越对《语录》的理解。至年末,"鲤鱼洲"已经建成能够基本维持

---

① 当年完整的"大串联日记"编入严先生著《与历史悄悄对话——严绍璗北大50年亲历纪事》"1966年纪事-秋冬的故事"中(将刊行)。

② 有一本叫《北京大学纪事》的书,其(下册)中记载,"1969年10月26、27日,全校20个单位1658人分批出发到江西南昌鲤鱼洲北大试验农场种地,改造思想"。此与先生"记忆"不符合处有两点:第一,这一记载把先生到达鲤鱼洲的日期,推迟了20天。此与当时执行"一号战备命令"的紧迫性显然不一致;第二,先生说,他出发时已经明确为"五七干校",至今40年先生从未听说过有"鲤鱼洲北大试验农场"这个名称,不知何人杜撰。先生以为此书纪实,简直不可思议!

生存的"生活与劳动的营地",充分表明了北大教职员工内蕴的无比的勇敢精神和杰出的智慧。

1970 年(30 岁)

7月,鄱阳湖洪水猛升,堤坝溃塌在即,大部分男性教职员工上堤抗洪,在暴雨、狂风、烈日交错作乱中,六天六夜不分天明天黑,只要眼睛没有合拢,就装泥土、扛麻袋、搬石块……在大堤上摸爬扛背,生命力几乎到于极限而心头无比自豪——知识分子有力量做到"人定胜天"。月底,洪水退去,中共中央办公厅王副主任率领"慰问团"不远千里来此滩涂"看望大家"。

8月2日午后2点40分左右,数秒钟内天空遽然变黑,不见五指。突然间闪光掠过,据先生回忆,只见稻田里彼此作业的同伴皆成"绿色鬼状",狂风大作,彼此呼叫名字,恐怖异常。"10来分钟后,天色渐趋正常,人们心灵受沉重刺激。收工返回住地,得知此乃"龙卷风"来袭,邻居清华营地两个连队遭遇重创,大堤边"新北大一号"运输船被击沉……北大各系连队纷纷把自己的饭食用拖拉机送往清华营地。

9月,"北大鲤鱼洲五七干校"更名为"北京大学江西分校",依据国家统一招生,自上海以南地区招入"北京大学的工农兵学员"全部发派进入"鲤鱼洲"学习,最高层开始试验"在金色的草棚中创建社会主义新大学"的乌托邦。干校第7连抽调近20名教师半劳动半教书,先生受命讲授"四种文体写作"。学员半劳动半读书,号召教师"向走到自己身边的工农兵学习,改造自己"。工农兵学员们则怨声载道:"想不到进了北京大学变成了连农民都不如!""这里的生活怎么像劳改!"老师们一边劝解他们,一边向他们学习,从中调教出了后来成为作家诗人的徐刚、我军高级将领张传桂、中共上海市委委员魏根生、北京大学出版社副总编张文定诸位,也有写作大量淫秽作品而在广东被判重刑的梁同学、也有因恋爱不成在报社实习处用刀砍对方脸颊的傅同学。鲤鱼洲的知识分子一统天下被工农兵打破,成为大千世界。

11月,草棚大学总部决定中文系师生参加《江西日报》"井冈山铁道建设报道"。连日大雨后2天出发,先生与张雪森、袁行霈、袁良骏、陈贻焮、闵开德、周先慎诸位老师和学员同行。行前教师议论连日大雨,鄱阳湖大堤土路泥泞,为防卡车进退两难,建议延迟一二日出发。军代表鼓舞大家"道路泥泞正是锻炼自己的好时机,要下定决心,不怕牺牲,排除万难,去争取胜利。"解放牌卡车爬上鄱阳湖大堤后3个小时行程不足20公里,到达"清华营地"6连,由清华配备拖拉机用钢索拉着卡车前行。先生回忆,当时张雪森老师对先生说:"晚上7点前到南昌的话,得去洗个澡。不知道电影院还有没有电影?"前行3公里左右,在一个70度转弯处,北大草棚大学中文系《江西日报》小分队卡车突然从鄱阳湖大堤顶上向内侧从25米高处翻滚到堤下,钢索绷断,卡车四轮朝天。先生坐在卡车的最后,腰身上半截在露天,后半截压在车内,余皆被倒扣在车内。先生抬头望,四周空寥无人。10余分钟后,见一群人奔将过来,哨声喊声混成一片。在清华"五七战友"的援救下,把卡车翻身,众人被"战友"们扶上大堤。刚坐定不久,听有人大声叫"这两个不行了!肯定不行了!"大约半小时左右,人群安静,知道北京大学中文系现代汉语教师张雪森先生与来自上海工厂的学员王永干两位已经遇难。张雪森方才对先生所言希望到南昌"洗个澡"与"看一场电影"的"奢望",煞那间成为存世的最后"遗言"。先生言此,唏嘘泪下。

12月中旬,北大营地举行过"追悼会"后,休息一周,决定执行毛泽东主席最新指示,实行千里行军——《江西日报》小分队徒步走上井冈山。先生与袁行霈老师和受伤学员又休息数日,复原后于18日从南昌坐车到安源,从安源徒步追小分队。中间私自搭车到莲花县,当地老乡说,两天前有一队几十号人刚过去,中有一高个儿老头,弯着腰,挑着两口大锅,袁行霈老师与严先生几乎同时喊出"陈贻焮!"经两天步行,终于在龙岗县与大队会合,徒步黄洋界、茅坪而到达茨坪——到达毛泽东主席的"红色摇篮"。

1971年(31岁)

7月17日,奉命从江西鲤鱼洲五七干校第一批撤回北京大学,并得知国务院总理周恩来先生下令撤销北大与清华的"江西分校(五七干校)",全体教职员工分批返回北京。

8月24日,奉命与周培源、周一良二先生一起在北大接待"日本第十届青年访华团"。由此开始了到1978年年底的先生参与的130余次"外事活动",一方面先生不得不演绎各个时期的"主流话语",一方面先生又在极端封闭的状态中不断受到"世界多元文化"的冲击,因为"工作需要"而能够在北大图书馆阅读例如日本哲学家西田几多郎的《善の研究》、井上哲次郎的《日本の陽明学派》、法国 Granet, Marce《Fetes et Chansons anciennes de la Chine》(日人内田智雄译《中国古代の祭礼と歌謡》1938年弘文堂书房刊本)以及马克思和恩格斯的著作等等,开始养成了具有"超越当时意义"的"多元文化思考",无意识中竟然成为后来从事人文学术的一个重要的奠基层面。

9月,奉学校之命,开始筹办1972年恢复古典文献专业招生诸事,与陈宏天、蒋绍愚诸位在京沪两地就"古典文献专业"的培养目标、社会需求、教学内容、学生标准等进行了相关的访问调查,就编排课程事请教郭沫若先生,与游国恩、王力诸先生一起编辑《古文选读》教本,与蒋绍愚先生等编辑《马克思主义经典作家论历史文化遗产》教本(学校铅印教学参考书)等。

1972年(32岁)

3月,为文学专业70届学生讲授《中共党史》(运用当年在井冈山地区获得的"田野考古"材料,讲述从中共建立到全民抗战爆发阶段)。

9月,为新闻专业70届学生讲授《新闻理论》①。

1973年(33岁)

3月,为文学专业70届学生讲授《历史文化论》。

9月,为古典文献专业72届学生讲授《古文选读》。

11月,完成中华书局的稿约——《李自成》一书的撰写(此书1976年由中华书局出版/统一书号11018-1314/1980年重印),并自撰文章《批判〈水浒〉的投降主义倾向》一文,因众人不赞成先生基本观点,弃作废纸,但先生由此开始自觉积聚史学批评和文学批评的浅薄意识。

1974年(34岁)

11月12日到12月6日,先生作为"北京大学社会科学友好访日团"成员访问日本。该访问团由日本国立京都大学邀请,中国国务院周恩来总理批示同意而成行。

在日本访问了京都大学(校长冈本道雄见)、东京大学(校长林健太郎见)、一桥大学(校长都

---

① 严先生与"新闻专业"的关系与相关授课事项,可以参见严先生著《与历史悄悄对话——严绍璗北大50年亲历纪事》"1959年纪事/夏天的故事"(将刊行)。

留重人见)、早稻田大学(校长村井资长见)、神户大学(校长户田义郎见)、大阪大学(校长釜洞醇太郎见)、大阪市立大学(校长森川晃卿见)、名古屋大学(代理校长北川忠夫见)、爱知大学(校长久曽神升见)、东北大学(校长加藤陆奥雄见)、福冈大学(校长池田数好见)。其间,会见了包括吉川幸次郎、贝塚茂树、岛田虔次等学术巨擘在内的200余位日本的中国文化研究家,以及各大学所在的地方政府最高首长。首次在京都大学人文科学研究所东洋学文献中心浏览该所收藏的汉籍,目睹《永乐大典》原本残卷;又在宇治市万福寺听闻日本和尚铁眼曽翻刻《大藏经》诸事,忆起大学生时代魏建功先生嘱咐先生学习日文,"将来总要有人去翻动这些历史,看看他们做了些什么"的嘱托,萌生了有机会对"汉籍流布日本"进行调查的愿望。

12月6日由大阪回国,8日开始,接受中文系领导安排,每晚从21:00到次日凌晨5:00在北大民主楼后的锅炉房为烧暖气作运煤工两个半月,以"洗涤从资本主义国家受到的污染",白天继续参加相关的活动。同月10日白天,先生又奉命参加接待美国参议院民主党领袖曼斯菲尔德,23日待日本《现代亚洲》杂志主编白西绅一郎,24日出席日本驻华特命全权大使小川平四郎举行的宴会,27日参加接待玻利维亚前副总统、玻利维亚民族革命党领袖胡安·来钦。晚上继续为烧暖气运煤,先生对自己顷刻间反复变换角色,适应自如,感到精神愉快。

1975年(35岁)

5月,为执行中共中央"批判资产阶级法权"的决定,随文科教师学生大队到大兴县团河北大五七干校边劳动边讲课。

8月16日,鉴于先生在1973年自发撰写《批判〈水浒〉的投降主义倾向》文章,北大党委奉上级之命把先生从大兴基地召回进入"梁效",为8月14日毛泽东主席发表的"关于批判《水浒》的最高指示"撰写9月1日即将出刊的中共中央理论刊物《红旗》杂志"评论员"文章。同月28日,该杂志发刊,登载了此文。30日,《北京日报》全文发表了1973年12月严先生遗弃在床底下的自撰文章《批判〈水浒〉的投降主义倾向》一文,署名"闻军"。12月,先生因为不习惯"进出门报告"制度借故离开"梁效"。

1976年(36岁)

1月18日,与周培源先生等一起出席外交部在北京大学安排的外国驻华记者招待会,解答问题。

2月26日,与黄辛白先生等一起出席外交部在北京大学安排的十国驻华使节招待会,解答问题。

10月初,中国历史发生重大跃进,乱国魁首江青等人被逮捕。时先生正在上海招生,眼见所谓"上海工人民兵"荷枪实弹试图顽抗新的党中央。先生等"北大招生组"四人同心协力从上海脱出,返回北大,与万民同庆。

1977年(37岁)

1974年以来在业余中与陈铁民、孙钦善二先生合编著《关汉卿戏剧集》,希冀在中国古代文学层面提升学识。是书本年3月由人民文学出版社出版(书号:10019.2356),全书25万字。

年末在北大中文系常务副主任向景洁先生的支持下,先生开始编纂《国外中国古文化研究通讯》。内容由先生自行从英文和日文刊物中选择译出,两个月一期,B4开本,一期约10页,印数 40 份。封面由北大印刷厂铅印,内容由中文系打字室蜡纸打出,先生自己"油印"装订,分发学界。此为我国学界第一份关于"国际 sinology"的出版物。可惜没有政府登记,属于"违法出版"。由此偏居北大小屋中的先生得以与正在建立中的中国社会科学院情报所、国务院古籍整理与出版规划领导小组办公室等"单位"有了联系。

1978 年(38 岁)

5 月 18 日,经我国外交部新闻司安排,日本驻中国大使馆文化专员、东京大学教授前野直彬在北京大学拜见严先生,转达日本外务省特别顾问、京都大学名誉教授吉川幸次郎的建议,"由日本国际交流基金支持,吉川、前野、严三人合作《日本中国学史》的研究和撰写。"后 1980 年吉川幸次郎先生去世,1983 年前野直彬先生罹患脑溢血,先生独自努力,于 1991 年完成《日本中国学史》撰著。

1979 年(39 岁)

4 月,国务院古籍整理出版规划领导小组《古籍整理出版通讯》第 4 期刊登先生编撰的《日本学者关于中国文学史分期方面的一些见解》。其后,1980 年该《通讯》第 74 期刊登《日本学者论中国古代文学的特点》、1981 年《通讯》第 81 期刊登《日本对〈尚书〉的研究情况》、第 82 期刊登《日本对〈诗经〉的研究情况》。同年,国务院古籍整理出版规划领导小组《古籍整理出版通讯》以"特刊"形式发表先生编撰的《日本对中国古代史的研究及其争论点》6 万余字长文,概述"文革"10 年中日本学术界关于中国历史六个层面中的研究表述与争论问题。同年,中国社科院情报研究所《外国研究中国》刊载先生编纂的《日本研究中国的学术机构》,报告了日本对华研究的七个主要机构的历史与现状。先生由此开始了对"日本中国学"与"比较文化"的两大层面的学术的关注与思考,逐步进入研究领域。

1980 年(40 岁)

1 月,《日本的中国学家》一书由中国社会科学出版社出版(统一书号:17190-004/1982 年第二次印刷),全书 64 万字。此为中国国际 Sinology 研究中第一部工具书,先生由此开始进入"日本中国学研究"创建的学术实践。其后,1981 年《中国现代文学研究丛刊》第 3 辑和 1982 年第 2 辑分上下两编刊出《日本鲁迅研究名家名作述评》、1982 年《北京大学纪念鲁迅百年诞辰论文集》刊出《日本鲁迅研究学派辨析》、同年《学林漫录》(中华书局)第 4 辑刊出《吉川幸次郎与"吉川中国学"》、1983 年《学林漫录》(中华书局)第 7 辑刊出《狩野直喜和中国俗文学的研究》、1986 年《亚非问题研究》(北京大学)第 6 集刊出《日本战后中国学发展的阶段及特征》、1988 年三联书店《中国文化与中国哲学》第 3 辑刊出《20 世纪早期日本中国学学派及其特征》、1989 年《日本学》(北京大学)创刊号刊出《日本传统汉学在明治时代的命运——日本近代文化运动的经验与教训》、同年《日本问题》(中国社科院)第 2 辑刊出《儒学在日本近代文化运动中的意义》、同年,《现代社会与知识份子》(梁从戒主编)刊出《儒学在近代日本的命运——历史给了我们什么教训?》同年《动向与线索》(国家外文局)第 2 辑刊出《20 世纪日本人的中国观》、1990 年《日本学》(北京大学)第 2 辑刊出《从经学向中国哲学的蜕皮——日本近代中国学形成的历史》、1991 年《中国文化》(刘梦溪主编)刊出《敦煌文献与甲骨文东传考略》,1991 年《日本中国学史》出版,严先生在"日本中国学研究"领域完成了关于近代日本中国学学术史基本图谱的构建。

5月,"中日古代文学关系"(一组论文)荣获"北京大学首届科学研究成果论文二等奖"。同月,被认定为北京大学"讲师"资格。

8月,三联书店《中国哲学》第3辑刊出《中日禅僧的交往与日本宋学的渊源》一文,在"异质文化的传递研究"中开始显示出对"发生学"学理的思考。其后,1982年《国外文学》(北京大学)第2辑刊出《日本古代小说的产生与中国文学的关联》、同年《北京大学学报》(人文社科版)第5期刊出《日本古代短歌诗型中的汉文学形态》、1984年《北京大学学报》(人文社科版)第2期刊出《白居易文学在日本古韵文史上的地位与意义》、1985年《北京大学学报》(人文社科版)第5期刊出刊出《明代俗语文学的东渐和日本江户时代小说的繁荣》,同年《中国比较文学》第1期刊出《日本"记纪神话"变异体的模式与形态及其与中国文化的关联》等,1987年《中日古代文学关系史稿》出版,先生以"文本细读"与"多元文化语境"为基础初步阐释了关于"比较文学"范畴中的"发生学"的基本学理。

1981年(41岁)

1月13日,北京大学第40次校长办公会议依据朱光潜、杨周翰、季羡林等先生的提议,批准成立"北京大学比较文学研究中心"(虚体)。

1982年(42岁)

6月28日,我国三联书店《读书》杂志社在北京民族饭店举行"比较文学的理论与实践"座谈会。参加本次座谈的有朱光潜、黄药眠、李健吾、周珏良、陈冰夷、杨周翰、李赋宁、季羡林、严绍璗、温儒敏、张隆溪凡11人。同年《读书》第9期以"严绍璗提出创建具有自己民族特色的中国学派的构想"为《座谈会纪要》的一个标题,报道了我国比较文学学界第一次有学人提出"创建中国学派"的学术构想。

1983年(43岁)

7月中旬参加国家教育部"东北地区高考检查组",检查辽宁、吉林两省高考及录取状态。在沈阳辽宁宾馆,有主管副省长登门汇报;在吉林由警车开道,介绍"野生人参";在大连大连宾馆,省委常委自沈阳赶来送行。先生为一介书生,惊诧莫名,杨组长教导说:"他们有求于我们",内心感到无比震惊和茫然,如同"松花江上的迷雾",由此决定致力于自我学术心智之自由发展。

1984年(44岁)

4月,在学人支持与期待中,与中华书局签订"关于《日本藏汉籍善本书录》出版协议书"。

1985年(45岁)

3月,《中国比较文学》1985年第1期刊出论文《日本"记纪神话"变异体的模式与形态及其与中国文化的关联》,在我国比较文学研究中以"日本神话的发生"为研究对象,首次提出"文学变异体"的范畴与模式。

4月,出任北京大学中国语言文学系古典文献专业主任

5月,应邀任职日本国立京都大学人文科学研究所日本学部客座教授半年。这是日本国立大学第一次正式在国家文部省注册邀请中华人民共和国大学的教师任职(即由文部省下拨薪酬工资,具有出席教授会议资格,拥有就"预算与决算"、"职称升迁"、"外聘成员"等事项的投票权)。时先生为北大"讲师",教育部外事局建议以"副教授"接受邀请。京都大学回答中方,邀请

出任"客座教授"是京都大学方面的"认定",与本人在中国大学中的职称"没有关联"。

先生在京大从事"日本中国学"和"中日文学与文化关系"的研究,与日本中国学中从事中国经典文化研究中的众多学者进行了讨教与叙谈,在原典文献、基本资料与观念表述诸层面获益甚丰,并由此而开始了"日本藏汉籍珍本"的"实地调研"。

8月4日至9日,在日本东京皇宫"宫内厅书陵部"阅读汉籍善本。此为中华人民共和国第一位国民进入"宫内厅"阅读典籍。

9月18日,日本国立京都大学人文研究所在"京大会馆"举行"严绍璗先生特别讲演会",讲演题目为《现代中国的社会与文学》。

9月22日,由日本京都大学名誉教授岛田虔次提议,京都大学名誉教授贝冢茂树推荐,京都大学教授狭间直树陪同,京都大学名誉教授羽田明接待,在位于日本大阪"Juso"的"武田科学财团杏雨书屋"中首次面见自1926年以来在中国失传的《说文解字》"唐人写本/木部"(凡6页)。

10月,日本夏普(SHARP)邀请先生在京都大学客座教授离任后出任SHARP研究所"日汉语文对译自动化研究顾问",起薪600万(日圆)/年,并bonus 300万(日圆)/年,已征得中华人民共和国驻大阪总领事馆同意。16日,SHARP副总裁兼东京本社社长佐佐木正博士面见先生,研究所为此升起中国五星国旗。年末,先生婉谢SHARP好意,决定一生从事"人文学术"。

12月,北京大学学术职称审定委员会审定严先生为北京大学"副教授"资格,任职起定日期为同年9月1日。

是年,国家教育部(85)高教一字(013)文件批示"北京大学比较文学研究中心"改建为具有独立建制的实体性研究机构"北京大学比较文学研究所"。此为我国高等学校中第一个实体性比较文学研究机构。

1986年(46岁)

4月,北京大学校长会议任命先生为北京大学古文献研究所副所长。本学期为古典文献专业研究生开设"历史文化论"课程,清华大学建筑系建研五班学生4人参加听课。同月23日,他们约请先生到清华大学与全班16位研究生就关于"北京长安街道路扩建与传统建筑协调"课题"向老师请教"。讨论至深夜意犹未尽。别时全班赠送《世界建筑》1985年全年合订本一册。工科研究生对于人文学术如此执着,令先生在生命史上感动难忘。

9月,北大研究生院批准先生提出的在"古文献学专业硕士培养"中增设"日本汉学—中国学方向",此为我国大学中首次正式开始以"国际汉学—中国学"专业"硕士培养"目标,王青、刘萍二位入学。

1987年(47岁)

9月,《中日古代文学关系史稿》由湖南文艺出版社出版(ISBN:7-5404-0120-6/1988年由香港中华书局刊出),全书26万6千字。

12月26日至翌年1月10日,在高校古委会与诸位学术前辈支持下,先生策划并主持以北京大学与深圳大学的名义在深圳大学举办"国际中国学研讨班"。邀请汤一介、章培恒、李学勤、安平秋、赵令扬(香港大学文学院院长)、陆人龙(香港大学文学院副院长)、刘述先(香港中文大学哲学系主任)、霍韬晦(香港中文大学教授)、冉云华(加拿大麦克玛斯特大学教授)诸位先生以及先生本人主讲。40余人参加,此为我国学术史上第一个"Sinology"学术讲习班。

1988年(48岁)

5月《中日古代文学关系史稿》荣获"北京大学第二届科学研究成果(著作)二等奖"。

1989年(49岁)

2月13日至15日参加国家"对日报道工作会议"。苻浩(全国人大外事委员会副主任)、艾知生(国家广电部部长)、孙平化(中日友协会长)、刘德有(国家文化部副部长)、肖向前(驻外大使)等高层出席会议。先生在会上建议提倡'中日友好、共存互利',以适应未来的发展。"由此开启了先生对"日本社会思潮的历史与现状"的思考与阐述(一系列论说可参见《论著目录编》)。

8月1日起受聘担任日本佛教大学文学部客座教授。9月开始讲授《中日文学关系专题研究》、《〈竹取物语〉特别讲座》课程,为期半年。

1990年(50岁)

5月,从北京大古典文献专业转入北京大学比较文学研究所

7月,北京医科大学第三附属医院诊断先生罹患"脑肿瘤"(?),诊断书由神经内科主任签字。先生从震惊中镇静自己,面对生命的进程。

8月,《中日古代文学关系史稿》荣获"中国首届比较文学图书(著作)一等奖"。

9月,北京大学教师职务审定委员会审定先生自1990年8月起具备应聘担"教授职务资格"。

10月,与王晓平先生合著《中国文学在日本》由花城出版社出版(ISBN:7-5360-0668-3),全书32万字。

1991年(51岁)

5月,《日本中国学史》由江西人民出版社出版(ISBN:7-210-00896-9/1993年第二次印刷),全书45万9千字。

1992年(52岁)

3月24日,在日本东海大学举行的「现代中国学会年会」上以《中国当代文化思潮评说》为题作了讲演。同月《中日文化交流》第4辑(展望出版社刊)发表先生论文《日本的近代化:关于社会思潮的冲突与平衡的研讨——质疑"儒学主义说"》,对国内学界自1989年下半年以来狂热鼓吹"日本儒学资本主义"思潮首次在学理、历史与实际文化语境诸层面提出"质疑"。继后,就"日本儒学"的历史成因、变异形态、价值意义诸层面发表了若干论说(详见《目录著作编》)。先生的相关论述,已经为日本近20余年来持续的"经济低迷"所证实。

4月,受聘为日本宫城学院女子大学"客座教授",讲授"日本神话研究"、"日本中世时代五山文学研究"、"中日文化关系专题研究"三门课程,前两门用日本语讲授,末一门用汉语讲授,任期一年。

8月6日至16日,与日本田中隆昭教授一行4人,在日本北海道白老地区从事"日本原住民"Ainu人"的民俗与民族考察"。

6月,《汉籍在日本流布的研究》一书由江苏古籍出版社出版(ISBN:7-80519-276-2/2000年第二次印刷),全书24万字。

1993 年(53 岁)

1月8日、3月8日、3月29日分别在日本新潟大学"环日本海学会第52回学术讲演会"上以《「记纪神话」中显现的东亚人种与文化的移动》为题作了专场特别讲演、在日本仙台"宫城女子大学日本文学会特别讲演会"上以《中国的日本文学研究》为题作了专场特别讲演、在日本京都日本国际高等研究所举行的《关于多形态文化传统中"幸福"的理念国际研讨会》上作了《关于古代中国知识分子的幸福观》的讲演。

6月,《日本中国学史》荣获"北京大学第四届科学研究成果著作二等奖"。

10月1日,中华人民共和国国务院颁发"证书",对先生"为发展我国高等教育事业做出的突出贡献,特决定从1993年10月起发给"政府特殊津贴"并颁发证书"(终身生活特殊津贴费至今)。

12月,《中国文化在日本》一书由新华出版社出版(ISBN:7-5011-2382-9),全书12万字。本书第一章"日本的发现"提出中国古文献中的"倭",事实上包含了"Ainu 日本"与"Yamato 日本"两个范畴,并提出"日本"的语源来自《尔雅》的释义。引起研究者的关注和积极评价。

是年,国务院学位委员会批准"北京大学比较文学研究所"为全国第一个"比较文学博士培养点"。

1994 年(54 岁)

4月1日起先生受聘为日本文部省国际日本文化研究中心客座教授。这是中国教授首次就任日本"中央省厅研究中心教授"职务。依据日本明治二十七年(1894年)日本国会通过的《省厅招募外国专门家法案》,先生工资高于日本教授20%。

7月4日在日本神户大学举行的"现代中国学会关西部会"上以《对于中国文化中"儒学回归主义"的思考》为题作了专场特别讲演。

8月9日至20日,在日本熊野县、宫崎县、京都府等地进行"关于所谓中国秦民徐福日本登陆地"田野考古调查。

11月7日,日本天皇明仁在日本京都面见先生,这是中日有史以来日本天皇首次面见中国的大学教授。双方就《古事记》及《万叶集》等的阅读交换见解。先生说"这两部杰出的著作是在东亚文化广阔的背景中形成的,一个中国学者有可能读出某些日本学者感到陌生的成分来"时,天皇说:"真是这样,就像我们的京都的建筑布局是依据贵国长安的模式一样,日本文化中融入了很丰富的中华文化的成分。"

12月28日,依据国际比较文学学会(ICLA)同年加拿大会议编写《东亚比较文学史》的议案,日方学术代表芳贺彻、川本皓嗣、上垣外宪一与中国学者代表严绍璗先生在日本举行首次会商。

12月19日至翌年1月18日,就"美国东亚经典文化研究"访问美国 StanFord University(斯坦福大学)、Harvard University(哈佛大学)。

是年,北京大学校长办公会议第(1994)58号文件决定把"北京大学比较文学研究所"更名扩展为"北京大学比较文学与比较文化研究所",该名称一直沿袭至今。

1995 年(55 岁)

2 月 14 日,在日本文部省 International Research Center for Japanese Studies 第 71 回「日本文化研究京都論壇」上,以《記紀神話中二神創世的形態——它与東亞文化的関聯》为题作了专场讲演。(有单行本刊出)

9 月 1 日,北京大学学术委员会认定先生具有"博士学位指导"资格,并开始招收"东亚文学与文化关系"以及"日本汉学－中国学"两个专业方向的"博士生"。此为我国大学中首次正式开始以上述两个学术方向为"博士培养"目标。翌年 9 月,张哲俊入学。

10 月和 12 月,与日本思想史会会长源了园先生共同主编《日中文化交流史丛书》第 3 卷《思想卷》(日文版/ISBN:4-469-1340-5)、和与日本文学会会长中西进先生共同主编《日中文化交流史丛书》第 6 卷《文学卷》(日文版/ISBN:4-469-1340-X)分别由日本大修馆出版社出版。

10 月 8 日,出席"中日韩三国东亚比较文化研究国际会议"(常设学会)在日本大阪的成立会议,当选为副会长。

1996 年(56 岁)

5 月,Asian Pacific Publishers Association(亚洲太平洋出版协会)授予《日中文化交流史丛书》(10 卷)"学术类图书金奖"。中国国家新闻出版总署宋木文署长代表出席领奖。

5 月 10 日,日本共立女子大学赠送北大一亿日元作为"基金",共大校长委派全权代表长岛市要(东京经营研究所所长)与北京大学最高责任人(中共北大党委书记)任彦申就两校合作项目进行"实质性会商"。先生参与项目会商,并提出四项合作项目(一,日本宫内厅书陵部汉籍调查—北大中文系参加;二,中世时代两国戏剧研究—北大中文、艺术二系参加;三,汉字东传研究—北大中文、日语二系参加;四,咖啡研究—北大生物系参加)。中日双方协商同意。日方代表长岛市要对先生说:"严先生,你 10 年前进入书陵部,现在又有一套影印的工作计划,很好!此事必须保守秘密,与宫内厅会商时,你要表示什么都不知道。一切由我安排"。此后,先生住医院休息一月有余,"书陵部项目"被长岛转手他人(当时会商确认,书陵部项目由日方承担经费,经长岛转手后这一项目改为由中方承担费用),当先生病愈质问时,长岛则咬定会商项目仅为"汉籍研究",并无"书陵部"三字。这是先生与日本知识界交往 40 年中(上至天皇下至大学生)唯一的一次"上当受骗"。

6 月,与王晓平、王勇、刘建辉合著《比较文化:中国与日本》由吉林大学出版社出版(ISBN:7-5601-1920-4)。全书 25 万字。

10 月 9 日,在日本京都乌丸四条日本佛教大学会馆举行的"关西中国学会"上以《中国社会思潮实像:文化的多元性、古典回归及其反对派、爱国主义与民族主义》为题作了特别讲演。

11 月,与日本文学会会长中西进先生共同主编《日中文化交流史丛书》第 6 卷《文学卷》(中文版全书 31 万字)一书,以及与日本思想史会会长源了园先生共同主编《日中文化交流史丛书》第 3 卷《思想卷》(中文版 34 万 4 千字)一书分别由浙江人民出版社出版。前者书号为 ISBN:7-213-01169-3;后者书号为 ISBN:7-231-01296-7。

12 月,《日本藏宋人文集善本钩沉》一书由杭州大学出版社出版(ISBN:7-81035-837-5),全书 30 万字。

1997年(57岁)

6月14日,在韩国汉城举行的"韩国比较文学学会成立20周年国际学术",以《文化的传递与不正确理解的形态》为题作了讲演。

1998年(58岁)

3月,受聘为北京日本学研究中心(中国教育部－日本国际交流基金)客座教授。同月4日,出席日本东京举行的"东亚比较文化国际会议东京特别讲演会"以《关于东亚创世神话中「配偶神」神话成立时期的研究》为题作了讲演。

5月,北京大学百年校庆。《北京大学学报》(哲学社会科学版)发表黄楠森、张世英、闵维方、严绍璗、叶朗、赵敦华、董学文、李家浩八教授论文作为纪念。先生在《中国当代新文化建设的精神指向与"儒学革命"》(p.184-199)论文中再次强调"中国社会主义新文化的'根'在于当代中国伟大的近代化进程之中,文化遗产中一切优秀的成分(即在各个时代的文化中具有的某些不是属于过去而是属于未来的成分)它们是中国当代文化'流'",进而提出"中国社会主义新文化精神指向的四个层面,既应该是'民主的内容'、'科学的内容'、'和谐的内容'、'创造的内容'。"此文刊出后即为人大书报资料中心《文化研究》等转发。此后10年则无人涉及。但中国文化进程的实践证明此文在1998年创导的"民主"、"科学"、"和谐"、"创造"的基本精神指向的准确性,10年后即2008年中国社会科学院哲学研究所刊出《儒学与东亚近代化》一书(王青博士主编),重新收录了此文,作为纪念①。

6月5日,"北京大学文件"校办(98)69号任命为北大比较文学研究所所长。

8月2日,出席台湾台北圆山饭店举行的"世界华人作家协会第三届大会",以《日本五山汉文学》为题作了讲演。

11月9日,中国国家主席江泽民先生在人民大会堂福建厅面见严先生等15位人文学者,江泽民主席说:"你们为人民写了好书,我谢谢你们。"

1999年(59岁)

1月,与刘渤先生合著《中国与东北亚文化交流志》一书由上海人民出版社出版(ISBN:7-208-02344-1),全书34万4千字。

6月15日,在中国社会科学院文学研究所举行的"迎接新世纪文学研究名家讲坛"上先生以《中国古代文学研究的国际文化意识》为题作首位讲演(文载《中国现代文学研究丛刊》2000年第1辑)。

10月9日,出席日本东京举行的"日本和汉比较文学会创立十五周年记念特别讲演会",以《カナの西漸と和歌の漢訳》为题作了专场特别讲演。

2000年(60岁)

3月,与李玉主编《传统文化与中日两国社会经济发展》一书由北京大学出版社出版(ISBN:

---

① 2000年上海人民出版社刊出刘泽华教授大著《中国的王权主义》,与先生的观念相近。2010年5月12日《中华读书报》"国学文化周刊"刊登张绪山先生论文《论儒家政治伦理妨碍现代民主法制》,阐述刘著的核心观念。建议对民族文化和民族未来怀抱有真诚情感的读者可以阅读这些书刊。

7-301-01015-X),全书43万字。

7月,受聘为中国宋庆龄基金会孙平化日本学研究学术奖励基金评审委员会首席评委。同月14日,应"北京2008年奥运会申办委员会研究室"邀请,参加"为申办奥运提出相应措施与对策专家会议",就"人文奥运理念"提出见解。同月20日,先生在北京人民大会堂举行的日本艺术家深见东洲捐资建立的"中日文化研究出版基金"大会上出任"出版基金学术委员会"主席。

9月,受聘为中国社会科学院比较文学研究中心学术顾问。

10月14日,在日本东京举行的以"东亚文化圈中『神』的诸形态"为主题的"东亚比较文化国际会议日本大会",作了《东亚诸神中关于汉民族的"神"的概念》的主题讲演。

11月14日至17日,北大比较文学研究所组织"迎接新世纪全国比较文学研究所所长学术恳谈会",国际比较文学学会(ICLA)会长、东京大学名誉教授川本皓嗣(Kawamoto Koji)博士应邀出席。这是川本先生就任会长后第一次国际访问。

2001年(61岁)

5月1日,受聘为日本文部科学省"国文学史料馆"(National Institute of Japanese Literature)客座教授,组织「日本文学における非日本文化的要素とその表現について—日本文学の生成のInternational Cultura Contextの復元について」(关于日本文学中的非日本文化因素—日本文学生成中的国际文化语境)研究班,为期一年,待遇为"文部省001俸"。

6月,接受国际比较文学学会(ICLA)会长的任命,出任"ICLA东亚研究委员会"(CEAS)的President(主席)。

10月11日、18日、25日应邀在日本关西大学名誉教授大庭修于奈良举行的"汉籍研究班"上,分3次作了《漢籍が日本に東伝する軌跡と形式について》(1)(2)(3)的讲演。

11月16日,在日本文部科学省大学共同利用机关National Institute of Japanese Literature第25回国际日本文学研究集会上,以《「浦島伝説」から「浦島子伝」への発展について——日本古代文学における神話から古物語への発展の軌跡について》(试论从《浦岛传说》向《浦岛子传》的发展——关于日本古代文学中从神话向古物语发展的轨迹)作了特别讲演。12月8日,在东京大学以同题发表讲演,东大耆宿平川佑弘名誉教授当众评价"这是真正的比较文学!"

12月21日至翌年1月20日,就"美国东亚经典文化研究"访问美国StanFord University(斯坦福大学)。

2002年(62岁)

1月26日,出席日本文部科学省大学共同利用机关国际日本文化研究中心在日本京都举行的"回顾20世纪日中关系国际学术会议",作《日本知識分子的"中国文化革命観念"——一个中国人对历史提供的证言》的讲演。

2月10日至27日,在日本长崎进行(一)"关于江户时代'唐船泊岸'汉籍贸易调查"、(二)"黄檗宗东传寺庙考察"、(三)"日籍基督教徒殉教材料调查"。

3月20日,在日本早稻田大学文学部古代文学と比较文学研究所作《关于日本古代文学的发生学思考》的特别讲演

6月14日,在日本京都举行的"2002年东亚比较文学京都论坛"上,发表《对〈古事记〉》疑问

的解读——关于「天之御柱」、「二神旋转方向」与「怪胎蚂蟥」的文化意义》的讲演。

8月,承担国家教育部211学术规划北京大学重点项目"北京大学比较文学学术文库"(20卷)总主编工作。

9月,比较文学研究所与外国语文四系(西语、英语、俄语、东语)共同建立的"北大四系一所博士后流动站"中开始设立"东亚研究方向"。日本国立一桥大学博士王青作为这一研究方向的首位"博士后"进站,与先生协作,就"日本近世时代思想史"课题进行合作研究。同月27日-30日与本所孟华教授及复旦大学陈思和教授诸位共同创办"北大—复旦比较文学学术论坛"。

10月3日,与北京大学常务副校长迟惠生一起,在在北大办公楼接待诺贝尔文学奖得主日本作家大江健三郎。

2003年(63岁)

9月8日,在中国社会科学院举行的"第二届近代日本内外政策国际学术讨论会"上以《日本当代"国家主义"思潮的思想基础》为题作讲演。

2004年(64岁)

1月9日,在中国社会科学院"文学理论研究中心"成立大会上以《当代中国文学理论缺失了什么》为题致"祝辞"。《文艺报》于同月20日(世界文坛版)转发了这一"祝辞"。

3月6日,在浙江大学举行的"'明治时代的儒学'国际学术研讨会"上先生以《井上哲次郎哲学的基本内涵与文化"变异"的特征》为题作主旨讲演。7日作研讨会总结讲话。同月17日,《中华读书报》(学术双周刊)以《明治儒学:一个多元体的存在》转发了这一主旨讲演。同月27日在"比较文学上海高级论坛:严绍璗先生特别讲演会"上以《比较文学的发生学研究》为题作"专场讲演"。

4月1日,受聘为复旦大学日本研究所顾问教授

7月2日,在澳门举行的"世界汉语史学会成立大会"开幕式上作了题为《17-18世纪日本的汉语白话习学考略》的主题讲演,并当选为该学会顾问。同月31日,在国家图书馆"文津学术讲座"上以《汉籍东传日本的轨迹与形式》做讲座。

8月24日,在"北京论坛"首届年会上以《树立中国文学研究的国际文化意识》为题作了讲演。同月,《比较文学视野中的日本文化——严绍璗海外讲演录》(日文版)一书由北京大学出版社出版(ISBN:7-301-07107-8),由北大校长许志宏院士作序,全书50万字。

9月3日,应中央电视台邀请,先生在该台"高级干部双周论坛"上讲述《中华文明的亲和力和东亚文化圈的形成》。

9月14日-9月16日,在香港城市大学"中国文化讲座"上分别以《中华文明的亲和力和东亚文化圈的形成》、《日本20世纪"中国学"的经验与教训》和《树立中国古代文学研究的国际文化意识》作三次讲演。同月20日,在澳门大学"社会科学讲座"上以《树立中国文学研究的国际文化意识》为题再作讲座。同月28日,受聘为海南大学客座教授。

10月,受邀为中国国家社会科学基金"外国文学研究项目指南出题"专家组成员。同月20日,在2004年度全国日本语言文化国际学术研讨会上以《日本の古代文学を発生学から考える》为题(日本语)做了主题讲演。同月30日,在北京商务印书馆"涵芬楼讲座"上以《日本古代

文明的历史考察》为题作了讲座。同月31日,在"北大名家通识书系讲座"上以《战后60年日本人的中国观》为题作了讲座。

12月24日至翌年3月30日,就"美国东亚经典文化研究"访问美国Princeton University(普林斯顿大学)、Columbia University(哥伦比亚大学)。

2005年(65岁)

4月,受聘为教育部人文学术重点研究基地北大"东方文学研究基地"学术委员会主任。

5月31日在复旦大学"陈望道讲座"上以《再论中国古代文学研究的国际文化意识》为题作讲演。同月,《日本藏汉籍珍本追踪纪实——严绍璗海外访书志》一书由上海古籍出版社出版(ISBN7-5325-3984-9),全书41万字。

6月5日在"中国蒙古学国际论坛"上以《民族文学研究中的比较文学空间》为题做主旨讲演。

7月23日,在国家教育部"世界汉语大会国际汉学会场"开幕式上以《我对国际Sinology的理解和思考》为题做主旨讲演。

2006年(66岁)

8月,北京大学医学部附属第一医院"前列腺研究所"诊断先生罹患"前列腺癌"。研究所所长对先生直言:"您的血液检查指标,在医学教科书上已经不需要讨论了!手术是唯一的办法。"先生回忆15年前的"脑肿瘤"旧事,以静制动,坦然面对,于今已四年矣,气血依旧。

12月2日,在上海社会科学界第四届年会"世界视野中的中国人文"会场上先生以《海外中国学研究之反思》为题做主题讲演

2007年(67岁)

1月,奉命参加"中日两国历史共同研究"中方专家组。

2月,与陈思和先生合作主编《跨文化研究:什么是比较文学》一书由北京大学出版社出版(ISBN:978-7-301-11613-5),全书70万字。

3月,《日藏汉籍善本书录》(3卷)历经23年调查访问、探幽发微,在多元文化视野中整理编纂,由中华书局出版(ISBN978-7-101-02327-5),全书380万字。此书显现了先生从事"日本汉学与中国学研究"、"东亚比较文学研究"和"日本文化与文学研究"的基本的学术基础与相应的学术理念和方法论特征。

6月27日,在台湾辅仁大学举行的"北大—辅仁比较文学学术论坛"上,先生致开幕词并作《中华传统"翻译文化遗产"对构建当代"翻译学"论说的启示》的主旨报告。

7月,承担北京外国语大学国家教育部重点项目"20世纪中国经典在世界"中子项目"各国编年史"(15卷)主编。

11月7日,北京大学举行"严先生著《日藏汉籍善本书录》出版座谈会"。任继愈(92岁)、金开诚、汤一介、乐黛云、蒋绍愚、陈平原、温儒敏、孟华等学界名人以及中共北大党委常务副书记兼任副校长吴志攀、文科主管副校长张国友等到会发表感言。

2008年(68岁)

3月26日,日本文部科学省国际日本文化研究中心在日本京都举行"严绍璗先生著《日藏汉

籍善本书录》出版纪念"。早稻田大学名誉教授安藤彦太郎(90岁)、日本东方学会理事长、东京大学名誉教授户川芳郎、国际比较文学学会前会长、东京大学名誉教授川本皓嗣、庆应大学名誉教授尾崎康、京都大学名誉教授小南一郎、东京外国语大学名誉教授高桥均等20余位出席了纪念会并发表感言。

5月北京大学颁发"精品奖荣誉证书",授予严先生《日藏汉籍善本书录》(3卷)为"改革开放三十年北京大学人文社会科学研究百项精品成果奖"。

5月,受聘为浙江工商大学日本语言文化学院名誉院长。

11月8日,参加香港大学现代文化学院主办的"Proceedings of 8th International Symposium on Japanese Studies",作了题为《解析"海洋的日本文明论"的本质》的讲演。

12月,北京市人民政府、中共北京市委授予严先生《日藏汉籍善本书录》(3卷)"北京市第十届哲学社会科学优秀成果一等奖"。同月15日,国家新闻出版总署"新出人事(2008)1528号"文件任命严先生为"全国古籍整理出版规划领导小组成员"。同月18日,国家教育部"教社科司(2008)208号"文件通知严先生为人文社会科学重点研究基地北大"东方文学研究中心"2008年度重大研究项目"东亚文学的发生学研究"课题总负责人工作。

2009年(69岁)

1月,北京大学颁发"荣誉证书",对先生"在2008年人文社会科学研究工作中,成绩突出,特予以表彰"。同月,受聘为中国人民大学汉语国际推广研究所、汉学研究中心学术委员会主任。

4月,被任命为北京大学学术委员会人文学部委员、北大中国语言文学学科学术委员会主任。

6月27日,参加日本文部科学省在日本关西大学设立的"东亚文化交涉史研究据点"揭牌典礼。在大阪面见日本文化厅长官青木保。

9月1日,受聘为香港大学现代语言文化学院"荣誉教授"(Honorary Prof.)。同月8日,在"中国国家图书馆百年纪念中国学研究论坛"上以《再论对国际中国学研究的思考》为题做主题讲演。同月9日,在由中国(大陆内地\香港\台湾\澳门)、新加坡、英国、日本、美国、德国、泰国、俄罗斯等12个国家地区的"中国文化研究"者及"中国学研究"者共同创建的"国际中国文化研究学会"(香港特区政府注册)第一届筹委会上被推举为学会主席团主席。同月25日,在台湾政治大学举行的"跨文化视觉与文化翻译研究国际研讨会"上以《异质文化互动的基本特征与文化翻译的困境》为题作"特别邀请讲演"。同月,《日本中国学史稿》一书由学苑出版社出版(ISBN:978-7-5077-3424-9),全书60万字。

10月7日,在香港毅智书院举办、香港特区政府教育署高等教育发展处协办的"名师讲座"上作"中华文化内在价值核心精神解析"的讲演。同月25日,在天津举行的"东亚诗学国际研讨会"上以"把握日本古代文学生成的基本特质——我的东亚文化研究课题"为题做了大会讲演。同月30日在"国家汉办"与中国人民大学联合举办的"第二届世界汉学大会"上以《我对国际中国学研究的再思考》为题做了大会讲演。同月,受聘为天津师范大学"国际中国文学研究中心客座研究员"。

11月7日,在郑州大学"国际文化周/名师讲坛"上以"中华文化与东亚文明共同体"为题做了讲演。同月17日,在上海海洋大学"名师讲坛"上作了《质疑"海洋的日本文明论"》的全校讲演。同月23日在上海华东师范大学"思勉人文高等研究院"作了《日本中国学研究中的几个问题的研讨——以我的〈日本中国学史稿〉为例》的讲演。12月3日在中国人民大学与北京外国语大学联合举办的"东亚汉学第11届国际大会"上以《关于"东亚汉学"研究中必须厘清的四个问题》为题作了会议主旨讲演。

12月30日,《日藏汉籍善本书录》(3卷)荣获中华人民共和国教育部"全国人文社会科学研究优秀成果一等奖",在人民大会堂授奖仪式上获奖并以《肩负社会责任创造人文学术研究的新业绩》为题作了讲话(讲话文稿见《人民教育报》2010年1月7日)。

2010年(70岁)

1月,北京大学校长周其凤院士、北京大学中共党委书记闵维方博士致函严绍璗先生,"祝贺七十寿辰"。

1月8日,北京大学颁发"荣誉证书",对先生"在2009年人文社会科学研究工作中,成绩突出,特予以表彰"。

1月25日,参加"国家太湖论坛"筹委会专家会议,提出作为"中华文化"基盘的"华夏文化"的基本核心当形成于诸子百家时代,它的真正内容应该在于"敬德保民、和合克己"、"兼爱非攻、止戈为武"、"阴阳相生、自强不息"三个层面,直接质疑把汉代"纬学"核心的"天人合一、天人感应"观念作为当代"全民文化教育"的虚假命题。

4月7日,受聘为国家宋庆龄基金会孙平化日本学学术奖励基金专家委员会主任。

5月29日,北京外国语大学校长陈雨露主持"海外汉学研究中心学术委员会成立"仪式,受聘为该"学术委员会"主任。

5月30日,在上海举行的中华日本学会第五次会员代表大会上当选为该学会常务理事。

6月20日,北京大学常务副校长吴志攀教授撰写《严绍璗老师和〈日藏汉籍善本书录〉》一文,作为《严绍璗学术研究》一书序文,以庆贺严先生70华诞并纪念他的学术业绩。

(本文稿材料截至2010年6月30日)

二、严绍璗先生论著目录编

(1972年—2010年6月30日)

聂友军

（查找分类）

个人专著书目(13部)
合作共著书书目(6部)
主编书目(10部，只署名而本人无文章者略)
论文（一）：汉文著论文(133篇)
论文（二）：日文著论文(23篇)
序文（一）：自序文(14篇)
序文（二）：为他人作的序跋文(44篇)
读书札记、学术评述、随笔(中日文稿58篇)
外文译汉文稿(16篇)
电视片、视频、录像片编播(9种)
采访报道记事(举例24篇)

分类目录

个人专著书目：

1. 《比较文学与文化"变异体"研究》，复旦大学出版社，2010年版
2. 《日本中国学史稿》，学苑出版社刊，2009年版
3. 《日藏汉籍善本书录》(3卷)，中华书局刊，2007年版
4. 《日本藏汉籍珍本追踪纪实——严绍璗海外访书志》，上海古籍出版社刊，2005年版
5. 《比较文学视野における日本文化——严绍璗海外讲演录》，北京大学出版社刊，2004年版
6. 《記紀神話における二神創世の形態：東アジア文化とのかかわ》，日本国際日本文化研究センター刊，1995年版

7. 《日本藏宋人文集善本钩沉》,杭州大学出刊,1995年版
8. 《中国文化在日本》,新华出版社刊,1993年版
9. 《汉籍在日本的流布研究》,江苏古籍出版社刊,1992年版(2000年重印)
10. 《日本中国学史》,江西人民出版社刊,1991年版
11. 《中日古代文学关系史稿》,中华书局香港分局湖南文艺出版社刊,1987年版
12. 《日本的中国学家》,中国社会科学出版社刊,1980年版(1982年重印)
13. 《李自成》,中华书局刊,1976年版(1980年重印)

合作著书书目：

1. 《明治儒学与近代日本》(与刘岳兵、卞崇道、陈玮芬、盛邦和合著),上海古籍出版社刊,2005年版
2. 《中国与东北亚文化交流志》(与刘渤合著),上海人民出版社刊,1999年版
3. 《比较文化:中国与日本》(与王家骅、王勇、刘建辉、王晓平合著),吉林大学出版社刊,1996年版
4. 《中国文学在日本》(与王晓平合著),花城出版社刊,1990年版
5. 《关汉卿戏剧集》(与陈铁民、孙庆善合著),人民文学出版社刊,1977年版
6. 《历代职官表索引》(与许树安、吕永泽合著),中华书局上海编辑所刊,1965年版、上海古籍出版社1980年新版1984年第3次印刷

主编书目(皆有主编论说在内,只挂名而无文章之"主编"略)

1. 《北大—复旦比较文学学术论坛》(与陈思和联合主编),北京大学出版社刊,2007年版
2. 《北京大学比较文学学术文库》15卷(主编),北京大学出版社刊,2004年起版
3. 《北京大学20世纪国际中国学研究文库》10卷(主编),中华书局刊,2004年起版
4. 《北京大学21世纪大学比较文学教材》10卷(主编),北京大学出版社刊,2004年起版
5. 《变动期的东亚社会与文化》(与杨栋梁联合主编),天津人民出版刊,2002年版
6. 《传统文化与中日两国社会经济发展》(与李玉联合主编),北京大学出版社刊,2000年版
7. 《日中文化交流史丛书·思想卷》(与日本源了圆联合主编),(日文版)日本大修馆出版社刊,1995年版、(中文版)中国浙江人民出版社刊,1996年版
8. 《日中文化交流史丛书·文学卷》(与日本中西进联合主编),(日文版)日本大修馆出版社刊,1995年版、(中文版)中国浙江人民出版社刊,1996年版
9. 《中日文化交流大事典》(与刘德有等共同主编),辽宁教育出版社刊,1992年版
10. 《中日文化交流史论文集》(与夏应元、王晓秋共同主编),人民出版社,1982年版

论文(一):汉文论文

2010年

1. 《对国际中国学研究的再思考》,《国家图书馆学刊》,第1期

2. 《提升国际中国学研究的三个层面的思考》,《跨越东西方的思考:世界语境下的中国文化研究》(李雪涛等主编),外语教学与研究出版社刊,2010年版
3. 《"汉学"应正名为"国际中国学"/"中国学"之名的历史合理性》,《中国社会科学报》,2010年6月1日(总第93期)第三版"特别策划"

2009年

4. 《"文学"与"比较文学"共存——由巴斯奈特论说引发的思考》,《中国比较文学》2009年第1期,2009年3月刊
5. 《解析"海洋的日本文明论"的本质》,《Multiculturalism and Japanese Studies in Asia and Oceania》,香港大学现代文化学院主编,2009年12月刊
6. 《20世纪前后日本思想界中的"新儒学"》,《东方哲学思想与文化精神》,中国社会科学出版社,2009年6月刊
7. 《东亚文明进程黎明期的文化研究》,《朝鲜—韩国文学与东亚》,延边大学出版社刊,2009年6月版
8. 《日本古物语〈竹取物语〉生成的考察》,《多元之美》,北京大学出版社,2009年8月刊
9. 《日本古代文明的历史考察——与"海洋的日本文明论"史观的商讨》,《思考:中国与日本的三个视点——环境、共生、新人文主义》,中国社科文献出版社刊,2009年9月版
10. 《关于文学"变异体"与发生学的思考》,《东亚诗学与文化互读》,中华书局,2009年10月刊
11. 《对国际中国研究的再思考》,《人民政协报/学术论坛》,2009年9月28日(整版)

2008年

12. 《关于创立"汉籍国际文献学"的思考》,《北京大学中国古文献研究中心集刊》第7辑,2008年1月
13. 《日本古代文明的历史考察——与"海洋的日本文明"史观的商讨》,《日本学》第14辑,2008年4月
14. 《确立"比较文学"研究的本体论观念》,《跨文化对话》第24辑,2008年12月刊

2007年

15. 《对"海洋的日本文明论"的思考》,《迎接亚洲发展的新时代》(复旦大学亚洲研究中心),复旦出版社,2007年刊
16. 《对海外中国学研究的反思》
    ①《探索与争鸣》(上海社会科学研究联合会),2007年第二期
    ②《中国社会科学文摘》(中国社科院),2007年第三缉

2006年

17. 《关于确立表述"东亚文学"历史的更加真实的观念——我的关于比较文学研究课题的思考和追求》,《中国比较文学》,2006年第2期
18. 《日本"浦岛文学"成型中"中间媒体"的意义——中日古代文学关系的基础性研究之一》,《碰撞与融会——比较文学与中国古典文学》(魏崇新主编),外语教学与研究出版社刊,2006年版

19. 《我对 Sinology 的理解和思考》

　　①《世界汉学》(第 4 辑),世界汉学杂志社,2006 年刊

　　②《国际汉学》(第 14 辑),大象出版社,2006 年刊

2005 年

20. 《关于比较文学博士养成的浅见》,《中国比较文学》,2005 年第 1 期

21. 《民族文学研究中的比较文学空间》

　　①《中国比较文学》2005 年第 3 期

　　②《新华文摘》2005 年第 21 期,人民出版社,2005 年 11 月刊

　　③《东西方文化对话语境下的蒙古文学》,北京大学出版社,2005 年刊

　　④《中国文化的传承与创新》(中国文化书院),北京大学出版社,2006 年刊

22. 《"海洋的日本文明论"质疑》,《日本学术论坛》,2005 年第 3—4 期

23. 《17—18 世纪汉语白话习学考略》,《世界汉语教育史研究》(澳门理工学院),2005 年刊

24. 《战后 60 年日本人的中国观》

　　①《在北大听讲座》(第 14 卷)新世纪出版社,2005 年刊

　　②《日本研究》2005 年第 3 期,2005 年刊

　　③《人民外交》2006 年第 2 期,2006 年刊

　　④《文明视角下的中日关系》,香港树仁出版社,2006 年刊

　　⑤《粤海风》2006 年 9 月刊

2004 年

25. 《明治儒学:一个多元体的存在》,《中华读书报》,2004 年 3 月 17 日(学术双周刊)

26. 《当今中国文学理论缺失的一个最基本的层面》,《文艺报》,2004 年 1 月 20 日(世界文坛版)

2003 年

27. 《树立严谨的比较文学研究观念和方法》,《中国比较文学》,2003 年第 1 期

28. 《中华文明的亲和力和东亚文明圈的形成》,《走向未来的人类文明》(许志宏主编),北京大学出版社,2003 年刊

29. 《日本当代国家主义思潮的思想基础》,《亚太研究论丛》(第 1 辑),北京大学出版社,2003 年刊

30. 《日本短歌歌型的形成—日本文学发生学研究》,《多边文化研究》(第 2 卷),新世界出版社,2003 年刊

31. 《比较文学论文写作的基础与规范》,《高校中文学科论文写作训练》(温儒敏主编),北京大学出版社,2003 年刊

32. 《汉字再日本文化中的意义研究》,《汉字文化》,2003 年第 4 期

2002 年

2001 年

33. 《20 世纪日本中国学的启示》

　　①《中国图书商报》2001 年 2 月 8 日(文史版)

②《汉学研究》第 7 期（同题 2003 年 9 月）

2000 年

34.《树立中国文学研究的国际文化意识》，《中国现代文学研究丛刊》，2000 年第 1 辑

35.《确立解读文学文本的文化意识——关于古代日本文学发生学研究的构想》
　①《北京大学东方学系百周年纪念文集》，北京出版社刊，2000 年版
　②《面向 21 世纪的中国东北与日本》，辽宁大学出版社刊，2000 年版

36.《中日文化研究中的'民族主义'评估》，《近代以来中日文化关系的回顾与展望》（复旦大学），2000 年刊

37.《'文化语境'与'变异体'以及文学的发生学》
　①《中国比较文学》2000 年秋季号（9 月刊）
　②北京大学《多边文化研究》（第 1 卷）新世界出版社 2001 年刊

38.《关于对〈万叶集〉中"训读和歌"的思考》，《中日诗歌比较研究》（第 1 辑），国际文化出版公司，2000 年刊

1999 年

39.《中国文化在日本》，《中华文明之光》（袁行霈主编）第 3 卷，北京大学出版社，1999 年刊

40.《〈万叶集〉的发生学研究—兼评西乡信纲的〈日本文学史〉》，《日本学刊》（中国社会科学院），1999 年第 1 辑

41.《津田左右吉研究札记——日本中国学家读书笔记之一》，《汉学研究》第 3 辑（1999 年 5 月）

42.《我对国际中国学（汉学）的认识》
　①北京外国语大学《国际汉学》第 5 辑（2000 年 6 月）
　②《他乡有夫子——汉学研究导论》（上卷），北外外研社，2005 年刊

43.《日本藏汉籍善本访书杂志》，《炎黄文化研究》第 7 期增刊（1999 年 5 月）

1998 年

44.《日本古代"物语"形成与〈竹取物语〉的研究》，《日本文化研究》，中国社会科学出版社，1998 年刊

45.《文化的传递与不正确理解的形态》
　①《中国比较文学》1998 年第 4 期
　②《文化传递与形象研究》，北京大学出版社，1999 年刊
　③《在北大听讲座》（第 13 卷），新世纪出版社，2005 年刊
　④《北京大学－耶鲁大学比较文学学术论坛》，北京大学出版社，2006 年刊

46.《日本五山汉文学论》
　①《文学丝路》（台湾）文化建设基金管理委员会，1998 年刊
　②北京外国语大学《国际汉学》第 2 辑（1998 年 10 月）
　③《他乡有夫子——汉学研究导论》（下卷），北外外研社，2005 年刊

47.《中国文化的世界历史性意义》，《在同一个蓝天下——海峡两岸国学夏令营记闻》，1998 年 10 月刊

48. 《中国当代新文化建设的精神指向与"儒学革命"》
    ① 《北京大学学报》(社科版)1998 年第 2 期
    ② 《文化研究》(人大书报资料中心)1998 年第 5 期
    ③ 《儒学与东亚近代化》(王青主编)世界知识出版社 2008 年刊

1997 年

49. 《日本古代"物语"形成的研究——日本文学的发生学研究》,《日本文化研究论丛》(南开大学)1997 年 11 月
50. 《日本军国主义者对中国文化资材的掠夺》,《汉学研究》第 2 集(197 年 9 月)
51. 《日本儒坛三闻人——近代日本儒学史主流派学者述评》,《世界汉学》(中国艺术研究院)创刊号(1998 年 5 月)
52. 《中国社会思潮实像:文化的多元性、古典回归及其反对派、爱国主义与民族主义》,《乌丸ニュース》1997 年第 1 期
53. 《幕末的"宇内混同说"与明治时代的"大东合邦论"》,《日本学刊》(中国社科院)1997 年第 1 期

1996 年

54. 《中日文化关系的历史与现实》,《中日关系史学会学术通讯》1996 年第 1 期
55. 《双边文化关系研究与"原典性的实证"的方法论问题》
    ① 《中国比较文学》1996 年第 1 期(1996 年 1 月)
    ② 北京大学《多边文化研究》(第 1 卷),新世界出版社,2001 年刊
    ③ 《中日比较文学比较文化》,中山大学出版社,2004 年刊
56. 《差异与碰撞——中日美意识探讨》,《华人文化世界》总第 11 期(1996 年 1 月)
57. 《神话世界中的中日文化融合》,《日中文化交流史丛书·文学卷》,浙江人民出版社,1996 年刊
58. 《日本古代物语与中国文化》,《日中文化交流史丛书·文学卷》,浙江人民出版社,1996 年刊
59. 《五山汉文学与五山新儒学》,《日中文化交流史丛书·思想卷》,浙江人民出版社,1996 年刊
60. 《日本近世的儒学》,《日中文化交流史丛书·思想卷》,浙江人民出版社,1996 年刊
61. 《日本古代思想中的道家思想》,《日中文化交流史丛书·思想卷》,浙江人民出版社,1996 年刊
62. 《诗人不能产生语言,语言能够产生诗人——关于〈万叶集〉形成的思考》,《学人》(陈平原主编总)第 10 辑 1996 年 9 月
63. 《日本现代化肇始时期的文化冲突:日本"儒学资本主义"辨析》,《21 世纪:中国与日本》,北京大学出版社,1996 年刊
64. 《日本古代汉文传奇〈浦岛子传〉研究》,《中国古籍研究》(国务院古籍出版规划小组),上海古籍出版社,1996 年刊
65. 《汉籍东传日本的轨迹与形式》,《文史知识》(中华书局)1996 年第 8 期
66. 《20 世纪日本近代中国学的实证主义研究——实证论的特质与经院派的先驱者们》

①《汉学研究》(阎纯德主编)第 1 集(1996 年 9 月)
②《岱宗学刊》(社哲版)1997 年 2 期

1995 年

67.《和歌与假名的西传和汉诗的反馈》,《和歌俳句与中日文学交流》(和歌俳句研究会),日本 CN 企画出版部 1995 年刊

1994 年

68.《超越神学权威的精神美德》,《中外文化交流》(中国对外文化交流协会)第 9 期(1994 年 2 月)

69.《日本藏汉籍国宝钩沉(二)》,《中国典籍与文化》(高校古委会)1994 年第 1 期

1993 年

70.《传统文化与新文化建设》,《光明日报》1993 年 7 月 7 日(文艺论坛版)

71.《实物信仰与"桃"崇拜——中日古代美意识的探讨》,《中日民俗的异同与交流》,北京大学出版社,1993 年

72.《中国古籍中关于日本的发现》,《东方文化》(广东中华民族文化促进会)创刊号(1993 年 9 月)

73.《日本现代化肇始期的文化冲突》,《传统文化与现代化》(国务院古籍整理出版领导小组)1993 年第 5 期

74.《(日本)五山汉文学论纲》,《周一良先生八十生日论文集》,中国社会科学出版社,1993 年刊

75.《日本藏汉籍国宝钩沉(一)》,《中国典籍与文化》(高校古委会)1993 年第 3 期

1992 年

76.《日本近代中国学形成的历史(二)》,《日本学研究》(北京日本学研究中心)总第 2 辑(1992 年)

77.《日本的近代化:关于社会思潮的冲突与平衡的研讨——质疑"儒学主义说"》,《中日文化交流》第 4 辑,展望出版社,1992 年刊

78.《中国当代文化思潮评说》,《现代文学会年报》1992 年刊

1991 年

79.《从欧美近代文化的形成看中国文化的价值》,《民主与科学》(九三学社中央委员会)1991 年第 1 期

80.《敦煌文献与甲骨文东传考略》,《中国文化》(刘梦溪主编)1991 年 1 月

81.《中国古代文献东传日本考略》,《古籍整理与研究》第 6 辑(1991 年 5 月)

82.《华夏文化的世界历史性意义》,《人民日报》(海外版)1991 年 11 月 14 日(言论专访版)

83.《日本近代中国学形成的历史(一)》,《日本学研究》(北京日本学研究中心)总第 1 辑(1991 年)

1990 年

84.《从经学向中国哲学的蜕皮——日本近代中国学的形成之一》,《日本学》(北京大学)第 2 辑(1990 年)

85.《欧洲中国学的形成与早期理性主义学派》,《北京大学学报》(社科版)1990年第5期
86.《中国古代文献典籍东传日本的轨迹——中国文化的世界历史性意义的探讨》,《中国典籍在日本的流传与影响》,杭州大学出版社,1990年刊

1989年

87.《20世纪日本人的中国观》,《动向与线索》(国家外文局)1989年第2辑
88.《日本儒学的近代意义》,《中日比较文化论集》,北京大学出版社刊,1989年版
89.《儒学在近代日本的命运——历史给了我们什么教训?》,《现代社会与知识分子》(梁从诫主编),辽宁人民出版社,1989年刊
90.《儒学在日本近代文化运动中的意义》,《日本问题》(中国社科院)1989年第2期
91.《日本传统汉学在明治时代的命运——日本近代文化运动的经验与教训》,《日本学》(北京大学)创刊号(1989年3月)
92.《日本中世纪女性文学的繁荣与中国文学的影响》,《东方研究论文集》1989年9月
93.《中日古代文化会合的历史轨迹》,《东方文化知识讲座》(季羡林－任继愈主编)1989年10月

1988年

94.《日本古代和刻汉籍版本脞论》,《古籍整理与研究》(高校古委会)第三辑,上海古籍出版社,1988年3月
95.《20世纪早期日本中国学学派及其特征》,《中国文化与中国哲学》第3辑,三联书店刊,1988年

1987年

96.《论平安时代日本文学的美—以〈源氏物语·须磨〉为中心》,《中日文化与交流》(中日关系史学会)第3辑(1987年9月)
97.《日本文化史上的白居易》,《东方文化史话》(季羡林主编),黄山书社,1987年刊
98.《唐人传奇〈游仙窟〉与日本古代文学》,《东方文化史话》(季羡林主编),黄山书社,1987年刊

1986年

99.《日本战后中国学发展的阶段及特征》,《亚非问题研究》(北京大学)第6集,1986年
100.《日本手抄室生寺本〈本朝见在书目录〉考略》,《古籍整理与研究》(高校古委会)创刊号,1986年12月
101.《现代中国的社会与文学》,《近代中国》第25辑 1986年刊
102.《中国传统文化在日本的命运》
　　①《文史知识》(中华书局刊)1986年第3期
　　②《新华文摘》1986年6月号
　　③《中国文化的历史命运》,辽宁大学出版社刊,1988年版
　　④《中国图书》(日文译文),日本内山书店刊,1991年3月

1985 年

103. 《日本的中国学》,《当代国外社会科学》,中国社会科学出版社,1985 年 4 月
104. 《中日古代创世神话的异同及其它》,《东方世界》(北京大学)创刊号,1985 年 1 月
105. 《日本古代小说浦岛子传与中国中世纪文学》,《中日文化与交流》第 2 辑,1985 年 3 月
106. 《明代俗语文学的东渐和日本江户时代小说的繁荣》,《北京大学学报》(社科版)1985 年第 3 期
107. 《日本"记纪神话"变异体的模式与形态及其与中国文化的关联》
    ① 《中国比较文学》1985 年第 1 期
    ② 《北京大学哲学社会科学优秀论文选》第 3 卷 1987 年刊

1984 年

108. 《日本〈千载佳句〉白居易诗佚句辑稿》,《文史》(中华书局)第 23 辑(1984 年)
109. 《竹取物语与中国多民族文化的关系》,《中日文化与交流》第 1 辑,1984 年 3 月
120. 《白居易文学在日本古韵文史上的地位与意义》,《北京大学学报》(社科版)1984 年第 2 期
121. 《日本平安时代知识女性的汉文学修养》,《学林漫录》(中华书局)第 9 辑,1984 年 12 月

1983 年

122. 《狩野直喜和中国俗文学的研究》,《学林漫录》(中华书局)第 7 辑,1983 年 3 月

1982 年

123. 《〈赵氏孤儿〉与十八世纪欧洲的戏剧文学》,《文史知识》(中华书局刊)1982 年第 2 期
124. 《日本鲁迅研究学派辨析》,《北京大学纪念鲁迅百年诞辰论文集》,北京大学出版社,1982 年刊
125. 《日本古代短歌诗型中的汉文学形态》
    ① 《北京大学学报》1982 年第 5 期
    ② 《古今民间诗律》,北京大学出版社,1999 年刊
126. 《日本古代小说的产生与中国文学的关联》
    ① 《国外文学》(北京大学)1982 年第 2 辑
    ② 《比较文学论文集》(张隆溪-温儒敏主编),北京大学出版社,1984 年刊
    ③ 《东方比较文学论文集》(卢蔚秋主编),湖南文艺出版社,1987 年刊
127. 《徐福(市)东渡的史实与传说》,《文史知识》(中华书局)1982 年第 9 期
128. 《创建具有自己民族特色的中国学派的构想》,《读书》(三联书店)1982 年第 9 期
    (在《读书》杂志举行的朱光潜、黄药眠、李健吾、周珏良、陈冰夷、杨周翰、季羡林、李赋宁、严绍璗、温儒敏、张隆溪 11 先生座谈会上的发言)

1981 年

129. 《吉川幸次郎与"吉川中国学"》,《学林漫录》(中华书局)第 4 辑(1981 年 12 月)
130. 《日本鲁迅研究名家名作述评》(上),《中国现代文学研究丛刊》1981 年第 3 辑,(下)《中国现代文学研究丛刊》1982 年第 2 辑
131. 《一代之诗伯·万叶之文匠》,《文史知识》(中华书局)创刊号 1981 年 1 月

1980 年

132.《中日禅僧的交往与日本宋学的渊源》
   ① 三联书店《中国哲学》第 3 辑(1980 年 8 月)
   ②《中日文化交流史论文集》人民出版社 1982 年刊

1975 年

133.《〈水浒〉的要害是投降》,《北京日报》1975 年 8 月 31 日

论文(二):日文论文

1. 《日本古代文明の史的考察:海洋の日本文明という史観について》,《日本と中国を考える三つの視点》,はる書房刊,2009 年版
2. 《戦后 60 年の日本人の中国観》,《東アジア共生モデルの構築と异文化研究》日本法政大,学国際日本学研究所,2006 年刊
3. 《日本の古代文学を発生学から考える》,《日本—中国交流の諸相》,勉誠社,2005 年刊
4. 《〈万葉集〉における〈水江浦島子〉の文化的意義について》,《交錯する古代》,2004 年早稲田大学刊
5. 《かなの西漸と和歌の漢訳》,《日本古代文化と東アジア》,日本勉誠社,2004 年刊
6. 《日本における中国典籍》,《日本における中国伝統文化》,日本勉誠社,2003 年刊
7. 《〈浦島伝説〉から〈浦島子伝〉への発展について:亀と蓬萊山と玉手箱についての文化学的解読》,《IMAGES AHD JAPANESE LITERATURE》NATIONAL INSTITUTE OF JAPANESE LITERATURE 2002
8. 《日本知識人の"中国文化大革命観"について》,《アジア遊学:60 年代の青年運動》,日本勉誠社,2002 年刊
9. 《〈古事記〉における疑問の解読——"天の柱"と"回った方向と"ひるこ"との文化意義について》,《伝統との対話》,日本比較文学会,2002 年刊
10. 《漢籍が日本に東伝する軌跡と形式》,《共立女子大学—北京大学共同研究叢書》,日本理想社,2001 年刊
11. 《日本内閣文庫の宋本と明人識文》,《共立女子大学—北京大学共同研究叢書》,日本理想社,2001 年刊
12. 《東アジア創世神話における"配偶神"神話成立時期の研究について》,《アジア遊学》第 12 輯,2000 年 1 月
    (此文有英文訳本 Culture studies of the East Asian civilization in the dawn: On the dating of the creation my thology period in East Asia From Frontiers of Literary Studies in China Vol. 2 June 2008)
13. 《かぐや姫の研究 二題》,《平安文学》第 2 輯,1996 年刊
14. 《五山漢文学と五山新儒学》,《日中文化交流史叢書・思想卷》,日本大修館出版社,1996 年刊

15. 《神話—中国と日本の文化融合について》,《日中文化交流史叢書・文学卷》,日本大修館出版社,1996年刊
16. 《物語—中国文化と関系における形成と発達》,《日中文化交流史叢書・文学卷》,日本大修館出版社,1996年刊
17. 《日本古伝奇〈浦島子伝〉の研究》,《日本研究》(日本文部省国際日本文化研究センター),第12集(1995年)
18. 《日本文化の中国への伝播》,《日文研》(日本文部省国際日本文化研究センター)第12集(1994年)
19. 《日中神話の比較研究》,日本《宮城女子大学研究論文集》総77輯(1993年6月)(日本《中国関系論説資料》第35号(平成五年分)"収録論文"一覧著録)
20. 《中国文化と源氏物語》,《源氏物語講座》(日本勉誠社)第9卷1992年刊
21. 《和歌の西伝と日本漢詩のfeedback》,(1992年6月10日在日本文部省直属国際日本文化研究中心的講演),日本《中外日報》1992年6月12日
22. 《「哲学の道」の随想:西田哲学への考え》,(1989年12月29日日本仏教大学「友好の輪」忘年会的講話)
23. 《魯迅先生——反孔闘争の偉大な戦士》,《学問に架ける橋》,小学館出版社,1976年刊

序文(一):自序文:

1. 《比较文学与文化"变异体"研究》"前言"
2. 《日本中国学史稿》"前言"与"后记"
3. 《日藏汉籍善本书录》"前言"、"后记"
4. 《日本藏汉籍珍本追踪纪实——严绍璗海外访书志》"著者叙说"
5. 《比较文学视野における日本文化——严绍璗海外讲演录》(日文版)"自序"
6. 《中国与东北亚文化交流志》"导言"与"后记"
7. 《中日文化交流史大系/文学卷》(中文版)"序论:中日文学交流的历程与我们的研究"
8. 《日本藏宋人文集善本钩沉》"叙说"与"后记"
9. 《中国文化在日本》"前言"
10. 《汉籍在日本的流布研究》"前言"与"后记"
11. 《日本中国学史》"序:我和日本中国学"
12. 《中日古代文学关系史稿》"前言"
13. 《日本的中国学家》"前言"
14. 《李自成》"引言"

序文(二):为他人作的序跋文:

1. 《魏建功文选编者导言》,北京大学出版社,2010年刊
2. 《序牟学苑著〈拉夫卡迪奥・赫恩文学的发生学研究〉》,北京大学出版社,2010年刊

3. 《〈中西进全集〉(25卷)发刊辞:中西古代学——架起了日本文学与世界文化连接的桥梁》,
 日本四季出版社,2010年刊
4. 《韩文版〈中国古代任命大辞典〉首页"推荐辞"》,韩国理想出版社,2010年刊
5. 《序庞跃华、史银著〈中国教育怎么了?——求解钱学森之问〉,重庆大学出版社,2010年刊
6. 《序王立群著〈中国早期口岸知识分子形成的文化特征——王韬研究〉》,北京大学出版社,
 2009年刊
7. 《序王晓平主编〈东亚诗学与文化互读——庆贺川本皓嗣70寿辰〉》,中华书局,2009年刊
8. 《序王顺洪著〈日本人汉语学习研究〉》,北京大学出版社,2008年刊
9. 《序周阅著〈川端康成文学的文化学研究〉》,北京大学出版社,2008年刊
10. 《序隽雪艳著〈文化的重写:日本古典中的白居易形象〉》,清华大学出版社,2008年刊
11. 《序李强著〈厨川白村文艺思想研究〉》,昆仑出版社,2008年刊
12. 《序钱婉约著〈从汉学到中国学〉》,中华书局,2007年刊
13. 《序王青著〈日本近世思想概论〉》,世界知识出版社,2006年刊
14. 《序王益鸣著〈空海学术体系的范畴研究〉》,广东人民出版社,2005年刊
15. 《序王青著〈日本近世儒学家荻生徂徕研究〉》,上海古籍出版社,2005年刊
16. 《序〈比较文学与世界文学:乐黛云教授75华诞纪念特辑〉》,北京大学出版社,2005年刊
17. 《序张哲俊著〈东亚比较文学导轮〉》,北京大学出版社,2005年刊
18. 《刊头语:北大比较文学研究所〈多边文化研究〉(第3卷)》,北京大学出版社,2005年刊
19. 《总序〈北京大学比较文学学术文库〉》,北京大学出版社,2004年起刊
20. 《总序〈北京大学20世纪国际中国学研究文库〉》,中华书局,2004年起刊
21. 《总序〈北京大学21世纪比较文学教材系列〉》,北京大学出版社,2004年起刊
22. 《序张哲俊著〈中国古代文学中的日本形象〉》,北京大学出版社,2004年刊
23. 《序钱婉约著〈内藤湖南研究〉》,中华书局,2004年刊
24. 《序刘萍著〈津田左右吉研究〉》,中华书局,2004年刊
25. 《序张哲俊著〈吉川幸次郎研究〉》,中华书局,2004年刊
26. 《序王琢著〈想象力论:大江健三郎的小说方法〉》,上海文艺出版社,2004年刊
27. 《序张玉安主编〈东方民间文学比较研究〉》,北京大学出版社,2003年刊
28. 《序刘元满著〈汉字在日本的文化意义研究〉》,北京大学出版社,2003年刊
29. 《序李岩著〈中韩文学关系史论〉》,中国社会科学文献出版社,2003年刊
30. 《序阎纯德主编〈汉学研究〉(第7卷)》,中华书局,2003年刊
31. 《序〈户川芳郎先生古稀纪念:中日文化交流史论集〉》,中华书局,2002年刊
32. 《序张哲俊著〈中日古典悲剧的形式〉》,上海古籍出版社,2002年刊
33. 《刊头语:北大比较文学研究所〈多边文化研究〉(第2卷)》,新世界出版社,2003年刊
34. 《序周阅著〈川端康成评传〉》,长江文艺出版社,2000年刊
35. 《刊头语:北大比较文学研究所〈多边文化研究〉(第1卷)》,新世界出版社,2001年刊
36. 《跋王顺洪译〈日本中国语教学书志〉》,北京语言文化大学出版社,2000年刊

37. 《序尚会鹏著〈中国人与日本人:文化心理的比较研究〉》,北京大学出版社,1998年刊
38. 《序〈中西进教授退官纪念文集－比较文学:中国与日本〉》,吉林大学出版社,1996年刊
39. 《序〈中日文化交流史大系·文学卷〉》,浙江人民出版社,1996年刊
40. 《序王宝平－韩锡铎主编〈中国馆藏和刊本汉籍书目〉》,杭州大学出版社,1995年刊
41. 《田中隆昭著〈源氏物語:歷史と虛構〉発刊辞〈一千一百年間の文化融合〉》,日本勉誠社刊,1995年刊
42. 《序李玉主编〈北京大学图书馆馆藏和刊本汉籍书目〉》,北京大学出版社,1994年刊
43. 《序王勇著〈中日关系史考〉》,中央编译出版社,1995年刊
44. 《序孙立川－王顺洪编〈日本研究中国现当代文学论著索引〉》,北京大学出版社,1991年刊

读书札记、学术评述、随笔(中日文稿)
2010年
1. 《忆阴法鲁先生》,《我们的老师》(北大《中文系百年纪念》),北京大学出版社,2010年刊
2. 《1975年秋天纪事:"文革"溃败前夕的一个小故事(严绍璗著〈与历史悄悄对话——北大50年亲历记〉一章》,《我们的诗文》(北大《中文系百年纪念》),北京大学出版社,2010年刊
3. 《我的生命的驿站——20年北大筒子楼生活拾碎》,《我的筒子楼》(陈平原主编),北京大学出版社,2010年刊

2008年
4. 《我的老师们——北大在于斯、北大存于斯》,《寻找北大》(钱理群主编),中国长安出版社刊,2008年刊

2007年
5. 《2200年历史为证》,《人民日报/大地》,2007年第8期
6. 《对沈丁立教授"美国的亚洲战略"讲演的评论》,《迎接亚洲发展的新时代》(复旦大学亚洲研究中心),复旦出版社,2007年刊

2004年
7. 《朗如日月,清如水镜文质彬彬,然后君子—追忆阴法鲁先生》,《北大中国古文献研究中心集刊》第四辑,北京大学出版社,2004年刊

2003年
8. 《中国传统文化与21世纪:中华书局与一个学生、一个读者、一个作者》,《中国传统文化与21世纪国际学术研讨会文集》,中华书局主编,2003年刊

2001年
9. 《20世纪日本中国学的启示》,《中国图书商报》,2001年2月8日(书评周刊)

2000年
10. 《中国比较文学的现状与未来》,《中华读书报》,2000年5月20日(国际文化版)
11. 《在杏雨书屋访国宝》,《中华读书报》,2000年7月5日
12. 《在足利学校访国宝》,《中华读书报》,2000年7月19日

13. 《在真福寺访国宝》,《中华读书报》,2000 年 8 月 3 日
14. 《在天理图书馆访国宝》,《中华读书报》,2000 年 8 月 16 日
15. 《在静嘉堂文库访国宝》,《中华读书报》,2000 年 9 月 6 日
16. 《在日光"天海藏"访国宝》,《中华读书报》,2000 年 9 月 20 日
17. 《在日本国家公文书馆访国宝》(上),《中华读书报》,2000 年 10 月 12 日
18. 《在日本国家公文书馆访国宝》(下),《中华读书报》,2000 年 10 月 24 日
19. 《在金泽文库访国宝》,《中华读书报》,2000 年 11 月 8 日
20. 《在东洋文库访国宝》,《中华读书报》,2000 年 11 月 22 日
21. 《在宫内厅访国宝》,《中华读书报》,2000 年 12 月 20 日

1999 年

22. 《贯彻邓小平教育理论创造第一流学术》,《北京大学》(校刊)1999 年 3 月 25 日
23. 《台湾怎么会成"异国他邦"?》,《中国经济时报》,1999 年 7 月 16 日
24. 《简评藤军著〈日本茶道文化概论〉》,《日本学刊》(中国社会科学院),1999 年第 5 期

1998 年

25. 《未名湖,永远的情——湖边的故事》,《青春的北大》,北京大学出版社刊,1998 年版
26. 《〈自尊〉:大东亚情结的陈套表演》,《中国经济时报》1998 年 6 月 3 日(百姓广场版)
27. 《纪念斋藤一夫教授》(日本错体化学学会会长),《斋藤一夫教授を思う》(斋藤一夫教授纪念委员会)1998 年刊
28. 《满园春色关不住》(1998 年 5 月 13 日在"海峡两岸古籍整理与传统文化研究学术讨论会闭幕式"上的发言),《高校古籍工作通报》第 57 期(1998 年 9 月)

1997 年

29. 《正しい歷史の理解が真の友好を生む》,《人民中国》(中国外文局)1997 年 9 月号

1996 年

30. 《友谊与理解真诚与坦率——中日文化交流的主题》,《留日学人》第八期,1996 年刊
31. 《一部充满中日文化底蕴的专著:评贾惠萱著〈中日风趣比较民俗学〉》,《中国财经报》1996 年 8 月 28 日

1995 年

32. 《日本文化の中国への伝播——和歌とカナについて》,《日文研》(国際日本文化研究センター)No.12(1995)

1994 年

33. 《在日本参加火警演习》,《北京晚报》1994 年 1 月 4 日"文学与社会",1992 年
34. 《より広い視野から文学を観察しよう》,《ふえ》(日本宮城女子大学)第 49 号(1992 年 6 月)
35. 《青春の力満ちあふれる美しいMIYAGI GAKUINに》,《THE MIYAGI GAKUIN NEWS》第 67 号(1992 年 6 月 30)

1991 年

36. 《日中学院与安藤彦太郎教授》,《中国へかける桥》,日中学院,1991 年刊

1990 年

37. 《真福寺的唐写本与宋刊本—日本寺庙汉籍特藏巡礼》,《书品》(中华书局)1990 年第 1 期
38. 《日光轮王寺"天海藏"的明人小说及其它—日本寺庙汉籍特藏巡礼)》,《书品》(中华书局)1990 年第 2 期
39. 《天理访书行》,《书品》(中华书局)1990 年第 3 期
40. 《日本内阁文库的宋本与明人识文》,《书品》(中华书局)1990 年第 4 期

1989 年

41. 《日本文部省 1966 年－1985 年对中国古籍整理与研究拨款项目总汇》,《古籍整理与研究》(高校古委会)第 4 辑(1989 年)

1987 年

42. 《恭仁山庄"四宝"与杏雨书屋)》,《书品》(中华书局)1987 年第 1 期
43. 《足利遗宝与"金泽本"(上)》,《书品》(中华书局)1987 年第 2 期
44. 《足利遗宝与"金泽本"(下)》,《书品》(中华书局)1987 年第 3 期
45. 《静嘉堂文库与皕宋楼秘籍》,《书品》(中华书局)1987 年第 4 期

1986 年

46. 《日本宫内厅访书拾趣》,《书品》(中华书局)1986 年第 2 期
47. 《关于"日本中国学研究"的报告》,《高校古籍工作简报》第 19 期(1986 年 12 月)

1984 年

48. 《〈金刚经〉不是最早的印刷品》,《北京晚报》1984 年 6 月 13 日(五色土)
49. 《〈赵氏孤儿〉在欧洲》(上、下),(上)《北京晚报》1984 年 9 月 25 日(百家言),(下)《北京晚报》1984 年 9 月 27 日(百家言)
50. 《人才培养是高校"抢救遗产""青黄不接""后继无人"的核心》,《高校古籍工作简报》第 5 期(1984 年 12 月)

1981 年

51. 《日本对〈尚书〉的研究情况》,《国务院古籍整理出版简报》第 81 期(4 月)
52. 《日本对中国古代史的研究及其争论点》,《国务院古籍整理出版简报》(特刊)第 2 集(3 月)
53. 《日本对〈诗经〉的研究情况》,《国务院古籍整理出版简报》第 82 期(6 月)
54. 《京都三教授》,《大学生》第三期,北京大学出版社,1981 年 9 月刊

1980 年

55. 《日本学者论中国古代文学的特点》,《国务院古籍整理出版简报》第 74 期(3 月)

1979 年

56. 《日本研究中国的学术机构》,《外国研究中国》(中国社科院情报研究所)第 2 辑
57. 《日本学者关于中国文学史分期方面的一些见解》,《国务院古籍整理出版简报》1979 年第 4 期

1976 年

58. 《访日纪行》,《光明日报》1975 年 4 月 12 日

外文翻译汉文稿：

1. 《丁玲在日本》小林二郎原著，《丁玲研究在国外》，湖南文艺出版社，1985年刊
2. 《意外集的世界》野泽峻敬原著，《丁玲研究在国外》，湖南文艺出版社，1985年刊
3. 《郭沫若史剧论》中岛碧原著，《国外中国文学研究论丛》，中国文联出版公司，1985年刊
4. 《敕勒之歌——它的原来的语言与在文学史上的意义》，小川环树原著，《北京大学学报》，1982年第1期
5. 《日本宋明理学研究的概况》岛田虔次原著，《中国哲学》（三联书店）第7辑（1982年3月）
6. 《丁玲篇》冈琦俊夫原著，《丁玲研究资料》，天津人民出版社，1982年刊
7. 《丁玲论》中岛碧原著，《丁玲研究资料》，天津人民出版社，1982年刊
8. 《中国的三十年代与鲁迅》竹内实原著，《国外鲁迅研究论集》，北京大学出版社，1981年刊
9. 《革命文学论战中的鲁迅》丸山升原著，《国外鲁迅研究论集》，北京大学出版社，1981年刊
10. 《鲁迅诗话》高田淳原著，《国外鲁迅研究论集》，北京大学出版社，1981年刊
11. 《谨以鲁迅先生的战斗实绩奉献于日本人民》（日本改造社1937年《大鲁迅全集》出版志语）宋庆龄日文著，《新观察》1981年第18期
12. 《精神的食粮》（日本改造社1937年《大鲁迅全集》出版志语）茅盾日文著，《新观察》1981年第18期
13. 《鲁迅的伟大》（日本改造社1937年《大鲁迅全集》出版志语）郁达夫日文著，《新观察》1981年第18期
14. 《鲁迅先生的精神》（日本改造社1937年《大鲁迅全集》出版志语）许广平日文著，《新观察》1981年第18期
15. 《鲁迅在日本》山田野理夫原著，《鲁迅与中日文化交流》，湖南文艺出版，1981年刊
16. 《"国防文学论战"：国防文学论战与文化大革命》丸山升原著，《国防文学论战材料》（内部印发）1977年刊

（此本目前全国有北京大学图书馆中心馆、复旦大学文科馆、同济大学图书馆三处藏本）

教学电视片、视频、录像片编播：

1. 《超星视频讲演：战后60年日本人的中国观》撰稿并播讲超星视频图书公司，（2008年8月11日 90分钟）
2. 《超星视频讲演：日本当代"国家主义"思潮的思想基础》撰稿并播讲超星视频图书公司，（2008年8月12日 90分钟）
3. 《超星视频讲演：解析"海洋的日本文明论"的本质》撰稿并播讲超星视频图书公司，（2008年8月13日 90分钟）
4. 《超星视频讲演：关于文学"变异体"与发生学的思考》撰稿并播讲超星视频图书公司，（2008年8月18日 90分钟）
5. 《超星视频讲演：多边义化研究的实证观念和方法论》撰稿并播讲超星视频图书公司，（2008

年 8 月 19 日 90 分钟)

6. 《电视片:杨贵妃之谜》撰稿并播讲(20 分钟),上海电视台节目 2007 年 12 月 9 日首播(广东卫视、陕西卫视等播出)
7. 《电视片:鉴真和尚》撰稿并播讲(15 分钟),中央电视台第四套节目 1999 年 5 月 11 日首播
8. 《电视片:中国文化在日本》撰稿并播讲(30 分钟),中央电视台第四套节目 1997 年 9 月 11 日首播
9. 《日本中国学史》撰稿并播讲(32 小时合 1900 分钟),(全国高校古籍文献专业课程用片),教育部全国高校古籍整理研究工作委员会 1987 年摄制

采访报道记事(不全,大学《校刊》等报道略):

1. 《交融中的"中国学"、"国际中国学"与"汉学"》(记者宋晖杨阳报道),《中国社会科学报》2010 年 6 月 1 日
2. 《对国际中国学研究的再思考》(记者谢颖采访文),《人民政协报》2009 年 9 月 28 日(学术论坛整版)
3. 《为社会培育良心 为民族承传精神》(记者唐景莉 杨晨光),《中国教育报》2009 年 12 月 31 日
4. 《从"地理中国"到"文化中国"》(记者上官林白采访),《中国教育报》2007 年 10 月 8 日
5. 《廿载东瀛回顾频,为谁风露立中宵?——记严绍璗先生和他的〈日藏汉籍善本书录〉》(任勇胜文),《中华读书报》2007 年 1 月 26 日
6. 《中日关系文献巨著出版》,《(香港)大公报》2007 年 2 月 24 日
7. 《严绍璗:象牙塔里纯学人》(记者陈洁采访文),《中华读书报》2007 年 2 月 28 日,(收入陈洁著《山河判断笔尖头》三联书店刊 2009 年版)
8. 《关于中国'日本学'对于日本文学的研究》(记者石岩采访文),《南方周末》报 2007 年 4 月 5 日
9. 《日本神话与中国文化的关系——严绍璗治学记》(记者石岩采访文),《南方周末》报 2007 年 4 月 5 日
10. 《复杂的注视——日本人眼中变化的中国》(记者舒泰峰、程瑛北京报道),《瞭望/东方周刊》(新华社)2007 年第 15 期
11. 《严绍璗:在日本寻找中国古籍善本》(记者舒泰峰北京报道),《瞭望/东方周刊》(新华社)2007 年第 20 期,《作家文摘》2007 年 5 月 29 日(整版摘要)
12. 《有一本书叫〈明心宝鉴〉——记者颜维琦访问严绍璗》,《光明日报》2007 年 10 月 11 日
13. 《如何增强中华文化国际影响力》(记者谢迪南采访文),《中国图书商报》2007 年 11 月 27 日
14. 《严绍璗与〈日藏汉籍善本书录〉》(记者柴葳),《中国教育报》2007 年 12 月 6 日
15. 《严绍璗:中日媒体要带著历史感报道两国关系》,《中国日报》2005 年 8 月 23 日
16. 《专家论当代文学理论建设》(《文艺报》编辑采访周启超、严绍璗、钱中文、童庆炳、陆建德、吴元迈),《文艺报/世界文坛》2004 年 1 月 20 日

17. 《汉学400年》(严绍璗、侯且岸、张西平三人谈),《北京日报》(2004年11月29日)(理论周刊)
18. 《"北大人事革命,只拿教师开刀"?》(记者熊焰北京采访),《东方早报》2003年7月14日(中国焦点版)
19. 《国际中国学(汉学)的范畴与研究者的素质》,(来新夏、张广达、严绍璗:海外汉学三人谈),《中国读书报》(2000年7月19日)(文史版)
20. 《严绍璗:千年之喜话百年文化》(记者刘润奎专访记文),《国际航空报》(中国国际航空公司)1999年12月27日
21. 《研究汉字文化圈先建立资料库》(记者江中朝台北访问严绍璗),《联合报》1998年(中华民国87年)8月6日
22. 《一个中国学者的日本观——〈人民日报〉记者刘迪访问严绍璗教授》,《日本学刊》(中国社科院)1991年第6辑
23. 《"日本文化"的启示》(《北京晚报》记者薛涌访问严绍璗),《文汇读书周报》1985年12月21日
24. 《关于汉学的问答》(《北京晚报》记者薛涌访严绍璗),《北京晚报》1984年12月31日(此文1986年起编入高一《语文》教科书8年)

三、严绍璗先生与"博士后"协作及指导"硕博研究生"课题目录编

聂友军

（一）与"博士后"学者协作课题目录

No.1：1998年至2000年在"博士后流动站"与王青博士（日本国立一桥大学博士）共同就"日本近世时代思想史"课题进行合作研究。

No.2：2003年至2005年在"博士后流动站"与周以量博士（日本东京都立大学博士）共同就"日本近世叙事文学"课题进行合作研究。

No.3：2010年8月开始在"博士后流动站"与蒋宏生博士（美国杜克大学博士）共同就"日本从近世时期向近代时期转变中的'思想领域变异'的解析"进行合作研究。

（二）指导的博士学位论文目录

(1) 已获博士学位论文目录（时间顺序）

No.1：张哲俊著《中日古典悲剧研究——三个母题与嬗变的研究》（1998年获北京大学文学博士学位）

No.2：大野香织（日本籍）著《京津相声考》（1999年获北京大学文学博士学位）

No.3：李京美（韩国籍）著《〈聊斋志异〉与日韩志怪传奇小说女性问题研究》（2000年获北京大学文学博士学位）

No.4：钱婉约著《内藤湖南的中国学研究》（2000年获北京大学文学博士学位）

No.5：于荣胜著《中日近现代小说中的"家"——文学、文化的比较》（2000年获北京大学文学博士学位）

No.6：刘萍著《津田左右吉研究——以对日本记纪文化·中国儒道文化的批判研究为中心》（2001年获北京大学文学博士学位）

No.7：刘元满著《汉字在日本的文化意义研究》（2001年获北京大学文学博士学位）

No.8：王益鸣著《空海学术的范畴研究》（2002年获北京大学文学博士学位）

No.9：王立群著《王韬研究——中国早期"口岸知识分子"形成的文化特征》(2003年获北京大学文学博士学位)

No.10：中田妙叶(日本籍)著《〈雨月物语〉研究——试论日本近世叙述文学与中国文化的关联及其文学意义》(2003年获北京大学文学博士学位)

No.11：涂晓华著《〈女声〉杂志研究——上海沦陷时期妇女杂志个案考察》(2005年获北京大学文学博士学位)

No.12：丸井宪(日本籍)著《绝海中津汉诗研究——日本"五山文化时代"游学派禅僧汉文学的主要成就》(2005年获北京大学文学博士学位)

No.13：周阅著《川端康成文学的文化学研究——以东方文化为中心》(2006年获北京大学文学博士位)

No.14：贺雷著《福泽谕吉研究——以政治思想为中心》(2007年获北京大学文学博士学位)

No.15：李强著《厨川白村文艺思想与社会批评研究》(2007年获北京大学文学博士学位)

No.16：小园晃司(日本籍)著《德富苏峰研究——其中国观与近代日本国民精神的形成》(2008年获北京大学文学博士学位)

No.17：古市雅子(日本籍)著《伪"满映"电影研究》(2008年获北京大学文学博士学位)

No.18：牟学苑著《拉夫卡迪奥·赫恩(小泉八云)文学的发生学研究——以其"日本创作"为中心》(2008年获北京大学文学博士学位)

No.19：郭勇著《中岛敦文学的比较研究——以怀疑主义为中心》(2009年获北京大学文学博士学位)

No.20：肖伟山著《〈三国演义〉在韩国的传播与影响》(2009年获北京大学文学博士学位)

(2) 正在撰著中的博士学位论文目录或方向

No.1：丹羽香(日本籍)正在撰著《20世纪日本中国学家服部宇之吉研究》

No.2：张冰正在撰著《以李福清学术为中心的苏俄中国学研究》

No.3：聂友军正在撰著《旅日欧美人早期"日本学"研究——以1872—1922年〈日本亚洲学会学刊〉(TASJ)为中心》

No.4：王广生：日本中国学研究方向

（三）指导的硕士学位论文目录
（按荣获硕士学位的时间顺序）

No.1：王青著《五山禅僧义堂周信之学术在日本汉学史上的地位和作用》(1988年获北京大学文学硕士学位)

No.2：刘萍著《日本中国学早期学术流派辩析》(1989年获北京大学文学硕士学位)

No.3：周阅著《试论近代日本文化对中国新文学的影响》(1993年获北京大学文学硕士学位)

No.4：丹羽香（日本籍）著《上田秋成〈雨月物语〉的创作与中国文学的关系》(1994年获北京大学文学硕士学位)

No.5：朱非著《美而凶悍与圣洁典雅——谷崎润一郎和他的作品的"女性至上"》(1994年获北京大学文学硕士学位)

No.6：吉令旭著《明清之际传教士传入的西方地理学知识及其接受状况的考察》(1996年获北京大学文学硕士学位)

No.7：蒋洪生著《日本萱园诗学·萱园诗风研究——江户时代中日文化与文学关系》(1997年获北京大学文学硕士学位)

No.8：贺雷著《村山春树简论》(1998年获北京大学文学硕士学位)

No.9：林光江（日本籍）著《正冈子规的生命认识及其审美追求——兼及正冈子规与中国思想之关联》(1999年获北京大学文学硕士学位)

No.10：郑惠京（韩国籍）著《〈古文真宝〉在东亚的传播研究》(2000年获北京大学文学硕士学位，与刘建辉教授共同指导)

No.11：冯倾城（澳门籍）著《论华语圈内最有影响的葡萄牙作家——关于若泽·萨拉马戈文化身份的探讨》(2001年获北京大学文学硕士学位，与丁尔苏教授共同指导)

No.12：古市雅子（日本籍）著《20世纪40年代日据东北时期的日本对华政策的考察——以"满映"时期李香兰出演的作品为中心》(2003年获北京大学文学硕士学位)

No.13：孟庆琨著《论井上靖的西域历史小说》(2005年获北京大学文学硕士学位)

No.14：廖淑志（台湾地区）著《中日"弃老"传说的比较与探源》(2010年获北京大学文学硕士学位)

四、严绍璗先生(1971—1978年)"与世界人事接触"事件纪事编

聂友军

（按语：这是严绍璗先生生存历史中一段特殊的经历，这个时代无论对于个人，或对于中国和世界，都是一段特殊的时期。在当时中国处在"革命狂热"而又实行全国"封闭"的状态中，严先生作为当时一个属于"黑类资产阶级"的子弟，肩负父亲"反党右派分子"和"托洛斯基派嫌疑分子"的政治重负，在北大仅是一介助教，几乎没有任何可以与"狂人社会"较量的政治资本，由于历史的已知和未知的姻缘，他被作为一颗"螺丝钉"安装在北京大学"外国事务"运转的层面上，参与了逾百次的接待来自世界各国的人士，其中从一般的工人和大学生到国会议员和国家元首，阅历了世界各色人士。在当时中国的"文化语境"中他遵循外事无小事"的组织纪律，作为一个"传声筒"演绎着特定时期的"主流话语"，但同时先生本人却也在极端封闭的状态中不断受到"世界多元文化"的冲击。依据文化传递的基本原理，正是在这样的"互动"中，严先生开始养成了超越当时一般人生存视野的"多元文化思考"。或许正是这样的文化语境的潜移默化，在先生的心理层面便积聚起了相应的思虑、困惑、质疑、追求和微弱的希望，因而在一个新的时代开始的初始，严先生能够在人文学术的领域中自觉地进入致力于创建"国际 Sinology 研究"、"文学的国际关系研究"和"国际汉籍文献学研究"。

严绍璗先生的这一较为特殊的"国际事务机遇"，不仅是他个人生命中可以深长反思和深入总结的，而且对于研究和理解"北大校史"和"北大精神"的内在构成，或许也提供了一个可以思考的层面）。

1971年
  8月24日 与周培源、周一良一起接待"日本第十届青年访华团"

1972年
  4月16日 与周培源、俞信宝一起接待"加拿大贸易访华团"
  5月14日 与倪孟雄一起接待"墨西哥教育代表团"
  6月12日 与周培源一起接待"美国国会图书馆中文部"主任王冀
  7月26日 与倪孟雄一起接待"日本关东地区学生友好访华团"
  8月1日 与倪孟雄、李秀茹一起接待"美籍、英籍、加拿大籍、毛里求斯籍中国大学生爱国团"
  8月10日 与赵光武、俞信宝一起接待"日本部落民解放运动访华团"

8月14日　与周一良一起接待"瑞典《火炬社》访华团"

8月22日　与周培源、赵光武一起接待"美国圣·克鲁斯大学生访华团"

9月27日　外交部新闻司主持,严先生经过学习参加接待"日本首相田中角荣访华记者团"。

1973年

1974年

3月26日　与周培源、张联芝、胡代封一起接待"埃塞俄比亚访华团"。

4月1日　与周培源一起接待香港大学中文系主任马蒙(马隅卿侄子)。

4月6日　与周培源、倪孟雄一起接待日本松冈样子。

4月16日　与赵恩普一起接待瑞士"认识中国协会"主席哈特

4月21日　与张香山、孙平化一起在首都机场迎接日本冲绳县知事屋良朝苗一行。

4月22日　与周培源、倪孟雄一起接待日本国会议员川崎秀二

4月22日晚上严绍璗参加廖承志北京饭店宴请日本冲绳县知事屋良朝苗一行。

4月27日　与周培源、倪孟雄、张志联一起接待日本冲绳县知事屋良朝苗一行

4月27日　严绍璗参加屋良朝苗北京烤鸭店回请廖承志、张香山、林丽韫、孙平化诸位。

4月28日　与张香山、孙平化一起在首都机场为日本冲绳县知事屋良朝苗一行送行。

4月29日　与周俊彦、冯仲云一起接待德意志联邦青年理事会中央主席瓦尔特·哈斯。

5月10日　与倪孟雄一起接待以德间康夫为团长的日本出版界友好访华团。

5月13日　与黄辛白、周培源、张龙祥、倪孟雄、范明一起接待巴基斯坦总理布托夫人

5月14日　与周培源、倪孟雄一起接待以日本大阪府知事黑田了一为团长的"日本地方自治政府首长访华团"(团员为日本六大城市市长)。

5月15日　与倪孟雄一起京都府知事松桥求已一行

5月17日　与倪孟雄一起接待美国《前卫》杂志一行

5月21日　与倪孟雄、吴柱存一起接待美籍中国学者钱歌川(曾任台湾大学文学院院长)

5月22日　与夏自强、赵光武一起接待意大利东方出版社社长马里亚吉雷斯。

5月22日　与杨汝吉一起接待希腊"希中友好协会"主席吉茨吉斯(希腊现政府通缉在案)。

5月27日　与徐运北(中共北京市委书记)、王连龙、黄辛白、周培源、郭宗林、黄昆、倪孟雄一起接待英国前首相希思。

5月29日　与黄辛白、倪孟雄、尹作珍(国防部)一起接待阿尔巴尼亚驻华武官德彼维茨少将

6月6日　与倪孟雄一起接待日本友好人士西园寺公一。

6月11日　与倪孟雄、赵光武一起接待英国佩特森夫人

9月11日　与周培源、李秀茹一起接待"中国—比利时混血"女作家韩素音

9月29日　与周培源、倪孟雄一起接待美国杜波布伊斯夫人

9月30日　参加周培源宴请巴西时政家巴博罗。

10月4日　与周培源、丁雪松(外交学会副会长)、王瑶一起接待法国米歇尔·露阿夫人。

10月8日　与周俊彦一起接待日本《朝日新闻》编辑委员秋冈家荣。

10月18日　与倪孟雄一起接待"日本青年第六届访华团"。

10月21日　与倪孟雄一起接待日本社会党组织局局长曾我佑次为团长的"社会党活动家访华团"。

11月12日—12月6日　应日本国立京都大学邀请，经国务院总理周恩来批准，北京大学社会科学访日团7人访问了日本，严绍璗参与其间。北大党委常务副书记黄辛白、教育部外事局局长程裕桢等到机场送行。访问团与前往日本签署"中日海事协议"的中国外交部副部长韩念龙一行同机(此航班就此10余人)。一路上韩副部长与访问团诸位就我国外交战略、中日美苏四国微妙关系、外事行为与国家利益等进行了广泛热切的谈话①。

12月10日　与黄辛白、周秋野(外交学会副会长)、倪孟雄一起接待美国参议院民主党领袖曼斯菲尔德。

12月23日　与赵恩普一起接待日本《现代亚洲》杂志主编白西绅一郎夫妇。

12月24日　参加日本驻华特命全权大使小川平四郎为"北京大学社会科学访日团"访问日本成功在大使府邸举行的"答谢宴会"。

12月27日　与倪孟雄一起接待玻利维亚前副总统、玻利维亚民族革命党领袖胡安·来钦。

1975年

3月25日　参加柴泽民在人民大会堂举行的欢迎以日本外务省特别顾问、国立京都大学名誉教授吉川幸次郎为团长的"日本政府文化使节团"宴会。中方参加者有茅盾、廖承志、张香山、林丽韫、孙平化、周培源、严文井、冯友兰、严绍璗。

3月28日　与周培源、黄昆、魏建功、段学复、麻子英一起接待"日本政府文化使节团"。

3月29日　魏建功、严绍璗二人应"日本政府文化使节团"团长吉川幸次郎的邀请，在北京饭店第十一层楼会客厅举行特别会见。会见时在座的有唐家璇(时任中日友协常务理事)。

4月6日　参加"日本政府文化使节团"团长吉川幸次郎在北京饭店中一楼宴会厅举行的答谢宴会。中方参加的有茅盾、廖承志、茅盾、张香山、林丽韫、孙平化、周培源、严文井、严绍璗。

4月9日　与倪孟雄、赵恩普一起接待"日本兵库县友好之翼访华团"。

4月29日　与张隆祥、倪孟雄一起接待"日本北九州青年访华团"。

5月17日　与张隆祥、倪孟雄一起接待"日本共同通讯社加盟社编集局长访华友好团"。

6月2日　与张隆祥、倪孟雄一起接待"日本长崎县亲善代表团"。

6月28日　与倪孟雄、阎凤霞一起接待"第八次日中青年学生交流日本代表团"。

7月14日　与周培源、周俊彦一起接待"日本大阪日中友好之翼访中代表团"。

7月28日　与麻子英、张光佩一起接待"日本仙台劳动青年友好之翼访华团"。

9月30日　与倪孟雄一起接待以原日本侵华第59师团长藤田茂中将为团长的"日本旧军人访华代表团"。

---

① 访日诸事详见本书《严绍璗先生70年大事编》以及日本国立京都大学人文科学研究所编《学問に架ける橋》(日本小学馆出版1976年版)一书。

10月4日　与周俊彦一起接待日本女作家伊藤克。

10月6日　与麻子英、张传玺、张光佩一起在北京饭店七楼拜会日本京都大学名誉教授井上清。

10月8日　与张龙祥、严绍璗一起接待"日本关西四国友好访华团"。

10月10日　与张学书、麻子英、张光佩、王葵一起在首都机场为日本京都大学名誉教授井上清送行。

10月16日　由国务院外国专家局安排,严绍璗与在京的20余位外国专家就"评法批儒"进行座谈。

10月17日　与周培源、倪孟雄一起接待由"日本经济团体联合会"会长土光敏夫为首的"经团联访华团"。

10月21日　与周培源、倪孟雄一起接待以"日中文化交流协会"副会长宫川寅雄为团长的"日中文化交流协会代表团"。

10月23日—12月18日国务院外国专家局应日本、英国、缅甸、印尼、叙利亚、朝鲜等国在华专家要求,安排严绍璗就对《水浒》的批判举行了八次讲座。

11月13日　与倪孟雄、李秀茹一起接待日本著名演员河源崎长十郎夫妇。

11月19日　与倪孟雄一起接待以小野信尔为团长的"日本青年中国访问团"。

1976年

1月2日　与麻子英、王葵、张光佩、沈仁安一起在首都机场欢迎前来北京主持"日本历史研究班"的主讲人井上清教授,井上助手吉田富夫教授同机到达。

1月18日　与周培源、倪孟雄、陈守良一起出席外交部在北京大学安排的外国驻华记者招待会,解答问题。出席者有美联社、合众国际社、路透社、法新社、共同社、时事通讯社、安莎社、《每日新闻》社、《读卖新闻》社、《朝日新闻社》社、匈牙利新闻社、越南新闻社、阿尔巴尼亚新闻社、朝鲜新闻社。

2月14日　国务院外国专家局安排严绍璗向各国在京专家讲解毛泽东主席元旦发表的词《重上井冈山》。

2月16日　与李秀如一起接待以"日中友协"(正统)京都府本部副会长依田义贤为团长的"京都府民友好代表团"。

2月21日　国务院外国专家局安排严绍璗向各国在京专家讲解毛泽东主席元旦发表的词《鸟儿问答》。

2月26日　与黄辛白、倪孟雄、陈守良一起出席外交部在北京大学安排的十国驻华使节招待会,解答问题。出席者有日本、澳大利亚、新西兰、丹麦四国驻华大使,西德、苏丹、坦桑尼亚、乌干达、克麦隆、布隆迪六国驻华参赞。

2月27日　与倪孟雄、田万苍一起接待以冈本良平为团长的"日本横须贺日中文化经济协会访中代表团"。

3月4日　与张光佩一起陪同井上清、吉田富夫参观鲁迅故居、鲁迅博物馆以及鲁迅在北京的其他故居遗址。

3月10日　与李秀如一起接待"日本德岛县工人友好团"。
3月18日　与李秀如一起接待"日本第十一届日中青年交流团"。
3月28日　与李秀如、宿白一起接待"中国三刊读者友好访华团"（"三刊"即《人民中国》、《北京周报》、《中国画报》）。
3月30日　与周培源一起接待日本"松村谦三先生显彰会访访华团"。
4月1日　与周培源一起接待美国"美中友好访华团"。
5月21日　与李秀如一起接待联合国中国代表团英籍秘书陈葆真。
5月25日　与张学书、倪孟雄一起接待我驻香港各机构中"香港雇员爱国学习团"。
5月28日　与周俊彦、丁雪松（外交学会副会长）一起接待"瑞典—中国友好联盟"名誉主席米尔米斯夫妇。
5月30日　与王葵、张光佩一起在首都机场迎接大阪电视台导演吉田多满子女士。
6月21日　与倪孟雄、李秀如一起接待"澳大利亚（工党）友好代表团"。
7月2日　与倪孟雄、冯友兰、季羡林一起接待我驻港澳机关回国学习团。
7月6日　与周培源、倪孟雄、吴柱存一起接待"美国亚利桑那州教育代表团"。
7月12日　与黄辛白、倪孟雄、马家骏（外交学会秘书长）一起接待美国国会共和党领袖休·斯科特一行。
7月13日　与张学书、周一良、王葵、张光佩、刘彬（国务院外专局副局长）、杉山市彬（亚非作家协会书记处书记）一起在首都机场为半年来京主持"日本历史学习班"的日本国立京都大学名誉教授井上清并助手吉田富夫送行。
7月16日　我外事机构40人，严绍璗侧立其间，出席南斯拉夫驻华大使馆为纪念"南斯拉夫反法西斯纪念日"举行的招待会。
7月25日　与张学书、倪孟雄、李秀如一起接待"港澳爱国教师回国学习团"。
7月26日　与张学书、倪孟雄、赵恩普一起接待"美国东部青年爱国代表团"与"联合国台湾省籍青年工作人员回国学习团"。
7月27日　与倪孟雄、晏子杰一起接待以美国国会参院外交委员会首席助理霍尔特及美国国会众院国际关系委员会办公室主任查尔内基为二团长的"美国国会工作团"。
9月3日　与卞立强一起接待日本早稻田大学教授安藤阳子。
9月4日　与段学复、李秀如一起接待加拿大不列颠哥伦比亚大学物理化学教授林慰桢教授及夫人并女儿。
12月18日　与黄辛白、周培源、倪孟雄、沈同、王汝丰、张光佩一起接待以日本国立东京大学教授福武直为团长的"日本东京大学教授友好访华团"。
12月21日　与周培源、冯钟云、宿百、周俊彦一起接待以"亚非作家协会日本委员会"秘书长松冈阳子为团长的"日本妇女代表团"。
12月30日　与周培源、倪孟雄一起接待日本友好人士西园寺公一与长子西园寺一晃。

1977年
1月7日　与周培源、张龙祥、麻子英、王汝丰、张光佩一起接待日本京都大学名誉教授井上清。

1月17日　与麻子英、邓广铭、王汝丰一起接待以岩见宏为团长的"第二次日本中国研究者友好团"。

2月4日　与倪孟雄一起接待以日本京都府绫部市议会主席民内清道为团长的"日中友好京都府议员联盟访华团"。

2月25日　与倪孟雄一起接待"第十三次日中青年学生交流日本代表团"。

3月15日　与倪孟雄、张俊彦一起参与外交部新闻司、北京市外事办公室在北京大学举行的招待会,回答日本各大通讯社、报社驻华记者问。

3月29日　王汝丰、张俊彦、张传玺一起接待以"日本日中学术恳谈会"代表干事宫川澄为团长的"日本各大学教师友好访华团"。

3月31日　严先生接待"日本仙台鲁迅先生显彰会"总代表、经济学博士、国立东北大学教授菅野俊作。菅野专程告知严先生日本竹内好、增田涉二先生去世。

4月23日　与倪孟雄、赵恩普一起接待荷兰著名电影导演伊文思与法国电影工作者罗丽丹。

4月27日　与倪孟雄、俞信宝、赵恩普一起接待"日本东京—横滨劳动青年之翼"。

4月29日　与周俊彦、赵恩普一起接待以"日本动力车工会"副总会长土居常男为团长的"日本总评动力车工会友好访华团"。

5月11日　与倪孟雄、赵恩普一起接待以日本宫城县副知事石井亨为团长,国立东北大学中国哲学研究家金谷治为副团长的"日本日中友协(正统)中央本部派遣宫城友好访华团"。

5月19日　与倪孟雄、赵恩普一起接待以日本栃木县今市市长斋藤昭男为团长的"日本栃木县自治体友好访华团"。

5月23日　与倪孟雄、赵恩普一起接待美国自由撰稿人克里斯托弗·斯诺(埃德加·斯诺之子)。

5月26日—6月10日　国务院外国专家局安排严绍璗先生就"'四人帮'垮台后的文艺问题"与日本、美国、法国、英国、西班牙、玻利维亚、缅甸、印尼、泰国、朝鲜等国在华专家进行座谈。

6月14日　与倪孟雄、赵恩普、夏兵一起接待我驻香港机构爱国雇员学习团。

7月4日　与周培源、倪孟雄一起接待绝密外宾。

7月6日　与周俊彦、俞信宝一起接待香港中国旅行社副社长黄德同志带队的"香港雇员回国学习团"。

7月9日　与倪孟雄、俞信宝一起接待以加利福尼亚大学泰勒教授为首的"美国洛杉矶妇女访华团"。

7月16日　与倪孟雄、赵恩普、晏子杰一起接待香港爱国教师学习团。

7月21日　与周培源、倪孟雄、赵恩普一起接待以日本茨城县知事竹内藤男为团长的"日本茨城县友好代表团"。

7月22日　与周培源、倪孟雄一起接待以日本社会党国会议员栖崎弥之助为团长的"日本众参两院国会议员代表团"。

编后记

　　编辑这本纪念集,开过几次编辑会议,编委提出了很多好的意见。出版社的张冰女士是资深编辑,从编辑的角度提出了很好的意见,书名就是张冰女士起的,在这里再一次表示感谢。

　　论文的编排主要是根据来稿的情况设计编组的,论文基本上是按照三个原则排序的:一是总论在前,具体研究在后;二是以研究对象的时间先后排列,论文的先后顺序并不代表编者的价值判断;三是根据论文的内容编组。另外还应当说明的一点是其中部分论文是已经发表过的,为了严先生的七十寿辰,再一次收入到了此论文集。作者原本注明了发表的期刊名和期号,为了保持本书的统一,编辑时删除了原载的期刊名称。

　　最后还要说明的一点是这本纪念集没有按照通常的纪念论文集的方式编辑,这里采用了把当代学术史的研究与相关领域的研究结合起来的方式,这也是新的尝试。

编者

2010.3.30

7月22日　与周俊彦、俞信宝一起接待以法国《市长见闻》杂志主编索尔基为团长的"法国边区城市市长代表团"。

7月25日　与张龙祥、赵恩普一起接待日本大阪市立大学中国语言学家望月八十吉为团长的"日本大学教授友好访华团"。

1978年

5月18日　经我国外交部新闻司安排，日本驻中国大使馆文化专员、东京大学教授前野直彬在北京大学拜见严绍璗，转达日本外务省特别顾问、京都大学名誉教授吉川幸次郎的建议，"由日本国际交流基金支持，吉川、前野、严绍璗合作《日本中国学史》的研究和撰写。"[①]

（下略，中国历史与北大校史开始进入新时代，严绍璗先生学术心智开始了新的发展）

[①]　事见本书《附录》之一《严绍璗先生70年大事编》。